本书编委会

主　编　何立峰

副主编　胡祖才

编　委　陈亚军　吴越涛　周　南　张建民　陈　雷　胡玉清

编审人员（按姓氏笔画排序）

王　政　王　莉　王宝成　王海飞　方　正　石　浩
叶　欠　向　佳　刘　炀　刘学源　刘春雨　孙　强
李晓华　肖前志　吴　萨　余　航　谷宇辰　闫浩楠
沈继楼　张　俏　张冬宁　张红琪　张劲文　张昌裕
张金萍　陆江源　陈迪宇　罗　恒　罗成书　周宏露
孟雷军　赵治文　赵睿翔　胡亚昆　胡智超　相　伟
俞晓波　姜逍辉　秦佩恒　徐　策　黄进辉　黄绳雄
曹　亮　龚　琦　常　伟　梁洪力　蒋苇杭　蒋昭虎
赫胜彬　薛　元　冀东星　魏　倩

编辑工作人员

吴　萨　沈继楼　龚　琦　张红琪　李晓华

"十四五"规划战略研究

（上）

国家发展和改革委员会◎组织编写

何立峰◎主编　胡祖才◎副主编

人民出版社

"十四五"国家发展规划专家委员会成立大会暨第一次会议

"十四五"规划《纲要草案》专家论证会

序　言

　　用中长期规划指导经济社会发展,是中国共产党治国理政的重要方式,是中国特色社会主义发展模式的重要体现。新中国成立以来,我国已经先后编制实施了13个五年规划(计划),一以贯之地推动综合国力提升和人民生活改善,创造了世所罕见的经济快速发展奇迹和社会长期稳定奇迹。2021年3月11日,十三届全国人大四次会议以99.21%的高票通过了《中华人民共和国国民经济和社会发展第十四个五年规划和2035年远景目标纲要》(以下简称"十四五"规划《纲要》),描绘了我国开启全面建设社会主义现代化国家新征程的宏伟蓝图。

　　"十四五"规划《纲要》是在党中央领导下集中全党全国各族人民和社会各界智慧,齐心协力、共同参与的成果。在《纲要》起草过程中,前期研究作为规划编制的重要基础和前提,汇聚了各领域各方面专家的真知灼见。为编制好"十四五"规划,从2018年起,国家发展改革委就围绕"十四五"时期的发展环境、主要目标、重点任务和重大举措等,通过公开遴选、定向委托、合作研究等方式,组织高端智库、科研院所和企业开展200多项重大课题研究,形成近300份、500多万字的研究报告。这些前期研究成果,为"十四五"规划基本思路起草、纲要草案编制形成了有力支撑、提供了重要参考。在"十四五"规划《纲要》发布实施之际,回顾总结规划编制历程,我们愈加感到前期研究的重要性。可以说,前期研究的广度和深度直接决定规划编制的质量。

　　为使"十四五"规划前期研究成果更好地为社会各界分享,我们从课题研究中精选出部分报告的主要内容,按照总体思路、发展环境、创新驱动、产业发展、国内市场、深化改革、城乡区域、生态环境、对外开放、国民素质、民生福祉、安全发展 12 个主题进行了分类汇编,供各方面研究参考。当然,各报告的观点仅代表课题组的意见,不代表本书编者意见,更不代表社会共识。在此,对参加国家"十四五"规划前期研究的单位和有关同志表示衷心的感谢,同时也请广大读者对本书编辑工作中的不足之处给予批评指正。

编　者

2021 年 7 月

目 录 |Contents

上　册

>>> 发展环境 >>>

>>> 创新驱动 >>>

>>> 产业发展 >>>

中　册

>>> 国内市场 >>>

>>> **深化改革** >>>

>>> 城乡区域 >>>

下　册

>>> 城乡区域 >>>

>>> **国民素质** >>>

>>> 民生福祉 >>>

>>> 安全发展 >>>

开启全面建设社会主义现代化国家新征程的宏伟蓝图

国家发展和改革委员会

　　"十四五"时期是我国全面建成小康社会、实现第一个百年奋斗目标之后,乘势而上开启全面建设社会主义现代化国家新征程、向第二个百年奋斗目标进军的第一个五年。习近平总书记强调,在党的领导下,发挥好中国特色社会主义制度优势,科学编制实施"十四五"规划和2035年远景目标纲要,对于巩固拓展全面建成小康社会和脱贫攻坚成果,开启全面建设社会主义现代化国家新征程具有重大意义。党的十九届五中全会审议通过《中共中央关于制定国民经济和社会发展第十四个五年规划和二〇三五年远景目标的建议》(以下简称《建议》),为编制规划纲要指明了方向、提供了遵循。按照党中央、国务院决策部署,国家发展改革委组织编制了《中华人民共和国国民经济和社会发展第十四个五年规划和2035年远景目标纲要(草案)》(以下简称《纲要》),已经十三届全国人大四次会议审查通过。今后五年,必须围绕准确把握新发展阶段、深入贯彻新发展理念、加快构建新发展格局,切实把《纲要》落到实处。

一、深刻认识"十四五"规划在我国发展进程中的重大意义

《纲要》主要阐明国家战略意图、明确政府工作重点、引导规范市场主体行为，是我国开启全面建设社会主义现代化国家新征程的宏伟蓝图。《纲要》分三个板块，共19篇、65章、192节，涉及经济社会发展方方面面，内容丰富、意义深远。

《纲要》是党的主张转化为国家意志的重要途径。习近平总书记强调，用五年规划引领经济社会发展，是我们党治国理政的一个重要方式。党中央全会通过五年规划建议、国务院组织编制规划纲要草案、提请全国人大审查批准后组织实施，已成为规范化的工作程序。党中央重大决策部署通过这一程序，转化成为具有法律效力的政策文件在全国实施。新中国成立以来，我国已经先后编制实施了13个五年规划（计划），这在全世界是绝无仅有的。从"一五"计划到"十三五"规划，通过一个个规划（计划）的分步实施、接力推进、滚动落实，一以贯之地朝着既定的战略目标前进，我国在"一穷二白"的基础上迅速建立了比较完整的工业体系和国民经济体系，人民生活实现了由解决温饱到总体小康再到全面小康的历史性跨越，创造了世所罕见的经济快速发展、社会长期稳定"两个奇迹"，充分彰显了中国共产党领导和中国特色社会主义制度的显著优势。第14个五年规划也已经批准实施，《纲要》严格按照党中央《建议》确定的总体方向和重点任务，并从思路、布局、目标、举措上进一步细化具体化，是谋划好社会主义现代化建设新征程第一个五年的路线图，确保党中央战略安排能贯彻落实到经济社会发展各领域、各环节、全过程。

《纲要》是新阶段政府更好履职尽责的重要依据。发挥国家发展规划的战略导向作用，是创新和完善宏观调控的重要内容，是推进国家治理体系和治理能力现代化的内在要求。国家发展规划集中体现了国家战略意图和中长期发展目标，具有引导公共资源配置方向、规范市场主体行为的功能，发挥着平衡各方面关系、避免宏观失衡、引导和稳定预期的作用。政府组织编制国家发展规划，经全国人大审查批准后，必须依法依规组织实施规划，这也是对政府行为的规范和约束。落实好《纲要》必须推动有效市场和有为政府更好结合。一方面，《纲要》确定的约束性指标、重大工程项目和公共服务、生态环保、安全保障等领域任务，需要政府合理配置公共资源、引导社会资源，也需要市场主体积极参与、形成合力；另一方面，《纲要》提出的预期性指标和行业发展、结构调整等领域任务，主要依靠发挥市场主体作用实现，也需要政府创造良好的政策环境、体制环境和法治环境，引导各方面立足新发展阶段、贯彻新发展理念、构建新发展格局，努力推动高质量发展。

《纲要》是全国各族人民奋进新征程的共同行动纲领。规划编制过程，既是一个发扬民主、汇集众智、反映民意的过程，也是一个统一思想、科学决策、凝聚共识的过程。《纲要》编制坚持深化研究和深入调研相结合、顶层设计和问计于民相统一，汇集了全党全国各族人民的智慧，实现了国家战略意图和人民共同意愿的统一。面对错综复杂的国际环境带来的新矛盾新挑战，我国社会主要矛盾变化带来的新特征新要求，《纲要》坚持全球眼光、战略思维，统筹兼顾、精准施策，是积极主动应对世界百年未有之大变局的系统部署，是精准有效破解发展中突出矛盾问题的解决方案。随着"十三五"规划目标任务的胜利完成，决胜全面建成小康社会取得历史性成就，我国社会主义现代化建设进入新发展阶段，《纲要》站在新的起点上谋划部署"十四五"时期经济社会发展，将开启新征程、续写新辉煌，推动中华民族伟大复兴向前迈出新的一大步。

二、准确把握"十四五"时期的指导方针和主要目标

《纲要》紧扣党中央《建议》精神，坚持以习近平新时代中国特色社会主义思想为指导，突出体现立足新发展阶段、贯彻新发展理念、构建新发展格局的核心要义，突出体现做好"两个一百年"奋斗目标的有机衔接，明确提出了指导思想、遵循原则和战略导向，共同构成了"十四五"时期经济社会发展的指导方针；在此基础上，按照"六个新"目标要求，实化量化具体化目标表述，并设置了主要指标。上述内容逻辑环环相扣、工作部署层层递进，在《纲要》实施过程中务必全面、系统、准确理解和把握。

《纲要》提出的指导方针进一步明确了"十四五"时期经济社会发展的大政方略。为推动"十四五"时期高质量发展，更好地体现"三个新"的核心要义，指导思想突出强调了一系列新要求。一是要坚定不移贯彻新发展理念。新发展理念是一个系统的理论体系，回答了新发展阶段的发展目的、动力、方式、路径等一系列理论和实践问题，必须把新发展理念贯穿发展全过程和各领域。二是要坚持以推动高质量发展为主题，以深化供给侧结构性改革为主线。当前，我国发展中的矛盾和问题集中体现在发展质量上，必须把高质量发展的要求贯穿到经济、社会、文化、生态等各领域。持续深化供给侧结构性改革，着力提高供给体系质量，促进供需高水平动态均衡。三是要坚持以改革创新为根本动力。改革开放和创新驱动是推动高质量发展、建设现代化经济体系的两个轮子，必须坚持用改革创新的办法，破解发展难题、应对外部挑战、跨越常规性长期性关口。四是要以满足人民日益增长的美好生活需要为根本目的。这充分体现了以人民为中心的发展思想，必须坚持发展为

了人民、发展依靠人民、发展成果由人民共享,努力办好各种民生实事。五是要加快构建以国内大循环为主体、国内国际双循环相互促进的新发展格局。这是党中央根据我国发展阶段、环境、条件变化,审时度势作出的重大决策,必须从统筹国内国际两个大局、办好发展安全两件大事的高度抓好各项工作落实,确保我国社会主义现代化新征程开好局、起好步。

为更好贯彻落实发展指导思想,《纲要》对标对表《建议》,再次强调了"十四五"时期经济社会发展必须遵循的"五大"原则,即坚持党的全面领导、坚持以人民为中心、坚持新发展理念、坚持深化改革开放、坚持系统观念。

在此基础上,《纲要》又专门设置战略导向一节,集中阐述了新发展阶段、新发展理念、新发展格局的相互关系,明确提出了"五个必须",即必须坚持深化供给侧结构性改革,以创新驱动、高质量供给引领和创造新需求;必须建立扩大内需的有效制度,加快培育完整内需体系;必须坚定不移推进改革,破除制约经济循环的制度障碍;必须坚定不移扩大开放,依托国内经济循环体系形成对全球要素资源的强大引力场;必须强化国内大循环的主导作用,以国际循环提升国内大循环效率和水平,实现国内国际双循环互促共进。

《纲要》锚定2035年远景目标进一步细化了"十四五"时期经济社会发展的目标和指标。《纲要》按照《建议》对全面建设社会主义现代化国家的战略安排,从九个方面清晰描绘了2035年基本实现社会主义现代化的远景目标。同时,聚焦"十四五"阶段性任务,以及"六个新"的主要目标要求,从经济发展、改革开放、社会文明建设、生态文明建设、民生福祉、国家治理效能等方面,进一步细化实化了"十四五"时期经济社会发展的主要目标,并从经济发展、创新驱动、民生福祉、绿色生态、安全保障5个方面,设置了20个主要指标。这些指标的设置,充分体现了新发展理念的要求,与高质量发展指标体系进行了充分对接;坚持远近结合的原则,"远"则衔接了2035年的远景目标,"近"则与"十三五"规划指标进行了充分衔接。具体指标值的设定,坚持实事求是、科学合理,尽力而为、量力而行,同时也为应对不确定性预留了空间。

此外,《纲要》主要指标设置还有不少创新之处。例如,经济增长目标以定性表述为主。将指标值设定为"保持在合理区间、各年度视情提出",这是从推进现代化建设的全局和整体出发,充分把握"十四五"发展趋势和内外部环境作出的一次重大创新,既体现了不能简单以 GDP 增速论英雄的导向,也蕴含了使经济增速与潜在经济增长率保持一致的要求;同时,考虑到这五年内外部环境仍有较大不确定性,不框定具体的量化增速目标,有利于更积极、主动、从容地应对各类风险挑战,增强发展的灵活性,也有利于引导各方面把工作重点放在提高发展质量和效益上。又如,民生福祉类指标数量最多。20 个主要指标中有 7 个是民生福祉类的,占比超过 1/3，比重是历次五年规划中最高的，这些指标覆盖了收入、就业、教育、医疗、养老、托育等各民生领域，还有一个人均预期寿命的综合性指标，充分体现了以人民为中心的发展思想。再如，首次设置安全保障类指标。提出粮食综合生产能力达到 6.5 亿吨以上、能源综合生产能力达到 46 亿吨标准煤以上，充分体现了坚持底线思维、统筹发展和安全的要求。

三、扎实推进《纲要》确定的重点任务

《纲要》提出了 17 个方面的战略任务和重大举措，着力解决经济社会发展中面临的大事难事，兼顾"国家大事"与"关键小事"，体现了对新发展阶段、新发展理念、新发展格局的整体把握、系统贯彻和一体落实。要突出抓好以下方面重点任务。

坚持创新驱动发展，加快发展现代产业体系。创新是引领发展的第一动力，在我国现代化建设全局中居于核心地位。《纲要》将创新驱动作为首要任务，强调要把科技自立自强作为国家发展的战略支撑，协同推进科技创新、产业发展和数字化转型。加快建设科技强国，强化国家战略科技力量，健全社会主义市场经济条件下新型举国体制，提升企业技术创新能力，激发人才创新活力，完善科技创新体制机制，全面塑造发展新优势。巩固壮大实体经济根基，深入实施制造强国战略，推进产业基础高级化、产业链现代化，保持制造业比重基本稳定，推动战略性新兴产业创新发展，扩大服务业有效供给，加快发展现代产业体系。大力推动数字化发展，加强关键数字技术创新应用，协同推动数字产业化和产业数字化转型，加快数字社会建设步伐，提高数字政府建设水平，建设数字中国。

形成强大国内市场，构建新发展格局。构建新发展格局是事关全局的系统性、深层次变革，是塑造我国国际经济合作和竞争新优势的战略抉择。随着国内外发展环境发生深刻变化，必须把发展立足点放在国内，更多依靠国内市场实现经济发展。《纲要》提出，要坚持扩大内需这个战略基点，把实施扩大内需战略同深化供给侧结构性改革有机结合起来。畅通国内大循环，顺应消费升级和产业升级需要，打造强大国内市场，贯通生产、分配、流通、消费各环节，持续扩大优质产品和服务供给，破除制约要素合理流动的堵点，有效破除地方保护、行业垄断和市场分割，形成需求牵引供给、供给创造需求的更高水平动态平衡。促进国内国际双循环，协同推进强大国内市场和贸易强国建设，推动进出口协同发展，完善内外贸一体化调控体系，促进进口来源多元化，优化出口商品质量和结构，提高国际双向投资水平，推进多双边投资合作机制建设，推动国内国际双循环相互促进，持续增强我国经济对

全球要素资源的吸引力、在世界市场的竞争力。加快培育完整内需体系,深入实施扩大内需战略,加快完善合理引导消费、储蓄、投资的体制机制,提升传统消费,培育新型消费,发展服务消费,适当增加公共消费,增强消费对经济发展的基础性作用;加大投资补短板力度,推进既促消费惠民生又调结构增后劲的新型基础设施、新型城镇化、交通水利等重大工程建设,增强投资对优化供给结构的关键性作用。

全面推进乡村振兴,完善新型城镇化战略。农业农村是现代化进程中的最大短板,城镇化是最大的内需潜力所在。《纲要》提出,要全面实施乡村振兴战略,深入推进新型城镇化战略,推动形成工农互促、城乡互补、协调发展、共同繁荣的新型工农城乡关系。坚持农业农村优先发展,深化农业供给侧结构性改革,严守18亿亩耕地红线,实施黑土地保护工程,实施乡村建设行动,实现巩固拓展脱贫攻坚成果同乡村振兴有效衔接。加快推动农业转移人口全面融入城市,坚持存量优先、带动增量,统筹推进户籍制度改革和城镇基本公共服务常住人口全覆盖,放开放宽除个别超大城市外的落户限制,试行以经常居住地登记户口制度。完善城镇化空间布局,发展壮大城市群和都市圈,分类引导大中小城市发展方向和建设重点,促进超大特大城市"瘦身健体",完善大中城市宜居宜业功能,推进以县城为重要载体的城镇化建设。全面提升城市品质,统筹城市规划建设管理,实施城市更新行动,推进城镇老旧小区改造,完善住房市场体系和住房保障体系。

优化区域经济布局,促进区域协调发展。缩小区域发展差距,是构建高质量发展国土空间布局的客观需要。《纲要》提出,要深入实施区域重大战略、区域协调发展战略、主体功能区战略,健全区域协调发展体制机制,构建高质量发展的区域经济布局和国土空间支撑体系。优化国土空间开发保护格局,立足资源环境承载能力,发挥各地区比较优势,完善和落实主体功能区制度,提升重要功能性区域的保障能力,积极拓展海洋经济发展空间。推动区域重大战略取得新的突破性进展,加快推动京津冀协同发展,全面推动长江经济带发展,积极稳妥推进粤港澳大湾区建设,提升长三角一体化发展水平,扎实推进黄河流域生态保护和高质量发展。深入实施区域协调发展战略,推进西部大开发形成新格局,推动东北振兴取得新突破,开创中部地区崛起新局面,鼓励东部地区加快推进现代化,支持特殊类型地区发展,在发展中促进相对平衡。

全面深化改革开放,持续增强发展动力和活力。改革开放是决定当代中国命运的关键一招。《纲要》提出,要坚持和完善社会主义基本经济制度,推动有效市场和有为政府更好结合,坚持实施更大范围、更宽领域、更深层次对外开放,开拓合作共赢新局面。构建高水平社会主义市场经济体制,坚持"两个毫不动摇",加快国有经济布局优化和结构调整,促进民营企业高质量发展,激发各类市场主体活力;建设高标准市场体系,全面完善产权制度,推进要素市场化配置改革,健全社会信用体系,形成高效规范、公平竞争的国内统一市场;加快建立现代财政制度,健全现代金融体系;加快转变政府职能,创新和完善宏观调控,构建一流营商环境,提升政府经济治理能力。实行高水平对外开放,依托我国超大规模市场优势,建设更高水平开放型经济新体制,提升对外开放平台功能,优化区域开放布局,推进贸易和投资自由化便利化;推动共建"一带一路"高质量发展,加强发展战略和政策对接,深化务实合作,加强安全保障,促进共同发展;积极参与全球治理体系改革和建设,推动共建人类命运共同体。

推动绿色发展,促进人与自然和谐共生。生态文明建设是关系中华民族永续发展的千年大计。《纲要》提出,要坚持绿水青山就是金山银山理念,坚持尊重自然、顺应自然、保护自然,建设美丽中国,促进人与自然和谐共生。推动自然生态系统质量整体改善,坚持山水林田湖草系统治理,完善生态安全屏障体系,构建自然保护地体系,健全生态保护补偿机制,不断提升生态系统质量和稳定性。持续改善环境质量,深入打好污染防治攻坚战,全面提升环境基础设施水平,制定2030年前碳排放达峰行动方案,完善能源消费总量和强度双控制度,积极应对气候变化。加快发展方式绿色转型,坚持生态优先、绿色发展,协同推进经济高质量发展和生态环境高水平保护,坚决遏制高耗能、高排放项目盲目发展,全面提高资源利用效率。

持续增进民生福祉,扎实推进共同富裕。民生是人民幸福之基、社会和谐之本,是最大的政治。《纲要》着眼于人的全面发展和改善民生福祉,强调要坚持尽力而为、量力而行,加强普惠性、基础性、兜底性民生建设,让发展成果更多更公平惠及全体人民,不断增强人民群众获得感、幸福感、安全感。把提升国民素质放在突出重要位置,构建高质量的教育体系和全方位全周期的健康体系,推动义务教育优质均衡发展和城乡一体化;构建强大公共卫生体系,扩大医疗服务资源供给;实施积极应对人口老龄化国家战略,大力发展普惠型养老服务,拓展人口质量红利,提升人力资本水平和人的全面发展能力。提高公共服务质量和水平,加快补齐基本公共服务短板,着力增强非基本公共服务弱项;实施就业优先战略,扩大就业容量,提升就业质量;加快健全覆盖全民、统筹城乡、公平统一、可持续的多层次社会保障体系;提高劳动报酬在初次分配中的比重,持续提高低收入群体收入,扩大中等收入群体,更加积极有为地促进共同富裕。发展社会主义先进文化,推进社会主义文化强国建设,传承弘扬中华民族优秀传统文化;推进城乡公共文化服务体系一体建设,加强对外文化交流和多层次文明对话,提升中华文化影响力;扩大优质文化产品供给,推动文化和旅游融合发展,健全现代文化产业体系和市场体系。

统筹发展和安全,建设更高水平的平安中国。安全是发展的前提,发展是安全的保障。当前和今后一个时期是各类矛盾和风险易发期,必须强化底线思维,有效防范化解各类风险挑战。《纲要》首次设立安全发展专篇,强调要坚持总体国家安全观,实施国家安全战略,把安全发展贯穿国家发展各领域和全过程,加强国家安全体系和能力建设,筑牢国家安全屏障。强化国家经济安全保障,强化经济安全风险预警、防控机制和能力建设,实现重要产业、基础设施、战略资源、重大科技等关键领域安全可控;实施粮食安全战略,抓住土地和良种两个关键,深入实施藏粮于地、藏粮于技战略,开展种源"卡脖子"技术攻关,确保口粮绝对安全、谷物基本自给、重要农副产品供应充足;实施能源资源安全战略,坚持立足国内、补齐短板、多元保障、强化储备,完善产供储销体系,增强能源持续稳定供应和风险管控能力;实施金融安全战略,守住不发生系统风险的底线。全面提高公共安全保障能力,坚持人民至上、生命至上,健全公共安全体制机制,保障人民生命安全;完善和落实安全生产责任制,加强食品药品全链条安全监管,建立健全生物安全风险防控和治理体系;优化国家应急管理能力体系建设,提高防灾减灾抗灾救灾能力。维护社会稳定和安全,正确处理新形势下人民内部矛盾,编织全方位、立体化、智能化社会安全网;坚持和发展新时代"枫桥经验",健全社会矛盾综合治理机制,推进社会治安防控体系现代化。

同时,《纲要》还包括国防和军队建设、民主法治等方面内容,并部署了引领未来的重大攻关项目、基础设施领域的世界级标志性工程、重要民生保障项目等102项重大工程项目,按照"项目跟着规划走、资金要素跟着项目走"的要求,推动这些重大工程项目落地见效,确保规划实施取得成效。

蓝图已经绘就,关键是狠抓贯彻落实。实施好《纲要》,必须加强党的全面领导,不断提高政治判断力、政治领悟力、政治执行力,把党的领导贯穿到规划实施的各领域和全过程,把完善党和国家监督体系融入规划实施之中,完善上下贯通、执行有力的组织体系,健全激励导向的绩效评价考核机制和尽职免责机制,调动广大干部特别是基层干部的积极性、主动性、创造性。必须健全统一规划体系,加快建立健全以《规划》为统领,以空间规划为基础,以专项规划、区域规划为支撑,由国家、省、市县级规划共同组成,定位准确、边界清晰、功能互补、统一衔接的国家规划体系。必须完善规划实施机制,加强规划实施监测评估,开展规划实施情况动态监测、中期评估和总结评估,构建规划定方向、财政作保障、金融为支撑、其他政策相协调的政策协同保障机制,确保党中央关于"十四五"时期发展的重大决策部署落到实处。

下一步,我们要更加紧密地团结在以习近平同志为核心的党中央周围,高举中国特色社会主义伟大旗帜,以习近平新时代中国特色社会主义思想为指导,增强"四个意识"、坚定"四个自信"、做到"两个维护",认识和把握发展规律,发扬斗争精神,增强斗争本领,保持战略定力,办好自己的事,齐心协力、开拓进取,努力在危机中育先机、于变局中开新局,确保全面建设社会主义现代化国家新征程开好局、起好步。

>>> 总 体 思 路

"十四五"时期我国经济社会发展基本思路研究

——应对大变局,迈向高质量,开启新征程

中国宏观经济研究院

"十四五"规划是中国特色社会主义进入新时代的第一个五年规划,是开启全面建设社会主义现代化国家新征程的第一个五年规划,具有特殊意义和战略地位。明确"十四五"时期经济社会发展的基本思路是规划编制的关键一步,必须深入分析国际环境与国内发展阶段和条件的重大变化,充分认识我国经济社会发展新的历史方位;确定发展的总体思路、指导方针和主要目标,进一步明确新的历史使命;科学研判"十四五"时期经济社会发展的若干重大战略性问题,系统提出新的重点任务及实施路径,为"十四五"规划编制工作提供有力支撑。

一、深刻认识国际环境与国内发展阶段和条件的重大变化

(一) 世界处于百年未有之大变局,既充满前所未有的历史新机遇,也带来不稳定性不确定性突出和更激烈的全方位国际竞争

种种迹象表明,世界政治经济格局正在出现自第二次世界大

战以来的一场根本性变化,国际力量对比日趋平衡,全球治理体系和国际秩序面临重构,国际产业分工格局和能源资源版图加速演变,各国相互联系和依存日益加深,和平发展大势不可逆转,同时国际合作竞争尤其是大国合作竞争关系也更加复杂多变,全方位博弈更加激烈。

国际力量对比和全球经济版图正在发生根本性变化。以中国为代表的一大批新兴发展中国家群体性崛起,世界经济增长的重心日益从欧美向亚洲转移,百年来少数几个西方国家主导国际经济政治的格局正在发生根本性变化。这为我国更广泛、深入地参与全球治理,提升国际话语权和影响力提供了前所未有的历史机遇。另一方面美国国家战略发生重大转向,大力推行"美国优先"的单边主义、贸易保护主义、经济科技金融霸凌主义政策,实施"能源独立""再工业化"等经济发展战略和印太地缘政治军事战略,欧盟、日本等发达经济体也纷纷调整战略。美国战略转向首先对准中国,使中美关系发生重大变化。预计"十四五"时期是中美两国经过全面较量能否形成以协调、合作、稳定为基调的大国关系的关键阶段。这是我国外部环境发生的非常重大的变化,对我们的战略定力、应对复杂形势的智慧和能力是十分巨大的考验。

新一轮科技革命和产业变革蓬勃兴起。继信息技术革命迅猛发展之后,以5G、物联网、工业互联网、人工智能、基因工程、新能源等为代表的新一轮科技革命和产业变革迅速兴起,必将深刻改变人类社会生产方式和生活方式,推动世界各国比较优势和竞争优势再造,重塑国际产业分工与竞合格局,加速改变国际力量对比。从历史上看,科技革命和产业变革的长周期大约在 50—70 年,一般 10 年左右出现一次创新浪潮。预计"十四五"时期,"5G+物联网+人工智能"将成为现代产业的新引擎,生物科技有可能取得重大突破,光伏、风电、新能源汽车将进入大规模产业化阶段,智能经济、生物经济、共享经济、低碳经济等新经济形态更有力地引领和主导当代世界先进生产力发展。这与我国开启现代化建设新征程形成历史性交汇,为我们发挥后发优势和超大规模市场规模、产业基础、人力人才、基础设施等优势,推动经济发展质量变革、效率变革、动力变革,实现从跟跑到并跑、领跑,提供了"百年一遇"的历史机遇。同时,世界各国特别是大国之间围绕抢占数据、生物种质基因等新型战略性资源和科技革命制高点的争夺更加激烈。

国际投资经贸规则和产业分工格局面临重构。单边主义、保护主义持续蔓延,国际贸易争端不断发酵,WTO 等国际组织面临改革,美国等发达国家大力推进制造业回流,一些发展中国家积极承接产业转移,全球供应链、产业链、价值链加快重塑,经济全球化转向,国际产业分工"大三角形"格局(发达国家负责研发设计和高端产品制造+发展中国家从事中低端产品制造和组装加工+能源富集国供给能源)面临重构,全球围绕市场、产业的争夺更加激烈。这为我国参与全球治理体系改革,努力争取有利地位提供了机遇,同时也面临被"前堵后追"导致产业"空心化"和国际经贸规则变化导致被"边缘化"的风险,对我国重塑实体经济竞争优势和改革开放提出了紧迫要求。

全球能源版图发生重大变化。美国实现能源独立,已成为全球最大的石油生产国,石油供应格局从"两极"(沙特+俄罗斯)向"三极"(美国+沙特+俄罗斯)转变。同时,光伏、风电等可再生能源技术经济性显著提高,传统化石能源尤其是煤炭占一次能源消费比重大幅减少。全球能源版图重大变化,能源转型加快,有利于我国实现能源进口多元化和低碳绿色化,也对能源安全提出了新的挑战。

我国周边地缘政治环境进入高度敏感期。美国软硬兼施拉拢盟友,加快推动实施"印太战略",不断巩固亚太安全同盟体系,同时高调介入我国台湾、香港、南海、西藏、新疆等问题,使我国周边环境面临更加严峻复杂的局面。

综合判断,"十四五"时期,世界多极化、经济全球化、文化多样化将在艰难曲折中继续向纵深发展,但受逆全球化思潮、单边主义、贸易保护主义、经济霸凌主义影响,全球商品贸易和跨国投资都难以改变颓势,世界经济增长动能不足,甚至不排除陷入"停滞"衰退局面,各国发展分化加剧。同时,地区热点问题此起彼伏,各种传统和非传统安全威胁持续蔓延,我国和国际社会面临许多共同挑战。

(二)我国经济发展阶段和条件发生转折性变化,进入深刻转型、爬坡过坎的重大关口

我国工业化、城镇化仍有较大空间,中等收入群体规模巨大,市场规模、产业体系、人力人才资源、基础设施等综合优势和超大规模优势突出,经济发展有足够的韧性、潜力和回旋余地,总体上仍面临和平发展的外部环境。我国发展仍处在重要战略机遇期,具备向高质量阶段转变的诸多有利条件,长期向好的趋势不会改变,中华民族伟大复兴的步伐不可阻挡。同时,也必须清醒看到,经过多年发展,我国经济发展阶段和条件正在发生转折性变化,集中表现在:

重化工业阶段基本结束。工业化进入由中期向中后期转变的阶段,传统原材料产业、汽车、房地产市场可能出现阶段性峰值,中低端机械、家电、轻纺等产业增长明显放缓,先进、高端制造业和战略性新兴产业发展不足,服务业占GDP比重已过半但结构层级和现代化水平较低,再叠加中美经贸摩擦和国内要素成本上升等因素影响,经济发展面临过早"去工业化"的风险。

城镇化进入后半程。城镇化率进入60%—65%的减速提质区间,预计城镇化年均增速将从"十三五"时期的1.15个百分点下降到0.7个百分点左右。与此同

时,随着人口结构老龄化、农业转移人口逐渐减少、城乡基础设施和基本公共服务逐步一体化,以及现代交通网络、通信等技术的发展,可能出现一些发达地区开始去城镇化、去中心化的趋势。中西部某些地方受债务约束强化、产业支撑不足等因素影响,城镇化有可能面临"停滞"的风险。

结构性失衡问题凸显。我国已转向高质量发展阶段,但目前产业结构、要素结构等不适应要求。产品结构不能适应消费需求升级的新变化,一些传统产业严重供大于求,高品质、高性价比、高端产品和服务供给不足。消费对经济增长的拉动作用还未充分发挥出来,需求潜力巨大和有效需求不足并存。大量资金流入房地产、金融等领域,经济"脱实向虚"问题比较突出。东北、西北等地区经济发展困难,东部地区发展放缓,城乡区域发展差距仍然较大。科技创新、现代金融、人力资源发展不适应产业升级要求,供求结构性矛盾突出。收入分配、城乡差距仍然较大。这些结构性问题,造成新旧动能转换艰难,国民经济循环不畅。

经济发展条件发生重要变化。劳动年龄人口规模将进一步下降。预计储蓄率和投资率分别由 2017 年的 46.38% 和 44.4% 下降到 2025 年的 40.7% 和 39.2%,2030 年进一步降至 37.4% 和 36.2%。加之改革攻坚难度很大、自主创新能力不足的制约,全要素生产率增长可能放缓,导致经济潜在增长率下降。据测算,经济潜在增长率将由目前的 6.5% 左右降至 2025 年的 5.5% 左右。

一些风险隐患接近"临界点"。长期积累的金融风险可能在"十四五"时期较大规模暴露,地方政府债务风险凸显,非金融部门还本付息压力较大,金融机构不良资产比重上升。房地产市场风险处于高位,2018 年房地产贷款余额在金融机构人民币贷款余额中占比近 30%,居民家庭一年到期债务本息与其总收入之比为 36.8%,土地使用权出让收入占地方一般公共预算收入的 66.5%,城镇地区住房空置率超过 20%。一些地区特别是中西部地区县级财政收支矛盾突出,保工资、保养老等问题凸显。就业总量压力减小,但随着就业观念、劳动力供给结构发生重要变化,结构性失业压力将增大。

产业、科技、能源等安全压力空前加大。制造业面临"三重"压力(发达国家的高端打压、发展中国家的中低端挤出和国内"高成本"压力),产能外迁过早过快、关键技术"卡脖子"和产业链不稳、不强问题凸显。石油对外依存度超过 70%,天然气对外依存度较高,保障能源安全压力加大。此外,粮食安全、生产安全等方面也需要高度重视。

面对国内外环境的重大变化,必须准确把握战略机遇期新内涵,更加有效应对各种风险和挑战,奋力推动中国经济的巨轮在风雨中破浪前行。

二、迈出全面建设社会主义现代化国家的坚实步伐

（一）总体思路

以习近平新时代中国特色社会主义思想为指导,坚持以人民为中心,切实贯彻新发展理念,以高质量发展为主题,以供给侧结构性改革为主线,坚决守住不发生系统性风险的底线,着力全面深化改革,推进新一轮高水平开放,增强经济内生动力与活力,巩固全面建成小康社会胜利成果,迈出全面建设社会主义现代化国家坚实步伐。

（二）指导方针

保持定力、稳中求进。坚持发展是第一要务,把握长期大势,保持战略定力,统筹国内国际两个大局,抓住主要矛盾,稳中求进,化危为机,集中精力办好自己的事。充分发挥内需的稳定器作用,加快促进形成强大国内市场,着力防范化解重大风险和突出问题,保持经济运行在合理区间。适应形势的变化,主动在改革创新中挖掘潜能,在积极进取中开拓新局,因势利导推动经济发展实现质量变革、效率变革、动力变革。

质量优先、制度为重。坚定推进高质量发展不动摇,着力提升效率效益,构建高质量产业体系、高水平开放体系、高标准生态体系、高效能治理体系。适应我国发展阶段转变的要求,以更大的决心和魄力推进改革攻坚和制度性开放,建立和完善更有利于高质量发展的制度和政策体系,加快形成现代化经济体系和现代化社会治理格局。

创新驱动、转型发展。持续深入实施创新驱动发展战略,加快发展方式转型,补齐现代化经济体系的短板。推动要素结构、产业结构、需求结构、城乡结构、区域结构平衡协调,加快新旧动能接续转换,畅通国民经济循环,实现国民经济更高水平的再平衡。

（三）主要目标

总的目标是:到 2025 年,我国经济实力、科技实力进一步增强,创新型国家建设取得显著的新进展;人民平等参与、平等发展权利得到更好保障,法治国家、法治政府、法治社会建设取得重大进展,国家治理体系和治理能力现代化基本框架初步建成;社会文明程度不断提高,国家文化软实力明显增强;人民生活更为宽裕,中等

收入群体比例进一步扩大,居民收入分配差距逐步缩小,基本公共服务均等化初步实现;社会充满活力又和谐有序,社会治理现代化取得重要进展;生态环境进一步好转,美丽中国建设扎实推进。

在具体指标和目标设置上,既要对标 2035 年基本实现社会主义现代化目标,体现积极奋进精神,也要充分考虑现实可行性。建议将"十四五"时期年均 GDP增速预期目标定在潜在经济增长率附近,即 5.5%左右。同时,要强化高质量发展目标引领,突出创新、民生、生态等方面指标。到 2025 年,研发投入占 GDP 比重达到 2.6%以上,制造业增加值比重保持在 30%左右,常住人口城镇化率达到 65%,户籍人口城镇化率达到 50 %左右,全社会劳动生产率达到 17 万元/人左右;城镇调查失业率保持 6%以下,居民人均可支配收入年均增长率同步或略高于经济增长率,中等收入群体比重不断提高;空气质量明显好转,基本消灭劣 V 类水,单位GDP 能耗下降 14%左右,单位 GDP 二氧化碳排放下降 19%左右,非化石能源占一次能源消费比重提高到 20%左右。

三、"十四五"时期经济社会发展的若干重大战略性问题

（一）加快建设科技强国,为经济高质量发展提供强劲引擎

建设科技强国是中国社会主义现代化的重要目标,也是一项现实而紧迫的任务,必须着力加强基础研究,突破一批关键核心技术,下决心打歼灭战和持久战,夯实现代化的科技基石。

打好基础研究持久战。将基础研究占研发投入比例提高一倍。面向世界前沿科技领域和重大基础研究难题,充分尊重科研人员自主选择,构建更有效支持和激励从事基础研究的科研人员潜心研究、"十年磨一剑"的体制机制和政策措施。按照现代科研院所制度要求,采取"新的投入+新的机制"模式改造和新组建一批基础研究和应用基础研究机构,集聚优秀科研人员,确立打"持久战"的战略思想,克服急功近利偏向,着力加强颠覆性、原创性的科学研究。

打好"卡脖子"技术歼灭战。把技术创新聚焦到振兴实体经济上来,加强对产业核心技术全生态链的支持,做好体系化布局。进一步明确主攻方向,抓紧研究提出"国家关键核心技术清单",并制定相应的行动计划和实施方案。分类施策,创新组织实施机制和模式,积极探索"国家战略和市场需求为导向+企业为主体+科研院所和高校为中坚+政府有效支持+市场决定资源配置"的组织模式。大力推进军民融合科技创新。

增强企业作为最主要创新主体的作用。将企业研发投入费用加计扣除比例提高到200%,增强政策实施的操作性和便利性。加强政府采购等需求政策对企业自主创新的支持,推进重大装备首台套应用。充分发挥我国市场优势,建设人工智能、5G等示范城市,给企业创造更多的场景应用机会。加大对企业引进人才的支持,畅通金融向实体经济传导机制,支持高校、科研机构通过许可、转让、知识产权入股等方式向企业转移技术创新成果,引导和推动创新要素向企业集聚,为企业创新发展加油助力。

大力推进开放合作创新。充分发挥我国市场、人才、产业基础、资金投入等优势,积极探索国际联合研发、成果转移转化新模式、新路径、新体制,吸引和集聚全球高端创新资源,打造全球新技术、新产品、新业态、新模式的产业化和创新中心,更紧密融入全球创新链。积极探索在粤港澳大湾区等建立全面创新改革试验区,给予其在创办大学和科研院所方面更大的自主权,积极开展民办大学试点,发展新型研发机构,走中国特色的开放合作创新道路。

打造充满活力的创新创业生态环境。实施知识产权保护专项行动计划,大幅度提高权利人胜诉率、判赔额,从根本上改变目前"侵权易、维权难"的状况。推动"双创"深入发展,大力弘扬创新和企业家精神。深化注册制改革,增加新三板的流动性,完善创业投资退出渠道。加强创新创业教育。构建为中小企业提供技术创新服务的组织体系。

(二) 实施深度工业化战略,建设现代化产业体系

工业化是中国特色社会主义现代化的关键内容和主要动力,必须把制造业高质量发展作为立国之本,实施深度工业化战略,加快建设制造强国,推进农业现代化,全面提升服务业发展水平,推动中国制造向中国创造转变、中国产品向中国品牌转变。

扎实推进制造业高质量发展。实施降成本专项行动,防止产业链过快外迁。把大力推进制造业数字化、智能化、清洁化改造升级作为实施深度工业化战略的一项重大战略举措,在制造业主要行业和基地建设一批通过数字化、智能化改造提质升级,实现制造业高质量发展的样板和标兵,带动制造业从产品研发设计技术、装备工艺水平、生产过程控制、质量监测检测到供应链组织管理全面提质升级。深入落实质量强国战略,大力弘扬企业家精神和工匠精神,营造优质优价的公平竞争市场环境。实施工业强基工程,加大关键基础材料、关键生产装备、关键核心技术的研发和联合攻关,提升产业链水平。把握新一轮科技革命和产业变革的历史机遇,大力促进新技术、新组织形式、新产业集群形成和发展,加快发展壮大新一代信息技术、生物与健康、节能环保与新能源、高端装备等新支柱产业。积极培育一批主

导产业生态的大企业,大力提升中小企业发展水平。

大力发展现代服务业。深化服务业市场开放,加快科研、教育、工业设计、商务服务、医疗健康服务等知识密集型服务业发展,提高供给能力,推进金融供给侧结构性改革,保持房地产平稳发展,切实解决金融、房地产发展"虚高"问题。大力促进生产性服务业与制造业深度融合、互动发展,支持建设工业电子商务、工业云计算、工业大数据等融合平台。优化现代生活服务业发展的政策和环境,提高群众对服务产品的满意度,以适应人民群众追求美好生活的新需求。

加快农业现代化步伐。进一步提升粮食综合生产能力,口粮自给率达到95%以上,提高绿色有机食品产能比重,提高农机装备智能化水平,大力发展数字农业、智慧农业。支持农业产业化龙头企业、专业合作社、家庭农场采用数字化、智能化技术实现高质量、高效益发展,培育新型农业经营主体。推动农村一二三产业深度融合发展,深入发掘农业农村多种功能和多重价值,支持绿色智能农产品供应链核心技术研发,发展休闲农业和乡村旅游。深入推进农村集体产权制度改革,创新农村家庭联产承包责任制。

(三) 深入推进新型城镇化,构建现代化城乡区域发展格局

城镇化水平是一个国家和地区现代化的必然趋势和重要标志,也是推进现代化的重要动力,要以提质创新为要旨,完善优化城镇体系、促进城乡一体化,构建彰显优势、协调联动的现代化城乡区域发展体系为目标,发挥市场机制在城乡区域生产要素配置中的决定性作用和国土空间规划的战略引领、宏观管控作用,增强城乡区域发展的整体性和协调性。

深入实施新型城镇化战略。实施"新一轮一亿非户籍人口落户城市计划",聚焦农民工聚集地区,着力解决好落户农民工子女教育、住房保障、农村权益等问题。把握人口及经济要素流动趋势,积极推进大都市圈和城市群建设,支持一批基础条件较好、潜力较大的中等城市加快发展,促进小城镇发展与实施乡村振兴战略良性互动,进一步优化城镇体系和城乡空间格局。实施美丽县城建设行动。坚持适用、经济、绿色、美观方针,规范发展绿色城市、智慧城市、人文城市、海绵城市、特色小镇,促进一批有条件的城市率先向新型现代化城市转型发展。

实施乡村振兴战略。突出抓好"头雁工程"、富民兴村产业、农村环境整治等重点工作。推进乡村居民适度集聚,相应配置、完善生产生活基础设施,建设一批城郊融合、特色保护、搬迁撤并示范村。持续改善农村人居环境,加大污水收集处理力度,推进农村"厕所革命"。探索宅基地所有权、资格权、使用权"三权"分置改革,在农民已大批稳定转入城市就业地区开展农村宅基地使用权允许自由购买试点。开展县级土地储备公司参与农村承包土地经营权和农民住房财产权"两权"

抵押试点,建立金融机构服务乡村振兴考核评估办法。推动农村民生事业和乡村文化繁荣。完善现代乡村治理体系。

深入推进重大区域战略落地实施。进一步完善北京通州城市副中心功能,推进非首都功能向雄安新区疏解,启动一小时首都生活圈建设,推动京津冀协同发展。发挥前海、南沙、横琴和若干个特色平台先行先试作用,建设"广州—深圳—香港—澳门"科技创新走廊,深入推进粤港澳大湾区建设。破除行政区划壁垒,加快区域性重大基础一体化示范区建设,推进长三角一体化高质量发展。坚持共抓大保护、不搞大开发,加快建立健全生态补偿机制,推进三峡新枢纽和沿江高铁等重大基础设施建设,推动长江经济带发展。积极探索在东北、西北等地区建设新的经济特区,采取差别化的区域政策。支持成渝城市群、长江中游城市群发展,努力打造新的发展极。

(四) 努力建设强大国内市场,巩固提升规模经济优势

强大国内市场是确保经济平稳增长的"压舱石",是赢得未来的重要支撑。必须充分发挥超大统一市场规模优势,形成支撑国民经济整体水平跃升的巨大势能,构建以强大国内市场整合国际市场资源的战略平台。

着力促进国内消费市场稳步扩容升级。坚持住房不炒和因城施策,补齐保障性住房和租赁市场发展短板,着重解决新市民基本住房保障问题,支持正当合理的改善性住房需求,发展多层次住房租赁市场,稳定住房消费。建立健全合理的土地供应机制,稳妥推进房地产税的试点和实施,抑制过度的投资性投机性购房需求,有序推进经济"去房地产化"。推动汽车、家电等传统消费朝着高端化、智能化、网联化、共享化发展升级。促进文化、信息、医疗、教育、养老、家政、旅游等服务消费市场繁荣发展。优化收入分配结构,实施"国民收入增长计划"和"中等收入群体扩大计划",适度提高居民所得占 GDP 份额,着力扩大中等收入群体规模,逐步提高社会保障水平,不断扩大居民实际消费能力。大力倡导科学、健康的消费新理念和新模式,通过新消费革命与新供给革命互动互促,充分挖掘和释放内需潜能,以高品质供给满足消费提质升级需求,吸引高端消费从国外市场回流。多方增加农民收入,拓展乡村商贸设施和电商服务网络,大力促进农民家庭消费和乡村消费,加强市场诚信制度建设和消费者权益保护,营造良好的消费环境。

积极培育新的投资增长点。实施新一轮技术改造工程,支持传统产业智能化、绿色化改造。鼓励社会投资进入教育、医疗、养老、家政服务、商业、航空航天等领域。推进川藏铁路、沿边公路、陆海新通道、三峡新通道、都市圈交通、农村公路改造、国家物流枢纽等一批重大基础设施建设,完善交通、能源、通信、水利、市政等基础设施网络布局。实施"5G+人工智能+物联网"工程,统筹谋划新一代基础设施

网络,布局广泛覆盖城乡的 5G 移动通信网,建设人工智能、工业互联网、物联网、云计算、大数据等新型信息基础设施,推进交通设施数字化和网联化改造升级。

(五) 打造共建共治共享的社会治理格局,建设和谐幸福社会

坚持以人民为中心,不断满足人民群众对美好生活的向往,必须保证全体人民在共建共治共享发展中有更多获得感、幸福感和安全感。

教育现代化先行。高水平高质量普及各级各类教育,探索实行 15 年免费教育,构建服务全民、覆盖全生命周期的现代教育体系。全面提升学前教育普及水平,推动义务教育优质均衡发展,全面普及高中阶段教育。适应产业转型升级需要,加快发展现代职业教育,不断优化职业教育结构与布局。健全高等教育发展体制机制,引导高等学校科学定位和特色发展,分类建设一批世界一流高等学校和学科,全面提升高等教育国际竞争力。

促进更高质量的就业和持续增收。将稳就业摆在保持经济社会稳定的首要位置,完善就业优先的政策措施,着力化解就业总量性和结构性矛盾,制定就业风险防范应对机制,重点解决好高校毕业生、农民工、退役军人等群体就业。积极发展便捷化、智能化公共就业服务。完善创业普惠性支持政策,加大创业培训力度,拓宽创业投融资渠道,持续发挥创业带动就业效应。对就业困难群体实行实名制动态管理,实现就业托底无死角。健全收入分配体制,持续增加城乡居民和新市民劳动收入,合理拓宽财产性收入渠道,优化完善个人所得税制度,建立健全财产税体系。巩固脱贫攻坚成果,重点提高脱贫人口自我发展能力。适时制定和动态调整城乡居民最低生活保障标准,完善城乡社会救助制度。

全面推进健康中国建设。深化医药卫生体制改革,全面建立中国特色医疗卫生制度、基本医疗保障制度和优质高效的医疗卫生服务体系,健全现代医院管理制度。加强重大疾病防治和公共卫生服务,加强基层医疗卫生机构能力建设,完善全科医生制度,增强儿科、妇产科等紧缺学科建设。提高中医药服务能力,推进中医药继承创新。坚持预防为主,倡导健康文明生活方式,推进全寿命周期健康管理服务。积极应对人口老龄化,促进生育政策、退休政策和相关经济社会政策配套衔接。推进医养结合,加快老龄事业和产业发展,构建养老、孝老、敬老政策体系和社会环境。

提升基本公共服务均等化水平。完善国家基本公共服务清单,健全国家基本公共服务标准,缩小城乡、区域、群体之间基本公共服务差距,做好基本公共服务规划、政策、项目的衔接协调,推进基本公共服务均等化、普惠化、便捷化。

(六) 积极应对世界大变局,为开启新征程创造良好的外部环境

构建和改善和平发展的外部环境,是推进中国特色社会主义现代化的客观要

求,必须坚定信心,保持定力,排除各种干扰,有效应对挑战,推动构建相互尊重、公平正义、合作共赢的新型国际关系,拓展中国走向世界的发展空间。

构建更高水平开放型经济新体制。顺应新形势、把握新变化,坚持"引进来"和"走出去"相结合,全面落实准入前国民待遇加负面清单管理制度,加快推动规则、规制、管理、标准等制度型开放,着力构建更高水平开放型经济新体制,营造更加市场化、法治化、国际化的营商环境。加快实施自由贸易区战略,巩固外贸传统优势,培育外贸竞争新优势,推动从贸易大国走向贸易强国。加快在内陆和沿边地区建设布局一批"开放高地",主动承接国内外地区产业梯度转移。

高质量推进"一带一路"建设。更加聚焦与我国国家利益契合度高、风险可控性较强的周边国家和重要节点,避免战略资源无效投放。推进与"一带一路"国家签订双边和区域贸易协定。探索建立"一带一路"国家战略合作委员会、战略规划高级官员非正式会议等常设机制,推动全方位互联互通,深化双边产能合作。建立投资者仲裁机制、政策稳定保障机制,有效控制投资风险。加快推进西部陆海新通道建设,统筹中欧班列发展。支持企业依托"一带一路"走出去,加快中国品牌全球化发展。

积极参与全球治理体系改革。积极参与全球经济治理,推进制度型开放。推动区域全面经济伙伴关系协定(RCEP)尽快生效,积极考虑加入全面与进步跨太平洋伙伴关系协定(CPTPP)。在总结自贸区试点经验的基础上,有选择地主动与发达国家商签高标准经贸协定。积极参与世界贸易组织、国际货币基金组织和世界银行改革,推进亚洲基础设施投资银行、金砖国家新开发银行、金砖国家应急储备安排等新机制建设。

(七) 推进绿色发展,建设美丽中国

生态文明建设关系人民福祉,关乎民族未来,必须把生态文明建设放在突出的战略位置,大力推进绿色发展,健全生态文明建设制度政策体系,加快建设美丽中国,使蓝天常在、青山永驻、绿水长流,实现中华民族永续发展。

巩固和拓展污染防治攻坚战成果。优化重大生产力布局,构建合理分散与适度集中发展相结合、多中心网络型的国土空间开发保护格局。强化三江源、青藏高原等重点生态功能区和生态脆弱地区的生态环境保护,严格执行生态红线政策。全面建立国家公园制度,在整合自然保护区的基础上设立一批国家公园,加强生物多样性保护。全面推进长江经济带环境污染治理和生态修复,加强京津冀、长三角、珠三角、汾渭平原空气污染治理。提高重点流域水环境质量。推动重点地区土壤污染治理和修复,对土壤污染严重超标地区实行严格管理。

推进清洁生产和能源革命。对钢铁、水泥、化工企业等行业和重点园区实施超

低碳排放改造,大幅降低二氧化硫、氮氧化物、烟粉尘排放量。支持东南沿海和中部地区发展分布(散)式风电和光伏发电。加强燃煤火电机组灵活性改造,推进智能电网建设。推广智能家居、电动汽车和需求侧用电设备智能管理系统,为负荷高峰时段电网调峰提供灵活性服务。实施工业园区能源系统改造,建立高效低碳的区域多能互补能源系统。

提高资源循环利用水平。强化责任主体意识,全面建立生产者责任延伸制度。提高物质流和资源流的溯源跟踪和智能化管理能力。利用物联网、大数据、云计算等,推动原材料供应、加工制造、产品销售、回收处理、资源再利用等全过程溯源、精准管控。构建智能化资源回收利用体系。利用电子标签、二维码等物联网技术,完善政策扶持、技术开发、商业模式等,对含有高价值稀缺资源和难处理有毒有害物质的废旧电子产品、家电产品、电池、塑料制品等建立专业化、规模化的废旧资源无害化回收处理、循环利用体系。

(八) 改革再出发再深化,推进国家治理体系和治理能力现代化

国家治理体系和治理能力现代化是全面建设现代化国家的重要内容和必要条件。必须以坚定的政治决心,进一步解放思想,坚持实事求是,与时俱进,问题导向和目标导向相结合,排除一切阻力,推动改革再出发再深化。

建立适应高质量发展的制度、政策体系。发挥国家规划的战略引领作用,建立健全体现高质量发展要求的规划指标体系。调整废止不适应高质量发展要求的政策,增强政策针对性、精准性和实效性,加快构建推动高质量发展的政策支撑体系。完善产品和服务质量、社会治理和公共服务、生态环境保护等标准体系。加快建立反映高质量发展的统计体系。发挥政绩考核的激励、约束和导向作用,建立体现高质量发展要求的政绩考核机制。

构建以供给侧结构性改革为主线的体制机制。建立市场化、法治化去产能长效机制,推进"僵尸企业"依法市场出清。建立健全房地产健康发展、地方政府和国有企业债务约束机制。清理造成供给结构失衡的审批事项,大幅放开市场准入,建立审慎包容的监管体制。深化国有企业和事业单位改革,加大产权保护力度,建立现代企业制度和现代事业单位制度,优化市场主体结构。深入推进要素配置市场化改革,建立促进实体经济、科技创新、现代金融、人力资源协同发展的体制机制。

突出抓好重大改革攻坚部署落地实施。紧紧围绕"完善和发展中国特色社会主义制度,推进国家治理体系和治理能力现代化"总目标,在"十三五"全面深化改革取得突破性进展的基础上,着力补短板、强弱项、激活力、抓落实,切实推进政府职能转变、国资国企、科技、教育、金融、财税、土地、能源、收入分配等重大改革攻坚

部署落地实施。要处理好问题导向与目标导向、"最先一公里"和"最后一公里"、统一顶层设计与鼓励地方和基层探索创新的关系,健全改革方案制定的科学民主决策机制、改革方案落地落实的实施机制和督察机制、改革绩效评估考核机制,打破"中梗阻",防止不作为或乱作为。倡导不断解放思想,勇于探索创新,在涉及重大改革攻坚事项的相关法律法规中为探索创新留下必要的空间,鼓励、保护各级干部和广大群众改革创新的积极性、主动性,凝聚起万众一心奋斗新时代、开启新征程的强大力量。

(九) 提升经济安全意识,着力防范化解重大风险

要统筹发展和安全,注重防范化解各类重大风险挑战,着力提高应对全球供应链风险的能力,建设安全高效的能源资源体系,坚决维护国家供应链安全和能源资源安全。

实施供应链安全国家战略。积极参与全球供应链治理,推动供应链安全国际合作,共建跨区域甚至全球性的弹性供应链,形成多渠道、多层次供应链安全体系,协同应对供应链中断风险。培育一批跨国经营的供应链核心企业,加强对核心技术、重要原材料、关键资源、全球市场和营销网络的掌控,提升我国参与全球供应链的主动权。依托我国高铁、核电、钢铁、家电等优势产业,用好部分劳动密集型产业向外转移的机遇,以"一带一路"沿线国家和地区为重点,推动优势产能装备、技术、标准、服务"走出去",在全球范围布局供应链不同环节,配置利用全球资源,构建以我为主的供应链体系。

多措并举保障能源资源安全。在国内进一步摸清家底,加强西部地区和海上油气资源勘探。在国际上要重视获取境外权益油气资源份额,加强"一带一路"能源合作,参与全球油气资源开发。优化能源储备设施布局,增强长期战略性储备、平时和应急调峰性储备能力。巩固已有主要油气战略进口通道,推动建立油气运输陆海通道安全合作机制,做好通道关键节点的风险管控,提高设施防护能力、战略预警能力以及突发事件应急反应能力。增强煤制油、煤制气等煤基燃料技术研发能力,积极研发新一代生物柴油、纤维素乙醇、生物纤维合成汽油等生物液体燃料替代技术。实施战略性资源安全保障行动,逐项排查市场集中度、对外依存度"双高"的资源,加强紧缺战略性矿产资源储备体系建设,加快实施替代战略和多元化战略。

（课题组成员：王昌林　杨萍　杜飞轮　白泉

郭丽岩　卞靖　金瑞庭　陈曦　等）

"十四五"时期我国经济社会发展基本思路研究

中国发展研究基金会

"十四五"时期是全面建成小康社会、实现第一个百年奋斗目标之后,开启现代化建设新征程的重要时期。综合分析国内外环境条件变化和我国经济社会发展态势,我们认为,"十四五"规划应围绕"建设现代化经济体系,为实现第二个百年目标打好基础"的主题,围绕"以高标准市场经济、高水平对外开放推动高质量发展"的主线,全面而实质性地深化改革开放,显著提升我国经济社会发展的质量和效率,迈开我国现代化建设新征程的坚实步伐。

一、国内外发展环境条件变化决定了我国将进入中速高质量发展阶段

"十四五"时期我国经济社会发展的国际环境与以往相比,将发生一些深刻的调整和变化。只有正确认识由此带来的真正的挑战和机遇,才能制定富有远见的战略,推动经济社会发展。

(一)国际环境变化要求我国在更高水平上参与全球竞争

改革开放以来,在和平与发展的主题之下,我国通过改革开放

释放内部活力、融入全球经济,产业和技术水平快速发展,产业体系不断完善,目前是世界第一制造业大国,制造业增加值几乎是美国的两倍。我国在自身经济社会快速发展的同时,也有效拉动了世界经济增长,尤其是在 1997 年亚洲金融危机和 2008 年国际金融危机期间,为稳定全球经济作出了举足轻重的贡献。我国在分享全球化红利的同时,也为诸如援助最不发达国家、应对气候变化、防范全球性传染病、维护重要海上交通通道安全、参与联合国维和、推动全球宏观经济政策协调等全球公共产品提供作出了自己应有的贡献。

展望"十四五"时期,国际关系格局、全球化的推进形式和全球治理机制等,都将呈现与以往不同的特征,各国的技术竞争也将更加激烈。这些变化要求我国通过提高发展质量,在更高水平上参与全球竞争。唯其如此,我国才能抓住新一轮技术革命和产业变革机遇,提升产业、技术水平和在全球分工体系中的相对地位;才能顺利推进现代化进程,并在世界舞台上更好地担负起世界和平的建设者、全球发展的贡献者、国际秩序的维护者的角色,进一步为人类发展作出更大贡献。

1. 国际关系将形成高烈度和平竞争的格局

2008 年以来全球力量格局变化趋势在延续。虽然包括中国在内的新兴经济体的增长和发达国家一样在放缓,但相对而言新兴经济体还是保持了较快增长。因此,相对于西方国家而言,新兴经济体产出占全球的比重继续上升。按照汇率法计算,中国和印度 GDP 占全球总产出的比重,分别由 2005 年的 4.8% 和 1.7%,提高到 2017 年的 15.2% 和 3.2%;美国则由 28% 降低到 24.5%;欧元区和英国的比重,由 27.5% 降低到 19.2%。[①] 展望未来,随着发展中国家特别是东南亚和南亚等人口密集地区的工业化快速推进,新兴经济体和发达经济体之间、东方和西方之间的力量对比格局将延续目前的变化势头,新兴经济体占有的比重将会继续增长。从潜力上看,我国经济规模在超过美国之后,还有可能在相当长的一段时间内保持高于美国的经济增速,从而在很大程度上改变过去两个世纪的国际力量对比格局。

从地缘上看,包括中国、印度等超大体量国家的崛起,世界的中心将有可能重新回到东方,这和过去两个世纪中全球首位国家在西方国家内部更替的情形迥然不同。

全球力量对比格局的变化,特别是中国经济规模对美国的追赶,将对国际关系产生重大影响。2017 年 12 月,美国特朗普政府发布的《国家安全战略报告》认为,当今世界是一个竞争性的世界,把中国和俄罗斯列为对美国的"权力、影响力和利益"的首要威胁,这是从 1987 年美国开始发布《国家安全战略报告》以来,5 位总统、8 届政府提出的 16 份报告当中的第一次。不过,《国家安全战略报告》也认为,

---

① 数据来源:世界银行世界发展指数。

"尽管捍卫美国利益的意志不容置疑,但竞争并不总是意味着敌意,也不必然导致冲突。防止冲突的最好办法是美国成功地参与竞争。美国弱会招致挑战;美国强大和自信,则可以阻止战争、促进和平"。

尽管如不少人认为的那样中美关系回不到过去,但中美关系未来的走向,将明显不同于第二次世界大战之后美苏为首的两大集团的冷战。根本的区别在于第二次世界大战之后美苏两个集团之间几乎没有什么往来,相互的贸易、投资、人员往来很少,而今天中美之间相互的贸易、投资、人员往来的规模非常大,正所谓我中有你、你中有我。中国和美国以外的其他发达国家相互的贸易、投资和人员往来规模也非常可观,并且还会继续增长。所以,和平竞争将是未来国际关系的基本走势,中美关系这个全球最重要的双边关系,也将是如此的基本态势。不过,国与国之间的竞争烈度将超过以往。

2. 全球化将在曲折中向更高水平迈进,全球治理结构将相应重塑

自2008年国际金融危机爆发以来,人们一直担心全球化会出现反复。最近几年,随着特朗普当选美国总统后针对许多重要伙伴发起贸易摩擦,人们愈加担心全球化会倒退。这种担心不无道理,因为目前可以观察到发达国家尤其是美国对全球化的态度出现重大反复,正在谋求大幅度重塑其主导下建立的第二次世界大战之后的国际秩序。美国付诸实施的步骤,看起来是实施单边主义和贸易保护主义,先后退出跨太平洋伙伴关系协定、应对气候变化《巴黎协定》、联合国教科文组织、万国邮政联盟、世卫组织,还扬言退出世界贸易组织和猛烈抨击北约甚至联合国,针对许多重要贸易伙伴挑起贸易摩擦。

但是,我们认为,全球化大幅度倒退概率并不高,而是会在曲折中迈向更高水平。之所以作出这样的判断,有几个方面的原因。

第一,美国这种眼花缭乱的举动,有开全球化倒车的因素,也可能客观上将全球化推到一个更高水平。比如,美国在取消北美自由贸易协定(NAFTA)之后,很快重新商签了美墨加协定(USMCA)。与原来的北美自由贸易协定相比,新的协定并无颠覆性变化,只不过要求墨西哥和加拿大通过削减关税、补贴等,减少对美贸易顺差。再比如,美国虽然退出TPP,但在和欧洲谈判签订零关税的自贸协定。美国也在和欧洲、日本协调,形成关于全球贸易体系和WTO改革的一致立场,主张更低的关税、非关税措施、补贴等,实际上是更高水平的自由贸易。

第二,美国之外的其他主要经济体,仍然对全球化相对积极。比如,美国退出TPP之后,原来TPP的另外11个成员国在越南岘港出席亚太经济合作组织(APEC)会议期间就继续推进TPP达成共识,并将TPP更名为全面和进步的跨太平洋伙伴关系协定(CPTPP),继续加以推进,只不过保留了20条未决条款,这些条款是当初美国谈判加入TPP时坚持加入的,涉及投资、政府采购、知识产权等。

英国在脱欧公投之后也表示要启动加入 CPTPP 的谈判。中国也和有关国家签署了一系列双边自贸协定。东盟地区发起、并邀请中国、日本、韩国、澳大利亚、新西兰、印度加入的 10+6 的区域全面经济伙伴关系（RCEP）也呼之欲出。

第三，全球各国经济相互融合的程度很高，也决定了全球化无法倒退。根据世界银行世界发展指数的数据，1960 年全球贸易总量占全球总产出的比重为 11.8%，之后一路上升，到 2008 年达到 30.8%。之后虽然因为国际金融危机有所降低，但 2016 年仍然高达 28.5%。1970 年全球各经济体外国直接投资净流入额之和占总产出的比重为 0.5%，并在 2000 年和 2007 年分别达到 4.4% 和 5.3%，之后虽然因国际金融危机有所降低，但 2016 年也仍然高达 2.4%。考虑到过去半个世纪中对外直接投资一直在进行，其累积存量则更可观。这表明全球分工体系不断深化，绝大部分经济体之间的相互依存程度比以前高了很多。

3. 新一轮科技革命和产业变革的展开要求国际之间开展广泛的创新合作

全球范围内的新一轮科技革命和产业变革，经过较长时间的积累和发展，对生产和生活的影响正在全面显现。信息技术、包括 3D 打印在内的新制造工艺、新材料、新能源、人工智能、生物技术、空间技术等，正在快速发展。其中，趋势比较明朗的是信息技术在把企业和消费者连接起来、使得消费更加便捷之后，正在向生产领域渗透，万物互联的、智能的、高效而节约的、快速响应的、绿色的生产和配送体系，将逐步形成。在这方面中国并不落后。

新一轮科技革命和产业变革有两个显著特点。一是各种技术之间特别是信息技术和其他各个技术门类之间的相互交叉，是推动升级的重要形式。二是没有哪个单一的国家有能力在全部甚至大部分技术和产业谱系上全面领先，国家之间的技术合作是必不可少的。

这意味着我国一方面要提升自身的技术和产业水平，另一方面，也要有所侧重，并注重和其他国家形成良好的合作关系。也就是说，要推动开放创新。当然，我国作为巨型经济体，有可能占有优势的技术和产业谱系，会比其他中小规模经济体要宽广。

（二）国内环境变化对中速高质量发展提出的要求和提供的条件

我国现代化征程站在了新的起点上。但与此同时，真正跨越中等收入陷阱、巩固地迈入高收入经济体行列，面临一系列挑战。应对这些挑战，需要推动高质量发展。而国内发展环境条件的变化，也为实现高质量发展提供了有利条件。

1. 需求总量扩张空间收窄，结构趋于优化

我国快速工业化进程基本结束，总需求潜在增速中枢回落，并逐步进入结构优化和质量提升阶段。一是投资仍将在结构调整中发挥关键作用，但增速可能低于

GDP。其中，随着房地产需求和新开工规模缓慢从历史峰值回落，潜在增速可能在零甚至略微为负的区间。我国已经建成具有世界水平的基础设施，后续由于债务和回报率约束，地方政府融资更加规范，以及土地财政空间收窄，基础设施投资增速预计将进一步放缓。新兴产业蓬勃发展和传统领域更新改造，将为生产性投资打开增长空间。根据制造业大国经验，在类似发展阶段，生产性投资潜在增速区间在3%—5%。二是消费对GDP增长的贡献持续凸显，同时呈现增速下降、结构升级特点。国际经验显示，消费增速大体相当于或略高于收入增速。但由于经济潜在增速下滑，储蓄率降低和还本付息支出增加，消费增速预计进一步回落。从结构上看，服务性消费占总消费比重已经超过50%，教育、医疗、养老、旅游、体育等发展或享受型消费愈加受到重视，政府支出中社会性支出比重不断提高，服务性消费占总消费比重至少还有20个百分点的提升空间。目前商品消费总规模达到5.7万亿美元，已经与美国商品最终销售额相当，汽车、家电、手机等耐用消费品饱和度上升，商品消费增速会低于服务消费。三是出口快速增长阶段基本结束，增速逐步向全球平均水平收敛。从1997年开始，我国出口增速连续19年高于全球平均水平，尤其是入世以后，我国出口增速按美元计算约相当于全球平均水平的两倍，出口规模占全球比重也一度提高到13.8%。但从2016年开始，我国出口占全球出口的比重连续下降。由于人民币汇率更加接近均衡水平，国内企业经营综合成本不断提升，跨国公司和部分企业重新布局产能，我国出口增长已经很难持续高于全球平均水平，未来出口规模占全球份额可能与经济总量的份额大体相当。在现行技术条件变化缓慢的情况下，潜在需求能否充分释放决定了经济增长的水平。进一步松绑各种体制机制束缚，优化政府支出结构，将是促进需求平稳增长、加快结构持续升级的关键。

2. 要素供给从规模扩大转向质量提升

由于技术追赶空间不断收窄、劳动供给数量逐年减少、资本回报率不断下降、资源环境要求愈加严格，依靠扩大资本、劳动和土地等要素投入规模支撑经济增长的难度增加，实现可持续发展需要更多依靠要素质量和要素使用效率的提高。一是人口数量红利将转向人口质量红利。人口新增趋势明显放缓，2017年新出生婴儿再度下降，这是放开二孩以来的首次下降。老龄化现象凸显，65岁以上人口的数量和比重呈现加速上升态势。劳动力供给连续下降，流动人口数量2014年达到2.53亿的峰值之后逐步回落。具有标志性含义的是，2018年就业人数总量开始下降，人口数量红利和与之相关的低成本优势进一步被削弱。与此同时，人力资本的质量明显提升，劳动年龄人口平均受教育年限提高至10.5年，和发达国家的差距进一步缩小。特别是，近年来每年毕业大学生约800万人，其中科学、技术、工程和数学（STEM）类专业毕业生占比接近60%，其数量和比例均明显高于美国，这将为推动产业升级、加强创新驱动提供重要人才保障。二是资本积累从规模扩张转向质量提升。我国人均物质资本存量约相当于美、欧、日等发达经济体目前水平的1/3,但明显高于上述经济体在类似发展阶段的水平。与此同时,资本规模快速扩张也受到资本结构不合理和储蓄率下降的制约。我国资本结构当中建筑类比重偏高,知识产权等无形资产和设备类投资的比重偏低,且从2012年开始,上述结构还有进一步固化的倾向。高投资与高储蓄往往是一枚硬币的两面。我国国民储蓄率仍保持在40%以上,但经济的再平衡推动储蓄率自2011年以来一直呈现下降趋势。三是技术追赶步伐将明显放缓。2012年以后,我国全要素生产率年均增速不到2012年之前30年平均水平的一半。从国际比较的角度看,在当前发展阶段,由于技术升级难度增加,全要素生产率年均增长会降至2%甚至更低的水平。技术进步、知识积累、管理模式改进的速度取决于融入全球产业分工体系的深度,取决于将国内人口和市场规模优势转化为创新引致力量的程度。进一步打开潜在增长空间,需要不断推动经济增长动能从依靠要素数量投入转向更多依靠要素质量提升。

3. 产业在分化和挑战中孕育转型升级新优势

我国目前拥有全球最为齐全的产业体系,制造业产出规模自2010年以来连续位居世界第一,服务业规模和质量不断提升,为满足人民群众日益增长的美好生活需求提供了有力保障。近年来,随着我国发展阶段的提升以及国际环境的演变,产业转型和升级呈现出新的特点和趋势。一是不同产业发展势头持续分化,新旧动能持续转换。从三次产业结构看,服务业增速连续6年超过工业增速,由此基本上可以确认工业比重的峰值已过。从工业内部结构看,高技术制造业和战略性新兴产业增速保持在10%以上的增速,显著高于传统行业增速。制造业当中高技术制造业占比已经达到13%左右,但这距离发达经济体的水平还有不小差距,未来发展空间广阔。从服务业内部看,由于重化工部门和外贸增速放缓,流通性服务业比重逐步下降,但制造业服务化、消费升级推动生产性和社会性服务业加快发展。二是数字化步伐加快,产业融合态势更趋明显。移动互联网、大数据、云计算和人工智能技术蓬勃发展,借助国内庞大的人口和市场规模以及丰富的应用场景,最终消费环节的数字化比重迅速提高,社会消费品零售总额当中线上销售占比已超过18%。需求端的数字化进一步带动流通端和生产端的升级步伐,在线定制、新零售等业态层出不穷。根据不同口径的测算,数字经济年均增长17%左右。三是产业竞争方式发生变化,向价值链中高端升级紧迫性凸显。产业竞争已经从单个企业、单个行业的竞争,转向产业集群、供应链、价值链的竞争。改变我国产业大而不强的局面,需要更快提升境内企业在全球价值链上的位势,更多参与中高附加值的投资、生产和贸易活动。全球范围的产业竞争方式演进,对投资和贸易便利化、边境内规则一致性、政策透明度和法治化程度提出了更高要求。主要国际组织对竞争力、投资和营商环境的比较研究表明,我国在促进外商投资、竞争中性、劳动权益保护等方面还有较大改进空间。四是中美经贸摩擦背景下产业升级环境更加复杂。美方挑起的贸易争端力度、范围、持续时间都远超以往,影响正从局部层面转向全局层面,从贸易扩散至投资、供应链、就业、技术升级等其他领域。这就需要不断增加政策透明度、可预期性,提升法治水平,提升金融服务实体经济的能力,促进各种中高级生产要素向实体经济领域聚集,不断增强产业竞争能力。

4. 要素空间配置格局不断优化背景下促进区域协调发展需要新举措

由于经济发展水平不断提高,经济融入全球分工体系的程度加深,和以互联网为代表的新一轮技术革命和产业变革不断推动,区域产业分工、要素集中呈现新的特点,对优化资源空间配置提出了新的要求。一是沿海发达地区经济转型升级步伐加快,"东强西弱、南北分化"的增长格局更趋明显。东部地区通过加大创新投入、推动制造智能化和积极融入全球分工网络,正在逐步实现制造业的全产业链升级,而西北、华北地区资源型经济和重化工业主导的局面没有根本改变,结构调整明显滞后。二是城镇化的格局正在朝着都市圈化演进。国内已经形成了京津冀、长三角和珠三角三大都市圈,成渝、中原等区域性城市群亦在快速发展。这些都市圈、城市群的人口聚集度、经济密度、创新活跃度都显著高于其他地区,在区域内城市协作、城乡一体化、创新孕育、融入全球分工等方面正发挥着愈加重要的引领作用。全球化背景下国与国的竞争,更深层次看是城市之间的竞争,进一步推进户籍制度、土地制度、社会保障制度和行政性管理体制等方面的改革,显得格外紧迫。三是产业重新布局和要素进一步聚集可能导致不同区域差距拉大。受营商环境、创新基础和宜居条件等因素影响,各种中高级生产要素向优势地区聚集的趋势进一步强化。发达地区在产业转型、公共服务水平、制度环境等方面本来就领先,要素聚集进一步扩大了发达地区和中心城市的优势,而欠发达地区和部分中小城市发展将面临更大制约。四是以轻资产、低成本、大平台为特征的平台经济迅猛发展,成为区域经济发展不平衡新的重要影响因素。电商、旅游、租车、信贷等平台经济发展迅速、集中度高,总部目前主要分布在北京、上海、广东、浙江、江苏、天津等发达省市。我国城镇化率距离 OECD 发达国家的平均水平至少有 10 个百分点的差距,城镇化质量差距更大,经济活动和要素聚集度还有提升空间,需要以优化经济活动区域布局、促进区域协调发展为重点,加快统一市场建设,增强社会保障的可衔接性和可携带性,打破制度壁垒和填平政策鸿沟,畅通要素流动和聚集,深化专业分工,提高我国经济整体运行效率。

5. 旧问题与新挑战叠加背景下收入分配格局调整更加紧迫

近年来,我国国民收入分配格局有所改善,居民收入占整个国民经济收入比重、劳动报酬占国民收入比重均有所上升,城乡、区域、个体等层面的收入差距总体下降,收入分配演变趋势与后发追赶型经济体的经验大体相符。但与此同时,劳动报酬和居民收入比重与 OECD 国家相比仍然偏低,基尼系数的绝对水平高于国际警戒线,国内要素市场化改革滞后、再分配机制不健全,收入分配改善的基础并不巩固。一是要素市场化改革明显滞后拖累初次分配结构改善。劳动力市场存在城乡、行业、区域分割,劳动者权益得不到充分保护,劳动力的定价常常处于相对弱势的地位。利率市场化不够彻底,还存在一定的金融压抑,资金过度投向地方政府和国有企业,降低了经济参与度,难以形成有效的收益共享机制。而且,要素定价机制扭曲导致了垄断和寻租,为滋生各种隐性收入和灰色收入提供了温床。二是公共服务供给不合理,再分配机制并不健全。我国政府支出当中公共服务相关支出比重偏低,且存在对收入分配逆调节现象,城乡公共服务差距进一步缩小难度增加。一些大城市仍然以户籍、教育、社会稳定等名义排斥外来人口,流动人口在一些大城市难以获得必要的教育、住房、职业培训等公共服务,造成人力资本升级困难,阶层流动性和代际流动性下降。三是技术进步对收入分配格局的影响逐步显现。互联网、大数据、人工智能的使用,一方面拓展了新的增长空间,提供了更多的就业机会,但与此同时,低素质人口的就业范围也存在被锁定在低收入岗位的风险,还可能出现机器替代人工导致结构性失业的情况。未来 5—10 年将是我国收入分配调整的关键时期。随着我国经济转向中速增长阶段,国民收入增长速度也将进一步放缓,通过增量调整存量的空间逐步收窄,进一步缩小收入和财富差距、形成更为合理的收入分配格局、避免阶层固化的紧迫性上升,需要抓住这一时间窗口尽早调整才能赢得主动。

6. 持续深化绿色发展进程的条件更加成熟

近年来,我国绿色发展取得不少成就,持续深化绿色发展进程的支撑条件不断形成。一是绿色发展的理念更加深入人心。对于绿色发展的认识,正在经历从外部性负担到新竞争优势的转变。随着高铁、高速公路、互联网等基础设施的不断完善,各种要素的流动性和可及性不断增强,自然禀赋和生态资本价值正在被重估,对传统上欠发达地区而言,存在重塑差异化竞争优势、后来居上的可能。二是主要污染物排放接近或达到峰值,为推动绿色发展提供了客观基础。我国重化工业发展高峰已过,钢铁、煤炭、有色金属、水泥等主要工业产品产量扩张步伐大幅放缓,甚至出现负增长,加之近年来大力度环境整治,主要大气污染物和水污染物预计在未来 5—10 年逐步达到峰值或者进入平台期,运用更加市场化、法治化的手段,遏制污染物总量递增、实现总量减排的可行性进一步增强。三是绿色发展制度框架更加完善。自然资源资产产权、国土空间开发保护、空间规划、资源总量管理、资源有偿使用和生态补偿、环境治理等领域的制度更加完备。随着绿色金融、排放权交易等市场工具的引入,绿色发展领域动员社会资源的能力不断增强。长江大保护、国家公园、绿色城镇化等一系列重要举措的推行,绿色发展支撑和着力点不断形成。四是灾难性气候不断出现,参与并改善国际绿色治理合作的必要性更加凸显。考虑到现有各国行动与全球避免灾难性气候所应采取行动之间存在巨大差距,极端气候威胁人类的生产和生活已经成为一个现实的问题。作为一个负责任的大国,中国在持续深化自身绿色发展进程的同时,以加强"一带一路"绿色发展合作为契机,不断创新与其他国家的绿色合作机制。传统的资源消耗型、粗放式发展模式已经难以为继,需要抓住当前绿色发展条件更加成熟的契机,推动构建产权清晰、多元参与、激励约束并重、系统完整的绿色发展制度体系,推进绿色发展领域国家治理体系和治理能力现代化。

7. 在更高起点上谋划全面开放势在必行

我国综合国力和国际地位近年来明显提升,比较优势、对外经济关系都正在发生质的变化,对外开放需要站在更高起点上加以谋划。一是开放主动性上升,但同时大国政策溢出效应更加明显。我国已经成为全球第一大货物贸易国,全球吸引外资第二大国,对全球经济增长的贡献在30%左右,中国经济自身变化和相应的政策动向越来越成为全球经济活动的自变量。这意味着,国内政策调整需要更加遵循规则,并不断提高透明度,国内结构性改革、宏观调控也越来越有全球性意义。二是传统比较优势削弱要求重新塑造新的竞争能力。由于要素成本上升、知识产权和劳工权益保护更加完善、国际贸易更加强调竞争中立,我国传统的比较优势正在不断削弱,越来越多的跨国公司和国内企业开始重新调整产能布局。需要抓住时机,充分利用好本土市场优势,加快提升人力资本水平、完善营商环境、增强创新能力,构建国际竞争新优势。三是推动高质量发展要求进一步提高产业开放度。我国服务业产出占比已经超过50%,但服务业尤其是生产性服务开放度不够,国际竞争力不强,众多关系社会民生的行业管制较多,服务贸易逆差逐年扩大。制造业绝大多数领域都已经开放,不过出于保护战略性、幼稚性产业的考虑,仍设置了不少隐性障碍,结果加大了资源错配的可能,降低了产业运行效率。四是需要积极参与全球治理,承担更多责任和义务,并为我国全面开放营造一个良好外部环境。当前,气候变化、数字贸易、贸易保护主义等全球性议题的解决,都离不开我国。我国需要承担与自身能力相适应的责任和义务,为全球治理提供更多公共产品。我国当前正在经历百年未有之大变局,只有与时俱进调整开放战略,落实全面开放承诺,才能加快提升我国在全球价值链上的地位,同时为中国这样一个后发大国的崛起,营造互利共赢的国际环境。

二、推动中速高质量发展的五大关键领域与相应发展战略

从 2010 年第一季度开始,我国经济增速逐步放缓,进入由 10% 左右的高速增长向中速增长的转换。2016 年第三季度初步触底,开始进入中速增长平台。从过去两年多的情况看,中速增长平台的重心还会有所下移。根据国内外发展环境条件的变化和对我国潜在增长率的测算,初步判断,2020 年后,增速将会调整到 5%—6% 之间,也可能是 5% 左右,并在此平台上稳定一个较长时间。所以,"十四五"时期将是我国经济在中速增长平台上趋稳并实现高质量发展的关键时期。应围绕"建设现代化经济体系,为实现第二个百年目标打好基础"的主题,准确把握并充分挖掘中速增长平台上我国经济社会所蕴含的推动高质量发展的潜能。

(一) 推动中速高质量发展的五大关键领域

进入中速平台后,在高速增长阶段作为主要增长来源的基建和房地产投资、出口、汽车以及其他重要消费品,相继越过历史需求峰值,开始寻找"比历史需求峰值低一些,比成熟增长阶段高一些"的新均衡点。这些需求对中速增长的存量稳定仍有重要作用,但对增量贡献已经很小了。

由于中国经济规模已经很大,即使保持 5% 的增长速度,每年经济的新增量依然位居全球前列。支撑这样的新增量并非易事。扩大并稳定中速高质量发展的增长来源是一个重要挑战。在今后较长一个时期,需要找准并释放以下五大关键领域蕴含的增长潜能。

1. 低效率部门的改进

迈克尔·波特在分析日本竞争力时提出,日本存在着一个面向全球市场竞争、效率很高的出口部门,还有一个主要面向国内市场、缺少竞争因而低效率的基础部门,这种效率差异很大的二元结构,成为制约日本发展的不利因素。就中国而言,这种情况不仅存在,而且更为突出。中国基础部门主要由国有企业经营,长期存在行政性垄断,市场准入和竞争严重不足,效率低下成为自然而然的结果。最近一些年来,这些领域也推动改革,时有反复,大的格局并未改变。部分企业的切身体验和实证研究都表明,中国的能源、物流、通信、土地、融资等基础性成本,要高于美国一倍以上。除了土地等由于资源禀赋原因外,主要是因为中国相关行业不同程度地存在着行政性垄断。另一个例子是城乡之间生产要素流动受阻,尤其是农村集体土地和农民宅基地无法进入市场,在助推城市房价的同时,更使农村错失了大量本来可以获得的发展机会。

2. 低收入阶层的收入增长和人力资本提升

收入分配差距过大对经济增长的含义是,相对于分配差距适度,那些收入过低人群本来可有的需求空间得不到利用,从而降低了经济增速。反过来说,如果低收入阶层的收入能够提高,接近或达到中等收入水平,将会形成很大的需求增长空间,直接提供增长动能。相关研究表明,近年来,中国收入分配差距有所减小,但仍处在较高水平。中国全力推进的脱贫攻坚对经济增长的意义在于直接提高了消费需求。可以想象,如果贫困人口能够稳定脱贫,如果农村人口能够顺利地转入城市,如果城乡低收入阶层能够逐步进入中等收入阶层,将会释放出多大的需求潜能。这部分需求潜能是中国经济下一步增长中空间最大且易于获取的。

提升低收入阶层的人力资本是另一项重要任务,从长期看更为重要。贫困是因为人力资本严重不足,而人力资本严重不足,部分是由于从儿童营养保障到医疗、教育、就业等条件的匮乏,部分则由于相当多的机会不均等。从全社会角度看,提升低收入阶层人力资本的空间最大,经济和社会效益也显而易见。在中国人口结构发生重要变化,劳动年龄人口和就业人口总量下降、老龄化速度加快的背景下,提升低收入阶层人力资本尤为重要。

3. 消费结构和产业结构升级

消费结构升级是中国经济需求增长的常规动力。商品消费增长趋于平缓,但也不乏体现消费品质提高的亮点。与此同时,包括医疗、教育、文化、娱乐、养老、旅游等在内的服务性消费进入快速成长期。在一线城市,服务性消费比重已经达到一半左右。消费结构升级带动产业结构转型升级。近年来的一个重要现象是产业内分化加剧,市场份额和利润向头部企业集中,即使在一些发展不错的行业中,多数企业的日子并不好过,这也是一个时期以来中小企业困难增多的重要原因。产业分化、重组推动优势企业、优势行业加快发展,高技术含量、高附加价值行业比重上升。制造业转型升级与生产性服务业的发展密切相关。制造业服务化、服务制造化相互推动,带动了研发、设计、咨询、物流、金融、商务服务等生产性服务业发展加快。为制造业升级服务的生产性服务业,与前面提到的为消费结构升级配套的消费性服务业,大多具有知识密集的特点。知识密集型服务业正在成为拉动消费结构和产业结构升级的新主导产业。

4. 前沿性创新

以往长时间内,中国的创新主要是外来技术本地化的适应性创新。近年来的一个重要变化,是在全球创新前沿"无人区"的创新增加,由过去的主要"跟跑",转为部分"并跑",再到少数领域"领跑"。前沿性创新较多集中于互联网、大数据、云计算、人工智能等数字技术领域。在这一领域,与过去历次技术革命时不同,中国总体上与先行者的差距不大,部分领域还处在领先位置。中国的优势还体现在消费市场巨大、产业配套比较完整等,易于形成商业模式和实用技术,由商业模式创新拉动技术创新。前沿性创新能够拓展潜在增长率边界,并对已有生产能力进行革命性改造,如互联网与各类实体经济的结合。中国在前沿性创新上的最大短板是基础研究滞后。如果没有一大批重量级基础研究成果形成的土壤,在前沿性创新上将缺乏后劲。尤为重要的是,要形成有利于新思想脱颖而出的自由探索环境。能否补上这块短板,将是中国力图建成创新型国家无法回避的重大挑战。

5. 绿色发展

把绿色发展作为一种增长动力,与对绿色发展的理解直接相关。在传统认识中,通常把绿色发展等同于污染治理、环境保护,理解为对传统工业化模式缺陷的修补或纠偏。这样看来,绿色发展确实没有多少增长动力,甚至被看成是经济增长的代价。如果从传统认识中跳出来,换一个角度,把绿色发展看成是与传统工业化模式相竞争并更具优越性的一种新发展模式,绿色发展对经济增长的意义就大不相同。绿色发展将重新定义产出与投入、收益与成本,力图将人类经济活动与自然之间相互冲突的关系,转化为相互融合和促进的关系,以更低的成本、更优的资源配置,提供更有利于人全面发展的产品和服务。形象地说,绿色发展不仅是在做减法,更重要的是在做加法和乘法。

（二）要素和体制条件提升与跨越中等收入陷阱

上述五大关键领域所依托的要素和体制条件各有不同,但"门槛"和高度都显著提升了,要把其中的增长潜能充分释放出来并不容易。

前两个领域的增长潜能本来是属于高速增长期的,之所以拖下来,是因为其中的体制政策难题未得到解决。就低效率部门的改进而言,涉及国资国企改革、民营经济发展、产权保护、市场公平准入和竞争、农村土地制度改革等。打破行政性垄断、维护公平竞争等已经讲了很多年,但难以真正落地。低收入阶层收入增长和人力资本提升,则涉及农民工进城、住房制度改革、基本公共服务均等化,还有农村土地制度改革、城乡生产要素双向流动等问题。看到这个问题清单,就不难理解将其中增长潜能释放出来的难度所在。

后三个领域,大多属于新潜能、新体制,但也受到旧体制的羁绊。消费结构和产业结构升级涉及产业分化重组中市场出清、低效资源退出和社会保障体系托底等,而知识密集型服务业的发展则需要更加大胆地对外和对内开放。前沿性创新和绿色发展,不论是社会认知的重要性、所需要的要素品质,还是体制机制政策的精致度,都明显超过以往。

概括地说,这些新的领域有一些与过去很不相同的特点。第一,对制度质量的要求相当高,"半拉子"市场经济是无法适应的,必须下决心解决市场经济建设中的"卡脖子"问题,才能过好这一关。第二,虽然也会有一些热点,但像以往基建、房地产、汽车等大容量支柱产业基本上看不到了,增量更多以普惠式方式呈现。第三,增长大多是"慢变量",很长时间的努力未必见到大的成效,"立竿见影"的情况不多了,对耐性、韧劲、战略定力的要求明显提高。

如果说过去30多年的高速增长是"吃肥肉",进入中速平台后的高质量发展则是"啃硬骨头",增长的难度非同以往。这意味着,高质量发展也是高难度增长。当然,释放上述五大领域潜能的难度各有差异,前两个领域难度更大,更为紧迫;后三个领域则要求更高,带来的压力更大。这种差异将可能使下一步的增长出现不同的组合。

一种可能性很大的组合,是把前两个领域放下,重点集中到后三个领域上。这种避难就易的战略,好处是可以利用后三个领域大多是新体制、新机制,参与者大多是新主体的优势,类似改革初中期的双轨并行战略,但与以往不同的是,如果不解决前两个领域的问题,高成本、市场容量不足、对大量社会资源的低效占用等,将会使后三个领域的释放空间大打折扣并陷入困境。

另一种可能性是在既有体制架构内扩展五大领域可利用空间。这是另一种避难就易的战略。在这种战略下,前两个领域的利用空间将非常有限,还存在着在现有水平上后退的风险。后三个领域空间看起来大一些,但脆弱性、不确定性也相当大。总体上看,很难为未来中速平台上即使5%左右的增速提供支撑。

还有一种有想象力的前景,就是通过前沿性创新,特别是覆盖面很大的颠覆性创新,把前两个领域的潜能释放出来,类似于"打败小偷的不是警察,而是移动支付"。比如,通过全新技术改变能源、通信、物流等基础部门的供给方式。然而,且不论这类技术能否出现,即便出现了能否真正打破行政性垄断,还是一个遥远的话题。此外,如果收入分配差距过大的格局未变,技术进步还可能加大这个差距,而这正是近年来发达国家民粹主义盛行的重要原因。

从国际经验看,一些国家进入工业化阶段后,曾经历了一段时间的高速增长,后来由于部分行业的低效率、利益集团的阻挠、严重的两极分化等,长期徘徊于中等收入阶段,有的出现倒退,落入所谓中等收入陷阱。从中等收入阶段到高收入阶段,表面上看是越过所谓中等收入陷阱,实质上是要翻越制度高墙。全球范围内走上工业化道路的国家不少,能够过这一关的却不多。中国如果过不了这一关,五大领域将会是看得见、摸不着,就不能断言已经避开了中等收入陷阱的风险,即使勉强进入高收入阶段,也可能出现长期停滞乃至倒退的局面。

（三）制定并实施五大战略

有效发掘五大关键领域的增长潜能,必须相应制定并实施好五大战略。

1. 效率变革战略

效率变革的目标,是实质性改变现阶段突出的低效率领域的状态。这些领域包括基础产业等行政性垄断问题不同程度存在的部门,要素无法自由流动导致增长潜能受到抑制的城乡融合地带,退出机制不完善的低效产业部门等。简单地说,就是要填平既有的"效率洼地",达到现有技术条件下能够实现的效率水准。

第一,完善产权保护。重要的是建立起稳定的法治保障环境,使各类市场主体的合法权益得到切实保护,不因偶然事件或具体政策调整而变化。要有一大批通过法律解决产权纠纷、保护合法权益的案例,逐步建立社会各界对保护产权法律体系的信心和预期。民营经济在经济体系中地位作用和长期愿景,应有理论政策创新,有符合现实、顺应规律的新"说法"。

第二,进一步推动国有经济战略性调整,有效发挥国有资本的应有作用。首先是布局结构的调整,把有限的国有资本集中到符合新时期国家发展战略需要、提供不同类型公共产品的领域。分散布局、固守不变只能是削弱而不是增强国有资本的应有作用。国有资本要大踏步地从过剩产业、低效领域、其他资本更适合发挥作用的地方退出,集中到社会保障、公共产品领域中"卡脖子"的技术或产品、国家安全、环境保护等领域。其次是产权结构和治理结构调整。加快实现由管企业到管资本的转变,把资本层面和企业层面分离开来,国有资本管理部门通过市场经济中资本运行的常规方式调整优化国有资本布局。最后是投资结构的调整,区分战略性投资和财务性投资,在国有资本应当发挥作用的领域进行战略性投资,其他领域则在必要时进行财务性投资。

第三,促进各类企业公平竞争。把所有制与企业挂钩是市场经济发展初期的现象。随着市场经济的深化,各种所有制你中有我、我中有你,逐步融合,混合所有制成为市场经济成熟后的常态。把国家的强制力和信用等元素与某类企业直接挂钩,就会使国家作为宏观经济调控者、市场秩序维护者和企业所有者的身份混在一起,与其他企业形成事实上的不平等。所以,应当明确市场经济中企业作为法人实体与其所有者的正常关系,摘掉企业头上的所有制属性帽子。企业不再按照所有制进行分类,而是按照规模、行业、技术等分类,同时对投资者另行分类,以此作为企业公平竞争环境的要件之一。

第四,按照负面清单改革市场准入。低效率领域主要与"半拉子"要素市场有关,生产要素不能自由而充分地流动,严重制约资源优化配置。要突出重点,主攻打破基础产业行政性垄断、城乡生产要素相互流动、低效企业退出等难题。这几块硬骨头啃不下来,低效率洼地就不可能填平。改革的方向、目标、重点是明确的,关键是下决心、有行动,一个行动胜过一打纲领。尤其要调动地方、基层、企业的积极性、创造性,鼓励先行先试,总结并推广好的案例,一个好的案例也胜过一大批原则和说法。

2. 中等收入群体扩大战略

中等收入群体扩大的主要来源是低收入阶层。提高低收入阶层的收入,出路主要不在搞再分配,而是提升人力资本。提升人力资本的重点,是通过反贫困和均等化的基本公共服务等,改善居住、医疗、教育条件,大幅度提高劳动者体力和智力水准。同样重要的是增加这部分人群横向和纵向流动机会,促进机会均等。

第一,加快农民工进入和融入城市的进程。户籍问题的实质是为农民工提供均等的基本公共服务。农村进城人员给城市发展创造了大量社会财富,为他们提供基本公共服务并非"施舍",而是他们的"城市权利"。重点要解决好农村进城人员的住房问题,不仅对他们安居和融入城市至关重要,同时也能带动大量消费需求。

第二,建立反贫困的长效机制。要巩固脱贫成果,着力构造脱贫不返贫的长效机制。立足于提高贫困人口的自我发展、创造财富能力,从各地实际出发,因地制宜,发展具有自身特色和竞争优势的产业,形成稳定的增收渠道。通过改善基本生存发展环境,尤其是医疗、教育、文化等条件,重点提高年轻一代人力资本,创造更多更好的就业创业发展机会,实现贫困的代际阻隔。把仍然存在的贫困人口纳入低保系统,守住反贫困的底线。

第三,健全完善社会保障体系。在就业、医疗、养老等方面,建立覆盖全国的"保基本"社会安全网。加快实现全国统筹、异地结转,增加便利性,促进劳动者的合理流动。以更大力度,把更大份额的国有资本转入社保体系,增加社保资金供给,缩减社保资金缺口,同时促进国资产权结构、治理结构的改革。

第四,促进机会公平。把提高中等收入群体比重,纳入政府政绩考核指标体系。提高政府财政支出中用于扩大中等收入群体的比重,借助这一途径扩大内需。改变有些城市把低收入劳动者挡在城市之外的做法。在大体相当条件下,在就业、升学、晋升等方面,给低收入阶层提供更多可及机会,逐步改变低收入阶层所处的"形式上平等、事实上不平等"的状况。

3. 消费和产业升级战略

消费升级和产业升级依然属于"追赶型增长"的内容。在这一阶段,由于增长更大比重依赖于消费,消费的重要性上升;与此同时,消费增长更多地通过消费结构升级实现,对消费类别、品质、便利性的要求超过以往,并将这种要求转化为对供给侧的刺激。在此意义上说,产业升级是对消费升级的反应。如果没有足够的市场需求激励,产业升级难以推进和成功。产业升级同时依托于供给侧条件的改进,需要更多的中高级生产要素的支撑和优化组合。

第一,推动服务业对内对外开放。知识密集型服务业是现阶段发展重点。与制造业不同的是,这类产业更多依赖不可编码知识,新技术往往需要通过"干中学"等方式才能掌握和运用,对外开放的深度将超过以往。另外,国内知识密集型服务业的发展也受到诸多不当准入限制,抑制了增长潜能。对外开放要加大力度,但首先要对内放开,对外开放与对内放开相互促进,以利于提高国内相关产业的学习吸收能力和竞争能力。实践证明,在对外开放的同时对内能够充分放开,中国产业和企业往往是有竞争力的。一定要增强新发展阶段中国产业和企业的开放自信。

第二,通过优胜劣汰带动产业升级。适应产业分化重组加快的态势,政府一方面应创造各类企业公平竞争的环境,另一方面要推动不再具有竞争优势的企业退出。这就需要在财政、社保、银行、法律等相关领域进行必要改革和调整。

第三,用挑剔性消费倒逼品质提升。国际经验表明,消费结构升级,特别是服务型消费的增长,将会使消费者对产品和服务从品质到体验的要求明显提升,在许多领域,挑剔型消费成为一种常态,从而激励生产者不断提高产品和服务的质量。政府应当因势利导,相应提高产品和服务的质量标准,鼓励生产者之间围绕挑剔型消费而展开竞争,逐步形成更高层级上消费与生产的循环流程。

第四,推动制造业和服务业的融合发展。不论是制造业的服务化,还是服务业的制造化,二者的融合发展都显示了一种内在关联。促进这种融合发展,从人才、技术到企业内部结构调整、企业间并购重组等,都需要政府在要素培育、市场环境等方面给予支持。

4. 前沿性创新战略

对中国这样的后发经济体而言,能够跻身于前沿性创新行列,进入科技发展的"无人区",既是一种机遇,同时也面临着更多挑战。在这样一个并不熟悉的领域,把握创新规律、明确优势和短板、准确定位、抓住时机,都至关重要。

第一,坚持以企业为创新主体不动摇。强调以企业为创新主体,不仅因为企业处在市场竞争第一线,而且因为一些年来传统的基础研究、应用研究、产业化应用界限已被打破,许多市场第一线遇到的问题,也是基础研究的前沿问题。以企业为创新主体,既可以把技术转化为有市场竞争力的产品,也在相当大程度上能够推动科学前沿重大问题的突破。由国家集中资源开展的创新项目,应聚焦于公共产品范围内的"卡脖子"问题。新形势下这种集中力量办大事的有效运行机制,还有一个探索过程。如果不能从传统计划经济的思维和运行机制中摆脱出来,也可能为抵制改革、重回老路留下空间。

第二,促进创新要素流动聚集,形成一批区域性创新中心和创新型城市。创新要素并非均匀分布,那些能够吸引到更多创新要素的地方,才会拥有更多创新成功的机会。从国内外经验看,创新活动集中出现在若干区域创新中心或创新型城市。

但这些区域创新中心或创新型城市并非人为指定的,而是在竞争中形成的。能否成为区域创新中心或创新型城市,关键在于能否形成吸引聚集创新要素的体制政策环境,包括保护产权特别是知识产权,为创新活动提供有效激励;稳定企业家、科研人员的预期,使他们能够有长远打算;促进创新要素流动,吸引创新要素的聚集并得以优化配置;提升人力资本质量,相应改革教育和研发体制;深化金融改革,为创新提供全链条的金融支持等。

第三,加快补上基础研究薄弱的短板。对基础研究短板制约我国长期创新发展的风险,对补上这一短板的长期性、艰巨性,对营造有利于科学发现的自由探索环境的重要性,都要有足够认识。通过理念、制度和政策的改革创新,加快形成既适合中国国情,又吸收国际上的先进做法,最大限度调动人们在科学发现和技术创新前沿创造力的环境。在创新活跃地区,可设立若干个高水平教育研发特区,在招生、人员聘用、项目管理、资金筹措、知识产权、国籍身份等方面实行特殊体制和政策。

5. 绿色转型战略

绿色转型与前沿性创新互为补充,绿色转型可以看成是广义创新的组成部分,而创新也构成了绿色发展方式的内在要素。要立足于转换发展方式,从理念、目标、政策到生态资本核算、产业链构造等,全方位推动绿色发展。

第一,转变提升对绿色发展的理解,逐步形成全社会的新共识。不能把绿色发展仅仅看成是污染治理,而是包括绿色消费、绿色生产、绿色流通、绿色创新、绿色金融在内的绿色经济体系的发展;不能把绿色发展看成迫于压力的权宜之计,对传统工业化发展方式的修补,而是更符合可持续发展要求的新发展方式;不能把绿色发展与经济增长相对立,看成是对增长的拖累,而是重要的消费新动能、创新动能和增长新动能。认识到位了,推动绿色发展才能名正言顺、理直气壮。

第二,加快推动生态资本度量、核算、交易。迄今为止,生态资本依然无法度量、核算,更难以交易。绿色发展大多是政府提供的公共产品,或环保等非政府组织开展的公益活动,而难以成为企业和个人市场经济条件下正常的经济活动。推动绿色转型,必须要过生态资本度量、核算、交易这一关。应将此作为绿色创新的重要内容,鼓励支持相关研究、试点和推广工作。经过持续不懈的努力,逐步使生态资本与其他资本形态一样,能够按照市场经济的通行规则比较成本收益,优化资源配置。

第三,积极探索并形成绿色发展的行动目标和激励机制。把绿色发展的可行指标作为政府工作的考核指标,把绿色发展收益作为经济社会发展成果的重要内容。在成熟的生态资本核算方法实施之前,借助财政、税收、价格和标准等手段,尽可能将原本外部化的绿色发展收益和传统发展方式成本内部化,使绿色发展有利可图,传统发展方式则承担本应承担的成本。

三、以"高标准市场经济、高水平对外开放"为目标,全面而实质性地深化改革开放

实施上述发展战略,将对体制政策环境提出与以往大不相同的要求。不认真地解决体制上的"卡脖子"问题,不下决心啃几块硬骨头,新的增长潜能就出不来,即便比过去降低了的增长速度也未必能够维持。另外,中美贸易摩擦和其他方面的冲突还可能出现乃至加剧,全球经贸金融规则和治理结构正面临重大变革。面对这些挑战,有一个问题是不能回避的,即对市场经济的态度。中国在市场经济这条路上已经走了几十年,是停滞徘徊,还是继续向前走?停是停不住的,不进则退,而倒退是没有出路的。向前走,必须建设高标准市场经济、实施高水平对外开放,以此推动高质量发展。这应该成为"十四五"时期的一条主线。为此要说清楚几个问题。

第一,中国改革开放以来取得巨大成就依靠的是什么?对此,国内外有不同看法和说法。近期中美贸易摩擦中,也有人在这个问题上给中国泼脏水。那么,靠的是搞国家资本主义、国企行业垄断、计划经济色彩较重的产业政策、政府补贴、不尊重知识产权,还是建立和完善社会主义市场经济体制、使市场在资源配置中发挥决定性作用、坚持和扩大对外开放、积极发展多种所有制经济特别是民营经济、保护产权特别是知识产权、在合法引进技术的同时加快推动创新?应该说,答案是很清楚的。

第二,中国是要建设一个低标准、不完善的市场经济,还是要建设一个高标准、高水平、高质量的市场经济?中国的市场化改革进行了多年,取得了很大成就,但尚不完善。目前,商品市场大部分实现了市场化定价,可以说是"大半个市场",要素市场化尚在途中,是"半个市场"。总体来说,我们目前仍然是一个较低水平、不完善的市场经济。当前,我们对内要从高速增长转向高质量发展,对外则要实现高水平对外开放,低标准、不完善的市场经济显然无法适应。国际经贸谈判中有些人抓住中国市场经济体制不完善之处做文章,有些国家不承认中国的市场经济地位。在这种态势下,中国当然不能戴上这顶低标准、不完善的市场经济的"帽子",必须也能够朝着完善市场经济、建设高标准市场经济的方向前行。

第三,在建设高标准的社会主义市场经济体制的过程中,面对着诸多焦点和难点问题,是别人要我们改,还是我们自己主动要改?转向高标准市场经济,就是要以产权保护和要素市场化为核心,在重点领域和关键环节深化改革,其中涉及一些

焦点难点问题,包括打破行政性垄断、公平竞争、国资国企改革、产业政策转型、改革补贴制度、保护产权特别是知识产权、转变政府职能、维护劳动者权益、保护生态环境和绿色发展等。对这些问题,党的十八届三中、四中、五中全会和党的十九大都指出了改革的方向、重点和方法,并不是别人逼着我们要改,而是我们从长计议、战略谋划,从中国国情出发作出的主动选择。由于更了解情况,知道改什么、如何改,我们自身推动的改革,有可能改得更为彻底、更有成效。

第四,是通过把中国特色和市场经济相互融合,增强我国的竞争优势,还是把计划经济遗留下来的、具有过渡性的、应被改掉的那些东西当成体制优势? 每个国家都有自己的历史文化传统,由此形成的市场经济必定各有特色,美国、日本、欧洲的市场经济形态就各不相同。中国有较强的政府能力、较大规模的国有资本、较高的社会共识、超大型经济体的市场规模等,如果我们能把这些要素和市场经济的规则有机融合,就会转化为重要的竞争优势。

当前,我国正处在增长阶段转换、发展方式转型、体制转轨的过程中,有些东西是计划经济遗留下来的,有些东西是转型期具有过渡性的,有些东西则是符合市场经济规则正在成长的,还有一些东西属于"新瓶装老酒"。必须把自己真正的特色优势与计划经济遗留下来的、过渡性的、要改的东西区分开来,不能把后者当成体制优势加以固守。

第五,在全球市场经济体系的竞争中,中国只是当一个后来者,还是要走到前边当引领者? 近现代市场经济在全世界的发展已有数百年的历史,加入者有先有后。历史已经证明,市场经济是人类经济繁荣、社会进步的共同选择,也是我们所倡导的人类命运共同体的经济基础,并非西方国家的专利。全球市场经济体系的发展与全球化进程密切相关,近年来全球化进程推进较快,全球市场经济体系也在相应发展、调整和变革。近期全球化进程遭遇逆流,美国的诸多做法实际上是对市场经济基本规则的倒退。

中国是市场经济和全球化的受益者,也是贡献者。我国加入市场经济体系较晚,但蓬勃发展的中国经济,已经给全球市场经济体系的发展创造了很多新的很有价值的元素。全球经济体之间的竞争,说到底是各自市场经济体系的竞争。下一步,中国应该也完全可以对全球市场经济体系发展作出更大贡献,完全有理由把发展高标准市场经济、高水平对外开放的旗帜举得比西方国家更高,走到全球市场经济体系竞争和发展的前列。这方面,一定要吸取以往的一些教训,不能把体现人类经济社会发展共同规律的好东西让到别人手里,而使自己处在被动地位。

把这几个问题说清楚了,合乎逻辑的结论是中国应该确立"双高"目标,即建设高标准的市场经济、实行高水平的对外开放。确立这样的"双高"目标,不论是应对中美贸易摩擦和下一步国际经贸规则变局,还是在国内稳预期、提信心,都可以使局面豁然开朗,赢得主动。

从国际看,中美贸易摩擦仍具有很大不确定性,WTO 改革势在必行,国际经贸、投资、金融规则可能出现深度调整,主要经济体之间有可能走向自贸区零关税。面对这种局面,如果我们确定了高标准市场经济、高水平对外开放的目标,就能够在新一轮国际经济治理结构博弈中占据制高点,不仅不会像有些人所说的那样成为"出局者",而是要成为引领全球市场经济发展方向的领局者。

从国内看,稳定预期、理顺关系,当务之急是落实好党的十八届三中全会以来中央关于改革开放的要求,切实加快推动国资国企、土地、金融、财税、社保、政府管理、对外开放等重点领域的改革进程。把这些要求真正落实到位,就能够在建设高标准市场经济方面迈出很大的实质性步伐,在一个更高平台上争取到新的有利国际国内发展环境,赢得新的发展机遇期。

(课题组成员:刘世锦　刘培林　许伟　赵勇　王子豪)

"十四五"时期我国经济社会发展基本思路研究

清华大学中国发展规划研究院

本报告着眼于我国"十四五"时期发展的宏观背景,深入分析进入全面建设社会主义现代化国家新征程后的发展趋势和挑战,研究提出对"十四五"时期国家发展指导思想、基本方针和规划目标的建议。报告围绕"十四五"时期现代化国家顺利开局的需要,从建设现代化民生中国、建设现代化产业体系、建设现代化空间格局、建设现代化市场经济等方面,系统研究提出了对"十四五"时期国家发展主要任务的建议,并对如何健全"十四五"规划实施机制进行了思考。本报告研究成果,主要为制定国家"十四五"经济社会发展基本思路提供一个综合性参考。

前　　言

"十四五"时期(2021—2025 年)是我国全面建成小康社会、实现第一个百年奋斗目标,开启全面建设社会主义现代化国家新征程奠基的五年,是迈向高质量发展、建设现代化经济体系起步的五年。"中华人民共和国第十四个五年发展规划纲要"①是

---

① 按惯例,"十四五"规划纲要的全称应该是"中华人民共和国国民经济和社会发展第十四个五年规划纲要"。本报告建议更名为"中华人民共和国第十四个五年发展规划纲要",简称"'十四五'规划纲要"或"十四五"国家发展规划。后面正文中将解释提出此建议的理由。

中国特色社会主义进入新时代的第一个五年规划,是我国社会主要矛盾转化后的第一个五年规划,是推动高质量发展的第一个五年规划,是全面建设社会主义现代化国家的第一个五年规划。科学编制并有效实施"十四五"规划,具有重大历史意义。

一、"十四五"时期国家发展的环境

习近平总书记指出,我国发展仍处于重要战略机遇期,我国经济已由高速增长阶段转向高质量发展阶段。这是对"十四五"时期我国发展环境的基本判断,主要特征如下。

(一) 充满挑战的战略机遇期

世界正处于百年未有之大变局,给中华民族伟大复兴带来前所未有的重大机遇。大变局中,危与机同生并存,处理好了,可以化危为机;处理不好,可能化机为危。过去通过世界经济快速增长带动我国发展、用市场换技术、参与经济全球化成就中国制造等机遇已经不复存在。国际环境发生深刻变化,充满不确定性,如全球经济、贸易、投资的增长,科技创新及其产业分工布局的重塑,民粹主义、保护主义、极端主义的发展变化,全球政治经济治理体系的变革,大国博弈特别是美国对我国崛起的遏制等,都有一些不确定性,我国发展面临的风险挑战增多。只有优先办好自己的事,坚持市场化改革和高水平开放,提高创新能力,才能使风险挑战转化成机遇,才是抓住和用好重要战略机遇期。

(二) 经济长期向好的发展期

市场是当今世界经济发展的最大瓶颈,人口规模是市场的基础条件。我国是拥有 14 亿人口的发展中大国,这是我国的独有优势。经过 40 年的快速发展,我国真正富起来成为中等收入群体的人口不过 4 亿人,其他 10 亿人富起来的意愿,是我国经济长期向好的基本条件之一。目前,我国 60% 的产品产量比过去 10 年的峰值出现减量,不少产品断崖式减量,其中一个原因是有些产品的消费峰值提前到来。只有通过收入分配改革,解决好 10 亿左右低收入群体更多进入中等收入群体的问题,解决消费能力增长滞后于生产能力增长的结构性问题,才能激发消费潜能,延长产品增长期,才能保持经济长期向好。"十四五"时期,老产品的提质增效、新产品增产增加的 GDP 还难以弥补老产品减产减少的 GDP,增长的合理区间可能下行到 5%—6%。

（三）工业化城市化①的提质期

工业化城市化是质量与数量的统一。我国工业化和城市化已进入中后期,但并没有进入"后工业化"和"后城市化"时代。我国的工业化和城市化尽管速度很快,但共同的问题是质量不高。我国有 220 种产品的产量居世界第一位,但质量达到国际领先水平的很少;产业体系很完整,但效率低、附加值低、科技含量低;缺少核心技术,产业链脆弱;尚未实现工业化却出现"去工业化"趋势。城市化与工业化脱节,城市化带有"半城市化"特征,现有在城市就业和生活的 3 亿人难以融入城市生活,农民工一生少工作 20 年,既导致我国过早进入劳动力短缺时代,也减少了农民工一生的收入,使之难以进入中等收入群体,还带来他们无法专注于一个职位,导致全国高技能工人严重短缺等结构性问题。此外,消费与生产失衡、实体经济供需失衡、金融与实体经济失衡、房地产与实体经济失衡,科技创新和人力资本不适应实体经济需求等结构性问题影响着经济发展。只有着力解决好重大结构性问题,长期向好才能转化成现实的增长。

（四）创新驱动发展的突破期

新一轮科技革命和产业变革正在酝酿重大突破,以大数据、云计算、物联网以及人工智能等为代表的新一轮科技革命和产业变革可能助推全球新一轮经济繁荣,数字经济作为新的经济形态将是未来经济增长的主动源。竞争优势将更多来自创新,而不再是低成本,由此将带来全球比较优势大调整和全球经济布局大洗牌,并深刻改变着人们的生产生活方式。我国还没有做好迎接新一轮科技革命和产业变革的理论、人才、体制储备。科技体制不适应科技创新的需要,基础理论研发滞后,原始创新能力不足,核心技术自给率低,科技和经济发展"两张皮",高端人才严重不足。同时,网络和数字技术的广泛应用,既可以拉动经济、服务民生、造福社会,也面临着安全失控、法律失准、道德失范、伦理失常、隐私失密等社会风险以及用数字手段投机炒作诱发经济金融风险。

（五）人口结构变化的加速期

长期计划生育政策的负效果将在"十四五"时期更集中地呈现,带来"三个加速":劳动人口减少加速,预计"十四五"时期每年减少的劳动年龄人口在 750 万人左右,大大快于之前年均减少 430 万人的速度。老龄化加速,到 2025 年,1960—1965 年人口出生高峰期出生的人口将进入老年人口队伍,预计 2025 年 60 周岁及

---

① 本报告建议把"城镇化"改为"城市化"。

以上和 65 周岁及以上老年人口将分别占到总人口的 20.83% 和 14.16%。少子化加速，两孩政策效果已经衰减，没有带来出生人口的高增长，主要原因是生育意愿降低和适龄妇女人口大幅度减少。预计 2025 年新出生人口将降至 1400 万人左右，少儿人口（0—14 岁）占总人口的比重降至 13% 左右，低于发达国家 15.5% 的平均水平。

（六）金融风险的高发期

近年来，金融业的较快增长带动了经济增长，但间接融资为主情况下，对负债的居民、非金融企业、政府而言，金融业增长越快、比重越高，非金融部门的负担就越重。金融是经济的核心，但不是一个增长越快就越好的产业。我国非金融企业杠杆率居全球前列，实体企业每年背负几万亿元的利息，在与直接融资为主的经济体竞争中处于不利地位。地方政府隐性债务规模大、底数不清、期限错配，不少融资平台经营性现金流无法支付当年到期债务和利息。部分城市房地产泡沫化严重，蕴含不小的金融风险。"僵尸企业"是颗不定时的炸弹，早晚要爆，随时会爆，越拖危害越大。此外，中小银行、信用违约、资本市场、金融综合公司、股权质押、外部市场也有不少风险隐患亟待化解。只有把握好稳增长和防风险的平衡，坚定不移地去杠杆，才能既促进经济持续增长，又不发生系统性金融风险。

（七）全面深化改革的攻坚期

党的十八大特别是十八届三中全会以来，全面深化改革明显提速。从出台改革文件或方案的角度看，十八届三中全会确定的改革举措基本完成。但完成改革方案，只是改革的第一步。按邓小平"三个有利于"和习近平总书记"把是否促进经济社会发展、是否给人民群众带来实实在在的获得感，作为改革成效的评价标准"看，全面深化改革任重道远。"十四五"时期仍处于改革"攻关期"和"啃硬骨头"阶段，必须着力解决好动力不足、效率不高、结构性失衡和社会阶层固化等问题。只有改革持续推进并落实到位，14 亿多人口的消费潜能和劳动积极性、1 亿多市场主体生产经营的积极性才会调动起来，才会支撑我国经济再持续发展几十年。这是做好自己事情中的首要事情。

二、"十四五"时期国家发展的总体要求

（一）规划定位

1. 国家发展规划

根据党的十九大关于"发挥国家发展规划的战略导向作用"的要求,建议从"十四五"时期开始,将"中华人民共和国国民经济和社会发展第十四个五年规划纲要",改为"中华人民共和国第十四个五年发展规划纲要",删除其中的"国民经济和社会"。将经济社会发展规划,改为国家发展规划,规划对象是整个国家的发展,而不再限于经济社会发展。简称仍为"十四五"规划纲要或"十四五"国家发展规划。作出这一改动,是统筹推进"五位一体"总体布局和协调推进"四个全面"战略布局的需要,是全面建设社会主义现代化国家的需要,是适应我国社会主要矛盾转化的需要,是完善国家治理体系的需要,也是完善"一国两制"的需要。

2. 现代化的开局规划

"十四五"时期国家发展的目标是迈向现代化,"十四五"规划是现代化的开局规划。如何开局,十分重要。"十四五"规划要聚焦几个重大问题:如何抓住并用好充满挑战的战略机遇期,怎样优先办好自己的事;如何引导市场主体实现高质量发展,怎样实现高质量发展;如何深化供给侧结构性改革,怎样解决重大结构性问题;如何推动空间高质量发展,怎样解决经济人口分布与资源环境承载力的矛盾;如何深化市场化改革和扩大高水平开放,怎样把改革开放举措转化为促进国家发展的强劲动力。

（二）指导思想

"十四五"时期的国家发展,要高举中国特色社会主义伟大旗帜,全面贯彻落实党的十九大和党的十九届二中、三中、四中全会精神,以马克思列宁主义、毛泽东思想、邓小平理论、"三个代表"重要思想、科学发展观、习近平新时代中国特色社会主义思想为指导,牢固树立"四个意识"、坚定"四个自信"、做到"两个维护",统筹推进"五位一体"总体布局,协调推进"四个全面"战略布局,坚持以人民为中心,坚持新发展理念,以实现国家现代化为基本方向,以推动高质量发展为主题,以深化供给侧结构性改革为主线,以加快市场化改革和扩大高水平开放为动力,以创新驱动为引领,充分调动人民群众积极性,着力增强微观主体活力,促进国民经济良性循环,建设现代化经济体系,更好满足人民群众美好生活需要,为实现国家现代

化奠定坚实基础。

（三）基本方针

——坚持抓住并用好战略机遇期。面对世界百年未有之大变局,必须准确把握战略机遇期新内涵,正确处理国际事务和国内发展的关系。

——坚持以人的发展为中心。不忘初心,牢记使命,我们党的初心和执政理念,就是让全体人民过上好日子。必须把满足人民对美好生活需要的发展作为党执政兴国的第一要务,建设民生中国。

——坚持高质量发展的主题。经济发展是国家发展的基础。国家的现代化,首先是经济的现代化。必须坚持以经济建设为中心不动摇,坚持质量第一、效益优先,坚持以经济高质量发展统领"五位一体"总体布局和"四个全面"战略布局。

——坚持供给侧结构性改革的主线。这是推动高质量发展的根本途径。必须坚持向改革要动力,推动质量变革、效率变革、动力变革、结构变革,巩固制造大国地位,建设质量中国、效率中国、创新中国。

——坚持生态文明的空间发展。不平衡不充分发展很大程度体现于人口、经济、资源环境的空间失衡。必须促进人的全面发展、经济发展、可持续发展在特定空间的协调,促进重大战略在特定空间精准落地,促进公共服务均等化和基础设施均质化,促进人民生活大体相当,建设美丽中国、协调中国。

——坚持市场化改革和扩大高水平开放。改革开放是国家发展的应有之义,改革开放就是国家发展。必须加快推进改革,建设现代化法治化的社会主义市场经济体制。必须扩大高水平全面开放,吸收人类文明有益成果,扩大思想观念、结构布局、体制机制、规则制度的开放。

（四）规划目标

1. 设定原则

"十四五"规划纲要的目标指标设定,要坚持新发展理念,从注重高速度转向注重高质量,从注重规模转向注重结构,从注重过程转向注重结果,从注重经济总量转向注重人均水平,从注重产业转向产业和空间并重,从注重生态环境保护转向注重人口经济自然的空间均衡。

2. 定性目标

——民生中国。人民对美好生活的需要得到更好满足,消费成为经济增长主要拉动力,有就业能力和愿望的劳动人口实现人人就业,实现12年免费义务教育,人人享有医疗保障和社会保障,家家住上功能比较齐全的住房。不同群体收入差距大幅度缩小,中等收入群体比例明显提高,巩固拓展脱贫攻坚成果。人民群众的人权、产权、安全、环境等权利得到更好保障,对民主法治的需求得到满足。

——质量中国。供给侧结构性改革取得明显进展,经济增长保持在合理区间。初步形成现代化经济体系,科技创新能力跃升,产业技术水平和产品质量大幅提高,产业链韧性提升,全要素生产率提高。空间发展格局初步形成,主体功能区制度更加完善。初步实现户籍、居住证、身份证"三证合一"。

——法治中国。初步建成法治国家、法治政府、法治社会,各方面制度更加健全。现代化的国家治理体系框架初步形成,国家治理能力提高。社会文明程度和人口素质提高,国家文化软实力增强,中华文化影响更加广泛。

——美丽中国。环境质量总体跨越向好的拐点,能源、水资源、建设用地、主要污染物排放总量达到峰值,部分领域和区域碳排放达到峰值,全国碳排放总量得到有效控制。初步形成绿色低碳循环经济体系,能源、资源、土地、环境效率提高。生态安全屏障形成。普遍建立垃圾分类制度。

3. 定量指标

第一,关于经济增长速度指标。建议从"十四五"规划开始,不再规定经济增长速度的定量指标。主要考虑的是,党的十九大没有再提出经济增长翻番类的目标要求,我国经济已经转向高质量发展阶段,坚持以人民为中心的发展思想要求更多从人民群众关心的问题而不是增长速度入手推动发展,我国社会主要矛盾已经转化,"十四五"时期就业矛盾主要不在总量而在结构。总之,"十四五"时期发展的关键,不在于速度有多快,而是质量有多好、效率有多高。可以考虑在"十四五"规划的环境分析中提出"十四五"时期经济增长的预测性区间。

第二,关于全要素生产率指标。建议用全要素生产率替代经济增长速度,并作为预期性指标。全要素生产率,不是统计出来的,而是计算出来的,如果统计数据真实,计算方法科学,可以全面反映经济发展的质量和效率,是目前阶段能综合衡量经济发展质量效率的相对最优指标,可以研究确定科学化标准化的计算模型。同时,建议设置劳动生产率(GDP/就业人数)、用地效率(GDP/建设用地)、资金效率(GDP/社会融资总规模)、投资效率(GDP/投资总规模)、能源效率(GDP/能源消费总量)、环境效率(GDP/主要污染物排放总量)、二氧化碳效率(GDP/二氧化碳排放总量)等分项指标,以衡量各生产要素或资源的投入产出效率。以上指标,均为预期性指标,无须层层分解,地方可参照设置。

第三,关于增加的指标。建议增加新经济增加值占GDP比重、基础研究经费占全社会研发经费比重、宏观杠杆率、地方政府债务率、城市建成区人口密度等体现发展质量的指标。增加工业固体废弃物利用率、畜禽养殖废弃物利用率、秸秆利用率、建筑垃圾利用率、餐余垃圾利用率、垃圾总量、煤炭塑料农药化肥农膜抗生素消费总量、开发强度、城市绿道等体现环境质量的指标,基本淘汰一次性塑料制品。

增加万人幼儿园、万人养老机构床位、万人养老机构职业护理员、文化体育设施密度、12 年义务教育普及率、人均健康预期寿命、平均房价收入比等体现人民生活质量的指标。

第四,关于调整修订的指标。建议"十四五"规划纲要不再列入以下指标:一是常住人口城市化率,这是体现"半城市化"指标,是现有户籍制度下被扭曲的统计结果。可保留户籍人口城市化率这一反映城市化质量的指标。二是服务业增加值比重,我国服务业比重近年来提高很快,但其中很大程度上是金融和房地产的贡献,而制造业比重过早过快下滑,需要引导各地各方面重视制造业。三是城镇新增就业人数,"十四五"时期新增就业人数不是就业的主要矛盾,可改为国际可比的调查失业率。四是农村贫困人口脱贫,2020 年现行标准下农村贫困人口已经实现脱贫。五是城镇棚户区住房改造,这不是解决住房问题的主要途径,且已经基本完成。

三、"十四五"时期国家发展的主要任务

"十四五"时期国家发展的总任务是建设现代化国家顺利开局,主要任务应该围绕现代化开局展开。本报告主要提出"五位一体"总体布局中经济建设、社会建设、生态文明建设的主要任务以及部分文化建设的重点任务,并将全面深化改革、全面依法治国贯穿其间。

(一)建设现代化民生中国

我国是世界制造大国、生产大国,但不是消费大国、市场大国。保持经济增长在合理区间,必须在供给侧和需求侧双向发力,既要通过"去僵尸"来"去过剩产能",更要通过扩消费来扩大优质产能,促进生产与消费在更高水平的均衡。

建设现代化民生中国,就是使 14 多亿人口的消费潜力充分释放出来,围绕提高人民生活水平推动经济发展,消费力的提升与生产力的提高保持同步,供给体系能满足消费总量和结构的变化,满足品牌化、品质化、智能化、个性化以及绿色、健康、时尚、休闲、定制消费,满足服务消费、公共服务消费的不断增长,满足闲暇时间和学习时间不断增加的需要,满足对人权、法治、公平、安全、产权保护的需要。凡在我国境内生活的人,都能过上舒适、安全、安心、自由、健康、愉悦的生活。

国家发展要坚持以经济建设为中心,经济建设要坚持以人民为中心,改变重生产、轻生活的理念,树立消费选择权是人民基本权利的理念。

第一,增强消费能力。降低政府部门和企业部门特别是金融、房地产行业的收

入在国民收入中的比重,提高居民收入比重;加大财政在民生领域投入力度。坚持按劳分配原则,劳动收入和要素报酬由市场决定。允许农村集体建设用地和宅基地入市,稳定发展资本市场和各类股权投资,增加居民财产收入。降低居民税费负担,减少针对居民个人的罚款。还居民消费选择权,清理并取消各种限制消费的措施,逐步取消各地限制居民购房、购车的规定。提高就业质量,减少劳动特别是加班时间,增加休闲时间,落实带薪休假制度。

第二,普及12年义务教育。按照贫困地区和少数民族、农村地区、全国的顺序,到2025年实现所有适龄孩子接受小学、初中和高中阶段12年义务教育。把12年义务教育作为中央事权,提高12年义务教育普及率和城乡区域均等化水平。做到幼儿人人有园(幼儿园)上。营造终身学习良好环境。任何地区或城市不得以任何借口限制外来人口的孩子在当地接受义务教育的权利。完善奖、助学金制度,确保家庭困难学生平等就学等政策举措,办好人民满意的教育。

第三,建立覆盖全国人口的医疗保障制度。增加医生和护士数量。全面评估公立医院综合改革效果,深化公立医院改革。完善医疗保障制度,医保报销中增加人体器官和药品种类。全面放开医疗机构准入限制,允许设立外资独资的医疗机构。加大财政医疗投入,合理提高医生收入,构建优质的卫生服务体系。

第四,建立覆盖所有法定人员的社会保障制度。实现企业职工基本养老保险基金全国统筹。划转国有资本增设一支养老保障战略基金,按照国有资本运营实现保值增值。全面实施延迟退休制度,到2025年退休年龄提高到65周岁。统合最低生活保障和助贫制度,对丧失劳动能力的人口实现社会救助全覆盖,提高救助水平。

第五,提高养老服务水平。从提高人口预期寿命,转向提高人口健康预期寿命(即身体机理没有病痛折磨、能自主生活的相对年龄)。实现所有失能半失能老年人口人人进入社会养老院,统筹使用其退休金和医保资金,用于支付养老院的养老费和医疗费。加强扶持社会化养老,通过自愿灵活延长与法定延长退休年龄相结合的方式,积极应对老龄化。

第六,实行家庭自主生育。从限制生育转为鼓励生育,对生育两孩以上的家庭,给予个税减免和育儿补贴等政策。

第七,实现住有所居。推进住房制度改革,重点解决2亿多在城市就业和生活的外来人口在城市的居住问题。改革政府垄断住宅用地的体制,增加供地市场主体,增加城市住宅用地比重,允许集体建设用地入市建设商品房和租赁房;改革房地产商垄断住宅供应的体制,增加商品房和租赁房供给的市场主体;改变售多租少的市场结构,大力发展住房租赁市场,实现租购同权;研究出台房地产税;建立政策性住宅银行并同步改革公积金制度。推进"厕所革命",实现城镇居民家庭和有条件地区农村家庭抽水马桶全覆盖。

（二）建设现代化产业体系

实体经济是大国经济的基石,制造业是实体经济的核心,是国际竞争的基础实力,也是创新的载体,以及现代服务业、现代农业发展的重要基础。

建设现代化的产业体系,就是要保持产业体系完整性,产品质量高,产业链比较健全,要素效率高,科技创新力和核心竞争力强,品牌影响力大,高技术含量和高附加值产品产业链占比高,实体经济、现代金融、科技创新、人力资本、房地产等协同发展,生产方式平台化、网络化、智能化。服务业以知识密集型为主导,研发、咨询、信息服务等生产性服务业和医疗、教育、文化旅游等生活性服务业较快发展。形成集约化、规模化、机械化的农业生产经营体系。

坚持农业的基础地位。把制造业放在优先位置,保持制造业进出口适度顺差。把新产业培育和传统产业升级放到同等位置,推动制造业创新发展和提质增效发展。改变选择性、差别化的产业政策,确立竞争性政策的基础地位。政府营造好政策、监管、税收、物流、能源、交易成本、劳动力素质、创新评价等市场环境,其他的产业发展问题交给市场和企业。

第一,大力推进科技创新。加强基础研发,国家增加基础研究经费,不设题目和重点,让科学家自主研究,形成更多从0到1的原始创新,争取基础理论突破,带动颠覆性技术创新。推动从1到N的拓展创新,在集成电路、软件、机器人、生物、新材料等领域的发明专利、技术、工艺、品牌、核心零部件等关键环节实现突破。推动产业链供给侧结构性改革,以产业链上的核心技术、关键技术为突破口,以企业为主体,支持产业链上下游各环节企业、高校、研究机构协同攻关,构建以产业链上下游为节点的产学研协同的产业链创新。政府通过提供资金、制定政策、协调管理,引导企业或直接投资建设产业共性技术创新平台。鼓励有竞争力的大企业主导或参与国际技术标准制定。支持设立更多市场化基金,参与科技成果转化及其种子投资、风险投资、股权投资。

第二,大力发展数字经济等新兴产业。实施工业互联网战略,建设新一代信息基础设施,打造网络、平台、安全三大体系。加快推动5G商用化,形成移动物联网高速公路,推动5G同大数据、云计算、人工智能融合,催生智能制造。以深化制造业与互联网融合为基础,培育网络化协同、个性化定制、在线增值服务、分享制造等"互联网+制造业"新模式。以推动制造业与数字化技术深度融合为重点,引导和整合产业链、价值链、创新链、政策链,提高系统性创新水平。以培育新型智能制造模式为目标,聚焦具有重要战略影响和巨大带动潜力的关键装备,推动生产方式向跨界、柔性、智能、精细化转变。以高技术含量、高可靠性要求、高附加值为核心标准,推动智能再制造,全面提高制造业高技术含量。

第三,推动传统产业智能化。实施综合集成技术工程,深化集成应用水平,打造工业互联网平台,拓展"智能+"。实施重大技术改造升级工程,支持企业瞄准国际同行业标杆,强化工业基础和技术创新能力,全面提高产品技术、工艺装备、能效环保和质量安全水平。实施质量提升行动工程,增品种、提品质、创品牌,支持"百年老店"。实施绿色制造工程,使生产系统和生活系统循环链接,实现制造业绿色发展。实施企业组织结构创新工程,瞄准世界一流企业,培育世界级先进企业集群,壮大一批核心竞争力强的骨干企业和领军企业,培育一批专注细分领域的"单项冠军"企业。杜绝用计划的办法,层层分解指标,"一刀切"地关闭赶走传统产业的做法。对部分中间品、严重污染、碳排放过高、国内消费达到峰值的产品,用市场化法治化处置"僵尸企业"的办法实现"去产能"。推动产业集群发展,改变"县县点火、区区(开发区)冒烟"的布局模式。管理好产业转移,对外投资实行分类指导,防止产业链上游的高端材料、高端部件、高端价值链的大规模跨境转移。

第四,发展知识密集型服务业。建立科学规范、公开透明、运行有效、成熟定型的服务业发展制度体系。以提升发展规模和效率为核心,瞄准人工智能互联网电脑软件等技术应用,形成以知识、技术密集型为引领的现代服务业结构。加快发展现代物流、数据服务、电子信息、研发设计、绿色低碳、现代供应链、人力资本服务。提高生产性服务业专业化水平,引导支持企业从主要提供产品向提供产品和服务转变。健全基本公共文化体育设施,引导市场主体发展文化旅游、体育健身、养老家政等生活服务业。

第五,构建现代农业体系。要把提高农业生产率放在农业发展的首位,大幅度减少农业劳动力,提高农业竞争力。保护永久基本农田总量,提高质量,稳定并提高粮食等主要农产品综合生产能力。"三农"问题的根源是农地,把"三农"问题改为"四农"问题,以农地改革为突破口,带动农业、农村、农民问题的解决。构建农业产业体系,促进种、林、牧、渔与加工流通业、服务业转型升级。构建农业生产体系,用现代化设备装备农业,用现代科学技术武装农业,用现代生产方式改造农业。构建现代农业经营体系,培育新型职业农民和新型经营主体。

(三)建设现代化空间格局

国家的现代化,必须有现代化的空间格局,在不同的空间单元(不同尺度的区域),实现人的全面发展、经济发展、可持续发展的"三个发展"的均衡,实现经济效率、社会活力、生态安全的"三个统一",既有物质财富的增长,也能公平地惠及每一个人,并能保障自然再生能力。国家发展战略,有些要在所有空间落实,有些必须在特定空间落实,有些在不同空间的落实强度不同。

建设现代化空间格局,就是按照主体功能区制度,形成"两横三纵"的城市化战略格局,"七区二十三带"的农业战略格局,"两屏三带"的生态安全战略格局,大江大河大湖海洋自然岸线格局。田成片、水成河(湖)、树成林、路成网,城市是城市,乡村是乡村,一片田、一片林、一片草原、一片湖泊、一片城市或乡村,一条条高速公路、高速铁路纵横其间,城市空间、农业空间、生态空间比较均衡,生产空间集约高效、生活空间宜居适度、生态空间山清水秀,使我们这一代人和我们的子孙后代,生活在天蓝、地绿、水净的美好家园。

树立空间发展和空间均衡理念,按照主体功能区制度,把全国分为20个城市化地区、7个农产品主产区、25个重点生态功能区,以及国家公园、自然保护区、自然公园三类自然保护地,在每一个主体功能区的空间单元内统筹城乡发展、公共服务、自然生态保护、环境治理、资源利用、基础设施、人民生活,并按照每一类主体功能区实施不同的空间(区域)政策和绩效评价。

第一,推动城市化地区集约高效高质量发展。优化发展京津冀、长三角、粤港澳大湾区3个亿人规模的世界级特大城市群,辐射带动全国的高质量发展。重点发展成渝、长江中游、中原3个亿人规模的特大城市群,辐射带动中西部地区发展。重点发展山东半岛、辽东半岛、哈长地区、福建沿海、关中平原、北部湾、呼包鄂榆、天山北坡等8个千万人口规模的城市群,培育发展太原、贵阳、昆明、兰州、银川等5个千万以下人口规模的都市圈,辐射带动次区域发展。海南要按照自由贸易港的目标,实行更高水平开放。青藏高原要以保护修复生态为重中之重,鼓励人口向中心城市集中,重点发展西宁、拉萨等本地中心城市。

第二,推动农产品主产区增强农业综合生产能力。东北平原、黄淮海平原、长江流域、汾渭平原、河套灌区、华南、甘肃、新疆等农产品主产区,是保障农产品供给安全的重点区域,农村居民安居乐业的美好家园,实施乡村振兴战略的主战场。要保护耕地,稳定粮食生产,发展现代农业,增加农民收入。增强县城和建制镇公共服务功能,优化乡村布局,打造生态化诗意田园。

第三,推动重点生态功能区增强生态产品生产能力。大小兴安岭森林生态功能区等25个《全国主体功能区规划》确定的重点生态功能区,是保障国家生态安全的重点区域。要实行点状开发、面上保护,形成自然友好型产业结构,维护生物多样性,防风固沙,保持水土,涵养水源。通过提高人口素质,逐步减少人口总量。大江大河大湖流域实行以流域为单元的生态保护和环境治理。

第四,建立以国家公园为主体的自然保护地体系。评估现有各类自然文化保护地,完成自然保护地整合归并优化,明确保护范围边界,总体上适度减少保护地面积,整合形成国家公园、自然保护区、自然公园三类保护地。

第五,编制实施空间规划。空间规划是以空间发展为对象的规划,是约束开发建设行为的"第二准则"。上述 20 个城市化地区(包括海南自贸港)、7 个农产品主产区、25 个重点生态功能区以及三类自然保护地,均应编制空间规划。明确城市定位,划定"三区三线三网",即城市空间、农业空间、生态空间三类空间;城镇开发边界、基本农田和生态红线;城市网络、基础设施网络、生态环境网络。县级各类规划底图叠加,消除重合斑块,划定"三区三线三网",形成一张可操作、可遵循、可检查、可评估的百年规划图,一张蓝图干到底。

第六,调整完善空间(区域)政策。改变以东中西和东北"四大板块"制定实施区域政策的做法,调整为更精细的、空间单元更小的、按照不同主体功能区确定的不同政策。创新驱动战略和政策,重点向城市化地区倾斜;乡村振兴战略和政策,财政性农业开发投资,重点向农产品主产区倾斜;生态环境保护政策和投资,重点向重点生态功能区和自然保护地倾斜。中央财政加大对重点生态功能区和农产品主产区的财政转移支付力度。鼓励农产品主产区和重点生态功能区、自然保护地的人口向城市化地区集聚并定居。

(四) 建设现代化市场经济体制

实现国家的现代化,推动高质量发展,提高经济发展效率,关键是高质量地推进改革开放。激励是经济发展以及国家各项工作顺利开展的基本动力,改革要坚持激励相容原则,建立一种激励市场主体以及全体人民努力工作的机制,充分调动地方政府、市场主体、亿万人民群众的积极性主动性。

现代化市场经济体制,产权制度是清晰完整的,各类生产要素和资源的所有权及其派生的占有、使用、转让、租赁、处置、收益等的产权清晰完整;要素配置是市场化的,市场在资源配置中起决定性作用,企业经营自主决定,消费者消费自由选择,商品和要素自由流动,产权交换自由自愿;经济活动是法治化的,产权制度、市场竞争、平等交换、契约精神、企业家精神得到立法、司法、行政执法的全方位保护;市场主体是公平的,国企、民企、外企等各类市场主体的权利、机会、监管、规则公正,生产要素使用平等,市场竞争公开公平公正;国家治理是多元化的,政府、企业、社会组织、人民群众都参与国家治理,政府施行的宏观调控、市场监管、公共服务、社会管理、环境保护应依法依规,政府奉行法无授权不可为;经济体制是国际化的,实行准入前国民待遇和负面清单管理,鼓励国外境外市场主体公平参与各领域的经济活动,各项规则同国际公平合理的规则相衔接。

坚持解放思想,实事求是,顶层设计和基层自主改革相结合,更加重视基层自主改革;整体推进和重点突破相结合,更加重视重点突破;改革总目标和增强微观主体活力相结合,更加重视增强微观主体活力;产权制度改革和要素市场化相结合,更加重视产权制度改革;出台新文件和废止旧文件相结合,更加重视废除旧文件。

第一,深化产权制度改革。产权制度是对所有制的深化,公有制为主体、多种所有制经济共同发展的基本经济制度,是从所有制角度定义的。现代经济的发展,产权可拆分出不同的权利,如承包权、经营权、使用权以及相应的处置权、收益权等。若产权不清晰也会影响生产力发展。产权是最大的激励,要在坚持基本经济制度基础上创造性地构建符合社会主义基本原则,有利于调动一切积极因素的产权制度。

国家依法保护各种所有权,并同等程度保护使用权、承包权、经营权、知识产权、收益权、继承权、处置权等。构建现代产权保护法律和规则体系,完善从宪法到物权法的产权法律制度,确保各类市场主体和个人财产权不可侵犯。坚持有错必纠,继续纠正侵害民营企业产权的错案,用行动证明,国家司法制度同等程度保护民营企业产权。坚决杜绝滥用权力随便没收私人财产的行为,严禁违法查封、扣押、冻结民营企业财产,纠正行政执法中侵犯民营企业产权的错案。妥善处理环境保护、城市治理等各项工作和保护产权关系。在国家治理中,做到对各类所有制企业、对各类产权人一视同仁、公平公正。

企业家是最稀缺资源,是优化资源配置的组织者,也是创新的组织者,是经济发展的主体,必须十分珍惜、倍加爱护、严格保护企业家,弘扬企业家精神,壮大企业家队伍。国家建立企业家荣誉制度,定期召开企业家大会,表彰对国家发展作出重大贡献的企业家。

第二,深化国资国企改革。完善国有经济实现形式,实行以国有资本和国有企业并行的国有经济实现形式。深化国有企业产权制度改革,完善国有资本实现形式。改革国有资本授权经营体制,成立若干国有资本投资公司、国有资本经营公司,作为国有资本出资人。划清国有资本出资人和经营权的产权界限。

大力发展混合所有制企业,把推行混改的自主权还给企业。除少数国家必须控股的企业外,其他中央企业和地方国有企业集团层面完成混合所有制改革。混合所有制企业自主选聘职业经理人、自主决定薪酬和工资总额,自主决定投资经营。

第三,深化财税体制改革。减少地方事权,加强地方财权,减少中央财政收入占比,增加地方财政收入占比,减少中央财政专项转移支付规模和比重,形成中央和地方财力与事权相匹配的财政体制。重建地方税体制,适时出台房地产税,作为地方税主体税种,将更多税种改为地方税。简化增值税税率,完成增值税三档并两档改革。取消各类建设性政府收费基金,清理规范废止各级财政资金对企业生产经营的直接补贴。清理取消地方不合理的非税收入。规范政府举债融资机制,发行市场化城市建设债。

第四,深化金融体制改革。健全货币政策和宏观审慎政策双支柱的调控框架,管住货币总闸门,深化利率和汇率市场化改革。健全金融监管体系,守住不发生系统性金融风险的底线。

完善市场结构,发展直接融资特别是股权融资,大幅提高直接融资比重。加快建设规范、透明、开放、有活力、有韧性的资本市场,完善发行上市、交易和退市等基础制度,引导保险资金等更多中长期资金进入,加强交易全程监管,提高上市公司质量,强化信息披露和市场约束,严惩违法违规行为。实行同股不同权制度,给予创始人和管理层更多表决权。鼓励天使投资、风险投资等股权投资,鼓励社会保险资金、商业保险资金等进入风险投资基金。

改革银行结构,构建多层次、广覆盖、有差异的银行体系。开展民营资本控股的银行混合所有制改革。发展民营银行和社区银行,推动现有城商行、农商行、农信社回归本地,为本地经济、民营企业、小微企业和"三农"服务。完善金融机构公司治理,规范股东大会、董事会、监事会与管理层关系,形成有效的决策、执行、制衡和激励约束机制。

创新产品结构,积极开发个性化、差异化、定制化金融产品。调整银行金融机构贷款结构,增加对制造业贷款比重,降低住房按揭贷款、房地产贷款和对金融业的贷款比重。减少抵押贷款比重,扩大抵押物范围,扩大动产抵押。合理确定贷款期限,增加中长期贷款比重。完善尽职免责制度,解除对民营企业贷款的后顾之忧。废止先存后贷、先还后贷、抵押物打折、过桥贷、预扣手续费、评估担保中介收费。支持银行运用人工智能、大数据、云计算、区块链等新技术,优化业务流程,降低资金成本。

第五,深化科技体制改革。形成集中力量办大事与市场化、科技成果产权改革相结合的新型举国体制,既发挥好社会主义集中力量办大事的优势,又发挥好市场经济的优势。完善科技创新领导体制,统筹国家科技创新资金、政策等,对科技研发、产业化、市场等创新生态链的穿透式决策。确定一批集中攻关的产业链核心技术、关键技术、共性技术,采取招投标方式选择创新主体,政府资金主要支持企业为主体的产学研联合体,持续不断支持并保持应有力度。资金使用由企业自主决定,科研成果产业化资金由企业在市场募集,培育壮大科技型骨干企业。建立鼓励使用国产核心技术产品的市场化机制,建立使用自主核心技术产品保险制度。

现代经济,土地、资本尽管仍然是重要的生产要素,但其决定性意义大大降低,具有决定性意义的生产要素是创新,创新是经济发展的动力源。因此,科研人员作为创新的主体,理应是创新成果的所有者,这样,才能充分调动科研人员的创造性。要赋予科研人员职务科技成果所有权,与科技经费出资人共享职务发明所有权,稳定科研人员对自己科技成果的预期。对科技成果存量确权,允许研发人员即团队分享所有权,促进存量科技成果转化。

形成宽容失败和容忍亏损的创新文化。在科研领域不能以成功论英雄,即使失败了,也要给科研人员应有的报酬。对研发投入较大的产业,不能以企业的短期盈利论英雄,改变资本市场的评价体系。形成支持创新的金融生态,对高科技的风险投资给予税收优惠,投资损失可抵扣增值税。

第六,建立吸引人才的激励机制。引进人才要区分政府和市场的作用,把引进人才的主导权还给企业。建立激励海外人才、境外华人来华长期工作的绿卡制度,给予他们除选举权被选举权以外的所有国民待遇,帮助解决入托上学、购车、购房以及双重国籍等问题。降低个人所得税最高税率或对其实行税收返还。

第七,深化农村土地制度改革。实行承包地"三权"分置制度,保持土地承包关系稳定并长久不变。完善农村集体建设用地产权制度,政府不再征收农村集体经营性建设用地,实现集体建设用地和国有建设用地同等条件入市、同权同价,赋予农村集体经济组织在符合规划基础上的完全使用权,所有权人在符合空间规划的前提下确定土地用途。完善农村宅基地产权制度,宅基地的土地所有权属于集体,资格权或使用权属于农民,房屋所有权属于农民个人。赋予农户对宅基地充分的用益物权,可以长租、流转、抵押、继承。

第八,深化住房制度改革。加快建立多主体供给、多渠道保障、租购并举的住房制度。加快住房租赁市场立法,实行租购同权制度,实行鼓励租赁市场的财税金融政策,降低租金收入税费。出台房地产税后大幅度降低土地出让价格。改革住房公积金制度,将现行强制性的住房公积金必须缴存到住房公积金中心,改为自愿缴存到国家政策性住宅金融机构。加快设立政策性住宅金融机构,对自愿缴存到政策性金融机构的购房人给予低息贷款等支持。

第九,深化行政层级改革。减少行政层级,压缩行政建制单位。按照城市化趋势,减少乡镇和行政村建制。简化设市标准,依人口规模设市并配置公职人员和机构。适当增加城市建制。继续深化行政机构改革,精减公务员和事业单位人员。

第十,深化营商制度改革。继续放宽市场准入,实行负面清单制度,不断缩小负面清单。负面清单以外的领域,国内外所有投资者可自由进入。减少行政审批事项,凡是市场能自主调节的就让市场来调节,凡是企业能干的就让企业干,政府主要负责依法事后监管。打破行政性垄断,铁路、公路、电网、电信、石油天然气、广播电视等自然垄断行业,按政企分开、政资分开、特许经营、政府监管的要求,实行网运分开,放开竞争性业务。确立竞争政策主体地位,凡是在我国境内注册的企业,无论是国有资本出资企业、民营企业还是外资企业,在法律上完全一视同仁,政策上完全同等对待,修改废止不符合这一原则的法律法规和政策文件。修订企业破产法,增设专门破产法庭,完善破产管理人制度,建立市场化法治化的市场退出制度。

第十一，建立生态产品价值实现机制。鼓励地区之间的生态产品价值交换。鼓励民营企业、社会资本、集体经济组织以及自然人开展生态修复，赋予60年及以上土地使用权，允许一定开发强度的特许经营。建设用水权、排污权、碳排放权的交易市场，实行排污许可、二氧化碳排放许可、地下水抽采许可、生态用地和耕地占用许可等制度，许可数量不足的市场主体，必须在市场购买排污权、二氧化碳排放权、地下水抽采权、生态用地和耕地占用权，修复生态和排污少的市场主体在市场上出售节约的这些产权。允许生态修复和环境治理第三方评估机构参与市场买卖。除国家重大公益性基础设施和地方公共服务设施外，其他开发项目不得新占耕地和生态用地，只能在市场或生态银行购买借贷用地权（生态用地和耕地占用权）。设立生态银行，鼓励社会各界修复生态，鼓励集体经济组织将集体经营性建设用地、空置宅基地修复成生态用地和耕地，经评估后，生态修复用地指标和农村建设用地整理的指标存入生态银行。

第十二，完善国家治理。加强社会治理制度建设，提高社会治理社会化、法治化、智能化、专业化水平。引导社会力量参与社会治理，加强政府与社区互动和社区协商体系建设，提高社区自治能力。把社会组织纳入经济社会发展全局，对其进行顶层设计和规制引领，引导其有序规范地参与基层治理。充分发挥民约、乡贤等传统自治机制在社会治理中积极作用。

深化户籍制度改革。破除农业转移人口和外来人口市民化在户籍、土地和社保等方面的障碍。

提高政府数字化服务能力，以数字化转型倒逼政府管理转型，加大政务信息共享和公开力度，贯通从中央到基层的公共服务信息化服务通道。建立政务数据共享平台，依托全国一体化在线政务服务平台整合各类网上政务服务系统。

按照依法治国原则推进国家治理现代化，完善国家法律治理制度，增强全社会各种行为、国家治理各项工作的确定性。改进按行业、按领域的上级对下级的纵向管理和"一票否决"。加强空间治理，给予地方政府更大自主权，允许地方政府在一定空间内统筹上一级政府各部门的要求。建立公职人员尽职免责制度，精准实施问责制。

第十三，扩大高水平开放。借鉴人类文明共同成果，学习借鉴有益的价值观念、原则、话语体系、沟通机制。扩大医疗、教育、环保、电信、金融、娱乐等领域的开放。增强信息自由流动性，有序保护网络信息安全。增强合规意识，健全合规机制。

坚持倡导多极化世界，推动多边治理，践行正确义利观，坚持共商共建共享理念，倡导共同、综合、合作、可持续的安全观，打造人类命运共同体，打造遍布全球的伙伴关系网络。坚持互尊互信、对话协商,增进战略互信。坚持以促进国际安全为依托,维护各领域国家安全,建构国家安全体系。积极推动建设开放型世界经济,促进全球治理体系变革。旗帜鲜明地反对霸权主义和强权政治,为世界和平与发展不断贡献中国智慧、中国方案、中国力量。

共建"一带一路"的治理结构,建成更具包容性的互利合作网络。完善全球气候变化的全球治理体系,坚持维护联合国在气候变化中领导协调作用。积极参与WTO 改革,优先推进解决危及世贸组织的关键问题。积极参与联合国改革,提升联合国在全球治理中的权威性和效率。推动国际货币基金组织发挥全球治理的积极作用,倡导提高有活力经济体的份额。深化区域合作,促进完善亚太经合组织、东亚峰会、亚信峰会、中非论坛、中韩自贸区为主体的区域性全球治理体系。直面热点问题,提升全球海洋垃圾治理、深化全球科技联盟、构建全球贸易平台、完善金融治理。

四、健全"十四五"规划实施机制

第一,建立分类指导的实施机制。实现规划目标和任务,主要发挥市场配置资源的决定性作用,政府要维护公平竞争,保护产权和知识产权、不得直接干预企业经营活动,不得干预市场机制正常运行。政府要正确履行职责,合理配置公共资源,做好义务教育、公共卫生、社会保障、社会救助、促进就业、减少贫困、防灾减灾、公共安全、公共文化、调节收入分配、生态环境、资源管理、基础科学技术和共性技术、国防等公共服务领域的工作。

第二,完善宏观调控。做好总需求与总供给的平衡,特别要加强制度协调、政策协调、规划协调。统筹协调政策目标和政策手段,做好财政政策、货币政策、结构性改革、环保政策等的协调以及与绩效评价、问责制的配合。统筹长远发展与短期稳增长,近期措施要有利于解决长期性难题。

第三,坚持主体功能区制度。按照党的十八届三中全会"坚定不移实施主体功能区制度,建立国土空间开发保护制度,严格按照主体功能区定位推动发展"的要求,毫不动摇地坚持主体功能区制度,加快制定国土空间开发保护法,完善主体功能区配套政策。

第四,强化约束性指标的实施。约束性指标,具有法律效力,要纳入各地区、各部门经济社会发展综合评价和绩效考核,能分解落实到各地区的要分解落实。

第五,加强中期评估。加强规划实施的跟踪分析和中期评估,实行第三方评估制度,主动接受全国人民代表大会及其常务委员会对国家发展规划实施的监督检查。全国政协通过民主协商对国家发展规划实施提出意见建议。

第六,财政预算要按照国家规划安排。中央政府财政资金和各地方政府财政资金的安排,要服从和服务于国家发展规划的重点任务,增加长期资金安排。

第七,做好年度经济工作。年度经济工作,既要考虑短期的、当年经济形势的变化,也要坚持国家发展规划确定的长期目标,年度计划指标要同国家发展规划衔接一致。

（课题组成员：杨伟民　杨永恒　董煜　李善同　杨庆育　朱晓明　刘亭　孟延春）

"十四五"规划重点问题研究

中国国际经济交流中心

"十三五"时期,在以习近平同志为核心的党中央坚强领导下,我国经济社会发展取得了新的历史性成就,积累了丰富的宝贵经验。"十四五"时期是我国全面建成小康社会、实现第一个百年奋斗目标,开启全面建设社会主义现代化国家新征程的五年。"十四五"规划是新中国规划史上十分重要的规划,具有新的时代特征和继往开来的里程碑意义。为此,基于"十四五"时期我国所处的历史发展阶段特点,应进一步明确"十四五"规划的定位、重要发展目标、发展主题、发展主线、市场需求、深化改革及扩大开放的重点任务等几个方面的重要问题。

一、"十三五"时期的成就和经验

"十三五"时期,在以习近平同志为核心的党中央坚强领导下,全党全国各族人民攻坚克难,阔步前进,取得了新的历史性成就,积累了丰富的宝贵经验。

(一)伟大成就

一是实现全面建成小康社会的总目标。预计到 2020 年,我国

总
体
思
路

将实现国内生产总值和城乡居民人均收入比 2010 年翻一番的目标,农村贫困人口全部脱贫,三大攻坚战取得积极进展,第一个百年奋斗目标顺利实现。

二是经济建设取得重大成就。经济持续保持中高速增长,经济总量稳居世界第二,经济结构不断优化,创新成为驱动发展的重要动力。

三是社会事业发展水平持续提升。城镇新增就业人数和就业质量稳步提升。居民人均可支配收入持续上升,生活水平大幅提高,人民群众获得感、幸福感增强。

四是对外开放取得新进展。对外贸易稳定增长,贸易结构持续优化升级。对外开放领域进一步扩大。"一带一路"建设加快推进,人民币国际化迈出重要步伐,新签和升级多个自由贸易协定,开放型经济新体制逐步健全。

五是生态文明建设取得明显进展。大力推进绿色发展,加快构建生态文明制度,逐步健全主体功能区制度,加快推进国家生态文明试验区建设。大气污染治理、水污染和土壤污染防治取得积极进展。全面节约资源工作稳步推进,能源消费结构逐步优化。

六是全面深化改革取得重大突破。着眼于推进国家治理体系和治理能力现代化,完善坚持党的全面领导制度,深化财税、金融、投资、价格、国企国资、能源资源等领域的改革,"四梁八柱"改革方案基本形成,改革顶层设计更加完善。

(二) 主要问题

一是经济下行压力较大,经济增速不断降低。二是结构性问题突出。产业结构、收入分配结构、要素配置结构等失衡问题突出。三是金融风险不容忽视。内部宏观层面和微观层面的金融风险,外部国际金融不确定性、美国贸易摩擦可能延伸至金融领域及国际金融领域冲击等方面的风险不容忽视。四是就业、教育、医疗、居住、养老等领域仍存在明显短板,供给不足、质量不高、无法满足需求。五是环境污染问题依然严峻。臭氧、抗生素、微塑料等新的污染问题趋于严重。

(三) 宝贵经验

一是坚持新时代中国特色社会主义思想。"十三五"期间,以习近平同志为核心的党中央带领全国各族人民取得了全面建成小康社会的伟大成就,其关键是在这场伟大实践中形成并坚持了习近平新时代中国特色社会主义思想。

二是坚持以人民为中心的发展思想。不忘初心,牢记使命,始终把人民对美好生活的向往作为奋斗目标,协调推进各领域改革,全方位提升人民群众的获得感、幸福感和安全感。

三是坚持稳中求进的工作总基调。"十三五"期间,党中央始终坚持稳中求进的工作总基调,把握好多目标平衡,稳增长、防风险、惠民生、调结构、促改革,经济社会保持了平稳健康发展。

四是坚持推进全面深化改革。"十三五"期间,以习近平同志为核心的党中央始终坚持全面深化改革,破除阻碍经济社会发展的体制机制痼疾,为经济发展增添动力、注入活力。

五是坚持以供给侧结构性改革为主线。"十三五"期间,始终坚持供给侧结构性改革为主线不动摇,以提高发展质量和效益为中心,与时俱进扩展供给侧结构性改革的任务,对稳定经济、优化结构、提高质量发挥了关键作用。

六是坚持推进实施国家重大战略。"十三五"期间,推进实施"一带一路"倡议、长江经济带、京津冀协同发展、粤港澳大湾区等国家重大战略,对以往的战略进行充实完善。这些重大战略的实施,为我国培育出新的经济增长极。

七是坚持全面扩大对外开放。始终坚持以开放促改革促发展,助推中国经济逐步迈向高质量发展,推动加快形成全面开放新格局,推动构建新型国际关系和人类命运共同体。

二、"十四五"规划的定位

(一)"十四五"时期是我国发展史上十分重要的五年

"十四五"时期是我国全面建成小康社会、实现第一个百年奋斗目标,开启全面建设社会主义现代化国家新征程的五年,是迈向高质量发展、建设现代化经济体系起步的五年。

1. 高质量发展全面推进期

我国经济已由高速增长阶段转向高质量发展阶段,处在转变发展方式、优化经济结构、转换增长动力的攻关期。在新形势下,重要战略机遇期的内涵和条件出现了新的变化,需更加主动,积极作为,把握机遇,紧扣重要战略机遇新内涵,变压力为动力,推动经济高质量发展。

2. 创新驱动发展突破期

新一轮科技革命和产业变革正在酝酿重大突破,以大数据、云计算、物联网、人工智能等为代表的新一轮科技革命和产业变革将推动全球新一轮经济繁荣,数字经济作为新的经济形态将是未来经济增长的主动源。"十四五"时期将是我国重点领域科技创新突破瓶颈,缩小与国际领先技术差距,核心关键技术不再受制于人的关键时期。

3. 美国遏制我国发展加剧期

美国把我国作为主要战略竞争对手,对我国遏制打压将常态化,将出台多方面的敌对措施,进一步加强对我国技术引进吸收的封锁,扩大对我国出口管制范围,禁止对我国出售或者以其他形式转让相关技术,遏制我国制造业向产业链高端转型。应防患于未然,切实做好防范化解美国遏制我国发展常态化带来的多方面风险。

4. 金融风险高发期

近些年,金融业出现超常规发展,但对实体经济的支持存在很大的不足,资金在金融业内部"空转"现象比较严重。尽管国家实施较为严厉的"去杠杆"政策,但存量金融风险仍较为突出,"十四五"时期可能是一个集中爆发期,只有把握好稳增长与防风险的平衡,坚定不移地去杠杆,才能既促进经济持续增长,又不发生系统性金融风险。

5. 人口结构变化加速期

"十四五"时期人口结构呈现"三个加速":一是劳动人口减少加速,预计"十四五"时期每年减少的劳动年龄人口在 750 万人左右。二是老龄化加速,预计 2025 年 60 周岁及以上和 65 周岁及以上老年人口将分别占到总人口的 20.8% 和 14.2%。三是少子化加速,两孩政策效果已经衰减,没有带来出生人口的高增长。预计 2025 年新出生人口将降至 1400 万人左右,少儿人口(0—14 岁)占总人口的比重降至 13% 左右,低于发达国家 15.5% 的平均水平。

6. 全面深化改革攻坚期

"十四五"时期仍将处于改革"攻关期"和"啃硬骨头"阶段,必须着力解决好动力不足、效率不高、结构性失衡和社会阶层固化等问题。只有改革持续推进并落实到位,14 亿人口的消费潜能和劳动积极性、1 亿多市场主体的生产经营积极性才会调动起来,才会支撑我国经济持续健康发展。

(二)"十四五"规划是新中国规划史上十分重要的规划

"十四五"规划是历次五年规划的延续,具有一般性,但又面临一系列新情况,具有新的时代特征和继往开来的里程碑意义,是新中国规划史上十分重要的规划。

1. "十四五"规划是深入贯彻习近平新时代中国特色社会主义思想的五年规划

党的十九大正式提出习近平新时代中国特色社会主义思想,并写入新修订的党章和宪法,将其确定为我们党和国家的重要指导思想。"十四五"规划将是贯彻习近平新时代中国特色社会主义思想的第一个五年规划,对有效应对重大挑战、抵御重大风险、克服重大阻力、解决重大矛盾,把中国特色社会主义推向前进,具有重要战略意义和深远历史意义。

2. "十四五"规划是社会主要矛盾转化后的第一个五年规划

我国社会主要矛盾已经由"人民日益增长的物质文化需要同落后的社会生产

之间的矛盾"转化为"人民日益增长的美好生活需要和不平衡不充分的发展之间的矛盾"。社会主要矛盾转化是对中国发展阶段及其发展逻辑的重大判断,是"十四五"时期各项工作的基本出发点和前提。

3."十四五"规划是推动高质量发展的第一个五年规划

党的十九大报告指出:我国经济已由高速增长阶段转向高质量发展阶段,正处在转变发展方式、优化经济结构、转换增长动力的攻关期,建设现代化经济体系是跨越关口的迫切要求和我国发展的战略目标。如何立足于我国经济发展的阶段性新特征,用建设现代化经济体系来反映并强化这种新的经济运行态势,促进中国经济实现高质量发展,"十四五"规划应做好顶层设计,并扎实推进实施。

4."十四五"规划是开启全面建设社会主义现代化国家新征程的第一个五年规划

"十四五"规划的奋斗目标将体现"两个一百年"奋斗目标历史交汇和承上启下的特点,既要巩固提升全面建成小康社会成果,又要为实现第二个一百年第一阶段的奋斗目标,即为基本实现社会主义现代化开好局、起好步,打下坚实基础。

5."十四五"规划是世界面临百年未有之大变局背景下的第一个五年规划

当今世界正经历新一轮大发展大变革大调整,大国战略博弈全面加剧,国际体系和国际秩序深度调整。新一轮科技革命和产业变革的大规模快速发展,世界正在形成新的政治、经济、文化、社会、生态文明。面对世界处于"百年未有之大变局",机遇和挑战的内涵都将发生深刻变化,需要深入研判,审慎把控。

三、"十四五"规划的发展目标

(一) 目标分析

围绕到 2035 年基本实现现代化的目标,结合我国发展现状、走势判断及存在的重点难点问题,"十四五"时期主要发展目标是:

1. 经济保持中高速增长

"十四五"时期,我国经济具备保持中高速增长的可能,但预计潜在增长率将从"十三五"时期的 6.5% 平稳换挡至 6% 的台阶。

2. 经济结构进一步优化

从产业结构来看,新技术、新组织形式、新产业集群日益形成,5G、工业互联网、集成电路、人工智能、清洁能源等一批代表先进生产力的新产业蓬勃发展。基于移动互联网、大数据、云计算、物联网等新技术的信息服务业将加速发展。从要素结构来看,数字信息、环境成为重要的生产要素,为我国经济发展增添新动力。

3. 创新成为重要引擎

智能化技术与农业、工业、服务业发展结合更加紧密。生物、能源、生态等领域尖端技术研发和集成创新相结合成为重要创新模式。绿色技术支撑体系有望初步构建,绿色技术研发创新进一步加快。科技创新和产业变革加速融合,并互相推进。重点领域科技创新加速推进,并深度融合、广泛渗透到产业发展的各个方面,成为重塑产业格局、提高产业竞争力的主导力量。

4. 人民生活持续改善

"十四五"时期,经济社会协调发展的紧迫性将更加突出,在发展经济的同时,改善民生应放在更加突出的地位。普及 12 年义务教育,建立覆盖全国人口的医疗保障制度,提高人均预期健康寿命,实现住有所居,实现更高质量和更充分就业,百姓更多分享发展成果。

5. 绿色发展凸显

"十四五"时期,我国能源消费总量将得到有效控制,能源消费强度进一步下降,生态环境质量持续改善。主要污染物排放总量将继续削减,总量控制指标与环境质量改善挂钩,实现向改善环境质量的总量控制模式转型。

(二)增长速度分析

综合分析"十四五"时期资本、劳动力、全要素生产率变化趋势,考虑未来一段时期经济增长潜力和动力保障程度,以及国际国内可能出现的不确定性,预计"十四五"时期国内生产总值年均增速将保持在 6% 左右,并不低于 5.5%。

1. 资本和劳动力要素变化趋势

资本存量变化趋势。从国际经验看,如一个经济体储蓄率能占 GDP 的 30% 或者更多,基本都会保持较快经济增速。我国国内储蓄率在 2010 年达到 51.6% 的峰值后,近年来出现持续回落态势,但仍高达 46% 左右。未来我国高储蓄特征依然存在,但储蓄率会呈逐步降低趋势。综合判断,"十四五"时期我国投资增速将逐步回落,预计"十四五"时期固定资本存量年均增速在低方案、高方案下分别为 6.4% 和 6.8% 左右。

表 1　2016—2025 年我国固定资本存量预测

情景	年份	固定资本存量		固定资本形成总额	
		值(亿元,1990 价)	增长率(%)	值(亿元,1990 价)	增长率(%)
低方案	2016	873833.7	10.4	122121.2	6.0
	2017	956415.3	9.5	126273.3	3.4
	2018	1039763.1	8.7	131168.5	3.9

续表

情景	年份	固定资本存量		固定资本形成总额	
		值(亿元,1990价)	增长率(%)	值(亿元,1990价)	增长率(%)
低方案	2019	1123867.5	8.1	136092.5	3.8
	2020	1208299.2	7.5	140625.1	3.3
	2021	1293647.3	7.1	145763.1	3.7
	2022	1379945.5	6.7	150980.5	3.6
	2023	1467245.1	6.3	156296.9	3.5
	2024	1555782.5	6.0	161899.7	3.6
	2025	1645659.7	5.8	167666.2	3.6
	"十四五"时期平均增速	6.4	3.6	—	—
高方案	2016	873833.7	10.4	122121.2	6.0
	2017	956415.3	9.5	126273.3	3.4
	2018	1039763.1	8.7	131168.5	3.9
	2019	1125179.1	8.2	137404.2	4.8
	2020	1212274.7	7.7	143354.5	4.3
	2021	1301686.7	7.4	150025.8	4.7
	2022	1393498.4	7.1	156896.0	4.6
	2023	1487813.2	6.8	163989.6	4.5
	2024	1584930.7	6.5	171508.2	4.6
	2025	1685016.1	6.3	179332.0	4.6
	"十四五"时期平均增速	6.8	4.6	—	—

人口变化趋势。一是人口总规模增长惯性减弱,2030年前后达到峰值。二是劳动年龄人口波动下降,劳动力老化程度加重。2021—2030年将以较快速度减少,到2030年,45—59岁大龄劳动力占比将达到36%左右。三是老龄化程度不断加深,少儿比重呈下降趋势。2021—2030年60岁及以上老年人口增长速度将明显加快,到2030年占比将达到25%左右,其中80岁及以上高龄老年人口总量不断增加。四是人口流动仍然活跃,人口集聚进一步增强。以"瑷珲—腾冲线"为界的全国人口分布基本格局不变,但人口将持续向沿江、沿海、铁路沿线地区聚集,城市群人口集聚度加大。五是出生人口性别比逐渐回归正常,家庭呈现小型化趋势。伴随经济社会发展以及生育政策调整完善等,出生人口性别比呈稳步下降态势。

应用 Logistic 曲线模型综合判断,2016—2025 年我国劳动力数量将呈下降态势,并且持续负增长,预计"十四五"时期我国劳动力数量年均减少 0.04% 左右。

表2 2016—2025 年我国劳动力预测

年份	值(万人)	增长率(%)
2016	77603	0.1963
2017	77640	0.0477
2018	77586	−0.0696
2019	77444	−0.1830
2020	77333	−0.1433
2021	77225	−0.1397
2022	77211	−0.0181
2023	77200	−0.0142
2024	77189	−0.0142
2025	77177	−0.0155
"十四五"时期平均增速	—	−0.04

2. 全要素生产率变化趋势判断

2021—2025 年,我国全要素生产率的变化趋势主要取决于所处的技术进步或创新周期阶段。信息技术的发展使得技术进步周期性变化缩短,进而可能使第五个经济长波经历的时间缩短,尤其是衰退期缩短。根据熊彼特创新周期理论,以计算机和 IT 信息技术为核心的第五轮技术进步或创新长周期经过 1991—2008 年的繁荣阶段、2008—2020 年的衰退阶段后,预测 2021—2025 年技术进步或创新的趋势将由下降转为上升,即处于衰退转为复苏的阶段。综合判断,"十四五"时期我国全要素生产率增速亦将呈下降趋势,预计"十四五"时期全要素生产率年均增速在低方案、高方案下分别为 2.59% 和 2.89% 左右。

表3 2016—2025 年我国全要素生产率增速预测

年份	低方案(%)	高方案(%)
2016	1.79	1.79
2017	2.52	2.52
2018	2.62	2.62
2019	2.77	2.71
2020	2.92	2.81
2021	2.82	2.88

年份	低方案（%）	高方案（%）
2022	2.74	2.86
2023	2.59	2.89
2024	2.43	2.90
2025	2.35	2.90
"十四五"时期平均增速	2.59	2.89

3．"十四五"时期潜在增长率测算

在考虑资本、劳动力和全要素生产率的变化情况后，根据 C–D 生产函数测算："十四五"时期，高方案下我国 GDP 年均增速为6%，资本积累依然是经济增长的主要动力。随着对 R&D 投入的增加、人力资本增长以及通过改革增强市场活力，全要素生产率对经济的贡献逐步提高，而劳动力对经济增长呈负贡献，但考虑到受"渐进式"延迟退休政策等因素的影响，对经济增长负贡献率较小。

与高方案相比，低方案下资本依然会发挥重要的经济增长拉动作用，人力资本增长和科技进步对经济增长的贡献稳定提高，全面深化改革取得一定成效，市场配置资源的效率有所提升、效益有所改善，社会财富的积累和分配更加公平，包括扩大人力资本投入、实质性推进科技创新和管理创新、不断优化改进体制机制、进一步完善高质量安全开放体系等因素，逐步成为支撑我国保持经济潜在增长率的主要驱动力，预测低方案下我国"十四五"时期潜在经济增长率有可能达到5.5%左右。

表4　2016—2025 年宏观经济潜在增长率测算结果

年份	低方案（%）	高方案（%）
2016	6.7	6.7
2017	6.8	6.8
2018	6.6	6.6
2019	6.3	6.3
2020	6.1	6.2
2021	6.0	6.2
2022	5.8	6.1
2023	5.5	6.0
2024	5.2	5.9
2025	5.0	5.8
"十四五"时期平均增速	5.5	6.0

四、"十四五"规划的发展主题

"十四五"时期,我国经济发展的主题是高质量发展。推动高质量发展,对于经济发展全局具有重大现实意义和深远历史意义。现阶段我国人均 GDP 尚不到世界平均水平,教育、卫生、养老等领域供给短板还比较突出,生态环境保护任重道远。今后一段时期,我国仍需要坚持以经济建设为中心不动摇,在高质量发展中解决存在的问题。

(一) 高质量发展的必然性

推动高质量发展是保持经济持续健康发展、适应社会主要矛盾转化、遵循经济客观规律发展的必然要求。

(二) 高质量发展的内涵和标志

1. 高质量发展的内涵

高质量发展必须以提高发展质量和效益为中心,更好满足人民日益增长的美好生活需要,充分体现创新、协调、绿色、开放、共享的新发展理念。

2. 高质量发展七个维度的标志

一是经济运行稳健。生产、流通、分配、消费循环通畅,国民经济重大比例关系和空间布局比较合理,经济增长保持平稳,经济风险总体可控。

二是供需平衡。生产组织方式实现网络化、智能化,需求捕捉力和品牌影响力不断增强,产品和服务的质量及附加值高。人民群众个性化、多样化、不断升级的需求得到充分满足。需求升级引领新供给,新供给创造新需求。

三是要素配置高效。自主创新能力不断增强,资源要素有序流动和市场化配置机制更加健全,劳动生产率、增量资本产出率、全要素生产率等各类要素效率持续提升。

四是经济结构优化。产业迈向中高端,产业体系竞争力进一步提高,产业链更加健全。需求结构继续优化,消费基础性作用和投资关键性作用得到进一步发挥。城乡区域结构更加协调。

五是收入分配公平。初次分配过程中,劳动、资本、技术等各类要素能够根据各自经市场评价的贡献获得合理回报,实现投资有回报、企业有利润、员工有收入、政府有税收。再分配过程中,要更加注重公平,促进形成科学有序的分配关系和公平合理的分配格局。

六是人民生活改善。居民消费升级需要得到更好满足,公共服务供给数量、质量和均等化水平进一步提高。教育、医疗达到世界先进水平,住有所居、就业和收入机会均等、福利公平成为普遍状态,人民群众生活满意度普遍较高。

七是国际竞争力提高。劳动力充裕、产业配套齐全、基础设施完善等既有国际竞争优势得到进一步巩固,"一带一路"倡议不断拓展新空间、综合国力和国际影响力大幅增强、出口产品结构不断升级等国际竞争新优势加快形成。

(三)高质量发展的途径和重点任务

1. 高质量发展的途径

推动高质量发展,要把质量第一、效益优先作为衡量标准,把推动质量变革、效率变革、动力变革作为实现方式,把构建市场机制有效、微观主体有活力、宏观调控有度的经济体制作为制度动力,把跨越转变发展方式、优化经济结构、转换增长动力等三大关口作为发力重点。

2. 高质量发展的重点任务

大力发展实体经济。一是深化供给侧结构性改革,大力破除无效供给,特别是加快处置"僵尸企业",积极培育新动能。二是加快发展先进制造业,推动互联网、大数据、人工智能同实体经济深度融合。三是增强金融的服务水平,促进形成金融和实体经济、金融和房地产、金融体系内部的良性循环。

加快实施创新驱动发展战略。一是瞄准世界科技前沿,强化基础研究,实现前瞻性基础研究、引领性原创成果重大突破。二是加强应用基础研究,拓展实施国家重大科技项目,突出关键共性技术、前沿引领技术、现代工程技术、颠覆性技术创新。三是深化科技体制改革,建立以企业为主体、市场为导向、金融为支撑、产学研金深度融合的技术创新体系。

加快形成现代市场体系。一是着力完善产权制度,依法平等保护各类所有制经济产权,完善物权、债权、股权、知识产权等各类产权相关法律法规。二是加快要素市场化配置改革,深化劳动力、土地、资本、技术、资源、数据等领域市场化改革,完善主要由市场决定要素价格的机制。三是促进市场公平竞争,强化竞争政策的基础性地位,全面实施市场准入负面清单制度。

改革收入分配格局。一是坚持就业优先战略和积极就业政策,促进城乡居民收入稳定增长。二是持续优化收入分配格局,壮大中等收入群体。三是推进基本公共服务均等化,着力补齐公共服务短板。四是破除妨碍劳动力、人才流动的体制机制弊端。

推动城乡区域协调发展。一是培育和发挥区域比较优势,大力推动京津冀协同发展、长江经济带发展,高标准建设和发展雄安新区,加快粤港澳大湾区建设,积极培育发展成渝、长江中游、关中平原、东北等新的城市群。二是以城市群为主体形态,加快农业转移人口市民化,提高新型城镇化质量。三是实施乡村振兴战略,推动农业农村优先发展。

健全绿色发展体系。一是推动实现绿色循环低碳发展、人与自然和谐共生。二是加大污染防治力度,持续推进大气、水、土壤污染防治,促进生态环境质量总体改善。三是壮大节能环保、清洁生产、清洁能源产业,培育形成更多绿色产业市场主体和新增长点。四是推进资源全面节约和循环利用。

扩大高水平开放。一是以"一带一路"建设为重点,坚持"引进来"和"走出去"并重,形成陆海内外联动、东西双向互济的开放格局。二是打造高水平外商投资环境,全面实行准入前国民待遇加负面清单管理模式,有序放宽市场准入。三是赋予自由贸易试验区更大改革自主权,加快建设自由贸易港。四是创新对外投资方式,积极落实"一带一路"国际合作高峰论坛成果,推动国际产能合作。

全面深化改革。一是坚持公有制为主体、多种所有制经济共同发展的基本经济制度。二是坚持市场化改革,使市场在资源配置中起决定性作用,更好发挥政府作用。三是完善各类国有资产管理体制,促进国有资产保值增值,推动国有资本做强做优做大。深化国有企业改革,发展混合所有制经济。四是深化商事制度改革,完善市场监管体制。五是创新和完善宏观调控,发挥国家发展规划的战略导向作用,健全宏观经济政策协调机制。

五、"十四五"时期的发展主线

(一) 结构性失衡问题分析

当前,宏观经济的结构性失衡主要表现在生产与消费失衡、实体经济内部失衡、金融与实体经济失衡、房地产与实体经济失衡、空间失衡、要素配置失衡等方面。

1. 生产与消费失衡

中国已形成强大的生产能力,但国内市场潜力尚未完全释放,造成许多产品对国际市场依赖性强。一方面,仍要继续坚持去产能,让一些低端过剩产品市场出清;另一方面,积极培育国内消费,包括加速城镇化、壮大中等收入阶层、优化消费环境等,形成强大国内市场,实现供需平衡。

2. 实体经济内部失衡

一方面,中低端产品不能及时出清,低效率占用大量资源,表现为无效产能、过剩产能;另一方面,缺乏具有科技含量、品牌效应以及国际影响力的产品,不能满足中高收入群体的消费升级需求,表现为中高端产品有效供给不足。部分中高端投资品无法自主生产,根本原因是创新不足,加上税费成本较高、资源环境和人工成本上涨、融资成本上升,从而导致制造业盈利能力下降,制造业发展受到阻碍,实体经济出现失衡局面。

3. 金融与实体经济失衡

金融体系货币总量大,实体经济资金偏紧,中小企业和制造业融资难、融资贵问题突出,信贷资金的投放并没有缓解实体经济资金缺乏的问题。大量的资金、人才等资源闭环于虚拟经济中自我循环,致使金融偏离服务实体经济,实体经济脱实向虚。金融资产迅速扩张,利润总量和收益率持续维持在较高水平,与此同时,实体经济中的主体制造业融资成本高、利润率低、杠杆率过高。

4. 房地产与实体经济失衡

在经济金融化、流动性过剩和制造业盈利能力减弱的情况下,房地产成为居民保值增值的优质资产,成为金融机构追逐的利润来源。加之地方政府过度依靠房地产投资的发展模式,使资金进一步脱实向虚,形成资产泡沫并提高实体经济的成本,不利于实体经济健康发展。房价过快增长已经挤占居民消费空间,导致消费增长下滑以及部分产品产量提前过快下降,引发制造业下行。

5. 空间失衡

一是土地和人口失衡。农村人口流入城市,但农村建设用地没有进入城市,农村宅基地闲置和城市居住用地短缺;城市之间,一二三线城市土地配置与人口流动配置不合理,一线城市居住用地少,地价过高、房价过高,部分三四线城市人口流出,而居住用地增加,住宅空置高。二是经济人口与资源环境失衡。按行政区的城镇化而不是城市群开发,特大城市公共服务和就业等主要功能集中于主城区,职住失衡,大量人口大量时间用于出行,损害民众福利,浪费能源。

6. 要素配置失衡

产生种种结构性失衡的根本原因在于要素配置失衡,表现为如下几方面:一是劳动力市场结构性失衡。不同产业部门、不同区域之间的劳动力供给失衡。低技能劳动力供给短缺和高技术产业人才短缺、大学毕业生就业难并存。二是资本市场结构失衡。高生产率企业资本获得性低于低效率企业;资本市场直接融资比例占比较低,大型国有商业银行形成更突出的垄断地位。三是土地市场结构失衡。城乡土地供给制度二元结构,国有土地有"招拍挂"的市场化流转形式,农村集体土地无交易市场。城市工业用地供给过剩和住宅用地供给严重不足。

（二）供给侧结构性改革的新内涵和重点任务

1. 供给侧结构性改革的新内涵

"十四五"时期,供给侧结构性改革的新内涵是针对诸多结构性失衡问题更多地采取市场化、法治化改革手段来解决,最终实现经济高质量发展。

2. 供给侧结构性改革的重点任务

"十四五"时期,供给侧结构性改革的重点任务主要是围绕高质量发展,针对结构性失衡问题采取相应改革举措,主要包括:

促进生产与消费均衡。在坚持通过去产能淘汰没有市场需求的产品的同时,还要促进形成强大的国内市场,从去产能和扩市场两个方面促进生产与消费的均衡。随着城镇化进程的推进、中等收入群体的壮大等,总消费需求将会有极大提升,消费升级将会加快,对生产提出了新要求。必须加快供给侧结构性改革实现生产与消费的均衡。

促进实体经济内部均衡。通过改革来降低制度性交易成本,推动金融、电力、石油、天然气等重要要素市场的改革,为企业降低融资成本、能源成本。通过市场化、法治化手段,加快"僵尸企业"出清步伐,实现"僵尸企业"破产清算,释放资金和人员。推进制造业高质量发展。鼓励充分运用大数据、云计算、人工智能等先进手段,以高质量供给满足多元化和高质量的消费需求。

促进金融与实体均衡。要增加有效、高效金融供给,优化金融结构,提升金融资源配置效率,建立公平、透明、法治的市场。一是优化融资结构和金融机构体系、市场体系、产品体系,为实体经济发展提供更高质量、更有效率的金融服务。二是稳步推进利率市场化和汇率市场化改革。三是加快完善金融市场基础设施建设。四是大力发展金融科技,提高金融服务质量。

促进房地产健康发展。按照"建立多主体供给、多渠道保障、购租并举的住房制度"的要求,启动新一轮住房制度改革,增加居住面积和商品房、租赁房的供给主体,为城市新增就业人口提供买得起、租得起的住房。一是建立城乡统一的建设用地市场,在不改变农村建设用地集体所有制的前提下,实现与国有土地同等入市,同权同价。二是设立住宅政策性金融机构,将住房公积金合并到工资收入中,对自愿在住宅政策性金融机构存款购房的人提供低息贷款。三是将一小部分农村空置的宅基地转为城市居住用地,允许农村进城落户的人口在全国范围内出售宅基地的使用权,同时允许城市人下乡购买宅基地使用权。

促进空间平衡。一是科学编制空间规划。县级各类规划底图叠加,消除重合斑块,划定"三区三线三网";以城市群都市圈为单元,分层规划,确定自然层、网络层、各类功能区。二是按照主体功能区要求设计不同的区域政策。改变传统的按照东、中、西、东北制定区域政策做法,调整为更加精细、空间单元更小、按不同主体功能区确定的不同政策。三是加快农业转移人口市民化。要加快推动户籍制度、住房制度、社会保障、教育特别是高考制度等在内的制度创新,增加农业转移人口一生的总劳动时间。

科技供给侧结构性改革推动产业链创新。推动科技供给侧结构性改革,政府和市场协同发挥作用,针对产业链上的薄弱环节,形成一套良性的政府、企业、高校与科研院所创新协同机制,激发各类创新主体的创新活力来突破科技瓶颈,提升产业链的整体价值。

六、"十四五"时期的市场需求

强大国内市场是抵御全球贸易保护主义抬头、外部需求变动的重要保障。我国强大国内市场的广阔空间主要反映在庞大人口规模、居民消费升级、新型城镇化以及科技创新、产业升级带动的需求。

(一) 市场规模分析

1. 强大的国内市场

一是居民消费升级。我国人口数量超过全球发达经济体的总和。居民消费向中高端产品消费、服务消费占比提高的趋势日益明显。

二是城乡区域协调发展。2018 年,我国常住人口城镇化率为 59.6%,远低于发达国家近 80% 的平均水平,户籍人口城镇化的潜力更大,2.88 亿农业转移人口若在城市落户,将会激发极大的消费需求。城市群内基础设施的互联互通带动巨大投资需求,地区之间渐次梯度发展的市场空间相当可观。

三是现代产业体系构建。传统产业加速向数字化、网络化、智能化方向延伸拓展,需要加大技术改造力度,全面提高技术、工艺等水平。新兴产业是经济体系中最有活力、最具增长潜力的部分。这些都有巨大的技术装备需求。

四是关键核心技术装备补短板。我国在自主创新方面还存在不少短板弱项,不少关键技术、高端装备以及核心零部件和元器件仍依赖进口,有研发活动的规模以上制造企业占比不足 30%,产品附加值不高,在国际产业链中总体尚处于技术含量和附加值较低的"加工—组装"环节,关键核心技术装备需求潜力巨大。

五是公共服务和基础设施补短板。当前公共服务在总量匹配、质量提升、布局完善等方面仍存在不少短板,例如每千人口护士仅为 OECD 国家平均水平的 1/4,合格养老护理人员仅为市场需求的 10%。公共基础设施在智能化、网络化、配套连接和利用效率上改进空间很大,交通、水利、能源、生态环保、农业农村、市政、防灾减灾等重点领域投资需求巨大。

2. 强大国内市场的人口影响因素

短期内,作为长期变量的人口因素对国内市场规模的影响并不突出,但长远看,人口规模将是国内市场的重要影响因素。人口问题是贯穿我国社会主义现代化强国建设过程中的基本战略性问题。到 2035 年,我国人口将先后迎来三个重要的拐点,分别是人口数量拐点、老年人口急速增加拐点、城镇化快速发展拐点。

人口城乡分布因素。从城乡居民消费差距看,2018 年,我国城镇居民人均消费支出为 26112 元,农村居民人均消费支出为 12124 元,两者相差 13988 元。这意味着,随着一个农民转变为市民,将带来的新增消费量接近 1.4 万元。

人口年龄结构因素。从全生命周期看,消费能力最旺盛的年龄段一般认为是30—40 岁的中青年。我国人口年龄结构的逐步老化将降低居民人均消费水平和消费能力。根据联合国预测,2020 年我国人口中位数年龄将达到 38.7 岁,2035 年达到 45.4 岁,较 2020 年时提高 6.7 岁。我国人口年龄结构变动主要发生在现代化建设第一步阶段。2035 年之后,我国人口年龄结构的变动将大幅趋缓。

影响测算。定量模型测算发现,总人口、城镇化率对国内市场的影响正向、显著,总抚养比对国内市场的影响负向、不显著。

(二)影响需求潜力变成现实消费的障碍

长期以来形成的先生产后消费、先工业后城市、先地上后地下的思想观念有待转变。从供给侧、长远视角、制度框架的角度分析,制约消费的重要障碍包括:

一是重点领域消费市场还不能有效满足城乡居民多层次多样化消费需求。实物商品中低端供给能力难以满足高品质消费的升级需要,消费外溢现象突出,每年有几千亿美元消费外流。教育、医疗、旅游、养老、健康、育儿、家政等服务消费供给明显不足。城镇老旧小区改造、住房租赁等市场发展滞后。农村流通成本过高导致农村消费、农村电商发展受阻。

二是监管体制尚不适应消费新业态新模式的迅速发展。随着"互联网+"向更多传统消费领域持续渗透融合,我国新业态、新模式方兴未艾,平台型消费、共享经济等快速发展。但政府部门对待各类新业态新模式缺乏"包容审慎"的态度,监管部门更多用旧办法管制新业态新模式,遇到发展问题便动辄采取关闭、停业等方式,不利于消费新业态新模式的良好发展。

三是质量和标准体系仍滞后于消费提质需要。我国现行的大部分标准体系和标准化管理体制是 20 世纪 80 年代确立的,产品质量标准体系缺失老化滞后,难以满足消费提质扩容的需要。农产品和服务产品的标准仍然很少,社会管理和公共服务标准刚刚起步,即使在标准相对完备的工业领域,标准缺失现象也不同程度地存在。

四是信用体系和消费者权益保护机制还未能有效发挥作用。消费领域假冒伪劣、虚假宣传、支付风险、信息泄露、霸王条款等损害消费者权益的情况仍时有发生,经营者信用缺失的现状依然不容乐观。覆盖全社会的征信系统尚未形成,社会成员信用记录缺失,守信激励和失信惩戒机制尚不健全。消费者权益保护机制仍有待健全,消费者维权意识和维权能力相对不足。

五是消费政策体系尚难以有效支撑居民消费能力提升和预期改善。收入分配制度在调节资本—劳动报酬差距、调节垄断行业收入、增加低收入群体收入方面的力度有待提高。社会养老保障和医疗保障水平还相对比较低,住房制度和保障体系不够健全,对居民消费能力形成过度挤压。同时,部分宏观调控政策因政策设计不精细、政策单元过大等问题,损害居民消费权的现象时有发生,居民消费权的独立性未得到足够重视。当前汽车、住房等龙头消费商品市场均存在着一定程度的限购政策。

(三)建设强大国内市场的重点任务和政策举措

大力拓展消费新增长点。完善有利于提高居民消费能力的收入分配制度。加快实物消费提挡升级,大力发展住房租赁市场,优化促进汽车消费的政策设计,扩大和升级信息消费,推动传统商贸创新发展。城市整治要有利于促进消费,进一步放宽服务消费领域市场准入,促进服务消费扩容。

聚焦推进城乡区域协调发展。扎实推进乡村振兴战略,积极实施城市更新,有序推进城市老旧小区综合功能改造。实施区域协调发展战略,推进跨行政区域重大基础设施互联互通,推动服务国家重大战略实施的重大项目建设。推动公共服务补强提质,鼓励社会资本参与教育、医疗、健康养老、体育健身、文化设施建设。

积极推进产业转型升级。推进传统产业改造提升,实施重大技术改造升级工程。大力推动运用新技术、新业态改造升级传统产业,加快实体经济企业数字化升级和绿色化改造。着力培育壮大新兴产业,推动互联网、大数据、人工智能和实体经济深度融合。加快发展现代服务业,促进技术创新与管理创新、商业模式创新融合,大力推动数字经济、平台经济、共享经济、智能经济发展。

七、"十四五"时期深化改革的任务

(一)改革进展评估

党的十八届三中全会通过《中共中央关于全面深化改革若干重大问题的决定》,

提出了全面深化改革的重大意义、指导思想、总体思路、主要任务和重大举措,主要任务涵盖15大领域,具体改革336项。截至2019年6月,中央全面深化改革领导小组或中央全面深化改革委员会共召开会议48次,审议通过改革文件366份。

6年多来,在以习近平同志为核心的党中央的坚强领导下,改革顶层设计取得重要进展,"四梁八柱"性改革方案基本出台。下一步,全面深化改革的关键是将各项改革向纵深推进,落到实处。

(二) 主要思路

"十四五"时期深化改革应遵循的基本思路:认真贯彻习近平新时代中国特色社会主义思想,以确立政府和市场的边界为主线,加强改革顶层设计和统筹规划,化解部门或地方利益对改革的不利影响,避免改革碎片化;尊重基层创造精神,允许地方大胆试、大胆闯;加强改革的信息公开,推动开门搞改革,汇集各方改革智慧和力量,确保改革落到实处、取得实效;推进财税、国企国资、金融、市场准入等重点领域改革取得突破,带动改革全局,努力实现使市场在资源配置中起决定作用,推动国家治理体系和治理能力现代化。

(三) 重点任务

1. 完善产权制度改革

产权是有效的激励机制,也是市场发挥配置资源功能的基础和前提。一是完善科技创新产权制度,允许科研人员拥有职务发明科研成果的所有权。二是完善农村土地产权制度,实行承包地的"三权"分置制度,完善农村集体经营性建设用地和宅基地的产权制度。在集体所有制基础上形成经营权、信托权、股权等多元化产权形式。三是完善自然资源的产权制度。区分全民所有自然资源资产所有者的权利和国家作为自然资源管理者的权利,划清中央和地方的事权和监管职责,赋予修复生态的自然人和法人对修复土地的长期使用权。四是完善国有企业产权制度。重新划分中央与地方在国有产权管理中的责任义务以及收益权,让国有产权收益通过公共预算实现全民共享。改变国有资本授权经营体制,使国有企业真正成为企业。五是完善民营企业产权保护制度,废除对民营企业的歧视性法律、政策和监管制度。

2. 推进要素市场化改革

要素市场化改革的根本目标是激活各类市场主体活力,破除劳动力、土地、资金、能源、科技、管理、数据等要素市场化配置的体制机制障碍。一是推动劳动力市场化改革,破除各类劳动力流动制度壁垒。二是土地市场化改革,推进农村承包地流转、集体经营性建设用地入市、宅基地有偿使用等政策。三是推动电力、邮政、电信、铁路等垄断行业改革。四是稳步推进供电、供水、供气、供热等市场化改革。五是依托事业单位改革等推动社会服务行业市场化改革,扩大医疗、教育、养老、旅游等领域的开放。

3. 深化金融供给侧结构性改革

一是从制度上搭建服务于国企、民企、外企三大主体的银行体系。二是促进金融产品多元化,金融机构主动服务企业,利用大数据等手段充分挖掘客户需求,设计符合新型企业、中小微企业的个性化、定制化、差异化的金融产品。三是推动建立多层次资本市场,做好科创板注册制试点,更好实现资本市场服务创新驱动战略以及新旧动能转化的目标。四是推动金融业开放水平,引入更多优质外资,改善中国资金配置效率。

4. 推进国资国企改革

一方面,推动国企混改向更大范围、更深层次发展,持续推动国企经营权和所有权分离,健全协调运转、有效制衡的混合所有制企业公司治理机制,通过市场化选聘经营管理者、薪酬差异化改革等建立健全激励约束机制,提高国企经营效益和竞争活力,做强做优做大国有资本。另一方面,坚持分类推进,对公益性行业,国有资本在绝对控股的基础上,加强与非国有资本合作,着力提高公共服务供给效率和质量;对自然垄断行业实行以政企分开、政资分开、特许经营、政府监管为主要内容的改革,根据不同行业的特点实行网运分开;对竞争性行业,要加大股份制改造和实行产权多元化力度,按照市场规律进行专业化经营,国有资本可以控股、参股或是退出。

5. 加快科技教育体制改革

一是推进科研教育机构改革。推进 12 年制义务教育,取消中考;加快建立现代职业教育体系。扩大高校和科研院所的自主权。支持设立适应新产业、新业态、新技术发展的新专业。实现技术开发类和应用技术院所转型。

二是改进创新型人才培养模式。改革基础教育培养模式,强化创造性思维培养。加快部分普通本科高等学校向应用技术型高等学校转型,开展校企联合招生、联合培养试点。探索科教结合的学术学位研究生培养新模式,推行产学研联合培养研究生的"双导师制"。

三是健全产学研用协同创新机制,强化科技创新链和产业链有机衔接,提高产业链整体价值。构建以企业为主导、金融服务为支撑、产学研金合作的产业技术创新战略联盟,按照自愿原则和市场机制,进一步优化联盟在重点产业和重点区域的布局。加强产学研结合的共性技术研发平台建设。探索在战略性领域采取企业主导、院校协作、多元投资、军民融合、成果分享的新模式,整合形成若干产业创新中心。

6. 创新人才管理体制,激发人才活力

推进科技人事管理制度改革,充分发挥市场在人才资源配置中的决定性作用,最大限度激发和释放人才创新创造创业活力。

一是完善人才评价和绩效考核制度。发挥市场、专业组织、用人单位等多元评价主体作用,加快建立科学化、社会化、市场化的人才评价制度;进一步改革完善职称评审制度,突出用人主体在职称评审中的主导作用,注重凭能力、实绩和贡献评价人才;建立并完善绩效工资制度。

二是强化人才创新创业激励机制,加强创新成果知识产权保护;赋予高校、科研院所科技成果使用、处置和收益管理自主权,允许科技成果通过协议定价、在技术市场挂牌交易、拍卖等方式转让转化;完善科研人员收入分配政策,形成知识价值为导向的激励机制,允许事业单位科研人员通过兼职或创业等形式获得相应的收益。

三是提高人才流动性。加大流动岗位比例,打破户籍、地域、身份、学历、人事关系等制约,促进人才资源合理流动、有效配置,提高相关人才在政府、企业、事业单位之间的流动性。

八、"十四五"时期扩大开放的任务

"十四五"时期,面临百年未有之大变局,需要创新开放思路、明确重点任务,实现新的目标,为我国经济社会高质量发展提供新的动能。

(一) 重要意义

一是在当前面临百年未有之大变局的大背景下,只有进一步扩大开放才能抓住历史机遇,吸收人类文明成果和各国有益发展经验,促进中国与世界共同发展。二是未来世界风险加大,越是在风险面前,越是要体现中国作为大国的责任担当,展现中国形象,提升中国国际影响力。三是全球化大趋势不可逆转,全球产业链、供应链、价值链已深度融合,扩大开放将确保诸要素在世界范围内的快速流动和有效配置,确保中国经济与世界经济持续发展的活力。四是新一轮科技革命大潮下,任何国家都不可能脱离全球创新链,只有加强国家之间科技合作,加快提升科技水平,才更有利于加快我国高质量发展。

(二) 基本思路

坚持对外开放的基本国策和互利共赢开放战略,实施高水平对外开放,特别是思想观念、体制机制、规则制定的开放。提升引进外资质量,积极主动扩大进口和对外投资。积极参与 WTO、联合国等机构改革,积极参与促进全球治理新模式、新机制、新体系变革,坚持和维护自由贸易和基于规则的多边贸易体制。构建更高层次的开放型经济新体系,实现经济高质量开放发展。坚持推动经济全球化,世界多极化,推动构建人类命运共同体。

(三) 重点任务

加快推进向制度型开放转变。对接国际知识产权保护、环境保护、竞争中性等更高规则标准,加快形成与国际投资、贸易通行规则相衔接的制度体系和监管模式。坚持内外统筹、破立结合,坚决破除一切阻碍扩大对外开放的体制机制障碍,加快形成有利于培育新的比较优势和竞争优势的制度安排。从制度和规则层面进行改革,推进包括放宽市场投资准入、自由贸易区建设、扩大内陆沿边开放等在内的体制机制改革,完善市场准入和监管、产权保护、信用体系等方面的法律制度。加快推动由商品和要素流动型开放向规则等制度型开放转变。

大幅度、持续放宽市场准入的重点领域。全面实施外商投资准入负面清单制度,减少投资限制,提升投资自由化水平,继续提升引进外资水平。稳步扩大银行、证券、保险等金融业开放,放宽外资金融机构设立限制,扩大外资金融机构在华业务范围,拓宽中外金融市场合作领域,并在更多领域允许外资控股或独资经营。深化农业、采矿业、制造业对外开放,逐步放宽外资入股比例。加快电信、教育、医疗、文化等领域开放进程,持续推进服务业开放。继续推动人民币国际化,不断完善人民币汇率形成机制,使市场在汇率形成中起决定性作用,保持人民币汇率在合理均衡水平上的基本稳定。

营造国际一流、更有吸引力的营商环境。严格贯彻实施《外商投资法》,加快制定出台配套外商投资法规,完善公开、透明的涉外法律体系。继续完善和全面深入实施准入前国民待遇加负面清单管理制度。加强同国际经贸规则对接,增强透明度,强化产权保护,坚持依法办事,鼓励竞争、反对垄断,保护外资企业合法权益,着力构建全方位优化、具有吸引力的外商投资权益保障体系,打造国际化、法治化、便利化的良好营商环境。

打造对外开放合作新高地。继续加快推进"一带一路"建设,坚持共商共建共享,同相关国家一道推进重大项目建设,促进基础设施互联互通,搭建更多贸易促进平台,鼓励更多有实力、信誉好的中国企业到沿线国家开展贸易投资合作。深化生态、科技、文化、民生等各领域交流合作,为全球提供开放合作的国际平台,拓展国际合作新空间。加快推进自由贸易试验区改革创新,加快探索建设中国特色自由贸易港。积极与世界各国开展自由贸易谈判,签署自由贸易协定,加快 RCEP 谈判,推进中欧投资协定谈判,加快中日韩自由贸易区谈判进程,推动多边和双边合作深入发展。加强国际产能合作,加快培育竞争新优势。

加强知识产权保护国际合作。着力营造尊重知识价值的营商环境,全面完善知识产权保护法律体系,大力强化执法监察,加强对外国知识产权主体合法权益的保护,杜绝强制技术转让,完善商业秘密保护,依法严厉打击知识产权侵权行为。加强知识产权保护国际合作,保护在华外资企业合法知识产权,维护我国企业海外知识产权权益。

积极参与促进全球治理体系变革。积极支持和参与世界贸易组织改革,共同构建更高水平的国际经贸规则。积极与各国商谈达成的多边和双边经贸协议,建立有约束的国际协议履约执行机制。加快形成与国际投资、贸易通行规则相衔接的基本制度体系和监管模式。大力支持和积极参与世界贸易组织改革,共同捍卫多边贸易体制,加强全球宏观政策协调。进一步推动共建金砖国家开发银行、亚洲基础设施投资银行等国际金融机构,充分发挥它们在国际合作中的重要作用。促进完善二十国集团、亚太经合组织、上海合作组织、金砖国家、亚信峰会、东亚峰会、中非合作论坛、中日韩自贸区等区域性全球治理体系,积极参与 CPTPP 等国际多边组织,推动全球经济治理体系朝着更加公正合理的方向发展。

激发进口潜力,扩大进口规模水平。顺应国内消费升级趋势,采取更加积极有效的政策措施,持续释放国内市场潜力,增加人民群众需求比较集中的特色优势产品和服务进口。进一步降低关税,提升通关便利化水平,消除各种非关税壁垒,削减进口环节制度性成本,加快跨境电子商务等新业态新模式发展。加快加入世界贸易组织《政府采购协定》进程。继续办好国际进口博览会,促进经常项目收支平衡,推动外贸平衡发展。

加强国际经贸投资等领域合作。充分利用国际国内两个市场、两种资源、两类规则,努力在国际分工中占据更有利位置。正确处理原始创新和引进消化吸收再创新的关系,深化全球科技联盟,加强国际技术合作,推动价值链从中低端向中高端延伸,更深更广融入和推动共建全球价值链、产业链、供应链。巩固传统优势,培育竞争新优势,拓展外贸空间,提高出口质量。加强宏观经济政策协调,推动国际经济、金融、货币体系改革,推动建设开放公平的多边贸易体系,加强国际援助交流合作,实现开放联动发展。

（课题组成员：杨伟民　杨绪珍　元利兴　王志刚
　　胡祖铨　肖宏伟　田栋　李翔）

"十四五"规划起点研究

清华大学国家治理与全球治理研究院

全面建成小康社会是第一个百年奋斗目标,是建设中国社会主义现代化强国历程的关键历史节点,也是中华民族伟大复兴征程上的重要里程碑。"十三五"时期是我国全面建成小康社会决胜时期,也是全面深化改革、加快转变经济发展方式关键时期。"十三五"时期,以习近平同志为核心的党中央团结带领全国各族人民砥砺前行、开拓创新,胜利完成"十三五"规划主要目标任务,中国经济实力、科技实力、综合国力和人民生活水平跃上新的大台阶,彻底消除了千百年的极端贫困人口,如期实现全面建成小康社会的第一个百年奋斗目标,成为中华民族伟大复兴的标志性历史事件,也为 21 世纪人类发展作出了重大贡献。"十三五"时期的伟大发展成就为开启全面建设社会主义现代化国家新征程、向第二个百年奋斗目标进军奠定了坚实的发展基础。

根据国家统计局以及相关部委公开的最新相关数据,本报告对国家"十三五"规划的主要目标进行全面评估,回答"十四五"规划的起点问题,其中包括经济发展、创新驱动、民生福祉、绿色生态、安全保障等五个方面。"十三五"规划总体进展符合预期,25 项主要指标大多数达到了预期,总体完成率较高,基本上达到"十三五"规划的发展目标。基于现有的数据,有 3 项预期性指标滞后于进度,未能实现规划目标。这 3 项指标分别是服务业增加值占

总体思路

GDP 比重(56%)、研发经费投入强度(2.5%)和新增用地规模目标(3256 万亩)。总体而言,鉴于"十三五"时期受到前所未有的疫情冲击影响,"十三五"规划所取得的成就非常卓越,取得了全方位的进步,基本达到预期发展目标。本报告认为,"十三五"时期经济发展进入新阶段,创新驱动实现新跃迁,民生福祉达到新水平,绿色发展跃上新台阶,安全发展得到新巩固。

一、经济发展进入新阶段

(一) 经济发展水平显著增强

"十三五"规划明确提出我国经济保持中高速增长。具体地讲就是国内生产总值每年平均增长速度保持在 6.5% 以上。实际执行情况是从 2015 年的 7.0% 下降至 2019 年的 6.1%,2016—2019 年平均增速为 6.7%,基本符合"十三五"规划目标。但是,受到突如其来的新冠肺炎疫情冲击,2020 年经济增长率仅达到 2.3%,大大低于潜在增长速度,是改革开放 40 多年经济增速较低的一年。总体来看,中国"十三五"时期的平均经济增长率为 5.9%,略低于规划目标。2020 年,我国 GDP 总量突破 101 万亿元,相对于 2015 年累计增长 33.4%;人均国内生产总值(GDP)超过 7.2 万元,相当于 1.05 万美元,稳步向高收入国家迈进。

我国经济实力在世界上再上一个更大的台阶。虽然新冠肺炎疫情冲击极大地降低了"十三五"收官之年的经济增长率,但是中国也是 2020 年世界上主要经济体唯一实现经济增长的国家。2020 年,美国 GDP 同比下降 3.5%,欧盟 GDP 同比下降 6.4%,日本 GDP 同比下降 4.8%。因此,从人均 GDP 的角度来看,我国相对于发达国家仍然呈现显著的追赶态势。按照汇率计算的当前美元价格,2020 年中国的 GDP 约为美国的 70.3%,而 2016 年中国的 GDP 相对于美国的比例为 60.7%,5 年间差距缩小了近 10 个百分点。

根据世界银行按 2017 年国际元的购买力平价数据,我国 GDP 由 1990 年的 1.6 万亿国际元上升至 2019 年的 22.5 万亿国际元,比 1990 年增长 14 倍,预计由 2020 年的 23.0 万亿国际元上升至 2025 年的 30 万亿国际元。我国 GDP 占世界比重从 1990 年的 3.2% 上升至 2019 年的 17.3%。由于 2020 年中国经济保持正增长,世界经济整体负增长,我国的 GDP 占世界总量比重 2020 年达到 18.5%,与中国人口占世界人口的比例基本相当,显示了中国实现伟大复兴进程中的持续追赶态势。根据国际货币基金组织世界经济展望数据库按购买力平价预测,到 2025 年,中国的 GDP 占世界比重为 20% 以上,超过美国、欧盟 GDP 占世界比重。

我国人均GDP再上新台阶。根据世界银行数据,我国人均GDP(PPP,2017国际元)由1990年的1424国际元到2019年的16092国际元,相当于1990年的11.3倍,已接近世界人均GDP水平。这标志着经过40多年改革开放,中国人均GDP从位居世界后列已跃居世界中位,也标志着中国正进入从社会主义初级阶段向中级阶段(2035年之后)的过渡时期(2020—2035年)。

全员劳动生产率增长高于GDP增长。全员劳动生产率反映一国全部就业人员的生产率,是判断我国经济未来成长的综合性指标。从就业的产业部门分布来看,2015—2019年间,第一产业就业人数减少了2474万人,第二产业就业人数下降了1388万人,只有第三产业大幅增长,增加了3882万人。从就业的城乡分布来看,乡村就业人数持续下降,下降了3817万人,占全国就业比重从47.8%下降至42.9%。就业结构优化也成为促进全员劳动生产率增长的重要因素。按2017国际元,我国劳动生产率从1991年的2784国际元上升至2019年的30074国际元,年均增速为8.9%,我国劳动生产率相对美国劳动生产率之比从3.3%上升至23.6%,显示了我国劳动生产率的追赶效应。从本质上讲,中国经济加速追赶美国取决于劳动生产率的追赶。

(二) 经济结构持续优化升级

"十三五"时期,产业结构持续优化,产业迈向中高端水平。第三产业增加值占GDP比重从2015年的50.5%上升至2020年的54.5%。虽然第三产业增加值在2020年没有达到56.0%的预期指标,但是对"十三五"时期的经济增长贡献为66%,成为经济增长、创造就业(就业比重占47.4%)、构建国内消费服务市场的主动力。从国际比较看,我国第三产业增加值占GDP比重仍明显低于世界平均比重(2018年为65.0%),更低于高收入国家平均比重(2018年为69.6%)。此外,服务业已经成为我国唯一增加劳动力并吸纳就业人数最多的产业(2016—2019年间增加了3882万人,平均每年增加971万人),特别是新增劳动力就业主渠道。

"十三五"时期,产业结构优化的一个重要体现是新旧动能持续转换,新技术、新产业、新业态、新模式蓬勃涌现,知识、技术、信息、数据等新生产要素为推进经济结构优化升级提供重要支撑。数字经济加快发展,数字产业化和产业数字化深入推进,大大促进了服务业和制造业融合发展,数字经济迅速广泛渗透到国民经济各个部门和全社会。新产业、新业态、新模式("三新")经济增加值从2016年的11.36万亿元上升至2018年的14.81万亿元,名义年均增速为14.2%,成为经济增长和产业升级最重要的支柱。中国信息通信研究院的数据显示,2019年我国数字经济规模达到35.8万亿元,相对于GDP之比为36.2%;2016—2019年,数字经济的名义增速达15%以上,高于同期GDP名义增速8个百分点。数字经济发展也成为创造就业的重要支柱。2018 年,我国数字经济领域就业岗位为 1.91 亿个,占当年总就业人数的 24.6%,就业增速显著高于同期全国城镇总就业规模增速(4 年为 2.3%)。中国将引领世界数字经济、平台经济、物联网、共享经济等一批战略性新兴产业,广泛而深刻地改变我国社会生产、生活、消费、教育、出行等方式,并且在助力疫情精准防控和有序复工复产中发挥了重要作用。

制造强国战略得到深入实施。我国已经成为世界第一制造大国,但是我国制造业增加值占 GDP 比重持续下降,从 2011 年的 32.1% 下降至 2019 年的 26.8%,呈现明显下降,应当予以注意。要保持制造业比重基本稳定,占 GDP 比重在 1/4以上,增强制造业竞争优势,如期实现 2025 制造强国目标,即迈入世界制造强国行列。

战略性新兴制造业、新兴服务业都以较快速度增长。2015—2020 年间,高技术制造业占规模以上工业增加值的比重从 11.8% 增加到 15.1%;装备制造业增加值占规模以上工业增加值的比重从 31.8% 增加到 33.7%。其中,新能源汽车连续多年成为世界最大的生产国和消费国,已经成为世界下一代绿色汽车产业的创新者、引领者。信息消费服务已经成为创新最活跃、增长最迅猛、辐射最广泛的新兴消费领域之一。其中,软件和信息技术服务业完成软件业务收入从 2015 年的43249 亿元增加到 2020 年的 81616 亿元。

作为世界第一大农业生产国,我国农业增加值(现价美元)占世界总量比重,2018 年高达 29.1%,粮食总产量连续 8 年稳定在 6.6 亿吨以上,人均主要农产品产量和消费量均超过世界平均水平。新冠肺炎疫情期间,我国粮食库存充足,大体相当于全国人民一年的消费量,充分保障了粮食安全。

(三) 消费驱动显著增强

坚持扩大内需是当前发展阶段的战略基点,这是符合我国国情和发展阶段的重大举措。中国的 14 亿人口中,中等收入人群(指人均年收入在 3 万元以上或每人每日收入 20 国际元以上)2020 年已达到 5.6 亿人,占全国总人口的 40%。中等收入人群规模以及中等收入人群的平均收入水平和消费水平仍然呈现增长态势,对消费驱动经济增长发挥重要作用。我国居民最终消费支出(2017 国际元)占世界比重迅速上升,从 1995 年的 3.4% 上升至 2019 年的 12.7%,成为世界第二大居民消费国。需要说明的是,2019 年美国仍然是世界最大的居民最终消费支出国,占世界总量比重达到 1/5,这表明中国还有更大的居民消费增长空间,也将成为经济增长的主要来源。

从社会消费品零售总额看,中国将成为世界最大的消费品市场,社会消费品零售总额从 2015 年的 28.7 万亿元上升至 2019 年的 41.2 万亿元,名义增长了

43.6%,全国人均年消费额从 2.9 万元增至 3.8 万元。从中美两国居民最终消费的对比来看,我国居民消费相对于美国呈现快速上升态势,形成世界超大市场规模效应,直接带动中国对世界消费品进口需求,形成不断凸显的"中国市场"溢出效应,使得中国同时成为世界工厂和世界市场。

(四) 基础设施现代化水平显著提高

基础设施现代化总体达到世界先进水平。截至 2020 年底,我国铁路营业里程达到 14.6 万公里,铁路复线率和电化率分别达到 60% 和 73%,形成了具有独立自主知识产权的高铁建设和装备制造技术体系。其中,高铁营业里程达 3.8 万公里,超过世界高铁总里程的 2/3,成为世界上高铁里程最长、运输密度最高、成网运营场景最复杂的国家。全国高速公路网通车里程达到 15.5 万公里,居世界第一,覆盖 98.6% 的 20 万以上人口城市及地级行政中心。全国城市轨道交通总里程超过 6600 公里,成为全球开通地铁城市最多、客运量最大的国家。民航运输机场达 237 个,旅客运输量 6.6 亿人次,近 90% 的人口在直线距离 100 公里的范围内享受航空运输服务。

电力基础设施居世界前列,截至 2017 年底,全国 220 千伏及以上输电线路总长达到 68.8 万公里,2019 年我国特高压线路长度达到 28352 公里,居世界首位。我国铺设的光纤线路长度从 2015 年的 2486.3 万公里提高至 2020 年的 5169 万公里,互联网宽带接入端口从 5.8 亿个上升至 9.46 亿个,均居世界首位。根据中国信息通信研究院的数据,2019 年全国工业互联网产业规模同比增长 47.3%,对经济增长的贡献从 2018 年的 6.7% 增长至 9.9%。我国率先部署新型基础设施,如 5G 网络建设和场景应用,领先美国和欧洲。我国交通基础设施、运输服务、技术装备等重要指标已达世界领先水平,成为经济发展的强大动力,重新塑造我国空间经济格局,成为推动城乡、区域经济一体化协调发展的现代基础设施支撑。

(五) 城镇化水平持续提升

城镇化是我国经济社会发展的基本动力之一。我国常住人口城镇化率从 1990 年的 24.4% 提高到 2019 年的 60.6%,相对于 2015 年提高 4.5 个百分点,但仍低于中高收入国家的平均水平(66.4%),以及高收入国家的平均水平(2019 年为 81.0%)。2019 年,我国城镇总人口数达到 8.48 亿人,占世界城镇人口比重为 19.7%,比 2015 年增加了近 8000 万人口。总体来看,"十三五"期间,我国户籍制度改革成效显著,1 亿人落户任务提前完成,1 亿多农业转移人口自愿有序实现市民化。截至 2019 年底,全国已累计发放居住证超过 1 亿张,以居住证为载体的城镇基本公共服务提供机制基本建立,城市的包容性发展得到落实。

城乡统筹发展得到显著推进,城乡居民人均可支配收入和人均消费支出差距趋于缩小,覆盖城乡的基本公共服务和社会保障制度不断完善。农村水、电、路、气、房等建设取得重要进展,广大农村地区基本实现了现代基础设施的全覆盖,农村人居环境得到明显改善。

推进城乡协调发展是长期发展任务。我国户籍人口城镇化只有45%左右,城镇化最大的难点还是解决至今还有2.28亿农民工为主的常住人口的基本公共服务、社会保障、保障性住房等问题。总体来看,我国仍处在城镇化快速发展期,具有巨大的发展空间,深入推进新型城镇化,不断提升城市发展的智能化、绿色化、包容性和可持续性,将成为我国经济社会创新持续发展的最大驱动力。此外,城镇化发展有助于推进消费驱动增长模式。中国城镇人口数2019年为8.48亿人,其实际生活水平已经达到较高收入水平。2020年,城镇居民人均可支配收入已经达到40378元,相当于每人每日26国际元,属于国际标准的中等收入人口(每人每日10—100国际元)。消费驱动中国经济增长的潜力在未来将经历一个持续的释放过程。

二、创新驱动实现新跃迁

我国对科技的认识经历了从"科学技术是第一生产力"到"创新是引领发展的第一动力"的过程。总体来看,"十三五"时期是我国创新驱动发展的快速推进时期,中国整体发展态势已经纳入创新驱动发展轨道,已经成为世界举足轻重的创新大国,并进一步朝着创新强国迈进。

(一)科技投入水平显著提升

"十三五"时期,我国科技投入再创历史新纪录,我国研发投入规模居世界前列。全社会研究与试验发展支出从2015年的1.42万亿元增加到2020年的2.44万亿元。研发经费支出与GDP之比从2015年的2.06%提高至2020年的2.40%,已超过欧盟的2.18%,也缩小了与美国的2.8%之间的差距。尽管研发投入强度未能达到2.5%的预期目标,但是相对于2015年还是呈现显著提升。从科技投入结构来看,基础研究领域的科技投入大幅提高,2020年基础研究经费占全社会研发支出比重达到6%以上,虽然"十三五"时期基础研究经费增长近1倍,与发达国家相比仍有很大的差距,同时也有很大的发展潜力。

（二）科技创新人才基础和科研体系建设不断夯实

科技队伍建设为实施创新驱动战略奠定了人力资本基础。"十三五"时期,我国从事研发人员全时当量从 2015 年的 376 万人/年上升至 2020 年的 480 万人/年,持续保持世界第一。"十三五"时期科技体制改革不断深入,积极为科研人员减负,进一步激发人才的创新活力,积极构建符合科研规律和人才成长规律的科技人才评价体系等,夯实科技自立自强的人才基础。

科研机构建设取得显著成效。"十三五"时期,我国启动了首批国家实验室建设任务,加快推进重组国家重点实验室体系工作。截至 2020 年底,正在运行的国家重点实验室 522 个,国家工程研究中心(国家工程实验室)350 个,国家企业技术中心 1636 家。科研机构、高等院校的科研水平和人才培养能力进一步提升,大学和中国科学院等国家科研机构成为我国基础研究和高技术领域原始创新的主力军之一,形成比较完善的中国特色国家创新体系。

政府、企业、科研机构形成了协同创新的新格局。各级地方政府积极通过政策创新和资金支持本地创新活动,企业成为研发投入和技术创新的主体,高新技术企业突破 20 万家。2020 年,我国企业入围国际组织认定的全球研发投入 2500 强达 507 家。目前,我国企业在技术创新中形成"3 个 75%"的格局,即企业研发投入占全社会研发投入比重、国家重点研发计划企业参与实施比例、企业研发人员全时当量占三大执行部门比例均超过 75%。"十三五"期间,相继建成动力电池、增材制造等 17 家国家制造业创新中心,全部由企业牵头组建。规模以上工业企业研发经费投入比"十三五"初增长 27.7%,投入强度由 0.94% 提高至 1.43%,超额完成规划预期 1.26% 的目标,企业创新主体地位不断凸显。

（三）科技创新能力实现新跃迁

研发支出投入和研发人力资源投入增长直接促进了研发产出高增长,使我国进入世界创新型国家行列。"十三五"期间我国科技事业的历史性成就,为建成世界科技强国奠定坚实基础。世界知识产权组织发布的《2019 全球创新指数》报告显示,中国排名提升至第 14 位,位居中等收入经济体首位,有 17 个科技集群进入全球科技集群百强,其中深圳—香港—广州和北京分别位居第 2 位和第 4 位。在区域创新战略上,开始布局建设综合性国家科学中心和区域性创新高地,支持北京、上海、粤港澳大湾区形成国际科技创新中心。每万人口发明专利拥有量从 2015 年的 6.3 件提高至 2020 年的 15.8 件,高价值发明专利拥有量占总数的 40% 左右。发明专利申请量连续多年居世界首位,2019 年中国相当于美国的 4.35 倍。此外,国际科技论文数量和国际科技论文被引次数均位居世界第二。各项综合性指标基本完成"十三五"国家科技创新规划任务。

前沿创新能力建设成效显著。我国科技实力正在从量的积累迈向质的飞跃，从点的突破迈向系统能力提升。"十三五"时期，国家组织实施了十几个重大专项，一批关键技术和产品取得重大突破，取得嫦娥揽月、胖五飞天、天问启程、北斗组网、双龙探极、国产航母、第三代核电等标志性成果，C919大型客机用材、平板显示基板玻璃等新材料实现突破，动力电池单体能量密度大幅提高，国产中央处理器（CPU）与国外先进水平差距缩小，11代液晶显示器生产线投产，语音、图像和人脸识别等人工智能重要领域专利数量全球领先。

我国已成为世界最大的国内技术市场国家。2020年，技术合同成交金额达到28252亿元，"十三五"时期年均增速17.9%，显著高于GDP名义增长率，与GDP之比从2.78%提高至4%以上，明显超过了研发支出与GDP之比。这也说明，我国的科技创新与技术市场发展已经形成良性互动，形成了研发产业或知识产权产业的投入与产出良性互动发展机制。

三、民生福祉达到新水平

（一）全国居民人均可支配收入与经济增长同步

2015—2020年，全国居民人均可支配收入年均增速为5.6%，其中城乡居民人均可支配收入年均增速分别为4.9%和6.0%；城乡居民人均可支配收入分别达到43834元和17131元，相对差距进一步缩小，从2015年的2.73倍降至2019年的2.56倍。按五等分分组的居民人均可支配收入，2015—2020年20%的低收入户（2.8亿人）年收入增长率高达7.9%，但低收入户与高收入户的相对差距仍然很大。

居民消费支出持续增长，生活质量显著提高。2015—2019年，全国居民人均消费支出年均实际增长6.1%，其中城镇为4.8%，农村为7.7%，后者增速高于前者，城乡居民人均消费支出相对差距进一步缩小，从2.81倍降至2.55倍。需要指出的是，2020年人均消费受新冠肺炎疫情影响下降4%。2020年，全国居民人均消费支出21210元，相当于5008国际元，每人每日支出为13.7国际元。全国居民人均消费支出从2015年的26.6万亿元提高至2019年的38.7万亿元，占GDP比重从38.0%提高至39.1%。这个比重仍然显著低于与中国收入水平相当的国家的比重，这也意味着居民消费促进经济增长的潜力是巨大的。

我国城乡居民消费结构已属于富足型。全国居民恩格尔系数从2015年的

30.6%降至 2019 年的 28.2%,其中城镇居民恩格尔系数从 29.7%降至 27.6%,农村居民从 33.0%降至 30.0%,成为全面建成小康社会的重要标志之一。2020 年受新冠肺炎疫情影响,居民恩格尔系数呈现一定上升趋势,全国居民恩格尔系数为 30.2%,其中城镇为 29.2%,农村为 32.7%。全国居民人均服务型消费占比从 2015 年的 40.2%提高至 2019 年的 45.9%,成为我国发展服务业的重要需求基础。城乡居民居住面积和主要耐用消费品达到较高水平。2018 年,城镇居民人均住房面积达到 39.0 平方米,已经接近或达到许多发达国家人均水平,家用汽车普及率从 2015 年的 30.0%上升至 2019 年的 43.2%。农村居民人均住房面积达到 47.3 平方米,家用汽车普及率从 2015 年的 13.3%上升至 2019 年的 24.7%。到 2018 年,全国棚户区住房改造开工 1841 万套,已接近 2000 万套的目标,完成率达 92%。农村居民环境和公共服务继续改善,到 2019 年全国有 84.5%的农户所在社区(自然村)饮用水经过集中净化处理,有 94.2%的农户所在社区(自然村)垃圾能够做到集中处理,有 87.2%的农户所在社区(自然村)有卫生站,有 98.5%的农户所在社区(自然村)通宽带。

(二)脱贫攻坚取得全面胜利

按我国农村贫困人口现行标准,2015 年的 5575 万农村贫困人口到 2020 年实现全部脱贫,现行标准下全部贫困县实现摘帽,区域性整体贫困基本得到解决。基本完成"十三五"易地扶贫搬迁规划建设任务,累计建设易地扶贫搬迁安置区 3.5 万亩、住房 260 余万套,可安置 947 万建档立卡易地扶贫搬迁人口。2020 年,贫困地区农村居民人均可支配收入 12588 元,相当于全国农村居民人均可支配收入(17131 元)的 73.5%,相当于每人每日 17.7 国际元,明显高于每人每日 5.5 国际元的国际贫困线。2020 年,全国农村居民最低生活保障人数为 3621 万人,占农村人口比重的 6.5%左右,这成为后小康时代减少农村相对贫困人口的重中之重。贫困地区基本公共服务水平与全国平均水平的差距趋于缩小,特别是通过开展旅游扶贫、电商扶贫等新举措,因地制宜发展乡村旅游、大力发展休闲农业、积极发展特色文化旅游、特色产业等,实现了贫困地区、贫困人口与发达地区、富裕人口的互利共赢。

(三)实现更加充分更高质量就业

城镇新增就业创下历史纪录。2015—2019 年,城镇新增就业人数累计达到 5318 万人,年均增加 1285 万人,实现 5000 万人的规划目标。调查失业率符合预期目标,2020 年城镇调查失业率为 5.2%,低于 5.5%左右的预期目标。国际劳工组织估计,2019 年我国失业率为 4.4%,低于世界 4.9%的失业率,属于世界上实现充分就业的极少数大国之一。全国进城务工人员总量达到高峰,2019 年达到 29077 万人,占全国就业总数比重的 37.4%,其中本地进城务工人员人数为 11652 万人,占比为 40.1%,外出进城务工人员占比为 59.9%。进城务工人员人均月收入为 3962 元,年收入达到 4.75 万元(相当于 1.27 万国际元),相当于农村人均可支配收入(1.60 万元)的 2.97 倍,高于城镇居民人均收入水平,相当于城镇单位就业人员平均工资的 50% 以上。

(四) 教育事业全面发展

"十三五"时期,国家财政性教育经费支出占 GDP 比例持续保持在 4% 以上。全国各级各类学历教育在校生 2.76 亿人,占全国总人口的 19.8%。各类教育毛入学率显著提高,跃居中高收入国家前列,学前毛入园率达到了 81.7%,已接近经济合作与发展组织(OECD)国家平均水平。到 2020 年,九年义务教育巩固率为 95.2%,高中阶段教育毛入学率从 2015 年的 87.0% 提高至 2020 年的 91.2%,高等教育毛入学率从 2015 年的 40.0% 提高至 2020 年的 54.4%,进入高度普及化阶段。

"十三五"时期,国家正式启动新一轮的"双一流"工程,支持发展高水平研究型大学。从国际比较来看,我国高校在全球位次整体大幅前移,已经形成更具竞争力的中国大学军团。根据美国人文与科学院报告,中国每年授予的学士学位数量已经超过了美国、欧盟和日本的总和,被视为中国最大的人才优势;研究生在校规模 2020 年达到 314 万人,成为培养高端人才的重中之重。2021 年,中国大陆有 6 所大学进入 QS 世界大学排名前 100 名,中国有 21 所大学进入 Nature 指数前 100 名学术大学行列。大力发展继续教育,从业人员继续教育年参与率达到 55% 以上,构建全民终身学习型社会。人力资本水平增长显著,劳动年龄人口平均受教育年限从 2015 年的 10.2 年上升到 2020 年的 10.8 年,5 年累计增加 0.6 年。

人才培养的国际交流水平不断提高。2016—2018 年 3 年累计培养在华外国留学生 143 万人次,吸引学成回国留学人员 140 万余人次,合计在 280 万人次以上。教育公平不断提高。80% 的随迁子女接受流入地公办学校的义务教育,资助困难学生 4.3 亿人次,累计 7000 亿元,每人次接受资助 1627 元。

(五) 健康中国取得重要进展

全国人口平均预期寿命从 2015 年的 76.34 岁提高至 2019 年的 77.3 岁,已高于高人类发展组平均水平的 76.0 岁。根据美国中央情报局提供的信息,我国人口预期寿命在世界 227 个国家和地区中的排位,从第 87 位上升至第 70 位,上升了 17 位,从位居世界前 38% 的位置上升至前 31% 的位置。从主要卫生指标的国际比较来看,中国卫生事业发展水平明显高于经济发展阶段。例如,2018 年婴儿死亡率为6.1‰,已接近高人类组平均水平的5.2‰。

中国政府继续提高城乡居民基本医疗保障水平,人均财政补助标准增加30元,全国合计420亿元,共一半用于大病保险,降低并统一起付线,报销比例提高至60%,个人卫生支出占卫生总费用的比重降至28.4%。全国每千人口执业医师数达2.77人,每万人口全科医生数达2.61人。农村卫生服务条件明显改善。2019年底,全国乡镇卫生院3.6万个、54.2万个行政村共设62.1万个村卫生室,村卫生室卫生人员规模达144.1万人,平均每村村卫生室人员2.32人。

医药卫生体制改革取得重要进展。加快优质医疗资源扩容和区域均衡布局,推进国家医学中心和区域医疗中心建设,强化医联体网格化布局,持续提升县域服务能力,84%的县级医院达到二级及以上医院水平。推进现代医院管理制度建设,强化医疗、医保、医药联动改革,实现全国督查全覆盖。扎实做好短缺药品保供稳价工作,基本药物数量由520种增加到685种。

公共卫生整体实力进一步提高。重大传染病防控策略持续优化,5岁以下儿童乙型肝炎病毒(HBV)感染率降至1%以下;重点职业病监测范围由原来的10种扩大到28种;实施扩大国家免疫规划,扩大癌症早诊早治覆盖人群,2019年重大慢性病早死亡率比2015年降低10.8%;免费向全体城乡居民提供12类国家基本公共卫生服务项目和其他19项基本公共卫生服务项目,基本公共卫生服务均等化水平进一步提升。

健康扶贫成效显著。围绕"基本医疗有保障"目标,确定县医院能力建设、"县乡一体、乡村一体"机制建设、乡村医疗卫生机构标准化建设为主攻方向,组织三级医院"组团式"帮扶贫困县县医院,远程医疗服务覆盖国家级贫困县和边远地区。实施贫困地区健康促进三年行动,以"三区三州"为重点加强重大传染病和地方病综合防治,累计分类救治贫困患者1900多万人,近1000万人因病致贫返贫户成功脱贫。

(六)多层次社会保障体系更加健全

"十三五"期间,我国开展了社会保障历史上规模最大、范围最广的全民参保登记工作。截至2020年11月底,全国社保卡持卡人数已达到13.32亿人,覆盖95%的人口和所有地市,提前并超额完成了"十三五"规划目标,建立了覆盖13.9亿人基础数据的全民参保数据库。2020年,享受城市最低生活保障为805万人,享受农村最低生活保障为3621万人,享受农村特困人员救助供养为447万人。截至2020年10月底,全国基本养老、失业、工伤保险参保人数分别为9.92亿人、2.14亿人、2.64亿人,均提前完成"十三五"规划目标。共有5949万建档立卡贫困人口参加基本养老保险,参保率超过99.99%,基本实现应保尽保。社会保障覆盖范围不断扩大,待遇水平稳步提高。企业退休人员基本养老金已经实现16连调,失业保险、工伤保险待遇水平也随着经济社会发展水平提高而稳步提升。目前,我国养老保险参保人数已占全球养老保障总人数的 1/3,是世界上覆盖人数最多的养老保险制度。总体来看,"十三五"期间,我国社保制度体系逐步完善,覆盖范围不断扩大,保障水平稳步提高,管理服务优化规范,建成世界上规模最大的社会保障体系,切实增强了人民群众的获得感、幸福感和安全感。

(七) 平安中国建设取得重大进展

安全生产明显改善,全年各类生产安全事故死亡人数从 2015 年的 66182 人下降至 2020 年的 27412 人,下降 58.6%。煤矿百万吨死亡人数从 0.162 人下降至 0.059 人,下降 63.6%。交通安全绩效不断提高,道路交通事故每万车死亡人数从 2.1 人下降至 1.66 人,下降 21.0%。我国防灾减灾救灾工作取得新成效,应急管理体制不断完善。

(八) 疫情防控取得重大战略成果

2019 年底暴发的新冠肺炎疫情,是新中国成立以来我国遭受的传播速度最快、感染范围最广、防控难度最大的重大突发公共卫生事件。习近平总书记亲自指挥、亲自部署,坚持把人民生命和健康放在第一位,在全国范围内开展了疫情防控的人民战争。用了一个多月的时间初步遏制疫情迅速蔓延势头,用两个月左右的时间将本土每日新增病例控制在个位数以内,用三个月左右的时间取得了武汉保卫战、湖北保卫战的决定性成果。这为基本实现"十三五"规划经济社会目标任务的收官,也为开启"十四五"规划创造了前提条件。

四、绿色发展跃上新台阶

我国的基本自然国情就是能源、水资源、土地资源有限,实施绿色发展是必然选择。"十三五"规划明确提出实行能源和水资源消耗、建设用地等总量和强度双控行动,并作为约束性指标,建立目标责任制,倒逼经济发展方式转变。总体来看,我国生态环境整体恶化趋势基本得到遏制,全民生态环境意识显著增强,生态文明建设初步进入可持续发展轨道。

(一) 能源消费总量实现规划目标

全国能源消费总量从 2015 年的 43.0 亿吨标准煤上升至 2020 年的 49.7 亿吨标准煤,实现了"十三五"规划纲要制定的"能源消费总量控制在 50 亿吨标准煤以内"的目标,完成了能耗总量控制任务。2019年,中国能源消费量占世界总量比重的24.3%,是美国比重16.2%的1.5倍,其中煤炭消费量占世界总量比重达到了51.7%,是美国比重(7.2%)的7.2倍。能源消费总量比2015年增长了15.6%,年均增速3.1%,能源消费增长弹性系数降至0.470,较2001—2019年明显下降(为0.633)。

我国与能源相关的二氧化碳排放量已经达到98.3亿吨碳当量,2019年中国碳排放量占世界比重高达28.8%,是世界最大的碳排放国,已经是美国比重(14.5%)的2.0倍,主要原因是中国能源消费以煤炭为主。中国煤炭消费量占世界总量比重在2011年之后就超过了50%,2019年仍在51.7%。截至2019年底,我国碳强度比2015年下降18.2%,已提前完成"十三五"约束性目标任务;碳强度较2005年降低约48.1%,也提前完成了2030年应对气候变化国家自主贡献目标。

(二)清洁能源稳步发展

清洁能源消费量占比从2015年的18.0%提高至2020年的24.3%,煤炭消费占比从63.7%下降至56.8%,煤炭消费总量控制成效显著,已经进入煤炭消费高峰平台期。电源结构不断优化,实现了能源发电结构的绿色转型、低碳转型,我国已建成世界最大的绿色能源之国。非煤炭发电装机容量占比从2015年的34%上升到2019年的40.8%。根据国家能源局提供的信息,2020年我国可再生能源发电装机总规模达到9.5亿千瓦,占总装机的比重达到了42.4%,占全社会用电量的比重达到29.5%。2020年,我国可再生能源开发利用规模达到6.8亿吨标准煤,相当于替代煤炭近10亿吨,减少二氧化碳、二氧化硫、氮氧化物排放量分别约达17.9亿吨、86.4万吨、79.8万吨。到2019年,电力生产的二氧化硫排放量下降86%,氮氧化物排放量下降89%,粉尘排放量下降85%。

(三)水资源消耗实现总量减少

"十三五"时期,实施水资源消耗总量和强度双控行动,初步实现了水资源消耗与经济增长脱钩。2019年,全年总用水量为5991亿立方米,相较2015年减少了112亿立方米,按2015年价格每万元国内生产总值用水量累计下降24.2个百分点。需要指出的是,水资源短缺、水污染严重、水生态环境恶化等问题仍旧在一定范围内存在。全国年平均缺水量500多亿立方米,2/3城市不同程度缺水。水资源浪费严重,水资源利用方式偏于粗放,全国农田灌溉用水有效利用系数仅为0.53,与发达国家0.7—0.8的水平存在较大差距。部分地区经济社会活动与水资源承载力不协调,水资源过度开发,地下水超采严重,挤占了生态环境用水,导致生态系统恶化。不少河道断流现象严重,生态走廊丧失。因此,继续推动用水方式转变是经济发展方式转变的重要方面,应当将水资源要素作为经济布局、产业发展、结构调整的约束性、控制性和先导性指标,通过设定水资源消耗上限形成水资源的硬约束。

(四) 生态环境质量持续改善

全国生态环境保护约束性指标年度目标任务全部完成。打好污染防治攻坚战取得重要进展,特别是实行省以下环境保护机构监测监察执法垂直管理制度十分有效,全面落实河长制、湖长制。全国 337 个地级及以上城市的空气质量平均优良天数比例从 2015 年的 76.7% 提高至 2019 年的 82.0%,细颗粒物(PM2.5)未达标地级及以上城市浓度比 2015 年下降 23.1 个百分点。全国地表水水质优良(Ⅰ—Ⅲ类)断面比例从 2015 年的 66% 提高至 2020 年的 83.4%,提高了 17.4 个百分点;地表水劣 V 类断面比例从 9.7% 降至 0.6%,下降 9.1 个百分点,水质治理初步取得胜利。2016—2019 年,氮氧化物排放量累计下降 11.9 个百分点,化学需氧量累计下降 11.5 个百分点,二氧化硫排放量累计下降 22.5 个百分点,氨氮排放量累计下降 16.2 个百分点。全面禁止进口洋垃圾之后,全国固体废物进口量同比下降 48%。

(五) 林草建设再上新台阶

林业已经成为我国重要的绿色产业。全国森林面积达到 2.20 亿公顷,森林覆盖率从 2015 年的 21.66% 增加至 2019 年的 22.96%,森林蓄积量从 2014 年的 151 亿立方米增加至 2019 年的 175.60 亿立方米,超过了 150 亿立方米以上的预期目标,森林植被总生物量 188.02 亿吨,总碳储量从 2015 年的 79.19 亿吨提高至 2019 年的 91.86 亿吨,相当于 2015 年的 1.16 倍。2019 年,我国林业产业总产值 7.56 万亿元,林产品进出口贸易额达 1600 亿美元,相当于全国进出口贸易总额的 3.5%;各类经济林产品产量达 1.57 亿吨。2019 年,全国森林旅游游客量约 18 亿人次,创造社会综合产值约 1.75 万亿元。在全球 2000—2017 年新增绿化面积中,约 1/4 来自中国,贡献比例居全球首位。

根据国家林业和草原局的监测数据,从 2004 年以来,我国荒漠化和沙化土地面积,连续三个监测期均保持缩减态势:荒漠化土地面积由 20 世纪末年均扩展 1.04 万平方公里,转变为年均缩减 2424 平方公里;沙化土地面积由 20 世纪末年均扩展 3436 平方公里,转变为年均缩减 1980 平方公里。草原植被覆盖度明显提高,2018 年全国草原综合植被覆盖度达 55.7%,比 2011 年增加 6.7 个百分点,草原禁牧和草畜平衡面积分别达到 8043 万公顷和 1.7 亿公顷。

（六）全国主体功能区规划目标基本实现

"两横三纵"为主体的城市化战略格局基本形成,全国主要城市化地区集中全国大部分人口和经济总量;"七区二十三带"为主体的农业战略格局基本形成,农产品供给安全得到切实保障,耕地保有量为18.65亿亩,高于18.05亿亩的约束性指标;"两屏三带"为主体的生态安全战略格局基本形成,生态安全得到有效保障,重要江河湖泊水功能区水质达标率由2012年的63.5%提高到2017年的76.9%,到2020年可以实现80%左右的目标;海洋主体功能区战略格局基本形成,海洋资源开发、海洋经济发展和海洋环境保护取得明显成效。

五、安全发展获得新巩固

（一）粮食安全基础进一步夯实

粮食综合生产能力大于6.5亿吨,粮食产量连续6年稳定在1.3万亿斤以上,粮食安全基本稳固。其中,我国谷物产量持续提高,从2000年的4.07亿吨,上升至2018年的6.12亿吨,我国谷物产量占世界比重2018年达到20.6%,保证了我国谷物基本自给。然而,我国农业国情是"先天不足",淡水资源仅占世界总量比重的6.6%,其中农业用水量占60%以上,农业用地面积占世界总量比重的11.0%,而我国总人口占世界比重2019年为18.2%。因此,解决中国十几亿人口的吃饭问题,始终是我国农业现代化的核心问题。

"十三五"时期,我国坚持最严格的耕地保护制度,强化耕地数量保护和质量提升,严守18亿亩耕地红线,积极落实"藏粮于地""藏粮于技",确保粮食安全,积极推进产出高效、产品安全、资源节约、环境友好的农业现代化道路。农作物耕种收综合机械化率超过70%,主要农作物良种实现全覆盖;完成8亿亩旱涝保收、高产稳产的高标准农田建设任务。农业绿色化、优质化、品牌化建设取得突出成效。截至2019年底,全国化肥、农药施用量连续多年实现负增长,畜禽粪污综合利用率达到75%,秸秆综合利用率达到86%,认定绿色、有机和地理标志农产品超过4.92万个。"十三五"以来,我国农产品质量安全监测合格率稳定在97%以上。

现代农业产业体系、生产体系、经营体系得到稳步发展。截至2020年底,纳入全国农业农村部门名录管理的家庭农场超过100万家,农民合作社达到222.5万家,辐射带动全国近一半农户。全国农业社会化服务组织总量达到89.3万个,生产托管服务超过15亿亩次,提高了农业创新力、竞争力和全要素生产率。

实施粮食安全目标也包括利用国际市场的能力,提高粮食储备调控能力。农产品进口也是保障粮食消费供应。根据中国海关数据,2020年进口小麦、玉米和稻谷分别占国内产量的 6.24%、4.33% 和 1.39%,但是大豆进口突破了 1 亿吨,占我国粮食进口超 1.4 亿吨的 70% 以上,相当于进口了 2500 万公顷的粮食播种面积。此外,还大量进口肉类、食用植物油、食糖等农产品,充分利用了国际农业资源,实现了"双保险",既减轻了我国农业资源压力,又能够减少进出口贸易顺差。

(二) 能源安全基础进一步加强

习近平总书记强调:"能源安全是关系国家经济社会发展的全局性、战略性问题,对国家繁荣发展、人民生活改善、社会长治久安至关重要。"我国一方面已成为世界上最大的能源生产国和消费国,而另一方面人均能源资源又相对匮乏。我国人均煤炭资源为世界平均值的 42.5%,人均石油资源为世界平均值的 17.1%,人均天然气资源为世界平均值的 13.2%。因此,"缺油少气"是基本的能源国情。这也决定了中国的能源安全主要集中体现在油气安全上,也就是国内油气资源能不能有效地支撑经济的持续发展。

目前,我国基本形成了煤炭、电力、石油、天然气、新能源、可再生能源全面发展的能源供给体系,技术装备水平明显提高,可再生能源供给比重不断提升。特别是,煤炭消费量占能源消费总量持续下降,2020 年达到 56.8%,而天然气、水电、核电、风电等清洁能源消费量持续上升,占能源消费总量的 24.3%。然而,也必须看到,随着我国提出 2060 年实现"碳中和"目标,这将意味着未来 40 年我国将持续推动能源革命、生产革命、生活方式革命,从而也不断夯实能源安全基础。

六、"十四五"时期:高质量发展再迈新台阶

五年规划是党领导全国人民实现国家治理现代化的主要手段。在实现第一个百年奋斗目标之际,我国经济实力、科技实力、国防实力、综合国力已经跃居世界前列,我国人民生活水平跃上中高收入水平,消除了几千年以来的绝对贫困,全面建成惠及 14 亿人口的小康社会,社会主义中国屹立于世界东方。"十四五"时期开启全面建设社会主义现代化国家的新征程,中国将立足新发展阶段,在实践中不断贯彻实施新发展理念,不断构建新发展格局,全面推动高质量发展,进一步向世界展示中国特色社会主义现代化的伟大成果,对世界和平与发展将作出更大贡献。

(课题组成员:胡鞍钢　周绍杰　鄢一龙)

"十四五"时期推进经济高质量发展研究

中国宏观经济研究院经济研究所

　　"十四五"规划是我国经济转向高质量发展阶段的第一个五年规划,推进"十四五"时期我国经济高质量发展取得积极进展,对全面建设社会主义现代化国家新征程开好局、起好步极为关键。为此,要认真研究梳理"十四五"时期我国经济高质量发展的现实条件与存在的问题,分析判断高质量发展面临的机遇与挑战,以宏观视角做好高质量发展的顶层设计,立足国情谋划推进高质量发展的路径与主要任务,以发挥制度优势为导向提出高质量发展的体制机制保障措施。

一、经济高质量发展的内涵与我国经济高质量发展的成效和问题

　　党的十八大以来,以习近平同志为核心的党中央根据国际国内环境变化尤其是我国发展条件和发展阶段的重大变化,深入贯彻新发展理念,深化供给侧结构性改革,经济发展质量和效益明显改善。党的十九大报告作出我国经济已由高速增长阶段转向高质量发展阶段的重大判断。厘清经济高质量发展的内涵,总结我国经济高质量发展进展与成效,分析存在的突出矛盾与问题,对"十

四五"时期经济高质量发展取得更大成效具有重要意义。

（一）经济高质量发展的内涵

习近平总书记指出,经济高质量发展是充分满足人民日益增长的美好生活需要的发展,是体现创新、协调、绿色、开放、共享的新发展理念的发展。从理论和实践出发,我们认为其在当下和今后一个时期的具体内涵为:供给体系质量高、投入产出效率高和发展稳定性高,也就是以高效率高效益生产方式为全社会持续而公平提供高质量产出的经济发展。

一是供给体系质量高。供给体系为社会提供最终产品和服务,是满足人民美好生活需要的物质基础。高质量的供给体系,在产品层面表现为最终产品和服务的高质量,以及生产过程投入的劳动力、资本品、技术、大数据等生产要素的高质量和零部件等中间品的高质量;在结构层面表现为合理化、高级化的产业结构,以及人力资源、金融与实体经济的良性循环互动等;在宏观层面表现为供给体系与整体经济的协调,特别是与需求的良性互动和均衡。

二是投入产出效率高。经济高质量发展不仅要求产出的质量高,还要求这种产出是以符合经济规律的方式生产的。首先是技术效率高。技术效率是由技术水平决定的资源利用能力,决定了生产的可能性边界。推动高质量发展必然要求不断提高资本、土地、人力、资源等要素的使用效率,从而使在资源稀缺的条件下生产的可能性边界不断扩大。其次是经济效益高。经济高质量发展要求资源在不同用途之间合理配置,使各类要素边际生产率和边际报酬达到最高,这是实现供给与需求匹配的重要机制。从动态看,投入产出效率的不断提高还导致经济增长动力结构由投入驱动向效率驱动变化,这也是经济高质量发展的重要标志。

三是发展稳定性高。经济高质量发展还要求发展具有稳定性和可持续性,一方面是经济体系自身具有稳定性和韧性,不存在引发大起大落的重大宏观失衡、结构性缺陷和系统性风险隐患,并对各类重大冲击有较强的抵御与恢复能力;另一方面是经济体系与社会、环境相协调,经济发展不会引致出现重大社会与环境风险并反作用于经济发展,经济、社会、环境长期可持续发展。

（二）我国经济高质量发展取得的成效与问题

党的十八大以来,我国经济发展取得了显著成效,主要体现在以下几个方面:一是城乡人民生活持续改善,消费加快从生存型向发展型和享受型升级。二是供给体系质量不断提高,产品质量档次、劳动力素质明显提升。三是创新驱动特征愈发显著,并跑领跑领域不断增多,投入产出效率稳步提高。四是绿色发展理念深入人心,生态环境状况逐步好转。五是共享和协调发展取得瞩目成绩,绝对贫困人口接近消除,形成世界上最大规模的中等收入群体,城乡差距进一步缩小。六是高杠杆等重大风险隐患由持续积累转为开始收敛。

但在肯定成绩的同时,要清醒认识到,当前我国经济高质量发展还面临一些突出矛盾和问题,需要认真关注、努力应对。一是供给体系还不能完全适应需求的变化,现阶段我国多数制造业门类仍处于全球产业链中低端,中高端产品供给不足,难以满足群众消费升级需求,产生中高端需求外流。二是供给体系短板或将集中暴露,不少领域均面临"卡脖子"困境,很多产业属于大而不强的"泥足巨人",重要能源资源对外依赖度过高,应对断供等风险冲击的能力不强,产业链、供应链安全面临严峻挑战。领军人才、核心技术等高端要素短缺等突出板块问题持续存在,影响价值链提升。三是受结构性体制性等因素的影响,我国劳动生产率、资本产出效率、全要素生产率及资源能源利用效率或提高速度放慢或出现下行趋势,提升经济体系投入产出效率将面临多重制约和挑战。四是宏观杠杆、地方政府隐性债务、金融、房地产等风险隐患还处在高位,防范化解系统性风险的任务仍较重。五是环境质量还未普遍达标,生态修复任务繁重。六是社会领域收入分配差距过大、公共服务缺口较大等旧的问题矛盾尚未解决,中产阶层焦虑加重等新的问题浮现,影响社会稳定。

二、"十四五"时期经济高质量发展面临的形势

"十四五"时期是百年未有之大变局进一步演化发展的时期,我国经济高质量发展既遇到难得的机遇,也面临严峻的挑战。

(一) 我国经济高质量发展的有利条件与机遇

1. 新科技革命与产业变革加速演变,有利于我国逼近技术和产业前沿

"十四五"时期,以5G、人工智能、大数据、物联网等为代表的新科技革命进一步走向成熟应用,由此带动生产生活方式发生深刻变化,催生新一轮工业革命,新的生产方式、组织形态和商业模式不断涌现,推动产业的数字化、智能化和柔性化变革。在这些新经济领域我国已有良好的基础,面临着难得的后来居上超越发展机遇。如果抓住机会乘势而上,有可能带动整体技术水平和产业逼近世界前沿,全面提升经济素质和质量。

2. 要素供给质量明显提高,高质量发展的基础条件明显改善

首先是劳动力供给质量持续提高。"十四五"时期,随着高等教育进一步快速发展,受过高等教育的劳动人口将会进一步增加,理工类毕业生数量将继续保持全

球领先,大量留学人员归国创业发展,逐渐实现从人口红利到"工程师红利"的转变。同时,中低端劳动力素质加快改善。其次是基础设施明显改善。我国无论是在水电路等传统基础设施,还是在新能源、互联网、现代通信、高速铁路等现代基础设施等方面都取得了长足进步,一些领域还达到了世界先进水平,为高质量发展奠定了坚实基础。

3. 国内需求潜力持续释放,为高质量发展提供更大的需求空间

我国具有世界上最大规模的中等收入群体,2018 年底已经超过 4 亿人,到2025 年有望超过 6.5 亿人。随着居民收入水平持续增长、消费能力提高以及需求层级向高位跃升,高品质消费需求将进入大规模释放阶段。同时,大量"80 后""90后"更加重视产品消费体验,差异性、个性化、多样化的用户体验将不断引领新的消费观念与消费意识,深刻影响着消费需求。巨大的需求市场有利于促进技术创新、转化和应用。巨大的国内市场叠加"一带一路"开拓的新市场有利于提高经济发展的韧性,有效抵御外部冲击的影响。

(二)我国经济高质量发展面临的严峻挑战

1. 供需双向冲击内外因素交织影响经济发展稳定性

"十四五"时期,世界经济仍处于第五轮长周期下行阶段,支撑本轮经济全球化的商品、资本和技术等传统要素跨境流动趋势性减慢,多边主义受到挑战,尤其是美国对其全球经济霸权的维护将进入最强烈时期,影响我国利用外部资源和国际市场。国内要素供给结构发生重大变化,劳动力供给年均减少 800 万人,人口老龄化程度加深储蓄率下降使得资本存量增长显著减速,美国转向全面遏制我国创新,影响全要素生产率持续提升。部分传统产业加速向新兴发展中国家转移,新兴产业培育面临不确定性,促进形成强大国内市场面临多重体制障碍。上述多方面因素累计叠加对"十四五"时期经济稳定发展带来严重挑战,应对不当甚至可能面临经济失速的风险。

2. 中美关系发生根本性转折严重干扰我国创新能力提升

从当前美国国内政治形势和中美贸易摩擦升级态势看,"十四五"时期中美两国在创新领域呈现更强的竞争性特征。美国以"国家安全"为借口持续性全方位遏制我国创新的可能性较大,极有可能继续推动中美产业链、供应链和创新链实质性脱钩,并妄图通过对其他国家威逼利诱把我国隔离在全球科技创新生态之外。这不仅将大幅削弱我国全球配置创新资源的能力,还会阻断我国与全球科技界产业界合作的通路,中断我国原有的通过技术引进、沿产业链攀升的技术升级路径,阻遏我国创新能力的提升和向创新驱动的转型。

3. 国际产业竞争格局变化加剧产业链外移

随着我国生产要素成本的不断上涨,以及东南亚和非洲等地的新兴发展中国家经济发展步入了正轨,低附加值、劳动密集型产业向这些国家的转移速度日趋加快。由于这些国家工业体系不完备、产业工人素质较低,目前我国对外产业转移限于简单加工环节,复杂零部件仍由国内生产出口。但随着新兴经济体产业体系的不断完善,中美贸易摩擦持续升温,跨国公司对供应链安全的考量不断上升,我国产业链外移的广度和深度将不断增加。劳动密集型产业外流将引发局部地区经济发展和就业问题,也将影响我国产业结构调整的自主性和可控性。

4. 巩固生态环境持续改善的成果面临更大压力

"十四五"时期,我国生态环境在巩固前期防治成果并继续加大力度持续改善环境质量上面临更大压力。近年来,二氧化碳排放总量增速明显趋缓,单位 GDP 二氧化碳排放量持续下降,化学需氧量等主要污染物排放总量下降明显。但是进一步减少污染物排放的难度加大,治理污染排放的成本—收益总体上进入边际效应递减阶段,环境治理的边际成本不断增大。因而,"十四五"时期为实现环境质量的进一步提升必须投入更多资源、付出更大代价,众多产业的发展将面临更为严厉的环境制约,这与"十四五"时期维护经济稳定发展的努力存在潜在的冲突,统筹好环保和经济发展平衡的难度将进一步加大。

5. 经济社会风险存在反弹可能

"十四五"时期,制约经济增长的内外因素较多,保持经济平稳发展需要宏观政策发挥更大作用。但如果宏观政策的力度节奏把握不好,可能带来宏观杠杆率、地方政府隐性债务、房地产以及各类金融风险出现反弹,导致宏观经济脆弱性上升,并引发一系列不良后果。在社会领域,居民收入两极分化和财富差距过大的不利影响愈发显著,但在做大"蛋糕"速度放缓的背景下通过健全财产税制等制度扩大再分配的难度也在加大,各收入阶层的利益冲突或将加剧,构成社会矛盾、社会风险的一个主要来源。

三、"十四五"时期推进经济高质量发展的总体思路

"十四五"时期,要适应国际发展环境和国内发展条件的深刻变化,明确推进高质量发展的目标、手段和方法,处理好发展质量和发展速度等几组关系,推动我国经济高质量发展取得重大进展。

(一)总体思路

以习近平新时代中国特色社会主义思想为指导,围绕更好满足人民日益增长

的美好生活需要的根本目标,深入贯彻新发展理念,以供给侧结构性改革为主线,以推进现代化经济体系建设为依托,主攻高质量发展的瓶颈和短板,强基固本,重点突破,推进经济从高投入、高消耗、高污染的"旧三高"向供给体系质量高、投入产出效率高和发展稳定性高的"新三高"转变,实现更高质量、更有效率、更加公平、更可持续的发展,为基本实现现代化开好局、起好步。

（二） 需要处理好的关系

发展速度与发展质量的关系。经济发展速度和发展质量是辩证统一的,不顾发展质量只追求发展速度必然导致发展不可持续,而提高经济发展质量也必须以一定的经济发展速度为基础。处理好发展速度与发展质量的关系,关键是要使经济增长保持在潜在增长水平上,既不过度刺激使经济增长超出潜在增长水平,也要采取必要的宏观政策使经济增长不明显低于潜在增长水平,要保持宏观经济稳定运行,特别是要防止经济大起大落打乱经济系统正常循环。

新动能与旧动能转换的关系。高质量发展的关键是实现新旧动能有序转换和接续,需要精准把握除旧迎新的节奏和力度,旧动能退出过快、新动能不能及时接续将造成经济失速,而旧动能退出过慢、挤占新动能发展空间将导致质量提升进程缓慢甚至停滞。处理好新动能与旧动能转换的关系,既要密切跟踪新一轮科技革命和产业变革的动向,加快发展新技术、新产业、新业态、新模式,也要围绕提高产品和服务的质量,积极推动传统动能沿产业链、价值链升级。

供给与需求的关系。供给和需求是市场经济内在关系的两个基本方面,供给是因满足需求而存在,但也可创造新的需求,有效需求由现实的供给所决定,同时也可引导牵引未来供给的发展。推动经济高质量发展,应把改善供给体系质量作为主攻方向,加快科技进步、优化供给结构、提升供给效率,同时保持总需求稳定,并不断调整优化需求结构,推动经济实现由低水平供需平衡向高水平供需平衡跃升。

政府与市场的关系。推进高质量发展,必须要发挥市场在资源配置中的决定性作用,要通过有效市场的竞争和激励机制,实现质量第一、效率优先,而要解决外部性、动态比较优势等问题时,则需要有为政府发挥作用。

中央与地方的关系。高质量发展是长期的动态的历史过程,全国有统一要求,但没有统一推进路径,要允许各地有阶段性的水平差异。推进高质量发展,要坚持统一部署和分类施策相结合,既要中央集中统一引导和部署,建立评价测度指标体系和考核方法,防止"地区差异化"背离高质量发展的普遍性要求,也要因地制宜、分类施策,防止"一刀切"违背地区差异性的客观规律,应鼓励各地结合发展基础和资源禀赋,探索走出符合自身实际的高质量发展路径。

（三）主要目标

到 2025 年,我国经济发展应明显摆脱追求数量规模的传统模式,经济发展质量和效益再上新台阶,供给体系质量明显跃升,投入产出效率明显改善,发展稳定性进一步增强,经济高质量发展实现阶段性突破。具体表现在:

1. 供给体系质量明显跃升

一是要素条件初步形成竞争新优势。劳动力、资本、技术、能源资源以及大数据等新型要素在自身质量和相互协同性上均达到较高水平,初步形成国际竞争新优势。新增劳动年龄人口平均受教育年限提高到 14.5 年,高等教育毛入学率提高到 60%,技能人才比重显著提升,工程师红利加速释放。直接融资比重显著提升,融资结构性失衡问题得到明显缓解。研发强度稳中有增,达到 2.6%,研发效率明显提升,在基础研究和前沿技术研究领域取得一些具有重大影响的突破,每万人PCT 专利申请量达到 0.7 件。能源结构明显调整,非化石能源占一次能源消费总量比重超过 18%。大数据要素在经济活动中发挥更大作用。

二是产业位势和竞争力明显增强。产业结构进一步合理化、高级化,制造业数字化、网络化、智能化取得明显进展,关键技术和零部件自主可控程度显著增强,"卡脖子"问题得到有效缓解,形成一批具有较强国际竞争力的跨国公司和产业集群。在全球产业分工和价值链中的地位明显提升,掌握一批核心技术,有效形成相互依赖相互制约的格局。制造业、高技术产业和新经济的地位进一步提高,制造业增加值占 GDP 比重回升至 30% 以上,高技术制造业占规模以上工业增加值比重提升至 17% 以上,工业增加值率接近 30%,装备制造业、高技术制造业和战略性新兴产业成长为新支柱产业,经济发展新旧动能转换取得明显成效。

三是产品和服务质量大幅提升。产品和服务质量达到或接近先进国家质量标准,产品质量合格率 95% 以上,服务业顾客满意度 90% 以上,高性能、高品质的中高端产品大量涌现,中国制造在世界上的价低质次形象明显改观,进入世界品牌500 强的企业数量大幅增加,高端消费外流严重形势得到缓解。人民群众日益增长的美好生活需要得到较好满足,供给需求初步实现良性互动与均衡。

2. 投入产出效率明显改善

各类要素资源在不同用途、不同部门间配置进一步合理,现有资源要素潜力以高效、集约方式充分挖掘释放,各类要素边际生产率和边际报酬达到较高水平,经济发展的效率驱动特征进一步凸显。到 2025 年,全员劳动生产率达到 17.4 万元/人(2018 年价格水平),增量资本产出率达到 8% 左右,全要素生产率对经济增长的贡献进一步提升至 40%,能源资源利用效率大幅提升,万元 GDP 用水量降至 46 立方米,万元 GDP 能耗降至 0.51 吨标准煤,每平方公里建设用地产出提升至 3.2 亿元。

3. 发展稳定性进一步增强

一是经济保持平稳健康运行。有效应对中美经贸摩擦叠加全球下行周期可能导致的失速风险,保持经济平稳运行在合理区间,防止出现滞胀、通缩等非合意通胀水平,保持就业形势基本稳定,防范资本与经常项目双逆差。"十四五"时期年均GDP增速保持在5.5%左右,到2025年名义GDP总量超过130万亿元,人均GDP超过1.4万美元,成功跨入高收入国家行列。长期积累的财政金融房地产风险得到有效化解释放,宏观杠杆率降至240%以下,转入平稳健康运行状态。资源能源对外依存度逐步降低、安全可控。

表1 "十四五"时期高质量主要指标目标值

高质量维度	主要指标	2018年数值	2025年目标数值
供给体系质量明显跃升	新增劳动年龄人口平均受教育年限	13.5年(2017年数值)	14.5年
	高等教育普及率	48.1%	60%
	研发强度	2.13%(2017年数值)	2.6%
	每万人PCT专利申请量	0.35件(2017年数值)	0.7件
	非化石能源占一次能源消费总量的比重	14.3%	>18%
	制造业增加值占GDP比重	29.4%	>30%
	高技术制造业占规模以上工业增加值比重	13.9%	>17%
	工业增加值率	22%	30%
	产品质量合格率	93.93%	>95%
	服务业顾客满意度	—	>90%
投入产出效率明显改善	全员劳动生产率	10.7万元/人	17.4万元/人(2018年价格水平)
	增量资本产出率	5.43(2017年数值)	8
	全要素生产率对经济增长的贡献	30%	40%
	万元GDP用水量	67.9立方米	46立方米
	万元GDP能耗	0.63吨标准煤	0.51吨标准煤
	每平方公里建设用地产出	2.07亿元(2017年数值)	3.2亿元

高质量维度	主要指标	2018 年数值	2025 年目标数值
发展稳定性进一步增强	年均 GDP 增速	6.6%	5.5%左右
	人均 GDP	0.95 万美元	>1.4 万美元
	宏观杠杆率	254%	240%
	338 个城市的细颗粒物(PM2.5)浓度	41.2 毫克/立方米	<30 毫克/立方米
	单位 GDP 碳排放量	1.12 吨(2017 年数值)	0.78 吨
	化学需氧量	1022 万吨/年(2017 年数值)	500 万吨/年
	二氧化硫排放量	875 万吨/年(2017 年数值)	600 万吨/年
	废水废气中氨氮化物排放量	1259 万吨/年(2017 年数值)	400 万吨/年
	中等收入群体比重	30%	40%
	基尼系数	0.467(2017 年数值)	<0.45

二是生态建设取得新突破。生态文明理念贯穿到经济社会发展全过程,生态环境取得突破性改善,大气、水、土壤等质量改善趋势进一步巩固提升,338 个城市的细颗粒物(PM2.5)浓度降至 30 毫克/立方米以下,单位 GDP 碳排放量进一步下降,化学需氧量、二氧化硫排放量、废水废气中氨氮化物排放量等主要污染物排放总量持续下降,初步形成生产空间集约高效、生活空间宜居适度、生态空间蓝绿交错的格局。

三是社会和谐度进一步增强。公共服务供给在总量和均衡性上均得到较大幅度改善,基本公共服务全面覆盖、标准统一,实施 12 年义务教育。中等收入群体稳步扩大,比重达到 40%,收入分配结构趋于公平合理,居民收入差距逐步缩小,基尼系数降至 0.45 以下,社会和谐度和人民群众获得感大大增强。

四、"十四五"时期推进经济高质量发展的重点任务

"十四五"时期推进经济高质量发展,要坚持目标导向与问题导向相结合,把解决影响高质量发展的瓶颈、短板和薄弱环节与符合高质量发展方向的重大突破作为重点任务,强基固本,推动经济高质量发展取得重大进展。

（一）构建创新领域的新型举国体制，更好维护产业技术安全

"十四五"时期，全球创新格局和我国的创新位势将继续发生深刻变化，必须以构建新型举国体制为统领，推动创新体制从"政府主导型"向"政府支持型"转变。以健全国家实验室体制为重点优化重大项目攻关的组织实施机制，更加聚焦基于"硬科技""新硬件"型技术创新，更注重早期支持和打造共性技术、创新公共服务、新型研发机构等新型专业化平台。主动扩大互联网开放便利国际科技信息获取，积极吸引国际创新人才集聚全球创新资源。既要坚持以强大国内市场促进本土研发和国产替代，又要采取措施避免中美技术和产业"脱钩"，防止国际技术体系分裂。掌握一批关键技术、关键设备和零部件、关键原材料的控制权，有效降低断供风险。支持地方政府利用专利保护快速执法和创新合伙人等新模式营造公平有序和富有活力的创新生态，形成持续挖掘和充分释放我国创新潜能的长效机制，更好维护产业技术安全。

（二）推动创新发展，培育发展新动能

深入实施创新驱动发展战略，努力提升原始创新能力，促进科技成果有效转化，释放更多技术创新红利，有效促进劳动生产率、全要素生产率的提升。加快5G基础设施建设和应用场景推广，继续保持和巩固我国在5G领域的领先地位，提前部署下一代信息通信技术研发。大力推进"互联网+"和"智能+"，率先实现无人驾驶、数字孪生城市、智慧家庭、工业互联网等新技术的规模化应用。大力培育发展新能源汽车、新材料、人工智能等新兴产业，培育发展一批先进制造业集群，提升产业链水平。推动先进制造业和现代服务业融合发展，发展网络化协同研发制造，培育大规模的个性化定制、云制造等新业态新模式，延伸在线设计、数据分析、智能物流、远程运维等增值服务。

（三）优化存量、化解风险，推动传统产业优化升级

优化产业组织结构，加快推动兼并重组和优胜劣汰，显著提高钢铁、煤炭、石化、有色金属等传统产业集中度，"十四五"期末钢铁、煤炭等行业前10家企业占市场份额（CR10）争取提高到50%左右。加快完善市场主体退出制度改革，运用市场化、法治化手段加快"僵尸企业"等低效市场主体退出，基本解决结构性产能过剩。对正常经营、有市场效益的传统产业企业，要留活路、给出路，应以激励措施加以引导，逐步推进结构调整优化。利用新技术、新工艺、新模式改造提升装备制造、纺织服装、轻工食品等传统产业，实现数字化、智能化、绿色化发展。处置好存量调整中的债务风险和失业风险，用好中央政府杠杆空间保持降杠杆和稳增长协调平

衡,注重用扩大股权融资、市场化债转股等发展型措施降低企业杠杆率,做好转型企业职工的就业培训和安置工作。积极运用信贷、税收等手段促进房地产业健康发展,规范消费性信贷,防范居民杠杆率过快上升。

(四) 加强区域协调和都市圈发展,保持和提升中国经济整体竞争力

在外部竞争不断加剧的背景下,要在努力构建公平市场竞争环境前提下,加速形成各具优势的发展创新集中区、中高端制造集中区、加工原材料集中区,并构建良性互动关系,使我国研发、生产制造等环节更加紧密结合,提高科技转化为生产力的效率,提升中国经济整体竞争力。进一步发挥自由贸易试验区、高新区、经开区等既有载体的作用,利用基础设施良好等优势,降低营商成本,应对产业外流等国际竞争压力。要以大都市圈发展为载体,不断强化都市圈要素集聚和辐射能力,充分发挥规模经济效应,有效提升经济发展和资源要素利用效率。积极应对南北区域分化,抓紧出台并实施对北方经济社会发展有重大带动作用的环渤海大湾区、黄河生态经济带等区域协调发展战略。

(五) 更好发挥市场机制作用,推动高效低成本减排促进绿色发展

在科学确定环境容量的基础上,明确全国和各地污染物排放总量指标,并建立和完善排放权交易市场,充分发挥市场力量,实现高效低成本减排。依托完善碳排放权交易市场,加快建立全国统一的排放权交易市场,推进二氧化硫、化学需氧量、氨氮等污染物排放权交易,完善排放权交易机制,提高企业二级市场参与度。研究取消能源消费总量控制,同步推进能源价格和碳排放市场价格形成机制,减少并逐步消除能源价格政府补贴和用户交叉补贴,充分发挥市场机制作用调节能源生产和消费,使能源、环境、经济的关系更为协调。在强监管的同时,加强对企业的服务,加大对企业环保改造项目的贷款贴息支持力度;合理设置环境新标准实施的缓冲期,帮助企业达到环保标准。

(六) 以多元平衡、安全高效为导向推动高水平开放,服务高质量发展

围绕更加坚定地融入世界经济体系,着力构建"你中有我、我中有你"的人类命运共同体。以更好支撑经济高质量发展为目标,提升吸引和集聚中高端要素的能力,加快引进全球高素质人才和智力资源为我所用,加强与全球生产网络和创新体系的紧密联系。用好我国扩大进口的杠杆,推进"一带一路"建设和区域自由贸易体制安排,维护我国外部市场的基本稳定,保持贸易收支基本平衡。以补足产业链缺失环节和强化薄弱环节为重点,加大投资开放力度,防止产业脱钩,维护我国在东亚生产网络中的中心地位。

（七）解决中等收入群体焦虑，构筑适应高质量发展的橄榄型社会结构

推动共享发展，形成与高质量发展相适应的社会结构，重点是加快形成占比更高、自我认同感更强的中等收入群体，使社会结构向橄榄型转变。"十四五"时期，在脱贫攻坚战取得决定性胜利的基础上，要不失时机地将扩大中等收入群体放在突出位置，加快解决农村居民和新落户农民工等群体面临的公共服务水平不高等问题，将新型农民和新落户农民工作为扩大中等收入群体的新来源。加快完善体现效率、促进公平的收入分配体系，畅通纵向流动通道，同时针对中等收入群体的焦虑，要减轻负担、稳定预期，增强中等收入群体自我认同感，发挥好支撑高质量发展中坚力量的作用。

五、"十四五"时期推进经济高质量发展的体制机制保障

"十四五"时期，要以更大的政治决心和魄力，围绕培育有效竞争的市场主体、完善统一开放的市场体系、健全法治高效的政府治理体系，争取在重点领域和关键环节取得重大实质性突破，为经济高质量发展提供制度保障。

（一）增强市场主体活力，提升微观主体质量

打造高质量的微观企业主体。加大产权保护力度，激发企业家才能和精神，充分发挥企业家在战略谋划、改革首创方面的核心引领作用。引导更多民营企业家和"创二代"推动家族企业的治理转型，开启"二次创业"。强化行业龙头企业在承接重大科技专项、实施产业化示范项目和牵头建设共性技术支撑平台方面的关键作用，加快打造一批创新能力强、管理水平高的"隐形冠军"企业。深化国企国资改革，加快推动国有资本从一般竞争性领域退出；加快混合所有制改革，进一步提高国企的市场化程度。

激发人的积极性主动性创造性。大力弘扬工匠精神，提高技术工人社会地位，加强职业培训，打造一支高素质的技术工人大军。以政策松绑为重点加大对创新人才和团队的支持力度。完善对科研人员的分类评价体系、弹性考核体系和职务晋升机制。改革事业单位工资总额限额管理制度，建立工资总额与单位自主来源收入挂钩的动态调整机制，允许对特定科研人员群体采用年薪制、股权期权激励、特聘岗位津贴等方式，促进收入的适度多元化。加速形成有利于激励创新的知识产权归属制度，明确规定并有效保护职务发明人的产权权益，探索知识产权证券化，让科研人员在科技成果使用权、收益权和处置权中分享到应得的权益。

（二）促进公平有效竞争，构建开放统一高质量市场体系

通过改革加快完善要素市场体系。深化农村土地"三权"分置改革，加快建立城乡统一的建设用地市场，进一步完善城市建设用地供地机制和农村建设用地的高效配置机制，推动农村闲置宅基地盘活和变现。推动金融供给侧结构性改革，扩大金融对内对外开放，进一步发展多元化金融服务供给，对不同规模金融机构、短期和长期投资行为实施差别化监管和政策，促进金融体系为企业提供覆盖全生命周期、满足全方位需求的金融服务。完善宏观审慎管理、存款保险、中小投资者权益保障等制度，提高金融市场韧性，发挥好信用在融资、市场监管中的保障作用。加快完善技术市场，进一步明确财政性资金形成的科技成果的权属，完善国有知识产权流转、收益、处置机制，引导高等学校、科研院所和企业的专利技术和知识产权全面融入市场；完善技术市场服务体系，构建全国技术转移一体化协作网络，创新技术市场服务人员认定和培养制度。积极发展数据信息市场，加强大企业数据权属的政策保护和相关界定，加快立法进程，承认数据的财产属性，明确相关主体的数据所有权、责任和义务，明晰互联网平台等大企业数据采集应用的范围和方式。加快提升区块链等确权技术成熟度，加强区块链技术在数据确权中试点应用，鼓励大数据交易所作为区块链的主要节点参与数据确权的网络运营。

推动市场体系进一步统一开放、竞争有序。坚持"竞争中性"原则，对各类市场主体一视同仁。全面实施市场公平竞争审查制度，加快制修订市场准入和退出标准、商品和要素自由流动标准、生产经营成本标准、生产经营行为标准。积极打破行政垄断，加快制定适应数字经济等新经济形态发展的反垄断指南，查处新模式新业态中可能存在的妨碍公平竞争行为。提升公共资源交易平台统筹层次与覆盖范围。破除市场分割，加快消除地方设置的市场准入、商品要素流通等各种壁垒。

克服体制机制障碍有效释放需求升级潜力。强大国内市场是实现经济高质量发展的重要支撑。适应人民美好生活需要，加快推进需求领域供给侧结构性改革。应以引导健康发展取代限制性措施，合理满足部分群体的高端消费需求，不能"一禁了之"。着力提高国内消费性价比。进一步细分高端奢侈消费品与高端大众消费品，合理调整消费税税目和税率，适度降低大众消费品消费税税率，或采取分级定税机制。在保障意识形态安全前提下，正确认识文化消费商品属性，促进包容审慎监管与开放准入有效结合。瞄准不断提高居民生活品质和城市品质，加大有效投资。大力度推进城镇老旧小区改造，增加对加装电梯等适老化改造补贴。鼓励新建和改建停车场，增建加氢、充电设施。加快推进城市地下管廊建设，提高城市宜居水平。

（三）提高政府治理效能，推进治理体系和治理能力现代化

打造推动高质量发展的治理体系。强化国家发展规划对宏观调控的战略导向作用，推动宏观调控目标取向由速度规模向质量效益转变，宏观调控思维方式由需求管理为主向供需管理并重转变，加快形成以现代治理型财政政策和稳健审慎货币政策为基础，功能型产业政策、均衡导向型区域政策、市场主导型投资政策和消费者优先型消费政策为支撑且协同有效的宏观调控政策体系。密切跟踪新科技产业革命发展方向，积极对标国际，加快建立能够引领和体现经济高质量发展的指标体系和统计体系。注重发挥标准体系对高质量发展的引领作用，既要防止标准更新不及时也要防止标准脱离实际单纯求高的倾向；加强一些重要产品和服务领域纵向质量监管，在食品药品领域建立严格的全链条监管制度。充分利用大数据等技术提升监管效率，建立以信用为核心的新型监管体制。

加快建立推动高质量发展的绩效评价和政绩考核体系。从评价体制、评价主体、评价方法、结果反馈等方面谋划和设计科学的高质量发展绩效评价体系，更加注重综合运用地均产值、资源消耗、环境承载、劳动分配等绩效标准。适度淡化总量增长指标，侧重考核质量效益类指标，增加对群众满意度等主观性指标的考核。在绩效评价和政绩考核中，注重因时制宜因地制宜，在部分领域产出标准衡量、生态容量测定及排放额度分配、主体功能划定等方面要充分考虑发展阶段、地方特色等实际情况，防止"一刀切"。提升中央对不同地区考核目标体系的科学性、可操作性和适度弹性，避免目标脱离实际带来的不良后果。引导各地树立以高质量发展为导向的发展观和政绩观，推动思维方式、行为方式和发展方式实现根本转变。打造一支适应高质量发展的干部队伍，坚持严管和厚爱结合、激励和约束并重，大力选拔敢于负责、勇于担当、善于作为、实绩突出的干部，鲜明树立重实干重实绩的用人导向，充分发挥考核对干部的激励鞭策作用。建立健全容错纠错机制，明确"尽职免责"原则，切实为敢于担当的干部撑腰鼓劲。

（课题组成员：孙学工　郭春丽　李清彬　肖潇　王元
张铭慎　成卓　陆江源）

2035 年远景目标和
2050 年展望研究

北京大学光华管理学院

围绕 2035 年远景目标和 2050 年经济展望,我们从经济、创新、和谐和开放四个维度构建新发展理念引领下的社会主义现代化指标体系,对具体指标进行深入测算,并据此研究探讨我国实现社会主义现代化面临的长期挑战,提出现阶段到 2035 年建议采取的重大战略举措。

一、预测 2035 年远景目标的逻辑体系及分析框架

我国提出经济需要从高速增长向高质量发展转型,将经济发展的动能从要素驱动转向效率驱动、创新驱动,让企业家精神和研发创新成为未来经济增长可持续的源泉。以"创新、协调、绿色、开放、共享"的新发展理念为指引,实现 2035 年远景目标,必须加快建设现代化经济体系,这是党的十九大确立的战略构想,也是我国经济运行的总体思路。我们需要一系列代表性指标描述现代化经济体系,以此为基础,确立 2035 年中国发展的远景目标;与此同时,通过这些远景目标的设定倒推从现在到 2035 年中国可能的发展路径和应对举措。我们的指标选择遵循两个标准:首先,从多个

总体思路

维度全景描述 2035 年中国经济发展水平、经济结构、增长动能、发展质量、在全球经济体系中地位及是否能够满足人民日益增长的美好生活需要等;其次,这些指标能够充分体现创新、协调、绿色、开放和共享的新发展理念,指标不仅仅是对结果的衡量,也深刻反映对发展路径的选择。

　　综合考虑,我们在新发展理念引领下的社会主义现代化指标体系集中在经济、创新、和谐和开放四个方面,以这四个维度的 22 个第一阶指标和 14 个第二阶指标为基础,确立 2035 年中国发展的远景目标(见表 1)。

表 1　指标体系

	指标	重要性
经济中国	人均国内生产总值	☆ ☆ ☆
	全要素生产率(TFP)	☆ ☆ ☆
	产业结构	☆ ☆ ☆
	人口结构	☆ ☆ ☆
	受高等教育人口比重	☆ ☆ ☆
	城镇化率	☆ ☆ ☆
	城市人口规模合适度指数	☆ ☆ ☆
	人均资本存量	☆ ☆ ☆
创新中国	研发强度	☆ ☆ ☆
	研发经费结构	☆ ☆ ☆
	政府教育支出占比	☆ ☆ ☆
	科学与工程专业博士与本科学历人数比	☆ ☆ ☆
	研究人员比例	☆ ☆
	专利申请强度	☆ ☆
	PCT 国际申请	☆ ☆
	人均科技期刊	☆ ☆
	净知识产权	☆ ☆
	知识产权竞争力	☆ ☆

	指标	重要性
和谐中国	消费率	☆ ☆ ☆
	消费结构	☆ ☆ ☆
	收入分配	☆ ☆ ☆
	区域协调发展	☆ ☆
	PM2.5	☆ ☆ ☆
	单位 GDP 能耗	☆ ☆
	预期寿命	☆ ☆
	医疗支出	☆ ☆ ☆
开放中国	外贸依存度	☆ ☆ ☆
	外资依存度	☆ ☆ ☆
	全球价值链参与度	☆ ☆ ☆
	出口中的国内成分占比	☆ ☆
	价值链上游程度	☆ ☆ ☆
	支付货币	☆ ☆
	储备资产	☆ ☆
	跨境并购规模	☆ ☆
	中国企业跨境并购规模全球比重	☆ ☆ ☆
	中企境外并购规模与外企来华并购规模比	☆ ☆

注:☆ ☆ ☆代表重要性程度最高的第一阶指标;☆ ☆代表重要性程度次之的第二阶指标。

二、高质量发展指标体系及预测

(一)经济中国

本部分提出现代化国家在经济方面的 8 个指标,分析这些推动经济增长的结构性因素在未来若干年的变化趋势,讨论实现的路径并提出相应建议。

指标 1:人均国内生产总值

表 2   中国人均国内生产总值与预测

人均 GDP 年份		2017	2020	2025	2030	2035
增速			2019—2020 5.50%	2021—2025 5.00%	2026—2030 4.50%	2031—2035 4.00%
购买力平价 （国际元）	2011 不变价	15309	18062	23052	28727	34950
	2017 不变价	16806	19828	25306	31536	38368
名义汇率 （美元）	2011 不变价	7329	8647	11036	13753	16732
	2017 不变价	8827	10414	13291	16563	20152

注：人均 GDP 增速设定已剔除人口增长因素。
数据来源：根据世界银行 WDI 计算。

我们预测在基准情形下，中国按 2011 年购买力平价计算的人均 GDP 在 2035 年将达到 34950 国际元；其 2025 年的水平也将达到 23052 国际元。[①] "十四五"期间，人均 GDP 年增速将保持在 5% 的水平；2026—2030 年，人均 GDP 增速下调至 4.5%；2031—2035 年，中国人均 GDP 增速下调至 4%。随着中国人口出生率的不断下降和老龄化程度的增加，我们预测 2030 年我国人口净增长率将下降至 0。因此，从 2030 年起，我国人口 GDP 增长率将等于甚至大于 GDP 增长率。我们预测中国的经济长期增长率是 3%—4%。

预测在基准情形下，我国人均 GDP 将在 2035 年达到 35000 国际元（按 2011 年购买力平价）。本报告中，35000 国际元是中国实现社会主义现代化对应的人均 GDP 门槛，主要发达国家平均在 2000 年左右实现。我们在本报告的分析中，把主要发达国家在 2000 年左右的情况作为分析中国在 2035 年各代表性指标预测的参考。

指标 2：全要素生产率（TFP）

表 3   中国全要素生产率与预测

年份	2000	2014	2017	2035		
中国 TFP/ 美国 TFP（%）	0.363	0.399	0.384	0.60	0.65	0.70
期间	2000—2014 年		2001— 2017 年	2018—2035 年		

① 大部分国际文献采纳 2011 年购买力平价来计算人均 GDP，为了方便比较，我们同样用 2011 年购买力平价进行计算。

续表

年份	2000	2014	2017	2035		
中国 TFP 年均增速高于美国（百分点）	0.71		0.32	1.57	1.95	2.31

数据来源:根据 Penn World Table 9.1 计算。

　　对 2035 年 TFP 的预测是中国在保守情形下可以达到美国的 60%,基准情形下可以达到美国的 65%,乐观情形下可以达到或接近于美国的 70%。高质量发展一定是对应着较高的全要素生产率水平。我国至 2017 年 TFP 达到了美国的 38.4%。主要工业国家在实现人均 GDP 35000 国际元时 TFP 都在美国的 70%—80%以上。提升全要素生产率对于我国转换增长动能、提升发展质量很关键。基准情形下,我们预测 2035 年我国 TFP 水平能够达到美国的 65%,这意味着每年我国的 TFP 增速将比美国高 1.95 个百分点。美国近些年 TFP 增速保持在 1%左右,这意味着中国的全要素生产率的增速应该保持在 2.5%—3.0%水平。[1]

　　指标 3:产业结构

表 4　产业增加值和就业比例　　　　　　　　　　　（%）

增加值　　年份	2017	2025	2035
第一产业	7.92	6.40	3.0
第二产业	40.46	36.78	32.0
其中:制造业	29.34	26.80	23.0
第三产业	51.63	56.82	65.0
就业	2017	2025	2035
第一产业	27.0	17.8	6.0
第二产业	28.1	27.2	26.0
第三产业	44.9	56.0	68.0

数据来源:根据世界银行数据,由课题组成员计算而得。

　　预计 2025 年,我国农业增加值占 GDP 的比重将下降到 6.4%,就业人口比重将下降至 17.2%。预计 2035 年,当中国人均 GDP 达到 35000 国际元时,农业增加值占 GDP 比重将下降到 3%,就业人口比重将下降至 6%。预测第二产业的增加值

————————

　　① 本报告的 TFP 采用的是 Penn World Table 数据计算而来,对于各个国家的增长预测是将 2011 年作为基准年,先对单个国家 TFP 进行处理,根据 10 年平均增速来计算预测之后的 TFP 增长结构,然后再根据 2011 年的国际 TFP 对比情况进行换算,从而进行国际比较(这里主要是和美国比较)。

占比在 2025 年达到 36.78%,在 2035 年将达到 32%。工业部门的就业人数占总劳动人口比例相对来说更加聚拢,预计在 2025 年该指标达到 27.2%,2035 年达到 26%。如果未来发展趋势和其他发达国家同发展水平时期相同,那么在 2025 年服务业增加值和就业人口占比将分别达到 56.82% 和 56%,2035 年这两项指标将分别达到 65% 和 68%。

指标 4:人口结构

表 5　人口结构与预测

年份	2017	2019	2025	2035
总人口数预测(亿)	13.9	14.0	14.5	14.4
老年人口占比(65 岁以上)(%)	11.4	12.6	14.4	23.29
人口抚养比(%)	39.2	41.5	44.8	58.4
老年人口抚养比(%)	15.9	17.8	21.7	36.9

数据来源:根据世界银行、世界卫生组织和国家统计局数据,由课题组成员计算而得。

若将中国人口老龄化程度放到国际视野中,对比世界各国之间的老龄化问题,在同等收入水平下,中国人口老龄化程度显著高于同等发展水平的其他国家和地区。比照人均 GDP 15000 美元,90 年代末的韩国,老年人口抚养比 10.2%;90 年代末的墨西哥,这一比例为 8.27%;2010 年的巴西,这一比例为 10.7%。发达国家这一指标达到与今天中国相似的水平时,日本人均 GDP 已达到 25000 美元(1985 年),是中国今天的 1.7 倍;韩国人均 GDP 31000 美元(2011 年),是中国今天的 2 倍。由此可见,中国现在的老龄化程度从发展阶段的角度来看已经远高于“正常”的水平。

指标 5:受高等教育人口比重

表 6　受高等教育人口比重预测　　　　　　　　　　　　　　(%)

年份	2015	2025	2035
受高等教育人口比重	13.33	17.88	23.43

注:受高等教育人口比重是指该年份受高等教育人口占 6 岁及以上人口的比重,这里包含了受高等职业教育的人数、大学专科教育人数、大学本科教育人数以及研究生教育人数。

数据来源:根据 2015 年全国 1% 人口抽样调查、《中国人口与就业统计年鉴》、世界银行 WDI 等计算并绘制。

通过分年龄、分性别计算,我们预测 2035 年中国大约有 3.2 亿人口接受高等教育,占 6 岁及以上人口的比重为 23.43%。预测 2025 年中国大约有 2.4 亿人口接受高等教育,占 6 岁及以上人口的比重为 17.88%。

指标 6：城镇化率

表 7　城镇化率与预测　　　　　　　　　　　　　　（%）

年份	2017	2019	2025	2035
乐观预测			73	80
中性预测	57.96	60.6	66	75
保守预测			64	70

数据来源：根据世界银行数据和国家统计局数据，由课题组成员计算而得。

从国际上看，人均收入达到 35000 国际元时，大部分国家城市人口比例随收入迅速上升至 70% 或以上的水平。中国人口城市化路径大致符合世界趋势，但水平仍落后于相同收入水平的国家。根据世界银行数据，在 2013 年中国收入水平上，各国平均城市化水平为 70%，而中国是 53%。按照中国城镇化率历史数据对未来城镇化率水平做简单线性预测，基准情形下，2025 年城镇化率能够达到 66%，至 2035 年达到 75%。

指标 7：城市人口规模合适度指数

假设 2025（或 2035）年，中国的二三产业比例达到美国同等发展阶段时的水平（即人均 GDP 大体相等的发展阶段），至 2025 年，中国有 30 个城市的规模小于各自最优规模的 20%。到 2035 年，全国 282 个地级市中，只有 47 个城市大于最优规模，而 235 个城市也即约 83.5% 的城市小于最优规模。其中，有 133 个城市的规模甚至达不到各自最优规模的 40%；与此同时，包括北京、上海在内的 16 个城市的规模超过其最优规模的 2 倍或 3 倍。

指标 8：人均资本存量

表 8　人均资本存量与预测　　　　　　　　　　　　（国际元）

年份	2020	2025	2035
人均资本存量预测	79005	96907	136582

2017 年，中国人均资本存量大约只有高收入国家的 1/2，投资仍有空间，但是人口老龄化带来的储蓄率下降使得我国未来保持高投资率变得越来越难，中国未来投资方向围绕提升制造业投资效率进行。

如果中国的投资情况能够顺利度过平台期，那么 2025 年中国人均资本存量能够达到 96907 国际元，2035 年能够达到 136582 国际元，略高于 2004 年同等发展水平时的日本，高于达到人均 35000 国际元时的美国，低于达到人均 35000 国际元时的法国和英国。

（二）创新中国

创新是引领高质量发展的第一动力。如何加强国家创新体系建设,培育发展新动能,深化科技体制改革,建立注重基础研究、以企业为主体、市场为导向的研发创新体系,对中国在 2035 年基本实现社会主义现代化意义重大。本部分纳入分析的第一阶指标包括研发强度、研发经费结构、政府教育支出占比、科学与工程专业博士与本科学历人数比;第二阶指标包括研究人员比例、专利申请强度、PCT 国际申请、人均科技论文、净知识产权、知识产权竞争力等。

指标 1:研发强度

根据各国发展经验,人均 GDP 首次达到 35000 国际元时,法国的研发强度为 2.14%;德国为 2.21%;日本为 3.03%;英国为 1.60%。我国 2018 年研发强度为 2.14%,预期中国 2035 年研发强度的合理值为 3% 以上。再结合 2035 年反推 2025 年的情况,如果 2019—2035 年研发强度呈线性增长,则意味着中国 2025 年至少达到 2.5%。

指标 2:研发经费结构

2017 年,中国基础研究经费占研发经费的比重仅为 5.5%,而近几年主要发达国家基本都在 10% 以上,所以中国在未来应加大基础研究经费支持力度。我们认为,中国 2035 年对基础研究的研究经费支持可以争取达到 12%,其中 2025 年争取达到 8.5%。

指标 3:政府教育支出占比

根据各国发展经验,法国人均 GDP 首次达到 35000 国际元时,政府教育支出占比为 5.42%;德国为 4.45%;日本为 3.48%;英国为 4.85%。我国未来发展尤其需要提升质量,以创新为动能,需要增加研发人员数量和基础研究投入,预期中国 2035 年政府教育支出占比应达到 4.75% 以上。反推到 2025 年,如果 2017—2035 年政府教育支出占比呈线性增长,则意味着中国 2025 年应达到 4.47%。

指标 4:科学与工程专业博士与本科学历人数比

根据各国发展经验,2000 年,也就是高收入国家达到 35000 国际元时的基准年份,科学与工程专业博士与本科学历人数比分别是:美国 7.12%,欧盟前 8 个国家 7.65%,日本 4.75%,韩国 3.27%。我国未来发展尤其需要提升科学与工程专业教育质量,加大高层次人才培养。韩国从 2009 年开始明显有一个追赶的过程,年均增速 7.0%。以此为参照,预期在 2035 年达到发达国家 2000 年时的平均值(5.71%),我国需要保持年均 4.6% 的增速,提高科学与工程专业博士等高层次人才的培养比重。再结合 2035 年反推 2025 年的情况,如果该指标呈指数增长,则意味着中国 2025 年应达到 3.63%。

指标 5：研究人员比例

我们预期中国 2035 年每百万人中研究人员将达到 3000 人，需要 2016—2035 年研究人员年均增速高于人口年均增速 4.79 个百分点，还意味着中国 2025 年每百万人中研究人员需达到 1879 人。

指标 6：专利申请强度

我们预期中国 2035 年每千亿国际元 GDP 对应着地区专利申请约 10000 个，2025 年的专利申请强度大约为 8126 个/千亿国际元。

指标 7：PCT 国际申请

我们预期中国 2025 年的专利合作条约（PCT）国际申请约为 90000 个，2035 年约为 140000 个。

指标 8：人均科技论文

我们预期中国 2035 年平均每百万人发表科技论文约 1000 篇，2025 年平均每百万人发表科技论文 539 篇。

指标 9：净知识产权

中国 2035 年净知识产权（知识产权收支之差占 GDP 的比重）应控制不低于 0‰，2025 年的净知识产权应控制不低于 $-1.08‰$。

指标 10：知识产权竞争力

中国 2035 年知识产权竞争力（知识产权收入全球占比÷GDP 全球占比）应达到 1.5 左右，而 2025 年应达到全球平均水平，也就是 1 左右。

（三）和谐中国

经济发展最终归结于人的发展。社会主义现代化意味着人民群众对美好生活的需要得到极大满足，同时也意味着经济社会实现均衡和包容性发展。本部分的分析指标包括消费率、消费结构、收入分配、PM2.5、医疗支出占比等第一阶指标；区域协调发展、单位 GDP 能耗、预期寿命等第二阶指标。

指标 1：消费率

表 9　消费率（修正后）预测　　　　　　　　　　　（%）

总消费率（修正后） 年份	2017	2025	2035
乐观	63 （修正前为 53.8）	69	77
基准		67	73
悲观		65	69

在基准情形下,中国的总消费率将在 2035 年达到 73%。按照本报告预测,基准情形下 2035 年中国的人均 GDP 将达到 16734 美元(以 2010 美元为不变价计算),在该收入水平下,韩国和日本的总消费率分别为 69% 和 72%。

指标 2:消费结构

表 10　中国服务性消费展望　　　　　　(%)

服务性消费占比 ＼ 年份	2018	2025	2035
乐观		53	65
基准	44.2	50	58
悲观		47	51

消费结构将重点关注服务性消费占比。该指标代表居民的商品和服务消费支出中服务支出的占比,反映了居民消费需求的变化。当前的中国实际收入相当于韩国 1990 年水平。基准情形下,按照韩国从 1990 年起的提升速度,20 年间年均增长 0.8 个百分点,则到 2035 年中国的服务性消费占比达到日本 2017 年水平。

指标 3:收入分配

表 11　中国收入分配预测

基尼系数 ＼ 年份	2017	2018	2025	2035
乐观			0.38	0.32
基准	0.467	0.468	0.42	0.38
悲观			0.48	0.49
收入后 50% 群体的收入份额	**2017**	**2018**	**2025**	**2035**
乐观			19%	23%
基准	15%	—	16.5%	18%
悲观			14%	13%

我们关注两个收入不平等指标:基尼系数和收入后 50% 群体的收入份额。两者均体现出中国的收入不平等在不断扩大,而中国收入不平等的主要来源为地区和城乡差距。

基准情形下,随着城镇化的推进,劳动力从农业部门转移到非农业部门,这将有助于降低我国的基尼系数。在该情形下,预计中国的基尼系数能够在 2035 年下降至 0.38。

基准情形下,对收入后 50% 群体的收入份额,在 2035 年达到 18%,介于美国、法国水平之间。

指标 4:区域协调发展

从预测结果来看,我国的区域发展可以大致分为三个梯度:东部沿海地区在人均 GDP 的绝对值和增速上都明显高于其他地区;南部沿海和北部沿海地区属于中间梯队,其中南部沿海地区的人均 GDP 高于北部沿海地区,并且两者间的差距未来有进一步扩大的趋势;由剩余区域构成的第三梯队也呈现出某种程度的分化,其中长江中游地区一直保持相对领先的地位,黄河中游和西南地区虽然与长江中游地区的人均 GDP 绝对差值在扩大,但这种差异扩大仍在可控范围之内,而东北地区和大西北地区在人均 GDP 的绝对值和增速上都明显低于其他地区,未来需要重点关注这两个地区发展相对滞后的问题。

指标 5:PM2.5

本报告通过 EKC(Environmental Kuznets Curve)来估计大气污染与经济发展的关系,我们预期在 2035 年全国 PM2.5 平均污染水平能跨过拐点(污染的最高值)。

指标 6:单位 GDP 能源消耗

我们使用省级单位 GDP 标准煤消耗量(标准煤炭消耗量/实际 GDP)数据,利用半参数模型得到预测结果。中国整体水平的单位 GDP 能耗下降主要靠中部和西部地区拉动。

表 12   不同经济增长水平下的单位 GDP 能耗预测结果(吨标准煤/万元)

	2017 年	2018 年	2025 年			2035 年		
			悲观	中性	乐观	悲观	中性	乐观
全国	0.61	0.59	0.55	0.50	0.46	0.43	0.39	0.45
东部	0.52	0.48	0.41	0.41	0.43	0.44	0.43	0.42
中部	0.63	0.60	0.71	0.65	0.60	0.55	0.45	0.40
西部	0.89	0.81	0.77	0.71	0.65	0.60	0.49	0.41

数据来源:中国能源年鉴。

指标 7:预期寿命

根据《"健康中国 2030"规划纲要》的预测,2020 年和 2030 年,中国的预期寿命将会达到 77.3 岁和 79 岁。依此预测,在基准情形下,我们预测"十四五"收官的 2025 年,中国的预期寿命和健康预期寿命将会分别达到 78.8 岁和 70.9 岁;而至 2035 年,中国的预期寿命和健康预期寿命将会分别达到 81.2 岁和 73.3 岁。

表 13　中国预期寿命和健康预期寿命预测(预期性指标)　　　（岁）

年份	2015	2020	2025	2035
预期寿命(life expectancy)	76.2	77.3	78.8	81.2
健康预期寿命(healthy life expectancy)	68.4	69.8	70.9	73.3

数据来源:根据《"健康中国 2030"规划纲要》和世界卫生组织的历年统计报告计算。

指标 8:医疗支出

表 14　医疗支出的投入情况　　　　　　　　　（%）

指标＼年份	2015	2018	2020	2025	2035
医疗支出占 GDP 的比重	6.00	6.40	6.53	7.22	8.59
个人卫生支出占卫生总费用的比重	29.3	28.7	28.0	26.7	23.3

数据来源:根据《"健康中国 2030"规划纲要》及 2005—2016 年《卫生和计划生育事业发展统计公报》和《2018 年我国卫生健康事业发展统计公报》计算。

　　根据《2018 年我国卫生健康事业发展统计公报》的数据,个人卫生支出占卫生总费用的比重为 28.7%。在基准情形下,我们预测医疗支出占 GDP 的比重稳中有升而个人卫生支出占卫生总费用的比重则会不断下降。也就是"十四五"收官的 2025 年,这两个子指标将分别为 7.22% 和 26.7%;而至 2035 年,这两个子指标将分别为 8.59% 和 23.3%。

（四）开放中国

　　开放是国家繁荣发展的必由之路。开放倒逼并促进体制机制改革,是高质量发展不可或缺的动力。本部分研究中国在全球治理和经济体系的地位变化,将有领导力的大国的目标具象化。具体指标包括:外贸依存度、外资依存度、全球价值链参与度、价值链上游程度、跨境并购规模等第一阶指标;出口中的国内成分占比、支付货币、储备资产、对外投资的总量和结构等第二阶指标。

表 15　2025 年、2035 年中国外贸依存度、外资依存度预测　　　（%）

经济发展阶段	指标	2017 年实际值	2025 年预测值	2035 年预测值
中级发展阶段	外贸依存度	33.55	34.12	35.50
	外资依存度	1.37	1.34	1.38
高级发展阶段	外贸依存度	33.55	26.89	24.42
	外资依存度	1.37	1.37	1.45

指标 1：外贸依存度

当中国处在中级发展阶段时，预测 2025 年中国外贸依存度为 34.12%，2035 年外贸依存度为 35.50%。当中国进入了高级发展阶段时，预测 2025 年中国外贸依存度为 26.89%，2035 年外贸依存度为 24.42%。

指标 2：外资依存度

预测 2025 年中国外资依存度为 1.34%，2035 年外资依存度为 1.38%。当我国经济发展到高级阶段时，对外依存度可能会进一步缩小。主要原因在于目前我国产业结构正处于深度优化和调整阶段，对外贸易逐渐向优进优出转变，外资向高质量引进转变。

指标 3：全球价值链参与度

在全球价值链参与度方面，中国是增长最快的国家之一，在 2017 年参与度达到了 62%，是 1995 年参与度的 2.5 倍左右，高于 40 个主要贸易国的平均水（54.4%），处于中等偏上水平。和其他主要经济体比较的话，远远高于美国（46%）和日本（48%），和欧盟内的德国（60%）和英国（63%）类似。基于这个比较可以看出，继续增加价值链参与度并不是中国的必然选项。根据回归分析的结果我们预测：到 2025 年，中国对全球价值链的参与程度将下降到 54%—56%；到 2035 年，中国对全球价值链的参与程度继续下降到 46%—48%。值得指出的是，虽然我们的预测是基于 40 个经济体的回归模型，并没有对标美国，但 2035 年预测的范围和美国在 2017 年基本类似（46%）。

指标 4：出口中的国内成分占比

到 2025 年，中国出口中的国内成分提升到 81%—83%；到 2035 年，中国出口中的国内成分提升到 93%—94%。

指标 5：价值链上游程度

学界提出了价值链上游程度的指标，其取值约等于本国中间品出口占总出口的比重（上游指标）减去一国出口中包含的外国中间品比重（下游指标）。根据世界银行的数据，中国的全球价值链的位置指标为 0.01（数值大者更靠上游），略微低于 40 个主要开放经济体的平均位置（0.04），而美国在价值链中的位置指标为 0.29，明显处于上游。我们预测：到 2025 年，中国在价值链中的上游程度显著提升到 0.15—0.18；到 2035 年，在价值链中的上游程度进一步提升到 0.28—0.39。其主要经济原理是，规模效应和聚集效应导致大国可以产出更多的中间品品类供出口，因此更可能处于全球产业链靠上游的位置。我们的预测是基于 40 个经济体的回归模型，并没有对标美国，但 2035 年预测的范围和美国在 2017 年基本类似（0.29）。

指标 6:支付货币

到 2025 年,人民币占 SWIFT 支付的比例提升到 3.4%—3.7%;到 2035 年,人民币占 SWIFT 支付的比例提升到 4.6%—4.8%。

指标 7:储备资产

到 2025 年,人民币占全球央行外汇储备的比例为 5.7%—6.8%;到 2035 年,人民币占全球央行外汇储备的比例进一步提高到 9.8%—12.1%。

指标 8:跨境并购规模

我们预测跨境并购规模/名义 GDP 在 2025 年和 2035 年分别达到 0.80% 和 0.96%。

指标 9:中国跨境并购规模/全球跨境并购规模

2017 年,中国企业进行跨境并购活动交易规模达到 1309 亿美元,占中国 GDP 的 1.1%,占全球跨境并购市场规模的 20%。中国跨境并购市场增长迅速,从 1990—2017 年的复合增长率高达 18.5%,远超同期世界跨境并购活动的增速。假设全球跨境并购交易规模按历史复合增长率 7.5% 增长,亦与全球名义 GDP 同步,则 2025 年、2035 年分别达到 1.2 万亿和 2.6 万亿美元。模型预测中国跨境并购活动对应全球跨境并购活动在 2025 年达到 28.6%,2035 年达到 31.3%。

指标 10:中国企业境外并购规模/境外企业来华并购规模

我们预测境外并购规模/来华并购规模在 2025 年和 2035 年分别达到 93% 和 83%。

三、中国实现经济现代化的长期挑战

通过对这些指标目前表现及未来可能表现的定量分析和定性描述,我们综合分析梳理出中国实现社会主义现代化所面临的 12 个长期和结构性的挑战。

1. 在完成工业化进程之后,如何保持较高的全要素生产率(TFP)的增速? 综合考虑中美汇率、购买力等因素,预期未来我国需要保持 3% 左右的全要素生产率年增速,除了技术进步之外,我们如何通过组织和激励机制的创新实现资源配置效率的大幅提升?

2. 我们如何应对产业结构和就业结构变化带来的一系列挑战? 产业结构的变迁和相对应的劳动力配置对现有的人力资本培养体系、产业投资、公共服务体系,甚至乡村治理体系提出诸多挑战,我们如何通过改革化解这些制约高质量发展的瓶颈?

3. 如何应对人口老龄化带来的一系列挑战? 到 2035 年,我国老年人口抚养比将达到 36.9%,65 岁以上人口将达到 3.4 亿人。人口老龄化带来的消费端需求出现巨大变化和储蓄率下降等问题。

4. 如何解决城乡结构变化带来的一系列问题？到 2035 年,我国的城镇化率将达到 75%,人口结构与产业结构之间有巨大落差。现有的户籍制度、教育、医疗、社会保障体系和城市基础设施该如何改革才能让迁入城市的人口真正融入城市,更好地适应未来产业结构的变迁？

5. 如何改善投资结构、提升投资的效率？我国未来还有很大的投资空间,投资将向高端制造业、生产性服务业、服务业倾斜。未来如何大幅提升投资资本收益率？

6. 如何解决高端研发人才缺口,提升研发质量,增加基础研究投入？

7. 如何提升消费率尤其是居民消费率,改善消费结构？未来提升消费率尤其是居民消费率需要克服四个瓶颈:解决收入分配失衡问题;提升居民收入,增强消费意愿;供给端质量不足导致居民延迟消费;高房价对消费的挤出效应。

8. 如何改善收入分配不平等状况？我们需要(1)追求更为持续、包容性的增长;(2)加大初次分配和再分配力度,扩大居民的财产性收入;(3)合理利用税收等杠杆;(4)提高公共财政支出的效率,提升公共服务的质量,以此改善消费不平等或是生活品质不平等的程度。

9. 如何改善我国城市人口规模不合理状况？我国目前存在严重的城市人口规模不合理问题,主要表现为大城市过大,中小城市过小。规模适当的城市通过将各种资源集中起来实现专业分工、规模效应、集聚效应,可以促进产业结构多元化,提高人均收入,带动基础设施建设和消费升级,提高全要素生产率,促进城市的经济增长。未来我国将需要进一步通过提升城市产业结构和交通基础设施的建设,降低人员流动的制度障碍,增加城市集聚效应,形成城市所能容纳的最优人口规模。

10. 如何在经济社会发展过程中尽早跨过环境污染拐点？通过调整经济结构和能源结构,优化国土空间开发布局,不断提高环境治理水平,强化环境保护的事中事后监管,实施积极应对气候变化的国家战略,推动和引导建立公平合理、合作共赢的全球气候治理体系,将有利于大幅改善环境。

11. 如何提升我国在全球产业链分工布局的位置？如何进一步优化经济结构,完善产业链,增强在关键核心技术和核心领域的竞争力,提升我国在全球价值链中的位置是未来需要重点克服的一大挑战。

12. 如何提升我国在全球金融体系中的地位？未来,提升我国在全球金融体系的地位需要聚集从下面三个方面发力:第一,更好地推动人民币国际化,使得人民币成为国际支付和各国央行外汇储备的主要货币之一;第二,推动中国企业跨境并购的规模,优化产业结构,同时鼓励外资"走进来",尤其是增加外资对高端制造业、高技术行业和包括金融业在内的高端服务业等的投资;第三,增强中国金融机构在全球的影响力,增强中国资本市场在全球金融市场的地位和辐射能力。

四、积极应对中长期挑战的战略举措

针对上述 12 个长期和结构性的挑战,我们需要深化改革开放的力度和范围,在新发展理念的指引下,果断采取一系列供给侧结构性改革举措。

1. 转变发展理念和经济增长模式,重新塑造中国经济微观基础。未来的增长将更多地来自全要素生产率的提升,只有当中国企业的投入资本收益率(ROIC)得到普遍提升,中国经济微观基础发生本质变化的整体的投资资本收益率才能得到大幅改善。通过进一步降低关税、保护知识产权、开放服务业、提升消费、改善产业结构、强化要素的市场化配置,使中国经济增长的模式发生根本变化,迎来高质量发展。

2. 政府转变职能,从经济增长型政府转型为公共服务型政府,实行竞争中性原则。政府应该减少在经济事务中的参与,让市场在资源配置中发挥决定性作用。打破行政性垄断,在基础产业领域放宽准入,鼓励竞争,降低能源、物流、通信、资金、土地等基础性成本,"在要素获取,准入许可、经营运行、政府采购和招投标等方面,对各类所有制企业平等对待"。而本报告提出的 36 个指标,可以形成"高质量发展指数"作为考核地方政府施政绩效的基准。我们需要建立一个以市场为基础的地方政府金融体系,提高地方政府的投资效率。为地方政府编制完整的资产负债表和财政收入支出表,引入市场机制,建立政府信用评级体系,并以信用评级为基础,形成地方政府债的定价基础,以此改变地方政府的投融资模式和业绩考核模式。

3. 将国家战略和市场进行更有效的结合,坚定不移推动产业结构升级。通过国家发展战略的制定和具体规划的执行,激发全社会创新活力,大力弘扬企业家精神,让市场在资源配置中起决定性作用,逐步实现与经济社会发展同步的产业结构。我国目前正处于全球新一轮科技革命和产业变革所提供的战略机遇期,通过 5G 和 AI 双核驱动,推动各个产业进行"数字化、网络化和智能化",我国有可能开创一个完成工业化之后仍保持 2%—3% 的全要素生产率年增速的先例。

4. 大力推动金融体系改革,彻底实现资金的市场化配置。我们在金融领域应该推行真正的利率市场化,扩大金融服务领域的对内及对外开放。当利率市场化真正实现时,良性循环才能最终形成。中国需要更好的金融,鼓励民营资本、外资进入金融服务领域,提升金融中介效率,降低融资成本;发展多元金融业态,提供差异化的金融服务。科技驱动的新金融业态有利于通过大数据等手段完善对个人和企业的征信,从而大幅降低建立"信任"的成本,缓解融资难和融资贵的问题。

5. 推动劳动力配置的市场化改革。未来需要深化户籍制度改革,逐渐引入与"居住和贡献"挂钩的教育医疗和社会保障,消除劳动力在城乡间和城市间迁移的制度障碍;提升基本公共服务的统筹水平,推进包括养老、医疗、教育等基本公共服务的可转移化改革;设计并实现与劳动力自由迁移相匹配的财政公共支出和分担机制,改变财权与事权的错配;与此同时,优化人才服务模式,发挥市场在人才配置中的基础性作用。

6. 推动土地要素市场化配置,提升土地配置效率。未来需要(1)改进耕地增减挂钩,建立全国性建设用地指标交易市场;(2)扩大农村集体建设用地入市范围;(3)探索城市工业用地和商住用地转换机制,制定增值收益共享机制;(4)解决农村土地确权不均衡、不细致和后续土地流转问题。

7. 改善国民收入在企业、政府、个人之间的错配。通过更为彻底的财税体制改革大幅降低企业税负,打破行业垄断,开放服务业。改革收入的初次分配和再分配机制,有效增加个人的实际收入。改革公共财政支出体制,提升公共财政支出的效率,加大社保、医疗等民生领域的财政支出,提高人们群众生活的获得感。

8. 加大研发力度,增加基础科学研究投入,保护知识产权。增加对基础科学的研究,形成在关键技术和领域的产业供应链闭环。强化知识产权保护,鼓励研发人员从事难度大、周期长、风险高的底层技术和基础技术研究,营造良好的研发生态,让创新主体敢于创新、乐于创新。

9. 通过都市圈的建设发挥中心城市辐射效应,提升城镇化效率、实现区域发展均等。都市圈建设通过轨道交通等交通基础设施的建设,将中心城市与周边城镇便利地连接起来,形成以超大、特大城市为支撑,以 1 小时通勤圈为基本范围的紧凑型、紧密型的空间生态。通过推进基础设施一体化和基础服务均等化,增大了城市集聚效应和城市所能容纳的最优人口规模,促进统一大市场的形成,将更多的人纳入"市场",通过集聚实现人均收入增长,通过集聚实现中心城市与周边城镇的差异互补发展,最终缩小发展差距。

（课题组成员：刘俏　陈玉宇　彭泗清　唐国正　滕飞　王锐　武常岐　武亚军　颜色　虞吉海　张庆华　张志学　张峥　仲为国　张琳）

"十四五"规划指标平衡测算研究

国家信息中心

国家"十四五"规划纲要的制定,需要研究测算和科学设定主要规划指标。本报告运用数量经济模型和可计算一般均衡模型对"十四五"时期经济增长、经济结构、人口就业、居民收入、财政收支、能源需求与环境污染等领域相关指标进行了平衡测算。为了更全面合理反映"十四五"时期面临的不同发展环境,利用模型系统开展了多情景测算,并对核心目标值进行了比选。综合判断,随着工业化、城镇化、信息化、农业现代化等进程深入发展,以及需求结构、产业结构和收入分配结构的优化升级,劳动力、资本积累、科技进步等要素结构深刻调整,我国经济增速进入"5"时代,经济发展质量将稳步提高,建议"十四五"时期将预期经济增长目标确定为5.5%左右。

一、经济社会各领域之间相互关联的模型体系构建

经济社会是复杂的非线性系统,各领域之间不是简单的单向、线性关系。为了从复杂的非线性关系中厘清各模块之间的主要逻辑联系,我们以一般均衡理论为核心来解析经济社会各变量间的

相互关系,并构建模型系统。

在本报告中,我们重点关注经济系统内的经济增长、经济结构、人口就业、居民收入、财政收支、能源需求与环境污染等领域的各自变化以及彼此之间的关系。主要规划指标关联关系技术路线见图1。

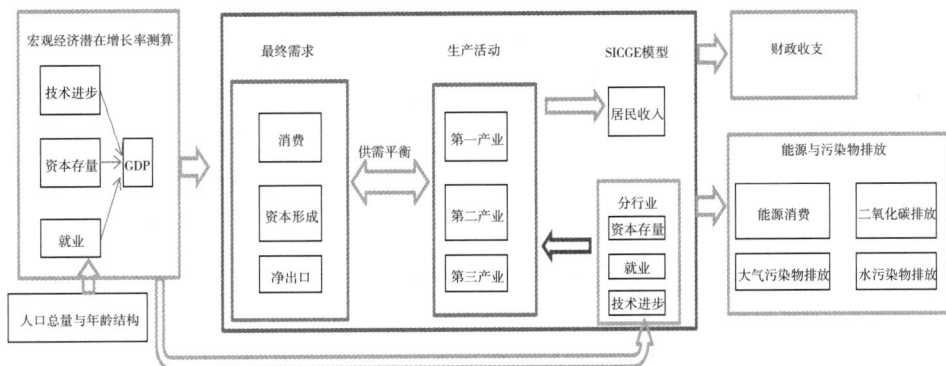

图1 "十四五"规划指标平衡测算研究框架

二、"十四五"时期潜在经济增长率预测

综合考虑要素投入与全要素生产率及其变化规律,根据柯布-道格拉斯(C-D)生产函数测算,基准情景下,"十四五"时期,我国劳动力数量投入对经济增长的贡献率为-1%左右,储蓄率下降导致资本存量对经济增长的贡献率放缓至55.9%,而人力资本增长和科技进步对经济增长的贡献均稳步提高,全要素生产率对经济增长的贡献率提高至45.1%。"十四五"时期,我国潜在经济增长率为5.5%左右,从"十三五"时期的"6"时代换挡至"5"时代。到2025年,我国经济总量再上新台阶,名义GDP总量将达到150万亿元,按市场汇率计算为23万亿美元,占世界经济总量的20%左右,达到美国经济总量约90%。2023年前后,我国人均GDP将达到1.4万美元左右,将迈入高收入国家的行列。

表1 基准情景下"十四五"时期各类要素对经济增长的贡献度和贡献率　(%)

年份	潜在经济增长率	资本		劳动力		全要素生产率	
		贡献度	贡献率	贡献度	贡献率	贡献度	贡献率
2021	6.0	3.42	56.93	−0.04	−0.74	2.63	43.81
2022	5.8	3.22	55.55	−0.05	−0.85	2.63	45.30

年份	潜在经济增长率	资本		劳动力		全要素生产率	
		贡献度	贡献率	贡献度	贡献率	贡献度	贡献率
2023	5.5	3.06	55.55	-0.05	-0.98	2.50	45.42
2024	5.2	2.91	55.91	-0.06	-1.25	2.36	45.34
2025	5.0	2.78	55.60	-0.06	-1.23	2.28	45.63
"十四五"时期平均	5.5	3.08	55.93	-0.05	-1.00	2.48	45.07

三、"十四五"时期主要经济结构预测

（一）需求结构

在基准情景下，"十四五"末我国投资率降至41%左右，比2020年下降2.1个百分点；消费率回升速度略有加快，"十四五"末升至58%左右，比2020年上升3.7个百分点；"十四五"末净出口率下降至1%左右，比2020年下降1.6个百分点①。

表2　基准情景下"十四五"时期最终需求结构预测结果　　　　（%）

年份	2020	2021	2022	2023	2024	2025
投资率	43.1	42.7	42.3	41.8	41.4	41.0
消费率	54.3	55.0	55.7	56.5	57.2	58.0
净出口率	2.6	2.3	2.0	1.7	1.4	1.0

（二）产业结构

"十四五"时期，我国经济迈入高质量发展阶段，产业结构将呈现不断优化升级的基本趋势。基准情景下，第一产业比重呈持续稳步下降态势，但由于乡村振兴战略的实施以及农产品价格趋升，因而2025年第一产业比重小幅下降至6.5%左右；第二产业比重在国际金融危机前已达到最高点，此后有所波动，但总体趋势仍将不断下降，"十四五"时期我国制造业整体素质大幅提升，创新能力显著增强，"两化"（工业化和信息化）融合迈上新台阶，2025年第二产业比重将降至36.5%

---

① 2020年数值为研究时采用的基准预测值。

左右;第三产业比重继续呈稳步上升趋势,其在经济发展中的主导产业进一步凸显,2025 年第三产业比重将上升至 57%左右。

表 3　基准情景下"十四五"时期产业结构调整预测结果　　　　（%）

年份	2020	2021	2022	2023	2024	2025
第一产业	7.7	7.5	7.3	7.0	6.8	6.5
第二产业	37.8	37.6	37.3	37.1	36.8	36.5
第三产业	54.5	54.9	55.4	55.9	56.4	57.0

四、"十四五"时期人口、就业与居民收入预测

（一）人口总量与年龄结构预测

"十四五"时期,人口呈现缓慢增长趋势,预计全国人口总量由 2020 年末的约 14.05 亿人增长到 2025 年末的约 14.16 亿人。人口自然增长率快速放缓,"十四五"时期全国人口自然增长率为 1.6‰。劳动年龄人口总数及占比均快速下降。随着我国人口总量增速放缓以及人口总量峰值的即将到来,我国适龄劳动人口规模呈下降趋势。预计"十四五"期间净减少 2533 万人,占全国人口总数的比重由 2020 年的 64.2%下降至 2025 年的 61.9%,共减少 2.3 个百分点。人口老龄化加速发展。到 2025 年,我国 60 岁及以上人口数将突破 3 亿人,达到 30869 万人,占总人口比重达到 21.8%左右,"十四五"期间净增 4169 万人老龄人口。城镇化率稳步提升。2025 年,我国城镇化率将达到 65.6%左右,"十四五"期间年均提高 0.8 个百分点。

（二）就业预测

"十四五"时期,在基准情景中,全国就业人数保持稳定,其值由 2021 年的 77672 万人上升至 2025 年的 77775 万人,年均增速为 0.026%。全国就业人数保持稳定基于以下四方面的因素:一是我国适龄劳动人口减少直接带来我国劳动力供给的相对减少;二是随着我国技术创新与科技革命的快速发展,第三产业的比重不断上升,服务业吸纳就业的能力增强;三是城镇化的不断推进以及"大众创业、万众创新"政策的持续推动,我国城镇就业保持稳定增长;四是未来一段时期内我国将继续面临产业结构升级与落后产能淘汰的问题,这在一定程度上将增大部分

行业结构性失业风险,从而导致就业减少。

三次产业就业变化差异显著。第一、二产业就业人数呈现一定幅度的下降,其值分别由 2021 年的 18703 万人和 19686 万人下降到 2025 年的 18164 万人和 19174 万人,年均增速分别为 -0.58% 和 -0.53%;第三产业就业稳中有升,其值由 2021 年的 39284 万人上升到 2025 年的 40437 万人,年均增速为 0.58%。"十四五"时期,由于我国经济持续由制造业向服务业转型,服务业的劳动密集程度高于制造业,服务业在经济中占比的提高意味着每个百分点的经济增长将创造比以前更多的就业岗位,经济吸纳就业的能力将提高。同时,随着网店、微商、网购快递等网络创业就业新业态的不断涌现,服务业内部的就业结构也在发生明显变化,进一步增强了服务业吸纳就业的能力。与此同时,在产业转型的过程中,结构调整与科技进步所带来的过剩产能淘汰造成多余的就业人员从第一、二产业转移到第三产业,致使第一、二产业就业人数有所下滑。

表 4　基准情景下"十四五"时期我国三次产业就业人员数　　　（万人）

年份	2020	2021	2022	2023	2024	2025
全国就业	77634	77672	77717	77739	77758	77775
第一产业就业	19256	18703	18151	18156	18160	18164
第二产业就业	20213	19686	19160	19165	19170	19174
第三产业就业	38166	39284	40407	40418	40428	40437
城镇就业	46471	47759	49024	50266	51485	52682
乡村就业	31163	29913	28693	27473	26273	25093
农民工就业	29208	29336	28652	27953	27241	26518

（三）居民收入增长预测

城乡居民人均收入稳步提升。"十四五"时期,随着我国经济持续稳定发展,工业化、城镇化进程继续推进,居民收入稳定增长,收入分配持续改善。在基准情景下,"十四五"时期全国居民、城镇居民和农村居民人均可支配收入将年均分别增长 8%、7.6% 和 9% 左右。

表 5　基准情景下"十四五"时期我国城乡居民收入预测　　　（%）

年份	全国居民人均可支配收入增长率	城镇居民人均可支配收入增长率	农村居民人均可支配收入增长率
2021	9.2	8.8	9.8
2022	8.1	7.6	9.1
2023	7.8	7.4	8.9

续表

年份	全国居民人均 可支配收入增长率	城镇居民人均 可支配收入增长率	农村居民人均 可支配收入增长率
2024	7.5	7.2	8.7
2025	7.4	7.0	8.5
"十四五"时期平均	8.0	7.6	9.0

五、"十四五"时期财政与货币预测

（一）财政收入预测

基准情景下，"十四五"时期我国一般公共预算收入年均增速将在7.2%左右。其中，国内增值税、企业所得税、个人所得税、国内消费税收入将分别年均增长5.5%、8.2%、9.0%和4.0%。随着流转税比重下降、所得税比重上升，税制结构将呈现出典型的"流转税+所得税"双主体模式。直接税在组织财政收入方面发挥着越来越重要的作用。

（二）财政支出预测

基准情景下，当前已实施的减税降费政策措施继续沿用，预计"十四五"时期我国一般公共预算赤字率将在2.8%左右，高于"十二五"时期的2.0%，低于"十三五"时期的3.0%。主要是基于以下考虑：一方面，高质量发展阶段更加注重防范化解财政风险，对经济增速回落的容忍度有所提高，这意味着对积极性财政刺激的需要也将减少。另一方面，地方政府债务"开前门"也会将部分隐性债务转以一般公共预算赤字的形式列示，加上我国现阶段仍存在大量的公共产品和服务的短板，刚性支出事项较多，一般公共预算收支仍存在较大缺口。此外，针对创新创业、减轻企业负担的一系列减税降费政策将造成一定的财政减收效应。这些因素都将导致一般公共预算赤字率保持在较高水平上。"十四五"时期，我国一般公共预算支出年均增速为7.7%左右。其中，5大类刚性支出的年均增长预测如下：教科文卫体年均增长8.7%、农业环境保护年均增长8.0%、社会保障就业年均增长10.5%、外交公共安全国防年均增长7.5%、一般公共服务年均增长6.0%。从主要支出结构看，教育、科技、社会保障和就业、医疗卫生、节能环保等重点支出将实现相对更快增长。

（三）货币供应量预测

基准情景下,结合对消费者价格指数、金融防风险等因素的考量,"十四五"时期,我国广义货币供应量年均增速为 8.5% 左右,与名义 GDP 增速基本相匹配。从货币政策取向看,我国将继续实行松紧适度的稳健货币政策。从货币供应方式看,存款准备金率调整、公开市场操作将成为更常用的政策工具。

六、"十四五"时期能源需求与污染物排放预测

（一）能源需求预测

"十四五"时期,我国将继续保持现有节能政策取向,并积极利用市场机制推动企业自主节能,进一步强化节能力度,通过财政、税收、技术支持等措施积极推进严格和约束性的节能政策,同时大力推进能源市场改革,充分利用市场机制和能源价格杠杆进一步强化节能力度和优化产业结构。未来,科技进步将推动能源利用效率显著提升,能源生产和利用方式进一步向清洁化、低碳化发展,能源增长的动力也将从二产向三产和居民转变。综合以上因素,基准情景下,"十四五"时期,我国能源消费增速减缓的趋势不会改变,单位 GDP 能耗继续快速下降;能源结构持续优化,非化石能源规模继续大幅提升。预计"十四五"时期,我国能源消费总量可控制在 56 亿吨标准煤以内,能源消费年均增长 2.4% 左右,单位 GDP 能耗累计下降 13.9% 左右,单位 GDP 碳排放累计下降 19.5%,非化石能源消费占比超过 20%。

（二）主要污染物排放预测

我国实施严格的污染物排放总量控制,对化学需氧量、氨氮、二氧化硫和氮氧化物排放采取总量下降的控制方式。持久控制总量和减排是改善环境质量的根本。"十四五"期间,主要污染物排放总量将继续削减,国家将继续出台一些技术指南和规范,总量控制指标将与环境质量改善指标挂钩,实现面向改善环境质量的总量控制模式转型。基准情景下,到 2025 年,二氧化硫排放总量将为 1284 万吨,较 2020 年减少 12.7%;氮氧化物排放总量将为 1272.6 万吨,较 2020 年下降 10.4%;化学需氧量和氨氮排放总量将分别为 1710 万吨和 173.4 万吨,较 2020 年减少 9.0% 和 9.4%;挥发性有机物排放总量下降 10% 以上。

七、"十四五"规划纲要主要指标选择

"十四五"时期是我国高质量发展的关键期,如何发挥高质量发展指标"指挥棒"作用,亟须对照党的十九大新部署新要求调整部分指标,为高质量发展指引方向,为"十四五"期间推动高质量发展奠定坚实基础。

一方面,对照党的十九大报告对今后一个时期我国经济从高速增长向高质量发展迈进作出的新部署,增加高质量发展相关指标作为引领。党的十九大报告指出,坚持质量第一、效益优先,以供给侧结构性改革为主线,推动经济发展质量变革、效率变革、动力变革,提高全要素生产率是推动新时代经济高质量发展的必由之路,建议将人均国内生产总值、要素(资本、土地)投入产出效率、全要素生产率等体现质量的指标纳入"十四五"规划纲要经济社会发展主要指标体系,有效发挥高质量发展指标的引领作用。

另一方面,根据主要指标在2020年的实现程度,删除互联网普及率等业已提前实现的指标。从"十三五"规划纲要主要指标的进度来看,互联网普及率在2018年上半年已经实现"十三五"规划纲要目标,其中固定宽带家庭普及率和移动宽带用户普及率分别在2017年第三季度和2018年第一季度实现"十三五"规划纲要提出的目标,建议将互联网普及率从"十四五"规划纲要经济社会发展主要指标体系中删除,新增投入产出率、全要素生产率、制造业增加值占国内生产总值比重、货物和服务贸易总额占全球份额、高新技术产品和知识密集型服务进出口总额占货物和服务进出口总额比重等表征高质量发展相关指标。

表6 "十四五"规划备选指标清单

指标类别	指标名称
发展质量 效益提升	人均国内生产总值
	全员劳动生产率
	投入产出率
	资本产出率
	营商便利度
	制造业增加值占国内生产总值比重
	宏观杠杆率

指标类别	指标名称
创新驱动发展	研究与试验发展经费投入强度
	每万人口发明专利拥有量
	PCT 国际专利申请量
	研发人员占就业人员比重
	科技进步贡献率
	科技成果转化率
	全要素生产率
协调充分发展	常住人口/户籍人口城镇化率
	城乡居民人均可支配收入之比
	地区经济发展差异系数
绿色低碳发展	单位国内生产总值能耗降低率
	城市细颗粒物(PM2.5)未达标地级及以上城市浓度下降
	地级及以上城市空气质量优良天数比率
	单位 GDP 二氧化碳排放降低
	森林发展(森林覆盖率、森林蓄积量)
	非化石能源占一次能源消费比重
	万元 GDP 用水量下降
	耕地保有量
	主要废弃物循环利用率
	生活垃圾无害化处理率
	主要污染物(化学需氧量、氨氮、二氧化硫、氮氧化物)排放总量减少
	地表水质量(达到或好于Ⅲ类水体比例、劣Ⅴ类水体比例)
对外开放发展	货物和服务贸易总额占全球份额
	服务贸易进出口额占对外贸易的比重
	高技术产品出口占出口总额的比重
	人民币结算的贸易总额占全球贸易额的比重
	高新技术产品和知识密集型服务进出口总额占货物和服务进出口总额的比重

续表

指标类别	指标名称
成果共享发展	城镇调查失业率
	基尼系数
	最低生活保障标准平均增速
	基本养老金增速
	政府民生支出(基本医疗+公共教育+养老+保障性住房)占 GDP 的比重
	每千人养老机构床位数
	基本医疗保险报销比例
	居民人均可支配收入增速
人民群众主观感受	生态环境质量满意度
	就业满意度
	公共安全满意度
	基本公共服务满意度

八、"十四五"时期宏观经济增长目标方案比选

在整体构建经济社会各领域之间相互关联的模型体系基础上,综合考虑人口增长趋势、资本存量及投资潜力空间、体制改革及技术进步带来的全要素生产率变化等因素,测算"十四五"时期 GDP 潜在增长水平。为了更全面合理反映"十四五"发展面临的不同情况,课题组利用模型系统开展了情景测算,通过区分较慢发展情景、基准发展情景、较快发展情景,获得不同发展情景下的测算结果,并对目标值进行了比选。

综合而言,"十四五"时期,随着要素禀赋、结构等支撑经济增长的主要因素发生重要转变,我国经济发展阶段和增速将随之转变,经济发展质量将稳步提高,建议"十四五"时期将预期增长目标确定为 5.5%左右。一是全国居民就业压力保持在经济发展的可承受范围内,居民收入增收前景稳定。二是财政赤字较高水平,支出结构优化推动经济发展,金融风险仍处缓释期,货币政策为经济增长创造适宜环境。三是能源需求稳定增长,能源资源保障不至于绷得过紧,环境保护与经济增长的关系更为协调。四是继续保持在发展中解决诸多社会问题,以适度经济增长带动就业和居民收入稳定增长,让经济高质量发展成果进一步惠及全国居民。五是

面对发展中存在的主要问题和困难,适度增长为调结构、提效益留出足够的空间和
回旋余地。

表 7 "十四五"时期三种情景下的宏观经济潜在增速预测值   (%)

年份	较慢情景	基准情景	较快情景
2021	5.8	6.0	6.2
2022	5.5	5.8	6.1
2023	5.0	5.5	6.0
2024	4.5	5.2	5.9
2025	4.2	5.0	5.8
"十四五"时期平均	5.0	5.5	6.0

"十四五"时期,我国发展仍处于重要战略机遇期,经济结构优化升级、科技创
新能力提升、改革开放进一步深化、绿色发展持续提速、参与全球经济治理体系变
革等机遇将为我国经济高质量发展提供广阔空间。只要抓住这些机遇,我国发展
的深度和广度将得到大幅拓展,发展质量和水平将明显提升。

与此同时,"十四五"时期面临的重大风险和挑战同样不容忽视。世界经济增
长乏力与国内经济减速换挡碰头,将加大我国经济稳增长的难度。技术领先国实
施日趋严格的对我国技术封锁,将迟滞我国产业升级步伐。中美大国博弈加剧,政
经摩擦乃至对抗有所增多。世界民粹主义风潮明显抬头,将增大我国社会不稳定
因素。同时,国内既存的一些结构性问题、体制机制不畅问题亟待有效化解。

综合考虑经济社会发展指标平衡测算的结论、重大机遇,以及风险挑战,"十
四五"时期,我国经济和社会发展务必贯彻以下方针。

(一) 坚持经济发展质量第一效益优先,稳妥确定经济增长预期目标

一方面,以5.5%左右为"十四五"时期年均经济增长目标。防止片面追求数
量和攀比速度的偏差,以便创造更包容的条件,保持重大比例关系协调,推动科技
进步,推动经济高质量发展和提升国民经济整体素质。需求结构上,适当推动降低
投资率,减少低效无效投资,切实提高投资效率。产业结构上,更多实施普惠性、功
能性产业政策,适当提高新兴产业、生产性服务业比重。收入结构上,适当增加初
次分配中劳动报酬的比重,增加居民收入比重,适度降低政府收入比重,稳定企业
收入比重。另一方面,以十五年的长远眼光看待"十四五"时期经济增速。为了基
本实现社会主义现代化的奋斗目标,在战略部署上可以分两步走。前五年主要是
打好基础,积蓄力量,创造条件,后十年(2026—2035年)进入一个新的经济振兴时

期。当然,这个振兴更多的是反映在国家间横向对比上,而非我国时间维度的纵向对比上,反映在人民币的国际币值提升上。

(二) 坚持深化供给侧结构性改革,加快振兴以新兴制造业和生产性服务业为重点对象的实体经济

"十四五"时期,仍需要在增强微观主体活力、提升产业链水平、畅通国民经济循环上下功夫。积极培育和发展新兴产业集群,利用技术创新和规模效应形成新的竞争优势,重点发展壮大新一代信息技术、高端装备、新材料、生物、新能源汽车、新能源、节能环保、数字创意等战略性新兴产业,着力推动降低制造业各项成本,增强制造业竞争优势,大力建设制造强国。以产业转型升级和新兴制造业发展需求为导向,进一步加快生产性服务业发展,促进我国产业由生产制造型向生产服务型转变。鼓励服务业企业向价值链高端发展,推进农业生产和工业制造现代化,加快生产制造与信息技术服务融合,重点发展研发设计、融资租赁、信息技术服务、节能环保服务、检验检测认证、商务咨询、人力资源服务和品牌建设。

(三) 全面推进科教兴国战略,大幅提高全社会研发经费投入强度

以研发经费投入强度为例,该指标连续在"十一五"规划、"十二五"规划中未完成目标,在"十三五"规划中也低于时序进度目标。"十四五"时期,研发经费投入强度要参照 2014 年美国(2.74%)、德国(2.84%)、日本(3.59%)、韩国(4.29%)平均水平,加快推进创新驱动发展战略,大幅度提高全社会研发经费投入强度,切实增强自主创新能力。加大中央财政对基础研究的支持力度,完善对高校、科研院所、科学家的长期稳定支持机制。进一步加强基础科学研究,大幅提升原始创新能力,夯实建设创新型国家和世界科技强国的基础。全面推进研发费用加计扣除、高新技术企业税收优惠等支持科技创新的优惠政策,调动企业创新投入积极性,引导全社会持续增加研发经费的投入。

(四) 坚持依靠制度变革的原则,重点攻坚国资国企改革和财政体制改革

党的十八届三中全会以来的各项改革要扎实推进落地,让改革"走深走实",向制度变革要红利。重点推进国资国企改革,完善各类国有资产管理体制,改革国有资本授权经营体制。尤其设计好混合所有制落地推广的基本制度,切实处理好"公""私"关系,坚持竞争中性原则,发展壮大各类所有制经济主体。加快推进财政体制改革,建立权责清晰、财力协调、区域均衡的中央和地方财政关系,深化省以下财政管理体制改革。明确增值税等共享税种的央地分成比例,加快出台和完善

房产税、遗产税等调节财富的地方税种,健全地方税体系。

（五）坚定不移地实行对外开放,强化竞争政策的基础性地位

"十四五"时期,继续深入推进"一带一路"、自贸试验区、自由贸易港等对外开放平台建设,进一步扩大服务业对外开放。在继续推动商品和要素流动型开放的同时,更加注重规则等制度型开放,以高水平开放带动改革全面深化。加快推进与国际接轨的法律、法规、政策的制定,强化市场的决定性作用和竞争政策的基础性地位。实施《外商投资法》,营造以制度为保障、以规则为基础的良好投资环境,落实准入前国民待遇、负面清单管理制度,以及准入后国民待遇。

（课题组成员：牛犁　肖宏伟　胡祖铨　邹蕴涵　尹伟华　袁剑琴　温志超　刘明）

"十四五"时期国家发展主要目标指标研究

中国人民大学统计学院

　　"十四五"时期是我国从全面建成小康社会到基本实现现代化的开篇。本报告旨在兼顾"十二五"规划以来历次发展规划的延续性,又从指标和结构层面有所创新,全面反映新时代中国特色社会主义新征程的新要求,形成支持"十四五"规划指标和目标编制的参考。指标的选择强调适当调整结构,扩大范围,为规划指标选择留有余地。指标目标的测算强调统计方法预测与现实发展相结合,多种统计预测方法和推测结果综合展示,以便于提升目标制定的科学性。指标框架按照高质量发展的思路进行论证,从经济发展、创新发展、协调与共享发展、绿色发展、开放发展等五大维度展开,包括 36 个指标。相对"十三五"规划指标,建议新增 7 个指标,调整 3 个指标,剔除 4 个指标,进而兼顾延续性和创新性。

　　"十四五"时期是我国全面建成小康社会、实现第一个百年奋斗目标之后,乘势而上开启全面建设社会主义现代化国家新征程、向第二个百年奋斗目标进军的第一个五年。本报告的核心任务是总结历次发展规划与现实实现程度,兼顾发展规划的承袭性和开创性,选择恰当的国家发展宏观指标,通过定量预测与经验外推相结合的方法,给出宏观指标在"十四五"时期的发展目标的建议。

　　本报告第一部分概要总结列举"十四五"时期发展规划指标和目标建议。第二部分回顾"十二五"以来发展规划指标、目标和

总体思路

实现情况,以及以欧盟2020战略为参照的国际比较研究。第三部分对"十四五"时期规划指标和目标逐一给出测算依据,就指标的选择、变动、预测、规划等给出依据,考虑压缩稿篇幅限制,重点列举测算结果和建议目标。第四部分对研究成果进行总结。

一、"十四五"时期发展目标概览

本报告综合考虑我国经济社会主要指标的发展特征,特别是"十二五"时期以来各个指标的发展特征,结合高质量发展的新要求,通过对指标进行逐一论证和测算,给出我国"十四五"时期发展指标与目标的总结,见表1。

表1　"十四五"时期经济社会发展主要指标与目标

要素	指标	2018年数值	2020年目标	2025年目标	年均增速[累计]	属性
经济发展	1.1　国内生产总值(GDP)增长率(万亿元)	90.0	94.5	124	5.5 底线5.0	预期性
	1.2　全员劳动生产率(%)	10.7	12.2	>16.4	>6.1 底线5.5	预期性
	1.3　居民消费率(%)	38.8	40.5	40—45	[4.5—8.5]	约束性
	1.4　城镇化率 1.4.1　常住人口城镇化率(%) 1.4.2　户籍人口城镇化率(%)	59.58 43.37	62 46.3	65 53	[3] [6.7]	预期性
创新发展	2.1　研究与试验发展(R&D)经费投入强度(%)	2.18	2.3	2.8	[0.5]	预期性
	2.2　每百万人PCT专利申请量(件)	3.8	5	12	—	预期性
	2.3　基础研究R&D经费支出占比(%)	5.7	6	12	—	预期性
	2.4　互联网普及率(%)	59.6	—	87	—	预期性
	2.5　规模以上制造业有产品创新或工艺创新活动企业占比(%)	42.1(2017)	—	50—55	—	预期性
协调与共享发展	3.1　居民人均可支配收入增长率(%)	7.94	—	—	5.5—6	预期性
	3.2　劳动年龄人口平均受教育年限(年)	10.59	10.8	11.4	[0.6]	预期性
	3.3　城镇新增就业人数(人)	1100	—	—	[>5500]	预期性
	3.4　基尼系数	0.46	0.459	0.446	[-0.013]	约束性
	3.5　基本养老保险可支配收入替代率(%)	96	97	100	[3]	预期性
	3.6　人均预期寿命(年)	77	77	78	[1]	预期性
	3.7　低收入人口占比(%)	16	15.4	13.7	[-2]	预期性
	3.8　公民具备科学素质的比例(%)	8.5	10.0	14.0	[4]	预期性

续表

要素	指标	2018年数值	2020年目标	2025年目标	年均增速[累计]	属性
绿色发展	4.1 耕地保有量(亿亩)	20.23(2017)	18.65	18.65—20.05	—	约束性
	4.2 新增建设用地规模(万亩)	1490(2017)	<3256	<3592	—	约束性
	4.3 单位GDP能源消耗降低(%)	11.1	15	15	—	约束性
	4.4 万元GDP用水量下降(%)	17.6	23	30	—	约束性
	4.5 非化石能源占一次能源消费比重(%)	14.3	15	18	—	约束性
	4.6 单位GDP二氧化碳排放降低(%)	—	18	18	—	约束性
	4.7 森林发展 4.7.1 森林覆盖率(%) 4.7.2 森林蓄积量(亿立方米)	22.96 175.6	23.14 165	25.8 230	—	约束性
	4.8 空气质量 4.8.1 地级及以上城市空气质量优良天数比率(%) 4.8.2 细颗粒物(PM2.5)未达标地级及以上城市浓度累计下降(%)	79.3 24.6	>80 18	85 22.3	—	约束性
	4.9 地表水质量 4.9.1 达到或好于Ⅲ类水体比例(%) 4.9.2 劣Ⅴ类水体比例(%)	71.0 6.7	>70 <5	>86 <4	—	约束性
	4.10 主要污染物排放总量累计减少 4.10.1 化学需氧量(%) 4.10.2 氨氮(%) 4.10.3 二氧化硫(%) 4.10.4 氮氧化物(%)	54 39 53 32	10 10 15 15	10 10 15 15	—	约束性
	4.11 生态环境质量公众满意度(%)	81[2016]	85	90	[5]	预期性
开放发展	5.1 人民币在全球货币支付中的份额(%)	—	—	3—3.5	—	预期性

二、研究背景与研究框架

(一)高质量发展背景下的发展目标回顾

21世纪以来,我国已制定实施了4个五年发展规划,有效推动了我国小康社会建设与发展,为我国从经济高速增长向全面高质量发展奠定了基础。规划指标也随着发展不断演进。如"十二五"规划的九年义务教育巩固率、高中阶段教育毛入学率两个指标相应转变为"十三五"规划中的劳动年龄人口平均受教育年限指标;"十三五"将城镇居民人均可支配收入增速、农村居民人均纯收入增速替代为居民人均可支配收入增长指标。

（二）高质量发展的国际比较：欧盟 2020 战略

从全球范围看，如何推动可持续发展和包容性增长是包括发达国家在内的重要议题。21 世纪初，面对美国的竞争，特别是在创新和科技领域的竞争与挑战，欧盟制定了"里斯本战略"（Lisbon Strategy，又称"里斯本议程"），并在 2010 年重新整理提升为"欧盟 2020 战略"，为新的 10 年发展提出了明确的目标。

"欧盟 2020 战略"分为就业、研发、气候变化、教育、贫困与社会排斥等 5 个要素，共 9 个关键指标，并从性别、占比等角度派生出一些分类目标。该指标体系重点关注就业、研发、气候变化、教育和相对贫困问题。该体系提醒我们，战略规划应目标清晰，关注教育—就业—相对贫困这一经济发展的基础链条。

（三）"十四五"规划目标研究框架

本报告沿袭"十二五"规划以来的目标和指标框架，在"十三五"规划目标基础上，设计了"十四五"规划目标和指标框架（见图 1）。该框架从经济发展、创新发展、协调与共享发展、绿色发展和开放发展等 5 个维度展开，紧扣高质量发展和新发展理念的基本框架，并衔接"十三五"规划目标。该指标强调经济发展为各项目标的基础，强调创新的驱动作用，强调以新发展理念为基础的全面高质量发展，以及尝试通过开放发展诠释全球化背景下的国际支撑。

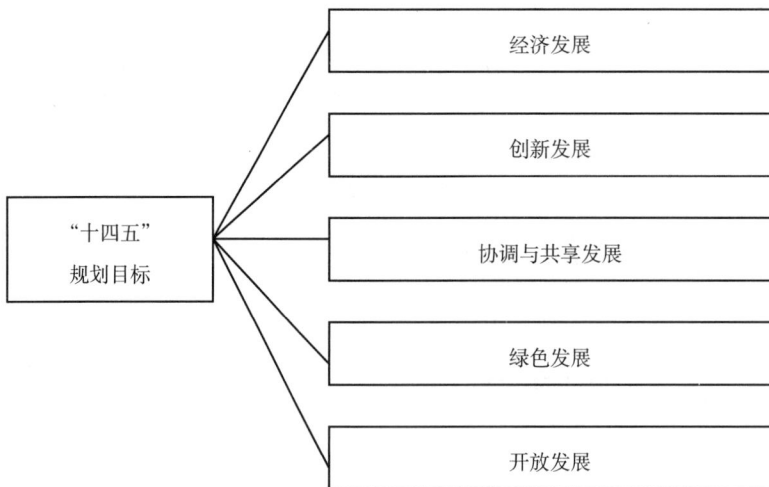

图 1　"十四五"规划目标和指标框架

三、经济发展目标建议

经济发展目标建议由 4 个指标方向,5 个具体指标组成,其中国内生产总值仍是反映经济增长的综合指标,是在增量中寻求更大改革空间的基础;全员劳动生产率体现劳动效率的提高;居民消费率是衡量一国居民消费对 GDP 贡献的一个重要存量指标;城镇化率体现"新型城镇化"建设的重要发展方向。同时建议剔除服务业增加值占比指标。

(一) 国内生产总值潜在增长率

采取 Solow(1957)提出的增长核算模型对中国 GDP 潜在增速进行估算,在相关假设约束下,初步测算潜在 GDP 增速(见表 2)。同时考虑潜在增速和底线增速的因素,将"十四五"时期的 GDP 年均增速目标设定为 5.5%左右,将 GDP 年均增速的底线设定在 5%。

表 2 "十四五"时期中国 GDP 潜在增速估算   (%)

时段 变量	"十二五"时期	"十三五"时期	"十四五"时期
潜在 GDP	8.48	6.65	5.48
资本存量	16.38 (88.6)	11.21 (76.3)	6.60 (54.5)
附加人力资本的劳动	1.35 (8.6)	1.47 (12.1)	2.61 (26.1)
TFP	0.23 (2.8)	0.76 (11.4)	1.06 (19.3)

注:表中单元格内数字为各变量在相应时段内的平均增长率,括号内数字表示该生产要素对经济增长的贡献率,由于数据保留小数原因,各要素贡献率之和不完全等于100%。

(二) 全员劳动生产率

本报告利用 GDP 潜在增速和就业人口增速的预测值来估算未来全员劳动生产率。假设劳动参与率不变,失业率维持在过去五年的平均水平,那么通过分别估算未来 GDP 规模和劳动年龄人口规模,就可以估算出"十四五"时期的全员劳动生产率。预计"十四五"时期中国全员劳动生产率年均增速为 6.09%。将"十四五"时期的全员劳动生产率年均增速目标设定为 6.1%左右较为合适;考虑到经济发展提质增效的要求,可将全员劳动生产率年均增速的底线设定在 5.5%。

（三）居民消费率

中国的居民消费率长期偏低。2000—2010 年,居民消费率从 46.9%持续下滑至 35.4%的历史低点,2010 年之后虽然有所回升,但 2017 年和 2018 年的居民消费率相较于 2016 年再次下滑。2017 年,美国的居民消费率高达 72.6%,英国也达到了 65.7%,欧元区平均为 54.6%,金砖国家(不包括中国)居民消费率平均为 58.8%,远高于中国的 38.4%。

本报告对六种情形下的中国居民消费率进行估算后,将"十四五"规划中的居民消费率目标设定为年均增长 0.9—1.7 个百分点较为合适,据此,到 2025 年中国的居民消费率将达到 45%—50%。

（四）常住人口与户籍人口城镇化率

常住人口城镇化率使用移动平均法、同速增长法和指数平滑法进行估计,预测 2019—2025 年常住人口城镇化率在 64.2%—67.5%。户籍人口城镇化率的预测采用同速增长法,计算 2014—2018 年的户籍人口平均增速为 1.46%,作为 2019—2025 年的增速。建议将"十四五"时期的常住人口城镇化率目标设定为 65%左右较为合适;同时尽量缩小常住人口与户籍人口城镇化率的差距,提升城镇化率的质量,将"十四五"时期的户籍人口城镇化率目标设定为 50%左右。

（五）建议发展目标中删除"服务业增加值占比"指标

本报告分别使用移动平均法和指数平滑法对 2019—2025 年的服务业增加值占比进行了预测。结果显示,2020 年服务业增加值占比的估计值最大为 53.76%,与"十三五"规划中的 56%存在一定差距。服务业增加值达到 56%要到 2023 年(指数平滑法)。同时可以发现,2025 年服务业增加值占比的估计值最小为 52.55%,最大为 57.76%。

基于三方面考虑,建议"十四五"时期不再将服务业增加值占 GDP 的比重纳入经济发展目标。第一,当前金融业增加值占 GDP 的比重已明显过高,从 2010 年的 6.2%上升至 2018 年的 8%,超过了美国 2007 年 7.1%的水平,接近了欧盟 2007 年 8.5%的水平,即已达到或超过 2008 年国际金融危机时欧美发达国家水平。第二,房地产投资占 GDP 的比重持续上升,已从 2010 年的 11.8%上升至 2018 年的 13.4%。第三,2018 年金融业增加值与房地产投资之和占 GDP 的比重已达 21.4%,占服务业 GDP 的比重更是高达 40.3%。如果继续将服务业增加值占 GDP 的比重纳入增长目标,会进一步加剧资金脱实向虚的风险,出现更为严重的资金空转与资产价格泡沫化问题,对长期增长与高质量发展不利。

四 、创新发展目标建议

创新发展除继续关注核心指标研究与试验发展经费投入强度外,适当调整为关注创新的质量和基础研发,以及创新基础设施即网络普及(或速度),关注企业开展创新活动的活跃程度。建议不再关注科技进步贡献率。

(一) 研究与试验发展经费投入强度

研究与试验发展经费占 GDP 比重采用六种方法进行预测和推算,各方法的预测和外推结果如表3所示,建议将"十四五"规划中2025年研究与试验发展经费投入强度目标设定为 2.7—2.8 左右较为合适,适当提高目标值能对我国研究与试验投入起到激励作用,引导各方面加大科技创新投入,提供优质的资源能营造更好的科技创新氛围。

表3　研发投入强度预测方法与结果比较

年份	方法一 实际增长外推	方法二 规划增长外推	方法三 平均增长外推	方法四 平均规划外推	方法五 指数平滑	方法六 灰色模型
2019	2.31	2.44	2.22	2.44	2.20	2.56
2020	2.44	2.50	2.26	2.50	2.22	2.69
2021	2.59	2.52	2.30	2.56	2.25	2.83
2022	2.74	2.59	2.35	2.63	2.28	2.98
2023	2.90	2.68	2.39	2.70	2.31	3.14
2024	3.07	2.77	2.43	2.77	2.34	3.31
2025	3.25	2.87	2.48	2.84	2.37	3.48

(二) 每百万人 PCT 专利申请量

近年来,我国专利和发明专利申请增长迅速,但也面临人们对专利质量问题的质疑。PCT 是《专利合作条约》(Patent Cooperation Treaty)的英文缩写,PCT 专利是一个国家在国际专利合作条约下所申请的专利,它标志着申请专利的国际水平。为此可将专利目标设定在 PCT 专利密度,以引领和提升我国创新产出质量。

该指标采用三种方法进行预测和推算,建议在"十四五"规划中将 2025 年"每百万人 PCT 专利申请量"目标设定为 12 较为合适。

（三）基础研究 R&D 经费支出占比

创新型国家的一个重要特征是基础研究占研发总投入的比例较高。国际主要创新型国家这一指标大多在 15%—30%左右。2018 年,我国基础研究占研发总投入比例仅为 5%左右,建议将"十四五"规划中 2025 年"基础研究占研发总投入比例"目标设为 12%左右较为合适。实现"基础研究占研发总投入比例"从 5%到 12%的飞跃是一个有挑战性的目标,需要政府、企业各界都重视基础研究,大力支持基础研究的发展,提供足够的资金保障。

（四）互联网普及率

2019 年,我国固定宽带家庭普及率和移动宽带用户普及率均会破百(固定宽带家庭普及率 2019 年的预测值将达到 104.5,而移动宽带用户普及率会达到105.5),预计 2020 年将赶超 OECD 国家,发展前景乐观,并且这两个指标已经没有太大的发展空间。

为此建议新定义"互联网普及率",即我国全体网民数除以总人口数,该指标在 2018 年的值为 59.6%,有较大发展空间,更适合作为"十四五"规划中的预期性指标,建议将"十四五"规划中 2025 年"互联网普及率"目标设定为 87 左右较为合适。

（五）规模以上制造业有产品创新或工艺创新活动企业占比

该指标从国家创新体系中的创新调查获得,基于接近 40 万家企业的年度调查获得数据。目前,国家统计局公布的可比的调查数据仅 2 年(2016 年=39.7;2017年=42.1),不足以作出统计预测;而 2016 年欧盟创新调查数据提供了横向对比标准,其中部分国家"规模以上制造业有产品创新或工艺创新活动企业占比"数据如表 4 所示。结合国际比较,建议在"十四五"规划中将 2025 年"规模以上制造业有产品创新或工艺创新活动企业占比"目标设定为 55%较为合适,同时考虑不确定性的影响,可将底线设置在 50%。

表 4　欧盟创新调查数据中规模以上制造业有产品创新或工艺创新活动企业占比

（%）

国家	加拿大	瑞士	德国	比利时	荷兰	挪威	法国
规模以上制造业有产品创新或工艺创新活动企业占比	63.2	62.3	60.7	60.3	53.8	49.1	47.3
研发支出占 GDP 比例(2014)	1.72	—	2.87	2.39	2.00	1.71	2.28

续表

国家	英国	巴西	印度	日本	俄罗斯	欧盟15国平均
规模以上制造业有产品创新或工艺创新活动企业占比	46.5	37.9	35.6	33.0	10.9	47.3
研发支出占GDP比例(2014)	1.67	1.27	—	3.40	1.07	2.12

注:欧盟15国是指法国、德国、英国、意大利、西班牙、葡萄牙、奥地利、爱尔兰、比利时、丹麦、希腊、卢森堡、荷兰、瑞典、芬兰。

(六) 建议发展目标中删除"科技进步贡献率"目标

科技进步贡献率的测算可以给出一个科技进步对经济增长的贡献数值,直观明了,因此受到各级政府部门,特别是科技部门的重视;但其在测算和结果上的问题也十分明显。一是内容庞杂。科技进步贡献率实际是经济增长中剔除劳动力和资本贡献后的剩余项,除科技进步外仍包含其他未观测因素的影响,如企业家因素、制度因素等,实际是一个"大杂烩"。二是测算一致性差。劳动力和资本的测算上有多重方法,如资本存量的测算本身就是一件难度较高的任务。从实践看,无论是学术研究还是官方测算,同一经济体在同一时间段的科技进步贡献率会有多种结果,且跨度较大。三是目标设置较为困难。"十三五"规划目标为60%,未来目标的确定有难度。尽管有些研究认为美日等发达国家科技进步贡献率在80%左右,中国仍有差距;但反观现实和经济增长贡献要素,该指标目标定在多少为宜,又如何看待劳动力和资本的贡献? 反观美国,经济危机推动其倡导制造业回归,倡导资本归回和就业水平的提升,二者的贡献率不应只是区区20%。

由于其计算的复杂性和不稳定性,发达国家政府和规划层面的关注度自20世纪90年代逐渐下降。从学术研究看,如果查找近期国际发表文献中和该指标有关的研究,基本都是中国学者发表的研究成果,可见其国际研究热度在下降。综上所述,建议"十四五"时期不再为科技进步贡献率设定目标。

五、协调与共享发展目标建议

民生福祉相关指标及其目标建议:主要从可支配收入、受教育程度、新增就业、分配公平性、养老保险、寿命等角度进行考察;同时新增两个指标:就收入的弱势群体,即低收入人群的占比作为新增指标考察分配公平和相对贫困问题;通过公民具备科学素质的比例来衡量社会文明的发展。

（一）居民人均可支配收入增长率

调整城乡居民由于 2013 年统计口径改变带来的变化差异后,报告采用三种方法预测了居民人均可支配收入。"十四五"时期,居民人均可支配收入平均实际增速可以保持在 5.87%。考虑到经济增长因素,"十四五"时期应将居民人均可支配收入年均实际增速的范围设定在合理区间 5.5%—6%,稳中有进。

（二）劳动年龄人口平均受教育年限

我国劳动年龄人口平均受教育年限近年来总体保持增长态势。其中,2005—2010 年实现了较快增长,从 8.42 年增加至 9.40 年,年平均增长率为 1.85%。在此基础上,2011—2015 年实现了稳步增长,年平均增长率为 0.88%。2016 年、2017 年再次呈现快速增长的态势。同时考虑我国已逐渐进入老龄化社会,劳动年龄人口波动将下降,劳动力老化程度将加重。综合考虑上述因素,"十四五"时期劳动年龄人口平均受教育年限将进一步增加,增速与"十三五"期间相比基本持平。依据《国家人口发展规划(2016—2030 年)》目标,建议将"十四五"末劳动年龄人口平均受教育年限确定为 11.3—11.4 年。

（三）城镇新增就业人数

就业是民生之本,是人民群众改善生活的基本前提和基本途径。经济增长则是充分就业的决定性因素,稳增长主要是为了保就业,保就业主要是依靠稳增长。本报告对城镇新增就业人数采用两种模型进行预测。考虑到经济增长、城镇化、现实人力资源和用人单位需求等四大因素,将"十四五"时期的城镇新增就业人数目标设定为 5500 万—6000 万人左右较为合适。

（四）基尼系数

国家统计局发布了 2003—2017 年基尼系数,整体上呈倒"U"形结构,在 2008 年达到最高值 0.491,处于全球较高水平。采用三种不同方法对基尼系数进行外推,综合来看可将目标设置为 0.446,增强各级政府的紧迫感,实施有力措施增强收入分配的合理调控,减小贫富差距。

（五）基本养老保险可支配收入替代率

我国的基本养老保险包括覆盖城镇劳动者的城镇职工基本养老保险,覆盖居民的城乡居民基本养老保险,考虑到当前城乡居民基本养老保险更多的福利属性和较低的待遇水平(2018 年城乡居民基本养老保险可支配收入替代率只有 6.5%)

难以在短期内迅速提高,我们采用城镇职工基本养老保险可支配收入替代率指标。

依据人力资源社会保障部和国家统计局发布的数据,城镇职工基本养老金和城镇居民人均可支配收入逐年上升,养老金替代率从 2013 年的 87% 增长到 2018 年的 96%,养老金待遇相对充足。假定未来几年工资增长率保持高出 GDP 增长 1%,假定未来养老金增长率仍然与工资保持一致,即平均养老金水平高出 GDP 增长的 1%,同时,城镇人均可支配收入实际年均增速 5.5%,预计"十四五"时期的替代率水平将达到 100%。从社会发展的角度看,设定替代率不低于 1 为目标,可达到分享社会经济发展成果、抵消物价上涨副作用的目标。

(六)人均预期寿命

"十二五"规划首次将"人均预期寿命"纳入经济社会发展的主要指标,预期目标为提高 1 岁,实际从 2010 年的 74.83 岁提高到了 2015 年的 76.34 岁,提高 1.51 岁。"十三五"规划目标是,2020 年覆盖城乡居民的基本医疗卫生制度基本建立,实现人人享有基本医疗卫生服务,人均预期寿命在 2015 年基础上提高 1 岁,达到 77.34 岁。从近年数据的趋势来看,在 2020 年预期寿命能达到目标值。

2016 年 10 月,中共中央、国务院印发的《"健康中国 2030"规划纲要》(以下简称《纲要》),将人均预期寿命纳入"健康中国"战略目标体系之中。《纲要》指出,到 2030 年,我国人均预期寿命将达到 79.0 岁,即 2020 年到 2030 年人均预期寿命将增长 2 岁左右。因此,在"十四五"规划中设定人均预期寿命增加 1 岁,既可以与世界人均预期寿命发展规律相协调,又可以达到《纲要》所设定的目标。

(七)低收入人口占比

消除贫困是全人类的共同使命。党的十八大报告中明确提出,确保到 2020 年我国现行标准下农村贫困人口实现脱贫。完成现行标准脱贫任务后,仍需继续关注相对贫困问题,扶贫重点应该从绝对贫困转移到减小低收入人口规模,缩小社会发展差距。低收入线是结合本国实际,确定个体维持最低生活标准所需的资源种类和数量,然后折算为收入或消费货币数额。低收入线常用设定方法有:居民收入平均数的 1/3(世界银行),居民收入中位数的 60%(欧盟),居民收入中位数的 50%(OECD)等。综合考虑我国经济社会发展主要特征,建议选择世行标准,即居民收入平均数的 1/3 作为低收入线,作为"十四五"时期考察共享发展和低收入群体增收的目标和指标。

利用 2002—2017 年和 2013—2017 年数据分别采用指数平滑法对低收入人口占比进行预测(见表 5)。建议将"十四五"规划中 2025 年低收入人口占比设定为 13.7%。

表5　对低收入人口占比的预测值　　　　　　　　　　（%）

年份	Holt 指数平滑	阻尼趋势指数平滑	2013 年后数据 Holt 指数平滑	平均
2018	16.16	16.22	16.05	16.1
2019	15.85	15.89	15.52	15.8
2020	15.54	15.64	14.94	15.4
2021	15.23	15.43	14.37	15.0
2022	14.92	15.27	13.79	14.7
2023	14.61	15.13	13.22	14.3
2024	14.29	15.02	12.64	14.0
2025	13.98	14.93	12.07	13.7

（八）公民具备科学素质的比例

国务院办公厅印发的《全民科学素质行动计划纲要实施方案（2016—2020年）》指出,科学素质决定公民的思维方式和行为方式,是实现美好生活的前提,是实施创新驱动发展战略的基础,是国家综合国力的体现。国务院印发的《"十三五"国家科技创新规划》指出,要深入实施全民科学素质行动,增强全民科学文化素质,使全社会科学文化素质明显提高,2020 年公民具备科学素质的比例超过 10%。

《面向建设世界科技强国的中国科协规划纲要》指出,2035 年我国公民具备科学素质比例超过 20%。因此,结合"十二五"规划和"十三五"规划相关指标值,将"十四五"规划期间公民具备科学素质的比例的增幅设定为 4%,即 2025 年公民具备科学素质的比例为 14%,一方面具备顺利实现的政策保障和现实条件,另一方面有利于与 2035 年规划目标相衔接。

六、绿色发展目标建议

资源环境规划指标建议选取如下 11 个指标方向,17 个具体指标。其中,耕地保有量、新增建设用地规模、万元 GDP 用水量下降、单位 GDP 能源消耗降低、非化石能源占一次能源消费比重是对重要资源目标的规划;单位 GDP 二氧化碳排放降低、森林发展、空气质量、地表水质量、主要污染物排放总量减少是对主要生态和环境目标的规划,并以生态环境质量公众满意度作为生态文明发展的测度。

(一) 耕地保有量

2015 年,全国实际耕地保有量 20.25 亿亩,超额完成了"十二五"规划的目标;2017 年耕地保有量为 20.23 亿亩,预计 2020 年能够超额完成不低于 18.65 亿亩的"十三五"规划目标。该指标在近 8 年来基本保持稳定,平均每年下降 0.01 亿亩。

《全国国土规划纲要(2016—2030 年)》指出,2020 年和 2030 年我国耕地保有量的规划目标分别为 18.65 亿亩和 18.25 亿亩以上。根据我国耕地保有量的现状以及近年来的平均变动速度,我们认为 2025 年耕地保有量底线可适当调高至 18.65 亿—20.05 亿亩之间。需要注意的是,在保持耕地保有量数量红线的同时,必须提高占补平衡中土地的质量。

(二) 新增建设用地规模

控制新增建设用地有助于引导建设项目合理布局,提高土地利用效率,是解决我国经济粗放型增长问题的重要手段,也是实现耕地保有量目标的重要保证。近年来,新增建设用地规模的增速较为稳定,不同方法预测结果较为接近。

考虑到我国土地利用效率较低以及我国经济增长速度将放缓这两个因素,"十四五"时期的重点工作是调整产业结构、进一步盘活存量建设土地、提高土地利用效率,为此,建议控制新增建设用地,规划目标可在"十三五"规划水平的基础上向上微调,建议值为<3592 万亩。

(三) 单位 GDP 能源消耗降低

"十二五"期间,我国单位 GDP 能源消耗实际降低 18.2%,完成降低 16% 的规划目标。2015 年,单位 GDP 能源消耗值为 0.63 吨标准煤/万元,至 2018 年为 0.56 吨标准煤/万元,累计下降 11.1%,预计到 2020 年有望完成累计下降 15% 的"十三五"规划目标。

用线性回归、双曲线回归、灰色预测、2005 年后平均增长率四种方法对该指标在"十四五"期间变动进行预测。考虑实际中单位 GDP 能源消耗保持现有下降速率的难度将不断增加,"十四五"期间该指标建议值为 15%,与"十三五"规划目标相同,略低于近年来实际下降速度。

(四) 万元 GDP 用水量下降

"十二五"期间,我国万元 GDP 用水量实际下降 35%,完成了下降 30% 的规划目标。2015 年,万元 GDP 用水量为 89.0 立方米,至 2018 年为 73.3 立方米,累计下降 17.6%,预计到 2020 年能够完成累计下降 23% 的"十三五"规划目标。

用指数平滑和灰色预测对"十四五"期间万元 GDP 用水进行预测。作为约束性指标,建议万元 GDP 用水量下降在"十四五"期间的目标设定为低于 30%。

（五）非化石能源占一次能源消费比重

用 ARIMA 模型和近 5 年平均增长率预测"十四五"时期非化石能源占一次能源消费的比重。考虑到《能源生产和消费革命战略（2016—2030）》提出到 2030 年实现非化石能源占一次能源消费比重达到 20% 的目标,建议"十四五"规划目标设定为,到 2025 年非化石能源占一次能源消费比重达到 18%。

（六）单位 GDP 二氧化碳排放降低

碳排放直接影响着全球的气候变化,尽早实现碳排放峰值是我国对世界的郑重承诺。《巴黎协定》框架下,中国提出到 2030 年,单位 GDP 二氧化碳排放要比 2005 年下降 60%—65%。CAIT Climate Data Explorer 发布的 1990—2014 年碳排放数据显示,我国碳强度下降趋势越来越缓,在 2014 年碳强度已接近国际平均水平。以 2030 年比 2005 年下降 60%—65% 为目标,基于 2017 年已下降 46%,假设在 2018—2030 年下降速率保持恒定,可估算出"十四五"时期的累计下降,即 2025 年比 2020 年降低 12.3%—18.2%。考虑到碳强度下降速度逐渐减缓实际,建议"十四五"时期单位 GDP 二氧化碳排放下降目标为 18%。

（七）森林发展

根据《森林法》,我国森林覆盖率应达到 30%,这也是全球森林覆盖率的平均水平,从我国目前的情况看,离此目标尚有不小距离。计算"十三五"规划相对于"十二五"规划的预定年增长速度,以及"十三五"以来实际年均增长速度,后者高于前者,假定森林发展的年均增长速度处于二者之间,取二者的聚合平均数为今后的年均增速,建议"十四五"末森林覆盖率目标设定为 25.8%,森林蓄积量目标设定为 230 亿立方米。

（八）空气质量

用 2015 年以来的平均增长率对"十四五"时期空气质量进行预测。根据预测结果,参考国际城市空气质量水平（目前,国际上 70% 以上的城市 PM2.5 年均浓度低于 22.3%）,建议将"十四五"时期空气质量规划目标设定为:到 2025 年地级及以上城市空气质量优良天数比率达到 85%,PM2.5 未达标地级及以上城市浓度下降 37%。

（九）地表水质量

"十三五"规划目标为：到 2020 年达到或好于Ⅲ类水体比例>70%，劣Ⅴ类水体比例<5%。2018 年，达到或好于Ⅲ类水体比例 71.0%，劣Ⅴ类水体比例 6.7%。第一项目标已经完成，第二项目标实现有一定难度。

用 2014 年以来平均增长率和灰色预测两种方法对"十四五"时期的地表水质量进行预测，建议"十四五"时期地表水质量规划设定为：到 2025 年，达到或好于Ⅲ类水体比例>86%，劣Ⅴ类水体比例<4%。

（十）主要污染物排放总量减少

随着近年来减排工作的大力推进，落后产能淘汰、产业结构优化、减排技术进步、强化管理等手段的减排潜力已基本发挥，进一步减排的难度有所提高，考虑到上述因素，"十四五"规划目标应将预测减排趋势适当下调。建议"十四五"时期，将 COD 和氨氮排放总量下降目标仍设定为 10%，二氧化硫和氮氧化物排放总量减少目标仍设定为 15%。

（十一）生态环境质量公众满意度

改革开放以来，我国经济建设取得历史性成就，在生态环境方面却欠账太多，公众满意度不高。为有效践行"绿水青山就是金山银山"的绿色发展理念，2017 年开始，国家统计局每年组织开展公众生态环境满意度调查获得数据。2016 年，全国各省市的生态环境质量公众满意度都低于 90 分，其中 14 个地区满意度在 80 分以下，满意度中位数为 81.14 分。可以取 2016 年各省区市的满意度中位数 81 分为起点，随后若每年提升 1% 左右，则 2020 年可达到 85%，2025 年达到 90% 的水平。因此建议可将该指标的规划目标设定为 2025 年达到 90% 的满意度水平。

七、开放发展目标讨论

长期考虑建议对开放发展相关指标进行探索，可以使用外商直接投资占 GDP 比重、进出口贸易额占 GDP 比重、人民币在全球货币支付中的份额等指标衡量对外开放水平，以强调不断加强对外经济技术交流，积极参与国际交换和国际竞争，使得国民经济持续健康发展；以民营资本占资本存量比例、营商便利指数（参考世界银行营商环境评价指标体系，包括 11 项一级指标，43 项二级指标）等指标衡量对内开放水平，强调无论是行业准入、用地优惠还是用人制度，都要对内一视同仁，充分发展民营经济,以获得强大的国内产业来应对跨国机构的冲击和竞争。本报告仅以人民币在全球货币支付中的份额为例展开具体讨论。

人民币在全球货币支付中的份额。人民币国际化作为我国金融改革和进一步开放的象征,自 2009 年正式推出以来获得各方面认同和发展。环球同业银行金融电信协会(SWIFT)自 2011 年 11 月开始在其人民币追踪专栏中每月报告和统计人民币成为国际货币的进展,并发布该指标的上月统计数据。从数据出发,该指标采用三种方法进行预测和推算,建议在"十四五"规划中将 2025 年"人民币在全球货币支付中的份额"目标设定为 3%—3.5%较为合适。

八、总结与建议

"十四五"时期是我国从全面建成小康社会到基本实现现代化的开篇时期,是开启全面建设社会主义现代化国家新征程的第一个五年。"十四五"规划既是以往五年规划的延续,具有常规性,也面临新时代、新阶段,新矛盾、新问题,新机遇、新挑战,新目标、新任务等一系列新情况,具有新的时代特征和继往开来的里程碑意义。因此,本报告规划指标的选择和目标的制定既兼顾了"十二五"规划以来历次发展规划的延续性,又有所创新和适当调整,以全面反映新时代中国特色社会主义新征程的新要求。

指标选取基本延续了"十三五"规划的大框架,保持了关键指标的延续性,同时针对新的时代特征给出了相应的建议和调整。报告新增居民消费率、基础研究 R&D 经费支出占比、规模以上制造业有产品创新或工艺创新活动企业占比、低收入人口占比、人民币在全球货币支付中的份额等指标。调整 3 个指标,包括将固定宽带家庭普及率与移动宽带用户普及率替换为互联网普及率、每万人口发明专利拥有量替换为每百万人 PCT 专利申请量、基本养老保险参保率替换为基本养老保险可支配收入替代率。剔除 4 个指标,包括服务业增加值比重、科技进步贡献率、农村贫困人口脱贫、城镇棚户区住房改造等。

（课题组成员：王晓军　陈彦斌　陈琳　高敏雪　蒋妍　李静萍　李扬　王菲菲　吴健　吴翌琳　肖争艳　甄峰　周景博）

>>> **发展环境**

世界百年未有之大变局的
内涵和阶段划分研究

中国社会科学院世界经济与政治研究所

当前,我国面临统筹中华民族伟大复兴战略全局和世界百年未有之大变局的艰巨任务,国际国内各种可以预料和难以预料的风险因素显著增多,其中相当部分都与百年未有之大变局中的变化息息相关。掌变局开新局。厘清百年未有之大变局的内涵,才能准确把握战略机遇期的新的历史特征,用好"时与势在我一边"的有利条件,有效应对民族复兴进程中的各种风险挑战,更好为"两个一百年"奋斗目标的顺利实现保驾护航。本报告首先从习近平总书记关于"百年未有之大变局"重要论述出发,梳理这一论断提出的背景和战略意蕴,进而从八个方面归纳"百年未有之大变局"的内涵,并重点分析大变局可能的破坏机制,及当前阶段的应对之道。

一、习近平总书记对命题的提出和阐述

"百年未有之大变局"这一重大判断的提出不是凭空或突然而来的,是党中央特别是习近平总书记对世情国情长期观察、深思熟虑的结果。习近平总书记首次公开提出"百年未有之大变局"的完整表述,是在 2017 年 12 月 28 日接见 2017 年度驻外使节工

作会议参会使节时的讲话中："放眼世界，我们面对的是百年未有之大变局。新世纪以来一大批新兴市场国家和发展中国家快速发展，世界多极化加速发展，国际格局日趋均衡，国际潮流大势不可逆转。"但是，他关于大变局的思考远早于此。

2014年8月29日，习近平总书记在十九届中央政治局第十七次集体学习时的讲话中就提出了"前所未有的大变局"这个概念，指出"当前，国际形势正处在新的转折点上，各种战略力量加快分化组合，国际体系进入了加速演变和深刻调整的时期。在这个前所未有的大变局中，军事领域发展变化广泛而深刻，是世界大发展、大变革、大调整的重要内容之一"。其后，特别是2017年以后，他还在若干重要场合对类似概念进行了阐述。2017年2月17日，习近平总书记在国家安全工作座谈会上的讲话中提出"认清国家安全形势，维护国家安全，要立足国际秩序大变局来把握规律"，揭示了大变局在"国际秩序"层面的意蕴。2017年8月1日，在庆祝中国人民解放军建军90周年大会上的讲话中，他指出"今天的世界，国际形势正发生前所未有之大变局；今天的中国，中国特色社会主义正全面向前推进"。2017年10月25日，在党的十九届一中全会上的讲话中，他又强调"当今世界正面临着前所未有的大变局，中国特色社会主义进入了新时代"。这都是从世界与中国的历史方位、相互关系的视角来定位大变局。

习近平总书记之所以在2017年后比较密集地阐释"大变局"概念，是与他当年年初在联合国日内瓦总部演讲中发出"世界怎么了、我们怎么办"之问有关。2019年3月26日，他在巴黎出席中法全球治理论坛闭幕式致辞时曾明确表示，"两年前，我在联合国日内瓦总部演讲时，发出'世界怎么了、我们怎么办'之问。当今世界正面临百年未有之大变局，和平与发展仍然是时代主题，同时不稳定性不确定性更加突出，人类面临许多共同挑战"，这个"百年未有之大变局"就是习近平总书记对"世界怎么了"之问的凝练解释。

2018年6月，习近平总书记在中央外事工作会议上首次以辩证观点详细阐述了"百年未有之大变局"。他指出，"把握国际形势要树立正确的历史观、大局观、角色观。……当前，我国处于近代以来最好的发展时期，世界处于百年未有之大变局，两者同步交织、相互激荡。……从党的十九大到党的二十大，是实现'两个一百年'奋斗目标的历史交汇期，在中华民族伟大复兴历史进程中具有特殊重大意义。纵观人类历史，世界发展从来都是各种矛盾相互交织、相互作用的综合结果。我们要深入分析世界转型过渡期国际形势的演变规律，准确把握历史交汇期我国外部环境的基本特征，统筹谋划和推进对外工作。既要把握世界多极化加速推进的大势，又要重视大国关系深入调整的态势。既要把握经济全球化持续发展的大势，又要重视世界经济格局深刻演变的动向。既要把握国际环境总体稳定的大势，又要重视国际安全挑战错综复杂的局面。既要把握各种文明交流互鉴的大势，又要重视不同思想文化相互激荡的现实"。这段阐释，不仅交代了提出"百年未有之大变局"重大研判或命题的方法论，而且还对"百年未有之大变局"中我们面临的外部环境主要特征进行了深刻的分析。

从国内场合看，习近平总书记多次在涉及国家安全、军事、经济、外交等问题以及对青年人、领导干部的讲话中阐述如何看待和因应世界百年未有之大变局的观点。例如，2018年8月27日，他在推进"一带一路"建设工作5周年座谈会上的讲话中指出，"当今世界正处于大发展大变革大调整时期，我们要具备战略眼光，树立全球视野，既要有风险忧患意识，又要有历史机遇意识，努力在这场百年未有之大变局中把握航向"；在2018年12月召开的中央经济工作会议上，他强调"世界面临百年未有之大变局，变局中危和机同生并存，这给中华民族伟大复兴带来重大机遇"；2019年3月10日，他在全国两会期间参加福建代表团审议的讲话中强调要"不断增强我国在世界大变局中的影响力、竞争力"；2019年4月30日，他在纪念五四运动100周年大会上的讲话中对青年提出要求，"面对复杂的世界大变局，要明辨是非、恪守正道，不人云亦云、盲目跟风"；2019年5月21日，他赴江西考察期间在主持召开推动中部地区崛起工作座谈会上的讲话中指出，"领导干部要胸怀两个大局，一个是中华民族伟大复兴的战略全局，一个是世界百年未有之大变局，这是我们谋划工作的基本出发点"，对领导干部清醒认识"百年未有之大变局"提出了明确要求。

习近平总书记还在许多重要外交或涉外场合向世界阐述"百年未有之大变局"命题与中国的应对方案。例如，2018年7月25日，他在金砖国家工商论坛上的讲话中表示，"当今世界正面临百年未有之大变局。对广大新兴市场国家和发展中国家而言，这个世界既充满机遇，也存在挑战。我们要在国际格局演变的历史进程中运筹金砖合作"；2018年9月，他在中非合作论坛有关场合表示，"我们一致认为，当今世界正经历百年未有之大变局，世界多极化、经济全球化深入发展，各国人民的命运从未像今天这样紧紧相连。同时，世界面临的不稳定性不确定性突出，人类面临许多共同挑战。我们愿携起手来，共同打造责任共担、合作共赢、幸福共享、文化共兴、安全共筑、和谐共生的中非命运共同体"；2018年11月28日，他在阿根廷媒体发表署名文章表示"当今世界正在经历百年未有之大变局。世界多极化、经济全球化势头不可阻挡，日益频发的全球性挑战也不容忽视"；2019年3月20日，他在意大利发表署名文章指出"当今世界正面临百年不遇之大变局。把中意关系提高到新的更高水平，共同维护世界和平稳定和发展繁荣，是历史赋予我们的责任"；2019年4月26日，他在第二届"一带一路"国际合作高峰论坛欢迎宴会上的祝酒辞中，以"站在世界百年未有之大变局的当口，愿我们都能不负使命、不负时代"与各国领导人共勉；2019年4月26日，他在人民大会堂会见联合国秘书长古特雷斯时表示，"当今世界正经历百年未有之大变局。我们要从各种乱象中看清实质，从历史的维度中把握规律。经济全球化的大势不可逆转，合作共赢才是人间正道"。

从习近平总书记关于"百年未有之大变局"的重要论述中可以得出以下结论：第一，大变局是一个长期的、复杂的历史进程，其中充满进步力量与倒退势力的斗争，这一进程可能存在各种反复，对其中进步或机遇的一面要怀有信心，对风险挑战的一面，应做好充分的精神和物质准备。第二，在"百年未有之大变局"的历史进程深入发展之际，适逢中国推进民族复兴的关键期，所以中国之前途命运对大变局的走向及影响尤其敏感。必须对国内各地区、各阶层、各界别、各领域予以充分的思想和资源的动员，来应对大变局所伴随的风险挑战。第三，"百年未有之大变局"因为单极化、反全球化等退步或反动势力带来的全球性问题、挑战、乱象会损害包括中国在内的世界多数国家的共同利益，这些国家应当加强合作，来共同应对大变局中的风险挑战。为了实现这个目标，习近平总书记通过在国外媒体发表署名文章、在出访地重要场合发表演讲、与来访外国政要开诚布公地交流等多种方式，为凝聚合作共识作出巨大贡献。

二、百年未有之大变局的内涵

归纳起来，世界"百年未有之大变局"的内涵表现为经济实力消长、科技竞争加剧、民粹主义沉渣泛起、人口结构问题深化意识形态纷争、全球货币体系动摇、权力政治回归、规则博弈白热化等方面。

（一）大国间力量对比发生深刻变化

百年未有之大变局中最为关键的变量在于世界上主要国家之间的力量对比。在过去的二三十年间，主要国家间的力量对比经过了不断变化，逐步累积起的量变转化成某种程度上的质变。国家力量大小可以通过很多指标来衡量，其中最综合最常用的指标是经济实力。就经济实力而言，中国在过去的 40 年里发展非常迅速。1978 年中国人均国内生产总值（GDP）只有 200 美元，2018 年则接近 1 万美元。特别是最近十几年，中国发展之迅速在某种意义上大大超出了中国人自己的预期。2005 年中国的 GDP 按照市场汇率计算不到日本的 1/2，2010 年中国的 GDP 开始超过日本，2014 年达到日本的两倍。40 年前中国 GDP 约为美国的 1/15，到了 2018 年则变为 2/3。中国与世界霸主美国在经济总量上快速接近，同时中美两国与排位第三及以后的各国日益拉开距离，这是理解中美关系最近几年进入质变期的基础。

（二）科技进步影响深远并伴随众多不确定性

技术突飞猛进既是百年变局的基本内容也是导致百年变局的基本推动力量。进入 21 世纪以来，全球科技创新进入空前密集活跃的时期，新一轮科技革命和产业变革正在重构全球创新版图、重塑全球经济结构。技术进步日新月异，特别是网络信息等与数字相关的技术发展尤为迅速，从而引起了生产、流通、分配和就业等各领域的连锁反应。制造业的自动化或流水线曾经创造了大量全新的就业岗位（比如工程师），而今天的数字化和人工智能在摧毁大量服务业岗位的同时大致不会创造出足够的新岗位。麦肯锡咨询公司估计，到 2030 年全球将有 8 亿个工作岗位被机器人所替代，而从理论上讲，几乎所有的工作岗位都有可能被日趋廉价的人工智能所取代。

技术进步还被学术界认定为导致各国内部收入差距加大或工薪阶层收入增长停滞的重要原因。无论是在美欧日等发达经济体还是在主要新兴市场国家，21 世纪以来的劳动生产率增速一直在下滑，这与庞大的研发投入形成鲜明对照。这一现象已被经济学家们称为"生产率之谜"，并无疑将对全球经济长期增长产生负面影响。此外，技术飞速变化正在开始改变战争的形式与性质。

（三）民众权利意识普遍觉醒

网络技术发展和普及的一个明显结果，是断崖式地降低了通信成本、大幅度拓展了传播容量、大大加快了传播速度，从而极大地方便了人们获取信息、接触新观念和相互交流沟通。随着人们对自身权利认知的加深，以及对如何获取这种权利路径的明晰，随信息技术发展而来的人们权利意识觉醒，已经成为当今时代演化的一个重要社会力量。正是民众权利意识的普遍觉醒，民粹主义以及民族主义在一些国家开始形成气候并广泛和深入地浸透到政治与外交实践。在欧洲，人们看到了意大利极右翼势力的不断壮大；在拉美，人们目睹了巴西版的"特朗普主义者"上台执政。有识之士均对此忧心忡忡。

数字时代的另一个后果是社会的撕裂。网络世界的信息爆炸使得受众在面对海量信息时无所适从且关注度下降，即出现了所谓的"充裕性悖论"（paradox of plenty）。鉴于人们往往更愿意听到或看到自己愿意接受的信息这一天性，各媒体之间为了争夺关注度而精心编排节目、设计算法，推出各类极有针对性的信息，以至于来自"好友"的虚假信息看上去更可信。法国的"黄马甲"群众运动便是社会各阶层各执己见、缺少沟通和相互误解的自然结果。

（四）人口结构变化复杂深刻

人口结构可细分为年龄结构和族群结构。当今世界主要发达经济体都不同程度地经历着人口老龄化，其中以日本和欧洲为甚。在包括中国在内的一些新兴经济体中，老龄化进程也已经开启。人口老龄化涉及一系列问题，包括社会保障体系的可持续性、政府的宏观政策、一国的储蓄与投资、老龄人口的政治态度与投票参与率等。

与人口老龄化并存的还有众多发展中国家的人口年轻化。在非洲、中东、印度等地，人们看到的都是人口爆炸，其中一些国家 25 岁以下的人口占其总人口的 40%—50%。这种高度年轻化的人口结构很自然地带来了极高的青年失业率，进而对社会稳定和资源需求产生巨大压力。

与人口年龄结构两极化相比，人口的族群或种族结构变化对一国社会融合、政治稳定与对外政策具有更直接的影响。今天美国的新生婴儿一半以上已不再是欧洲裔美国人，2024 年 20 岁以下人口中一半以上将为非白人。人口族群结构变化的一个自然结果在于族群认同的强化。据《民族与民族主义》作者埃里克·霍布斯鲍姆所说，族群或民族认同的基本特征或功能之一，在于判定哪些人是无辜者哪些人是罪魁，而罪魁必须为"我们"眼前的苦难负责。"我们"痛苦委屈、充满不安、不知未来方向何在，而所有这一切都是"他们"造成的，而"他们"就是"非我族类"（not us）者，是那些外来的陌生客，因为"他们"是外人，于是也就成了"我们"的敌人。那些生活在冲突之中的少数族群团体，通常都会拒绝其他群体的示好或容忍，因为确保某些敌人的存在有时是政治智慧的一部分，唯有如此才能有效地维系群体团结。

（五）第二次世界大战后美元主导的国际货币体系正在接近十字路口

国际货币体系多元化或"去美元化"获得新动力，是过去几年最值得关注的现象。美国产出按汇率计算仅占世界 22%，如按购买力平价计算则仅为 15%，但美元在全球计价、结算、储备、流动性和融资中所占比率均超过 50%。在题为《特朗普政策将颠覆美元地位》的文章中，杰弗里·萨克斯教授指出，美国从美元中获得了巨大好处，包括随美元作为储备货币而来的巨额铸币税、汇率风险规避、低货币金融交易成本、大宗商品定价权、对其他国家尤其是美元化程度高的国家的政策影响力以及可方便地向世界各国出售银行服务等。

如果说欧元的创立和伴随 2008 年国际金融危机而来的人民币国际化提速开启了国际货币体系多元化的漫长进程，那么特朗普政府发动贸易战、美国财政赤字加大、美国利用以美元为核心的 SWIFT 结算系统对全球经济金融活动进行监控并且滥施制裁,则增强了许多重要经济体摆脱对美元持续依赖的决心。英国前财政大臣吉姆·奥尼尔在题为《特朗普有选择的经济战》一文中警告说:在某个时刻,美元作为全球支付手段和储备货币的地位可能会受到挑战。国际货币体系事关重大,其何去何从,不仅影响美元地位,也将影响全球经济的稳定性和长期增长,还会影响诸如加密数字货币(libra)等由巨型科技公司发行的数字货币的未来命运。

(六) 国际多边体系进入瓦解与重构过程

世界处于百年未有之大变局还表现为现行国际秩序开始进入一个瓦解与重建期。从特朗普政府退出《巴黎气候变化协定》《跨太平洋伙伴关系协定》(TPP)和联合国人权理事会,到退出《伊核协议》与《中导条约》,再到扬言退出世界贸易组织(WTO)和猛烈抨击北约甚至联合国,战后国际秩序受到较大影响。占主流地位的国际自由主义者仍以为,现代美国成功故事的关键支柱便是国际同盟体系的建立,美国政府正在以单边主义和保护主义将其摧毁。

与此同时,全球问题不断恶化所凸显的全球治理赤字日益扩大,客观上为国际体系的重建提供了巨大需求。研究表明,目前物种灭绝速度是正常自然速度的100—10000倍。面对这样一个独特的历史情境,如果人类拒绝采取集体行动遏止物种快速毁灭,那么人类的生存将因食物链崩溃而面临生死存亡的威胁。这恐怕就是一些多边体系开始瓦解而另一些全球治理架构的新设想不断涌现的原因。中国正在开启的"一带一路"机制化进程,便可被视为国际秩序建设的一个典型事例。

(七) 作为超级大国的美国制度颓势显露

《被妥协所拖累的美国》一书作者劳伦斯·莱希格关心的不是做坏事的坏人,而是当今美国一系列制度如何导致腐败并最终给国家带来危害。在他看来,涉及金融、法律、媒体、医疗、科学等领域的制度均受到错误的准则和激励的腐蚀,反过来它们又腐蚀了各类并非总是基于私利的行为体的行为。在一篇题为"'婴儿潮'一代是如何摧毁美国的"文章中,作者指出美国宪法第一修正案已经成为富人在民主问题上弄虚作假的工具;美国对正当程序的坚持值得称道,但有人以此为借口阻挠政府执行操作安全规则、追究公司刑事责任、保护弱势群体;选举改革的本意是要加强民主,实际上却削弱了民主;精巧的金融和法律工具把经济长期增长和共同繁荣的引擎变成了为数不多的大赢家的赌场;近年来国会通过的议案几乎都有附加条款;美国被分割成两个阶层,受保护的阶层拖垮政府、瘫痪政府,不受保护的阶层则被甩得更远;选举投票率如此之低凸显民众的政治冷漠;三十多岁的成年人中认为收入超过父母的可能性从四十年前的 90% 降到了今天的 50%。

美国权力结构的家族化程度之高远超人们想象。据英国《经济学家》周刊的数据,美国州长之子成为州长的概率是"婴儿潮"时期出生男性的 600 倍,参议员子承父业的概率是普通人成为参议员机会的 8500 倍。多种迹象显示,美国已经行进在福利国家的道路上,绝大多数美国人支持政府扩大福利支出。如果加上医保中不由政府提供的支出部分,则美国政府总支出已达到 GDP 的 48%,与欧洲福利国家的代表瑞典相差无几,因此不少人担心这会永久性地削弱美国的增长能力。

(八) 主要大国之间"规锁"与"反规锁"日趋白热化

权力政治主要指世纪大国之间为打压对手不择手段,甚至不惜牺牲自身利益。当今世界主要大国之间矛盾加剧的深层次原因归结为一点,就在于中国快速跻身高科技产业。中美关系至少目前看不是新冷战。冷战期间美国对苏联政策的基本特征是遏制或隔离,即尽可能不与苏联及其盟国发生任何经贸和社会往来,最终让苏联因效率低下而自生自灭。美国对华政策自冷战后期以来奉行的是接触政策,其核心是将中国纳入由美国主导的国际体系,并通过让中国承担责任来改变中国。尽管如今有一部分美国人希望与中国"脱钩"并最终实施遏制政策,然而美国既难以做到完全孤立中国也没有必要这样做。说它难以做到是因为美国成功隔离中国至少需要世界主要经济体和相当多的发展中国家采取集体行动,说它没有必要是因为中国对美国等发达经济体形成的威胁主要来自高科技赶超而非中低端竞争。美国对华政策的要义在于,既要继续享受中国在全球价值链中提供的中低端好处,又要规避或阻止中国在高端科技尤其是数字高科技领域的赶超。美国这一对华策略可以简洁地用一个中文词加以概括:"规锁"(confine)。

"规锁"的基本意思有两个:一是用一套新的国际规则来规范或限定中国在高科技领域的行为;二是借此把中国在全球价值链的位势予以锁定,使中美在科技层级上维持一个恒定且尽可能大的差距。美国之所以动不动就援引国内法对付其贸易伙伴,主要原因在于现有多边体制无法按照其意愿实现对中国的制约。美国以及欧洲和日本联合发表声明为改革 WTO 定调,要求中国增加政府补贴透明度等,其主要意图之一也在于此。概言之,中美之间的博弈已经开始对整个世界格局产生影响。

当然,变中蕴含着不变,不变中孕育着变化。随着第一颗原子弹的爆炸,人类历史演进的性质便发生了转变。时至今日,人类处于核武器时代这一现实并未改变。据瑞典斯德哥尔摩国际和平研究所估计,世界现存核弹头数为 15850 枚,美国和俄罗斯分别拥有 6550 枚和 6850 枚,其数量足以毁灭人类数十次,这意味着人类仍旧生活在核恐怖的阴影中。也正是核武器的存在,美俄冲突或中美对抗的上限同时被限定了,因为核大国之间的全面冲突无异于人类毁灭。

今天的世界中没有发生根本改变的另一事实,是各国或各地区之间的相互依存度仍然处于历史高位。高相互依存度主要表现在紧密的国际分工与贸易联系之上。据《关于全球化的五个迷思》作者史蒂文·奥尔特曼引证的结论,无论是贸易与资本,还是信息与人员流动,2017年全球都达到了前所未有的高水平。今天的世界已经被全球价值链捆绑在一起。虽然说位居价值链高端的"系统集成商"主要分布在美欧日等发达经济体,但主要发达经济体和新兴经济体之间的"脱钩"成本已经提升到了世界难以承受的水平。各国"得自贸易的收益"减少势必引发国内社会政治的强烈反弹,从而起到抵消"逆全球化"的作用。整体上看,全球化趋势并未发生反转,而是遇到了暂时挫折。

三、百年未有之大变局的破坏机制、应对之道与阶段划分

由上可知,世界百年未有之大变局实际上是主要大国在国家兴衰周期不同阶段各方面表现出相对升降的自然历史过程。这个过程并不必然导向破坏性对抗。出现"修昔底德陷阱"式的崛起国与霸权国之间的严重破坏性冲突,并非客观进程演变之必然,往往是受到了霸权国或崛起国对这一客观进程的主观感受影响的结果。前者如修昔底德在分析雅典和斯巴达关系时提出的,斯巴达对雅典快速崛起的恐惧带来的敌意最终导致了两国之间的破坏性战争;后者如纳粹德国作为崛起国对第一次世界大战战胜国作为霸权国支配下的国际秩序的不满,从而试图通过战争来重新塑造国际秩序,最终引发了第二次世界大战。必须厘清当前世界所面临的百年未有之大变局产生破坏的机制,才能够更好地分阶段分步骤应对。

(一) 百年未有之大变局下的风险和破坏机制

当前学界有观点认为,当崛起国的实力达到霸权国实力某一比例的临界线之后,两者关系会发生质变,竞争的一面会压过合作的一面,走向破坏性对抗的风险急剧上升。

但拉长历史维度来看,百年未有之大变局实际上是主要大国在国家兴衰周期不同阶段的各方面表现出相对升降的自然历史过程。这个过程并不必然导向破坏性对抗,当今时代崛起国相对力量突破某一临界点而引发和霸权国的严重破坏性战争的风险在降低。一方面,当前技术条件下,新兴国家经济增长规模和质量提升速度要比以前更快,霸权国对崛起国的打压窗口期要比以前更短,其霸凌倾向在越过临界线之后不会无限上升,而是会随着崛起国综合实力的赶超而下降(见图1)。

霸权国霸凌倾向

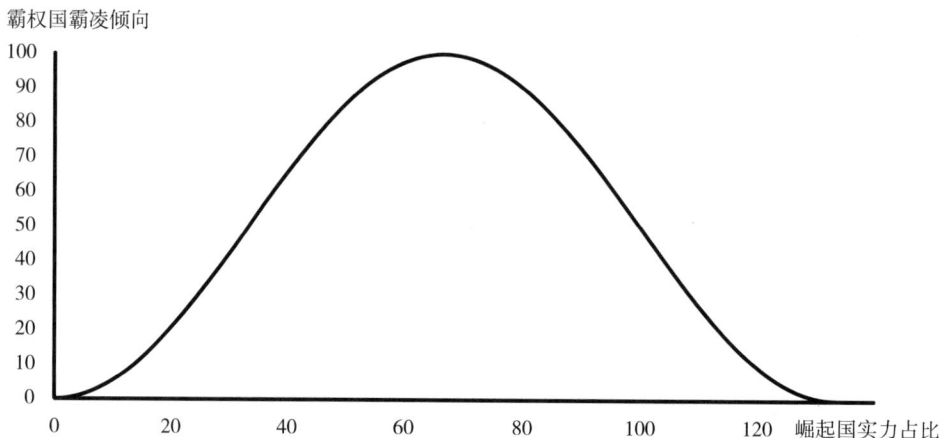

图1　霸权国霸凌倾向的演变示意图

注:纵坐标表示霸权国为保持霸权地位而对崛起国采取打压或霸凌举措的概率,横坐标是崛起国实力占霸权
国实力的百分比。

资料来源:作者根据相关资料研究整理而成。

另一方面,有核国家之间直接发生严重对抗性冲突的代价高昂。正如美国兰德公司在《与中国开战——想不敢想之事》报告所言,"核武器应该不会被使用,即使是在高强度的常规战争中"。

与地震发生原理类似,应对百年未有之大变局也是一个长期应对压力和应力的过程。这个过程中,可能发生严重破坏的路径有两条。其一,全球格局"东升西降"的压力造成中美关系的高度紧张,双方由经贸摩擦螺旋升级至直接的破坏性对抗,表现为板块间(不同国家、地区间)的破坏。其二,"东升西降"所产生的持续挤压之力经由双边关系在中美两国(以及其他相关国家、地区)内部造成的紧张、焦虑、慌乱带来的应力,作用于内部贫富分化、环境污染、腐败问题、宗教摩擦、民族矛盾、青年问题等脆弱性不等的领域,如在其特别脆弱的一处或若干处出现断层线,则有可能诱发经济崩溃、社会失序、政治安全等严重问题,造成板块内部(国家内部乃至地区层面)出现巨大破坏。

如前所述,第一条路径的预期破坏性有限。因为大国冲突的巨大灾难性后果会让双方更加谨慎,并且其他国家出于避免被殃及的动机,也会尽力劝阻,因此大国间发生直接严重冲突的概率较低。第二条路径引发的破坏则缺乏这种包括第三方的制约机制,同时存在内部应力积累和强化的效应。内部脆弱领域所影响的群体,往往是国家中"退出"能力较弱势的群体。越是难以退出,就越倾向于通过更强烈的表达和呼吁对国内政府施压。各国特别是大国的政府为了暂时缓解前述问题的压力,可能将矛盾指向外部,从而引发高科技背景下的全球性政治经济动荡或安全危机。这又会进一步增加各国之前的相互倾轧及由此产生的内部应力。由此形成"大国挤压—板块内应力增加—内部脆弱带承压—向外转移矛盾—加剧挤压"的涡轮式的增压循环(见图2),最终在内部脆弱领域出现多方联动的重大撕裂(当然也不排除在大国之间由于对日益加剧压力的管理失败等原因发生直接的严重冲突)。这种外部压力和内部应力形成正反馈的涡轮增压效应及其可能带来的内外联动崩溃,才是百年未有之大变局下真正威胁国际安全的风险所在。

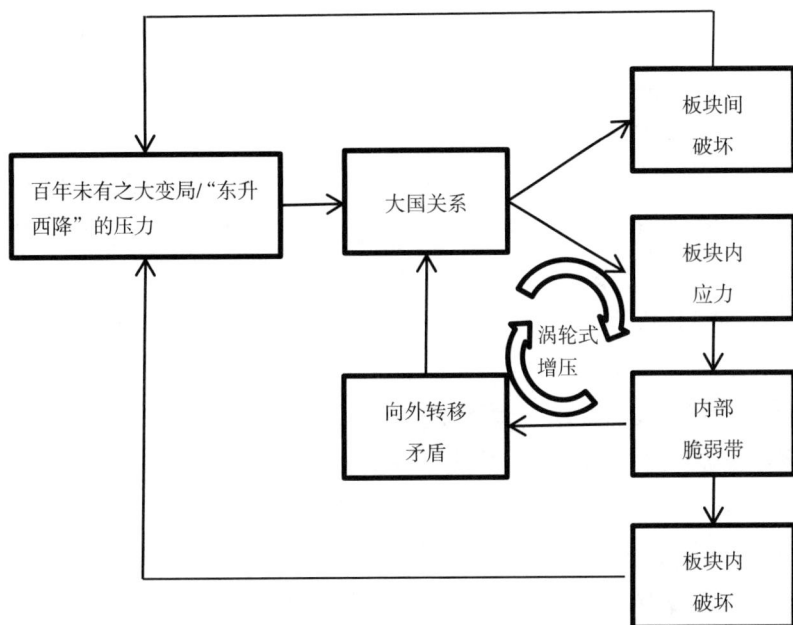

图2　百年未有之大变局背景下的风险与破坏机制

资料来源:作者根据相关资料研究整理而成。

(二) 应对之道

由上述机制出发,管控百年未有之大变局背景下大国竞争带来的国家安全风险可以从三个方面着手。一是缓释百年未有之大变局"东升西降"的压力。二是限制内外压力相互作用,避免对国家安全与发展产生负面影响。三是检查并修补国内经济社会发展与安全的脆弱面和薄弱环节,增强承受内外压力的国家安全韧性。

从第一个方面看,缓释百年未有之大变局宏观层面的压力有两个方向。方向之一是,消除崛起国和霸权国以彼此为敌、相互对抗的主观意图。对于在意识形态、政治制度、文化观念等方面异质性或差异性较大的国家来说,无论是崛起国还是霸权国都很难低成本发出可置信的对对方没有敌意的信号。例如,中国一再申明自己永不称霸,无意取代美国的地位且无意创建与当前世界秩序和国际体系平行的秩序和体系,但难以有效缓解美国的疑虑。除非霸权国和崛起国双方面临紧迫严重、持续重大的共同威胁,并且为了应对这个威胁,双方共同开展了足够规模的关系专用性投资,而要让双方真正能够捐弃成见、摒弃对抗、精诚合作是非常困难的。举例而言,气候变化可能可算是持续重大的共同威胁,但相对于总统的任期来说却还不够紧迫。再如,大国竞争持续加剧被恐怖主义利用造成的大规模杀伤性武器失控和扩散,可能会是这样一种威胁,但人们宁愿不要世界安全形势恶化到这一步大国才重拾合作。

方向之二是,崛起国和霸权国之间重新拉开权力或实力差距。这种状态可能是崛起国短时间内实力突然迅速超过霸权国所致,也可能是崛起国在崛起过程中超越失败所致(包括双方直接诉诸战争而一方战败,或由于内部脆弱性大的断层线发生破裂而自我崩溃落败等情况),还可能是霸权国通过技术和制度的改革创新而突然迅速发力的"再次伟大"式发展的情况。上述各种形式中,通过提升自身效率而实现的崛起国迅速超过霸权国,或者霸权国迅速甩开崛起国,都属于进步型再安全(progressive re-safecurity)。例如,处于逆差地位的霸权国通过降低国内生产和交易成本,促进本国出口来实现贸易平衡,这种状态下,全球贸易规模有所扩大。而通过限制或破坏对方的效率而拉开双方实力或权力差距,则属于退步型再安全(regressive re-safecurity)。例如,处于逆差地位的霸权国通过限制贸易伙伴的出口或提升其出口成本的方式来实现贸易平衡,这种状态下,全球贸易规模是萎缩的。基于此,应当在国际社会推动形成鼓励进步型再安全、反对退步型再安全的共识。

从第二个方面看,由于短期内充分缓释百年未有之大变局宏观层面压力的难度巨大,因此避免内外压力相互激发强化十分重要,其关键在于限制大国将内部矛盾向外转化的意愿和能力。就限制意愿而言,一是要解决好国内威胁弱势群体生存质量和发展机会的切身利益问题,从源头上削弱内部矛盾向外转移的压力;二是要避免被国内极端民族主义、民粹主义及其他狭隘利益集团(如反移民团体、军工综合体等)捆绑,不负责任地制造和对外转移风险。从限制能力来看,当务之急是约束大国将国际金融基础设施武器化的能力。如任由霸权国挟全球货币发行及国际支付结算系统的垄断地位,将自己的意志、原则或规则强制性地在整个体系推行,随意制裁、封锁、威胁别国公共和私人部门,国际金融市场将面临极大的动荡和不稳定。为此,除限制有关大国对现有国际金融基础设施的控制权之外,还应按照共建共商共享等原则,推动重大国际金融基础设施的多元化、非武器化。

从第三个方面看,修补国内经济社会发展与安全的脆弱面和薄弱环节是国家安全的内在保障。

总之,自中美经贸摩擦凸显以来,全球的视线与外交资源大多集中于冲突本身,一定程度上对其他重要的区域合作、国内问题等内政外交的资源投入构成了

"挤出",资源错配的风险上升。实际上,检查并修补国内经济社会发展与安全的脆弱面和薄弱环节,同时联合"一带一路"沿线发展中国家伙伴及参与"第三方合作"的发达国家伙伴共同打造巨型开放空间,以深度改革开放防御各种"灰犀牛",至少应当置于防范中美经贸摩擦滑向失控的"黑天鹅"同等重要的位置上。

(三) 阶段划分与当前任务

从中国的角度来看,应对世界百年未有之大变局关键在于处理好"东升西降"过程中的中美关系。从攻守之势来看,中国应对百年未有之大变局可以分为防御、相持和占优三个阶段。其中,防御阶段是当前至"十四五"收官的 2025 年,相持阶段是 2025 年至我国基本实现现代化的 2035 年,占优阶段是 2035 年至我国建成现代化强国的 2050 年。

三个阶段中,我国面临的风险或挑战先升后降,我国面临的压力在第一阶段最大(即便在第二个阶段初期我们可能面临更大的风险挑战,但由于在民族心理、体制机制上已经更加适应大变局的冲击,所感受到的压力反倒不如猝然临之的第一阶段)。到相持阶段特别是这一阶段的后期,我国新型工业化、信息化、城镇化、农业现代化达到较高水平,国内社会安全网进一步完善,人均 GDP、人民满意度和民族自豪感大幅提升,区域发展更加均衡,贫富差距缩小,各种制度更加成熟定型,彰显公平正义的法律体系趋于完备,国际制度竞争初显成效,在主要国际组织中形成与西方相当的制度性话语权。到占优阶段,我国可能面临的情境是,中华民族伟大复兴初步实现,通过国际合作,气候变化、核扩散等全球性问题初步得到解决,人类命运共同体建设取得长足进展。

要实现相持、占优阶段的良性局面,关键在于能否在防御阶段,坚持底线思维,正确采取积极防御举措,增强中国经济社会发展的安全韧性,从而能够化解重大矛盾、应对重大风险。本报告重点分析防御阶段或"十四五"时期的举措。

从底线思维出发,防御阶段我国可能需要面对各种不利局面。当然,防御阶段或者说"十四五"时期,也是我国适应引领"百年未有之大变局"的关键期。在此期间,"东升西降"态势延续,我国步入高收入国家行列,经济规模有望进一步接近美国,对自身外部环境具备一定塑造力,这将为下一个五年形成更加平衡的世界格局奠定坚实基础。同时,国际社会中竞争性、对抗性显著增强,国际合作面临的不确定性不稳定性突出,我国发展面临的外部风险挑战进一步加大。总之,"十四五"时期我国面临的外部环境更加严峻,但也处于可以更加主动作为的战略机遇期,更有能力和条件从本国、双边、多边等层面来主动应对甚至引领塑造我国的外部环境。为此,"十四五"时期应当对内进一步深化改革,促进高质量发展与高质量开放协同并进,对外全面推进中国特色大国外交,扩大同各国的利益交汇点,形成全方位、多层次、立体化的外交布局,进一步提高我国国际影响力、感召力、塑造力,为我国发展营造更加良好的外部条件,为世界和平与发展作出新的重大贡献。通过有效的国内动员和国际合作,来增加自身适应引领"百年未有之大变局"的战略能力和战略自由度。在这方面,具体应做到以下几点。

第一,化外部压力为改革动力,推进国家治理体系和治理能力现代化。利用外部环境压力,推动社会组织和治理体系不断适应先进生产力发展要求,推动市场在资源配置中发挥决定性作用,更好地发挥政府作用,不断激发市场主体的活力与创造力,不断改善营商环境,实现发展动力由要素驱动转向创新驱动,发展形式由规模扩张转向高质量发展。

第二,以自身开放引领共同开放,推动建设开放型世界经济,促进全球善治。及时总结自贸试验区、特区建设经验和教训,促进相关经验的国际传播,推动国内规则与国际规则并轨,形成并扩大中国作为主要参与者的高治理标准的国际开放合作空间。努力做世界和平的维护者、全球发展的贡献者、国际秩序的建设者。

第三,加强科技创新体系建设和能力建设,提高创新体系整体效能。强化政府在基础性原创性研究上的投入,更好鼓励企业加大研发投入和创新力度,为全球创新人才在华就业创业提供良好保障。努力实现关键核心技术重大突破,不断增强科技实力和创新能力,努力在世界高技术领域占有重要地位。

第四,积极完善全球伙伴关系布局。秉持"结伴不结盟"原则,构建总体稳定、均衡发展、良性竞争的大国关系框架,按照亲诚惠容理念和与邻为善、以邻为伴周边外交方针深化同周边国家关系,秉持正确义利观和真实亲诚理念加强同发展中国家团结合作。

第五,拓展并升级"一带一路"合作空间,提升国际合作的制度化水平。以共建"一带一路"倡议为抓手,推动新型国际合作模式。加大国际合作的组织制度创新力度,提升基础设施建设、国际投融资活动、国际贸易与投资以及人民币国际化等具体领域的合作水平和制度化水平。

一百年后的历史学家在回顾人类目前正在经历的这一段历史变迁的时候,可能性比较大的是把百年未有之大变局概括为"以中国为代表的东方的复兴和以美国为代表的西方对东方复兴的回应"。中美两个规模如此巨大的国家,其中一个综合实力迅速上升,一个实力依旧超强但显露疲态;一个努力获取与自身实力相称的全球影响力,一个很不情愿与他国分享权力;一个拥有东方式的古老政治文化传统,一个饱受西方文明和基督教滋养。在它们之间出现各种各样分歧、摩擦,乃至一定程度的冲突,均属正常和自然。正如习近平总书记所说:"中华民族伟大复兴,绝不是轻轻松松、敲锣打鼓就能实现的,实现伟大梦想必须进行伟大斗争。"

与此同时,人类面临的共同问题又需要中美这两个世界上体量最大的国家,需要这两个人类事务最大的利益攸关方,携起手来一同承担应对挑战的责任。而做到这一点的基本前提,就在于中美两国依靠智慧与胆识,在斗争中妥善处理其间的误解、矛盾与冲突。

（课题组成员：张宇燕　　冯维江　　刘玮　　杨原）

"十四五"时期国际经济环境研究

中国宏观经济研究院对外经济研究所

一、"十四五"时期国际经济环境的总体特征

"十四五"时期是全面建成小康社会后趁势而上开启全面建设社会主义现代化国家新征程的第一个五年规划期,也是世界百年未有之大变局的深入发展期和进一步凸显期。这一时期的国际经济环境将呈现五大趋势性特征:

一是受全球潜在增长率下降制约,加之新冠肺炎疫情冲击,世界经济大概率继续呈现弱增长态势,甚至不排除东盟、拉美等部分新兴经济体发生债务危机乃至经济危机的可能性,将给我国更好利用国际市场和资源带来复杂影响。

二是新一轮科技革命和产业变革深入推进,但对供给侧的大规模颠覆性变革预计要到"十五五"乃至更久,对世界经济长周期增长的推动作用和对国家竞争力格局的深刻影响将在中长期显现,我国在这一轮科技革命和产业变革中有望"换道超车"。

三是传统经济全球化动能衰减将更加明显,洲际大三角分工地位下降,基于信息流和服务流的新型分工模式以及发展中国家市场需求力量增强,将推动新型经济全球化兴起,经济全球化进入动力转换和结构转型的调整期。

四是国际力量对比加速演变推动全球经济治理体系继续深刻变革,WTO多边贸易体制面临重构,我国既面临以美国为首的西方规则进逼的压力,但也面临更加积极参与全球经济治理的重大机遇。

五是大宗商品供需格局继续深入调整,地缘政治博弈面临诸多不确定性,我国周边安全风险上升,但也面临进一步引领全球绿色发展的新机遇。

二、世界经济大概率继续呈现弱增长态势,甚至不排除发生局部经济危机的可能性,将给我国更好利用国际市场和资源带来复杂影响

"十四五"时期全球潜在增长率预计仍然疲软,这是世界经济弱增长的根本原因。综合判断,在新一轮科技革命和产业变革没有大规模突破的情境下,受人口、资本、技术等根本因素影响,"十四五"时期全球潜在增长率大概率继续呈现疲软态势,导致世界经济将依然维持弱增长。从人口看,"十四五"时期全球人口增长继续趋缓和老龄化呈现不可逆转之势,这对劳动年龄人口增长形成强力制约。其中,发达经济体2010年后劳动年龄人口绝对数量开始下滑,"十四五"时期将延续这一态势,面临更加严峻的劳动力供给形势。从资本看,国际货币基金组织测算,"十四五"时期全球投资率提高将十分缓慢,2024年将仅比2018年上升0.4个百分点,对潜在增长率形成明显制约。从技术看,当前延续至"十四五"时期的科技创新,包括电子商务、移动支付、共享经济、虚拟现实等,依然属于信息技术的深化运用,主要还是着眼于需求侧的业态和模式创新,其显著作用是降低供需对接的交易成本、提高消费便利性。而对供给侧各行业能够产生广泛渗透乃至颠覆性影响的科技创新,包括新一代人工智能、新材料技术等,"十四五"时期大规模推广应用的可能性较小。

新冠肺炎疫情冲击将加剧世界经济的疲弱。目前看,新冠肺炎疫情全球大流行短期内难以完全结束,给世界经济带来的影响和冲击仍将持续。在此次疫情中,全球产业链被打乱甚至打断是最显著的特征。主要经济体采取闭关封城和停工停产措施,处于产业链上下游的企业通过负反馈效应相互影响,电子信息、汽车、航空等产业的全球供应链面临大幅萎缩甚至停摆,迫使有能力的国家转向国内供给和市场替代,将给"十四五"时期的国际贸易与全球产业布局带来深刻影响。

新兴经济体债务规模急剧膨胀酝酿经济危机因子,东盟和拉美部分国家成为高危地带。2008年国际金融危机爆发后的10年间,在全球宽松的流动性刺激下,新兴经济体债务急剧膨胀,10年间增长35.1万亿美元,增幅高达192.3%,杠杆率

从 109.8% 提高到 179.2%。在新冠肺炎疫情冲击下,新兴经济体债务特别是外债进一步升高。截至 2020 年第三季度,新兴市场和发展中国家外债为 2.9 万亿美元,与 GDP 之比已接近 10%。"十四五"时期,若美联储政策利率提高到中性利率之上,欧元区结束超宽松货币政策,全球流动性趋紧将迫使新兴经济体加速去杠杆,不排除一些国家因此爆发债务危机乃至经济危机。不过,若风险发生在新兴经济体,大概率呈现局部性和区域性特征,尚不至于酿成系统性全球性危机,其破坏力预计小于 2008 年的国际金融危机。

表 1   2008 年和 2018 年若干新兴经济体杠杆率缺口变化情况

地区 \ 年份	2008	2018
阿根廷	−10.2	10
印度尼西亚	−1.4	6.7
泰国	−21.4	5
马来西亚	−28.7	4.3
智利	−2.7	2.3

注:杠杆率缺口是指实际杠杆率与长期可承受杠杆率水平之差。"−"值表示实际杠杆率低于长期可承受水平。
资料来源:国际清算银行。

"十四五"时期世界经济继续疲弱与中美经贸摩擦相叠加,将给我国更好利用国际市场和资源带来复杂影响。一方面,外需环境难有根本好转,加之美国这个过去的第一大出口市场对我国竖起贸易壁垒,我国扩大出口将面临更加困难的局面。同时,主要发达经济体都在或明或暗地鼓励制造业回流,客观上不利于我国继续扩大自发达经济体招商引资。另一方面,未来 5 年我国预计将进口超过 10 万亿美元的商品和服务,这既有利于满足人民日益增长的美好生活需要,推动产业结构优化升级,也有利于我国以扩大进口为契机加深与各国经贸合作、推动构建更加紧密的利益共同体。同时,各国都在加大招商引资力度,特别是正处于工业化和城市化快速推进期的新兴市场和发展中国家,吸引外资意愿强烈。这给我国企业"走出去"增强对产业链、供应链、价值链的影响力,提升国际资源配置能力创造了条件。

三、第四次工业革命深入推进,推动国家竞争力格局深刻调整,但其负面影响也可能逐步显现,总体看我国面临的机遇远大于挑战

"十四五"时期新一轮科技革命和产业变革将深入推进,5G 在消费领域有望

率先市场化,成为新一轮科技革命和产业变革的先锋力量。与前三次工业革命不同,新一轮科技革命和产业变革包含多领域创新及其交叉融合,各领域技术创新进度不一。目前看,"十四五"时期最有可能率先突破并实现市场化的是5G技术,由此将构建万物互联的基础设施,推动经济社会数字化转型,为新一代人工智能大规模应用提供强大支撑。世界经济论坛调查显示,2025年前最有可能出现的21个技术引爆点中,12个与信息技术和互联网有关。不过,目前多数观点认为,2025年前的5G应用主要在消费领域,包括智能手机、无人驾驶汽车等,且由于前期基建投入过于庞大和尚未出现全新应用场景体现对该技术的强大需求,5G真正向供给侧大规模推广、对产业模式和供给形态产生颠覆性影响,可能要到2030年乃至以后。

表2 新一轮科技革命和产业变革的主要创新领域

	主要技术
数字领域	5G和物联网
	量子计算等新计算技术
	区块链与分布式账本技术
物理领域	新一代人工智能与机器人
	新材料
	新能源
	增材制造(3D打印)与多维打印
生物领域	生物技术
	神经技术
	虚拟现实与增强现实

资料来源:[德]克劳斯·施瓦布、[澳]尼古拉斯·戴维斯:《第四次工业革命——行动路线图:打造创新型社会》,中信出版社2018年版。

新冠肺炎疫情冲击将加速特定领域的技术进步。新冠肺炎疫情暴发后,为控制疫情传播,绝大多数经济体被迫采取了"人际疏离""人力替代"等策略,导致疫情期间生产和消费模式发生巨大变化,在线办公、在线消费逐渐成为常态。在惯性作用下,这种生产和消费偏好的变化在疫情结束后预计会持续较长时间,使得远程医疗、远程办公、远程教育、智能诊断、智能机器人等新产业新业态的优势更加凸显,刺激5G、新一代人工智能等加速进步,成为少数在疫情中逆势增长的行业和技术。同时,疫情给卫生健康领域提出新的课题,疫苗、基因药物等生物医药技术也将面临较大发展机遇。

中长期看,新一轮科技革命和产业变革或推动国家竞争力位势发生深刻调整,发达经济体与发展中国家的差距可能再次拉大。1992年后,随着信息技术向全世界扩散,发达经济体与发展中国家的经济实力差距从持续扩大向逐渐缩小转变。如果这一趋势继续下去,人类发展鸿沟有望逐渐弥合。然而,新一轮科技革命和产业变革可能延缓甚至逆转这一进程,发达经济体与发展中国家的发展差距可能再次拉大。这是因为,在新一轮科技革命和产业变革的关键领域,发达经济体牢牢掌握技术优势、资金优势和规则优势,且仍在不断加大对新一轮科技革命和产业变革的战略投入。同时,新材料、智能制造、3D打印和网络协作等全新的生产方式和生产工序,将导致价值链不同环节的要素投入比例日益趋同,数字化、智能化设备和技术成为决定各环节成本的主要因素,劳动力在生产中的地位大幅下降并很容易被机器取代。在此情境下,亚非拉多数发展中国家特别是最不发达国家,利用低人工成本吸引制造业转移、加快工业化的大门将逐渐被关闭,若没有新的开放路径和赶超模式,它们与发达经济体的发展差距将趋于拉大。

需提前防范新一轮科技革命和产业变革可能带来的收入不平等加剧风险。与前三次工业革命相比,新一轮科技革命和产业变革的速度、广度和深度都达到空前的程度,可能对收入平等产生更强的破坏作用。特别的,以自动化为主要特征的工业革命替代的主要是简单体力劳动,但以智能化为主要特征的新一轮科技革命和产业变革,将对常规脑力劳动形成明显替代,银行柜员、记者、律师、药剂师、会计师、行政秘书等行业或受到前所未有的冲击,中产阶层大幅萎缩,就业市场的两极分化趋势加剧,财富将日益向创新者、投资人和股东等技术与资本所有者聚聚,他们与工薪阶层的贫富差距将更加悬殊。在此情境下,社会结构将日益由"橄榄型"转向"哑铃型",贫富极化矛盾很可能成为各国普遍面临的社会政治不稳定主因。

新一轮科技革命和产业变革给我国带来的机遇明显大于挑战,我国在新一轮科技革命和产业变革中有望"换道超车"。在世界近代以来的三次工业革命中,我国都处于接受技术扩散和辐射的"外围"地位,如果没有新一轮科技革命,这种位势很难改变。新一轮科技革命和产业变革开辟了全新的科技创新和产业发展领域,在此次工业革命中,我国具备两大明显优势,有望实现"换道超车"。一个是巨大市场空间,能够吸引集聚那些必须贴近市场的人工智能、增材制造、生物医药等领域的创新要素,推动产业迈向中高端;一个是新型举国体制,能够集中优势资源进行攻关,突破一些"卡脖子"环节,解决科技赶超中的关键问题。目前,我国在5G、新一代人工智能等新一轮科技革命和产业变革的关键领域,与美德日共同居于"中心"地位,这已成为国内外的普遍共识,并将对我国提升国家竞争力产生重大而深远的影响。

四、经济全球化进入动力转换和结构转型的调整期,我国有望成为新型经济全球化的重要动力

经济全球化传统动能衰减将更加明显。2008 年国际金融危机以来,以货物贸易和跨国公司直接投资为主的经济全球化传统动能呈现明显疲弱态势,2011—2016 年国际贸易增速持续低于世界经济增速,跨国公司直接投资一直未能恢复到危机前水平。"十四五"时期,这一动能衰减预计更加明显。主要原因:一是 IT、汽车等传统全球价值链已经比较成熟,增量扩张空间不大,主要进行存量分工的局部调整,而能够进行模块化分工的新兴产业价值链尚未出现。二是自动化和人工智能技术不断进步大幅降低了劳动这一要素在产品价值中的比重,全球范围内无人工厂大量涌现,导致劳动密集型产业相关的国际贸易和投资比重下降,"十四五"时期这一趋势将更加明显。三是"十四五"时期,在世界经济仍呈现弱增长态势下,逆全球化思潮预计仍将持续,成为贸易投资自由化的重要障碍。四是传统经济全球化快速推进的一个重要原因是我国加入 WTO,成为世界贸易主要的推动者。"十四五"时期,很难再出现经济体量与我国相当的国家加入 WTO、释放贸易增长效应。

传统大三角分工格局在经济全球化中的地位下降,各参与方位势也将发生较大变化。一方面,生物医药、移动互联网服务、新一代人工智能等新兴产业的价值链与电子信息产业的价值链不同,基本不存在独立的劳动密集型加工制造环节,很难产生"部分经济体从事劳动密集型环节、部分经济体从事高技术零部件环节"的分工格局。因此,新兴产业迅速发展必然导致以中间品贸易为主的大三角分工格局地位下降,而垂直型和水平型产业内分工地位将有所上升。另一方面,虽然纺织、服装、鞋帽、机械、化工、钢铁、计算机、智能手机等制造业价值链模式已经相对固定,整体仍将维持传统的大三角分工格局,但由于各经济体要素禀赋出现显著变化,在零部件制造、最终产品制造以及研发等环节的合作与竞争态势也发生显著变化。总体看,美国将同时位于能源资源供给方和研发设计等高端生产性服务这两个"角",并向最终产品制造的"角"延伸;东盟、南亚等新兴经济体将成为最终产品制造这一"角"的主体;欧盟、日韩和我国将同时位于高附加值中间品制造和最终产品制造这两个"角",但以前者为主。

以信息流和服务流为支撑的分工模式推动新型经济全球化兴起,发展中国家的强劲市场需求也将成为经济全球化的重要新动能。"十四五"时期,随着 5G、新一代人工智能等技术大幅降低信息交互成本和改变生产模式,全球信息流、服务流

相较商品流将更加频繁,从而推动各种新型分工方式迅速发展。一是制造业研发环节可能独立于生产环节存在,各国研发团队进行共同攻关开展协同创新、最终转化为产品或服务,这种分工模式将成为高技术制造业分工的新热点。二是在生物医药等领域,采用研发合同模式将研发环节整体外包的新型分工方式将迅速发展,成为服务业跨国分工的热点。专业服务、基础研发、应用研发、软件设计等服务业也将基于自身服务价值链的特征,在全球范围开展分工协作。三是各类微观经济主体共享互联网平台以及大量数据资源,彼此互为需求方和供给方,共同开展扁平化、分散化合作的新型分工模式将加快发展。四是由部分龙头企业整合自身及其他企业的优势资源,将优质产品和服务整合成为系统性解决方案并提供给需求方的新型分工模式将迅速发展。同时,未来随着以我国为代表的发展中国家崛起,全球市场需求将发生重大结构性变化,发展中国家有望占据全球最终需求的"半壁江山",对国际贸易和跨境投资、全球产业分工格局产生重大影响。一方面,随着产业竞争力的提升,本土生产和创新能力增强,原本需要进口的产品数量下降;另一方面,随着居民收入增长,消费需求更加多元化,与知识和技术密集型产业密切相关的产品和服务进口增加,这将对新型经济全球化产生重要的助推作用。

经济全球化动力转换和结构转型虽给我国带来挑战,但也为我国成为新型全球化的重要动力提供了历史机遇。一方面,我国维持在现有全球价值链中的地位既面临发达经济体"再工业化"的冲击,也面临要素成本较低的其他新兴经济体的挤压,可谓"前有堵截、后有追兵",届时我国作为世界第一制造大国和全球价值链关键一环的地位很可能受到冲击;另一方面,我国在全球市场需求中的力量日益增强,已经成为新一轮科技革命和产业变革的主要参与者,在新国际分工合作中的参与度大幅度加强,不少龙头企业成为系统解决方案、互联网平台、跨境协同创新的领军者。因此,我国完全可以充分依托市场规模优势、企业核心竞争力优势和技术创新能力优势,在全球新型分工合作网络中抢占优势地位,成为新型全球化的重要参与者乃至引领者,为经济全球化健康发展作出更大贡献。

五、国际力量对比加速演变,推动全球经济治理体系继续深刻变革,我国面临的压力与机遇并存

新兴市场和发展中国家崛起速度之快前所未有,国际力量对比朝着更加平衡的方向加速演变。近代以来,全球经济重心经历两次大转移,国际力量对比相应经历从极不平衡向相对平衡的深刻调整。第一次转移是在 19 世纪至 20 世纪 90 年代初。19 世纪前,中国是全球经济重心所在,1820 年 GDP 全球占比高达 1/3。19

世纪后,在工业革命推动下,英国、德国、法国、美国等西方强国先后崛起,建立了以它们为中心的国际经济秩序。其中,1872 年美国经济规模超过英国后,至今保持世界第一。这一时期,发达经济体和发展中国家的发展差距不断拉大。根据安格斯·麦迪逊测算,1820 年西方国家 GDP 全球占比仅为 28.5%,1950 年升至59.9%,1998 年仍占 53.4%。第二次转移是 20 世纪 90 年代初以来。随着中国、印度等新兴大国快速发展,全球经济重心自西向东转移态势明显,发达经济体和发展中国家的发展差距也从不断拉大转向持续缩小。国际货币基金组织 2020 年 10 月估算,1992 年发达经济体 GDP 占全球比重达到 83.6%的峰值,此后呈持续下行趋势,2020 年降至 59.4%,2025 年将进一步降至 56.3%。新兴市场和发展中国家GDP 全球占比则从 1992 年的 16.4%升至 2025 年的 43.7%。同期,我国 GDP 占新兴市场和发展中国家的比重从 11.9%持续升至 46.4%。如果没有我国的贡献,2013 年以来发展中国家 GDP 全球占比是下降的。换言之,我国是"东升"的关键,"东升西降"的实质是"中升西降"。

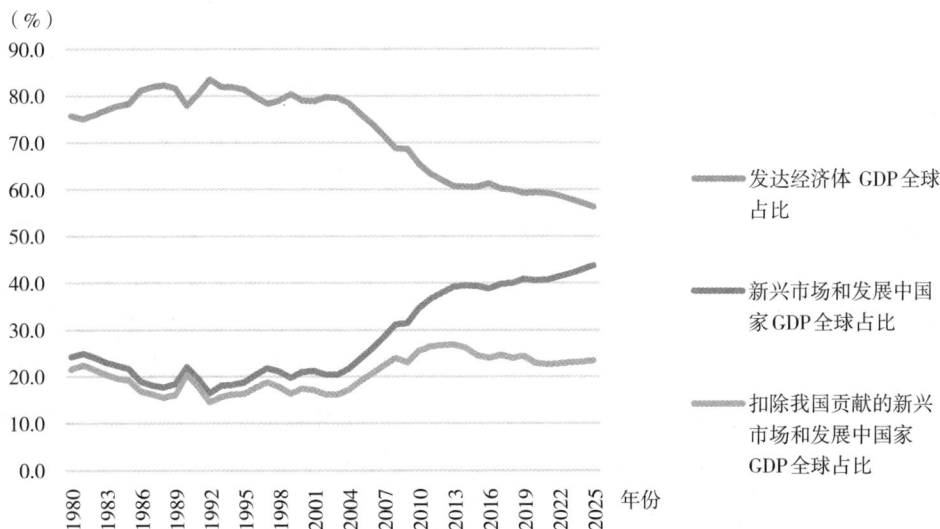

图 1　1980—2025 年全球经济占比"东升西降"变化趋势

资料来源:国际货币基金组织并经笔者计算。

"十四五"时期将是 WTO 改革谈判的激烈博弈期和多边贸易新规则的关键形成期。2017 年 12 月阿根廷 WTO 部长会议以来,WTO 改革已渐成势。美欧日贸易部长发表七次联合声明,欧盟、加拿大提出改革方案,我国也提交建议文件,WTO改革已处于热身阶段,预计"十四五"时期相关谈判将渐次展开。目前看,改革议题围绕"谈判、监督和争端解决"等 WTO 的三大职能,各方立场与态度差异明显,"十四五"时期的谈判将呈现激烈博弈局面。

表 3　WTO 改革可能涉及的主要议题

WTO 职能	主要议题
谈判	发展中国家认定机制
	国有企业
	产业政策（补贴政策）
	竞争政策
	知识产权
	数字经济与电子商务
监督	透明度
争端解决	争端解决机制（上诉机构成员遴选）

资料来源：笔者整理。

　　全球经济治理体系深刻变革，既使我国面临以美国为首的西方规则进逼的压力，也给我国更加积极参与全球经济治理带来重大机遇。一方面，以美国为首的西方推动 WTO 改革、在不少边境后规制领域设置高标准，我国面临以美国为首的西方规则进逼压力。从美欧日贸易部长会议联合发布的关于 WTO 改革的七次联合声明看，发达经济体普遍就发展中国家地位、知识产权保护、国有企业、数据跨境自由流动、产业补贴以及透明度等边境后改革议题达成共识，提高我国参与全球化"门槛"的意图十分明显。另一方面，我国通过推动实施"一带一路"倡议，逐步形成了以人类命运共同体理念为引领、以发展为导向、以互联互通为基础、以多边共商共建共享为根本原则的全球经济治理"中国方案"，在国际上形成越来越大的影响力。"十四五"时期，我国完全可以在 WTO 改革中占据重要地位，在新规则制定中更好地反映我国的意愿与诉求，在区域经济合作中更加彰显"一带一路"倡议的凝聚力，成为全球经济治理的重要参与者、引领者。

六、大宗商品供需格局继续深刻调整，地缘政治博弈仍存诸多不确定性，我国周边安全风险上升，但也面临引领全球绿色发展的新机遇

　　大宗商品供需格局继续深刻调整。从能源格局看，虽然"十四五"时期太阳能、风能、核能等可再生能源增速将继续上升，但由于页岩气等大规模开发，可再生能源在全球能源供应中的比重可能不会大幅上升。国际能源署预测，2025 年全球化石能源占比将仍然高达 78.4%，较 2017 年仅下降 2.4 个百分点。从能源供需结

构看,美国在全球供应中的比重将进一步上升,2025 年原油、天然气产量预计分别占全球的 1/5 和 1/4。而以中国、印度等为主导的亚洲能源需求量占比仍将保持持续增长,由中东、俄罗斯、北美等主要能源供应地向亚洲的能源流动版图将更加明显。此外,铁矿石、铜矿砂、稀有有色金属以及农产品等其他大宗商品供求关系也将呈现结构性变化。

地缘政治博弈仍存诸多不确定性。"十四五"时期,地缘政治格局的不确定性不稳定性因素呈现增多趋势,其中亚太、中东和欧洲依然是主要热点地区。亚太方面,美将继续推行"印太战略",确保美在当前亚太秩序中的话语权,将给亚太地缘政治带来更加复杂的影响。中东方面,围绕美俄、美伊双方的大国博弈将继续上演,伊朗核问题面临不确定性。欧洲方面,英国脱欧和民粹主义抬头或加剧欧盟的分裂与震荡,不仅危及欧洲国家治理和社会转型,甚至会对全球政治秩序、经济格局和社会走向产生重大影响。

我国周边安全风险上升,但进一步引领全球绿色发展面临新机遇。总的看,"十四五"时期我国周边环境总体稳定的态势不会根本改变,睦邻友好、互利合作作为周边国家对华关系的主流不会改变,但在中美关系发生深刻变化的背景下,部分国家和地区试图借力域外大国制约我国区域和国际事务影响力的趋势有所抬头,对我国推进共建"一带一路"等带来影响,我国周边安全面临更加复杂的形势。但同时,随着我国经济发展水平提高,大力加强生态文明建设、实现人与自然和谐共生已经成为全党全国人民的共识。"十四五"时期,随着我国大力推进碳达峰、碳中和,完全有能力在更高层次上向全球分享节能减排、绿色发展等方面的成功经验,成为全球气候变化和绿色发展等重大治理问题的主要参与者和引领者。

七、"十四五"时期我国应对国际经济环境变化的总体思路与政策建议

(一) 总体思路建议:稳美、开门、强体、稳定

稳美。中美关系深刻变化是"十四五"时期外部环境最显著的特征之一。处理好中美关系,是维护我国和平发展的国际环境和发展重要战略机遇期十分重要的任务。应推动美国共同努力、相向而行,秉持不冲突不对抗、相互尊重、合作共赢的精神,聚焦合作,管控分歧,实现中美关系健康稳定发展。双方应该重新建立各种对话机制,准确了解彼此的政策意图,避免误解误判。要分清哪些是分歧,要很好管控;哪些有合作意义,共同推动走上合作轨道。

开门。将开放的大门越开越大,实现高质量引进来,让跨国公司在中国市场能扎下根来,我国也可以更好利用国际资本、技术和人才发展自己。建议将"引进来"作为"十四五"时期对外经济发展的重要战略,围绕"引进来"设计一系列政策举措。比如,大幅放宽服务业市场准入;以海南自由贸易港为主要基地打造人才特区,着力吸引各国人才就业创业;选择若干三线城市打造"产业转移特区",增强承接国际和沿海地区产业转移的能力;以自贸试验区为主要载体,实质性提升市场对资源配置的决定性作用,全方位打造媲美发达经济的一流营商环境;等等。

强体。应对世界百年未有之大变局、提升国际地位、参与引领全球经济治理的根本在于做强我们自身。一是强需求之体。巨大的市场潜力是我国发展的最大优势,也是应对外部经济环境变化和冲击的最有力武器。应以收入分配制度、社会保障制度和住房制度等改革为关键,提高居民消费意愿和消费能力,着力培育壮大中等收入群体,将14亿多人口的巨大消费潜力激发出来。二是强创新之体。一方面完善科技创新的新型举国体制,着力解决关键领域的"卡脖子"问题;另一方面为民营企业留出更多发展空间,激发市场创新力量。

稳定。对内保持社会大局稳定,将稳就业放在核心位置,公共政策出台要增加对就业的影响评估,提高公共政策的就业带动效应。对外保持大国关系稳定,特别是通过"一带一路"高质量发展,将示范性的合作项目做深做实,构建总体稳定、均衡发展的大国关系框架,推动外部环境朝着于我国有利的方向演变。

(二)促进形成强大国内市场

紧紧围绕新一轮科技革命和产业变革的关键领域,扩大向民营企业和外资企业的行业准入开放力度,大力吸引国内外投资。同时,建设一批国家产业创新中心,出台系统性支持科技创新的政策举措,吸引跨国公司布局研发设计机构。紧紧围绕解决"能消费""敢消费""消费什么"三个问题,进一步培育壮大消费市场。调整政府、企业和居民收入分配格局,实现居民收入增长与经济增长基本同步。大力推进新型城镇化,为农民工市民化提供公共服务保障,提高农民工的消费意愿和消费能力。加大社会保障力度,扩大社保资金来源,解除居民消费的后顾之忧。以耐用消费品和服务为主培育居民新的消费热点,将新能源汽车、旅游、康养、养老、育幼、教育培训等作为居民消费新增长点,大力推动网络下乡、电商下乡、快递下乡,充分挖掘农村消费潜力。

(三)以自贸试验区和自贸港为载体拓展规则等制度型开放

更大力度促进商品和要素自由高效流动。通过实施更加自由开放的贸易、投资和金融政策,推动商品和要素自由流动、资源高效配置和市场深度融合。比如,探索实施"一线放开、二线安全高效管住"的"境内关外"贸易监管模式,除少数与环境保护、公共安全等密切相关的商品外,货物进出无需海关查验。实施高度开放的外资准入负面清单,作为吸引外商投资的核心竞争力。在资金、人员等方面实施更加自由便利的政策。同时,坚持底线思维、强化风险意识,建立健全贸易、投资、金融、口岸、市场等的重大风险防控体系和机制,推动高水平开放和高水平安全的有效平衡。

更大力度促进制度型开放。将自贸试验区(港)作为我国重要边境后规制与国际通行规则接轨的先行区,在知识产权保护、补贴政策、数字经济、产业链监管等领域进行制度创新,超越程序性技术性的细节改革,深化政府与企业、市场的权利义务关系调整,提升市场对资源配置的决定性作用,全方位打造媲美主要发达经济体的一流营商环境。同时,深入探索边境后领域国际通行规制与我国社会主义市场经济体制的交汇点与接榫部,释放规则摩擦压力与风险,探索完善风险防控体系。

更大力度推动高端产业和新兴业态发展。经过 8 年多试验,自贸试验区在一些大的制度创新方面已经取得重大突破并复制推广,包括准入前国民待遇加负面清单的外商投资管理制度、国际贸易"单一窗口"的贸易便利化制度、"证照分离"的商事制度以及"两随机一公开"的事中事后监管制度等。未来,自贸试验区(港)在继续以制度创新为核心的同时,可以增加"产业发展"这个关键词,将制度创新成果落实到产业发展层面,千方百计集聚高端优质要素,拉长产业链、形成产业集群,围绕国家有需要、各自贸试验区(港)有优势的高端产业和新型业态发展,推进系统性集成性制度创新,使自贸试验区(港)既成为改革开放新高地,也成为产业发展新高地。

(四) 完善"一带一路"合作机制

完善项目发展机制。基础设施和产能合作等重大项目建设是"一带一路"走深走实的重点。项目建设一般投入大、周期长、影响深,必须完善可持续发展机制,推动项目落地生根、开花结果,才能久久为功、更好惠及沿线国家和人民。比如,完善项目评估和遴选机制,算好"政治账"和"经济账",优先支持那些既有战略意义、又有经济价值,同时能够有效拉动当地就业、增加当地居民收入、促进当地工业化城镇化进程的基础设施和产能合作项目建设。完善项目合法合规经营制度,规范企业投资行为,鼓励企业在进行项目建设时注重保护环境、履行减贫等社会责任,积极回应当地社会诉求,实现项目建设中的各方共赢。完善第三方市场合作机制,在"一带一路"框架下探索签署多国参与的市场合作协议,鼓励国内企业与发达经济体跨国公司建立第三方市场合作战略伙伴关系,将发达经济体的技术、我国的资本和产业、第三方市场的要素优势等更加有效地结合起来,促进"一带一路"沿线国家优势互补、共同发展。

提升经贸合作机制。缔结双边或多边自由贸易协定,是促进经贸合作的最重要途径,也是推动贸易自由化便利化的有效机制保障。应按照构建高标准自由贸易区网络的战略部署,结合周边自由贸易区建设和推进国际产能合作,积极推动中国—海合会自贸区、中国—斯里兰卡自贸区等谈判,分地区分层次确定潜在自贸伙伴重点国别,加强援外培训和能力建设,逐步扩大"一带一路"沿线的自贸协定朋友圈,推动形成"一带一路"大市场。可考虑在"一带一路"高峰论坛机制下,通过贸易畅通工作组等方式探索适合沿线国家国情的自贸协定谈判模板。

强化安全保障机制。"一带一路"沿线发展中国家居多,营商环境有待改善,政治、经济、法律等领域风险易发多发,已成为畅通"一带一路"大市场循环必须面对和解决的重要问题。应高度重视境外风险防范,将强化安全风险防范机制作为系统性工程,全面提高境外安全保障和应对风险能力。比如,完善监测和预警机制,探索针对对外投资企业的分类分级风险提示制度。加快与"一带一路"沿线国家商签投资保护协定,为有效防控投资风险提供国际契约保障。探索创设服务于"一带一路"建设的外汇交易产品体系,帮助企业规避在沿线国家投资的汇率风险。通过强化安全保障机制,推动"一带一路"项目更好地建设和运营,也推动企业和人员更加安全放心地"走出去",在当地落地生根、持久发展。

(五) 积极推动全球经济治理体系改革完善

以 WTO 改革为重点推动全球经济治理传统机制改革。一是积极参与 WTO 改革,在争端解决机制、数字贸易等我国具有较强话语权的议题上加强与其他经济体合作,提出高水平改革方案。在知识产权保护、竞争中性、产业政策等议题上充分阐明我方立场,在维护核心利益的同时适度照顾国际社会关切,维护多边贸易体系稳定。二是推动国际货币体系改革,积极推进份额总检查,适时更新份额公式。继续推动落实世界银行股权审议。巩固人民币国际化基础,完善人民币汇率形成机制、加强跨境资本流动管理、加快国内金融市场建设,继续支持人民币离岸市场建设。

推动提升全球经济治理新兴机制的功能,更多更好地提出中国方案和中国主张。一是加强二十国集团机制建设。在 G20 峰会框架下就数字贸易、基础设施融资等议题提出具有建设性的方案,争取多数经济体支持。积极推进设立和完善二十国集团宏观经济政策协调机制、创新政策对话机制等,巩固提升二十国集团作为国际经济合作的主渠道地位,支持新兴经济体和发展中国家借助二十国集团平台更好参与全球经济治理。二是提升金砖国家合作。推动金砖国家创新合作、开放合作,推动进一步落实经济伙伴战略,加强发展战略对接,积极推动"金砖+"模式、扩大合作受益范围。三是推动构建全球金融安全网络。扩大国际货币基金组织特别提款权规模,推动二十国集团成员建立本币互换网络,增强新兴经济体外汇市场干预能力,避免货币大幅贬值。

（课题组成员： 叶辅靖　杨长湧　李大伟　陈长缨　姚淑梅

郝洁　张哲人　王海峰）

附表 1　预计将在 2025 年前出现的技术引爆点　　　　　　　（%）

技术引爆点	乐观者占被调查者的百分比
10%的人穿戴接入互联网的服饰	91.2
90%的人享受免费的无限存储空间	91.0
1 万亿传感器将接入互联网	89.2
美国出现首个机器人药剂师	86.5
10%的阅读眼镜接入互联网	85.5
80%的人在互联网上拥有数字身份	84.4
首辆 3D 打印汽车投产	84.1
政府首次用大数据源取代人口普查	82.9
首款植入式手机将商业化	81.7
5%的消费品都用 3D 打印而成	81.1
90%的人使用智能手机	80.7
90%的人可经常接入互联网	78.8
无人驾驶汽车占美国道路行驶车辆的 10%	78.2
首例 3D 打印肝脏实现移植	76.4
30%的企业审计由人工智能执行	75.4
政府首次采用区块链技术收税	73.1
家用电器和设备占到一半以上的互联网流量	69.9
全球拼车出行、出游的数量超过私家车	67.2
出现首座人口超过 5 万但没有红绿灯的城市	63.7
全球 10%的 GDP 以区块链技术储存	57.9
第一个人工智能机器将加入公司董事会	45.2

资料来源:[德]克劳斯·施瓦布:《第四次工业革命——转型的力量》,中信出版社 2016 年版。

"十四五"时期国际经济环境变化及其影响研究

上海 WTO 事务咨询中心

习近平总书记指出,"我国处于近代以来最好的发展时期,世界处于百年未有之大变局,两者同步交织、相互激荡","改革开放每一步都不是轻而易举的,未来必定会面临这样那样的风险挑战,甚至会遇到难以想象的惊涛核浪"。"十四五"规划是中国对外开放国际经济环境进入百年未有之大变局之后的第一个五年规划。本报告首先通过对经济全球化"高速扩张"及"停摆"两个发展阶段的回顾,进而勾画出"十四五"时期我国国际经济环境"大变局"的基本特征,最后就"十四五"规划编制提出相关建议。

一、经济全球化:从"高速扩张"到"停摆"(1990—2018 年)

在 1990—2018 年的近 30 年中,经济全球化的发展经历了一个由"高速扩张"到"停摆"的发展阶段。1990—2010 年,由制造业全球价值链革命推动的经济全球化高速扩张,以及 WTO 全球多边贸易体制的建立,使全球生产和贸易格局发生了重大变化,这一重大变化的标志就是以中国为代表的新兴工业化国家群体的出现。

以 2008 年的全球金融危机为分界线,经济全球化进入了"停

摆"阶段,表现出全球价值链收缩、全球经济区域化和"本土主义兴起"的典型
特征。

(一) 制造业全球价值链革命推动经济全球化高速扩张

发生于1990—2010年的全球价值链革命是一场全球范围内国际分工深化取
得突破性进展所引发的生产力大变革。这次生产力大变革在推动全球经济和贸易
持续高速增长的同时,也重塑了全球的生产和贸易布局,从而改变了作为生产关系
总和的全球经济基础。

首先,运输与通信技术的进步显著降低了经济全球化的拓展成本。国际航空
运输技术的发展满足了中间产品在距离遥远的世界各地工厂之间高效流动的
需求。

其次,冷战结束为经济全球化的拓展开辟了新的地缘空间。20世纪90年代
初冷战结束为全球价值链革命的加速深化和拓展开辟了新的地缘空间。其结果
是,一部分原计划经济体制国家以及受计划经济体制影响的发展中国家,通过经济
体制改革和融入全球价值链,迅速崛起为新兴工业化国家。这一新兴工业化国家
群体的出现,不但推动了全球价值链革命的加速拓展和深化,而且给经济全球化格
局带来重大的影响。

最后,WTO多边贸易体制为全球价值链革命构建了稳定的制度框架。自1995
年1月1日起开始运行的WTO,在GATT的基础上进一步削减了货物贸易的关税
及非关税壁垒,并将自由化措施拓展至服务贸易及与贸易有关的知识产权和投资
措施等领域。在WTO框架下,各成员方最大限度地降低了货物贸易领域的关税
水平,并取消非关税贸易壁垒,提高了在服务贸易领域的市场准入水平,为知识产
权保护和与货物有关的投资管理建立了基本规范。随着WTO成员的不断增加,
多边贸易体系成为涵盖全球98%的货物和服务贸易的统一规则体系,为全球价值
链革命和经济全球化的扩张提供了重要的制度性保障。

(二) 全球生产与贸易新格局:新兴工业化国家群体的出现

1990—2010年,全球经济基础变化的最重要特征是以中国为代表的"新兴工
业化国家"的出现,以及最大的发达国家美国和最大的新兴工业化国家中国之间
的经济贸易关系发生重大的变化。

由于全球价值链革命的快速扩张,传统发达经济体(G7)成员自现代意义上的
经济全球化发端以来在全球财富中所占比重的上升势头开始发生了逆转。尽管从
1970年开始,G7成员在全球制造业份额中的比重已呈现缓慢下滑,但自1990年
开始,下滑的速度则明显加速,到2010年,G7所占全球制造业的份额已回落至19

世纪初的水平。全球价值链快速扩张时期,G7成员在全球制造业份额中的损失并非被其他经济体均衡吸收。自1990年以来,新型工业化六国:中国、印度、韩国、泰国、印度尼西亚、波兰(简称"I6"),以及巴西、澳大利亚、墨西哥、委内瑞拉、土耳其和尼日利亚构成的新兴经济体占全球制造业的份额合计提升了大约30个百分点以上。

中国在全球价值链快速扩张时期的表现尤为突出,其在全球GDP中的份额从1990年的不到2%提升到2010年的几乎10%,20年间份额增长了近5倍;全球制造业的份额从1990年的3%左右上升至近1/5。

(三) 全球价值链收缩与经济全球化"停摆"

以2008年全球金融危机为界,从2010年开始,经济全球化的发展呈现出"停摆"的趋势,具体表现为全球价值链收缩、价值链由全球扩展转向区域集中,以及"本土主义"贸易保护措施泛滥化。发达国家与新兴工业化国家,特别是中国和美国之间的经济贸易冲突逐渐显现。

自20世纪90年代起,全球价值链革命带来跨境贸易和投资的高速增长。全球贸易(货物和服务贸易)占全球GDP的比重从1990年的38.8%增长至2007年的58.9%,全球投资净流入和流出量占GDP的比重分别从0.9%和1.3%增长至5.3%和5.5%。但在2008年国际金融危机后,这一趋势逐步放缓,全球贸易占全球GDP的比重从2011年的60.4%下降至2018年的57.6%,下降了2.8个百分点,尤其是货物贸易的占比在此期间下降了4个百分点。全球投资占全球GDP的比重也表现出同样态势,2008年国际金融危机后,全球投资净流入和流出量占GDP的比重从2010年的2.7%和2.6%下降至2018年的1.4%和1.0%,分别下降了1.3个和1.5个百分点。从20世纪90年代至21世纪前10年,几乎所有全球价值链中的贸易都在迅速扩张,全球中间投入品贸易占总产出的比重从1995年的6.8%上升至2007年的10%,贸易额也从2.5万亿美元增长至7.5万亿美元,增加了3倍。这反映了随着全球价值链分工的深化,人们可以通过离岸与外包的方式提升效率。但这一趋势在2007年后有所放缓。虽然贸易的绝对值在持续增长,但贸易强度从28.1%下降至22.5%,其中尤以计算机和电子产品、电动机械、汽车、化工产品、运输设备以及纺织和服装等交易量最大和最复杂价值链行业最为显著,反映出价值链收缩的特征。

2010年以来,由于WTO多边贸易谈判的停滞,各种区域性贸易协定开始升温。与此同时,受全球价值链对"准时化顺序"供应需求的影响,区域内国家间货物贸易流量逐步呈现出小幅上升态势。从行业来看,以汽车和电子产品等为代表的价值链因为需要紧密整合的供应商以实现及时排序生产,并快速进入市场,经历了最明显的区域化转变。①

全球价值链的收缩和经济全球化的"停摆",再加上 WTO 全球多边贸易体制受到冲击,导致全球范围内"本土主义"贸易保护措施泛滥。据"全球商业政策委员会"的统计,2009 年以来,世界各国采取的包括本地劳动保障、本地化激励措施、本地运营、本地采购和政府采购在内的"本土主义"贸易保护措施从 2009 年的累计约 400 项猛增到 2018 年的累计约 14000 项,增加了 34 倍。

二、"十四五"时期我国对外开放的国际经济环境"大变局"

1990—2010 年的全球价值链革命和经济全球化的高速扩张,在推动全球经济和贸易高速增长的同时,也造成全球价值链革命覆盖强度高的洲际区域与覆盖强度低的洲际区域之间,全球价值链革命覆盖强度高的各洲际贸易区域之间,各洲际贸易区域内各主要贸易国家之间,以及各主要贸易国家内部各次贸易区域之间经济社会发展各种程度不平衡的加剧。这种失衡是当前全球范围内各种反全球化思潮、民粹主义、贸易保护主义和单边主义兴起的根源。

全球经济的"再平衡"需要全球贸易规则体系的重构来实现。WTO 多边贸易体系是全球价值链革命和经济全球化高速扩张阶段的产物。在全球经济进入"再平衡"阶段以后,WTO 因其固有的局限性而处于非正常状态。为应对全球经济"再平衡"和全球贸易规则重构,以美国为首的发达国家针对所谓"非市场经济第三方"不公平贸易行为的"协调单边主义"的全球贸易规则重构行动框架正在形成。

在旧全球化逐步"停摆"的情况下,人们对以数字经济为推动力的新全球化寄予厚望。但从目前 WTO 电子商务谈判的推进进程来看,数字经济的全球化同样面临与传统全球化一样的由数字发展鸿沟所导致的全球数字经济"失衡",以及由数字经济监管裂痕所导致的数字贸易规则体系构建进程受阻的问题。

以上三大趋势勾画出"十四五"时期我国对外开放国际经济环境"大变局"的基本特征。2008 年以来,经过长达 10 年的全球价值链收缩和经济全球化"停摆"的漫长演变过程,以 2018 年年初美国宣布对中国启动 301 调查为标志,我国对外开放的国际化环境进入"大变局"的转折阶段。在这一大变局的转折阶段,我国的对外开放将面对全球经济"再平衡"过程中的全球生产力布局调整、全球贸易规则重构过程中的协调单边主义,以及新全球化发展过程中的数字鸿沟和裂痕这三大

---

① 《变革中的全球化:贸易与价值链的未来图景》,麦肯锡全球研究院,2019 年 1 月。

挑战。

（一）全球经济"再平衡"与全球生产布局调整

20世纪90年代以来,以新兴工业化国家群体的崛起为基本特征的经济全球化高速发展过程,同时也是全球经济平衡被不断打破,"再平衡"的压力逐步累积的过程。这种全球经济的失衡以及"再平衡"压力形成机制的复杂性和作用机制的广泛性,推动全球经济进入"大变局"的转折阶段。

就全球经济洲际贸易布局平衡的状况而言,1990—2010年的制造业全球价值链革命主要发生在北美贸易区域(美加墨)、欧洲贸易区域(欧盟27国)和亚洲贸易区域(中日韩、印度、东盟)。在此期间,以洲际区域贸易额在全球贸易总额中所占的比重计,北美和欧洲贸易区域下降了13.1个百分点,亚洲贸易区域上升了9.9个百分点,其中,中国上升了8.1个百分点。全球除这三大贸易区域的其他区域,包括大洋洲、非洲和不属于三大贸易区域的美洲、欧洲和亚洲的其他地区,在全球贸易总额中所占的比重仅仅上升了3.2个百分点。特别应该引起注意的是,2008年全球价值链进入收缩和经济全球化进入"停摆"阶段以后,这种全球贸易的洲际不平衡状况还在继续。2010—2018年,以洲际区域贸易额在全球贸易总额中所占的比重计,北美和欧洲贸易区域下降了0.8个百分点,亚洲贸易区域上升了2.2个百分点,其中,中国上升了2.1个百分点。全球除三大贸易区域外的其他区域,包括大洋洲、非洲和不属于三大贸易区域的美洲、欧洲和亚洲其他地区,在全球贸易总额中所占的比重反而下降了1.2个百分点。

同时,就全球洲际生产布局平衡的状况而言,通过洲际区域GDP占全球GDP的比重来间接表示全球洲际生产布局平衡的状况,发现1990—2010年和2010—2018年,洲际区域GDP比重变化情况与货物贸易比重变化情况大致相似,但变化幅度相对更大。就主要贸易区域之间货物贸易平衡的变化状况而言,2018年,北美贸易区域对欧盟的贸易逆差为2233亿美元,对亚洲贸易区域的贸易逆差为8112亿美元,美欧合计对亚洲贸易区域的贸易逆差为10936亿美元,其中,对中国的贸易逆差为7518亿美元,占美欧对该地区贸易逆差的68.7%。就美国与主要贸易伙伴的贸易平衡情况而言,2010—2018年,美国对中国、日本、德国和韩国的贸易逆差逐年持续增加,从2010年的6354亿美元增加到2018年的8788亿美元,8年间增加了38.3%。但日本、德国和韩国在美国贸易逆差中所占的比重都先后呈下降趋势。

当前全球经济所面临的"再平衡"压力问题,已经不是经济学理论分析的经济效率和福利问题,其正在急速地演变成主要贸易大国的国内政治问题,以及它们之间的地缘政治甚至意识形态问题。近年来,全球范围内单边贸易保护主义的泛滥、各种民粹主义和反全球化思潮和政治力量的出现,特别是中美贸易冲突的持续激化,都与当前全球经济面临的"再平衡"压力陡增有关。对此,我们必须有清醒的认识。

(二) 全球贸易规则重构与发达国家协调的单边主义

全球经济"再平衡"的趋势必然引发要求重构全球贸易规则体系的巨大压力。由于全球贸易规则的重构进程在不同的洲际贸易区域集团、不同发展水平的国家集团和不同政治经济制度的国家的平台上展开,故展现出前所未有的复杂性和挑战性。

首先,WTO 多边贸易体制及其前景。1995 年在 GATT 的基础上建立的 WTO 多边贸易体制本质上是 20 世纪 90 年代以来以全球价值链革命为基础的经济全球化高速发展阶段的产物。自 21 世纪第二个十年以来,随着全球价值链的收缩和经济全球化"停摆"的趋势日益明显,要求改革 WTO 多边贸易体制的呼声日高,2017 年年底在阿根廷布宜诺斯艾利斯举行的 WTO 第十一届部长级会议以后,对 WTO 多边贸易体制需要进行改革这一点,世界各主要贸易大国之间终于达成共识。

从当前各利益相关方已提出的改革方案来看,WTO 多边贸易体制将涉及规则制定、日常运行机制和争端解决机制三大领域,目前以美、欧、日、加等发达经济体提出的改革方案占主导地位,改革方案的具体内容可大致归纳如下:

第一,在规则制定改革方面:通过程序上更为灵活的决策机制、谈判方式及成员身份认定标准的改革,达到如下两方面之目的:一方面强化当前 WTO 已有规则,以解决由于非市场经济体国家贸易投资地位上升而衍生的新问题;另一方面开辟新领域及重启旧有议题谈判,解决诸如数字贸易规则、投资规则、可持续发展规则等 WTO 历次部长级会议意图启动但又不得不放弃或者已经启动但实际进展缓慢的议题。

第二,在日常运行机制改革方面:进一步提升 WTO 各委员会及相关机制的运行效率,主要涉及改善相关措施的透明度;提高审议的能力和机会;改善解决具体贸易问题的机会和机制等问题。

第三,在争端解决机制改革方面:主要从限制 WTO 上诉机构在审理案件方面的权限与如何提高效率展开,目的是要解决包括美国在内的发达经济体对 WTO 争端解决机构越来越多地通过准司法程序干涉成员国内规制主权的关注①。

---

① 具体主要解决如下五方面的问题:(1)WTO 上诉机构"无视上诉程序不应超过 90 天的规定";(2)"已卸任上诉机构成员继续审理案件";(3)"在对争端的解决不必要的问题上发表咨询性意见";(4)"上诉机构对于事实的审查和对成员国内法的重新审查";(5)"上诉机构声称其报告有权作为先例"。

由于美、欧、日、加等发达经济体提出的改革方案中包含了涉及特定针对非市场经济体的"新元素",以及涉及广大发展中国家利益的成员身份认定改革,必定与中国以及发展中国家的改革诉求产生重大分歧。[①] 考虑到与 WTO 改革有关的议题庞杂性、谈判机制复杂性及成员多样性,在可预见的将来,冀望依托 WTO 多边贸易体制谈判平台解决全球贸易规则重构问题的可能性不大。

其次,以美国为首的发达经济体的"协调单边主义"。2017 年年底,美国特朗普政府发布了上台后的《国家安全战略报告》。该报告确定"美国优先"的基本国家战略,并把中国定位为"主要战略竞争者"。根据这一基本战略,从 2018 年起,美国正式启动推动全球贸易规则重构的"协调单边主义"战略。实施该战略的行动框架已经十分明晰,主要包括以下几个环节。

(1)协调机制

为实施协调单边主义战略,美国建立了以美、欧、日为核心的三边协调机制,并采取不定期举行三方贸易部长会议并发表联合声明的方式。2017 年 12 月以来,此类贸易部长会议已先后在布宜诺斯艾利斯、布鲁塞尔、巴黎、纽约、华盛顿进行了6 次。

(2)目标及议程

根据历次美欧日贸易部长会议发布的联合声明可以发现,以美国为首的发达经济体已经确定了推进协调单边主义的明晰目标和议程。

(3)推进途径

以美国为首的协调单边主义具体的推进途径主要包括:

国内立法:首先通过国内立法,框定协调单边主义具体议程的概念、内涵以及与实现这一议程目标的法律和行政程序的模板。

区域贸易协定:在发达国家之间签订,或以发达国家主导的区域贸易协定谈判中,按发达国家国内立法框定的概念和内涵,嵌入与协调单边主义议程设置有关的章节和条款,使之诸边化。

非约束性论坛:利用 G20、APEC 等非约束性诸边或区域性全球经济论坛,通过诸如财政部长、贸易部长论坛等场合,或发布各类研究报告的方式,传播协调单边主义的目标和议程,扩大协调单边主义的影响力。

规则谈判平台:在 WTO 等多边贸易规则谈判平台,通过设置新谈判议题和启

---

① 自 2017 年以来,美国、欧盟和日本等发达经济体,就 WTO 多边贸易体制改革的问题,分别通过《WTO 现代化概念文件》《加强和现代化 WTO:讨论文件》《一个无差别化的 WTO:自我认定式的发展地位威胁体制相关性》《加强 WTO 谈判功能的程序》等立法性文件,多次在多边或诸边场合提出其主张。2019 年 5 月 13 日,中国也正式向 WTO 提交《中国关于世贸组织改革的建议文件》,系统阐释了中国在 WTO 改革上的原则与立场。

动旧谈判议题谈判,以及利用 WTO 原有的贸易政策审议或争端解决机制,采取按具体议题各个击破的办法,推行协调单边主义的目标和议程。特别应该引起注意的是,为实质性地推动协调单边主义措施,最近以美国为首的发达国家间的贸易谈判平台有从 WTO 多边向 G7 和 OECD 诸边蔓延的趋势,特别是在高标准的数字贸易谈判新议题谈判方面。

选择性单边措施:以美国为代表,利用 301、232 条款等单边手段,对选择性目标国家发动关税战,迫使中国等所谓的非市场经济国家按协调单边主义的目标,就设定的议程进行谈判。

(三) 数字经济全球化的发展鸿沟与监管裂痕

在全球价值链收缩、经济全球化"停摆",全球经济在全球贸易规则重构面临WTO 多边贸易体制瘫痪、发达国家协调单边主义兴起的困境时,数字经济全球化开辟了经济增长新源泉。但是,在解决数字经济全球化问题的时候,我们同样面临如何平衡数字经济发展鸿沟和填补数字贸易监管裂痕的问题。

首先,尽管数字经济全球化正在以前所未有的速度和广度发展,但是在不同发展水平的经济体之间,发展的现状和未来可能的发展速度均存在着巨大差异。当前全球数字经济发展鸿沟的分布情况与本报告之前关于全球价值链革命和经济全球化高速扩张阶段以后全球经济和贸易布局失衡的统计分析结果高度拟合。不但如此,目前,美国的数字演化指数正处于失速区域与突出区域的重合区间,而中国的数字化研究指数则出于爆发区域与突出区域的重合区间。与全球经济"再平衡"领域一样,在数字经济全球化领域,作为最大的发达经济体美国与作为最大的新兴经济体中国同样处于互为主要对手的竞争格局之中。

其次,由于国际社会对数字经济的认识才刚刚起步,对数字经济的内涵、广度与深度等问题尚未形成共识,数字经济对传统经贸规则的挑战和影响尚不明晰,再加上各国之间由于文化传统、价值观念、政治体制等非经济的原因,导致各国间对数字经济的政府监管理念、制度和政策存在巨大裂痕。近期以来,美、欧、日等发达经济体也按美国主导的高标准,把数字贸易监管规则纳入美欧、美日 FTA 的谈判中。特别是,在制定诸如数字服务税等与数字经济有关的法律时,发达经济体越来越多地把 G7、OECD 等作为协调和谈判的平台。

三、"十四五"时期我国对外开放战略调整的中长期方向

1. 为应对全球经济"再平衡"压力下已经到来的全球生产布局调整,我国应改

变全球价值链革命和经济全球化高速扩张阶段出口导向的"特殊监管功能区"开放模式,通过对外开放模式的创新对冲这种全球生产布局的调整对我国经济带来的影响,即要赋予自由贸易试验区与自由贸易港建设新功能。

就赋予自由贸易试验区与自由贸易港建设新功能而言,第一,从"十四五"时期开始,所有自贸试验区和自贸港政策的设计,都要立足中国、走向全球这一核心目标。自贸试验区和自贸港政策的建设要有长期打算,需要根据经济全球化发展趋势的变化,坚持不懈努力,切忌急功近利,提出不符合目前经济全球化发展趋势的发展目标和规划建设方案。第二,尽快改变目前自贸试验区设置面积狭小、星罗棋布、功能定位重复、政策不统一、各自为战的问题。建议自贸试验区和自贸港政策的建设与国家区域发展规划,如粤港澳、长三角、京津冀等一体化城市群建设规划相协调,使以中国为基地的全球性跨国公司构建全球供应链获得强有力的国内腹地支撑。第三,为避免重蹈"跑马圈地上基础设施、特殊政策搞招商引资"的覆辙,凡重大的开放政策的试验,必须在经济流量集中、经济活动密集的核心城市区域进行,除涉及边境或关境管理的特殊监管功能区域外,一般不搞物理隔离设施。

2. 为应对以美国为首的发达国家"协调单边主义"行动,适应可能出现的全球贸易规则体系"双重治理结构"格局,在"十四五"时期,我国应该把参与全球治理的行动重心从应对"贸易战"转向应对"规则战"。与此同时,为对冲"协调单边主义"对我国的影响,应在要素价格市场化改革方面有切实的进展。

第一,做好从"贸易战"转向"规则战"的准备。从当前中美贸易摩擦的发展趋势来看,在相当长的一段时间内,"贸易战"可能处于胶着状态,中美贸易摩擦的焦点将从当前的"贸易战"逐步转向"规则战"。在"十四五"期间,如何抑制以美国为首的发达经济体"协调单边主义"的蔓延,积极应对"规则战"将成为一项十分重要的挑战。我们认为,应对以美国为首的发达经济体发起的"规则战"的最根本举措是提高我国对外开放的法制化程度。根据本报告作出的全球贸易规则重构"双重治理结构"的发展趋势的判断,这里所谓的提高我国对外开放的法制化程度也有两层含义:一是提高我国实施进一步扩大对外开放的措施的法制化程度,二是建立能应对我国对外开放国际经济环境发生重大变化的国内实体法体系。这两项改革将是"十四五"期间在制度建设层面实施供给侧结构性改革的重要内容。

第二,突破要素价格市场化改革的瓶颈。在当前全球经济"再平衡",以及全球贸易规则重构的过程中,中国与以美国为首的发达经济体发生冲突的根本原因之一是,中国社会主义市场经济体制与发达国家自由市场经济体制不同的要素价格市场化程度。中国与发达经济体争执的所谓反倾销、反补贴中的比较价格问题、国有企业和公共机构问题、产业补贴与过剩产能问题、知识产权保护与技术转让问题,其实都与要素价格市场化问题有关。我们认为,即便是在"双重治理结构"的全球贸易规则体系下,我国不断推进要素价格市场化改革将成为"双重治理结构"全球贸易体制下,两种不同市场经济制度国家之间和平竞争的基石。

3. 为应对正在到来的数字经济全球化的挑战,在"十四五"期间,中国应发挥作为当前两大数字经济强国优势,给"一带一路"倡议注入弥合全球数字发展鸿沟的新功能。与此同时,为对冲发达国家构建"高标准"数字贸易规则对我国的影响,应尽快启动开放数据访问的"负面清单"监管政策的创新。

第一,实施"一带一路"倡议的重心应向弥合数字经济发展鸿沟倾斜。中国实施"一带一路"倡议重点除了与"一带一路"沿线国家进行制造业全球价值链革命有关的交通、运输和通信基础设施建设的合作以外,应该更多地发挥中国的数字经济优势,与国家合作共同填补与"数字 GDP"增长相关的数字经济发展鸿沟,为发挥中国在数字经济全球化中的主导和引领作用拓展更大的战略空间。

第二,积极自主提高我国数据的可访问性。在"十四五"时期,我国必须在提高全球对我国的数据可访问性程度,参与高水平的全球数字贸易规则方面有所作为。根据全球贸易规则谈判的一般惯例,数字贸易规则谈判实际上是一种与自由贸易原则有关的"不符措施"负面清单谈判。所以,在 WTO 的电子商务谈判中,中国不可能一直坚持把谈判议题设置限制在"狭义的电子商务"范围的立场。为了防止以美国为首的协调单边主义向数字贸易规则谈判领域蔓延,我国应该吸取2013 年中美 BIT 谈判的经验教训,尽快在"十四五"时期启动数字经济和数字贸易市场准入负面清单的研究和协调,走出迎接新全球化的对外开放政策创新第一步。

(课题组成员: 王新奎　陈波　黄鹏　谈茜　孟雪　林惠玲　伍穗龙)

新一轮科技革命和产业变革趋势及影响研究

中国科学院创新发展研究中心

当前,全球新一轮科技革命和产业变革正在兴起,信息、材料、制造、能源等技术领域的系统性突破和交叉渗透孕育了一批具有重大产业变革前景的颠覆性技术,将会引发生产方式的重大变化,进而导致国际分工格局和全球竞争格局发生改变。新一轮科技革命和产业变革将对我国科技、经济、社会发展产生重大影响。只有积极应对,才能抓住新一轮科技革命和产业变革带来的历史机遇。

一、新一轮科技革命和产业变革趋势

(一)未来科技发展趋势的分析和预测

面对新一轮科技革命和产业变革,世界主要国家的政府部门、国际机构和智库开展了一系列关于未来关键技术领域发展趋势的研究和预测。

美国白宫科技政策办公室(OSTP)在 2017 年发布备忘录,从面向个人需求的前沿以及面向区域前沿、国家前沿、全球前沿、行星际前沿的角度,预测了美国在未来几十年内可能出现的 20 项科技前沿趋势,包括:开发精准医学;投资神经科学和神经技术;对抗抗生素耐药性；推进生物技术和全球健康安全；建设智能社区和物联网；利用创新和数据提高警务和刑事司法系统；利用公众和公民科学家的智慧；通过宽带和无线网络连接全体美国人；了解人工智能、机器学习和大数据的潜力；开发机器人和智能系统；投资战略计算；支持先进制造业和"创客国家"计划；推进气象科学、信息、工具和服务；发展清洁能源经济；应对气候变化与国家安全；提高海洋应对气候变化的弹性；支持载人火星探索以及强大的商业空间市场；推动空间科学进步；加强空间灾害的预测和准备；利用小卫星革命。

日本文部科学省发布的 2015 年版《科学技术白皮书》对 2030 年科学技术的发展与创新形势进行了展望，提出数据科学的发展带来科研创新新模式，主要包括使用大数据实现新型医疗保健服务、使用社会性网络服务（SNS）和大数据应对灾害，科学技术发展带来研发模式和社会经济的变革，包括利用超级计算机开展药物研发、基于 3D 打印技术的产品开发和业务转型。

韩国国家技术审议会在 2017 年发布了第五次技术预见成果，提出到 2040 年左右将出现包含社会基础设施、生态环保、运输机器人、医疗生命、信息通信和制造融合 6 个类别的共 267 项可能满足未来社会需求和推进经济社会发展的未来技术。

英国政府第三次技术预见报告《技术与创新未来：英国 2030 年的增长机会》总结出材料和纳米技术、能源和低碳技术、生物和制药技术、数字和网络技术 4 大领域共 53 个对英国 2030 年至关重要的技术，并确定了未来 20 年为英国经济持续增长提供特别潜力的 7 个潜在增长领域：未来制造业、智能基础设施、第二次互联网革命、能源转型、低碳型新材料、再生医学、知识产权。

OECD 出版的《科学、技术和创新展望 2016》在综合分析加拿大、芬兰、德国、英国、俄罗斯和欧洲委员会技术预见结果的基础上，总结出了数字技术、生物技术、先进制造、能源与环境 4 个领域的 40 个未来关键和新兴技术，并认为其中最重要的十大技术包括物联网、大数据分析、人工智能、神经技术、纳米、微卫星、纳米材料、增材制造、先进能源存储技术、合成生物学和区块链技术。2018 年，OECD 的报告总结了未来潜力尤其深远的三种技术：人工智能、物联网和区块链技术。

2018 年 5 月，联合国贸易和发展会议（UNCTAD）发布了新的报告《2018 技术与创新报告：利用前沿技术进行可持续发展》，提出了未来发展最重要的前沿技术：大数据、物联网、人工智能、3D 打印、生物科技和健康技术、高级材料和纳米科技、可再生能源技术、人造卫星、无人驾驶飞机、区块链。

欧盟委员会数字化创业战略论坛（Strategic Policy Forum on Digital Entrepreneurship）在 2016 年提出未来十大关键技术，包括 3D 打印、大数据、区块链、协作机器人、互联网汽车、网络安全、创新培训方案、无人机、虚拟现实和增强现实、可穿戴技术。

2018 年 9 月，《科学美国人》与世界经济论坛（达沃斯论坛）联合发布了在未来 3—5 年间可能会对社会与经济产生重要影响的十大新兴技术，包括增强现实、私人定制的诊断工具、人工智能辅助化学分子设计、会辩论的人工智能、可植入的制药细胞、人造肉、电刺激医学、基因驱动、等离子激元材料、为量子计算机而生的算法。

通过这些机构对新一轮科技革命和产业变革的研究综述，可以推断出未来的技术和产业发展趋势：

到 2025 年，移动互联网、物联网、云技术、虚拟现实和增强现实、先进机器人、自动驾驶汽车、下一代基因组学、储能技术、3D 打印、先进油气勘探及开采、先进材料和可再生能源将开始改变人类生活。

到 2035 年，在信息技术领域，物联网和人工智能（AI）技术兴起并推动产业变革；数字货币技术、区块链交易技术以及用于预测分析的人工智能和大数据技术将重塑金融服务。在生命和健康技术领域，基因工程、数字医疗、高通量测序以及对神经元的光学监测和对神经活动的光调制技术将大大提高人类认知、诊断、治疗和预防疾病的能力。在能源技术领域，碳基和无碳能源技术兴起，分布式、网络化的发电和储能系统将提高电力系统和关键能源基础设施系统应对自然灾害的能力。在先进材料和制造技术领域，纳米材料和超材料、先进合成材料、高强度复合材料取得突破并广泛应用。

到 2050 年，量子计算机取得突破，人工智能技术走向成熟，类脑技术等引发新产业诞生；纳米技术广泛应用于经济部门，将涉及复合材料和混合材料、智能材料、纳米材料、纳米电子、纳米传感器、生物医学纳米技术和纳米药物、纳米机械和纳米制造等；遗传学、基因组学、干细胞生物学等基础科学领域取得突破，合成生物技术充分发展并与其他新兴技术广泛融合。

（二）主要国家中长期科技战略部署

为把握新一轮科技革命和产业变革机遇，在未来国际竞争中占据先机，美国、日本、德国、印度等世界主要大国纷纷出台国家层面科技创新发展战略，系统谋划部署科技创新发展目标和重点任务。

2018 年 9 月 24 日，美国白宫科技政策办公室（OSTP）国家科学技术委员会（NSTC）发布《量子信息科学国家战略概述》（以下简称《概述》）。白宫方面认为，量子信息科技（QIS）将引领下一场技术革命，给美国国家安全、经济发展、基础科研等带来重大变革。《概述》提到目前美国在量子领域的投入主要分为 7 大类，即量子传感、量子计算、量子网络、量子器件和理论进步带来的科学进步、支持技术、未来应用和风险控制。

2016年，日本内阁会议通过了《第五期科学技术基本计划（2016—2020）》，该计划强力推进"社会5.0（Society 5.0）"战略，深化一系列举措强化催生非连续创新的研究开发，不断创造新价值和新服务，领先世界早日实现超智能社会。2018年，日本政府公布2018—2019年度科学技术政策基本方针《综合创新战略》，突显5大重点措施：大学改革、加强政府对创新的支持、人工智能、农业发展、环境能源。

2017年9月，欧盟委员会发布《面向2018—2020年的H2020 ICT工作计划（草案）》，提出了欧洲工业数字化技术、欧洲数据基础设施、5G、下一代互联网等技术研究领域面临的挑战和未来研发计划。2018年，欧盟委员会正式提交第九期研究和创新框架计划提案，执行期限为2021—2027年。该计划的三大使命分别为：为基础研究提供服务；促进创新；解决社会和提升工业竞争力所面临的重大问题，重点资助领域包括健康领域、创建包容而安全的社会，数字和工业，气候、能源和流动性，食物和自然资源等。

2018年，德国政府发布《高技术战略2025》（HTS 2025），以"为人研究和创新"为主题，明确了德国未来7年研究和创新政策的跨部门任务、标志性目标和重点领域。新战略提出与癌症抗争（国家10年抗癌计划）、发展智能医学、将研究与护理数字化互联、大幅减少环境中的塑料垃圾（生产易于销售的生物塑料并完善塑料循环经济）等12项具体任务以及相应的行动计划和标志性里程碑，并把支持微电子、材料研究与生物技术、人工智能等领域的未来技术发展、培训和继续教育紧密衔接。

2015年，印度科技部发布《国家生物技术发展战略（2015—2020）》，计划2025年印度生物技术产业产值达1000亿美元，并将印度打造为世界级的生物制造中心。2018年6月，印度发布了《人工智能国家战略》讨论报告，该报告列出了将主要关注的5个方面，包括医疗、教育、农业、智慧城市与基础设施建设、智能通信与交通。

二、新一轮科技革命和产业变革对全球竞争格局的影响

各国经济发展的水平和规模，以及经济增长潜力是世界竞争格局的基础。新一轮科技革命和产业变革将对世界各国的创新和经济产生重大影响，也会推动全球竞争格局的变化。

（一）全球创新竞争格局的现状与特征

基础研究是探索新知识、新原理的科技活动,最能体现科学的进展。从基础研究经费占 GDP 的比例来看,2000—2016 年,在中、美、日、法、英五个国家中,法国的占比最高,超过 0.5%;美国排在第二,占比在 0.5% 左右波动;日本排第三,占比为 0.4% 左右,英国排第四,占比接近 0.3%;中国占比最低,仅略超过 0.1%。从基础研究经费占研发经费的比例来看,中国与世界主要科技强国也存在较大差距:中国基础研究经费占研发经费的比例约在 5% 左右,低于几大科技强国(美国 18%、法国 25%、日本 12%、英国 17%)(如图 1 所示)。

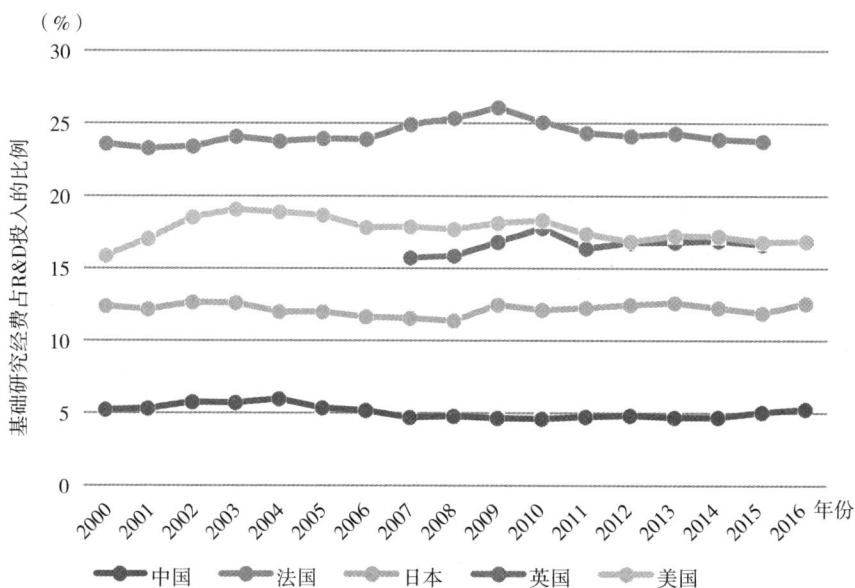

图 1　2000—2016 年中国与主要国家基础研究经费比例

注:英国、法国 2016 年数据缺失,用 2015 年数据代替。
资料来源:OECD、Stats 在线数据库。

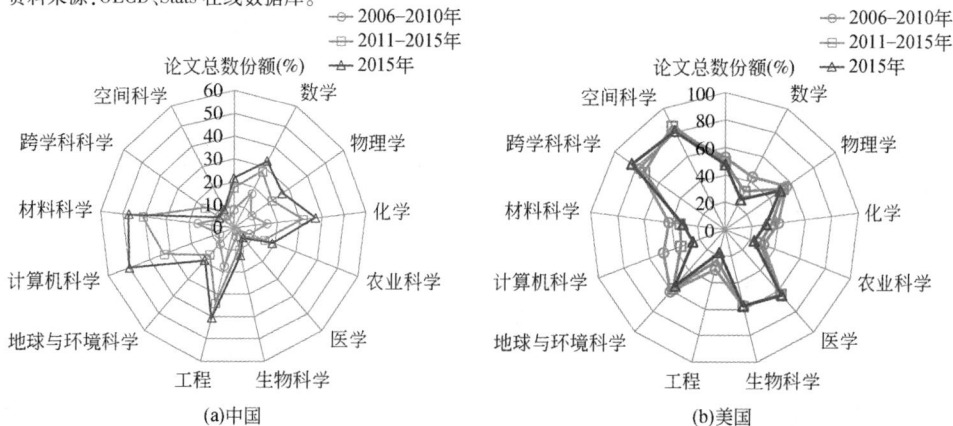

(a)中国　　(b)美国

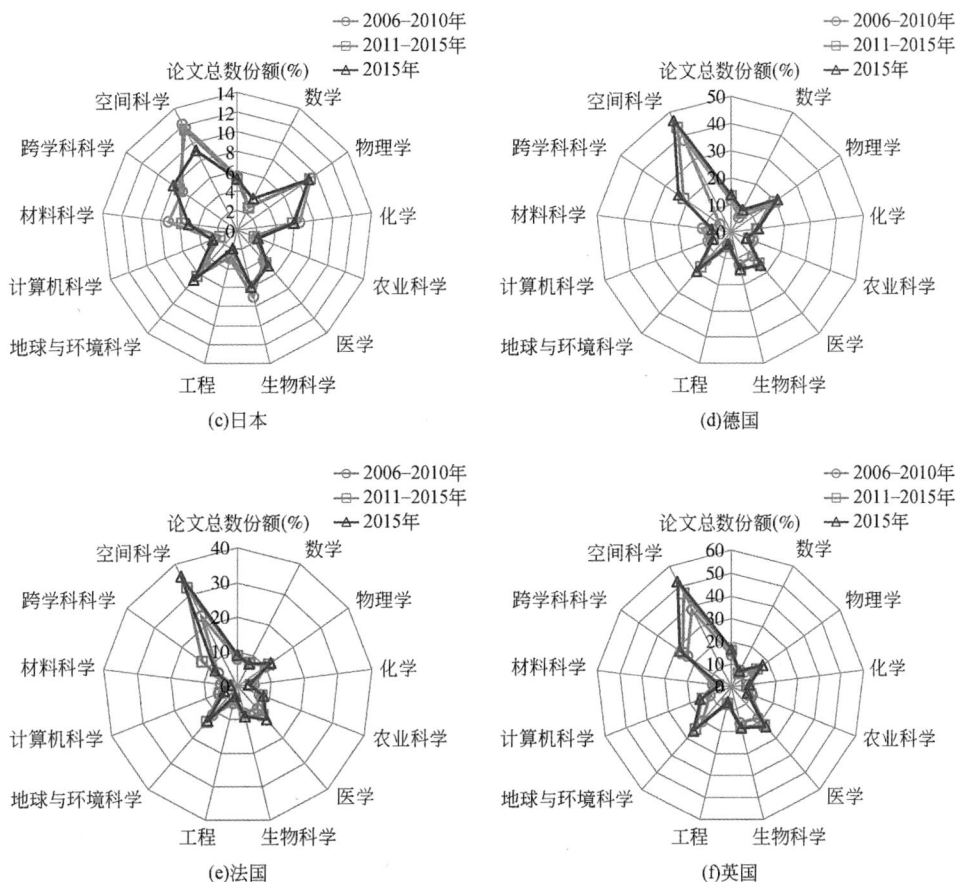

图2　主要国家各学科领域高被引论文数的世界份额

资料来源:中国科学院:《科技强国建设之路——中国与世界》,科学出版社 2018 年版。

中国科学院创新发展研究中心发布的《国家科技竞争力报告》显示,世界科技竞争格局多样化,总体呈现一超多强的局面。2005—2016 年,美国一直排在科技竞争力的第 1 位,且与第 2 名拉开了较大差距。第二阵营以亚洲和欧洲发达国家为主,英国、法国、德国、日本和韩国等国表现良好。在金砖国家中,中国的进步速度相对较快,从 2006 年的第 21 名上升至 2015 年的第 8 名,是金砖国家中上升幅度最快的国家,也是 2015 年唯一进入前 10 名的发展中国家(如图 3 所示)。

(二)全球新兴产业竞争格局现状分析

1. 主要国家新兴产业专利格局

从专利产出情况来看,2012—2016 年世界范围内战略性新兴产业领域的专利数量激增,全球战略性新兴产业发明专利申请量达到 357 万件,5 年年均增长率为

2015年排名 （2006年排名）		■2015　■2006	2015年指数 （增长率%）
1 (1)	美国		50.36 (23.12)
2 (2)	日本		36.41 (14.73)
3 (3)	瑞士		33.97 (9.32)
4 (4)	荷兰		31.00 (12.21)
5 (5)	德国		25.18 (8.18)
6 (8)	韩国		23.99 (23.58)
7 (6)	瑞典		23.42 (8.25)
8 (21)	中国		22.56 (165.56)
9 (12)	丹麦		20.42 (24.84)
10 (10)	英国		20.18 (17.08)
11 (19)	爱尔兰		19.97 (72.37)
12 (9)	芬兰		19.92 (8.95)
13 (11)	法国		19.85 (16.97)
14 (7)	以色列		18.92 (−12.05)
15 (18)	新加坡		18.25 (53.67)
16 (13)	奥地利		18.11 (24.43)
17 (17)	挪威		15.43 (27.76)
18 (16)	澳大利亚		15.39 (24.47)
19 (14)	加拿大		15.32 (15.65)
20 (15)	意大利		15.14 (16.05)
21 (20)	新西兰		13.96 (21.81)
22 (23)	西班牙		12.50 (51.51)
23 (25)	智利		10.85 (73.35)
24 (22)	匈牙利		9.93 (19.19)
25 (27)	捷克		9.89 (71.01)
26 (28)	希腊		9.45 (68.14)
27 (30)	葡萄牙		9.24 (83.89)
28 (32)	罗马尼亚		8.49 (109.85)
29 (26)	南非		8.38 (35.17)
30 (29)	波兰		7.87 (54.46)
31 (24)	俄罗斯		7.13 (6.98)
32 (31)	印度		6.64 (47.11)
33 (34)	巴西		5.76 (60.13)
34 (33)	马来西亚		5.21 (43.33)
35 (35)	墨西哥		5.04 (83.49)

图3　主要国家科技竞争力指数变化

资料来源：中国科学院创新发展研究中心：《国家科技竞争力报告》。

5.8%。中国是全球战略性新兴产业发明专利申请增长的主要来源，中国战略性新兴产业发明专利申请量从2012年的16.7万件增加至2016年的34.4万件，在全球的占比由2012年的27%上升到2016年的44.3%。

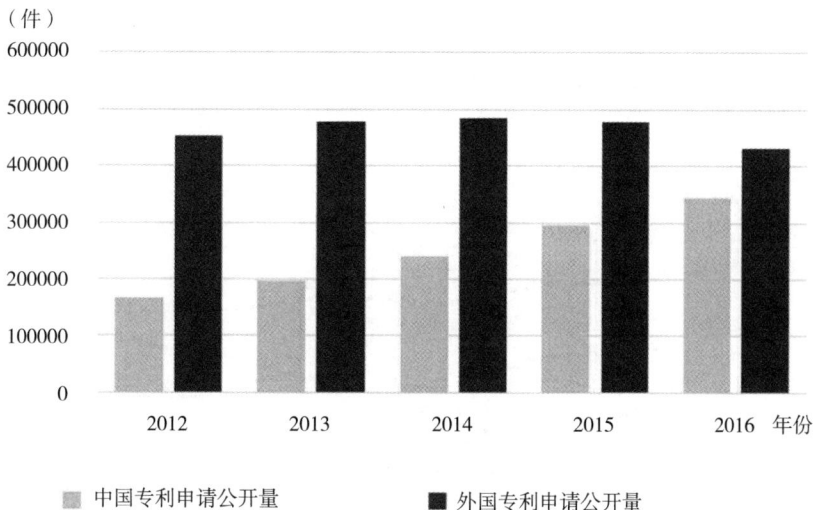

（件）

图4　全球战略性新兴产业发明专利申请的国家比较

资料来源：国家知识产权局：《专利统计简报》。

从七大战略性新兴产业的全球发明专利申请活动来看，生物产业近 5 年的发明专利申请总量居首位，5 年申请总量为 126.1 万件，占各产业合计量的 32.26%。新一代信息技术产业和节能环保产业 5 年的申请累计量为 85.7 万件和 81.3 万件，分别占各产业合计量的 21.91% 和 20.79%，三个产业的专利规模总量处于七大产业第一梯队。高端装备制造、新能源、新材料产业专利规模处于第二梯队。新能源汽车产业相对于其他战略性新兴产业发明专利申请量最少，仅为1.53%，处于第三梯队。中国七大战略性新兴产业的发明专利申请比例与全球类似。

总体来看，美、日、欧等发达经济体不断强化战略性新兴产业专利优势。战略性新兴产业全球竞争激烈，美日欧等发达经济体积极开展专利布局作为抢占未来竞争的制高点，美国、日本、韩国、德国、法国等全球主要国家战略性新兴产业发明专利申请规模在高位保持稳定，同时不断加强在我国的专利布局，战略性新兴产业发明授权保持稳定增长。在七大战略性新兴产业中，新一代信息技术和新能源汽车产业的国外在华有效发明专利数量已经超过国内申请的有效专利。

2. 主要国家高技术制造业格局

进入 21 世纪以来，主要国家制造业的竞争格局发生重大变化。美国制造业和高技术产业产出占世界的份额处于下降趋势，而中国的份额则持续上升。2002—2016 年，美国制造业占世界总产出的比重从 27.9% 下降到 19.5%；高技术产业占世界总产出的比重从 37% 下降到 30%。中国制造业占世界总产出的比重从 7.3%上升到 28.6%，相继超过日本和美国，成为世界第一制造业大国；高技术产业占世界总产出的比重也从 7.1% 上升到 23.5%，仅次于美国，远超日本和德国。从世界市场的产出份额来看，中美两国在这一阶段生产结构中的地位已经发生了明显变化，中国的制造业产出已占到全世界的四分之一强，对世界市场有着举足轻重的影响。

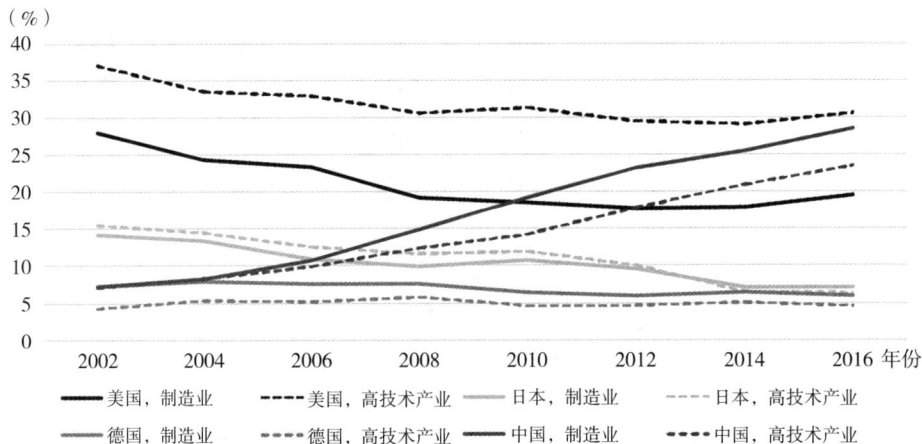

（%）

图 5　2002—2016 年主要国家制造业与高技术产业占世界市场份额

注：产出按增加值计算；中国数据不包括中国香港。

资料来源：《美国科学与工程指标 2018》。

　　虽然中国的制造业和高技术产业已在世界市场中占据举足轻重的地位，2005—2014 年中国高技术制造业创造的增加值对本国制造业增加值的贡献基本稳定在 15% 左右，接近世界平均值（低于美国的 23% 左右和英国的 20% 左右），但科技创新能力特别是中高端创新能力不足，一些领域缺"心"少"魂"，关键核心技术仍受制于人。例如，我国航空发动机、高端数控机床等战略高技术领域的核心技术和装备仍不能自给，约 90% 的高档数控机床和数控系统严重依赖进口，与美国、德国、法国、英国四国以科学仪器或航空航天为主的高端分布特点有较大差异。基础软硬件和高端信息设备严重依赖进口，高端芯片、基础软件等国产化比例很低，给国家信息和经济安全带来严重隐患。

三、新一轮科技革命和产业变革对中国的影响

　　新一轮科技革命和产业变革会引发生产方式、产业组织形式、产业结构重大变化，进而导致国际贸易格局、国际分工格局发生改变，将对我国科技、经济、社会发展产生重大影响。

份额(%)

	2006年	2011年	2014年	
制药	22.5	25.4	27.8	世界
科学仪器	18.9	21.2	20.2	
航空航天	10.2	10.8	11.0	
计算机与办公设备	9.4	7.3	6.3	
通信与半导体	39.0	35.2	34.7	
制药	19.5	19.9	20.5	美国
科学仪器	24.9	29.3	29.4	
航空航天	17.3	18.4	19.8	
计算机与办公设备	10.1	5.4	4.9	
通信与半导体	28.2	27.0	25.4	
制药	34.9	36.7	36.8	英国
科学仪器	15.0	15.9	17.3	
航空航天	20.0	27.5	23.9	
计算机与办公设备	18.7	11.3	13.0	
通信与半导体	11.4	8.6	9.0	
制药	25.7	29.9	31.8	德国
科学仪器	36.9	37.6	36.4	
航空航天	10.6	13.4	14.0	
计算机与办公设备	6.2	2.9	2.1	
通信与半导体	20.5	16.2	15.7	
制药	32.7	25.8	24.4	法国
科学仪器	26.8	26.6	25.3	
航空航天	21.7	31.6	36.8	
计算机与办公设备	1.8	1.0	0.4	
通信与半导体	17.0	14.9	13.1	
制药	18.6	24.8	32.0	日本
科学仪器	10.3	18.0	17.3	
航空航天	3.0	4.4	4.6	
计算机与办公设备	7.6	6.5	6.5	
通信与半导体	60.5	46.3	39.7	
制药	15.9	24.0	28.8	中国
科学仪器	9.3	11.1	9.1	
航空航天	2.4	2.5	2.8	
计算机与办公设备	18.2	15.0	10.9	
通信与半导体	54.2	47.4	48.4	

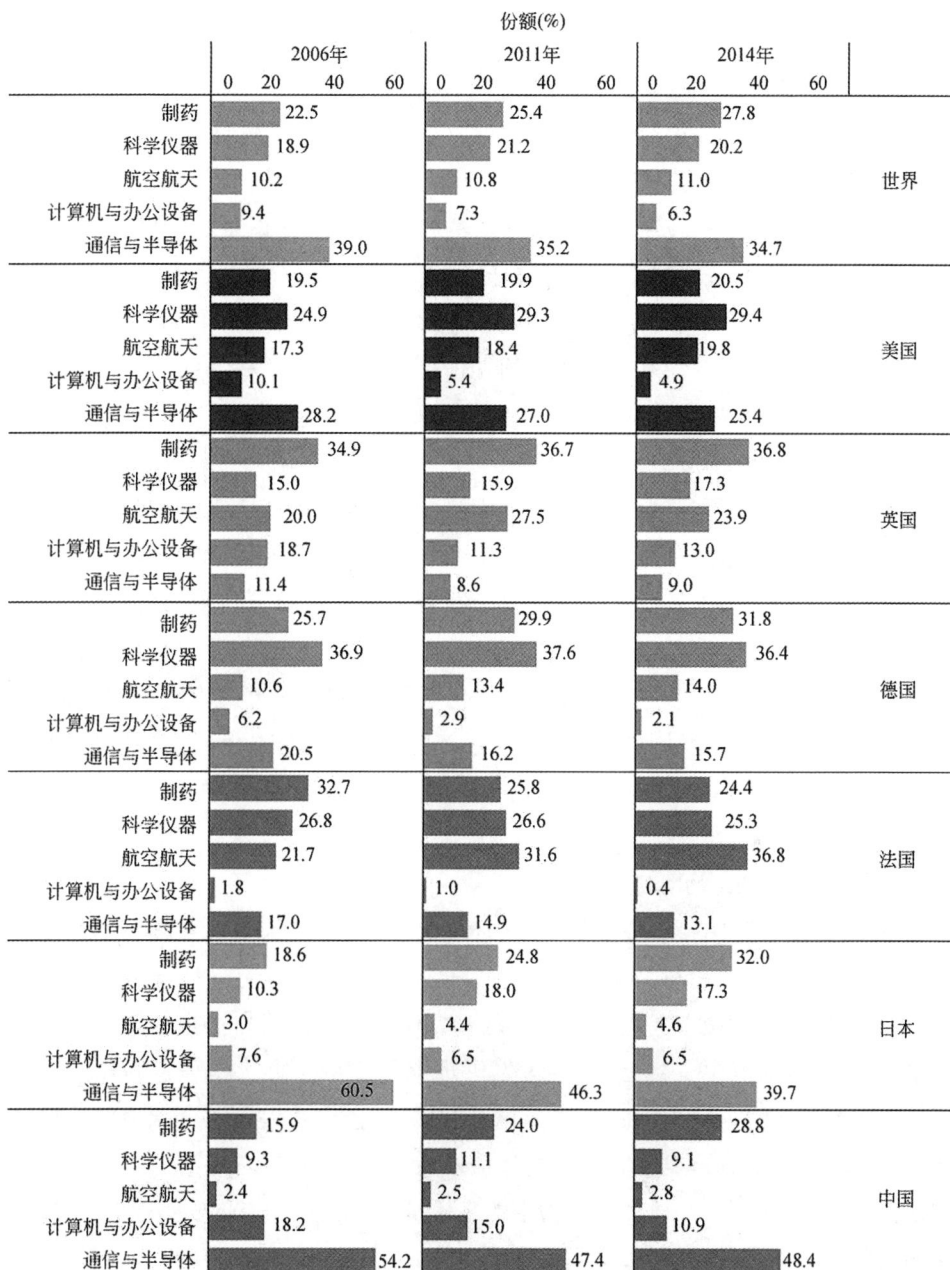

图6 高技术制造业各领域增加值的分布格局变化（2006—2014 年中 3 个年度）

资料来源：中国科学院：《科技强国建设之路——中国与世界》，科学出版社 2018 年版。

（一）新一轮科技革命和产业变革带给中国的机遇

1. 科技跨越发展的机遇

我国在古代曾经取得辉煌的科技成就，但是近代以来逐渐落后。经过新中国成立后的快速追赶，我国科学技术事业突飞猛进，但是因为基础薄弱，仍然与发达国家存在较大差距。科技革命是建立在新的科学和技术知识基础上的创新，是以科学领域的新发现、技术的新突破为先导，引发各学科领域群发性、系统性的突破，以及技术轨道的变迁，而不是对原有知识的修补，具有"非线性"和"革命性"特征。新科技革命将对传统知识基础造成强烈冲击，引发科技竞争格局的深刻变化。伴随知识结构的变化，将为我国带来科技跨越式发展的机遇。

2. 产业升级的机遇

新一轮科技革命和产业变革催生了大量的新技术、新产业、新业态和新模式，为我国产业从低端走向中高端奠定了技术经济基础，为我国科学制定产业发展战略、加快转型升级、增强发展主动权提供了重要机遇。目前，这些新兴产业都处于起步阶段，特点是技术创新非常活跃，酝酿着大量颠覆性创新和突破性创新。生产方式和组织方式转变为制造业转型升级提供了契机，制造业将逐渐走上数字化、网络化、智能化和低碳化发展之路。此外，新一轮产业变革还将为传统产业的转型和发展注入新的动力，可大幅提升传统产业的技术含量和生产效率，提升产业竞争力。

3. 发展方式转变的机遇

近年来，随着我国劳动成本的上升、环境的恶化，传统的资源要素驱动型发展方式难以为继。新一轮科技革命引发的数字转型对科技、经济、社会带来巨大影响，更为我国转变发展方式提供了战略机遇。党的十八大报告提出创新驱动发展战略，党的十八届五中全会提出"五大发展理念"，党的十九大报告进一步提出创新是引领发展的第一动力，强调科技创新是提高社会生产力和综合国力的战略支撑，必须摆在国家发展全局的核心位置，加快从要素驱动、投资规模驱动发展为主向以创新、协调、绿色、开放和共享为主的高质量发展方式转变。要实现上述目标，必须集中力量推进科技创新，紧紧抓住新一轮科技革命和产业变革机遇，真正把创新驱动发展战略和新发展理念落到实处。

4. 民族伟大复兴的机遇

在工业革命发生前的几千年时间里，中国经济、科技、文化一直走在世界前列。近代以后，中国的封建统治者闭关锁国，导致中国错失工业革命机遇，逐渐落入被动挨打境地。经过多年快速追赶，我国整体已经步入工业化后期阶段。当前，新一轮科技革命和产业变革与我国加快转变经济发展方式形成历史性交汇，为解决新时代主要矛盾,推进国家治理现代化,实现民族复兴提供了难得的重大机遇。如果中国在这个时期积极作为,以更快的速度和更高的质量构筑新一轮科技革命和产业变革的基础设施,培育相关创新能力,开辟新的技术轨道,就有可能成为新一轮科技革命和产业变革的引领者,实现对发达国家的追赶目标,实现跨越式发展和中华民族的伟大复兴。

(二) 新一轮科技革命和产业变革对中国的挑战

尽管科技革命和产业变革能为后进国家提供赶超机遇,但是能否把握机遇还要取决于后发国家的能力。我国的主导经济范式还停留在工业化的中后期阶段,与新一轮科技革命和产业变革的要求还有相当差距,面临众多挑战。

1. 物质技术基础薄弱

基础设施是科技、经济、社会发展的物质基础,每个时代都需要不同的物质技术基础设施作为支撑。但是我国把握新一轮科技革命和产业变革的物质技术基础仍然薄弱,主要体现为:一是我国现有基础设施建设难以满足新一轮科技革命和产业变革的要求。新一轮科技革命和产业变革需要 5G 网络、移动互联网、工业互联网、物联网等新型公共基础设施,但这方面的基础设施还比较薄弱。二是重大科技基础设施建设还不能满足新一轮科技革命的要求。我国启动重大科技基础设施建设时间较晚,无论与主要科技发达国家相比,还是与新一轮科技革命的要求相比,设施的总体规模、布局系统性、综合性能等方面还有较大差距。

2. 创新体系和能力支撑不足

改革开放 40 多年来,我国科技实力不断增强,但创新能力与新一轮科技革命和产业变革的要求相比仍存在很大差距。一是我国国家创新体系还不完善,创新主体之间的联系不够紧密,市场制度和知识产权保护等制度仍存在许多不合理、不健全之处,仍是一种追赶型创新体系,无法引领新一轮科技革命和产业变革。二是企业的创新能力不足。尽管我国企业已经成为技术开发的主体,但是创新活动不容乐观,2017 年开展研发活动的规模以上工业企业仅有 27%,设有研发机构的仅有 22%,缺乏关键核心技术的自主权。三是我国的研发活动结构不合理,基础研究投入薄弱、所占比例过低,与发达国家存在很大差距。基础研究的落后造成技术创新缺乏重大理论支撑,不利于新兴技术的重大突破,严重制约着我国创新能力的提高。

3. 人才储备不足

人是创新能力的最终载体。在新一轮科技革命和产业变革中,人力资本将成为最重要的创新要素,知识型员工将成为核心竞争资源。但是我国人力资本积累严重不足,无论是高水平研发人员、高级技能型专业人才、高级管理人员的数量,还是普通劳动者的素质,都无法满足新一轮科技革命和产业变革、数字转型的需求。据全球竞争力报告(2016—2017)数据,我国劳动力的教育和技能指数位居世界第74位,与发达国家有较大差距。另据中国科协第九次公民科学素养调查,2018年我国具备基本科学素养的公民比例为8.47%,仅相当于欧美主要发达国家和地区20世纪90年代的水平。

4. 产业发展面临众多挑战

在新一轮科技革命和产业变革中,我国产业将面临严峻挑战:一是产业发展无法适应数字化转型。当前我国的主导产业以传统产业为主,新兴产业发展相对缓慢。在未来时期,产业发展既要完成信息化任务,又要面临智能化改造,可谓任重道远。二是国际投资和技术"回流"。随着发达国家的"再工业化"和构建完整技术创新链,外商原来投资于中国高技术产业领域的技术、资本将可能回流。三是国际竞争环境变化。世界各国都意识到新一轮科技革命和产业变革的机遇,都在抢占新兴技术和产业的制高点,个别发达国家为了维持自己的地位,将对我国发展新兴产业制造各种障碍。

5. 对传统管理体制和政策的挑战

新一轮科技革命和产业变革的冲击不仅表现在技术和生产组织方面,更深层次的挑战是体制机制方面。一是传统管理体制与新一轮科技革命和产业变革不适应。传统工业时代遵循自上而下的权威模式,而新一轮科技革命和产业变革更看重创造、互动、社会资本、开放共享以及融入全球网络。这些变化将对我国目前的科技体制与创新体系构成挑战。二是传统产业政策与新一轮科技革命和产业变革不适应。在工业化追赶时期,我国为了快速缩短与发达国家的差距,在追赶目标明确的前提下,政府经常使用选择性产业政策,将大量的资源用于支持挑选出来的"好技术"和"好产业"。但是在未来以个性化、多样化为特征的产业变革中,由于受制于各种现实约束,传统机制很难适应瞬息多变的技术与市场。

(三) 中国应对新一轮科技革命和产业变革的建议

1. 夯实新一轮科技革命和产业变革的物质技术基础

一是加快完善重大科技基础设施建设布局。加快推进已部署设施建设,提升已有设施性能;优先发展对突破关键领域"卡脖子"技术和经济社会发展有重大影响的光源、中子源等多学科共用平台型设施,持续完善平台型设施的学科、领域和空间布局;有选择地发展加速器、天文科学等面向基础科学重大前沿的专用设施,超前谋划布局国际领先的高水平设施。二是推动重大科技基础设施集群化发展。聚焦国家重大战略和区域优势,在综合性国家科学中心布局建设世界级重大科技基础设施集群,依托设施集群培育建设国家实验室,强化设施与科研院所和高校、创新型企业、产业创新平台的协同互动,围绕设施集群形成一批世界级开放创新基地,培育面向未来的重要经济增长极。三是加快推进智能、泛在、融合、安全的信息基础设施建设。加快高速宽带网络建设,开展5G商用示范,超前布局下一代网络基础设施,建设全球领先的信息高速网络;推进生物、医学、材料、能源等数据密集领域的大数据、云计算、工业互联网、物联网等基础设施建设。

2. 建设引领型国家创新体系

一是建设国家安全创新体系。探索建立新型国家实验室,为国家基础科学和前瞻技术综合研究提供基地,为国家战略高水平技术和产业关键核心技术研究开发与系统集成提供平台,为高端科技创新人才集聚和培养提供基地。二是建设国家研究试验体系。加快世界一流科研院所、大学和学科建设,加快重大科技基础设施集群建设。系统整合国家研究中心、国家重点实验室、国家技术创新中心等创新平台,培养造就战略科技人才、科技领军人才、青年科技人才和高水平创新团队。三是建设国家产业创新体系。培育一批核心技术能力突出、集成创新能力强的创新型领军企业。加强应用基础研究、引领性前沿技术创新,提升制造业综合竞争力。

3. 布局产业技术创新枢纽

一是组建一批产业技术创新中心。以引领技术和关键共性技术研发与应用为核心,加强应用基础研究,解决科学研究和技术开发之间的脱节问题,协同推进现代工程技术和颠覆性技术创新,努力成为国家新型产业创新体系建设的引领者。二是布局一批重大科技项目。聚焦经济社会发展和国家安全的重大需求,在新材料、信息技术、人工智能、智能制造、新能源、生物等技术领域布局一批重大科技项目,突破产业核心技术瓶颈。三是构建新型产业技术转移平台。聚焦未来可能产生变革性技术和产业的领域,强化技术扩散与转移转化,跨越技术开发与产业化之间的"死亡之谷",推动科技创新与产业发展高效对接,发挥创新发展示范带动作用。

4. 深化人才培养体制机制改革

一是改革院校创新型人才培养模式。优化学科结构、推动科教融合,人才培养导向从培育就业技能向创新、创业、创造能力转变,着重培养学生在动态环境下学习新技术、新工艺、新方法的能力。二是完善职业教育和培训体系。深化产教融合、校企合作,促进职业教育和高等教育融合协调发展,培养出适应一线实践领域的创新型技术人才,提升工程师和技术工人的技能和素质。三是建立全社会的"终身学习"体系。构建学校、培训机构、企业和社区一体化的教育和人才培养体系,逐步实现各类教育之间的纵向衔接和横向沟通。四是推进教育的数字化转型。开发低成本、高质量、广覆盖的现代远程教育网络系统,开展在线学习、网络课堂学习、远程学习,拓展人们学习的时空,促进优质教育资源的普及共享。五是建立以"价值创造"为导向的创新人才评价标准。着重考察科研成果是否有实质性的发现或创新,让科研人员把主要精力投入到最具创造性的工作上。

5. 全方位推进数字化转型

一是推进科学技术发展数字转型。加强数字技术对科学研究活动的支撑,推动数据密集型科学发现,加强重点领域技术创新,推进科研基本范式转变;加强重大科技基础设施开放共享服务平台和高水平数字化国际科技合作平台建设,依托各类平台构建跨领域、跨区域、跨主体的产学研价值共创网络。二是推进产业发展数字转型。加快工业互联网、机器人、增材制造、人工智能等智能制造关键技术发展整合,推动生产制造系统数字化、智能化、网络化转型,推进智能制造服务的平台化、生态化发展;利用数字技术推动高度自动化农业和精细农业发展,实现农业资源的优化利用;加快推进服务业数字转型,推动贸易方式、商业模式、金融服务创新。三是推进社会发展数字转型。推动医疗发展数字转型,建立以用户为中心的健康服务体系,构建低成本、高质量、广惠及的现代远程医疗卫生服务体系;推动社会保障数字转型,加强社会保障服务创新能力建设,构建一体化、标准化、广覆盖的社会保障信息网络;推动公共交通数字转型,基于卫星定位、物联网、大数据、云计算等数字技术构建安全、便捷、高效、绿色的交通运输服务系统;推动公共安全数字转型,构建实时监测、精准防控的公共安全管理网络。

6. 构建创新发展政策体系

一是构建基于技术预见的科技发展政策,加强技术预见在引领科技发展和制定科技政策中的作用,强化对技术未来发展方向的判断能力,进一步加强科技创新的国际交流与合作。二是构建产业创新发展政策,协调产业政策、创新政策和竞争政策之间的关系,确立创新在产业发展中的根本性作用,促进不同产业协调发展,保持产业开放发展。三是构建社会创新发展政策,以科技手段促进教育、医疗、公共安全等领域创新发展,促进公共服务均等化和城乡区域协调发展,让社会公众享受创新发展成果。四是构建环境创新发展政策,加大科技创新在资源节约和环境保护中的力度,加强生态保护的国际合作,形成人与自然和谐相处的创新发展道路。

（课题组成员：穆荣平　　睦纪刚　　文皓　　池康伟　　孙静林）

>>> 创新驱动

"十四五"时期激发各类企业研发活力的体制机制研究

中国科学院科技战略咨询研究院

党的十九大报告提出,"深化科技体制改革,建立以企业为主体、市场为导向、产学研深度融合的技术创新体系"。激发企业研发活力,是确立企业在以市场为导向、产学研深度融合的技术创新体系中主体地位的重要工作。党的十八大以来,我国研发投入持续增长,科技创新产出能力不断提高,企业从激发创新活力的政策体系中受益很多很大。但是还存在研发投入强度不够、国有企业研发投入机制不顺等不容忽视的问题。这些正是"十四五"时期我国完善技术创新体系必须面对和解决的问题。

一、我国企业研发活力现状和存在问题

本报告基于对研究任务的理解、综合既有的学术观点,把企业研发活力界定为:"以研发投入为重要基础、以自主研发为核心内容、以成功开发出有市场竞争力产品为关键标志的研究和试验发展活动的总和",并根据数据可得性等具体情况,从研发投入和创新产出两个方面分析我国企业的研发活力。

创新驱动

（一）我国企业研发投入进入持续增长新时期

党的十八大以来,我国持续推进以市场化法治化国际化为指向,以"放管服"为手段的各项改革,较好地调动和保护了企业研发投入的积极性。

1. 企业投入和执行的研发经费占比跻身世界创新强国之列

2012—2018 年,我国企业投入的研发经费占全社会总研发经费的比重平均为 77.1%,企业执行的研发经费在全社会研发总支出的比重平均值为 75.4%。从国际比较看,根据日本科学技术政策研究所(NISTEP)2020 年 4 月发布的《科学技术指标》,我国企业在全社会总研发经费中所占的比重,无论是投入还是执行,已经与主要发达国家的情况大体一致甚至略高(见表 1)。

表 1　主要创新强国全社会研发经费企业占比情况　　　　　　　（%）

国家	投入	执行
美国(2017)	63.6	73.1
德国(2016)	65.2	68.2
法国(2015)	54.0	63.7
英国(2016)	51.8	67.1
韩国(2017)	76.2	79.4
日本(2017)(OECD 测算)	78.3	78.8
日本(2017)(本国统计)	72.2	72.4

2. 大型企业研发投入近年来增长迅速

根据中国企业联合会、中国企业家协会发布的《中国企业 500 强》,2017 年上榜企业合计研发投入 7359.3 亿元,增长 11.02%;2018 年上榜企业合计研发投入 8950.89 亿元,增长 21.63%;2019 年上榜企业合计研发投入 9765.48 亿元,增长 21.71%。上榜企业的研发投入强度也有所增加。2018 年上榜企业平均研发强度为 1.56%,增长 0.11 个百分点;2019 年上榜企业平均研发强度为 1.60%,增长 0.04 个百分点。

根据《中国科技统计年鉴》提供的规模以上工业企业研发数据计算,在 2012—2018 年间,大型企业技术采购、改造和研发方面的经费支出是中型企业同类支出的两倍以上。

3. 高新技术企业研发投入强度高于规模以上工业企业同期平均水平

根据《中国科技统计年鉴》提供的我国规模以上工业企业信息分析,2012—2018 年,高新技术行业在技术经费支出年均增幅为 11%,扮演着领头羊的角色。机械设备制造行业的技术经费规模大体追随着高新技术,但呈差距扩大趋势。采

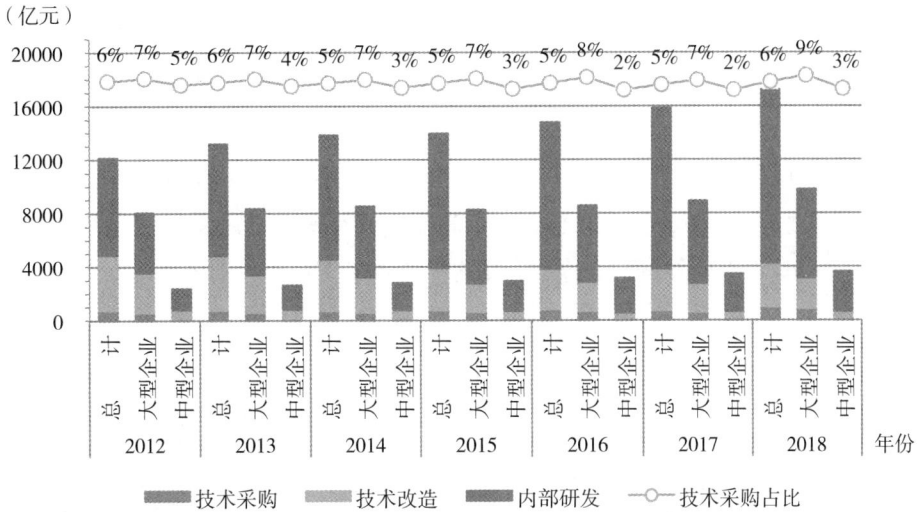

图 1　按企业规模考察规模以上工业企业技术来源（2012—2018 年，以支出经费衡量）

矿业的技术经费支出最少,在年度技术经费中的份额不到5%,且在逐年降低。

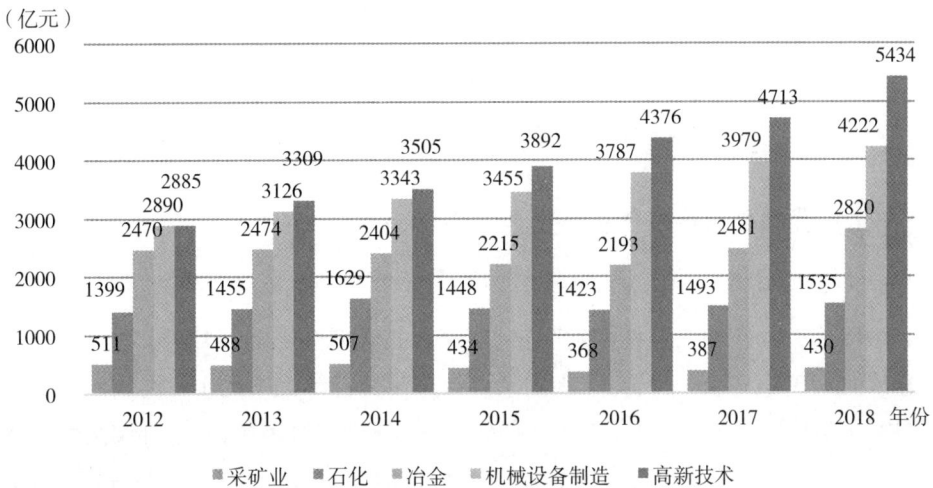

图 2　五大行业年度技术经费规模（2012—2018 年）

4. 独角兽企业研发投入一骑当先

根据普华永道发布的《独角兽CEO调研2019》,注重研发的核心技术类公司在中国独角兽阵营中的占比明显增加,研发投入占总成本比率在40%以上的企业比例由2018年的26%上升至2019年的32%。独角兽企业在激烈的竞争中,更加聚集资源,不遗余力地投入研发以持续打造技术护城河。

5. 优秀企业的研发投入总量直逼日本同类企业

欧盟委员会(EU)每年发布的《欧盟工业研发投资记分牌》(EU Industrial R&D Investment Scoreboard)显示,2012—2019 年,美国入榜企业研发投入世界占比一直超出全部入榜企业的三成以上,总体趋势稳中有升有降;日本入榜企业研发投入占比总体趋势下降,2012 年日本入榜企业研发投入世界占比为 21.82%,到 2019 年日本入榜企业研发投入世界占比为 13.29%;中国入榜企业研发投入世界占比稳步上升,从 2012 年占比 2.7%上升至 2019 年的 11.71%,逼近日本。

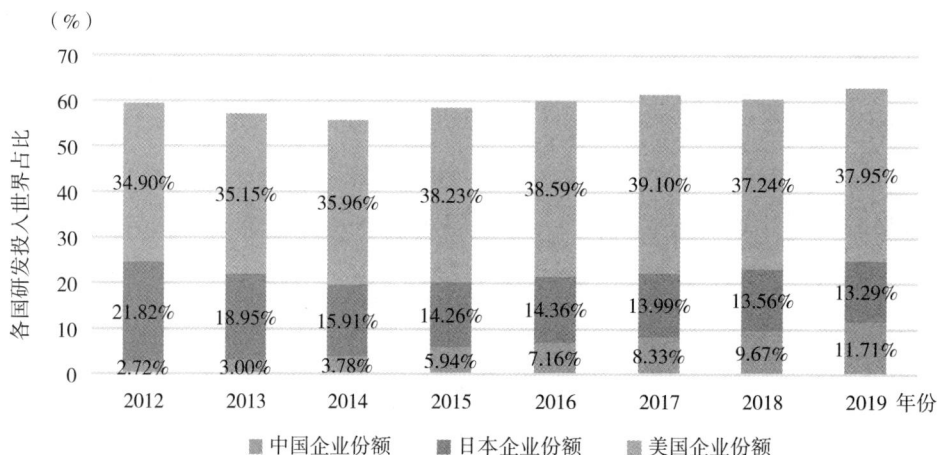

图 3 《欧盟工业研发投资记分牌》显示的中美日三国企业研发投入占比

(二) 我国企业科技创新产出能力不断提高

1. 中央企业重大创新成效显著

2014—2018 年获国家技术发明奖、国家科技进步奖共计 442 项,约占同类奖项总数的 1/3,其中获得全部 13 项国家科技进步奖特等奖中的 11 项。在 2019 年度国家科学技术奖励大会上,中央企业获得了 104 项奖励表彰,占全部奖励数量的 40%以上。截至 2018 年底,中央企业拥有科技活动人员 158 万人,两院院士 227 名,其中中央企业拥有工程院院士 183 人、占全国的 21.2%,中央企业拥有国家级研发平台 669 个,累计有效专利近 66 万项。

2. 民营企业创新成绩日益突出

截至 2018 年底,在全国认定的 18.1 万家高新技术企业中,民营企业占比超过 70%,上海市高新技术企业中民企数量占比超过 80%,浙江、广东、江苏、安徽等省更是超过 90%。2018 年立项的 238 项企业承担的浙江省重点研发计划项目中,由民营企业承担的项目为 216 项、占比达 90.8%。浙江舟山联合动能新能源开发有限公司 3.4 兆瓦大型海洋能发电机组并网发电,入选改革开放 40 周年重大科技突破项目,阿里巴巴集团入选首批 4 个国家新一代人工智能开放创新平台。华为、阿里巴巴、腾讯、百度、京东、大疆等大型民营企业已是我国企业创新能力的国际形象代表。

3. 高新技术企业创新活力普遍增强

截至 2018 年底,全国 31 个省(自治区、直辖市)共认定高新技术企业较 2010 年增长数量超过 5 倍,从业人数达到 3131.6 万人,较上年增长 14.5%。高新技术企业从业人员素质显著提高,其中大专以上从业人员为 1573.8 万人,占从业人员总数的 50.26%,从事科技活动的人员为 756.7 万人,占从业人员总数的 24.2%。在企业群体经济效益上,2018 年,高新技术企业工业总产值达到 288706.3 亿元,同比增长 18.4%,营业收入达到 389203.7 亿元,同比增长 22.2%。2010—2019 年,专利申请受理数量则从 2010 年的 122 万余项增加到 2019 年的 438 万余项。

4. 规模以上工业企业新产品研发投入、销售收入和专利申请量三者年均增长超过 10%

2012—2018 年,规模以上工业企业新产品研发投入、销售收入和专利申请量三者年均增长超过 10%。其中,新产品销售收入是新产品开发投入的 13—15 倍,专利申请年均增长率达到 12%。

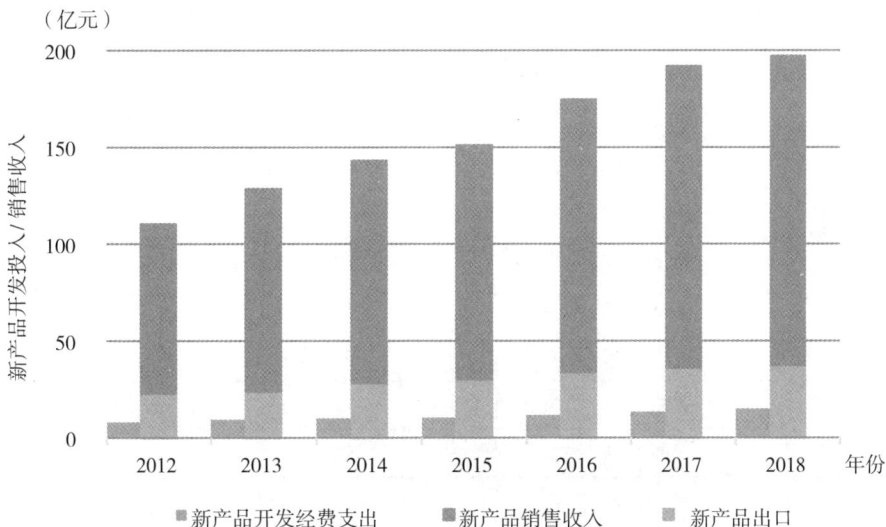

图 4　规模以上工业企业新产品研发投入和销售情况

资料来源:根据《中国科技统计年鉴》计算。

(三)我国已形成激发企业创新活力的政策体系

1. 营造创新环境是政策重心

本报告搜集了党的十八大以来中央部委发布的和企业科技创新相关政策文件 426 个,其中科技部 72 个、工业和信息化部 70 个、国家发展改革委 36 个、财政部

27个、税务总局8个、国家网信办7个、市场监督总局7个。此外,还有代表性的地方文件,北京市60个、福建省44个、浙江省36个、广东省24个、上海市22个、深圳市13个。采用供给型、需求型、环境型的政策研究分类模式进行统计,发现占比最大的为环境型政策工具(49.5%),其次是供给型政策工具(41.5%),占比最少的为需求型政策工具(9%)(见表2)。在环境型政策工具中,排在前两位的是产业发展(19.6%)和战略规划(18.4%)。

表 2　三种政策工具分配比例

政策类型	名称	数量	占比(%)
供给型	技术支持	3	41.5
	信息服务	32	
	融资支持	24	
	人才建设	6	
	研发补贴	19	
	奖赛活动	31	
	平台支持	61	
需求型	政府采购	1	9
	贸易管制	1	
	示范工程	28	
	技术认定	8	
环境型	知识产权	13	49.5
	法规管制	11	
	税收优惠	25	
	战略规划	78	
	产业发展	83	

2. 优惠政策体系成效显著

党的十八大以来,我国促进科技创新的税收政策体系初步确立,集中体现在以下几方面:

一是鼓励特定科技型企业群体的税收优惠政策。主要包括:支持高新技术企业、集成电路企业、软件企业等科技企业发展的企业所得税率优惠;高新技术企业和科技型中小企业允许延长亏损结转年限。

二是激励企业技术创新活动的税收优惠政策。主要包括:支持研究开发活动的研发费用加计扣除优惠;促进技术开发、技术转让及与之相关的技术咨询与技术服务的增值税免税优惠;支持技术转让的企业所得税减免优惠;鼓励科技成果转移转化的技术入股递延纳税优惠;等等。

三是支持科技创新投资的税收优惠政策。主要包括引导创业投资与天使投资的投资额70%税前扣除优惠,研发仪器设备一次性摊销或加速折旧优惠,进口研发仪器设备进口税收优惠等。

在上述促进企业创新活力的各类税收优惠政策中,研发费用加计扣除与高新技术企业所得税优惠的影响面和影响力最大,是我国现阶段最为重要的科技创新税收政策,2018年,研发费用加计扣除与高新技术企业所得税率优惠的税收减免额总计达4694亿元,是我国企业研发经费内部支出中来自政府的491亿元资金的9.6倍;约占全国财政科学技术支出的50%,是中央财政科学技术支出的1.26倍。

3. 人才政策体系针对性强

党的十八大以来,我国科技创新人才政策体系的重心也作出了相应的调整,绝大多数科技创新人才政策都包含着覆盖了企业科技创新人才。总体特点可以概括为:

一是注重对青年科技人才的培养。青年是最具创新活力的主体,也是未来我国科技竞争的主要力量。近期国家的政策一方面从改革高等教育培养模式出发,培育适应未来科技发展态势与社会需求的青年科技人才;另一方面加大对优秀青年科技人才的发现、培养、使用和资助力度,让青年人才快速成长,成为科技攻关的主要力量。

二是简政放权,充分发挥用人单位的自主性。在对科技人员的管理方面,国家总体政策导向是进一步简政放权,尊重不同研究领域科学研究的特性,充分发挥用人主体在人才培养、吸引和使用中的主导作用。

三是注重实际贡献,分类评价不同研究活动。在对科技人才的评价方面,国家政策的总体导向一方面是克服唯学历、唯论文倾向,对人才不求全责备,注重靠实践和贡献评价人才;另一方面是要分类评价,针对不同研究类型的科研活动,根据其科研活动规律分类开展评价活动。

四是允许科研人员获得合法收益。创新驱动的背景下,国家政策中更加鼓励科研人员将科研成果进行转移转化,进一步加大对科研人员的激励力度,对科研人员在股权、期权等收益方面有具体举措和详细规定,让科研人员能够"名利双收",获得合法收益。

（四）我国激发企业研发活力存在不容忽视的问题

1. 中央企业研发投入强度低

根据咨询机构普华永道思略特发布的第 14 期《全球创新 1000 强报告》,2018 财政年度(2017 年 7 月 1 日—2018 年 6 月 30 日)全球研发支出前 10 强企业的研发经费支出总额为 1385 亿美元,中国民营企业研发支出前 10 强企业研发经费总支出为 178 亿美元,研发支出前 10 强中央企业的总研发支出经费为 123 亿美元,仅为国际领先企业平均研发投入的 13.7%,是中国民营企业的 69%。从研发强度来看,全球研发支出前 10 强企业的平均研发强度(研发支出占销售收入之比)为 13.8%,中国民营企业研发支出前 10 强企业的平均研发强度为 10.4%,而中央企业研发支出前 10 强企业的平均研发强度仅为 1.9%,仅为国际领先企业平均研发强度的 13.7%、民营领先企业的 19%。

2. 民营企业参与重大项目研发机会少

从项目立项看,在 2018 年国家重点研发计划项目中,高校院所为主承担的为 830 余项,占比超过 75%,企业为主承担的约 250 项,其中民企为主承担的约 50 项,占比不足 5%。

从平台建设看,截至 2017 年,科技部认定的国家重点实验室 503 家,依托高校院所建设的占比达 55%,依托企业建设的占比为 37%,其中依托民企建设的仅占总量的 8% 左右。2016—2018 年工业和信息化部认定的重点实验室共 88 家,依托单位全部为高校院所。

从专家组构成看,国家重点研发计划 26 个重点专项总体专家组中,来自民营企业的专家比例不足 5%,华为、阿里巴巴等拥有较强研发能力的民营企业均无专家入选。在指南编制过程中,深入民营企业了解产业和企业创新发展的实际需求还不够。

3. 规模以上工业企业研发活动出现平台期倾向

从研发投入看,2012—2018 年,我国规模以上企业研发投入的总量保持增长,但在全社会研发投入的占比从 2014 年的 71.1% 的峰值下降到 2018 年的 65.8%。

从研发活动看,根据《中国科技统计年鉴》,我国规模以上工业企业研发从事研发活动的企业数量在 2012—2017 年间经历了较快速的增长,年均增长率接近 17%。但 2018 年有研发活动的企业数量开始趋于平稳,有研发活动的企业占比维持在 28%。

从研究机构看,规模以上工业企业举办研发机构的数量展示了与研发活动类似的情况,在经历一定时期的快速增长(年均增长 12.5%)后进入稳定调整期,

2018 年和 2017 年保持大体一致。

另一方面,我国规模以上工业企业内部研发经费主要是试验发展支出(占比维持在 97% 左右),基础研究和应用研究在规模以上工业企业界整体上偏弱。

4. 科技型中小企业抗外界波动能力差

新冠肺炎疫情暴发以来,中小企业受到的冲击比较大,科技型中小企业亦在其中。据联合国开发计划署 2020 年 4 月发布的《新冠肺炎疫情对中国企业影响评估报告》,中小企业现金流承受期限达到 6 个月以上的不到 10%。员工工资、贷款偿还、租金支出成为企业运营的主要成本压力,其中中小企业最大的成本压力为支付职工工资。清华大学的调研数据显示,60% 的科技企业受到明显影响,10% 的企业受到冲击比较大。

5. 产学研合作程度浅

本报告从三个有较大全球影响力的世界各国创新排名报告《全球创新指数》(2019)、《欧洲创新记分牌》(2019)和《国家创新指数报告》(2018)中,选取其中直接反映产学研合作的指标,发现在这个指标的排名上,我国远远低于综合排名位置,也远远低于美国等创新强国(见表3、表4、表5)。

表 3　全球创新指数(2019)

指标	中国	美国	日本	韩国	德国	波兰	印度
总排名	14	3	15	11	9	39	52
全职研究人员/百万人口	46	23	10	3	12	30	77
研发总支出在 GDP 中的占比	15	9	5	2	8	35	50
企业研发前三位平均支出(百万美元)	6	1	5	4	2	42	15
企业研发在 GDP 中的占比	12	8	3	2	7	30	49
企业研发总支出	2	9	1	3	7	22	—
高校/产业研究合作	27	1	18	26	6	92	23
海外研发占比	93	58	94	89	60	63	—
研究人员在企业中的占比	12	5	3	2	15	28	46
计算机软件开支在 GDP 中的占比	24	1	47	62	18	42	65
ISO9001 质量认证	20	99	35	49	22	30	65
高端、中高端技术生产占比	12	10	9	7	6	35	33
移动应用开发	—	17	35	12	40	34	42

表4 欧洲创新记分牌(2019)

指标	中国	美国	日本	韩国	德国	波兰	印度
总得分	86	106	119	147	127	61	39
新博士毕业生	11.0	80.6	63.6	90.3	191.0	70.4	5.6
25—34岁的人口中受过高等教育的人数	40.4	135.0	149.8	139.0	61.9	147.0	—
公共部门的研发支出	72.6	96.6	96.6	132.9	139.2	32.8	53.2
企业部门的研发支出	126.7	158.1	195.9	238.1	177.2	14.2	21.0
公私合作论文	106.5	144.9	104.4	112.7	199.8	27.1	2.9
私营部门对公共研发支出的联合资助	5.4	60.6	55.8	212.2	158.5	34.3	—

备注:加权值;EU2011 = 100。

表5 国家创新指数(2018)

指标	中国	美国	日本	韩国	德国	波兰	印度
总排名	17	1	2	4	5	31	38
研究与发展经费投入强度	14	10	5	2	7	32	37
研究与发展人力投入强度	33	23	17	7	11	32	40
科技人力资源培养水平	36	7	26	3	19	20	38
研究与发展经费占世界比重	2	1	3	5	4	27	15
企业研究与发展经费与增加值之比	15	11	4	2	10	34	26
企业研究人员占全部研究人员比重	7	4	3	2	12	31	27
当地研究与培训专业服务情况	32	10	3	29	16	25	27
企业创新项目获得风险资本支持的难易程度	7	1	17	31	5	33	9
企业与大学研究与发展协作程度	22	2	18	21	7	38	20

数据来源:《国家创新指数报告2018》。

二、影响企业研发活力的体制机制障碍分析

《中共中央、国务院关于新时代加快完善社会主义市场经济体制的意见》,要求"坚持正确处理政府和市场关系。坚持社会主义市场经济改革方向,更加尊重

市场经济一般规律,最大限度减少政府对市场资源的直接配置和对微观经济活动的直接干预,充分发挥市场在资源配置中的决定性作用,更好发挥政府作用,有效弥补市场失灵"。从政府和市场的关系看,影响企业研发活力的体制机制障碍在不同类型的企业中有不同的突出表现。

(一) 影响国有企业研发活力的体制机制障碍分析

1. 考核机制不合理导致研发决策不愿挑战风险

现有的考核激励机制对技术创新利益分配不明确,技术创新形成的资产和效益属于国家资产,但技术创新过程中产生的风险则是由企业和经营决策主体承担。因此,国有企业对风险较大的自主技术创新积极性不高,更倾向于风险相对较小的技术引进和消化吸收。一些国有企业为了生存发展和做大规模,加快向相关行业进行延伸拓展,造成对外投资聚焦主业不够。相应地,研发投入也存在分散、不聚焦的现象,并且侧重于改进生产工艺流程、促进产品更新换代、提升企业生产效率等方面。另外,基础研究需要持续投入,且不确定性高、投资风险大,投资回报周期长,进一步削弱了国有企业开展基础研究的动力。

2. 竞争机制不健全导致研发投入惰性

国有企业特别是中央企业主要分布在大型工程、基础建设、能源化工、资源等行业中,市场竞争压力相对较小,导致技术创新的动力不足。而民营企业参与市场竞争的环境有待优化,国有企业在市场竞争中往往处于相对优势地位,长此以往导致国有企业在研发投入方面的积极性不够。

3. 协同机制不顺畅导致研发效率低下

一方面,中央企业内部科技创新资源重复分散、资源不能共享、分工不明确、整体优势难以发挥,同行业不同企业之间科技资源低水平重复、同一课题重复立项、重复投资等现象还存在。另一方面,企业内部的产学研"三位一体"创新平台尚未形成,研发、生产"两张皮"的问题依然存在。由于从研发设计单位转向生产制造单位过程中的知识产权评估、计价和对创新的激励等问题,研发设计单位在技术移交时会出现不详细说明技术细节、技术服务支撑保障不到位等问题,限制了我国国有企业自主创新能力的提高。

4. 定位认识不全面导致轻视基础性研发

国有企业经营决策强调如经济增加值、资产保值增值等经营性指标,对研发投入有要求但不是核心指标,对技术创新特别是研发对企业竞争力提升的关键作用认识不够。即使是有研发投入的企业,对基础研究的重视也不足。另外,不少企业认为基础研究是高校和科研机构的事情,企业更多的应该开展以性能和效率提升为主要特征的改进型技术创新和工程创新,没有必要开展基础研究。

（二）影响大中型民营企业研发活力的体制机制障碍分析

1. 公平竞争机制不完善影响民营企业的研发选题和成果应用

一些行业对民营企业限制和歧视，使得民营企业无法围绕这些行业确立研发选题、进行研发投入和成果应用，直接影响了民营企业的研发活力。《中共中央　国务院关于营造更好发展环境支持民营企业改革发展的意见》《中共中央　国务院关于新时代加快完善社会主义市场经济体制的意见》发布以来，情况有了一定的改善，还应进一步加大改革力度，让企业对研发投入的回报保持乐观预期。

2. 研发资助体系不完善导致民营企业不愿启动基础性研究项目

我国不少民营大中型企业已经在产品生产销售上进入全球市场前列，迫切期望加强基础研究突破技术瓶颈、进一步强化竞争优势和利润空间。基础研究风险大、外部性强，民营企业不愿自己负担，希望中央和地方政府的研发资助体系给予适当支援。但是民营企业在政府研发资助体系中获取重大项目、重点项目立项的机会很少，获得资助的力度不足以让企业下定启动基础性研究项目的决心。

3. 专利公共服务信息化滞后影响民营企业运用专利信息高起点布局研发项目

国家知识产权局组织的《民营企业知识产权政策落实情况调研报告》表明，专利领域官方信息查询系统在信息内容的时效性、数据资料的准确性、系统功能的全面性以及用户使用的便捷性等方面存在较大缺陷，难以满足市场主体对于专利信息服务日益增长的需求，影响了企业利用专利信息高起点布局研发项目的工作。

4. 人才吸引力不够缺乏可持续创新动力

虽然民营企业对人才的需求很旺，但很难吸引到高端科技人才，而且人才流失也很严重。究其原因不外乎家族式管理模式、薪酬体系不公以及学习成长平台缺乏等因素。相比国家对国有企业及科研单位或高校类的支持，民营企业获得的研发资助力度不足也是重要原因。

（三）影响科技型中小企业研发活力的体制机制障碍分析

1. 科技型中小企业投融资机制不顺畅，投融资退出机制不健全

我国科技型中小企业融资渠道相对狭窄，研发投入主要靠自身内部积累。科技型中小企业本身也存在高风险，风险投资项目不确定性较大。而且，科技型中小企业在风险投资方面经验不足，缺乏专业的风险管理与运作人才，也使得风险投资为企业研发创新的贡献不足。另外，投融资退出机制不到位也是重要制约因素。

一方面投资成功的企业需要退出,以继续投资扶持潜力企业成长。只有具备适当退出机制,风险投资企业才有合适的流动性,不断扶持新创企业,否则将导致风险投资难以套现,很难继续投资新的对象。另一方面,投资失败的企业更需要畅通的渠道及时退出,以尽可能减少损失。

2. 科技基础设施共享机制不畅,创新网络建设有待加强

科技型中小企业在科技基础设施、科研设备、科技平台与条件利用方面均存在一定程度的受限情况。这类企业的科技工作者在科研资源获取方面可得性较弱,与业内同行之间的交流与合作相对不足。科技型中小企业本身对技术创新有强烈需求,但其可动用的外围资源并不多,与相关领域的大企业、科研机构、金融机构、专业服务机构、地方政府等之间的合作网络建设并不十分紧密,阻碍了与之在前沿技术、基础设施与公共性资源的共享。

3. 科技创新环境缺乏活力,原始创新成果不足

目前,国家大量的科研经费与资源主要投向科研院所、高等学校和部分国有企业,民营企业的科研投入主要依靠企业积累。对于缺乏资金支持的科技型中小民营企业来说,无法建立促进企业长期发展的研发平台,难以营造有活力的科研创新环境,原始创新成果不足。此外,由于创新成果转化机制不健全,在政策支持、财政税收、中介服务、利益分配、产业对接等方面没能建立有效的协同运行机制,导致对科技型中小企业的原始创新服务与成果转化对接不够,创新成果转化率低。

三、世界主要国家激发企业研发活力的主要做法

激活企业研发活力是世界上每一个谋求创新驱动发展的国家都努力在做的事情。本报告以美国、德国、日本作为发达国家代表,以韩国、印度、波兰作为新兴市场国家代表,对其激发企业研发活力的做法进行梳理,以期为我国提供参考借鉴。

1. 突出政府对国家创新体系建设的作用

2019 年 11 月,德国政府发布《国家工业战略 2030》,提出"国家主导型经济体制",强调政府在新兴技术领域的形成与发展过程中,发挥更为主要和关键的作用,对于从事关键技术领域的重大、原始创新活动的企业提供政策支持,有效分担企业创新活动中的资金负担和市场风险。

2. 让企业更多地使用政府研发经费

企业部门是美国政府研发经费支出的一个重要去向。2018 年,美国企业使用

的研发经费中有 5.6% 来自政府(我国的这一比例仅为 3.2%)。一般来看,在争取政府研发经费的过程中,企业需要与大学、国立科研机构(比如国家实验室)等竞争,而后两者与政府的关系更为密切也更容易获得资助。在一定程度上说明美国政府部门在遴选资助对象时有意突出了企业部门的角色。

3. 强化政府部门间的创新协同

作为新兴市场经济国家的波兰,不断强化政府部门间的创新协同。议会、总统与部长会议是引领波兰创新的最高政治决策层,发挥首要作用。发展部、科学与高等教育部、国库部三个国家机关协调国家创新政策,再由科学政策委员会(KPN)和科学研究机构评估委员会(KEJN)就研发创新的资助与评估进行协调。其中,发展部规定和实施有关创新战略,将研发创新资金分配给企业发展署(PARP)与国家研发中心(NCBiR),支持企业从国家以及欧盟基金获得创新资助;科学与高等教育部管辖的资金由国家科学中心和国家研发中心分配,国家科学中心资助基础科学项目,国家研发中心资助应用研究与创新发展;国库部则是通过国有银行(BGK)提供公共资金研发创新项目。

4. 开发新的减税政策工具,覆盖创新成果全链条

"专利盒"是近 10 年来欧盟主要国家开发、实施针对特定类型知识产权的特定方式交易活动所产生收益进行税收减免的一项政策。欧盟各国政策实践的现状显示,"专利盒"所涉及的税收优惠范围覆盖了创新成果转移转化活动的主要领域,通常包括知识产权的使用费、许可费用、产品或者服务的销售收入以及侵权损害赔偿所得。以英国为例,2013—2017 年该政策实施所减免税收总额年平均增长率为 44%,该政策对企业的影响力逐年增强,越来越多的企业重视和运用"专利盒"政策以获得税收上的减免。

5. 鼓励本土创新,用技术解决自身面对的问题

印度的本土创新特色鲜明,因地制宜利用有限的创新资源和条件,以朴素、节俭和包容的方式进行研发、创新,聚焦产业链、价值链和创新链的中间环节寻求突破,为客户或消费者提供较低价格的产品和服务,并以此打通整个创新链条。这些对于处于转型升级关键节点的中国企业都是适用的。

四、"十四五"时期激活企业研发活力的政策建议

"十四五"时期是我国完成《国家中长期科学与技术发展规划纲要(2006—2020 年)》、进入创新型国家行列后,开启面向 2035 年进入创新型国家前列、2050 年成为世界科技强国宏伟目标的新征程。需要进一步加大体制机制改革力度,完

善国家研发体系建设,以抓重大任务、建研发机构、高财税激励、全面人才培育等重大举措,激发我国企业的研发动力,提升企业的创新能力,不仅要克服疫情后续影响,要有效突破产业核心技术、关键技术的"卡脖子"问题,更要抓住新一轮科技革命和产业变革的历史机遇,在5G、人工智能、大数据、云计算、工业机器人等战略性新兴产业领域抢占先机,从全球价值链的中低端迈向中高端,真正推动我国企业走出一条具有中国特色的社会主义自主创新道路。

(一) 健全市场主导的企业研发资源配置机制

1. 健全面向企业研发的市场体系

正确处理政府和市场的关系,充分发挥市场在资源配置中的决定性作用,探索建立符合研发规律的研发项目招投标市场,建立健全统一开放、功能完善的技术市场,着力发展规范有序的科技金融市场,大力发展体现知识价值的科技人才市场,为企业按照市场规律自主决策研发投入方向和力度创造好基础条件。

2. 支持企业按照市场机制牵头组织产学研合作研发机制

支持企业按照市场机制牵头组织、建立产业技术研发导向的产业技术创新战略联盟,多种渠道、多种方式促进企业和大学、科研院所的研发合作,加强企业开放创新能力建设。

3. 鼓励市场化专业服务力量为企业研发提供高质量、专业化服务

利用"创新券""服务券"等手段,鼓励市场化专业服务力量围绕企业研发活动提供研发咨询、技术搜索、专利布局、检验检测认证、创业孵化、转移转化、投资融资、人才猎头等高质量、专业化的服务,帮助企业切实提高研发效率和研发质量。鼓励企业利用市场化的科技服务力量,完善、优化研发项目管理体系,做好研发项目的过程管理、风险管理和知识产权管理。

(二) 改革国有企业研发投入管理和考评机制

1. 完善研发活力导向的国有企业科技创新考核激励体系

抓住这一轮国企深化改革的时机,进一步完善考核激励体系,建立个人、企业、政府在提高创新能力和获取创新成果效益中的合作共赢、风险共担、利益共享机制。通过减免税、加强科技成果分红等政策促使国有企业能够切实从企业和产业长远发展的角度出发,增加技术研发投入、加强技术研发力量、激发技术研发活力,切实增强自主创新能力。

2. 健全国有企业内部研发体系

设立相对独立的基础研究机构,建立专门的研究队伍,专注于开展解决"卡脖子"技术的应用基础研究。完善科技创新公共信息平台建设,加强内部沟通和信

息互通,创新激励形式,通过企业内部记账方式,强化研发成果的利用,减少重复研发,着力解决企业科技资源分散、专业交叉重叠和技术重复开发等问题。

3. 加强国有企业领导班子建设

建立健全国有企业研发容错机制和尽职免责机制。支持基础研究项目灵活立项、灵活退出,重点关注成果的潜在价值和前景,允许项目失败。在领导班子中设立懂研发、懂经营的首席技术官(Chief Technology Officer)。

(三) 加大国家科技计划对民营企业的开放和支持力度

1. 提高民营企业参与国家科技计划的角色地位

建立健全"企业出题、政府立题、企业资助、协同破题、优先转化"的国家科技计划项目合作机制。一是在面向产业技术应用或有较强产业应用可能性的科技计划项目上,提升民营企业代表的决策参与权。二是在面向基础、前沿领域的应用基础研究科技计划项目上,如国家自然基金项目,增加企业申报的渠道和资质数量,鼓励有条件的民营企业申报。三是在国家创新规划、重大科技专项和重点研发计划等重大项目指南、大科学装置建设规划等编制过程中,充分考虑民营企业的创新需求、听取民营企业意见。

2. 支持民企承担各级政府部署的大科技项目

围绕国家和地方重点关切、与地方经济社会发展关联密切的重点领域,探索新型组织方式,由中央和地方政府共同出资,依托优势企业,组织民企参与前瞻性、突破性研究,增强企业核心竞争力。

3. 引导民企建设重大科技创新平台

以民营企业为依托单位,认定一批国家重点实验室、国家工程技术中心等重大创新平台,支持民企参与国家大科学装置建设,充分调动民企创新积极性,压实民营企业创新主体责任。支持民企通过重大创新平台建设和重大科研项目实施,提升原始创新能力。

(四) 完善科技型中小企业的资助体系

1. 建立符合科技型中小企业研发特点的资助体系

针对科技型中小企业概念验证性项目多、失败后调整创新方向快的研发特点,进行分阶段资助,根据上一阶段的资助效果确定下一阶段的资助内容和力度。为了有效推进这项工作,建议国务院有关部门对我国现有的各种类型、各种层级的小企业研发资助项目进行摸底,并建立数据库。

2. 进一步发展知识产权金融

引导银行业建立符合知识产权特点的信贷审批制度和利率定价机制;推广知

识产权质押融资保证保险等险种、完善风险分担机制;推动做好银企对接服务、加强质押登记服务等多项举措,扩大知识产权质押融资覆盖范围,让更多的科技型中小企业通过知识产权质押融资发展。

3. 建立健全中小企业创新政策享受的免费服务机制

鼓励发展面向科技型中小企业的专业化服务机构,支持科技型中小企业在中介服务协助下充分享受研发与技术创新优惠政策,激发科技型中小企业研发动力。

(五) 完善企业技术创新人才体系

1. 鼓励企业培养科学家人才梯队

通过各级研发平台、人才计划,鼓励支持企业培养或引入科学家人才。支持企业科学家承担科技计划项目,对于基础研究型的科技计划项目,鼓励企业科研人员合作或自主承担研究工作;应用型的科技计划项目,从选题阶段就强化企业科技人才的参与,参与咨询和决策的专家组的主体应来自企业,从立项到整个研发过程都瞄向成果的产业化和商业化。

2. 强化企业科技创新人才职业生涯规划,加强培训与学术交流

根据企业科技创新人才岗位的特点,为其提供研发类职业生涯规划,将企业目标与科技人才个人目标相衔接。加强企业科技创新人才的培训工作与学术交流,使科技人才有更好的成长空间、学习机会。

(六) 建设"企业研发友好型"的政策制度环境

1. 构建以"普惠"为基础、"特惠"为补充的税收优惠政策体系

在既有研发费用加计扣除的基础上,对研发投入增量大、强度高的企业给予特殊优惠,对基础研究投入多的企业给予优惠,对投入产学研合作经费多的企业给予优惠。

2. 促进企业发挥应用基础研究"第三极"作用

一是探索在企业内建或委托企业建设管理国家实验室,鼓励、支持创新型领军企业牵头组织开展应用基础研究。二是健全国家工程技术研究中心、国家工程实验室等研发机构管理机制。在"十四五"时期形成数量稳步扩展、能力不断提升的国家工程系列研发机构,以评促建,有进有出,有效促进企业提升应用基础研究成果的后续技术开发、熟化与产品工艺开发能力。三是加快开展国家技术创新中心、产业创新研究中心、制造业创新中心等国家级研发机构建设,鼓励企业特别是民营创新型企业承建相关研发机构。

3. 加强知识产权保护，探索"专利盒"政策

培养各类企业的知识产权诉讼能力，提高企业保护自身知识产权的主动性、积极性。参考借鉴国外的覆盖企业从研发到运用"专利盒"经验，研究制定符合我国实际情况的"专利盒"政策。

（课题组成员：刘海波 张赤东 隆云滔 周建中
薛薇 冯海红 肖冰 饶远）

"十四五"时期激发创新主体动力活力的体制机制研究

中国科学院大学公共政策与管理学院

　　"十四五"时期是我国全面深化科技领域改革,从科技创新大国迈向世界科技创新强国的关键时期。从外部环境看,新形势下我国面临更严峻的大国竞争考验。美国频繁掀起贸易争端,通过知识产权"301调查"、制裁中国高科技企业等措施,维持其经济领先与科技垄断地位。从内部因素看,我国处于以创新驱动高质量发展的全新阶段,进一步破解体制机制障碍,释放全社会创新潜能是必然要求。"十四五"时期,我国建设创新型国家,迫切需要构建公平、有效、开放的创新体制机制,营造良好创新创业环境,最大限度激发各类创新主体活力动力。

一、"十四五"时期创新体制机制有重大战略意义和现实作用

（一）创新体制机制是实施创新驱动战略的关键环节

　　党的十八大以来,以习近平同志为核心的党中央高度重视科技体制改革工作,把科技创新作为提高社会生产力和综合国力的战略支撑,摆在国家发展全局的核心位置,深入实施创新驱动发展

创
新
驱
动

战略,按照科技创新和体制创新"双轮驱动"的要求,研究部署推出一系列重大改革措施。

2014 年,国务院印发《关于深化中央财政科技计划(专项、基金等)管理改革的方案》。2015 年 3 月 13 日,《中共中央、国务院关于深化体制机制改革加快实施创新驱动发展战略的若干意见》发布。同时,国家推动修订《促进科技成果转化法》并出台《实施〈中华人民共和国促进科技成果转化法〉若干规定》,制定《促进科技成果转移转化行动方案》,构成了促进科技成果转移转化的"三部曲"。2016 年,中共中央、国务院发布了《国家创新驱动发展战略纲要》,为中国科技创新未来发展提供了顶层设计和系统谋划,明确了到 2050 年中国创新驱动发展的目标、方向和重点任务。与此同时,国务院出台《关于大力推进大众创业万众创新若干政策措施的意见》,推进科技创新与双创融通发展,以众创空间为代表的各类新型孵化器竞相涌现,各类国家专业化众创空间和科技企业孵化器共同形成有序的创新创业孵化链条,带动创新创业全面开展。近年来,我国围绕落实创新驱动发展战略,在全面创新改革试验区、创新型省份和城市、自主创新示范区、科技成果转移示范区、增加知识价值为导向的分配激励等方面系统地推动体制机制创新,取得了良好效果。促进成果转化已经成为全社会的重要共识,创新文化氛围持续浓厚。

(二) 创新体制机制是打造世界科技强国的必经之路

世界主要国家和地区逐渐推动资源和政策向基础研究及其转化领域倾斜。世界各主要国家和地区对基础研究经费投入都呈现出稳步上升趋势,基础研究经费占 R&D 经费比例普遍处于 15% 左右。欧盟的"地平线计划"、美国特朗普政府的 2019 年财年预算报告、日本最新的科学技术计划等均表现出对基础研究领域及其应用的经费倾斜和政策支持。战略导向基础研究及其转化成为国家竞争力的关键要素,世界各国为谋求在新一轮科技革命和产业变革中的战略优势,更加重视推动基础研究领域取得突破,实现基础研究领域成果的战略支撑作用。

习近平总书记指出,当前正处于新科技革命和产业变革与我国转变经济发展的历史性交汇期,既充满机遇,又面临挑战。未来,以 AI、生物、纳米等为代表的新科技领域中创新突破将层出不穷,如何将突破性原创成果与科技转化能力增强相协同,体制创新将是其中的重中之重,促进我国创新主体体制机制创新具有深远的战略意义和重要的现实作用。

(三) 创新体制机制改革核心在于激发创新主体活力

创新主体是具有创新能力并实际从事创新活动的人或社会组织。创新是人类独有的、具有能动性与创造性的活动。衡量创新主体动力活力的因素在于科技人员创新的积极性、创新主体承担创新风险的意愿、科技创新资源的集聚程度、科技创新研发投入和科技创新成果的数量与质量等。而创新主体的动力活力在很大程度上要受到创新资源和创新投入、创新基础条件可获得性、创新能力、创新制度与激励措施、创新网络和创新环境、创新收益与风险评估、创新成果转移转化(反映科技创新的社会接受度)、内在创新精神的鼓舞等要素的影响。推进科技体制机制创新,核心在于通过合理的制度安排发挥各类创新主体的动力活力。

明确企业技术创新、大学和科研院所知识创新、政府制度创新的分工定位,打通政产学研用一体化协同创新通道,促进科技与经济深度融合。一般认为,企业、高等院校、科研院所是科技创新的主要力量。但如果从更广义的角度看,科技创新是在复杂的创新协作网络下进行的,政府、企业、高等院校、科研院所、科研力量、社会组织等都在这个创新网络中发挥主体作用。作为知识和科技资源提供方的高等院校、科研机构、科研团队、课题组、科研人员,是知识创新的主体,承担知识吸收转化功能的企业是产业技术创新的主体。政府作为政策、制度和环境的提供者,是制度创新的主体。各种职业经理、科技中介、科技服务人员、社会组织是科技服务的主体等。

充分发挥各类创新主体的作用,构建协同创新生态体系。一是明确各类企业在技术创新中的主体地位。在我国,国有企业不仅是大企业的主力军,而且在技术创新方面也发挥着主力军作用。应进一步深化国有企业改革,建立更加有力、更为有效的技术创新体制机制,充分激发国有企业的内在活力和创新动力,充分释放国有企业的创新潜能,培养更多具有世界水平的创新型企业。中小企业是技术创新的生力军。我国科技型中小企业和科技"小巨人"企业迅速成长壮大,日益成为创新发展的强大推进器。加强对中小企业创新的支持,应保障中小企业更多更公平地获取技术创新资源;努力改善科技型中小企业的融资条件,完善风险投资机制,帮助科技型中小企业解决融资难问题。二是大学和科研院所是创新源、人才库。要支持大学和科研院所通过打造创新联盟、构建协同创新中心等多种形式加强合作,充分发挥大学和科研院所的人才优势,促进创新创业。政府支持科技创新体现在政府提供科技体制、制度和创新政策环境,政府提供一定比例的科技投入,政府对市场创新主体的引导、规范、激励与管理三大方面。

(四) 体制机制藩篱制约科技创新体系发挥整体效能

2016年5月30日,习近平总书记、李克强总理在全国科技创新大会、两院院士大会、中国科协第九次全国代表大会上分别作了重要讲话。指出,要完善符合科技创新规律的资源配置方式,解决简单套用行政预算和财务管理方法管理科技资源等问题,让经费为人的创造性活动服务,发挥市场在资源配置中的决定性作用,让机构、人才、装置、资金、项目都充分活跃起来,不要以出成果的名义干涉科学家的研究,不要用死板的制度约束科学家的研究活动,要让领衔科技专家有职有权,有更大的技术路线决策权、更大的经费支配权、更大的资源调动权,防止瞎指挥、乱指挥,推进科技领域简政放权、放管结合、优化服务改革,建立以企业为主体、市场为导向的创新机制,大力推动协同创新,在选人用人、成果处置、薪酬分配等方面,给科研院所和高校更大自主权,让科研人员少一些羁绊束缚和杂事干扰,多一些时间去自由探索,增加人才和智力劳动报酬,营造尊重劳动、尊重知识、尊重人才、尊重创造的良好环境。

科技领域是最需要不断改革的领域。当前,我国科技体制改革还面临一些有待解决的突出问题。其中,有国家创新体系整体效能还不强,科技创新资源分散、重复、低效的问题,存在"项目多、帽子多、牌子多"的现象,科技投入的产出效益不高,科技成果转移转化、实现产业化、创造市场价值的能力不足;有相关领域改革进展滞后于总体进展的问题,主要体现在科研院所改革、科技和金融结合机制的建立健全、创新型人才培养等领域。同时,科研人员开展原创性科技创新的积极性还没有充分激发出来。解决这些问题,尤须科技体制改革敢于啃硬骨头,敢于涉险滩、闯难关,破除一切制约科技创新的思想障碍和制度藩篱。

有效的制度安排和政策保障是科技创新体系发挥效能的基础。美国通过 1980 年颁布的《拜杜法案》《史蒂文森—怀德勒技术创新法案》,1982 年颁布的《小企业创新开发法案》,1986 年颁布的《联邦技术转移法案》,1988 年颁布的《贸易与竞争法案》,1989 年颁布的《国家竞争性技术转移法案》,1996 年颁布的《国家技术转移与升级法案》,2000 年颁布的《技术转移商业法案》,2013 年颁布的《创新法案》,等等,明确了科技成果相关权益的分配原则和措施,促进科技成果转化,提高科技人员的创新创业的积极性。日本政府公布 2018—2019 年度科学技术政策基本方针《综合创新战略》,在大学改革、加强政府对创新的支持等重点方面,促进各类主体协同创新方面,一是引入日本版的弗劳恩霍夫模式(指在政府资助下以企业形式运作、官产学研相结合、公益性地开展应用研究的运营方式),激励大学积极争取民间研究资金。二是提出了创立"产学官"一体的"大学改革支援产学官协议会"。

二、"十四五"时期释放创新主体潜能需破解的关键问题

(一) 基础研究领域是国家发展的领先力量和战略引擎

习近平总书记在党的十九大报告中强调:"要瞄准世界科技前沿,强化基础研究,实现前瞻性基础研究、引领性原创成果重大突破。"李克强总理在视察中国科

学院物理所时谈道:"一个国家基础研究的深度和广度,决定着这个国家原始创新的动力和活力。"基础研究领域成为国家发展的领先力量和战略引擎。我国现行基础研究管理体制经历了几个阶段的调整,形成了较为完善的基础研究资助体系,但是在基础研究的资源配置、支持强度、组织模式等方面还需要持续的改进。我国现有基础研究模式包括机构性资助和项目资助两种模式,机构性资助的强度较小,难以开展持续性研究;项目资助则聚焦于关键领域,当前主要体现为国家重点研发计划。而国家重点研发计划主要是围绕下游特定领域展开的,多偏向应用性和技术性,基础研究的内容难以受到重视、容易被边缘化,布局上难以实现完整系统布局,有许多基础研究的战略方向未得到资助。因此,基础研究的投入强度、组织模式等方面体制机制需要完善,提升创新源头供给能力,推动基础研究整体繁荣。

(二) 企业科技创新与成果转移转化缺乏持续动力

企业持续投入科技创新存在障碍。一方面,相当一部分企业存在解决技术难题的迫切愿望与支付高额技术开发费用之间的矛盾。科技成果转化具有高风险、高投入属性,且周期较长。另一方面,科技创新开发与具体项目成型在推广时间节点上难以契合。创新失败势必要影响企业当年绩效。与国有资产经营相关的要素资源处置权没有充分下放,相对动态变化的市场需求,研发投资、资产处置、新办企业、对外融资等却需要层层审批,审核流程效率低导致研发机构容易失去商机。我国科技型中小企业并不具备良好的生存环境。其中摆在中小企业面前最困难的一点为融资难问题。在创立运营的不同阶段,科技型中小企业的运营重心、管理要点、风险特征都不尽相同,需要匹配不同的融资方式。银行是企业运营最重要资金来源,但银行准入对于初创型科技企业而言具有较高的门槛,一般需要企业提供足额的抵质押物、担保等增信措施;传统而保守的准入门槛导致银行不能适应科技创新中的前瞻性、多元性特点,难以衡量科技型企业的发展前景及价值,所以银行不可能为初创型的科技企业提供足额资金。从财政补贴的角度,虽然我国对科技型企业有一部分财政补贴,但金额、范围均十分有限,难以满足科技型企业的资金需求。在风险投资方面,我国风投体系尚不健全,中小型科技企业通过 PE、VC 募集资金的难度也相对较大,风险投资的资金量也相对较小,故造成对科技创新的推动能力有限。

(三) 科技创新链与产业链融合需跨越"死亡之谷"

我国在很多高技术领域,仍然存在受制于人的短板和"卡脖子"的地方。新技术需要跨越两次"死亡之谷",第一次是跨越由科学成果到市场之间的技术"死亡之谷",该"死亡之谷"处于"市场选择"阶段。第二次则是由进入市场后实现规模化和产业化之间的制度"死亡之谷",该"死亡之谷"处于"市场扩大"阶段。从技术到市场阶段,企业担心新技术不成熟,对技术的工程化和中间试验投入缺乏积极性,不愿承担"首台套"风险。技术持有者缺乏工程化和中间试验的资金。从产品化到产业化阶段,企业由于缺乏从资金到技术的全方位支持,同样会造成科技创新链条的断裂。而创新链与产业链难以融合的根本原因在于:我国基础研究到应用研究衔接和转化体系方面,缺乏有效的激励体系和产学研转化机制。一方面,作为基础研究主导推动者的高校和科研院所,始终面临着研究偏离产业发展现实需求的困局;另一方面,我国大多数企业关注模式创新,既无力成为基础研究、原始创新以及颠覆性创新的承担者,也无力主导基础研究的应用开发。而模式创新终有尽头,竞争的实质还是靠硬科技、硬实力。

(四)科技成果转化权属问题改革仍存在负面效应

通过科技成果使用权、处置权、收益权管理制度改革,赋予科技人员成果所有权,以法律形式保障科技人员对自身成果的固有权益,可以有效引导与激发科研人员从科研选题、立项,到研究、试验、成果产业化应用推广全过程紧扣市场需求,在激励成果完成人向产业化方向开展科研活动方面产生莫大内动力。然而,任何事物都有两面性,科技成果权属改革一旦运作不好,也有可能向不利的方向发展。成果权属如果脱离单位,完全属于成果完成人,长期运行下来,难免使单位缺少积极性,其转化过程将会失去很多必要的支持,转化之路也会困难重重。由此可见,成果所有权试点改革首先要考虑是否建立了有利于促进科技成果转化的激励机制。在具体分配成果权属时,应合理分配成果完成人、所在单位以及成果转化服务人员在成果转化中的权益,以构建一个积极、高效的科技成果转化生态系统,进而取得成果转化的显著效果。

(五)科技创新人员缺乏稳定有效的长期激励机制

现阶段我国对基础研究的持续投入、保障程度不足,使得科学工作者在技术创新以及科技成果应用上积极性不高,严重影响科技创造力。基础研究需要长期性、持续性的支持,现有基础研究资助布局与激励机制亟须加强。科技成果转化与应用的激励不能仅强调对科技成果完成人的激励,科研院所、科技成果转化人员都是创新链上的关键环节。科技成果转化激励的实质是满足一系列利益相关者的利益诉求与博弈。高校及科研院所的决策者、科技成果转化人员在成果转化中发挥着至关重要的作用,如何激励其积极性,在政策中反映其诉求应得到足够的重视。

(六)科技创新产学研合作机制不畅影响创新活力

第一,我国企业、学校及科研院所现行的对科技人才的评价机制存在偏差。企业以盈利为目的,在对项目的偏好上倾向于短期、快速见效的项目;高校与科研院所更加注重项目的研究价值,对发表的论文数量、层次及科研经费具有较高诉求。另外,科研主管部门的评价标准也难以统一,对产学结合的积极性提升不大。

第二,我国企业、学校及科研院所现行的利益分配难以达成一致。我国涌现出一批批产学研协同创新联盟,由企业、高校、科研机构及政府等共同参与创造智力成果,却也因此引发了各个创新主体因投入与利益分配不匹配而导致的问题,即知识产权如何共享、利益分配方式等问题亟待解决。一是创新主体之间签订合同约定不明确,在纠纷发生后无法依据其作出裁判。二是因创新成果而形成的知识产权的所有者不明确。三是创新主体参与度相差大,不能确定后期利益分配占比。

第三,我国企业、学校及科研院所中的科技人才流通存在一定壁垒。在我国公立科研机构中,由于存在职称、待遇、编制等问题,造成科技人才流通往往难以实现,企业难以聘请高端人才,科研机构研究院陷于"纸上谈兵"的尴尬境地。

三、"十四五"时期激发创新主体动力活力的对策建议

(一) 完善基础研究组织管理和前瞻布局

一是科研投资结构上,更加突出基础研究,将有限的财政资金用于技术需求最迫切、产业发展最薄弱的基础领域和关键环节,提升研发资金使用效率。二是构建稳定性经费与竞争性经费的合理配置机制。在加强竞争性项目经费投入的同时加大对开展基础研究的基地和人才队伍的稳定支持,持续加大对国家重点实验室经费、重大科学工程、专项基础科研等专项经费的支持,提高自然科学基金稳定支持基础研究的比例,稳步促进稳定性经费的增长,适度延长部分项目的周期,使稳定性经费与竞争性经费达到合理的比例。三是科研投资主体上,将应用研究更多交给市场来主导,进一步强化企业的研发主体作用,支持企业加强应用技术创新能力建设,充分激发企业研发创新活力。四是科研投资方式上,创新财政支持方式,深化资金管理改革,运用 PPP、政府基金等手段引导企业共同参与基础研究,形成基础研究到市场转化的畅通渠道。

(二) 强化科技创新与成果转化激励机制革新

释放高校和科研院所的科技创新活力,通过松绑和激励让科研人员拥有更多的获得感。一是强化科技成果转化激励。允许转制院所和事业单位管理人员、科研人员以"技术股+现金股"形式持有股权。鼓励高校、科研院所以订单等方式参

与企业技术攻关。继续简政放权优化科技成果转化流程。继续推动高校和科研院所简化评估备案管理、核算成果转化成本、明确成果转化受益人,激发科技人员创新活力。优化国有资产产权登记和变更程序,简化国有资产科技成果转化申请和审批流程,研究设置国有资产科技成果转化监督与免责办法。二是完善科研辅助体系建设。健全科研财务助理制度和科研经纪人制度。科研院所、高等学校等事业单位可根据科研活动需要,自主选择固定岗位、短期聘用、第三方外包等多种形式,聘用科研财务助理和科研经纪人为科研项目实施提供经费管理和使用服务,其服务费用可在单位日常运转经费、相应科研项目劳务费或间接费用中列支。三是因地制宜制定灵活的科技成果权属分配制度。在具体分配成果权属方面,应合理分配成果完成人、所在单位以及成果转化服务人员在成果转化中的权益,以构建一个积极、高效的科技成果转化生态系统,进而取得成果转化的显著效果。四是改善科研项目资金管理制度。着力扩大科研机构自主权,释放创新潜能。在横向经费管理方面,实行有别于财政科研经费的分类管理方式,明确给予科研人员横向经费自主管理权,在业绩考核、职称评定中同等对待横向项目和政府科技计划项目。在用人自主权方面,建立高校院所事业编制统筹使用机制,对高层次或急需紧缺人才,允许高校院所采取直接考核方式公开招聘。

探索企业主体释放创新创业潜能的激励制度。改革完善国有企业创新考核激励制度,对国有企业在技术创新和研发机构、研发与转化功能型平台建设等方面的投入,在经营业绩考核中"视同于利润",扩大国有科技型企业股权和分红激励政策实施范围。推进国有科技型企业混合所有制改革,支持国有优势龙头企业吸纳民营资本,优化存量资源,建立创新联合体。建立政策支持、要素投入、激励保障、服务监管等长效机制,改革和优化企业参与科研项目支持体系。重视企业核心技术的设备认证和市场应用,公共性技术应纳入政府采购范畴和产业扶持政策,为自主创新技术留下市场空间。开拓中小科技企业融资渠道。推动政府股权基金投向种子期、初创期科技企业。创业创新团队可约定按投资本金和同期商业贷款利息,回购政府投资基金所持股权。鼓励开发专利执行险、专利被侵权损失险等保险产品,降低创新主体的侵权损失。

(三) 培育和发展创新创业服务组织和孵化器

激发创新主体科技成果转移转化的积极性,鼓励培育新型研发机构、技术创新联盟等科技创新服务组织。大力发展新型研发机构,推进研发与转化功能型平台建设,形成各类研究机构优势互补、合作共赢的发展格局。鼓励多种形式、多种力量创办大学、科研院所、研发型企业。既要鼓励高等院校、科研院所开办研发型企业、知识密集型公司,在协议安排下允许教师、科研人员以成果创办企业或参股企业,也要鼓励有实力企业开办大学、科研院所,促进产学研融合发展。

培育专业化创新创业孵化器。进一步发挥众创空间服务和支撑作用,在创新资源集聚区域,依托行业龙头企业、高等学校、科研院所、技术转移机构等,在重点领域继续建设一批专业服务水平高、创新资源配置优、产业辐射带动作用强的众创空间。强化"双创"主体企业的创新能力。

(四)完善政府促进创新创业的服务体系建设

探索更符合科技创新特点的创新创业服务体系。整合第三方和社会服务资源的"一站式"公共服务模式,采用大数据、云计算等技术的提升服务水平,进一步发挥政府公共服务平台和智能化服务平台的作用。一是完善科技创新保障计划。完善针对创新人才及其家属的社会保障体系,特别是要健全创新人才安居保障机制,解除创新人才的后顾之忧,让人才住得省心、安居乐业。发展创新服务业及相关服务业,特别是创新风险服务业。更多运用市场化手段促进企业创新,要大力营造公平包容的创新创业环境,降低创新创业的制度性成本,提升"双创"水平,着力激发全社会创新潜能。二是优化创新创业政策环境。在创新创业领域发力,推动出台一批标志性重大改革举措及扶持政策,鼓励企业创新发展,如知识产权保护、科技金融、成果转移转化、人才引进等。三是完善创新创业基础设施。鼓励科技基础设施、创新载体、大型互联网平台企业向社会开放创新创业平台、计算存储设施和数据资源,形成各类创新主体相互促进、线上与线下互动的发展局面。

(五)完善积极灵活的科技创新人才发展制度

打通科研人才双向流动通道。推进社会保障制度改革,完善社会保险关系转移接续办法,促进科技人才自由流动。改进专家教授薪酬和岗位管理制度;完善科研人员兼职兼薪管理政策,鼓励科研院校人才向企业流动,科研人员可保留人事关系离岗创业,在3—5年的创业孵化期内返回原单位的,待遇和聘任岗位等级不降低。探索支持高校形成专职科研队伍建设机制。探索建立弹性学制,允许在校学生休学创业。

进一步健全合作渠道,完善平台。鼓励企业联合院校建立校企合作人才培育联合机制,加大对企业技术研发人才的输送力度。政府还要进一步协助企业完善用才留才机制,对重点企业、关键项目人才在生活上给予保障。要加强创新能力开放合作,扩大国家科技计划和项目对外开放,在人员往来、学术交流等方面创造更多便利条件,更加广泛汇聚各方面创新资源。

(六)营造有利于创新创业的环境与社会氛围

加快构建知识产权创造、保护、运用、服务体系。建立知识产权侵权查处快速反应机制,强化行政执法与司法衔接,加强知识产权综合行政执法。建立知识产权资本化交易制度。简化知识产权质押融资流程,拓展专利保险业务,建立知识产权评估规范。严格按照国家规定,探索开展知识产权证券化业务。建立法治化的营商环境,让创新有制度保障,让企业安心做优做强。健全容错纠错机制,激发和保护企业家精神。鼓励企业家与科学家深度合作,加快科技成果从实验室走向市场的步伐。完善政策保障,健全保护科技创新的法制环境,全面落实国家关于推进科技领域创造的要求,为科研主体松绑放权,使创新者的合法权益得到有力的保护,推动创新创业高质量发展。

（课题组成员：李玲娟　王海燕　崔勇）

"十四五"时期提升中小企业
创新能力研究

中国生产力学会创新推进委员会

　　党的十九大报告提出,"建立以企业为主体、市场为导向、产学研深度融合的技术创新体系,加强对中小企业创新的支持"。习近平总书记强调要"制定和落实鼓励企业技术创新各项政策,强化企业创新倒逼机制,加强对中小企业技术创新支持力度"。为此,课题组围绕"十四五"时期中小企业创新能力提升这一重大课题前往以中国环保集团为代表的中央企业,片仔癀药业、南通开控集团为代表的地方国有企业,新疆华源集团、深圳诚意信科技、伊犁冠通生物集团等为代表的民营企业开展专题调研。课题组通过分析"十四五"时期中小企业创新面临的挑战与机遇,剖析企业典型案例,借鉴发达国家与地区先进经验,进一步研究提出"十四五"时期提升中小企业创新能力的政策建议。

一、中小企业创新发展的现状及特点

(一) 中小企业发展总体情况

　　当前,我国中小企业发展环境持续优化、发展水平不断提高、创新能力快速增强,成了国民经济和社会发展生力军,构成我国完

创新驱动

整产业链的重要组成部分以及扩大就业、改善民生、促进创业创新重要力量。截至2018 年底，我国中小微企业法人单位共计 1807 万家，占规模企业法人单位的99.8%；吸纳就业人员 2.3 亿人，占 79.4%；拥有资产总计达 402.6 万亿元，占77.1%；全年营业收入 188.2 万亿元，占 68.2%。作为市场经济最活跃的群体，我国中小企业活跃在经济各个领域，在全部行业中的占比均在 99% 以上。

中小企业与民营企业互为主体。民营企业中 99% 以上是中小企业，中小企业中民营企业占比也在 99% 以上。民营企业高速发展也反映出我国中小企业蓬勃发展的良好态势。新冠肺炎疫情期间，我国中小企业面对大考，迎难而上、逆境突围，在减免租金税收、降低融资成本、优化政府服务等政策组合拳支持下，经营情况出现积极变化，为社会经济恢复发展按下"加速键"。

（二）中小企业创新发展基本情况

随着我国经济不断转型升级发展，中小企业创新活动更加活跃、创新领域更加广泛，不仅在原有传统产业中保持旺盛活力，而且在信息、生物、新材料等高新技术产业和信息咨询、电子商务等服务业中成为新兴力量。根据汇丰集团对 9000 家企业的调查，技术创新日益成为中小企业提高竞争力主要途径，35% 的中小企业加大产品和服务创新，33% 的中小企业加强技术投资，中小企业在高技术企业中占比达到 70% 以上，民营企业研发投入占企业整体研发投入近 50%。

二、中小企业创新发展存在的主要问题

我国中小企业创新在取得诸多成效的同时，也暴露出各种问题，严重阻碍了中小企业持续发展。这些问题主要集中体现为技术能力薄弱，主要在创新观念、资金、人才、政策环境、服务配套等方面还有待改进。

（一）观念认识依然落后，创新动力活力不足

长期以来，由于社会上对创新的本质认识不够全面、准确，取向难免"重大轻小"，用规模大小衡量企业创新能力强弱，对中小企业创新存在一定偏见和误解，认为中小企业缺乏自主创新，只是被动简单模仿。中小企业经营者也大多关心短期经济利益，重市场、重销售，创新观念普遍不强，重视程度不高，缺乏研究市场变化需求的意识和能力，"拿来主义"不同程度存在，创新的仍是相对少数，尚未真正进入到依靠创新引领企业持续成长的发展阶段。从中小企业创新实践看，创新对企业盈利贡献率不高，一些开展创新活动的中小企业并不比未开展创新的企业有

明显利润增值,创新效果难以凸显削弱了中小企业创新动力。

(二) 融资问题依然严峻,创新资金投入不足

由于创新的风险性、复杂性、长期性与广泛性,企业创新需要有大量的、稳定的、长期的资金投入作为保障。中小企业规模小,自身积累少,靠自身积累来进行创新远远不够,大部分依赖财政扶持和银行贷款。财政资金往往是一次性投入,缺乏持续性,且受经营规模限制,中小企业往往无法达到支持门槛。因知名度低、信誉度不够,加上我国多层次资本市场尚未完全形成,中小企业仍面临融资难、融资贵等问题。融资难主要体现在直接融资难、银行贷款难,抵押担保难,上市门槛高及新三板和区域资本市场缺乏融资功能等窘境。融资贵主要表现在贷款综合成本率高,贷款基准利率浮动后的贷款利率,加上中介费用,中小企业获得的融资平均成本普遍超过 10%。调查表明,我国企业研发经费投入强度约为 0.5%,其中大型企业为 0.78%,中、小型企业分别为 0.34% 和 0.37%,资金不足成了中小企业创新重要障碍。

(三) 创新水平有待提升,国际市场竞争力不强

虽然经过多年发展,我国中小企业形成了一批"专精特新""小巨人",但与德国、日本、韩国等发达国家相比,我国中小企业发展仍面临主业聚焦不够、小而不精、多而不强等问题。德国"隐形冠军"企业有 1300 余家,接近全球一半,平均研发投入强度为 6%,在多个细分领域产品质量及技术工艺达到世界先进水平,细分市场"百年老店"平均寿命达到 22 年。日本利基市场企业、韩国中坚企业等"隐形冠军"企业在细分领域的生存能力、市场占有率、技术创造力都具有强大竞争优势。相比之下,我国"隐形冠军"企业还不到 100 家,细分领域生存周期仅有 3 年,每年新产品达到国际水平的仅占 2.5%。"专精特新"企业中,72.9% 未踏入国际市场,14.5% 在国外设立了办事机构,但主要从事销售工作,仅有 25.3% 的产品处于国际先进水平。

(四) 体制机制不完善,高端创新人才资源匮乏

高端创新人才是现代企业最宝贵的资源。由于历史原因,大部分创新人才集中在高校和科研机构中,中小企业受自身经营持续稳定性差、薪资待遇低、发展空间不足和工作环境等局限性,缺乏对创新人才吸引力和凝聚力,在人力资源获取、保持及发展上与大企业存在着较大差距,严重影响了中小企业创新能力提升。不完全统计,我国从事研发工作的科技人员只有 38% 在企业,且大多数是在大型企业或国有企业,很少愿意在中小企业,特别是民营中小企业从事创新工作。根据调查,六成以上中小企业反映"大专家聘不起,不愿来;大学生不想来,留不住"。特别是欠发达地区中小企业,由于地理环境差,经济条件相对落后,普遍存在着"人

才难求、人才难留"问题。根据对 475 家中小企业的调查,41.43% 的企业研发人员数量在 20 人以下。

(五) 政策环境待优化,产业研发服务体系不完善

中小企业相关法律法规、扶持政策还有待完善,中小企业在获取土地、资金、人才等创新资源及享受创新政策上与国有企业仍然存在不平等地位。国家不断加大扶持力度,促进中小企业创新发展,但到了一些地方仍然存在多部门政策目标难协同、政策执行不够精准、政策落实效果不佳等问题,政策措施尚未实现精准施策、精确扶持,存在"一刀切"现象,各部门出台多项扶持政策,但政策间存在相互打架的问题。中央和地方出台的降低税费、财政补助、贷款贴息及科技项目、创新基金、担保等一系列支持中小企业创新的政策红利还未充分释放。中介服务机构发展与中小企业创新需求相比还较为滞后,存在服务资源分布不平衡、服务能力和专业化水平不高、服务需求匹配度不高、服务机构同质化严重等问题,缺乏针对中小企业创新的个性化、定制化服务资源。

(六) 产学研协同不紧密,大中小企业融通有待深化

长期以来,高校院所致力于实验室研究,为研究而研究,对细分产业领域关注不多;中小企业致力于市场效益,为生产而生产,且信息渠道闭塞,企业创新需求与高校院所研究脱离,不少中小企业望"学研"而兴叹。此外,科研体制束缚导致体制外的中小企业难以拿到科研经费。大中小企业协同创新不够紧密,大企业对中小企业创新带动与支撑还不足。中国信通院对 3183 家中小企业的调查显示,仅有 9.02% 的中小企业通过大企业服务平台获取服务,14.89% 的中小企业从与关联大企业协同创新中获得了创新支持。

(七) 产权管理意识不强,产权保护力度还需加大

知识产权保护是推进中小企业创新的重要制度因素。创新具有前期资源投入大、不确定性风险高和技术外溢性明显等特征,对于创新资源本来就稀缺的中小企业如何通过产权保障机制维护创新成果更为关键。现行知识产权法律法规还不够完善,知识产权维权举证难、周期长、成本高、赔偿低、效果差现象还未根本消除,很多时候企业拿到胜诉结果时市场机遇已经过去,对高科技中小企业生产经营产生了持续恶劣影响。此外,大部分中小企业对知识产权保护重要性未高度重视,在专利权、商标权申请方面较为消极,不能将科技成果及时转化为自主权利。知识产权管理还不健全,很多企业还没有专门知识产权管理部门,管理缺乏规范性,未建立知识产权纠纷处理机制,不能很好地保护自己的权益,极大减弱了企业创新能力。

三、"十四五"时期中小企业创新的机遇与挑战

（一）"十四五"时期中小企业创新面临的机遇

1. 构建新发展格局为中小企业创新提供了新空间

党的十九届五中全会提出要加快建设现代化经济体系,构建以国内大循环为主体、国内国际双循环相互促进的新发展格局,这是我国经济从高速增长迈向高质量发展关键阶段的强国方略,是开启全面建设社会主义现代化国家新征程的方向指引和根本遵循。这一战略更加强调科技创新作用,从而为中小企业创新发展指明了方向。

2. 政策红利释放为中小企业创新营造了更好环境

党中央高度重视中小企业发展,相继出台一系列决策部署和惠企政策。2020年,面对新冠肺炎疫情的冲击,中央再次明确"保居民就业、保基本民生、保市场主体、保粮食能源安全、保产业链供应链稳定、保基层运转""六保"工作,随着《中小企业促进法》修订实施,《保障中小企业款项支付条例》《关于促进中小企业健康发展的指导意见》《关于健全支持中小企业发展制度的若干意见》相继出台,《中华人民共和国民法典》的实施,以及增值税改革不断深化,减税降费措施持续推进,中小企业创新创造活力将进一步迸发。

3. 科技创新力度空前为中小企业创新提供了更大舞台

当前,新一轮科技革命和产业变革正在迅猛发展,全球经济正处在一个前所未有的变轨期。随着西方反华势力对我国技术恶意封锁,我国科技在核心基础零部件（元器件）、先进基础工艺、关键基础材料、高端通用芯片、基础软件产品及高端制造装备等关键领域核心技术受制于人的问题日益凸显。在此背景下,迅速提升科学技术水平,打破国外技术封锁刻不容缓,关键核心技术"卡脖子"突破的需求更加迫切,国家将集中力量投入在影响企业生存发展关键技术攻关上,科技创新支持力度前所未有。

4. 新消费新基建为中小企业创新创造了巨大市场

新冠肺炎疫情对我国经济运行带来一定冲击,同时也因势催生了新型消费升级和需求扩容增效,出现了大量新业态、新模式,并在新冠肺炎疫情期间表现出极强的生命力和适应性,深刻影响社会各行各业和人们的生活习惯。特别是新基建主要根据最新科学技术,以移动互联网、大数据、人工智能等新技术赋能社会各行各业,从而实现全社会数字化、智能化、智慧化、生态化,建立完善的现代化经济体

系基础设施建设,这将为中小企业尤其是科技型中小企业带来新一轮发展机遇。

5. 注册制为中小企业创新带来了融资活水希望

注册制改革对于中国中小企业发展是核心的制度,科创板、创业板和新三板试点注册制将带来巨大政策红利溢出。

(二)"十四五"时期中小企业创新面临的挑战

1. 全球经济持续疲软导致中小企业创新环境不容乐观

当今世界正经历百年未有之大变局,国际环境日趋复杂,随着国际单边主义以及逆全球化势力的抬头,国际政治经济环境的不确定性日益加剧。国际经济复苏举步维艰,尤其是新冠肺炎疫情远未结束,全球经济持续疲软,美国 PMI 从 2019 年 1 月的 56.6 大幅下降至 10 月的 48.3;欧元区与日本制造业 PMI 分别从 2019 年 1 月的 50.5 和 50.3 下降到 45.9 和 48.4,均在荣枯线以下。在国际政治局势、贸易争端及本国特定因素等叠加影响下,新兴市场经济体在未来复苏中存在不确定性,巴西、墨西哥和俄罗斯等大型新兴市场经济体 2019 年的增长率为 1% 左右,远低于其历史平均水平。国际货币基金组织预测,2020 年全球经济增长率为 -4.9%。国际经济环境持续恶化致使我国中小企业外需空间进一步压缩,我国中小企业创新将面临巨大挑战。

2. 我国经济下行压力对中小企业创新带来不利影响

根据国家统计局数据,2019 年,我国经济同比增速为 6.1%,与上年相比下降 0.5 个百分点,经济增速回落明显。国内消费需求增长乏力。企业景气度出现分化,中小企业发展信心不足,大型企业 PMI 基本上高于荣枯线,而中小企业 PMI 出现大幅回落后有所回升,但均处在荣枯线以下,"十四五"时期我国经济增长速度难有明显回升。在此背景下,大型企业规模化扩张空间将受限,不得不进行发展方式转变,进行产品升级,向价值链高端提升,向上下游延伸,扩张其产品空间,原来大中型企业不愿做的领域可能都要涉足,中小企业的投资机会和创新发展的空间将会进一步减少。

3. 供给侧结构性改革为中小企业创新带来压力

当前,我国经济正处于转变发展方式、优化经济结构、转换增长动力攻坚期。随着供给侧结构性改革加快推进,许多中小企业特别是传统行业小企业主要依赖廉价劳动力进行粗放型生产的发展模式难以为继。受要素价格、人工成本、交易成本、社会治理成本等多重因素约束,将进一步倒逼中小企业加快转型升级,在战略、技术、产品、管理、模式等全领域加速创新,从原来重规模速度加快转变为重效益质量。但受经济规模、技术储备、资金投入、专业人才等因素制约,中小企业目前整体上被挤压在价值链中低端,开展技术创新、商业模式创新、跨界融合发展能力相对有限,对创新发展信心不足、实力不足、储备不足,看不清产业发展趋势和国内外形势,望而却步、举棋不定,存在"不想转、不敢转、不会转"等问题。

四、中小企业创新发展的路径选择和政策建议

"十四五"时期中小企业创新发展的主要路径:一是强化战略引领、着力构筑创新发展制度保障;二是创新体制机制,不断夯实创新发展人才根基;三是深化产学研合作,加快构建协同开放创新体系;四是聚焦主业发展,加快"专精特新"发展步伐;五是强化自主创新,大力实施知识产权品牌战略;六是携手互助共进,促进大中小企业融通发展;七是开阔国际视野,积极融入全球创新网络体系;八是加快数字化转型,推进数字技术赋能企业创新。下一步加快提升中小企业创新能力的政策建议:

(一) 完善法律法规,切实保障中小企业合法权益

一是加强《民法典》《中小企业促进法》《保障中小企业款项支付条例》等法律法规宣传,依法全面保护民营企业家物权、产权、债权、智力成果权、知识产权等各项合法权益。支持民营企业合理诉求,加大民营企业与政府、国有企业间案件纠纷审理力度,最大限度减少司法活动对涉案民营企业生产经营活动不利影响,尽可能减少民营企业和企业家损失。

二是营造民营企业与国有企业平等竞争法制环境,特别是在资金、土地、人才、市场等创新要素资源获取方面,赋予民营企业更加平等的地位。坚决查处各类垄断、限制竞争和不正当竞争行为,探索允许中小企业进入法律不禁止的所有范围。完善长效机制,进一步加大清理拖欠民营企业中小企业账款力度。

三是从政策制度设计上建立鼓励创新、宽容失败良好环境,大力弘扬勇于创新、敢担风险、宽容失败、杜绝山寨创新文化,形成崇尚创新创业创造的良好文化氛围,鼓励年轻人有梦想、敢于挑战、敢于创业,引导全社会敢于创新、崇尚创业、尊重创造。

四是强化中小企业典型案例宣传,重点宣传中小企业在国民经济中重要地位和作用,树立中小企业正面形象,消除人们对中小企业特别是民营中小企业的偏见和误解,有效解除中小企业家放心大胆敢创新的心理束缚。

(二) 转变政府职能,进一步优化创新发展环境

一是将中小企业创新发展环境建设列为"十四五"时期推动中小企业创新的

重要事项,列入国家、地方创新发展规划,特别是地、市、县、区政府要真正把中小企业创新作为地区振兴和区域发展突破点,纳入发展全局统筹考虑,切实抓好、抓实、抓出成效。

二是主动对接企业,深入了解企业创新"痛点"和"难点",切实出台一批针对性、可操作、统筹性强政策。因地制宜制定政策,按照传统产业、新兴产业、优势产业、未来产业进行分类,针对创业期、上升期、成熟期、平台期等企业不同成长阶段分层,实现精准施策、精准扶持。全面梳理调整不合时宜的政策,对不利于中小企业创新的行政规范文件及时清理。

三是建立政策闭环管理机制,加强政策执行的跟踪、反馈与监督,明确各级政府负责制,切实压实主体责任,做好政策实施效果动态评估,并接受社会公开监督,保障政策扶持到位。建立广覆盖、宽领域政商沟通机制,拓宽沟通渠道,健全中小企业诉求收集、处理、反馈制度,做好"最后一公里"衔接。加大政策宣传力度,丰富宣传手段,建立专门政策门户网站,充分利用微博、微信等新媒体手段,增加政策透明性和了解度。

四是加大财税政策扶持,创新投入激励从选择性政策转向创新导向的普惠性政策,加大竞争前研究资助,减少竞争性开发直接资助。鼓励各地建立中小企业创新奖励制度,对创新作出突出贡献的企业给予重奖。建立倾斜的税收政策,探索将优惠重点从对企业优惠转向具体创新项目优惠,进一步完善税收抵扣、减免和加速折旧等政策,加大创新投入所得税前抵扣力度和研发费用加计扣除政策力度和受惠面。

五是扩大政府采购份额,切实落实好首台(套)政策,改进目录类别制定方式,完善目录类别制度,让更多符合政府需求的中小企业产品进入采购范围。严格落实招标投标法律法规,规范透明政府采购流程,营造公平竞争环境。

(三)集聚创新资源,大力推进技术创新与成果转化

一是研究实施"技术开发准备金"制度,鼓励中小企业持续加大研发投入。支持中小企业参与重大研发平台、工程中心、创新平台等载体建设,积极承担国家和地方重大创新活动、重大科技专项及科技项目,并主导项目建设。

二是推进"专精特新"企业发展,构建优质企业梯度培育体系,设立"专精特新"发展资金,重点支持企业技术研发、产学研合作、成果转化、数字化转型及国际化布局,加快培育一批"小巨人"企业、"单项冠军"甚至"领航企业"。设立新产业专项资金,积极鼓励智能制造、在线消费、在线办公、远程医疗、生鲜电商等新业态新模式中小企业发展。

三是推进政府、企业、高校院所、行业组织等多元化主体投入的共性技术平台建设,健全科研设施等资源向中小企业开放运行机制。大力实施创新券政策,促使

中小企业由被动创新转为主动创新。加大产业结构优化调整,加速淘汰落后产能,"倒逼"中小企业自下而上创新。

四是健全中小企业技术价值评价体系,对科技成果精准"定价"。不断完善技术交易平台,进一步打通创新链成果转化"最后一公里"。构建早期科技成果转化项目筛选机制,对高校院所科技成果向中小企业转移转化给予奖励,带动优质科技成果在中小企业转化。

(四) 完善融资体系,加快构建多元化资本市场

一是完善银行内部经营机制,细化授信尽职免责和差异化考核机制,对银行服务中小企业创新进行综合评价,营造基层"敢贷、愿贷"的良好氛围。健全信用信息共享机制,综合运用大数据、云计算、人工智能等技术解决信息不对称问题,为中小企业创新提供一揽子便捷高效的线上金融产品与服务。

二是做好央地政策性信用担保资金联动总体设计,大力发展信用担保公司,完善政策性担保体系。推动商业银行贷款方式变革,强化风险管控,逐步提高信用贷款占比。支持民间资本发起设立中小企业专业银行,鼓励国有银行等金融机构积极参资入股,充分发挥资本合力。

三是鼓励引导风险资本加大对初创期中小企业关注和投入,支持设立各类中小企业专项基金,创新和扩大中小企业债券、信托、票据发行形式和规模,大力发展供应链金融,积极推动首贷中心、续贷中心及确权中心建设,加快建立符合中小企业创新特点的多层次金融服务体系。

四是建立中小企业上市培育机制,加大对成长性好的中小企业宣传培训、辅导,推进中小板、创业板、新三板和科创板等交易市场发展。通过政府购买服务方式利用第三方服务资源,研究对上市辅导费用提供一定比例的补助,为中小企业提供免费或低成本上市辅导服务。

五是健全可进可退上市退市机制,进一步细化管理条例,探索对上市企业设定最高融资额度和时间,规范企业价格行为,避免资金雄厚企业利用价格打压对手,造成创新型中小企业因资金短缺而无法生存,有效规避资本内卷和垄断行为,促进资金合理流动,促进中小企业平稳快速发展。

(五) 创新体制机制,激发人才创新活力

一是支持发展高水平研究型大学,加强基础人才培养。开展中小企业经营管理领军人才培训,充分激发民营企业家的创新活力和创造潜能。以科研院所、科技孵化器等为载体,建设一批高层次创新型人才培养基地,为中小企业培养中青年创新后备人才。

二是充分发挥职称评定、人才落户等激励作用,让中小企业特别是科技型中小企业享受与国有企业同等政策待遇。深化中小企业人才职称评定管理改革,落实人才在职称申报时,不受地域、身份、工作年限、职称进阶等限制的相关政策,加大职称申报工作宣传和业务指导力度。

三是进一步破除人才柔性流动阻碍,加快科研院所改革,扩大科研自主权。鼓励高校院所科研人员自主创业,真正形成"大众创业、万众创新"良好氛围。建立健全人才互动机制,通过校企对接、科技特派员、创业导师等多种方式,为中小企业创新提供充足人力资本。

四是加快完善生活服务、生产服务、商务服务、公共配套服务等设施,打造自然优美、生活舒适、环境宜人良好环境,满足中小企业创新人才需求。发挥人才市场等服务机构功能,筹办专场招聘会和活动,根据企业实际需要,挖掘人才培训、政策咨询、业务指导、信息服务等延伸服务,提升服务质量。

(六)完善服务体系,持续加强中介服务机构建设

一是按照"政府主导、企业主体、市场运作"运行模式,引导中小企业服务机构朝着运作市场化、服务产业化方向发展,不断拓宽服务面和服务层次,根据企业成长阶段和创新实际需求,提供有针对性优质服务。加强中介机构监管,建立健全中介服务机构市场准入、退出机制。

二是大力推进科技产业园、科技创业园、大学科技园、留学人员创业园、各类孵化器等载体建设,提高孵化培育能力,使之成为中小企业创新主要载体。建设一批专业化众创空间,提供更多细分领域工业设计、检验检测、知识产权、中试生产等专业化服务。

三是加大信息资源共享平台建设,打通信息渠道,促进信息供需精准对接。充分发挥生产力促进中心等公共服务机构作用,为中小企业提供经营管理、市场营销、技术研发、信息、人才等方面服务。

四是充分发挥科技行业协会等民间组织作用,支持建设一批高质量的中小企业创新发展联盟,加强企业间合作交流,引导中小企业广泛参与信息共享、产品创新、标准制定、战略研究等创新活动。

(七)鼓励知识创造,不断强化知识产权保护

一是加快完善知识产权法律法规,研究制定专门的中小企业知识产权保护法律法规。加强知识产权工作领导和组织建设,健全知识产权工作体系,宣传教育提高企业知识产权保护意识,提升知识产权纠纷案件审判效率,加大对中小企业知识产权侵犯行为惩罚力度。

二是推动知识产权服务集聚区建设,吸引优质知识产权服务机构入驻,为中小

企业强化知识产权战略提供服务支撑。加强知识产权人才培养,为企业培养一批从事知识产权代理、评估、交易、咨询、诉讼等实务性工作人才。

三是重视中小企业非专利技术成果保护,对非专利技术进行备案登记、强化管理,经有关部门认可和特定程序认定的"高精尖"非专利成果赋予特权保护,视同专利成果管理。对确有较大社会效益或经济效益非专利成果由科技部门主责进行归口管理,合理使用,防止滥用、盗用、无偿使用。

四是引导中小企业增强品牌意识,积极对标国际先进标准,打造一批企业品牌和产品品牌。组织企业广泛参与国内外展销会、博览会等推介活动,通过品牌营销提升品牌价值。

(八) 开放协同创新,促进大中小企业融通发展

一是加强对大企业特别是国有大型企业的引导,使大中小企业融通从自发走向自觉,从现象变成机制,从个别发展成潮流,让融通理念厚植企业。发挥大企业引领支撑作用,支持创新型中小企业成长为创新重要发源地,加强共性技术平台建设,推动产业链上中下游、大中小企业融通创新与发展,支持民营企业参与国有企业混改,实现各种所有制资本取长补短、相互促进、共同发展。

二是支持科技园区打造大中小企业融通特色载体,引导行业龙头企业发挥在土地、资本、品牌等方面的优势,建设一批众创空间和孵化器,开放共享创新资源,形成大中小企业融通集群效应。

三是强化大企业新技术新产品应用需求挖掘,凝练一批科技含量高、示范带动性强的应用场景项目,建立需求挖掘、技术梳理、咨询评议、公开发布、供需对接、组织实施等工作机制,加速中小企业技术产品推广应用,培育黏性产业生态系统。

(九) 融入全球市场,全面开展国际创新合作交流

一是强化"一带一路"产能合作,深化中小企业领域双多边政府磋商机制,鼓励各地中小企业主管部门、服务机构与境外重点地区政府部门、协会建立合作机制。发挥 APEC 中小企业技术交流暨展览会、中国国际中小企业博览会等交流平台作用,综合运用展示、访问、考察等手段,助力中小企业开拓海外市场。

二是建立"走出去"专项培育政策,通过补贴、奖励、人才待遇等优惠措施,带动广大中小企业开展国际创新合作。联合国家驻外机构在主要大城市建立服务中心,为"走出去"或即将"走出去"中小企业提供信息、技术、招商引资、法律等服务。

三是支持金融机构创新中小企业国际化产品,搭建"政银企"对接平台,提供全生命周期金融服务。鼓励有条件的地方设立专项基金,引导并购基金、风险投资基金等,支持中小企业并购、合资、参股,将先进技术、优质资产、高端人才引到中

国,提升中小企业整体创新水平。

（十）加快探索实践,全力打造数字化转型产业生态

一是以国家"两新一重"建设为契机,全面提速5G基站、大数据中心等新型基础设施建设,加速建设助力企业数字化转型的坚强基础设施网络。

二是编制中小企业数字化转型专项规划,明确目标、步骤及路线图。积极培育中小企业数字化转型服务机构,深化服务机构与中小企业良性互动。加快培养一批适应中小企业数字化运营新兴人才,搭建人才数据库,推动人才供需精准对接。

三是加大资金支持力度,设置多层次专项资金,资助中小企业数字化转型。制定税收优惠政策,对开展数字化转型中小企业一定时期内予以税收减免或补助。鼓励银行创新金融产品,提升中小企业数字化转型金融扶持力度。

四是打造一批中小企业数字化转型典型案例,建立优秀案例评选机制,加强优秀案例宣传,发挥示范带动作用。支持中小企业数字化转型服务单位与中小企业联合创新应用场景,形成多方协同互动典型示范。

（课题组成员：张文魁　常义　李俊　全睿娴）

科技型企业发展创新
生态研究

武汉大学中国发展战略与规划研究院

近年来,科技创新已成为全国各地区经济高质量发展的新动力。党的十九大报告提出,要建设创新型国家;党的十九届四中全会提出要完善科技创新体制机制,建立以企业为主体、市场为导向、产学研深度融合的技术创新体系,提升产业基础能力和产业链现代化水平;2020年3月召开的中共中央政治局常务委员会会议指出,要加快5G网络、数据中心等新型基础设施建设,这都为我国的科技创新发展指明了方向。在创新驱动成为中国经济增长新动力背景下,创新生态逐步成为现阶段和未来产业与科技型企业提升和保持竞争优势的关键,优化创新生态是全面提升企业创新综合实力和竞争力的有效路径。而科技型企业是推动知识创新、技术创新的主力军,是科学技术转化成生产力的主体,承载着科技发展的方向。

本报告在对科技型企业发展创新生态相关研究进展进行梳理的基础上,结合我国实际情况,分别从省域和城市两个层面构建科技型企业创新生态环境评价指标体系,并提出"十四五"时期提升我国科技型企业创新生态环境发展水平的对策建议。

创新驱动

一、科技型企业发展创新生态相关研究进展述评

（一）"创新生态"相关研究进展

关于创新生态的研究，国外 Luoma-aho、Russel 和 Botero Marin 等对创新生态的概念、主体、关联等因素进行了研究。在国内，吕玉辉、杜德斌等对创新生态内涵进行研究；史竹生、邵云飞等从创新生态系统视角对国内外不同地区创新生态现状进行了比较实证研究。

（二）"科技型企业创新生态"相关研究进展

关于科技型企业创新生态研究，国外学者 F.G.doody 和 H.B.Mumtesr 认为，高新技术企业通常具有强烈外贸意愿、开发费用投入较高、高增长率、高技能等特征。Shearman 和 Burrell 认为，科技型企业是业务领域为高新技术产业的各类生产经营企业。国内张运生以高科技企业为例，认为创新生态是以技术标准为核心，辅以配套技术在全球范围内形成共生演化的创新系统。常洁、刘丹等对科技型小微企业创新生态结构、模式和运行机制等因素进行了研究。李洋、陈伟等通过建立评价模型对科技型企业的技术创新模式进行了选择分析和评价。

关于科技型企业创新生态评价，相关学者通过建立不同的指标体系对不同的科技创新企业进行评价研究。在方法研究上，梁巧转、任腾、郝寿义、高艳妮、刘敏等学者主要运用能值分析、DEAHP 模型、熵值法、Topsis 法、层次分析、因子分析等方法对不同地区科技型企业的创新生态进行评价研究。

（三）总体评议

科技型企业发展创新生态环境，要以科技型企业为主体，大学、科研机构、政府、金融机构和其他社会资源等各创新组织集合为系统要素载体和创新环境要素（基础设施、制度政策、文化等）间相互作用、相互依赖、相互适应而形成的复杂网络结构，深入整合人力、技术、土地、资本、数据等创新要素，为网络中各个主体带来价值创造，最终实现并形成创新资源共享、优势互补、风险共担的相互依赖、相互作用的动态平衡系统。

二、科技型企业创新生态环境评价指标体系构建

（一）省域科技型企业创新生态环境评价指标选取与确定

结合文献的梳理和科技型企业创新生态的内涵,本报告构建了省域科技型企业创新生态环境指标体系,从创新主体竞争力、创新支持能力(金融、风投等融资机构、政府等)、创新资源要求(高校、科研机构等)和创新环境适宜度(经济、资源、创新环境)等4个一级指标构建了7个二级指标共28个三级指标的指标体系(见表1)。

表1 省域科技型企业发展创新生态评价指标体系

一级指标	二级指标	三级指标	权重
创新主体竞争力	创新主体指标	高科技产业企业数(个)	0.0366
		高科技产业从业人员年平均人数(人)	0.0377
		高科技产业出口交货值(亿元)	0.0451
		高科技产业 RD 活动人员折合全时当量(人年)	0.0387
		高科技产业 RD 经费内部支出(万元)	0.0389
		高科技产业专利申请数(件)	0.0401
		研究与试验发展 RD 人员全时当量(人年)	0.0353
		研究与试验发展 RD 经费内部支出(万元)	0.0359
		研究与试验发展 RD 经费投入强度	0.0325
		有效发明专利数(件)	0.0374
		高科技产业产值占 GDP 比重(%)	0.0325
		高新技术企业数量(个)	0.0369
		高新技术企业产品销售收入(亿元)	0.0358
		科技活动人员数(万人)	0.0360
创新资源	高校和科研机构	高等学校个数(所)	0.0325
		高等学校 RD 从业人员数(人)	0.0329
		发表科技论文数(篇)	0.0336
		教育经费(万元)	0.0325
		每万人在校大学生人数(人)	0.0314

续表

一级指标	二级指标	三级指标	权重
创新环境	经济环境	外商直接总额(万美元)	0.0368
		GDP 输出值(亿元)	0.0333
		二三产业占比(%)	0.0312
	创新环境	科技企业孵化器数量	0.0360
		技术市场成交额(万元)	0.0397
	资源环境	电力消费量(亿千瓦小时)	0.0330
		工业污染治理完成投资(亿元)	0.0341
创新支持	政府	财政科学技术支出(亿元)	0.0345
	中介机构	投资金额(万人民币)	0.0391

数据来源:《中国科技统计年鉴》《中国高技术产业统计年鉴》《中国火炬统计年鉴》、EPS 数据库及各省市统计年鉴。

（二）城市科技型企业创新生态环境评价指标选取与确定

上文建立的评价指标体系主要从省域层面进行评价研究,考虑到数据的可得性及城市和省域层面之间评价的差距,本报告对城市的评价从创新主体竞争力、创新资源(高校、科研机构等)、创新环境(经济、资源、创新环境)和创新支持(政府等)等 4 个一级指标构建了 6 个二级指标共 24 个三级指标的城市评价指标体系(见表2),全面展示武汉市科技型企业创新发展生态现状。

表 2　城市科技型企业发展创新生态评价指标体系

一级指标	二级指标	三级指标
创新主体竞争力	创新主体指标	高新技术企业数量(个)
		规模以上高新技术产业增加值(亿元)
		R&D 经费内部支出(亿元)
		R&D 经费支出占比(%)
		R&D 活动人折合全时当量(人年)
		专利申请量(件)
		万人专利拥有量(件)

续表

一级指标	二级指标	三级指标
创新资源	高校和科研机构	普通高校数量(所)
		在校大学生数(万人)
		国家重点实验室数(个)
		科技成果获国家奖励数
		两院院士(人)
		国家大学科技园(个)
		管理机构从业人员数(人)
创新环境	经济环境	实际利用外资(亿美元)
		GDP 输出(亿元)
		二三产占比(%)
	创新环境	众创空间数量(个)
		科技企业孵化器数
		技术合同成交额(亿元)
	资源环境	氮氧化物排放(万吨)
		二氧化硫排放(万吨)
创新支持	政府	地方财政科技拨款(亿元)
		财政科技拨款占比(%)

(三) 指标体系评价方法

评级指标体系确立的直接目的是为了得到科技型企业创新生态系统综合结果,判断科技型企业创新生态的整体水平,而各指标权重会影响最终的评价结果。本报告采用客观赋权法(熵权法)评价科技型企业创新生态发展水平。使用熵值法确定权重,可消除确定权重的人为主观因素。具体计算过程如下:

首先,利用极差标准化方法对各项指标进行无量纲化处理。

其次,根据熵权法求指标客观权重,这个过程先计算各指标熵值,再计算各指标权重,各项指标的权重计算结果如表1所示。

最后,在获得评价指标标准值和权重系数的基础上,应用线性加权综合法将28 个评价指标值和权重系数"合成"为省域创新生态发展水平评价值。

三、科技型企业创新生态环境评价指标体系应用的实证案例

在对科技型企业创新生态系统进行理论分析和构建评价模型的基础上,本部分将通过案例研究的方法,对全国科技型企业、长江经济带和武汉市的科技型企业创新生态环境进行案例分析。

(一) 全国科技型企业创新生态环境评价

为了全面体现出我国不同区域科技型企业发展创新生态的评价结果,本报告按照"十一五"规划提出的东、中、西、东北四大板块和 31 个省份分别对科技型企业创新生态环境进行评价(见表3、表4)。

从科技型企业创新生态环境评价结果来看,东部地区整体评价水平远远高于中部、西部和东北地区,四大板块创新生态环境排名为东部地区>中部地区>东北地区>西部地区,按增长速度排名为中部地区>东部地区>西部地区>东北地区;从分省份来看,广东、江苏和北京创新生态水平排名前三位。各省市创新发展水平差距较大,创新集中度较高。从区域分布来看,创新生态水平较高的地区大多都分布在东部沿海地区,而西藏、青海和海南创新生态水平较低,这些地区主要分布在西部较偏远地区,创新环境较差。

表 3　我国四大板块科技型企业创新生态评价结果

年份 地区	2013	2014	2015	2016	2017	2018
东部地区	1.4864	1.6306	1.7916	1.9588	2.1600	2.3776
中部地区	0.6606	0.7139	0.7869	0.8779	0.9736	1.0706
西部地区	0.3530	0.3822	0.4113	0.4462	0.4776	0.5181
东北地区	0.5114	0.5518	0.5593	0.5878	0.6037	0.6486

表 4　全国 31 个省份科技型企业创新生态评价结果

年份 地区	2013	2014	2015	2016	2017	2018	排名
上海	1.3987	1.5119	1.7939	1.8531	1.9618	2.1201	6
江苏	2.9659	3.1635	3.3944	3.6292	3.8094	4.1826	2
浙江	1.4271	1.5516	1.7763	1.9673	2.1193	2.4008	4

续表

年份\地区	2013	2014	2015	2016	2017	2018	排名
安徽	0.7259	0.8155	0.8764	1.0270	1.0724	1.1948	10
江西	0.4538	0.4802	0.5687	0.6303	0.7164	0.8416	17
湖北	0.8603	0.9665	1.0661	1.2193	1.3267	1.4633	7
湖南	0.6513	0.7061	0.7950	0.8237	0.9851	1.0739	12
重庆	0.4919	0.5695	0.5933	0.7057	0.7491	0.8285	18
四川	0.8565	0.8999	0.9736	1.0728	1.1459	1.3459	8
贵州	0.2752	0.3251	0.3326	0.3563	0.3997	0.4535	23
云南	0.3341	0.3500	0.3800	0.3877	0.4232	0.4475	24
北京	1.7679	1.9812	2.2928	2.5143	2.8292	2.9026	3
福建	0.7732	0.9216	0.9084	0.9463	1.0276	1.1084	11
甘肃	0.2685	0.2708	0.2860	0.3282	0.3396	0.3410	26
广东	3.5621	3.8138	4.2381	4.8832	5.7971	6.6734	1
广西	0.3495	0.3630	0.4348	0.4299	0.4600	0.5197	21
海南	0.1516	0.1668	0.1573	0.2252	0.1779	0.1909	29
河北	0.6237	0.7046	0.7175	0.7675	0.8570	0.9838	14
河南	0.8297	0.9122	0.9838	1.1092	1.2188	1.2933	9
黑龙江	0.4327	0.4582	0.5058	0.5260	0.5151	0.5299	20
吉林	0.3671	0.4068	0.4049	0.4488	0.4697	0.4886	22
辽宁	0.7345	0.7903	0.7671	0.7887	0.8263	0.9272	16
内蒙古	0.3558	0.3665	0.3809	0.3926	0.4076	0.4245	25
宁夏	0.1563	0.1853	0.1808	0.2149	0.2102	0.2296	28
青海	0.1176	0.1245	0.1457	0.1623	0.1546	0.1659	30
山东	1.4498	1.6807	1.7297	1.9068	2.1053	2.2557	5
山西	0.4426	0.4026	0.4316	0.4580	0.5223	0.5566	19
陕西	0.7267	0.7936	0.8558	0.9227	0.9837	1.0498	13
天津	0.7440	0.8103	0.9074	0.8950	0.9156	0.9573	15
西藏	0.0792	0.0800	0.0879	0.0788	0.0841	0.1093	31
新疆	0.2252	0.2583	0.2845	0.3027	0.3735	0.3020	27

（二）长江经济带科技型企业创新生态环境评价

根据建立的省域科技型企业创新生态环境评价指标体系,对长江经济带11个省份的科技型企业创新生态环境进行比较分析(见表5)。长江经济带上中下游各地区的创新生态水平都呈上升趋势,其中中游地区增长速度最快,尤其江西和湖北创新生态水平增长率分别为85%和71%。长江经济带11个省份技术创新投入逐年增加,表现出对技术创新的高度重视。江苏一直处于R&D人员投入领先位置,且逐年稳步增长,云南、贵州两个省份在人员投入中处于低位,但也随时间在逐年增长。在创新产出方面,有效发明专利数从2013年的66543件增长至2018年的167237件,增长率为251%。

从分区域来看,长江经济带下游地区创新生态水平远远高于中上游地区,江苏省、浙江省和上海市创新生态水平在长江经济带排名前三位,上游地区的创新生态水平较低,其中贵州和云南两个省份的创新生态评价水平最低。不同省市之间的创新生态发展水平差距较大。从全国来看,长江经济带沿线11个省市中分别有江苏、浙江、上海、湖北、四川和安徽6个省市创新发展水平占据全国前十名,占比超过50%。

表5　长江经济带11个省份科技型企业创新生态评价结果

地区	2013 年	2014 年	2015 年	2016 年	2017 年	2018 年	排名
上海	1.3987	1.5119	1.7939	1.8531	1.9618	2.1201	3
江苏	2.9659	3.1635	3.3944	3.6292	3.8094	4.1826	1
浙江	1.4271	1.5516	1.7763	1.9673	2.1193	2.4008	2
安徽	0.7259	0.8155	0.8764	1.0270	1.0724	1.1948	7
江西	0.4538	0.4802	0.5687	0.6303	0.7164	0.8416	8
湖北	0.8603	0.9665	1.0661	1.2193	1.3267	1.4633	4
湖南	0.6513	0.7061	0.7950	0.8237	0.9851	1.0739	6
重庆	0.4919	0.5695	0.5933	0.7057	0.7491	0.8285	9
四川	0.8565	0.8999	0.9736	1.0728	1.1459	1.3459	5
贵州	0.2752	0.3251	0.3326	0.3563	0.3997	0.4535	10
云南	0.3341	0.3500	0.3800	0.3877	0.4232	0.4475	11
上游地区	0.4894	0.5361	0.5699	0.6306	0.6795	0.7689	3
中游地区	0.6551	0.7176	0.8099	0.8911	1.0094	1.1263	2
下游地区	1.9306	2.0757	2.3215	2.4832	2.6302	2.9012	1

(三) 武汉市科技型企业创新生态环境评价

武汉市着力推动科技成果转化和高新技术产业发展,科技进步和创新对全市经济社会发展的支撑引领作用不断增强,各项创新指标屡创新高。

1. 科技成果转化及技术转移

截止到2018年,武汉市共有高校84所,其中"985""211"高校7所,在校大学生数量为 110.7 万人,人才储备量在全国仅次于广州和西安,两院院士 67 名,有 3 个国家大学科技园,科研实力和科教资源位居全国前列。2018 年,武汉市技术合同成交量和成交金额分别达到 17541 项和 722.56 亿元,同比增长 10.43% 和 15.46%,在全国 15 个副省级城市中排名第三位。

2. 科技型企业创新主体发展与培育

武汉市高新技术企业发展势头良好。2018 年,全市高新技术企业数量达到 3536 个,规模以上高新技术产业增加值为 2957 亿元,同比分别增长 25.1% 和 13.5%,高新技术企业成为带动全市经济高质量发展、产品和产品结构优化升级的中坚力量。专利申请量从 2013 年的 25680 件增长到 2018 年的 60511 件,增长了 1.36 倍,万人专利拥有量达到 34 件,有力推进了知识产权示范城市的建设。

3. 创新平台载体建设

2018 年,武汉市有众创空间数量为 231 个,同比增长 46.2%,其中国家级众创空间为 56 个,在全国 15 个副省级城市中排名第二位。但是科技型企业孵化器数量从 2017 年的 230 个降低为 163 个,孵化期数量出现了大幅度的减少。

4. 创新政策及资金支持

2018 年,武汉市科技财政支出金额为 134.41 亿元,在 15 个副省级城市中排名第三名,政府支出较高,但从企业科研投入来看,经费支出水平较低,说明机构投资水平较低。

四、优化科技型企业发展创新生态的对策建议

建设现代化经济体系,推动经济高质量发展,增强我国经济国际竞争力,从根本上讲要靠创新。"十四五"时期,提升我国科技型企业发展创新生态水平,必须进一步深化科技创新体制机制改革,完善科技创新体制机制。

(一) 完善"五链"协调机制

加强创新链、产业链、资金链、人才链、政策链"五链统筹",围绕主导产业,统筹先进制造业、协同创新、人才培养引进、政策保障、组织实施五大体系,围绕产业链、部署创新链、完善资金链、形成人才链、优化政策链,形成"五链融合贯通"的科技型企业创新生态环境。

一是促进全链式产业链创新。加快产业链整合创新,稳固全域产业链,提升区域竞争力。完善创新全流程接力机制,形成专业化生产制造与知识链、创新链的整合,以区域知识产权交易平台为抓手,体现科研转化、人才价值体现的要素市场化。

通过战略联盟,实现区域产业链资源整合和优势互补的区域开放效应。通过合资、合作、合并等方式,加速企业链跨区域整合,形成产业链配套体系的集聚化和价值高端化。

二是沿产业链整合创新资源。重点要对产业上下游的核心、关键以及共性技术进行识别,梳理出一批产业发展急需的关键技术和共性技术,形成技术创新链条;引导创新资源向产业链上下游企业集聚,以企业为主体围绕上下游产业链建设一批企业重点实验室、工程中心、企业技术中心等科技研发机构,推动研发机构链条式发展;围绕产业链以协会、联盟等产业组织机构为纽带,整合各类研发机构、研发平台,推动各类研发机构进行网络化衔接。

三是科学合理布局创新资金链条。重点要以资金使用效用最大化为目标,围绕创新链不同阶段的创新主体、创新技术,构建科学合理的资金支持链条。围绕产业链上下游相互关联的创新机构,构建形成创新平台建设资金支撑链条;围绕处于创新链不同环节的创新机构,形成从技术研发到产品产业化全过程的项目研发资金支撑链条;同时,要积极调动社会风险投资,围绕资金链条布局,建设一批具有较强服务能力的科技金融服务平台。

(二) 完善创新资源集聚和高效配置机制

一是加强高端要素培育。首先,加大科技创新要素培育。力争在制约经济社会转型发展亟须攻克的重大技术、事关产业国际竞争力提升的关键核心技术或"卡脖子"技术、抢占新一轮科技革命和产业变革制高点的原创性前沿重大技术等重大技术领域取得突破。其次,加大现代金融要素培育。积极发展科技银行、民营银行和外资金融机构,鼓励国有银行开展中小微企业服务,形成大中小组合、国有民营外资多元的银行体系,扭转信贷资源在大企业和中小企业之间的错配现象。最后,实施人力资本优先发展战略,着重解决教育脱离经济发展和高技能人才等短缺问题。通过改革传统人才评价、考核和激励机制、加大高层次创新人才培养支持力度、完善海外高层次人才引进方式。

二是集聚创新资源打造"创新共同体"。集聚资源,创造价值链。要坚持市场导向,在空间布局上聚焦重点园区,全力建设新型研发机构标志区,在政策支持上聚焦重点新型研发机构,大力扶持孵化能力强的项目。在区域经济的高速发展下,全方面集聚、配置人才、企业、产业等创新资源。中国科技园区、经济功能区的升级发展,要以形成竞争力强的产业集群为目标,通过引进、合作、知识转移、链接等途径,进一步深化与知名高等院校、大院大所、重点实验室的战略合作,在形成创新共同体四大要素(大学、科研院所、企业、投融资机构)中,谋求建立紧密联系和互动网络,形成创新生态系统、创新创业社区。

三是完善创新资源高效配置机制。实施创新资源集聚行动计划,促进全社会创新资源的高效配置和综合集成。加大政府创新投入,建立部门统筹协调机制和信息共享机制,促进科研设备和信息资源开发共享,提高政府创新资源使用效率。完善创新要素自由流动的市场调节机制,促进各类创新资源优化配置。通过落户、税收等政策,优化创新环境,吸引企业和人才。加强对中西部地区政策倾斜,推动创新生态快速发展,加速区域经济一体化进一步协同并配置创新资源。通过创新产业利用资源的融合与衍生,配合产业要素间的交叉,形成联动发展的新格局。

(三) 完善创新型成果转化激励机制

一是推动技术成果与产业发展深度融合。面向产业发展需求设置科技计划重点专项,以促进产业结构战略性调整和产业技术升级为主攻方向,重点支持地方优势产业关键核心技术攻关,强化高质量的科技成果有效供给,逐步实现科技成果供给与产业创新发展需求之间的高效对接。同时建立行业"卡脖子"关键技术成果转移转化政府采购机制。加大政府采购力度,创新采购支持机制,切实支持重点关键技术产品攻关成果的推广应用。通过政府采购、完善重大技术创新成果推广应用保险补偿机制等,为突破"卡脖子"技术创造迭代创新的市场环境。

二是发挥企业在科技成果转化中的主体作用。提高企业自主创新能力,健全以企业为主体的产学研一体化创新机制。加快推进以科技成果转化中试基地为代表的技术服务体系建设,搭建科技成果从实验室走向企业的桥梁,分担企业转化科技成果的风险。加强企业科技成果转化的资金保障。建立财政资金与市场金融资本联动推进机制,积极推进财政资金、金融以及社会资本协同互动、统筹联动,大力创新财政资金市场化运作方式。设立科技成果产业化基金,引导创投机构设立科技成果转化子基金,为科技型企业开展成果转化应用提供资金支持。

三是提升科技成果转化率。加强科技成果供需信息共享,建立科技成果信息汇交工作机制;提升国家技术转移中部中心服务功能,推进各地技术交易大市场建设,建立技术转移人才培养体系,加快技术转移服务机构专业化、市场化发展;探索"校区+园区+社区"联动创新创业模式,加快大学科技园发展,推动高校联园区、院系进企业、创业到社区。建立高校院所的考核激励、成果所有人的收益激励、企业承接转化的激励、金融配套激励等全链条的激励机制,全方位激励高校院所科技成果的转化。鼓励不同地区企业与境外、其他地区技术先进企业、技术转移机构、高校、科研院所建立战略联盟关系,实现技术成果的优先转化。

(四) 完善产学研融合协同创新机制

一是突出企业创新主体和技术创新核心地位。根据党的十九届四中全会的部署,"建立以企业为主体、市场为导向、产学研深度融合的技术创新体系,支持大中小企业和各类主体融通创新,创新促进科技成果转化机制,积极发展新动能,强化标准引领,提升产业基础能力和产业链现代化水平"。要突出企业在技术创新全局中的决策者、组织者、投资者地位,在集聚产业创新资源、加快产业共性技术研发、推动重大研发成果应用中,加强产学研、上中下游、大中小微企业紧密合作,进一步促进产业链深度创新融合,在技术创新决策、研发投入、科研组织实施等各个环节,切实发挥企业主体和市场导向作用。

二是完善产学研政府指导规划框架。各地政府需要研制关于本地推进产学研协同创新、深度融合的专项指导规划,促成高校同企业、科研院所在规划框架下协商签约,从应用基础研究到应用技术研发、研发成果进入产品化、产业化的链条,选择重点提供财政经费支持。在支持既有大学科技园、高技术产业园区、产业孵化基地的基础上,促进高校合作建设研发成果转化中心,更加重视区域内及跨区域不同隶属关系大学的研发成果转化。

三是搭建协同创新联盟或共同体。高校不仅要顺应企业技术创新的多样化需求,更要主动联系企业,在深入磋商中激发和挖掘企业技术创新需求,会同有关科研院所,探索合作举办技术研究院和专项研发中心,创造条件结成协同创新联盟或共同体。通过设立产学研协同创新管理委员会,发挥高校吸引企业家参与机制的作用,促进现代企业制度、现代大学制度、现代科研管理制度相结合,根据企业需求,精准承担技术研发项目、调整人力资源开发模式,形成以市场需求为导向、以企业为主体、高校及科研机构发挥主动性的长效机制,在相同或相近领域技术创新攻关上形成更大合力。

四是搭建产学研深度融合的资源服务平台。利用大数据、人工智能、网络通信等前沿技术手段,大力整合科技成果汇交平台、科技中介服务平台、知识产权和技术交流交易平台等资源,按产业链汇聚融合研发创新资源,共建基于大数据的产学研协同创新资源服务平台。以产业知识图谱刻画创新生态中各要素及关系,以深度学习等感知智能技术挖掘并强化各要素间的对接,为技术转移人员、科研人员、政策制定者和其他服务人员提供辅助决策,孵化以科技创新为驱动的产业集群,打造承载这些产业集群的空间实体,演化形成线上线下融合的科技创新生态。

(五) 完善科技型企业创新保障机制

一是强化支持创新政策统筹协调。建立创新政策协调审查机制,组织开展创新政策清理,及时废止有违创新规律、阻碍新兴产业和新兴业态发展的政策条款。加强科技体制改革与经济体制改革协调,强化顶层设计,加强科技政策与财税、金融、贸易、投资、产业、教育、知识产权、社会保障、社会治理等政策的协同,提高政策的系统性、可操作性。加强中央和地方的政策协调。建立创新政策调查和评价制度,广泛听取企业和社会公众意见,定期对政策落实情况进行跟踪分析,并及时调整完善。

二是建立健全科学分类的创新评价制度体系。推进高校和科研院所分类评价,把技术转移和科研成果对经济社会的影响纳入评价指标,将评价结果作为财政科技经费支持的重要依据。完善人才评价制度,增加用人单位评价自主权。推行第三方评价,探索建立政府、社会组织、公众等多方参与的评价机制,拓展社会化、专业化、国际化评价渠道。改革国家科技奖励制度,优化结构、减少数量、提高质量,逐步由申报制改为提名制,强化对人的激励。发展具有品牌和公信力的社会奖项。完善国民经济核算体系,逐步探索将反映创新活动的研发支出纳入投资统计,反映无形资产对经济的贡献,突出创新活动的投入和成效。改革完善国有企业评价机制,把研发投入和创新绩效作为重要考核指标。

三是积极培育创新文化机制。良好的创新文化环境对企业创新具有重要的激励作用。一方面,要建立宽松的创新生态环境,允许积累、允许试错,努力培育潜心科研的氛围;另一方面,要进一步增强创新观念,建立健全激励创新的管理体制和运行机制。此外,还要进一步转变政府职能,创新监管方式和管理理念,坚持简政放权、放管结合、优化服务,大力破除市场准入壁垒,为企业创新发展提供更为公平便利的市场环境。

(课题组成员:吴传清　何莲　孟晓倩　尹礼汇　王泉　陈秀红)

科技型企业发展创新生态研究

中国科学院科技战略咨询研究院

　　"十四五"时期我国将开启全面建设社会主义现代化国家新征程,需要更加深入实施创新驱动发展战略和向高质量发展阶段转型。科技型企业是我国实现创新驱动发展的战略力量,尤其在推动新一轮科技革命和产业变革、应对新冠肺炎疫情后急剧演变的"百年未有之大变局"促进国家经济健康稳定发展,发挥着不可替代的引领和支撑作用。本报告围绕我国"科技型企业发展创新生态"展开研究,通过理论探讨、数据资料调研分析、国内外经验借鉴、中央和地方政策的考察和归纳、专家咨询和研讨等,系统研究了我国科技型企业创新生态的发展问题,对创新生态新时代发展的规律和趋势进行了系统解析,对我国科技型企业创新生态发展面临的挑战和问题进行了研判,在此基础上,提出了我国科技型企业创新生态环境建设的主要思路和重点方向,并结合"十四五"时期新形势,有针对性地提出了全面推动我国科技型企业创新生态发展的体制机制改革、政策和举措等相关方面的意见建议。

一、创新生态发展的趋势和面临的问题

（一）创新生态发展的趋势

1. 创新生态演化的基本规律

着眼"十四五"，创新生态的发展演化会进一步加速。就企业生态演化而言，历史早期的企业仅是单一生产功能主体，生态中的科技因素、产业因素、资本因素和场景因素等也基本以独立功能的形式存在，生态要素间的边界清晰，企业完成生产所需要的要素供给主要是通过加强与"外部"要素联系和通过"中介"服务等途径实现。由此，生态关系主要呈现的是"间接"作用或"隐性"影响的方式。

但随着时间和经济社会发展，企业生态在不断发展演化，由科技革命引发的技术经济范式变革是推动企业生态演化的主要动力。当前，新一轮科技革命和产业变革加速推演，数字化、网络化和智能化的新技术经济范式开启，创新活动的组织形式在发生全方位（要素组织、功能、性质和运行机制等）变革，科技型企业创新生态的构成因素（如图1所示）彼此会拉近"距离"，向趋同和融合的方向发展，促使创新"要素"的组织形式、组织功能、隶属关系和运行机制向交叉混成和复合迭代方向发展。因此，新时代创新生态向日趋"融通"和"融合"的方向演化是基本规律（见图1）。

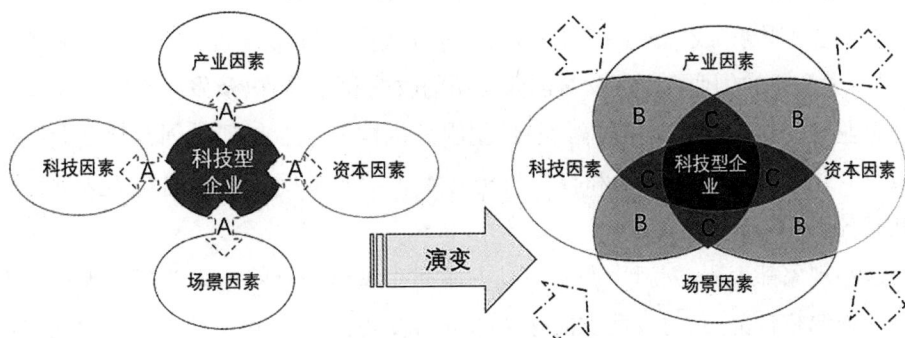

图 1　创新生态演化的趋势

新时代创新生态向"融合"方向的演化，催生和促进了科技型企业发展。同时由于科技型企业发展本身又在持续进行内外部创新要素整合，整合又进一步拉近与外部创新要素环境的"距离"，从而导致创新生态的螺旋上升，加速走向不断增进"融通"和"融合"的发展循环。

2. 打造"局域"创新生态的趋势

创新生态构成要素的"社会距离"①与"空间距离"有伴生关系,地理"空间"的邻近更便于实现社会关系意义上的互动和融合。因此,增进创新生态"社会关系"自然就带来对创新要素在"局域"空间聚集的要求。所以自进入第三次工业革命(20 世纪 70 年代,以计算机等信息技术革命为标志)以来,围绕特定空间区域聚集创新要素和构建创新生态的现象就开始展露,新科技革命(以互联网、云计算、大数据等数字技术革命为标志)以来创新要素对"融通"和"融合"的需求愈加强烈。

最突出的体现是美国硅谷,半个多世纪以来,硅谷持续引领全球科技创新,"局域"创新生态的构成优势是其获得成功的关键。这些成功经验已经成为全球共识,如波士顿、纽约、伦敦和东京等地全球科技创新中心的目标建设,以及法国"竞争力集群计划"等,都致力于打造有"局域"优势的创新生态。在"局域"形成创新资源的优势聚集成为世界各国建设创新生态的主流趋势。

3. 科技、产业、资本和服务"融合"的创新活动趋势

随着时代的发展,科技活动与产业活动和市场活动的边界在模糊,不论传统科技组织还是新兴科技组织,增进与产业和市场行为的功能融通和组织融合都是新发展趋势。对此,中国科学院西安光机所、深圳先进技术研究院,以及深圳市政府与清华大学联合成立的深圳清华大学研究院等科技组织都有成功探索。西安光机所的经验是"开放办所",通过"科技+产业+孵化+资本"的模式实现与"产业链""资本链""服务链"的功能融通和组织融合。并且"融合"趋势不仅仅表现为科技组织的模式,近年来企业、资本和服务机构等也都在通过"产业+资本+科技+孵化""资本+科技+服务"或"服务+产业+资本"等方式推动科技、产业链、资本和服务融合。如:大企业的创业孵化②及对创业公司的收购和兼并,以及发生在大中小微科技型企业间的交叉持股和资本融通;孵化服务机构大量参与到对创新和创业的投资以及孵化产业③;资本市场和投资机构开始大量向早期阶段的创新创业进行投资和服务;等等。

这些现象都表明,创新生态的构成主体都在超越自身的组织功能边界和扩大自己的资源整合范围,向彼此功能融通的方向发展,"科技链""产业链""资本链"

---

① 社会距离最早由法国社会学家塔尔德提出,是衡量群际关系的重要指标,是两个群体之间亲近或疏远等级的重要测度。

② 如微软、谷歌、华为和腾讯等一大批创新领军公司围绕自身产业生态的构筑,在全球开展研发布局和创业孵化布局。

③ 如深圳柴火创客空间,依托既有的创客服务现在已经开始在全国布局自己的人工智能产业链,在孵化企业的同时开始经营和孵化产业。

"服务链"的融合成为主流趋势。

　　4. 创新创业服务向"混成组织"①发展的趋势

　　创新生态构成因素的"融合"(见图 1)改变了企业与外部要素的链接机制。历史早期,企业实现与外部要素的供需链接主要是通过"中介"组织或"中介"服务的方式实现(图 1 中的 A 双箭头),而在新发展背景下,要素"混成"(图 1 中的 B、C 阴影区)替代了"中介"链接。在现实情境中就表现为,企业的外部要素供给更多地可由要素融合后形成的"混成组织"实现。

　　近年来,各地兴办的专业孵化器、新型研发机构、创新共同体、产业综合体和协同创新平台等也普遍具有集成"促进创新、对接产业和融通资本"等多元功能的"混成组织"特征。过去功能相对单一的传统型孵化器、科技服务机构和技术转移中介机构等,目前也都在加快向集成"创新+产业+资本+服务"等的"混成"模式转变。"混成"模式已成为创新服务组织发展的主流趋势。

　　"混成"可以实现资源跨界整合和业务交叉链接,带来多要素汇聚和多功能集成,可提供更多元、更综合、更专业和更直接的服务,这就大大超越了早期主要表现为技术经纪人、生产力促进机构等"中介服务"的简单形式,使创新服务实现了从一般性服务到深度"赋能"的发展转变。

　　5. 创新生态的"平台化"和"网络化"缔结趋势

　　与要素"混成"相伴生的是"平台化"和"网络化"。"混成"是一个组织所表现出的多要素集成和多功能综合,这就使组织表现为"平台化"。而多要素集成和多功能综合都需要"平台"建立广泛范围的资源和用户连接,"平台"的能力和功能延伸就导致"网络化"。所以,"平台化"和"网络化"是新时代背景下组织范式发展的趋势。而各类组织向"平台化"和"网络化"的方向发展,使创新生态要素构成的"相关关系"实现了从"隐性"到"显性"的转变,形成了新时代创新生态新的缔结机制。

　　近年来,研发和创新组织、产业和资本组织、孵化和服务组织等都在向"平台"方向发展,所反映的也就是这种"平台化"和"网络化"缔结趋势。仅就创新服务而言,服务组织的"平台化"和"网络化"发展,可以广泛链接资源共同向企业提供更多样和更专业的服务,使组织本身实现了由单一或简单功能向集成功能或综合赋能的服务转变。这种趋势也导致更多类型建设主体可以参与到创新服务领域,如当前大量科技机构、企业和资本投资机构等通过自身的"平台化"功能拓展加入到创新创业阵营,发展出多种类型的转化、孵化、加速等服务模式,从而极大地拓展了

---

①　来源于三螺旋理论。三螺旋理论认为,大学、产业、政府三根螺旋线通过互动、交叉、重叠和融合能够演变成各种关联模式和组织结构,形成大学—产业—政府三螺旋创新的混成组织。

现代创新服务业的业态范围。

6. 共建共享的创新文化新内涵

融合融通的创新行为和组织模式在群体层面的固化,最终以文化形式进行体现,由此形成创新生态中强调的基于平台和网络的共建共享理念、开放合作精神等内在含义。

(二) 创新生态面临的问题与挑战

尽管"十三五"期间我国科技型企业创新生态全面发展,但着眼于新发展趋势,依然存在不足和问题。主要表现为:

1. 科技型企业发展仍处于较低层级,科技创新的全球竞争力不足

一是创新投入的经济价值转化效果不高,以科技型企业最集中的聚集场景"国家高新区"为例,2018 年国家高新区整体工业增加值率仅为 21.9%,仅为我国规模以上企业平均水平(发达国家制造业一般在 35% 上下);二是掌握核心技术的科技型企业数量不足,我国工业体系中依然存在大量没有解决的关键技术和"卡脖子"技术问题,在诸多高精尖产业领域,缺乏掌握核心技术的科技型企业。如在芯片产业,2019 年全球半导体厂商排行榜中,中国大陆厂商无一进入前十五。

2. 科技创新体系尚未形成与产业发展紧密结合的互为加强机制

一是国立大学和科技机构重"学术"轻"应用"的评价导向没有从根本上转变。二是与产业创新发展融通的国家科技计划管理和运行的新机制尚未有效建立。三是新时代发展所需要的"基础研究、技术科学研究、应用场景创新、企业主体创新"四个层级的科技创新体系建设,严重缺乏中间两个层级(技术科学研究和应用场景创新)。四是科技成果转移转化的路径不适应形势变化并缺乏效率。

3. 资本和人才仍是中小微科技型企业发展的老大难问题

一是中小微科技型企业的投融资渠道依然不畅。如中关村示范区成立 5 年以内的科技小微企业的研发投入强度 3 年平均高达 9% 以上,但仅有 8% 的企业能够获得外部投融资。二是科技型企业在高端创新人才、专业技术人才和适用技术人才三大方面普遍存在人才市场供给不足问题;我国高等院校的学科设置和培养模式也严重滞后于新兴产业发展,且长期存在高端人才流失或被外国"掐尖"现象。

4. 创新创业服务体系建设的市场化程度不够、服务能级不高

"十三五"期间,我国各类创新创业服务组织快速发展,在新业态和新模式的探索方面也走在世界前列,但创新创业服务机构的市场化发展水平不够,创新创业的服务形式、质量和能级不高。

5. 支持科技型企业发展的政策政出多门,缺少统筹协调

目前,我国在支持科技型企业发展创新生态的宏观管理和政策制定上体现了国家发展改革委、科技部、工业和信息化部和财政部等多部委的共同发力,尽管在树立导向和强化重点方向方面产生了良好效果,但同时也存在政出多门、缺少统筹协调、过度或重复投入、针对性和有效性不强等问题。着眼于今后科技型企业在国家发展和国际竞争中更加凸显的重要性和紧迫性,我国"十四五"时期尤其需要加强顶层的体制机制设计和政策统合。

二、创新环境提升的思路、重点方向与主要路径

着眼新时代发展,"十四五"时期是我国科技型企业发展创新环境建设的总体思路是:以习近平新时代中国特色社会主义思想为指导,全面贯彻实施创新驱动发展战略,以"构筑科技型企业发展的城市或园区承载场景"为抓手,以"增进科技体系的产业技术创新、发展高质量的创新创业服务、强化科技型企业发展的产业融通、实现资本和人才对科技型企业发展的全面支撑"为方向,创造便捷的交互条件,提升生态系统主体交互的广度、密度、强度,提升生态系统有效性和韧性,扎实推进"创新环境"建设,引领和支撑国民经济发展,塑造我国科技型企业创新生态发展新优势。

基于该思路,提出我国科技型企业创新环境提升的六大方向:(1)打造城市或园区承载场景。(2)建设产学研用深度融合的科技创新体系。(3)提升创新创业服务体系的能力和层级。(4)促进科技型企业的产业融通和集群融合。(5)进一步发展科技金融、创业投资和风险资本市场。(6)培养人才和激发人才创新活力。

创新环境提升的主要路径包括以下几个方面:

(一) 承载场景提升的路径

"十四五"时期要大力推动创新型城市和科技产业园区等场景建设,围绕全面提升创新要素的供给水平,进一步打造我国科技型企业发展的优势聚集空间。

1. 扎实推进创新型城市建设

"十四五"时期各省市要在全面推进创新型国家建设的过程中,把科技创新摆在全局发展的核心位置,继续大力推动创新型城市建设。各地要结合城市自身的优势和不足,围绕科技与经济结合加大体制机制创新和制度供给,通过"拉长板"和"补短板"聚集创新资源要素,塑造有区域优势的科技型企业创新生态。

中央政府层面要加大统筹布局,聚力建设好若干国家科技创新中心和自主创新示范区;大力支持各省市布局区域性科技创新中心;鼓励地级以上城市以促进科技型企业发展为主要着眼点建设创新型城市。

2. 建设高水平科技园区

"十四五"时期要全面提升我国各省市产业开发区的创新发展水平(包括高新区、经开区和特色产业园区等),把打造高水平科技园区作为推进建设的主要目标,更大程度聚集创新资源、产业资源、资本资源和人才资源,全面推动形成园区创新链、产业链、资本链和人才链的"四链"融合。

中央政府层面要加强对科技园区建设的宏观指导,建立国家高新区和国家级经开区统一的宏观管理平台,分层级和分类型出台建设标准和评价导向。加大中央政府有针对性的引导帮扶,推动国家级产业园区向科技园区建设的内涵发展转变,支持若干有条件的国家级园区率先建设"世界一流高科技园区"。继续扩大国家级产业园区的建设布局,探索建立区域间或城市间产业园区协同发展机制,促进创新要素的共享和产业集群的联动发展。按国家区域发展和产业发展的整体布局,再规划建设一批国家级园区,争取"十四五"时期国家级园区覆盖到内陆地区地级以上城市。

(二) 科技创新环境提升的路径

"十四五"时期要深入推动科技创新的体制机制改革,激发大学和科研院所等科技组织的创新活力,大力发展新型科技机构,完善创新要素的市场化配置,通过体制机制改革和组织模式创新等主要途径,强化科技创新的产业供给。

1. 加强新型技术科学和应用科学研究平台建设

着眼我国当前存在的"卡脖子"关键技术、共性技术和产业应用技术供给不足问题,要大力建设新型技术科学和应用科学的研究平台或组织。

围绕我国重点工业门类和主要战略性新兴产业门类,从区域和产业双结合着眼布局,在国家层面建设若干国家技术科学研究平台。对目前建设和正在建设的"国家产业创新中心""国家技术创新中心""国家制造业创新中心"等统一纳入国家技术科学研究平台建设序列,并实施统一的宏观管理。国家级技术科学研究平台的建立要体现国家、地方、产业界和科技界的共同参与,体现集"技术科学研究、技术研发创新、成果转化和项目孵化"于一体的功能和开放的"平台化"特征。

鼓励各省市先行建立技术科学和应用科学研究性质的"省(市)实验室"等组织载体,并择优纳入国家统一建设的"平台"布局。

2. 大力推动发展"新型研发机构"

各省市和各类产业园区要结合自身的产业需求,大力促进市场导向的"新型研发机构"建设。"新型研发机构"建设要充分调动大院、大所、大学和大企业的积极性,要围绕区域或园区产业发展的现实场景,按市场导向的体制机制和模式,开展集"研发创新、成果转化、创业投资、人才和项目孵化"于一体的功能建设和运营。新型科技组织建设（包括新型技术科学研究平台和新型研发机构）对我国科技体制改革发挥关键推动作用，其可以直接推动"科技成果转化"和高端"科研衍生"创业，是促进科技与经济结合的新机制新模式。

通过新型技术科学研究平台和"新型研发机构"两个层级的新型科技组织建设，补齐我国在"基础科学、技术和应用科学、产业场景创新、企业主体创新"方面的中间链条，形成相对完备的国家科技创新体系，全面增强对我国产业科技创新的支撑。

3. 创新国家科技计划的组织实施机制

借鉴 DARPA 科技项目的组织实施机制，以及 SBIR 等国立科技机构科研经费和科技项目执行方式，在国家重大科技计划和科技机构科研计划的推进过程中，提高国家重大科技计划和工程项目执行的企业参与经费支出分配比例，支持科技型企业参与国家科研任务和提供科技工程项目的系统集成及零部件供给，有效吸纳中小微科技型企业参与研发和创新活动。

4. 支持企业参与国家或地方创新体系建设

对企业参与的国家级或省市级实验室、研究院或创新中心、新型研发机构等独立科技创新平台的资金投入，按研发费用加计扣除政策给予分级别的优惠政策支持。继续加大对企业运营的国家级重点实验室、企业技术中心、工程技术中心等建设和运营的国家（或地方）财政经费补贴支持。

5. 促进大学和科研院所科技成果转化

完善大学和国立科研机构对应用研究工作的评价导向和经费管理，支持建立专业转移转化机构和孵化平台，鼓励与企业联合建立合作实验室，促进以产业应用为目标的学术研究活动开展。

国家研究型大学、国立科技机构和大型国有企业要建立技术转移常态化工作机制，对开展成果转化、技术转移、技术服务和产业合作等相关工作的部门和个人，在职称评定、工作待遇、评价考核等方面要纳入统一的标准，并依据《国家科技成果转化法》等的有关规定，切实落实激励机制。

（三）提升创新创业孵化服务能级的路径

"十四五"时期要结合国家新的发展要求，在继续推动众创空间和孵化器等孵化载体建设的同时，着力加强针对科技创业和小微企业服务的能力建设和新服务业态发展，全面推动"大众创业、万众创新"的质量升级。

1. 建设"综合赋能"孵化平台

"十四五"时期各地要大力推动传统孵化载体的转型升级，鼓励传统孵化载体和服务组织向集成多元服务功能的"混成组织"发展。尤其要加强孵化载体"对接创新资源、对接产业渠道、对接资本和链接高端服务"等综合"赋能"能力培植，促进孵化载体实现——从主要依靠提供"办公条件"和"办事方便"等的一般性服务，到主要依靠"集成功能"和提供"综合赋能"服务的商业模式转变。

2. 建设专业孵化载体

"十四五"时期各省市和园区要结合自身的特色产业或主导产业发展，加大力度建设有科技资源和产业资源依托的专业孵化载体。鼓励地方政府部门通过提供匹配条件投资和补贴运行经费等手段，引导和支持产、学、研等组织兴办专业众创空间和专业孵化器。鼓励专业孵化载体本身发展平台投资能力和以平台化方式集成多资源要素，提升"综合赋能"能力和专业服务水平，催生更高质量和更高效率的科技创业。

3. 发展企业创业生态

"十四五"时期要大力倡导由科技型企业自身开展的"内孵化"和"外孵化"，尤其支持科技领军企业在全球范围构筑自身企业创业生态，创建创业孵化平台和开展线上线下相结合的孵化活动。鼓励集群内企业围绕产业链和供应链对接创业孵化平台，全方位拓展科技创业孵化体系的业态构成范围。

4. 建立小微企业加速成长机制

"十四五"时期各地要结合当地产业的集群发展情况，建设本地小微科技型企业发展的数据库，深度开展基于产业链发展的小微企业的画像分析，实施科技型企业梯次培育计划。建立与创业孵化链条相结合的科技型企业加速器或专业园，有针对性加大对高成长企业的帮扶。促进大中小企业的协同创新和融通发展，引导小微企业的集群或产业链嵌入，壮大科技型企业的集群实力。

5. 加强中央对地方的引导支持

重点引导和支持地方发展以市场机制为导向的创新创业服务体系。一是对具有公益性质并按市场机制运营的孵化载体或服务组织，扩大认定范围（如新型研发机构、技术转移机构、创新共同体、产业综合体、检验检测和试验试制服务企业等），比照国家级孵化器和高企享有的税收优惠科目，给予同等的优惠政策支持；二是提高国家财政对地方双创基地、双创特色载体建设等的示范范围和资金支持比例，重点用于支持地方双创服务载体的创新条件建设和"赋能"能力培植。

（四）产业环境提升的路径

"十四五"时期要围绕在前沿技术领域产业集群的国际竞争和国家产业体系的供应链安全，全面提升我国产业发展的整体水平，为科技型企业的创新发展提供更大的发展空间和更高的发展平台。

1. 通过打造前沿技术领域产业集群发展科技型企业

着眼日趋激烈的全球竞争,"十四五"时期在面向国际竞争的前沿技术领域,部署若干国家导向的先进技术产业集群。各省市也要围绕新一代信息技术、大数据和人工智能、物联网和智能制造、新材料和新能源、生物医药和生物农业、节能环保和新能源汽车等领域,大力促进新兴产业集群的培育和发展。

围绕前沿技术领域产业集群的打造,支持和鼓励建设"产业协同创新中心"或"产业创新共同体"——实体运营的、可以整合产学研创新资源、并联通资本纽带和专业服务资源的"新型产业中间组织",增进对集群内科技型企业创新发展的综合"赋能"服务,并促进集群内大中小微企业的产业融通和创新协同。在若干前沿技术领域塑造出我国产业集群发展的国际竞争优势。

2. 通过夯实和升级产业供应链体系发展科技型企业

着眼全球经济秩序的动荡加剧,"十四五"时期要围绕我国制造业产业体系的技术差距和缺失环节,大力培育科技型企业、优化产业链和补齐供应链短板。

国家层面和省市政府要制定"产业体系供应链再造计划",加强和优化相关政府基金或国有投资平台等对关键或核心科技型企业产业嵌入的资金支持,大力推动为整合产业链和集群发展提供综合赋能的"产业综合体"建设(见专栏),针对产业链缺失环节培育发展科技型企业。

专栏 产业综合体的内涵

"创新共同体"和"产业综合体"都是新型"产业中间组织",其不同于传统的产业技术联盟或市场联盟,是有实体运营的平台型"混成功能"组织。能够面向企业的产业创新、技术改造和技术升级、供应链整合、资产和资源共享、大中小企业融通和联合市场行动等需求,集成多要素资源提供综合赋能。这些平台性质的新型"产业中间组织"通过链接高端服务资源并委托专业机构运营,可以有效促进大中小企业融通,助力科技型企业的创新和产业嵌入,快速形成生产能力和加快成长步伐,是新时期促进科技型企业集群发展和促进集群创新升级的有效方式。

鼓励龙头企业发挥产业生态的缔造作用,构建线上线下相结合的产业组织形态,加大对促进大中小微企业融通的政策支持力度,加大对我国企业塑造全球性产业生态和开展国际化经营的支持,让科技型企业深入嵌入到全球产业链和产业集群,进一步塑造我国产业体系完备和国际化发展的新优势。

3. 多途径促进创新服务业态发展

"十四五"时期要全面加强对创新服务新业态发展的支持。尤其在科技型企业集群发展程度较高的地区或园区,要出台专项政策促进专业创新服务机构(如专业检验检测机构和试制试验机构等)发展,以及促进研发服务、设计服务和众筹众包等新业态新模式的创新服务业发展。要进一步推动深化改革和加强政策引导,鼓励国立大院大所大学等实验室的试验条件和科研仪器设备开放,面向科技型企业提供开放服务。目前,许多市场化存在的创新服务新业态本身也是科技型企业存在的一种形式。

(五) 资本环境提升的路径

"十四五"时期要进一步加强银行金融机构、股权投资机构和多层资本市场对科技型企业的资金支持,为科技型企业的创新发展注入动力。

1. 大力推动银行金融机构发展科技金融

以往我国银行在支持科技型企业方面,由于科技型企业(尤其是科技小微企业)对资金需求的规模小和生产经营的不确定性高,资金投放的成本高和风险大,使银行面向小微科技型企业的贷款存在诸多障碍。但随着大数据、区块链和人工智能等技术的迅猛发展,使以往困扰金融机构的诸多问题都可以运用新技术手段解决。

"十四五"时期要大力推动银行业运用新技术手段开展业务创新,尤其要引导和推动科技型企业聚集程度较高地区的所在地银行发展科技金融,开发面向创新创业的"创新贷""创业贷""人才贷"等新金融产品,广泛发展知识产权质押、股权质押、应收账款质押等科技信贷业务。

同时鼓励科技型企业开发专业化科技金融工具,发展面向金融业的科技服务,提升银行业运用新技术手段拓展金融服务的能力。鼓励有条件的地区建设科技金融服务聚集区。

2. 做大针对创业阶段的股权投资资本

当前,我国存在的主要问题是对创业早期阶段的直接投资不足,天使投资和风险投资的实际发生少,并且都往往集中在少数发达城市,二三线城市或中西部欠发达地区很少有风险资本惠顾。

"十四五"时期主要通过加强政策引导和政府基金支持,在做大股权投资规模的同时,促进针对创业企业的实际投资。一是鼓励扩大政府引导基金规模,更大程度吸引投资公司和社会资本参与对科技型企业创业的早期阶段投资(天使投资);二是支持各类创新创业服务平台发展投资能力,尤其要引导创新创业服务平台设立或链接天使投资基金,发展"孵化+投资""转化+投资""服务+投资"业务模式,扩大针对创业期企业和小微企业的直接融资支持;三是鼓励集群领军企业搭建投资联盟或开展直接投资,拓展对产业链创新创业的垂直投融资,增强集群对创业企业或小微科技型企业的资本供给能力。

3. 进一步发挥多层次资本市场作用

"十四五"时期要进一步围绕我国技术交易市场、区域股权交易市场(四板市场)、新三板市场、科创板和主板市场等的建设,发挥多层次资本市场科技型企业发展的促进作用。

重点是要推动技术交易市场与区域股权交易市场(四板市场)融通。探索新规则、新机制和新模式,拓展知识、智慧和技术等创新要素市场化配置渠道,畅通社会资本(第三方)可参与的交易。并围绕新交易市场建设,鼓励开展众筹众包等新业务,为创意、创新、创业和创富提供多样化的价值实现形式。

(六) 人才环境提升的途径

"十四五"时期要立足自主性的人才供给,全面完善人才的使用政策,建立吻合新经济发展需求的人才培养途径。

1. 完善人才使用机制

"十四五"时期要全面落实党的十九大以来的各项人才工作大政方针,以《中华人民共和国促进科技成果转化法》和科技部、教育部等下发的相关文件为指导,全面落实对科技创新人才的使用、评价和激励机制。支持各地创新人才使用方式,建立人才服务工作平台,健全符合本地科技型企业发展需求的人才引进、使用和绩效激励等政策和管理制度。

2. 创新人才培养方式

"十四五"时期要大力推动人才培养工作的体制机制创新,加快建立适应新技术经济发展需求的人才培养方式。重点要面向新时代教育理念和教学形式进行发展转变,通过发展新型"体验教育",加快新时代亟须人才培养。一是鼓励领军企业联合产学研资源开展针对行业创新人才和创业领袖的高位培训;二是鼓励产业界与科技及教育界结合,以沉浸或体验的方式在实际场景中培养专业技术人才;三是鼓励职业技术院校、有关本科院校等,大力发展与企业生产活动相结合的职业人才"体验"教育。

三、顶层设计方面的重点建议

对中央政府和相关部委"十四五"时期全面推动我国科技型企业创新生态发展,重点提出以下建议。

(一) 设立"国家创新促进署"

着眼国家创新发展的现实和剧烈变化的国际经济环境,建议"十四五"时期强化顶层制度设计,在中央政府层面专设副部级建制的"国家创新促进署",直属国务院并由国家发展改革委、科技部、工业和信息化部和商务部协同管理,形成中央政府统揽相关方面工作的合力。

"国家创新促进署"可借鉴美国小企业局和法国创新署（ANVAR）等政府机构设置经验，统合我国目前相关部委在国家高新区建设、国家级经开区建设、国家先进制造业集群建设、科技型小微企业创业成长和高新技术企业创新、科技成果转化、创新创业平台和创新服务体系建设、风险投资和技术市场发展、创新创业人才发展等方面的工作职能，形成"政策制定、行政推动和建设促进"一体化机制，综合推动我国科技型企业创新生态发展。

（二）建立国家统计体系、评价体系和标准体系

建议"十四五"时期充分运用互联网、大数据、人工智能和区块链等现代技术手段，建立对创新创业和科技型企业发展的国民经济分类统计，并开展监测和评价，贯彻国家目标导向，提升宏观管理水平。

一是建立由科技型企业、创新创业平台和服务机构为主体内容构成的国家创新创业经济统计数据库。健全统计工作流程和执行机制，把大、中、小微科技型企业和按市场机制运营的众创空间、孵化器、加速器、新型研发机构、检验检测机构等各类服务主体都纳入统计范围，夯实国家创新创业经济的统计工作基础。重点围绕创新经济（建议按成立10年及以上的科技型企业划分）、创业经济（成立10年内的创业期科技型企业）和创新创业服务经济（市场机制运营的创新创业平台和服务机构）三大方面，构建国家创新经济统计体系，健全统计数据，形成对我国创新创业经济发展的综合数据把控能力。

二是在统计基础上开展分类型的监测和评价。针对创新生态建设不同类型的构成因素或要素、不同类型和不同性质的建设主体，发展不同类型的监测评价。对冠以或赋予"国家"名义的建设场景或情景，如高新区、经开区、先进制造业集群、众创空间和孵化器、技术转移转化机构、高新技术企业、企业技术中心、检测检验机构以及新型研发机构等，完善认定标准和出台建设标准。全面构建我国科技型企业发展创新生态建设的统计体系、评价体系和标准体系。

（三）全面加大中央政府的税收和资金支持

"十四五"时期全面加大对科技型企业发展和创新环境建设的国家财政和税收政策支持。

一是加大税收优惠政策的支持范围和优惠力度。在规范标准和流程基础上，根据科技型企业的不同类别（如大、中、小微科技型企业和高新技术企业等）和创新环境不同类型的市场化构成主体（如众创空间和孵化器、新型研发机构、转移转化机构、创新综合体和产业共同体等），进一步扩大所得税减免、物业税减免、增值

税减免和研发费用加计扣除等税收优惠政策的覆盖范围,并在"十三五"基础上适度扩大优惠比例。同时,在兼顾普惠原则下,针对关键问题和关键主体,设置靶向政策,提升支持力度。

二是加大中央财政资金对地方创新环境建设的支持。在支持地方建设方面要强化中央财政支持资金的导向作用,"十四五"时期的重点是促进地方提升以市场机制为导向的创新创业服务体系能力。对现行双创示范基地、双创特色载体建设等国家财政支持措施,扩大示范支持范围和资金支持比例,强调资金重点用于支持地方发展市场机制运行的双创服务载体和"赋能"能力条件建设。针对不发达地区,"十四五"时期在中央财政转移支付中安排资金专项,用于支持地方的创新生态场景打造(如国家高新区和国家级经开区建设等)。

三是加大国家"基金"战略支撑和导向作用的发挥。面对日趋激烈的国际竞争挑战,扩大国家"基金"的规模和范围,着眼提升我国科技创新的全球竞争优势。围绕国家"前沿技术产业集群打造""产业体系供应链再造"和"世界一流高科技园区建设"等,以国有母基金和引导基金等方式,加大国有资本投入。继续加强和优化相关国家基金或国有投资平台对关键或核心科技型企业产业嵌入的资金支持,加快形成科技创新集群发展的竞争优势。加大国有资本对我国风险投资市场发展的支持,面向地方和重点产业领域,加大国家引导基金的匹配投入,支持地方或重点产业领域的风险投资平台或股权投资机构等的发展。

(课题组成员:王胜光　胡贝贝)

新型研究型大学
体制机制创新研究

西湖大学

新型研究型大学是相对传统研究型大学而言的,是世界各国经济、社会、产业发展的必然产物,过去几十年间逐步兴起,如香港科技大学、新加坡科技设计大学、洛桑联邦理工学院等。从国内来看,新型研究型大学是在我国高等教育大发展的背景下应运而生的,与传统公办高校优势互补、良性互动,是深化科教体制机制改革的重要探索,也是实现创新驱动发展的重要尝试,习近平总书记在科学家座谈会上强调,要发展新型研究型大学。目前,国内新型研究型大学主要包括中国科学院大学、中国社会科学院大学、南方科技大学、上海科技大学、西湖大学等,主要特征表现为自创办之初就体现创新性,体制机制灵活、筹资渠道多元、资源投入集中;强调高起点,对标世界一流、办学理念先进、办学定位较高;注重小而精,控制办学规模、着眼有限学科、追求学术卓越,希望能够摆脱传统路径依赖在某些领域快速冲击世界一流。其中,西湖大学是唯一一所社会力量举办的新型研究型大学,在创新性、标志性、示范性方面更为突出,更具代表价值。

本报告聚焦新型研究型大学体制机制创新研究,以西湖大学作为典型案例,通过分析新型研究型大学运行中存在的问题、面临的挑战,提出新型研究型大学总体发展思路和具体改革措施,旨在为建设中国特色现代大学制度提供创新思路,为深化适应中国国情、符合国际惯例的科教改革提供对策建议,为在全国范围内建设更多高水平新型研究型大学提供可行路径,为加快国家创新体系建设、实现科教兴国战略提供决策参考。

一、国外研究型大学发展现状、特征与启示

研究型大学的崛起与国家文明进步同频共振,并对科学技术创新与人类社会发展起到了巨大推动作用。德国在 19 世纪初率先开创了现代意义上的研究型大学,对德国、欧洲乃至整个世界高等教育都产生了广泛而深远的影响,奠定了整个现代大学的思想体系、话语体系和制度基础,以柏林大学为代表的德国研究型大学,也极大地促进了学术进步和科学水平的提高,助推德国一跃成为长达百年的世界科学中心。以私立为主的美国研究型大学则在第二次世界大战之后迅速崛起,并在科学研究和人才培养之外,加强了与外界的联系,承担了服务社会、服务国家的功能,在国家创新、技术进步中扮演了无可取代的角色,支撑美国在经济、国防、卫生、文化等诸多领域占据国际竞争优势。与德国、美国不同,日本研究型大学的显著特点则是应用类学科非常发达,从一开始就设置并发展工学部和农学部,并呈现出不断加强与企业、与社会紧密联系的重要走向。而以色列研究型大学则表现出高度的国际化和创新性,在重视基础研究和应用研究的同时重视创新创业教育,塑造了以色列创新发展的强大动力,推动其成为中东地区现代化水平最高的国家。从德国、美国、日本、以色列等一批具有代表性的一流研究型大学的成功经验来看,它们具有较为明显的共性特征和经验启示。

一是先进理念、现代治理。普遍具有高远的价值导向和清晰的办学定位,保证其形成自身的优势特色,引领其不断走向卓越;内部治理多以学术权力为逻辑起点,注重自主性、保持开放性,有效激励知识创造、知识传授,为理念的实现提供制度的保障。

二是一流师资、以人为本。以汇聚世界顶尖师资为基石,普遍秉持"以人为本"的理念,在世界范围内选拔吸引优秀人才,实行科学的聘任晋升制度,营造自由宽松的学术环境,提供优厚有力的待遇保障,从而有效筛选保留一流人才并激发其创造性劳动。

三是塑造精英、追求卓越。多以塑造精英为追求,围绕办学理念设置育人目标,围绕育人目标构建教学体系,致力于培养素质卓越、影响世界、领导变革的杰出人才,并通过精英校友群体传递学校文化、形成崇高声誉。

四是学术第一、创新为先。以发现创造科学知识、先进技术为核心,承担源头

创新的主力军作用,通过鼓励创新的科研组织模式和评价机制,保持学术领先地位,引领尖端科技前沿,产生影响人类的重大科技成果,解决人类发展中的基础理论和技术问题。

五是人类情怀、国际视野。以服务人类社会为己任、以国际化办学为方向,自觉承担起为全世界、全人类作贡献的使命,普遍实施全方位的国际化战略,包括教师与学生的国际化,以及教学与科研的国际化,成为推动人类社会文明进步的"动力站"。

二、我国新型研究型大学产生兴起的原因阐释

改革开放以来,我国科教事业取得了历史性成就,但也存在明显的短板和不足,在国家对科技创新提出更为迫切要求的时代背景下,以南方科技大学、上海科技大学、西湖大学为代表的新型研究型大学应运而生,是宏观环境和内在需求两方面共同作用的结果,具有历史的必然性。

(一) 宏观背景

第一,我国经济社会的飞速发展为其产生提供了先决条件。改革开放带来经济高速增长,成长为世界第二大经济体,形成强大的政府财政实力和民间资本力量,且社会主义制度具有无法比拟的举国体制优势,我国有能力也有可能调动大量资源投入和保障新型研究型大学的高标准兴建。

第二,我国高等教育的跨越进步为其兴起提供了丰厚土壤。我国高等教育经过几十年的大发展已实现普及化,逐步迈入高质量、内涵式发展新阶段,在教育科技领域均储备了丰富的优质人才资源,具备从量的积累到质的飞跃转变的基础,孕育高水平新型研究型大学的土壤已经成熟。

第三,世界范围内新兴大学的崛起为其发展提供了经验借鉴。世界范围内特别是新兴经济体新建新型研究型大学已成为一种潮流趋势,香港科技大学、新加坡科技设计大学、洛桑联邦理工学院等珠玉在前,在短期内实现了快速发展和突破,成为培养精英人才、加快科技创新、提升国际竞争力的重要途径,为我国建设新型研究型大学提供了可资借鉴的宝贵经验。

(二) 内在逻辑

第一,满足人民美好教育的期待向往。随着我国经济社会的发展,人民群众对教育的期待已从"有学上"转变为"上好学",优质高等教育需求得不到充分满足的

矛盾日益突出。创建新型研究型大学是从供给侧出发满足人民美好期待的必然要求,有利于形成与传统研究型大学优势互补、良性互促的发展格局,丰富优质高等教育资源和样貌。

第二,纵深推进科教改革的择优选择。当前我国科教改革进入"深水区",从零开始创建全新的新型研究型大学,有利于减小改革阻力、提升改革效率、摆脱路径依赖、发挥后发优势,从而从深层次破解瓶颈难题、在短时间实现弯道超车、以加速度达到世界一流,为科教改革提供试验样本。

第三,大力汇聚顶尖人才的有效路径。我国人才队伍呈现出普通人才储备丰富、顶尖人才严重匮乏的结构性矛盾,高校既有的人才人事管理制度与国际通行做法存在不相适应之处,反映在顶尖人才引进方面缺乏竞争力和灵活性。创建新型研究型大学能够通过更加自主灵活的体制机制设计,充分遵循国际惯例、有力参与国际竞争,高效聚集全球顶尖人才。

第四,加快提升创新能力的迫切需要。近年来,我国多项科技指标已位居世界前列,但科技创新能力尤其是原始创新能力与发达国家相比还存在较大差距,亟须从源头出发提升创新能力、完善创新体系、建设科技强国。创建新型研究型大学可以作为关键突破口激活我国科技发展基本盘,为最大限度释放创新潜能、最快速度构建创新高地提供新的思路。

三、我国新型研究型大学的探索实践——以西湖大学为例

西湖大学是新中国历史上第一所社会力量举办、国家重点支持的新型研究型大学,其创办的初心和使命是为国家教育和科技未来担纲,为科教体制机制改革探路,在办学理念、定位、模式与组织运行机制等方面进行了大胆创新,在人才引进、学生培养、科学研究等方面取得了良好成效。

(一) 创办源起与目标定位

2015 年 3 月,施一公、陈十一、潘建伟、饶毅、钱颖一、张辉和王坚七人向国家倡议创办一所具有中国特色、世界一流的新型研究型大学并得到肯定支持。同年7 月,七位倡议人组成了"西湖大学筹办委员会",并注册成立"杭州市西湖教育基金会",作为西湖大学的举办方。2016 年 12 月,在浙江省和杭州市的支持下,正式成立了浙江西湖高等研究院,作为西湖大学办学的依托主体和前身。2017 年 8 月1 日,浙江省政府正式发文批复同意设立西湖大学(筹),性质为事业法人单位。2018 年 2 月 14 日,西湖大学正式获教育部批准设立,举办方是杭州市西湖教育基

金会,首任校长为施一公。

其办学定位是"高起点、小而精、研究型",主要开展基础前沿科学技术研究,坚持发展有限学科,注重学科交叉融合,以博士研究生培养为起点,着重培养拔尖创新人才。办学目标是致力于集聚一流师资、打造一流学科、培育一流人才、产出一流成果,建设世界一流新型研究型大学,力争到 2026 年,主要学科的实力达到世界领先水平,成为一所设置合理、定位清晰、发展潜力强劲、社会声誉良好的新型国际化高水平研究型大学,为国家科教兴国和创新驱动发展战略作出突出贡献。

(二) 创新理念与路径设计

西湖大学之"新"的出发点是"社会力量举办、国家重点支持"的新型办学模式,即由杭州市西湖教育基金会作为举办方,面向社会广纳资源参与学校发展;各级党委政府作为重要后盾,为学校改革创新、长远发展提供政策指导、资源支持、制度保障。这一办学模式,有利于在党的领导下解放思想、大胆创新,发挥新型举国体制优势,实现政府作用与社会资源的有机结合。与之相对应,其办学经费来源多元化,包括举办者出资、办学收入、竞争性科研项目经费、人才政策支持经费和政府扶持资金等,其中日常运行经费由举办者承担,体现出社会与政府的合力优势。

西湖大学之"新"的着力点在于对科教体制机制改革进行新的探索实践,立足国情、接轨国际,围绕治理机制、人事制度、评价体系等方面进行科学先进的路径设计。治理机制方面,秉持"教授治学、行政理校、学术导向决定行政服务"的治校理念,实行董事会领导下的校长负责制,发挥党委的政治引领作用,各专门委员会负责相关重大事项的研究决定,形成以教学科研为核心、行政服务为保障的现代大学治理机制。人事制度方面,学术人才实行与国际接轨的长聘准聘(Tenure track)聘任体系,突出竞争性、流动性;行政人员采取全员劳动合同聘任制,岗位精简设置、管理高效扁平,强调职业化、专业化。评价体系方面,构建创新导向的学术评价体系,采取国际小同行评议模式,注重标志性成果、实际贡献和科学价值,强调引领世界的原创性突破的重要性。

(三) 办学成效

西湖大学依托新型办学模式和创新体制机制的优势特色,已逐步取得了良好的办学成效。截至 2020 年底,已初步建立起国际化、年轻化的一流人才队伍,签约140 余位学术人才中 90% 以上从海外直接引进,70% 以上年龄在 40 周岁以下,均在各自研究领域具有世界领先水平,其中包括国际著名遗传生物学家许田、有机化学家邓力、人工智能领域专家李子青、细胞生物学家于洪涛、人工光合领域专家孙立成、干细胞研究专家裴端卿、著名数学家田刚等世界级科学家,获得国家级人才称号56人;以培养富有社会责任感的拔尖创新人才为目标,在博士生招收方式和培养模式方面改革试验,采取"申请—考核"制的招生选拔方式,坚持"寓教于研""兴趣先导""学科交叉"的人才培养理念,已与复旦、浙大联合招收四期博士生608人,逐步构建独具特色的青年科学家培养体系;围绕理学、生命与健康、前沿技术方向,前期优先建设9个一级学科;实行"独立实验室"制度,赋予科研人员充分的科研自主权和经费自主权,建有省实验室、省重点实验室等高水平创新平台,基础研究实力日渐形成,尖端科研成果陆续产出,截至2020年底,累计牵头及参与国家重点研发计划项目8项,承担国家自然科学基金项目96项,以西湖大学为作者单位发表顶级期刊论文86篇,顶级会议论文24篇,新冠病毒研究方面有多项重要进展受到世界关注,部分成果进入转化落地阶段。

四、我国新型研究型大学发展趋势与制约因素分析

(一) 发展趋势

结合以西湖大学为代表的新型研究型大学办学成效及外部评价来看,其总体呈现良性发展趋势。

第一,社会认可程度、国家重视程度不断提升,逐渐进入国家战略规划顶层设计视野。在较短时间内其国际影响力、社会认可度显著增强,在国家、地方重大战略布局中逐渐占据一席之地,同时,更多的新型研究型大学陆续谋划筹建,未来更多地承担经济社会发展任务是必然趋势。

第二,成为国家科教体制机制改革的重要突破口,逐步承担起改革试验田的重任。其肩负着为科教体制机制改革探路的使命,不仅具有改革的强烈意愿和先天优势,而且具备改革试错的腾挪空间和纵深推进的良好条件,以之作为科教改革先行示范试点,是有效提升改革运行效率和实施效果的可行做法。

第三,短期内具备较高水平的科技创新能力,逐步在国家创新体系建设中发挥重要作用。其通过集聚顶尖人才表现出的尖端科研能力,通过改革评价机制释放出的创新创造活力,以及通过搭建一流科研平台发挥出的创新引领作用,具备了逐渐在国家实验室等重大创新基地建设中承担重要任务的实力条件,未来在我国创新体系建设中必然成为关键有生力量甚至重要战略力量。

(二) 制约因素

新型研究型大学发展过程中也存在着矛盾和问题,面临一定的外部制约和自

身障碍,需要进行客观、全面地分析。

国际形势方面,近年来,世界形势急剧变化,全球化遭遇逆流,单边主义、保护主义有上升趋势,新冠肺炎疫情更是为国际往来交流按下"暂停键",在一定程度上影响其国际化办学进程,人才引进、学生互访、科研合作等方面均遇到障碍。政策环境方面,其在科教领域的改革探索大多自下而上进行,办学理念与定位也往往不同于传统研究型大学,与现有政策框架、评价体系之间多有不相适应之处,改革突破的空间受到一定限制。机制运行方面,其治理机制实际运转过程中,也遇到了董事会(理事会)、校长权责界定,以及党委、行政与学术关系处理等问题,各方角色定位和应有作用尚未得到充分发挥,还需进一步摸索实践。历史积淀方面,因其建校时间短,缺少深厚的历史底蕴和文化根基,缺乏广泛的校友资源和社会声誉,以大学精神为核心的文化软实力还需要较长时间积累沉淀。经费保障方面,多元经费保障机制尚未有效发挥作用,尤其在社会力量办大学的崭新尝试中,既面临着捐赠文化薄弱、不确定因素多等筹资难题,也存在着财政支持不充分、短期化的问题,对其长远可持续发展造成制约。资源配置方面,受历史积淀、学术声望或者规模体量等客观因素影响,其在竞争性资源的获取中相对不占优势,包括国家级重大平台、项目申报中多有掣肘,导致其一方面获取资源支持与实际创新能力不匹配,另一方面难以充分发挥自身优势服务国家地方发展。

五、对策建议

党的十九届五中全会将"创新"作为首位战略,提出要"坚持创新在我国现代化建设全局中的核心地位,把科技自立自强作为国家发展的战略支撑",这既是我国进入新发展阶段的必然选择,也是构建新发展格局的主动抉择。以创新为基因和属性的新型研究型大学,是"两个一百年"奋斗目标指引下国家发展战略布局中的新变量,以其作为关键点,探索具有创新性和可行性、符合规律性的体制机制改革举措,有利于走出适合我国国情的科技创新和人才培养之路,服务"十四五"时期全面塑造发展新优势和2035年基本实现社会主义现代化的战略需求。

(一) 引入多元经费投入机制

稳定充足的经费投入是高等教育得以生存发展的基本前提。相比西方国家,我国社会主义制度能够调动政府、民间多方合力,具有集中力量办大事的体制优势,按照"高等教育实行以举办者投入为主、受教育者合理分担培养成本、高等学校多种渠道筹措经费的机制"的要求,保障新型研究型大学长远发展首先要求充分发挥新型举国体制优势,探索形成财政长期稳定支持、社会力量积极参与、学校自身主动造血的多元经费投入机制。建议中央地方政府多级联动给予持续的财政经费支持,尤其对于社会力量举办的新型研究型大学,应突破现有"体制性"限制,纳入国家财政预算拨款的范畴,保障其更好地承担国家科技创新战略任务。政府与学校协同用力扩大社会资金投入比例,政府部门通过捐赠配比及税收激励政策引导社会资本捐赠,新型研究型大学通过拓宽社会服务、提高办学影响,充分挖掘校友、企业和社会组织资源,做大社会捐赠资金池。除外部投入外,新型研究型大学也应充分挖掘内部潜力,强化自身造血功能,通过高水平的人才引进和高质量的人才培养,稳定办学收入来源;通过科研设施共享和社会服务拓展,拓宽学校收入渠道;通过专业资金管理,获取稳定投资收益;通过科研成果转化,实现学校科技创新体系反哺办学的良性循环;等等。

(二) 搭建现代高效治理体系

现代大学制度是实现高等教育高质量发展的有效路径,搭建现代高效的治理体系是新型研究型大学协调内外部利益、优化资源配置,高效履行人才培养、科学研究、社会服务和文化传承创新职能的根本保障,需要内外部各利益相关方按"共同参与、共同出力、共同享有"的原则,坚持科学先进的治理理念,在大学章程的规范下构建精简高效的治理结构、安排先进的管理制度来予以实现。建议外部探索政府、社会有效引导、支持和监督机制,健全社会参与和专业评价,新型研究型大学在保持自身办学自主性的同时,应注重与外部利益相关方形成平等互信、良性合作机制。内部完善董事会(理事会)、党委、行政以及专门委员会权责明确的运行机制,融入"协同共治"理念,突出学术导向作用,强化行政服务职能,保障不同利益主体特别是教职员工和学生的合法权益,实现个体权利主体与组织权力主体的良性互动,增强自我调解、自我完善能力,为大学治理体系和治理能力现代化建设作出有益尝试。

(三) 探索更加开放的人才引进机制

发挥新型研究型大学的体制机制和高端平台作用,从政府和高校不同层面探索构建更为灵活、更具国际竞争优势的人才引进机制,在全球范围内吸引汇聚高层次人才,既是新型研究型大学冲击世界一流的核心要素,也是我国从人才大国走向人才强国的有力举措。建议政府层面,实行具有国际竞争力的全球引才政策,利用当前美国对华人才政策挤压收紧的窗口期,加大对华人科学家引进力度,同时扩大引才辐射范围,积极引进美国以外(如欧洲等国)国家地区的高精尖人才;整合各级各类引才计划,中央和地方围绕重点领域错位布局,集中优势资源构建重点突出的顶尖人才资助体系,加大资助力度和周期;在新型研究型大学设立人才特区,给予人才项目、资金扶持等方面的特殊倾斜,支持其发挥引才生力军作用;全面优化高层次人才配套保障体系,形成机制性的税负补贴、医疗养老等服务保障措施。学校层面,发挥灵活的体制机制优势承担引才主体作用,坚持瞄准海外做增量,将海外知名高校、研究机构作为引才主阵地;营造包容多元的人才发展软环境,为引进人才提供充足的科研经费和优厚的个人待遇,提高行政服务国际化程度,确保学术人才术业专攻、集中精力开展教学科研。

(四) 构建拔尖创新人才培养模式

落实立德树人根本任务、培养拔尖创新人才,在国家政策支持下开展人才培养模式创新,全面提升学生的责任意识、创新能力、国际视野,造就堪当中华民族伟大复兴大任的时代新人,为实现社会主义现代化强国建设目标提供一流的人才资源储备,是深化高等教育改革的根本要求,也是新型研究型大学的重中之重。建议以新型研究型大学为试点,探索科学灵活、因校制宜的招生选拔机制,增强学校作为招生主体对人才选拔的自主权,在保证教育公平的基础上兼顾效率,研究生招生试行"申请—考核"制等方式,本科生招生试行统一高考与自主考核相结合,综合全面评价学生的创新能力、学术兴趣、整体素质,精准选拔符合培养理念的优质生源。发挥新型研究型大学优质师资和科研优势,加强科教融合、学科交叉,依托科研资源强化教学资源,大胆开展研究型教学,支持本科生进入实验室,研究生第一学年参与科研项目、承担研究课题;构建跨学科课程、提供跨学科交流、鼓励跨学科合作,打破学科壁垒,培养创新思维。坚持通专相长,创新教学手段,构建基于学科领域和能力塑造的通识教育体系,适应时代发展变化创新思政课程模式和教学方式,营造国际开放的人才成长环境,实行中外趋同化培养,促进多元文化沟通交流,塑造责任意识、全球视野、健全人格,形成比肩世界一流的青年科学家培养体系。

(五) 建立基础研究稳定支持机制

基础前沿科学技术研究是保障国家安全与发展的战略支撑,作为承担主体的研究型大学势必需要长期稳定的财政资金支持,即使美国的私立研究型大学,其科研经费也以联邦政府作为主要支持渠道。新型研究型大学作为我国科技创新的有生力量,试点建立基础研究稳定支持机制,有利于营造良好科研生态,更好地发挥其尖兵突破作用,推动产生重大原创性科研成果。建议选取部分高水平新型研究型大学试点设立基础研究发展基金,以中央出资、地方配套为主,并通过税收杠杆激励引导社会资本参与,探索将企业用于资助基础研究的捐赠支出视同企业研发投入的新机制,形成基础研究多元投入、稳定支持机制,确保稳定性与竞争性支持经费的比例和金额保持适当水平。试点高校依托基础研究发展基金,参照普林斯顿高等研究院、霍华德·休斯医学研究所、贝尔实验室等国际顶尖研究机构运行模式,重点聚焦基础数学、理论物理、生命科学等基础研究领域,下大力气引进一批世界顶尖科学家,试行"以人为本"的资助模式,突出人才智力的价值,聚焦人头而非项目,提供与国外顶尖高校相当、长期足量的科研经费资助,支持人才自由探索尖端科研问题,打造世界领先的基础科学研究高地。

(六) 改革科研组织实施方式

针对当前科研资源配置过程中新型研究型大学存在的劣势,从国家层面改革基地、项目等科技管理模式,鼓励学校内部构建协同创新的科研组织实施方式,能够有效提高科研资源配置效率和科研成果产出效率,更好地发挥新型研究型大学在尖端前沿科研领域优势,服务国家和地方经济社会发展战略需求。建议国家层面探索与创新能力相适应的科研资源配置方式,围绕国家重大需求和国际科技前沿,采取国家出资、地方匹配相结合的方式,定向安排专项资金,试点支持部分高水平新型研究型大学自主选题、自主评审一批国家自然科学基金、重点研发计划、科技重大专项等科研创新项目;实行承诺制由中央及地方财政先行给予建设经费,试点支持部分高水平新型研究型大学自主建设一批国家级科技创新基地,支持其更好地承担国家创新体系建设任务。学校层面构建协同创新的科研组织模式,推进跨学科合作研究,鼓励来自不同学科领域的科研人员形成一批研究方向相对集中和互补、拥有创新能力和研究优势的交叉科研团队,集中优势力量联合攻关复杂性科学问题;最大限度赋予科研人员项目自主权,精简优化申请、报批、开题、考核、验收等项目流程,对于基础研究类项目充分考虑不确定性因素,在申请及评估环节不设目标产出限制,营造自由探索、自主创新的良好科研生态。

(七) 创新科技人才评价标准

近年来,国家密集发布了关于改革优化科技评价、人才评价的一系列政策措施,如 2020 年 10 月印发的《深化新时代教育评价改革总体方案》中明确提出:"突出质量导向,重点评价学术贡献、社会贡献以及支撑人才培养情况,不得将论文数、项目数、课题经费等科研量化指标与绩效工资分配、奖励挂钩"。目的是通过构建一套符合科学研究和人才发展规律、行之有效的评价体系,从而推动尖端科技发展、引育一流创新人才,实现更多"从 0 到 1"的突破。新型研究型大学大多在创办之初就自发自觉地进行科技人才评价改革,相比之下更有条件、更有优势承担起改革探路的重任。建议完善创新导向的评价机制,建立基于科学价值、符合科研规律、国际充分认可的评价标准,推行国际小同行评议模式,根据不同学科领域的多样性和特殊性实行分类评价,淡化论文、项目等量化考核指标,推行代表性成果评价,强调引领世界的原创科学技术突破的重要性,形成有利于人才潜心研究和创新的评价机制。坚持评用结合,强化新型研究型大学作为用人主体的评价主导地位,尊重其在相关学术领域的价值判断,在国家重大人才计划评审中,试点给予部分定向名额允许通过推荐认定方式自主评价,使人才发展、科学研究与学校使命更好地协调统一,有效发挥重大人才计划(项目)对人才引进培养的牵引带动作用。

(八) 改革经费管理使用办法

科学合理的经费管理使用机制是释放人才创新活力、增强人才获得感的重要保障,其核心是在保证合法性与合理性的基础上,发挥资助有效性、调动人才积极性,从而做到有的放矢,促进良性竞争,起到正向激励作用。建议合理增强项目资助经费,进一步增加各类科研项目特别是青年项目资助经费、延长资助周期,保障青年人才在尤其需要经费支持的成长期和创新活跃期能够得到有效资助。加强经费使用"放管服"改革,给予人才充分的经费自主权,对经费使用实行"负面清单"管理,除用于捐赠赞助、对外投资、偿还贷款等支出外不做其他限制;学校方面应制定符合学校自身状况的管理制度,加快完善科研项目收益分配办法,推动项目经费使用"包干制"改革,进一步破除对科研人员的束缚,提高科研项目资金的使用效率。完善经费监管体系,加强对科研经费的全生命周期管理,转变经费监管理念,将监管重心从经费使用合规性检查,逐步转移到经费使用合理性、合法性的实质性检查;健全充分信任和失信惩戒的协同机制,研究建立信用指标体系,对失信者进行惩罚,使科研人员增强自律,逐渐从整体上提高科研群体的信用水平。

(九) 优化投入绩效考评模式

针对新型研究型大学的财政投入绩效考评,应以学校定位和内涵特征作为价值导向和判定标准的切入点,充分考虑其自身的发展实际与特色,以质量和效率为核心,为构建与办学质量和发展能力相适应的资源配置方式提供科学依据,为其实现高质量创新发展提供正向激励和宽松环境。建议健全政府主管部门、高校和第三方专业组织共同参与、有机协调的多元主体评价模式,财政部门及相关政府主管部门主要通过政策制定确定绩效目标和管理程序,通过预算拨款促进高校承担绩效责任;高校在政府指导下建立健全相关管理制度和工作体系,根据发展实际全面评价自身办学质量与水平,并委托相关领域国内外专家学者进行同行评议,自觉接受政府及社会各方监督,形成外部监督与内部约束相结合的质量保障体系。实行长周期考核和整体考核,更多考虑系统性和发展性,注重新型研究型大学的整体效率效益,引入大学声誉、国际竞争能力等进行综合性评价;同时充分考虑其历史因素和发展规律,以 5 年及以上为周期实行长周期考核,对相关人才、项目、平台实行年度自评和备案制管理,期末进行绩效一次性考核。建立"质""效"并重的考评体系,突出新型研究型大学创新性、引领性特征,以国际通行和充分认可为原则,以世界一流研究型大学为参照标准,精准设置最具代表性、标志性的核心指标和关键参数,科学准确地反映其实力、竞争力及影响力。强化考评结果与财政投入相挂钩的结果应用机制,实行"基本支出预算+项目支出预算+绩效支出预算"的模式,以绩效评估结果为依据合理调整财政拨款,给予与创新能力相匹配的财政经费支持,切实提高财政资金配置效率,推动新型研究型大学良性可持续发展。

新型研究型大学是一个崭新的课题,也是一个值得持续跟进、深入研究的课题。显然,我国新型研究型大学当前还不够成熟,也面临着国际形势、政策环境、资源配置等外部因素和自身治理、历史积淀、经费保障等内部因素的交互影响制约,但其鲜明的特色和独特的价值已经显现,在我国科教体制机制改革向深层次迈进的过程中,更是承担着先锋探路的重任。本报告聚焦新型研究型大学体制机制创新进行系统性研究,通过借鉴美国、德国、日本、以色列等具有代表性国家一流研究型大学的成功做法和经验启示,以西湖大学作为典型案例,从科教体制机制改革入手,结合我国特点发展阶段的时代特征与需求,提出要引入多元经费投入机制、搭建现代高效治理体系、探索更加开放的人才引进机制、构建拔尖创新人才培养模式、建立基础研究稳定支持机制、改革科研组织实施方式、创新科技人才评价标准、改革经费管理使用办法、优化投入绩效考核模式等对策建议,希望能对建设世界一流的新型研究型大学提供实用性参考,进而在治理机制、人才引育、科研管理、评价标准等方面形成一些探索性强、成效明显、具有规律性和普遍性的改革举措,走出适合我国国情的科技创新路子,激发我国高等教育发展基本盘的活力,争取早日在全球科教版图上形成若干"高原"甚至"高峰"区域,为建设世界科教强国,抢占人才、科技竞争和未来发展制高点作出有益尝试。

(课题组成员:朱晓芸　李如涛　王慧敏　周星星

任思怡　田晓萍　林男　丁元胜)

新型研发机构的组织机制和配套政策研究

之江实验室

新型研发机构已成为我国科技创新体系的重要组成部分。以2019年9月科技部印发的《关于促进新型研发机构发展的指导意见》为代表,多地相继出台多项促进新型研发机构发展的引导政策,积极汇聚各方力量推动新型研发机构健康快速发展。作为科技创新载体中的新生力量,新型研发机构肩负着以改革促创新、以实干谋发展,探索一条中国特色科技创新之路的重要使命。与此同时,新型研发机构在实践过程中也存在法律定位不明、质量参差不齐、科研基础不牢、实体化运行不足、长效机制缺乏等问题,在服务国家战略科技需求、取得有影响力的成果、助力经济社会高质量发展等方面还存在短板。本报告分析了发展新型研发机构的重大意义及制约我国新型研发机构发展的若干瓶颈问题,结合浙江省之江实验室的实际经验,提出了多方位集聚创新资源提升新型研发机构创新水平的对策建议。

一、发展新型研发机构的重大意义

当前中美科技竞争日渐焦灼,美国在光刻机、芯片制造等高科技领域实行的技术封锁使我国技术供应链存在巨大风险,形成完整的技术自给体系对我国的战略安全有重大意义。要迅速实现科技自立自强,必须以国家战略需求为导向进行科研布局,提升关键核心技术研发能力,进而提升国家创新体系整体效能。

新型研发机构体制机制灵活,有利于开展关键核心技术攻关、尽快实现科技自立自强。相比于传统科研机构,新型研发机构具有投资主体多元化、管理制度现代化、运行机制市场化、用人机制灵活等优势,更能适应当前形势下的关键核心技术攻关需求。多元化的投资主体和灵活的运行模式提供给新型研发机构更强的创新活力,政府在运营初期的投入提供了基础条件保障,现代化管理和市场化运作提升了长期的运营效能,灵活的用人机制满足了机构集成攻关的人才需求。综上所述,发展新型研发机构是探索新型科研管理模式,尽快实现科技自立自强的一条有效路径。

新型研发机构重视成果转化,有利于打通产学研用壁垒、提升创新体系整体效能。现阶段高校、企业等依然是我国科技创新的主要载体。受信息不对称、诉求不一致、资源不平衡、分配不合理等多种因素影响,科技创新成果的转化应用率一直维持在较低水平。新型研发机构因其更加重视科研成果的应用属性,更乐于与高校、企业等创新主体构建协同创新体系,合作研发;高校和企业则可依托新型研发机构的平台进行供求对接,完成创新资源的整合。因此,培育高水平的新型研发机构对于打通产学研用壁垒、整合社会创新资源、提升国家创新体系整体效能具有重大意义。

新型研发机构积极探索人才培养新模式,有利于扩充国家战略科研人才储备。人才培养是新型研发机构的重要职能。相比于高校等传统人才培养机构,新型研发机构中的科研人才有更多的项目实践经验和跨团队合作经验,为培养紧缺的复合型、应用型人才提供了有利条件。另外,新型研发机构通过与高校、企业等共建产教融合、学研融合、科艺融合等多类型平台开展人才联合培养,可以从技术创新、管理能力等多维度提升人才队伍整体素质,为国家扩充战略科研人才储备。

二、制约我国新型研发机构发展的瓶颈问题

新型研发机构是一个不断演进的理念,其组织结构和管理方式都是不断发展的。为了更好地助力社会经济高质量发展、提升我国科技创新体系整体效能,既要提升新型研发机构内部的市场化管理水平,也要增强外部管理以保证其有序发展。目前,我国新型研发机构的发展还面临着诸多瓶颈问题,有待于通过组织结构优化和管理手段创新来解决。

东部地区快速发展,区域不平衡不充分问题突出。根据课题组统计,发现各省已经认定的 2288 家省级新型研发机构中,江苏省、湖北省和北京市最多,分别有 438 家、375 家和 372 家,占总量的 51.8%。从地域来看,东部地区新型研发机构建设起步早,规范程度高,现在已经获批认定的有 1763 家,占比 77.0%,中部和西部地区次之,分别有 614 家和 179 家,占比分别为 26.8% 和 7.8%,东北地区严重落后,只有 32 家,占比 1.4%。从平均值来看,东部、西部、中部、东北四大地区每个省份高新区平均拥有的新型研发机构数分别为 182 家、122 家、36 家和 16 家,东北地区仍明显落后,东部地区和中部地区差距较小。尚未开展新型研发机构认定的省份(黑龙江省、云南省、西藏自治区、陕西省、青海省、宁夏回族自治区、新疆维吾尔自治区)中,除黑龙江省外均为西部地区省份。以上数据说明,东部地区拥有的新型研发机构无论是绝对数量还是相对数量都占据优势,东北地区和西部地区与其他区域差距较大,我国新型研发机构的发展存在着较为严重的地域失衡。

认定标准不统一,分类评价体系缺位。由于我国各省份科技发展基础条件和规划布局的差异,各省份对于新型研发机构发展的需求并不相同。科技部印发《关于促进新型研发机构发展的指导意见》要求,应建立分类评价体系,科学合理设置评价指标。2020 年 11 月,在科技部举办的新型研发机构管理工作培训班上,对推进新型研发机构建设的下一步工作提出了"要加强对新型研发机构分类支持,分类施策……对东中西部及国家高新区在新型研发机构建设方面提出不同要求和定位"的总体要求。

在新型研发机构的管理上,当前国家层面尚未出台统一的新型研发机构认定标准,24 个已出台认定标准的省份中,有 17 个省份 2019 年以后才出台正式的认定规范,各省认定标准差异较大,认定制、登记制和备案制并存。这就造成各省新型研发机构在基础条件和创新能力上的巨大差异,不利于国家对于新型研发机构的统一管理。另外,各省管理体系中基本是按照"省级""市级"对新型研发机构分类管理。多数省份对同一级别政府主导、民办公助、校地共建、企业自建设立等截然不同的新型研发机构统一管理。既增加了政策制定的难度,又无法充分实现政策的引导和促进作用。

在新型研发机构的评价上,构建关于新型研发机构的分类评价体系在决策支撑、引导机构良性竞争、明确机构发展定位、构建机构创新生态等方面具有指导意义。现阶段,我国新型研发机构的评价体系尚未形成。跨地域、分类型、分层次的新型研发机构评价体系建设工作尚未全面展开。这就造成了新型研发机构的建设工作缺少有效反馈,社会创新资源的分配也缺少有效引导,严重阻碍了新型研发机构的良性发展。

体制机制创新不足,机构仍面临较大体制机制障碍。我国的新型研发机构正处于起步阶段,体制机制设计和运营管理模式探索尚不成熟,在实际运行中经常面临着以下问题:管理运行行政化。许多政府投入共建的新型研发机构受其机构性质影响,决策机制、管理理念、制度流程设计仍未跳出传统行政机构的框架。该框架下的制度惯性会导致机构内部沟通成本高和创新动力不足成果转化不力等缺陷。市场化运作不顺。许多新型研发机构的资金来源仍存在政府投入的较大依赖,通过成果转化实现"自我造血"的能力明显不足,难以维系机构长期运营。实体化运行不足。多元主体投入共建的新型研发机构在运营过程中常出现各建设主体参与积极性不高和无法有效协同的现象。该现象的根源是产权不清、治理结构不健全。产权不清体现在非货币出资评估机制、产权交易机制和利润分配机制不完善;治理结构不健全体现在责权利界定不清晰和资源整合度不够。人才制度不完善。现有人才制度存在人才引进力度不够、人才考核的绩效导向型不足、人才激励措施未落实到位和人才内部流动性不足等问题。

三、之江实验室建设新型研发机构的创新经验

之江实验室是国内最早创新并实施"混合所有制"事业单位体制的新型研发机构,在治理机制、人才发展、经费投入等方面形成了独树一帜的体制机制创新经验,通过创新"高原造峰""大兵团作战""矩阵式管理""工程化服务"和项目预算额度授权制等系列特色科研发展模式,并以有序有力的政策体系支持整体运行发展,在重大科技攻关等方面取得了显著的成效,对新型研发机构建设发展具有重要启示借鉴意义。

(一) 创新新型研发机构组建模式与治理体系

首创"政府+高校+企业"的混合所有制,创新新型研发机构组建模式。之江实验室是国内最早独创混合所有制的新型研发机构,其组织架构可概述为"一体两核多点"。"一体"是之江实验室本体,"两核"是之江实验室依托的主要研究力量即浙江高校和阿里巴巴集团,"多点"则是结成合作关系的国内龙头企业和重点高校院所。其中,"一体两核"深度融合是之江实验室作为混合所有制事业单位体制创新的基础和核心。这一体制集成了政府主导的公益性、高校的先进性和企业的灵活性,有利于消除体制机制障碍,集成多方力量推进创新改革。

实施"理事会+学术委员会+主任负责制",形成清晰有效治理体系。之江实验室理事会由浙江省省长担任理事长,"两核多点"是理事会成员单位,浙江省科技厅是理事会联络处;学术咨询委员会委员由 33 名国内外院士和顶尖科学家组成;

在理事会下实行主任负责制,实验室主任由理事会聘任并获得充分授权,以成果为导向,全面统筹负责管理实验室内部运行、制度建设、人员管理、科研布局等方面工作。由此形成了强有力领导、高水平管理的高效治理运行机制。

(二) 创新全生命周期保障的特色科研攻关机制

以多元化发现机制,挖掘高潜力高价值项目。之江实验室的项目发现机制包括公开征集、主动邀约、应急启动、主题竞标、定向委托等形式,从而物色和布局了一批有潜力、强基础、高价值的科研项目。

以"高原造峰"机制,协同攻关核心关键技术。之江实验室在新型研发机构科研发展中开拓了"高原造峰"的路径,即结合"一体两核多点"的既有科研基础,在初代成果基础上继续进行创新开发和攻关。其具体实施方式是从"两核多点"单位中引进一批科研骨干力量作为具体项目负责人,快速形成承接国家重大科研任务、开展联合攻关的能力,由此推进科研成果取得突破。

以"大兵团作战"机制,联合攻关重大科研项目。在重大科研项目攻关上,之江实验室还建立了打破学科边界的"大兵团作战"机制,通过荣誉共得、成果共享、具体项目具体约定等方式,在两核多点中寻找共同领域和优势力量,组建交叉性、综合性的大兵团作战科研团队,开展重大科研项目联合攻关。

以"矩阵式管理"机制,跨专业灵活推进项目完成。之江实验室构建了"专业技术组"和"项目组"两个维度的矩阵管理架构,"专业技术组"即根据学科方向及研究领域所划分的具有较强稳定性的部门或团队,"项目组"则是依据大型研究任务或重大科研项目所动态细分并组建的研究团队。这一管理机制使不同专业方向的科研人员能够交叉融合深度参与项目,同时实现人力资源的灵活高效配置。

以"工程化服务"保障机制,里程碑式保障项目进度。之江实验室建立了项目经理、科研助理(财务助理、行政秘书)、HRBP 等各司其职的科研项目服务保障体系,项目经理对科研项目实施全过程服务和里程碑管理,科研助理(财务助理、行政秘书)服务于项目的日常管理,HRBP 物色人选,全流程的跟踪管理和保障服务,不仅能够使得科研人员能够专心致志推进科研项目,同时有助于推进项目进度。

以项目预算额度授权制,充分发挥项目 PI 自主权。之江实验室在科研项目立项上有别于传统科研机构的最大特点在于,不再对经费预算进行评审,赋予了研究中心和科研团队充分自主权,可根据项目实施需求预拨相应额度,视项目进展和经费需求灵活配置项目经费,有效缩短预算周期、减少科研资金浪费,提高了项目运行效率和科研团队创新积极性。

（三）创新人才团队"引、留、用、培"的多元方式

创新采取多元开放的人才引进和聘用方式。之江实验室以科研任务为导向，以"领域专精、层次高端、梯队有序"为原则，在人才引进中采用了全职聘用、双聘、项目聘用、劳务派遣等多元化的灵活用工形式，全职人员与流动人员比基本维持1：1，采取"固定+流动"的用人机制和市场化薪酬体系，实行"研究+工程+实验"的人才序列。此外，还实行入职保留原有编制、竞争性给予编制的事业单位报备员额制。之江实验室所采用的多元化多层次人才选聘机制，能够迅速聚集各类人才，形成并巩固自身发展的独特优势。

形成首席引领、青年为主的核心科研团队培育模式。之江实验室实施首席科学家负责制和PI项目组阁选聘制，首席科学家负责特定选择科研领域方向和组建重大研究团队，拥有科研项目经费和高层级资源调配等方面的自主权。在首席科学家下设重大项目PI，由PI具体实施项目、组建科研团队、调配科研资源、自主安排科研经费使用、调整研究方案和技术路线等。在此基础上，之江实验室形成了首席科学家引领、年轻科学家为主的13个核心科研团队，这13个科研团队推进了之江实验室系列重大科研成果的成功研发。

率先采用以实际贡献考核的人才评价模式。在"破四唯"方面，之江实验室率先践行"以实际贡献论英雄"的人才考核评价模式，对科研、工程、管理三个序列的人才进行分类评价。科研人员突出成果价值、影响和创新质量，推行代表作评议制和市场检验制；管理人员突出实际贡献，实施"用户评价制"，据此出台以创新质量和贡献为导向的具体奖励实施办法。并通过自上而下与自下而上相结合设置考核指标，根据绩效考核结果进行岗位调整、职级评聘、薪酬调整和资源配置，对连续两年KPI考核位于后10%的实行末位淘汰制。

（四）创新财政资金与社会资本相结合的经费投入模式

用好财政资金持续长效投入，培育强大科研创新实力。之江实验室作为新型研发机构，其资金来源主要是省市区三级联动的财政保障、国家省市重大科研项目、国家实验室常规性投入等。其中，省市区三级财政近五年计划投入数百亿元。在近两年时间内，累计获批国家级项目数十项，项目总经费近10亿元。通过充分争取和用好长周期大力度的财政资金保障持续投入，之江实验室已形成打造国家战略科技力量较为坚实的发展基础。

吸引社会资本投入基础研究，成果转化实现"自主造血"。尽管浙江省在资金方面给予了大力支持，之江实验室作为新型研发机构，也开始逐步探索从政府主导的资金投入模式，转向广泛吸收社会资本和进行"自主造血"。之江实验室立足浙

江省数字经济发展重点领域开展布局和应用,通过成立具有独立法人资格的全资子公司(之江实验室科技控股有限公司)开展成果转化和技术服务、成立之江发展基金会广泛吸引科技研发资金投入、在浙江省内外布局成果转化基地等方式,累计吸引社会资本投入基础研发和成果转化经费近 5 亿元,一批技术成果已实现应用并取得良好成效。

(五) 善用省区市政策与内部政策形成发展双支撑

省区市政策联动有力支持,初创实现发展。浙江省明确要建立省市区三级联动的财政保障机制,主要用于科研项目实施和重大科研基础设施建设。除资金支持外,属地政府还联动投入建设面积达千亩的之江实验室永久园区。除资金支持和条件保障外,浙江省还通过人才挂职委派、助推争取博士后工作站、指导开展科研中心和重大平台建设等方式支持之江实验室建设。之江实验室得以在成立 3 年时间内取得系列重要成果,在国内智能科学与技术领域形成一定影响力,并纳入国家实验室序列。

科学评估灵活调整内部政策,支撑稳步运行。之江实验室作为国内首家混合所有制事业单位性质的新型研发机构,通过对标国家省市政策,在过去 3 年已先后出台制度政策文件共计 120 余项,内容包括建立全流程管理制度、灵活调整人才管理政策、完善财务管理系统臻于严密、稳定组织架构基础上开展内部试点、明确项目结余和收益分配以激励全员等,完成了渐进式的自我完善和全员的激励创新,逐步搭建起了能够支持其长远发展的、较为系统全面的制度政策支撑体系。这不仅得益于之江实验室新型研发机构的天然改革创新基因,更受益于省市支持政策赋予的韧性空间。

四、新型研发机构的组织机制和配套政策建议

在谋划我国新型研发机构的组织机制和配套政策时,一方面,应因地制宜,根据不同地区、不同组织形式的新型研发机构有针对性地分类施策,以解决各种新型研发机构在发展中面临的瓶颈问题;另一方面,要制定持续稳定的支持政策,构建统一柔性的认定管理体系,力争做到"有能者多支持,少能者少支持,不能者不支持"的同时,统筹兼顾各地区新型研发机构发展所面临的实际差异。基于以上总体思路,可以从内部组织机制的设计和外部政策体系的构建两个方面完善对我国新型研发机构的管理。

（一）加强顶层设计，完善新型研发机构区域布局

一是加强中央和地方的联系，统筹兼顾地方布局和发展新型研发机构。根据国家重大战略部署、重大规划实施、重大工程建设、重点区域创新发展等需要，遵循"少而精"的原则，加强顶层设计，择优择需支持地方建设国家级新型研发机构。通过国家级新型研发机构带动和引导地方新型研发机构规范、有序发展。

二是各地要因地制宜，结合地方实际情况，实事求是、稳妥有序推进新型研发机构建设。完善新型研发机构区域布局，对东、中、西部及国家高新区在新型研发机构建设方面提出不同要求和定位。基于各地方的发展现状，在相关政策的制定中多级联动，上下协同，妥善化解发展基础差异带来的"马太效应"。理顺中央和地方在新型研发机构管理上的权责，形成协作机制，充分发挥中央部委在资源整合、统一部署中的作用和地方政府在地区内产业和企业的组织和协调的作用。

三是加强工作培训和业务交流，互相学习经验、取长补短，促进全国新型研发机构发展"一盘棋"。可以通过建立新型研发机构的全国信息平台和数据库，对新型研发机构发展情况、发展经验进行入库统计和监测，并根据监测结果定期组织相关工作培训和业务交流。在新型研发机构的认定上，充分考虑地方工作基础和实际需要，采取"一地一策"的方式将各省现有新型研发机构纳入到国家新型研发机构管理体系中。

（二）分类管理评价，提升新型研发机构创新动力

一是明确新型研发机构的法律地位，保障新型机构规范有序发展。有关新型研发机构的内涵、边界和特征仍然有待明晰，这将影响新型研发机构长远的发展。因此，首先要进一步明确、出台新型研发机构发展指引；其次要创造公平的发展环境，包括捐赠资助制度、税收制度、监督制度、退出制度等；最后要制定国家级新型研发机构认定办法，并参照国家有关政策，在政府项目承担、职称评审、人才引进、建设用地、投融资、股权激励等方面给予通过认证的机构相关待遇。通过以上制度的完善，保障研发机构得到稳定而持续的支持，引导新型研发机构的良性发展。

二是建立新型研发机构分类评价体系。根据新型研发机构所在地区的实际情况、治理结构、功能定位等，研究设计《国家新型研发机构评价工作指南》，对不同方向的新型研发机构应采取有针对性的考核评价机制，引导和促进新型研发机构建设。例如，定位于基础研究的研发类新型研发机构，要赋予新型研发机构更大的科研自主权，设立有利于自由探索的考核机制，从创新质量等推动科学研究的实际贡献来评价发展成效。定位于成果转化的服务类新型研发机构，更多强调市场导向，以满足产业需求为目标，以对产业发展的贡献来考核研究成果，以催生新产业

和创造社会财富代替传统以论文、专利为绩效的评价方式。根据新型研发机构服务国家和地方需求的实际情况,在指标设计和评价中向国家战略需求倾斜、向科学前沿倾斜、向基础研究倾斜、向交叉学科倾斜、向绿色发展倾斜。

三是重视社会资本力量,建立新型研发机构的多元化投入机制。建立"多方参建投资+政府财政资金+其他社会资金"的机制,政府资金应充分发挥社会公益作用,为技术创新创造良好环境;通过直投和跟投等权益类资金投入方式,充分调动其他社会资本参与新型研发机构发展的积极性,通过市场手段做大做强新型研发机构;支持企业与新型研发机构的精准对接合作,促成相关方形成利益共享、合作共赢的产业共同体。作为重要参考,2012 年成立的"America Makes"由政府部门、高校、企业共同出资建立,围绕制造业中的增材制造、3D 打印等前沿领域将参与机构和研究课题分别分级匹配,在管理机制上充分体现政府支持、多方参与、成本共担和利益共享的原则,从而发挥政府、高校、企业等各方主体的比较优势。该模式仅提供一个合作框架,合作的方式完全由合作各方确定,是最为市场化的管理模式。

四是科学合理设计科研项目的遴选与奖励,鼓励新型研发机构主动转化项目成果。我国对于研发机构的政策支持还没有完全打破所有制的界限,扶持政策依旧向传统研发机构倾斜,企业和新型研发机构由于难以正确评估其科研能力而难有机会承担重大科研课题。应在建立新型研发机构科研能力评价体系的基础上,在各级科研课题中设计一些面向新型研发机构的定向招标课题,充分发挥其优势。可以参考欧盟通过 cPPPs 计划和 S3 战略促进社会力量参与到重大项目的研究中的相关经验。cPPPs 项目集中不同技术领域和不同来源(公共和私人)的创新资源用于技术开发及其应用;S3 计划则是自下而上地通过企业、研究机构和高校等各种利益相关者合作促进本地区具有比较优势的科研项目成熟和落地。利用项目引导的管理模式既可以较为公平地在欧盟内部分配科研经费,又可以更好地将新型研发机构的研发力量统一到欧盟的发展战略上来。

(三) 破除体制机制障碍,激发创新活力

一是深入探索市场化成果分配制度,实现按生产要素和创新要素综合分配的多元化收益分配模式。鼓励新型研发机构根据自身情况自主设立激励制度,建立相对灵活的分配机制。在充分授权的基础之上,激发新型研发机构探索收益分配形式与办法的积极性,逐步实现生产要素与创新要素共同参与分配的多元化分配模式。这里可以参考日本的发展经验。日本通过建立新型创新循环体制完成新型研发机构的管理。以承担中介职能的国立研发法人机构发挥主要作用的开放创新基地为核心,地方企业通过研究成果转化成长为国际化企业,将其收益再用于研究

投资,培育出更多研究成果,如此形成良性循环机制,推进"应用研究型研究机构"(即新型研发机构)的发展。这种模式高度依赖于企业对科技研发投入的认可,同时也可以较好地完成基础科研成果向应用的转化。

二是明晰功能定位,促进新型研发机构的实体化运行。新型研发机构的定位要清,谋划要实。引导和要求新型研发机构合理配置各类资源,做好统筹规划,处理好与理事单位之间的关系。规范和明确科技成果的收益归属问题,理顺研究人员与理事单位的关系,实现成果共享。建立实体化新型研发机构"特区",在政策、机制等方面给予倾斜,先行先试,推动创新,发挥示范引领的作用。鼓励新型研发机构运用灵活的运行模式从项目、企业、社会、捐赠中争取各类资源,以临聘、双聘等形式充实人员,整合研究队伍,建立仪器设备的开放共建共享机制。

三是完善人才制度,分级分类多渠道"引、用、留、培"人才。保障人才选聘通道,赋予新型研发机构人才引进的充分自主权,鼓励高校、科研院所人才赴新型研发机构创新创业。保障人才评价自主权,允许新型研发机构根据工作需要制定合理的考核周期。分类分级推行高级职称的自主评聘,允许核心科研人员待遇与市场薪酬接轨,把研发经费使用情况同样纳入考核标准。将科研成果处置自主权与人才激励自主权相结合,采取合伙人制、虚拟股份、年薪+激励等长期激励模式,将人才的个人利益与组织利益进行绑定,允许新型研发机构采取转化收益奖励、股票期权、股权奖励等激励措施作出突出贡献的科技人员进行激励。保障人才生活条件,构建多层次的人才安居保障体系,探索保障子女入学、小汽车新增号牌倾斜、优先选房等方式柔性激励人才,设计适度个人所得税优惠。

(课题组成员: 董波 孙韶阳 魏阙 张弛 李婷婷)

在新一轮科技革命和产业变革中形成非对称技术优势的路径和机制研究

中国科学院科技战略咨询研究院

在新一轮科技革命和产业变革中形成非对称技术优势,与"卡脖子"技术攻关互补,构建我国科技创新发展的"双轮驱动",是应对新形势下全球创新格局变化,实现科技自立自强发展、赢得国际竞争优势的战略选择。如何寻找未来的突破口,打造非对称技术不仅需要系统谋划和布局,而且需要大力破除体制机制上的障碍,形成适合非对称技术发展的创新生态。

一、新形势下形成非对称技术优势的重要性和必要性

习近平总书记指出,"我们科技总体上与发达国家比有差距,要采取非对称赶超战略,发挥自己的优势""应该有非对称性'杀手锏',不能完全是发达国家搞什么我们就搞什么。"遵循习近平总书记的重要指示,形成非对称技术比较优势是实施非对称战略的核心要点和重要抓手。

(一) 形成非对称技术优势是应对全球竞争格局变化的基本需求

新科技革命和全球产业变革蓬勃兴起,深刻改变世界发展格

局,主要国家纷纷调整创新发展战略,旨在把握全球竞争主动权,尤其是疫情叠加中美贸易摩擦以来,全球创新格局面临重大调整,国际科技竞争形势愈加严峻。美国智库报告《非对称竞争:应对中国科技竞争的战略》表明:美国科技界与政策界已经"丢掉幻想,准备斗争",开始全面谋划一场针对中国的科技新冷战。这迫切需要我国超前谋划,抢抓机遇,夺占先机,推进科技自主创新,加强预先研究和探索,掌控科技发展制高点和主动权,努力在科技前瞻性、战略性领域占有一席之地,应对全球竞争格局,服务国家发展需求。

(二) 形成非对称技术优势是实现科技自立自强的根本要求

党的十九届五中全会要求把科技自立自强作为国家发展的战略支撑,而实现科技自立自强需要"在危机中育先机、于变局中开新局",不断拓展发展新空间,塑造发展新优势。非对称战略通过加快锻造"杀手锏"技术,形成非对称技术优势,以实现我国科技自立自强的迫切要求。当前,新一轮科技革命正在开启,多学科交叉融合趋势明显,以新一代信息技术、新材料、新能源、生物技术等为代表的新兴技术为形成非对称技术提供了良好机遇。我国需要立足创新前沿,结合我国创新资源禀赋,重塑技术竞争新优势,在未来发展的关键环节,通过对基础技术或者通用技术的突破来发挥自身的竞争优势,研发更多"人无我有,人有我强"的关键核心技术,打开新的突破口。

(三) 形成非对称技术优势是突破"卡脖子"技术的有力保障

"卡脖子"技术是关键领域具有明显"技术差距",形成在基础产业和战略产业中的"阿喀琉斯之踵"。虽然造成"卡脖子"的原因很多,包括技术因素、市场因素、环境因素等,但对我国而言,造成"卡脖子"的深层次原因是基础研究和原始创新跟不上,源头和底层的东西没搞清楚,在制造环节缺乏"工匠精神"。"卡脖子"技术是国外利用其非对称技术优势对我国构成的技术封锁。因此,解决"卡脖子"技术难题不能简单用加大投资或群众运动突击的方式,而需从根本上解决基础研究和创新动力不足的问题,找到自身的竞争优势,只有形成我国的非对称技术优势,才能为突破"卡脖子"技术难题提供有力保障。

二、主要国家形成非对称技术优势的典型经验

历史经验表明,非对称竞争是科技强国之间角逐的基本战略,历次科技革命过程中,主要国家通过非对称竞争战略实现了追赶、反超或维持优势地位,利用非对

称竞争优势是最有效的获取国际科技话语权的手段之一。

（一）调整科技布局赢得竞争优势

在半导体产业竞争中，面对美国的技术封锁和韩国的市场分流，日本没有选择与美国正面冲突以及与韩国恶性竞争，而是及时止损并调整产业布局，放弃中下游的产品设备领域，注重上游产业布局。通过这一非对称竞争战略，保持了其在产业上游的技术领先优势。正是由于日本在半导体产业的隐形布局，使其拥有在基础高精尖材料供应方面的最强话语权，在日韩科技战中掌握了有效的非对称"杀手锏"，从而赢得绝对竞争优势。

（二）瞄准前瞻性技术实现根本赶超

在前瞻性技术领域形成非对称技术优势，是决定后发国家发展前途的根本所在。19世纪末，德国就是通过瞄准前瞻性技术领域突破，从而实现技术赶超。蒸汽时代英国是世界科技中心，在产业革命交替之际，德国迅速抓住化学工业发展的契机，在合成染料等前瞻性技术领域中获得许多重大的技术创新成果，迅速赶超英国并占据世界科技主导地位。

（三）发挥竞争优势掌握战略主动权

美国充分发挥自身非对称竞争优势实现全球领先。一是主动发挥自身相对优势，形成竞争"护城河"。在美苏冷战中，美国采用非对称竞争战略，重点发展美国具有优势的战略防御领域，提高对手竞争成本，从而赢得竞争优势。二是采用非技术竞争战略，维持技术竞争地位。1980—1990年，美国在汽车、稀有材料、半导体和操作系统领域等方面面临着来自日本的压力，美国则利用"IBM间谍"事件和"301条款"等"非技术"手段打压日本相关产业，扭转竞争态势。三是寻找利基市场，重夺技术话语权。美国利用日本半导体企业沉浸于大型机的时机，进入个人电脑市场，重新赢得半导体领域的技术优势。四是面向未来、超前布局，保持技术领先地位。美国国防预先研究计划局（DARPA）秉持着"面向未来、超前布局"的理念，促进诞生了许多重大科技成果，使美国一直保持着全球的技术领先地位。

（四）我国形成非对称技术优势的典型案例

我国在新能源汽车、新一代信息技术、航空工业、稀土材料等领域也形成了非对称技术优势。在新能源汽车领域，我国通过政府补贴等政策激励手段，鼓励汽车企业加大研发投入、加快创新步伐，并最终实现了新能源汽车产业技术水平显著提升,推动和奠定了我国新能源汽车产业技术的优势地位;在通信技术领域,在经历了1G时代的缺席、2G时代的跟随后,从3G时代起,我国另辟蹊径主导建设了TD-SCDMA通信标准,4G时代主导建设了TD-LTE与FDD-LTE两大标准,完成了3G时代的加速追赶和4G时代的跟跑、并跑,最终实现了5G时代并跑、领跑的重大转变;在航空工业领域,针对美国F-22战机缺点,我国自主研制出能够抗衡F-22的第四代战斗机歼-20,跨代布局的第五代高空高速远程重型战斗轰炸机与国外同步推出,使我国的战斗机水平与美国处于同一档次;在稀土材料领域,我国稀土资源量足价稳,稀土永磁材料产业是我国少数具备全球竞争力的产业之一,正是因为这种非对称竞争优势,使得中美贸易摩擦中,美国未对稀土永磁材料加征关税,反而加大进口量。

三、新形势下形成非对称技术优势总体思路

(一)形成非对称技术优势指导思想

非对称技术优势的思想内核源于非对称赶超战略,它也是习近平总书记在研判国内外科技发展形势基础上提出的重要思想的体现。非对称技术竞争本质上是通过聚焦已方长处、针对对手"痛点",找准未来的突破口,迅速改变竞争态势,掌握战略主动权。非对称技术优势思想的核心内涵就是要做到"人无我有、人有我强、人强我优、人优我变"。

具体而言,要在梳理判断我国既有的优势技术领域和方向、能形成潜在优势的技术领域和方向,以及面向未来场景的前瞻性技术领域和方向的基础上,对关键核心技术的选择、培育和突破进行系统谋划和布局,形成更多"人无我有、人有我强、人强我优、人优我变"的非对称技术优势。

(二)形成非对称技术优势基本原则

一是在技术方向识别上,要善于辩证思维适时调整着力点。非对称技术绝不仅仅是剑走偏锋,而是一种体系化制衡和"杀手锏"制胜的优化组合。实施过程中必须要秉持辩证思维和系统思维,处理好"对称"与非对称发展、全面部署与重点突破等关系,适时评估整体战略实施效果。既要保持非对称战略中适度的布局张力,又要以动态调整应对瞬息变化的时局,牢牢把握住科技发展方向。要坚持全球视野,全面研判世界科技创新和产业变革大势;要坚持全局考量,从国情出发确定跟进和突破策略,因需、因地、因时、因人统筹制宜。

二是在技术目标遴选上，要坚持聚焦战略势差的"杀手锏"。选准非对称发展目标，坚持问题导向。只有把方向搞清楚，非对称战略才能以奇制胜，否则再多的资源投入也只是南辕北辙。新中国成立初期"两弹一星"重大战略决策，不仅有效解决了领空安全问题，而且也奠定了我国航天大国的坚实基础。

三是在技术发展动力上，要重视基础研究源头创新供给。当前基础研究和应用开发关联度日益增强，需要高度重视提升基础研究的源头供给能力，不断提升基础研究能力和水平，不断发掘需求侧所反映的理论和方法诉求，才能随时捕捉和响应科学革命的发展机遇，从而可能形成新的非对称优势。

四是在技术发展推进上，要始终保持坚定不移战略定力。实施非对称战略就是要在一些关键必争领域率先站稳脚跟，对看准的方向一定要超前规划持续投入。没有坚定的战略定力，就不可能实现既定的战略目标。中国客运大飞机发展计划"运10"从1985年被搁置。这一搁置使我们失去了实现大型民机及其产业发展的大好机遇。"运10"搁置的原因是多方面的，但不能否认有发展定力不稳的因素。

五是在技术发展路线上，要探索新的技术途径解决问题。随着科技发展速度的加快，新技术替代旧技术时往往面临不同技术路线的选择，在出现不同的技术路线情况下，不同的国家可能选择不同的技术路线，最终出现不同的结果。成功的国家则可以取得明显的非对称优势。

六是在技术成果扩散上，要重视建立创新成果贯通体制。要高度重视非对称技术发展战略成果辐射和带动作用，进一步完善成果转化机制，着力打通科技和经济转移转化的通道。要围绕产业链部署创新链，围绕创新链完善资金链，消除科技创新中的"孤岛现象"。充分发挥市场在资源配置中的决定性作用，坚持企业在技术创新中的主体地位，推动产学研结合和技术成果转化，实现从科学研究、实验开发到推广应用的三级跳。

四、新形势下制约非对称技术优势形成的机制障碍

当前，我国实施非对称技术优势战略仍存在一些问题和障碍，主要表现如下。

（一）缺乏非对称技术优势的顶层设计和支持政策

政策界和学术界对形成非对称技术优势的重要性已达成一定共识，但非对称技术优势选择还远未上升到国家战略的高度，缺乏顶层设计和国家层面的战略部署。对非对称技术方向选择、超前规划布局、资源统筹等方面缺乏统一的整体谋划，也未构建起相应的政策支持体系，导致具体实施层面难以推进。

（二） 缺乏非对称技术优势的技术识别和遴选机制

不同于"卡脖子"技术、前沿技术、颠覆性技术和通用技术，非对称技术优势选择不仅需要对未来技术发展方向有准确的预判，还需要准确掌握和判断我国及世界各国的技术优势和潜力所在，其识别和遴选是一项高度复杂和系统的工程，之前关于其他技术的识别与遴选机制对于非对称技术并不适用。我国对于非对称优势技术的识别和遴选还未形成一套科学的方法和机制。

（三） 缺乏非对称技术优势的科研布局和组织模式

目前，我国的科研布局依然沿袭"跟踪式""赶超式"布局，在某些领域，长期依靠采购国外垄断技术维持运营，对于非对称战略的科研布局不足，导致我国的科研经费、科技人员等科技资源未向非对称技术领域倾斜，我国发展自身非对称技术战略的基础相对薄弱。此外，我国目前采用"项目制"的科研管理模式不利于科技联合攻关，导致科技资源重复布局、配置效率低下、投入浪费等问题，未形成合力，不利于建立长远、全局和安全的优势及潜在优势领域，凝聚优势创新资源开展攻关。

（四） 缺乏良好的发展非对称技术优势的科技创新生态

一是科研评价和管理制度制约了科研人员创新活力，不利于非对称技术的攻关。长期以论文为导向的科研评价制度和管理制导致科研人员很难在一个冷门的领域长期坐"冷板凳"，同时难以形成长期稳定的技术攻关团队。当前的评价和管理制度难以支撑培养解决重大战略性科技问题的能力，使得科技人力资源难以流向国家重大需求的科研领域，在选择研究方向时追"热门"，不利于我国非对称技术优势的形成。二是产业间发展不平衡、缺乏协同，不利于非对称技术的开发应用。目前，我国很多产业尚未建成高效运行的"政产学研金介用"深度融合、协调运行机制，各方主体仍然处于单打独斗的零散局面，相互之间缺乏有效的战略战术协同和资源的统筹共享及优化配置，尤其在对于充分发挥创新主体作用、加强创新资源对接、促进技术优势互补的功能作用的支持和引导上存在严重缺失，不利于产业整体创新竞争力的提升，制约了非对称技术的开发应用速度。三是缺乏支撑非对称技术迭代的市场环境。我国许多原创性技术由于缺乏支撑技术迭代的市场环境，最终无法形成具有竞争力的产品。国产芯片、国产数据库、国产操作系统等在起步阶段由于缺乏来自消费市场的反馈，难以形成技术迭代。这一机制障碍制约了非对称技术的更新迭代，不利于形成非对称技术优势。

五、新形势下形成非对称技术优势的路径建议

考虑到新形势下我国形成非对称技术优势的必要性和紧迫性,结合主要国家利用非对称战略争夺全球科技话语权的成功经验,在分析我国科技发展的体制机制障碍的基础上,建议在强化国家战略科技力量攻破"卡脖子"技术的同时,将非对称发展战略上升到国家战略高度,加快技术领域布局,发现并培育非对称性"杀手锏",通过多路径形成非对称技术优势,构建科技创新生态,以保障非对称赶超战略的实施。

(一) 非对称技术优势上升至国家战略高度,与"卡脖子"技术攻关互补,构建我国科技创新发展的"双轮驱动"

面临美欧的技术封锁,"卡脖子"技术攻关已经上升到国家战略层面,并汇聚全国科技资源向"卡脖子"技术靠拢。然而,从苏美冷战的经验看,一味地关注"卡脖子"技术进行报复性竞争容易被对手"牵着鼻子走",致使在科技竞争中处于被动局面。国际成功经验表明,在解决"卡脖子"技术以弥补自身竞争劣势的同时,还需要关注非对称技术以发挥自身竞争优势,才能为争夺或维持全球科技话语权提供基础。当前,我国在部分技术领域面临封锁,需要将非对称技术优势上升至国家战略层面,与"卡脖子"技术攻关互补,形成我国科技创新发展的"双轮驱动"。

一是加强非对称技术领域布局的宏观统筹。成立多领域专家组成的类似"美国科技战略应对小组"和国家技术评估办公室,政府内部设置国家安全技术和新兴技术顾问委员会,统筹强化我国非对称技术优势的布局。形成科技布局的动态调整机制,依据技术成熟度、产业相应度、区域适宜度,顺应国际政治经济竞争形势,对遴选的技术领域、形成的产业布局进行动态调整,确保非对称技术的健康发展。从宏观科研管理方面,健全竞争性与稳定性投入并存的长效机制,根据项目任务清晰程度,构建针对非对称技术的重大科研项目的相机抉择管理机制;实现"杀手锏"技术与"卡脖子"技术相辅相成、互补攻关的协同机制,构建我国科技创新发展的"双轮驱动"发展模式。

二是建立需求导向的技术识别和遴选机制。开发适用非对称技术特征的技术预见方法,以全球视野研判世界科技创新发展趋势,持续开展科技前沿规划研究。由科技部牵头成立独立的开放式国家技术分析和预测中心,凝聚官产学研各界力量,遵循"需求牵引与技术推动相结合"的颠覆性技术创新的客观规律,

结合我国的技术基础、战略产业发展需求、国家安全、国计民生等因素，加强科技监测、评估与预见，开放地、动态地、周期性地甄别并遴选我国科技发展中"有竞争优势的技术领域""能够形成竞争优势的潜在技术领域"和"面向未来产业和未知领域的前瞻性技术领域"，形成我国发展所需的关键核心技术，监测并动态调整技术清单。并根据清单里技术的重要性、与国外的差距、研发的难度等采取不同的策略，从而确保判断的准确性、眼光的长远性以及项目资助效果的收益性。

三是健全竞争性与稳定性投入并存的长效机制。增设类似美国国防预先研究计划局（DARPA）的战略技术局，建立长期运行的、竞争性与稳定性并存的人才与资金投入机制，以保证非对称技术攻关、应用与发展。需要构建稳定的技术攻关团队，确保在非对称技术领域实现长期跟踪。同时，需要形成竞争性的人员流动机制，以不断吸纳高水平技术攻关人才。此外，建立长期稳定的资金投入机制，包括设立重大专项和鼓励风险投资等，促进技术和资本的同速并行。

四是建立项目经理负责制的科研管理模式。面向国家重大战略需求的技术攻关离不开科研团队的支撑，而形成稳定的具有解决核心技术的攻关团队离不开完善的科研管理机制。国际经验表明，基于项目经理负责制的科研管理机制有助于形成非对称技术优势。需要从产业部门、高等学府、政府实验室和研究中心招聘才能卓著的项目经理，围绕形成非对称技术优势这一战略目标组建具有创新能力和解决问题能力的科研团队。同时，给予项目经理合理分配科技资源的权力，引进最合适的技术攻关人才、设计研究方案、团队的资格、标准及程序以及相关的经费和项目管理要求等。

五是形成以影响力为导向的创新绩效分类评价机制。需要通过新的评价激励机制以落实非对称技术竞争优势发展战略，根据不同类型科技活动特点，尊重科学发展与技术研究规律，注重科技创新质量和实际贡献，制定以影响力和产出实用性为导向、激励约束并重的评价标准和方法。在对非对称技术重大战略项目的评价过程中，需要明确技术带来的应用情景和产业化路径，项目团队需要回答其开发的非对称技术应当由谁拥有并将其转化为新的能力或者真正的产品。需要设计包容审慎的退出机制，容许失败的项目经理人对错误方向及时纠正。同时需要建立分类评价机制，充分尊重科学发展规律，形成技术的良性发展。

（二）加快技术领域布局发现并培育非对称性"杀手锏"，通过多路径分类实施非对称技术优势发展路径

分领域培育非对称技术，不同领域构建非对称技术优势的路径不同。把握技术革命战略机遇，深入发掘我国独特的非对称战略优势和创新资源禀赋，结合技

领域的特征、技术特性和技术成熟度,分类实施和构建非对称技术优势。针对目前我国既有优势技术领域、潜在优势技术领域、前瞻性技术领域分别实施非对称技术优势发展路径。

一是既有优势技术领域要充分发挥自身技术优势,引导科技竞争方向和科技争夺空间发展至自身优势领域。掌握战略主动权,构建"护城河",保持并维护全球科技领先地位,避免报复性竞争。在面对技术挑战时,要聚焦其他方面竞争优势,找准突破口来迅速改变竞争态势、掌握战略主动权;在保持技术优势时,要面向未来、超前布局,防止潜在对手意想不到的超越。在优势领域一定要谨防后发国家通过非对称思维,利用领先国家传统优势产业难调头、产业模式和消费习惯难改变,以及多年积累的技术优势在颠覆式创新面前可能过时等比较劣势,进而形成新的非对称技术优势,实现从后发到领先、从弱小到强大的发展路径。

二是针对潜在优势技术领域,瞄准未来国际竞争的关键科技领域,培养科技实力"增长点",不断培育以形成优势技术领域。密切关注领先国家技术发展动向,引进并且培育关键技术,抓住发展技术契机,赢得潜在技术领域的主动权。例如,德国利用英国对未来判断的失误,抓住了化学工业发展的契机,引进并且大力发展源自英国的化学技术,进而成为欧洲的后起之秀。

三是针对前瞻性技术领域,大力开展技术预见研究,研判未来产业需要的关键技术及未知领域的前瞻性技术,超前布局。关注产业上游的技术,通过技术预见方法,研判高精尖基础技术的发展方向,聚焦高风险、高回报的基础性与应用性研发项目,摒弃渐进的增量式技术开发模式,重点识别能够带来技术的突破与革命性的开创研究。DARPA秉持该思想,对某些新技术的研究往往比其实际应用提前10—20年,半个世纪以来的许多重大颠覆性科技成果都源自DARPA资助项目。

(三)发挥我国工业门类齐全、消费市场体量大和组织动员能力强的制度优势,构建与技术发展相适应的科技创新生态

一是改善有利于非对称技术发展的科研生态,激发科研人员创新活力,形成研发优势。建立符合科学发展规律的技术攻关人才评价体系,营造公平宽容的创新环境释放人才活力。在非对称技术领域人才队伍培养上,以解决重大战略性科技问题为导向,进行技术攻关团队的建设。在人才和团队的评价方面,需要充分理解特定领域的发展规律,强调长期考核和稳定资助,针对不同技术领域设计考核机制,以促进技术的良性发展。完善科技创新体制机制,为人才提供良好的生存环境与创新环境,营造公平竞争氛围,满足技术攻关人员的晋升需求和学术追求,释放

科研人员自主创新活力。同时，实行"揭榜挂帅"制度，建立非对称技术中心从产业技术全周期的高度布局，吸引高层次人才，形成有统一目标的、跨学科的、稳定的科研公关团队，引导科研人员面向国家重点需求领域进行科技攻关。进一步完善回国（来华）专家定居工作相关政策，加强知识产权保护，创新人才引进和工作方式，多途径吸引海外高端人才来华工作。

二是构建有利于非对称技术管理的数字生态平台，促进科技、人才、创新主体间的融合协同，形成平台优势。日本半导体行业发展经验表明，当产业上下游之间形成产品的技术配套支持，形成产业间的有效协同，促进技术的突飞猛进。我国目前虽然具备全球唯一齐全的工业门类优势，却也存在产业间发展不平衡、难以形成产业协同等问题。需要推行数字化管理解决科学信息供需问题，形成要素和主体间的生态协同，促进产业协同发展。建议构建非对称技术数字化信息管理平台，依托平台整合技术需求、科研团队资质、投融资需求等信息供需数据，加速技术攻关过程中技术、人才、资金间的互动和信息交流，解决信息的供需问题，保证非对称技术从开发到应用全链条通畅。

三是培育有利于非对称技术应用的产业创新生态，支撑技术迭代更新，形成市场优势。实现非对称技术从开发到应用的过程需要构建支持技术全链条、全周期健康发展的产业创新生态。建议从非对称技术上下游进行持续性的安排与保障，进行工艺装备等成套技术的开发，促进技术在生产和使用过程中的迭代。应当充分发挥组织能力强的制度优势，制定技术生态位战略，保障产业创新生态系统的健康运行。形成以国有企业为主导、私有企业为核心的产业应用生态，加速非对称技术的商业化进程。同时，发挥我国消费市场体量大的优势，形成非对称技术的运用环境，促进非对称技术的迭代升级，确保非对称技术竞争优势的长效持久。

（课题组成员：陈凯华　秦佩恒　张超　裴瑞敏
杨捷　周城雄　洪志生　王婷　蔺洁）

"十四五"时期海外人才引进的总体思路及重点任务研究

中国宏观经济研究院社会发展研究所

人才是第一资源。在我国改革开放和社会主义现代化建设中,包括海外人才在内的广大人才发挥了重要作用,作出了重大贡献。当前,我国已经进入高质量发展的新阶段,开启了全面建设社会主义现代化国家的新征程。在构建以国内大循环为主体、国内国际双循环相互促进的新发展格局中,"聚天下英才而用之"的要求更加迫切。"十四五"时期,我国应立足已经取得的显著成效,进一步学习和借鉴国际上的有益经验,针对引才政策存在的突出问题精准施策,加快补短板,抢抓新机遇,重点突出、多措并举引进海外人才。

一、改革开放以来我国引才政策的沿革

(一) 探索起步阶段(1978—1991 年)

20 世纪 70 年代末,邓小平同志在深刻洞察国际形势的基础上作出了关于中国特色社会主义未来发展的一系列科学判断,指出"现在的世界是开放的世界"。1978 年 10 月,中共中央转发全国科学大会通过的《1978—1985 年全国科学技术发展规划纲要》,

在聘请外国专家方面就聘请对象、激励方式、引才渠道等方面提出了指导意见。我国政府海外人才引进工作正式开始的标志性文件是中共中央、国务院于1983年8月和9月下发的《关于引进国外智力以利四化建设的决定》和《关于引进国外人才工作的暂行规定》。《关于引进国外智力以利四化建设的决定》中提出了引才的战略意义，明确了各个部门的主要职责，初步确立了引才工作的体系架构。《关于引进国外人才工作的暂行规定》对引进的范围和重点、计划管理、对外联系、经费、生活待遇和出入境手续等方面作了详细的说明。

两个文件出台之后，各个部委相继完善了海外人才引进的基本政策，对引才的经费管理、人员管理、专家接待等方面进行了规定及指导。1984年，财政部、国务院科技领导小组办公室印发了《关于引进国外人才经费开支渠道和管理办法的暂行规定》；1984年，外国专家局、财政部发布了《关于外国经济专家接待工作的若干规定》；1986年，中央引进国外智力领导小组办公室印发《引进国外技术、管理人才计划管理暂行办法》和《关于引进国外人才专项费用管理办法的实施细则》；1989年7月，国家外国专家局、对外经济贸易部印发《关于外国工程技术人员技术服务费和生活待遇及其应具备的条件的意见》。

同一时期，国家科委、国家机械委、国家气象局、人事部、国家教委、航空航天部、商业部和能源部等相关部门也相继出台了具体的引才计划。主要包括《关于引进国外技术、管理人才工作的暂行办法》《气象部门引进国外智力工作实施办法》《关于鼓励引进国外智力的暂行规定》《航空工业引进国外技术和管理人才工作的管理办法》《引进国外智力与国外培训工作管理试行办法》《高等学校聘请外国文教专家和外籍教师的规定》《关于加强电力系统外国经济专家工作管理的暂行规定》等。

（二）加快发展阶段（1992—2001年）

伴随着邓小平同志1992年的南方谈话，我国全面开始了社会主义市场经济的发展道路，对外开放的宽度和深度都比以往有了更大的提高，人才的引进也进入了一个新阶段。党的十四届三中全会上，党中央正式提出了关于之后留学工作的方针："支持留学、鼓励回国、来去自由"。此后，国家很多机关部委以这一方针为基础，相继进一步制定了一系列以吸引海外留学人才为目的配套政策与措施。

1992年，人事部设立"非教育系统留学回国人员择优资助有偿使用经费"项目，支持留学回国人员开展科研工作。5月，国家科委发布《引进国外智力工作的管理办法》，规范科委的引才工作。8月，人事部、国家教委下发《关于进一步争取优秀留学博士回国做博士后的通知》。1994年，国务院正式批准设立"国家杰出青年科学基金"；同年，中国科学院启动"百人计划"，计划到20世纪末从国内外吸引百名优秀青年学术带头人。1995 年 9 月,人事部实施"重点资助优秀留学回国人员开展科技活动"项目,到 20 世纪末,拟重点资助 100 名优秀留学回国人员开展科技活动,资助金额每人 10 万元左右。1997 年,国家教委设立"资助留学人员短期回国工作专项经费"项目(春晖计划),支持和鼓励在外留学人员短期回国服务。1998 年,教育部实施长江学者和创新团队发展计划。1999 年 10 月,国家外国专家局印发《引进国外人才专项费用管理暂行办法》。

2000 年,教育部颁布《关于妥善解决优秀留学回国人员子女入学问题的意见》,对留学回国人员的子女入学尽可能提供优惠和便利条件。2001 年 2 月,国家外国专家局印发《引进人才专家经费管理实施细则》。5 月,人事部、教育部、科技部、公安部、财政部联合发布《关于鼓励海外留学人员以多种形式为国服务的若干意见》,强调为海外留学人员为国服务活动提供政策保障。2001 年,人事部印发《留学人员科技活动项目择优资助经费申请与管理办法》(国家人事部原《关于非教育系统留学回国人员科技活动择优资助经费管理的暂行办法》《非教育系统留学回国人员择优资助经费有偿使用暂行办法》《资助留学人员短期回国到非教育系统工作暂行办法》《关于重点资助优秀留学回国人员开展科技活动的通知》同时废止)。同年,中科院、外国专家局对"百人计划"进行了调整,计划自 2001 年至 2005 年,每年从国外引进 100 名优秀人才。

(三) 逐步成熟阶段(2002—2011 年)

从党的十六大开始,为全面建设小康社会,全国人民在党中央的领导下深入贯彻落实科学发展观,深化经济体制改革,促进经济增长方式转变,全方位对外开放,并对中国特色社会主义市场经济体制进行了进一步完善。新时期的海外人才引进工作也随着思想体制的创新不断深入发展。进入 21 世纪,引进海外人才事业在政府、中介组织、市场多元化主体共同推进下,在更高层次、更宽领域展开。

2002 年 3 月,公安部、外交部、教育部、科技部、人事部、劳动保障部、外经贸部、国务院侨办、国家外国专家局联合制定了《关于为外国籍高层次人才和投资者提供入境及居留便利的规定》,要求各地区、各部门加大吸引外国籍高层次人才和投资者来我国服务和投资工作的力度。5 月,中共中央办公厅、国务院办公厅印发《2002—2005 年全国人才队伍建设规划纲要》(以下简称《纲要》),在引才手段方面就人才引进工作又提出了新要求。

《纲要》印发后,各部门开始积极行动。2003 年 2 月,人事部、教育部、科技部、财政部、外交部、国家计委、国家经贸委、公安部、外经贸部、中国人民银行、中国科学院和国家外国专家局联合建立留学人员回国服务工作部际联席会议制度。2005—2010 年,《关于在留学人才引进工作中界定海外高层次留学人才的指导意见》《引进国外智力为构建社会主义和谐社会服务的实施意见》《关于建立海外高层次留学人才回国工作绿色通道的意见》《关于进一步加强国家重点领域紧缺人才培养工作的意见》《国家外国专家局外国专家来华工作证件管理系统使用规定》《引进人才专家经费管理实施细则》等文件相继出台。

国家的各类引才计划开始逐渐走向成熟。2002 年,人事部设立高层次留学人才回国资助计划;国家自然科学基金委员会设立了国家杰出青年科学基金项目;人保部等 7 部委联合组织实施新世纪百千万人才工程国家级人选。2006 年,教育部、国家外国专家局联合设立高等学校学科创新引智计划("111 计划")。2008 年,中组部等 18 个中央部门联合实施引进海外高层次人才计划("千人计划")。"千人计划"是改革开放以来最大规模的引才计划。在"千人计划"的指导下,2009 年,中科院计划全面启动人才培养引进系统工程。2010 年,中央人才工作协调小组实施"千人计划"短期项目和"青年千人计划"。这一时期的引才工作十分注重改善制度环境。《纲要》《引进海外高层次人才暂行办法》《关于建立海外高层次留学人才回国工作绿色通道的意见》等文件在出入境、落户、资助、薪酬、医疗、保险、住房、税收、配偶安置、子女就学等方面均为海外人才提供了便利。

(四) 全面提质阶段(2012 年至今)

党的十八大以来,党中央高度重视人才引进工作,习近平总书记指出:"要以更加开放的视野引进和集聚人才,加快集聚一批站在行业科技前沿、具有国际视野的领军人才。"在党中央的领导下,各级部门通力协作,引才工作继续取得突破。

这一时期的国际人才引进政策变得更加开放,为外国人才入境提供了诸多便利。在人才入境政策方面,2013 年 7 月,国务院常务会议审议通过了《中华人民共和国外国人入境出境管理条例》,在普通签证项下增设人才签证,为海外人才的出入境开通了绿色通道。2017 年 11 月,我国开始全面实施《外国人才签证制度实施办法》,为国家经济、科技发展急需的外籍人士提供更为宽松、优惠的签证办法。在人才居留方面,2012 年 9 月,国家 25 部门联合下发了《外国人在中国永久居留享有相关待遇的办法》,明确了持有我国永久居留证的外籍人员的基本权利和义务。2016 年 2 月,中共中央办公厅、国务院办公厅印发了《关于加强外国人永久居留服务管理的意见》,进一步完善对永久居留的外籍人士的服务管理机制。

比起以往,这一时期的引才政策也更加注重衔接,例如在"大众创业、万众创新"背景下,为进一步鼓励留学回国人员创新创业,激发创业热情,2015 年,人力资源和社会保障部办公厅发布了《关于做好留学回国人员自主创业工作有关问题的通知》,明确提出留学回国人员在创业中可以享受的优惠待遇。《国务院关于推动创新创业高质量发展打造"双创"升级版的意见》中提出:"积极引导侨资侨智参与创新创业,支持建设华侨华人创新创业基地和华侨大数据中心。探索国际柔性引才机制,持续推进海外人才离岸创新创业基地建设。"

在中央精神的带动及引领下,各地海外引智工作也不断取得突破。北京市持续推动海聚工程等系列政策,不断提升专项引才力度,同时还依托中关村等地区,提出"类海外"的建设理念,不断优化生活环境,建设国际顶尖人才聚集区。上海积极争取公安部、人社部、国家外国专家局等相关部门支持,分别通过"人才20条""人才30条"等文件,出台留学人员来沪工作创业、持永久居住证海外高层次人才直接办理人才居住证(B证)等政策,探索从工作居留向永久居留转化衔接的机制,降低外籍人才永久居住证申办门槛,缩短办理周期,制定外籍高层次人才认定标准,更新科技创新职业清单,整合外国人入境就业许可和外国专家来华工作许可,构建管理、服务、监管全覆盖的外国人才管理服务网络,进一步健全了海外人才政策和服务体系。深圳对标世界一流城市,不断优化人才政策,持续实施"孔雀计划",出台"鹏城英才"计划等政策。广州市的《广州市人才绿卡制度》可为达到条件的国际人才提供"人才绿卡",在购房、购车及子女教育等方面均可享受政策优惠。

二、目前引才政策存在的主要问题

(一) 引才政策精准性不足

中国国内全面获取国际人才市场信息的动力不足、条件不够、平台不多,各类海外人才难以得到有效识别,长期的供需信息失衡导致了引进的高成本与高风险。很多地方政府在海外引才工作中定位不清晰,目标不明确,有同质性、模糊性、笼统性趋势,每年申报入选的人才项目很多都处于研发阶段,部分项目与重点产业对应度不高。还有很多政策有明显的唯身份倾向,造成引进的很多人才明显价格虚高,这一现象甚至引起了本土人才的情绪反弹。

(二) 手段不够丰富

中国当前的引才工作仍是以政府为主导,政府主导的引才工作对于集中力量带动重点学科、重点区域发展具有明显的优势,但也在一定程度上限制了企业、科研机构等主体的引才作用。引才方式方面,"工程化"趋势比较明显,有实质作用的柔性引才模式相对比较缺乏,支撑引才的专业交流平台较少,尚未实现大数据等技术对引才工作的有效支撑。

（三）环境仍需优化

目前,海外人才的工资待遇仍难与国际接轨,即便特大型城市的个税税率和起点工资对比中国香港、新加坡等先进地区依然存在较大差距,导致海外人才的收入出现缩水。同时,中国大陆不同于中国香港,社保与大多数国家还没有形成任何衔接关系,在养老保险、医疗保险、住房保障和子女教育等方面均有所欠缺。住房方面,我国房价一直居高不下,特大城市已经与国际接近,过高的住房成本降低了人才的满意度。养老方面,来华工作不满 15 年无法享受养老保险。就业方面,配偶就业问题实际解决起来相当复杂和困难。

（四）政策协同性不强

海外人才引进和服务是一个长期过程,涉及人社、公安、外事、教育、侨务等各部门工作职能,目前我国的引才政策依旧有碎片化现象,各个部门只负责本部门管辖范围的事情,各类政策之间难以形成有效衔接。同时由于缺乏有效的多部门协调机制,导致各个部门的人才信息资源难以形成有效对接,各引才政策在引才对象、引才方向、优惠措施等方面存在着一定的重叠。

三、部分国家人才引进战略的有益经验

（一）美国:依托大学科研机构,实行"技术移民"政策,吸引世界人才

在人才吸引方面,美国依托大学科研机构成为其吸引人才的自然禀赋条件。硅谷在这方面有很强的代表性,由于硅谷区域附近坐落着多所具有雄厚科研力量的知名大学及高校,在产学研方面存在先天优势。每年周边高校的大量毕业生为美国硅谷带来了源源不断的新生力量,除了美国本土学生以外,美国政府一直采用开放的移民体系、包容多元的文化魅力吸引其他国家的优秀毕业生,通过优惠的资助政策、开放的移民条件吸引了大批优秀留学生。此外,硅谷形成的高新技术产业集群本身,也对人才聚集产生了重要吸引作用,加之硅谷本身形成的开放创新氛围,进一步吸引了该领域的成熟科研人才。美国的"技术移民"特色政策,对于引进世界范围内的顶尖科研人才发挥了重要作用,最新的移民法保障了国外专家、学者与教授的优先移民圈,在全球化浪潮的进一步助推作用下,美国成为全球人才竞争中的受益者。此外,硅谷地理环境优化,交通便捷,完善的服务设施、优美宜人的环境和气候,也成为吸引人才聚集的客观条件。

（二）英国：尊重人才自由流动规律，加强与第三世界的联系，吸引多元人才

在人才吸引方面，英国基于实用人才观，采用了相对宽松的人才流动政策。受英国实用主义人才观的影响，英国在基础研究领域积累了大量顶尖优秀人才，但是在科技领域的人才数量相对不足。英国政府通常采用政府购买的形式来获得人才的科技成果，但是对于科研活动的直接投资而言相对较少。同时，英国进一步挖掘第三世界国家的顶尖人才，避免与美国"价格战"的直接竞争。近年来，英国将人才范围进一步转移到了第三世界国家，进一步挖掘该区域顶尖人才潜力。英国文化协会通过学术交流与对方国家建立联系，大力开展海外办学合作模式，通过文化软实力的宣传方式，进一步吸引该区域的人才流向英国。

基于全球化视角，英国政府重视吸引高端海外人才，通过"记点积分制"进一步放宽了高技术移民签证条件。同时在新一轮的"英才移民"项目计划中，英国政府委托一系列世界级别的机构为英国边境管理署提供关于人才质量的专业建议，通过引入第三方的形式，确保英国在世界范围内引进人才的质量。2010 年 11 月，英国发布的"技术蓝图"报告，发布了英国政府未来支持企业创新的方向，并且开始实施新的"创业签证"，进一步促进全球范围内的资金和创业人才向英国聚集。同时，英国政府通过营造严谨的治学环境，提供基础理论研究的公平公正社会评价体系，进一步吸引世界范围内的顶尖基础领域研究人才，巩固英国在基础理论研究领域的优势。

此外，英国还注重人才的流动性，鼓励国内人才流动交流，加强参与国际学术项目。2008 年 11 月 14 日，英国研究理事会宣布将建立总值 500 万英镑的"Skills Gap Awards"资助金计划，鼓励在产业界和商业界有优秀记录的科研人才转任大学和科研机构的研究及技术移转领域高级岗位，向他们提供一切可能在学术界保持工作的机会，以降低金融危机对高级研究人才流失可能的冲击，并持续推动产学人才的双向流动。基于英国《卓越与机遇：21 世纪的科学和创新政策》白皮书提出国际合作在现代科学领域的重要作用，英国政府通过设置英国皇家工程学院设有全球研究奖（Global Research Awards），为在海外的优秀研究中心从事研发工作的英国工程师提供直接丰厚的现金奖励。类似地，英国政府还设置了国际交流项目基金（International Travel Grants）资助工程方面的研究人员进行海外访问，尤其是参加国际会议。英国皇家工程院还设立了一个同中国和印度研究人员的互访项目（Research Exchanges with China and India），允许英国的研究人员去中国和印度的大学交流访问一段时间，方便研究人员进行国外交流。

（三）韩国：制定多元化科技计划，强调科技产业应用，吸引人才回流

韩国曾经由于经济发展落后，科技研究氛围较差，造成了大量的国内人才流失，为了缩小人才的缺口，韩国政府高度重视国际海外人才的"回流"工作。自20世纪80年代开始，韩国政府意识到人才流失问题的重要性，韩国国际人才竞争开始启动，李明博政府将"人才大国"作为五大国家发展目标之一。据1995年瑞士洛桑国际管理学院（IBM）调查的"人才外流指数"，韩国得分7.53分，居世界第四。

首先，韩国政府通过制定各种类型的科技计划，完善科技基地建设，营造良好的科研外部环境。20世纪70年代，韩国建立了韩国科学院和大德科技园，吸引了大量的海外科研人员，享有"韩国硅谷"的美誉。其次，通过建立人才网络信息库，促进人才回流。韩国教育部在发达国家组织韩国高层次人才的专业协会，加强与本土高科技人才在海外的交流，并且以此为纽带，加强与所在国家的其他科研人员的交流，吸引人才回流韩国，同时进一步扩大了人才引进的范围。同时，韩国政府还配套实施"双国籍"和便利的工作签证移民政策，允许国际优秀人才在不放弃原有国籍的前提下，同时享有韩国国籍，确保享受国民同等待遇。在工作签证方面，韩国政府缩短了国外高级人才办理出入境手续的时间，将国外人才在韩国的居住时间从3年延长至5年。

此外，韩国政府在吸引国际人才过程中高度重视"市场优先于诺贝尔奖"的原则。韩国在前期经济高质量增长过程中，对于科技创新更偏向于实用主义，对于科技成果通常采用"拿来主义"，企业的技术基础，主要是通过集中引进外国技术并加以消化吸收形成的。受到实用性科技创新价值观的影响，韩国政府高度重视科技创新的产业运用与商业价值。政府在选择海外人才过程中，重点考虑海外人才与工业项目的匹配程度，确保海外科学家回国后可以直接服务于韩国的工业企业。为此，韩国政府还成立了韩国科学和技术研究所（KIST），专门负责海外人才的评估与引进工作。近年来，随着韩国国内产业结构调整，世界各国在核心技术竞争日趋激烈，韩国的"拿来主义"发展受到了限制，开始尝试核心科学技术的研发与应用，转变为"市场与诺贝尔奖并重"的发展趋势。

（四）德国：精准放宽移民政策，提供高质量就业岗位和津贴，吸引国际人才

德国主要通过实施各类人才项目，颁布特殊优惠政策，通过放宽移民政策来吸引世界上其他国家的科技人才。德国历来重视建立研发机构和科研奖项来吸引国内外的优秀人才，这些奖项给予了国外人才高质量的研究岗位，丰厚的薪酬以及可观的物质性奖励。其中，德国设置了沃尔夫冈·保罗奖，该项奖励金额高达5000

万马克,由联邦教研部直接进行财政拨款,其中个人奖金高达450万马克,超过诺贝尔奖奖金50%多,成为德国研究领域分量最重的奖项,奖励的范围也非常广泛,涵盖了所有的科学家和大学生。此外,德国还有"国际质量网"——用于国外留学生在德国学习的奖学金;"洪堡教席奖"——吸引世界顶尖人才来德国高校任教;"实现梦想在德国"项目——吸引世界顶尖高科技人才来德国进行工作。

同时,德国通过实施"绿卡"项目,不断改革《移民法》,以适应国内对高科技人才的需求变化。2000年,德国联邦政府开始实施"绿卡"项目,至今已经有超过1.5万名的信息技术行业的外国高级人才进入到德国的紧缺技术岗位上进行工作。近年来,由于德国的信息技术行业发展不景气,进入该行业的高级技术人才数量锐减,但是该项目模式也逐渐成熟,联邦政府拟推广到其他高级技术人才引进的领域方面。德国所在的欧盟区域,也于2009年6月开始实施"蓝卡"计划,通过颁布《欧盟理事会指令:第三国员工入境和居留的条件》法案,进一步吸引世界范围内的顶尖技术人才。自20世纪90年代开始,德国联邦政府为了积极引入科技人才,逐渐开始修改《移民法》,通过提供更多的技术移民指标,采用更为积极宽松的移民政策,广纳天下贤士。2005年1月1日,德国的《移民法》正式生效,允许在特殊情况下给拥有高级专业水平的外国人提供"落户",这些稀缺高级人才在入境德国的同时就已经获得无限期的落户许可。

(五)以色列:政府制定多项引才计划,市场形成创新创业聚集区域,吸引世界创新创业人才

面对日益严峻的高素质人才流失问题,以色列政府通过制定多项人才吸引措施,试图扭转人才流失的不利局面,稳固科技创新全球领先的地位,同时将高科技人才争夺视之为"输不起的战争"。自2008年开始,以色列开始实行了一系列的引才计划,号召海外高素质人才前往该国,通过移民优惠政策以及家庭资助计划,为海外人才对接高质量工作岗位,提供优惠税收政策等。2010年3月14日,以色列政府开始实施"以色列卓越研究中心"计划,总投资共计15亿新谢克尔,计划在5年时间内建立30个国家级的卓越研究中心,同时,通过划拨大量的财政预算,支持科研项目研发,以吸引以色列的科学家从美国和欧洲等区域回国。2013年6月,以色列政府跨部门发布了"以色列国家引才计划",通过配套共计3.6亿美元的财政资金,为海外以色列人才回国提供支持和帮助,其中主要是通过跨部门为海外人才提供高质量的工作岗位,与商业界、公司联同,为海外人才寻找具有吸引力的工作岗位。

在市场主导方面,"吉瓦希姆青年引才计划"是由名为"吉瓦希姆"的非营利性组织发起,主要用于为前往以色列工作的移民和海归犹太人提供社会资源和联系,

克服语言障碍和文化差异,为高技术移民提供帮助和指导,实现其迅速融入以色列社会的目标。近年来,以色列特拉维夫的科技中心区域已经聚集了一批致力于突破创新的科技企业,但是随着区域发展,大批国际科技巨头也进入了该区域,跨国公司为了迅速吸引本地的高科技人才,这类公司提供了高于本土市场1.5倍的工资,通过高额薪酬实现了人才的迅速聚集,同时也造成了本国企业的尴尬局面。在此背景下,本土以色列企业展开了争夺高技术人才的竞争,通过提供工作签证、提高薪酬等方式激励本公司职员引荐人才,以及去周边国家挖掘人才成为这些企业解决技术人才短缺的重要手段。

四、"十四五"时期海外人才引进面临的新形势

(一) 全球主要国家人才政策变化为我国引才带来契机

美国的对华战略思路已经从过去的合作为主转向竞争为主。在引才政策方面,美国目前已将机器人、航空航天、高科技制造相关专业的留学签证从5年缩短为1年,并收紧在美国商务部特别审查名单内的中国实体机构担任研究人员或经理人员的赴美签证。以中国"千人计划"入选者为重点,强化情报搜集与背景调查,阻碍顶尖人才流向中国及赴美交流。除美国外,新加坡、澳大利亚、新西兰等国家对移民、外籍人员居住的审核也比以往更为严格。总体来看,全球主要国家技术移民政策普遍收紧,既为我国人才参加国际交流带来压力,也为我国人才回流和国际人才引进带来了机遇。

(二) 高质量发展对海外人才需求更加强烈

"十四五"时期,我国经济已由高速增长阶段转向高质量发展阶段,需求结构变化、消费升级、劳动年龄人口减少、技术积累、金融风险、资源环境压力等,使我国潜在增长率发生变化,我国处在转变发展方式、优化经济结构、转换增长动力的攻关期。同时人工智能、5G通信、工业互联网、物联网、新能源等引领新一轮技术革命,制造业和服务业加速融合,数字经济成为国际竞争主战场。创新在我国现代化建设全局中的核心地位将会进一步突显,人才创新活力亟待进一步激发,外流在国外的很多人才在技术、管理等领域均具备明显的比较优势,若能有效利用将可成为创新驱动战略落实过程中发挥关键作用,因此我国对各类海外人才的需求将会比以往更加旺盛。

（三）海外人才结构变化对引才政策提出新要求

近年来,我国人才回流规模与比例均在不断提升。2011 年,我国留学回国人数与出国留学人数比为 1∶1.824,2018 年已经达到 1∶1.274,呈现人才加速回流的良好趋势。2019 年度,我国在海外留学的学生有 126 万人,约占世界国际留学生总数的 25%。中国在美留学本科生已超研究生,本科留学生增速明显快于研究生,留学低龄化现象更加明显。随着我国开放程度的不断提高,人才外流的门槛不断降低,与 20 世纪八九十年代相比,人才外流所需的成绩、业绩、经济等方面要求相对来说均有明显下降,客观上说,外流人才在规模上不断提升的同时在质量上也有所下降。种类上外流人才也呈现出多元化趋势,外流至国外的人才囊括了自然科学与社会科学的各个领域。这种趋势下,引才政策不仅要更加注重对人才的精准识别,还要更加注重因才施策。

五、"十四五"时期引进利用海外人才的总体思路及重点任务

（一）总体思路

国籍或祖籍国为中国的海外人才是下一阶段引才政策要指向的重点群体。按国籍或祖籍国划分,我国理论上可引进的国际人才有三种类型:第一种类型是国籍为中国,目前在海外居住生活的华侨及留学生;第二种类型是祖籍国为中国,目前已经加入他国国籍的外籍华人;第三种类型是其他各类外籍人才。从国际经验看,国家或地区的人才吸引力与发展水平直接相关,不同国家在不同发展阶段会采用不同的人才政策。日本、韩国、以色列等国家在崛起过程中都曾经出现过海外人才大规模回流的现象,目前我国人均 GDP 已经超过 1 万美元,完全具备了进一步吸引海外人才回流的基础条件。同时也必须认识到,我国当前仍处于社会主义初级阶段,在国际人才方面的吸引力与美国等发达国家相比尚存在明显差距,因此短期内难以大量吸引国籍或祖籍国均非中国的他国人才。

针对不同类型海外人才要有不同的引进策略。按人才质量划分,外流在国外的海外人才又可以分为两种类型:第一种类型是高端科研人才,特别是在我国目前急需突破的核心技术领域作出了显著成绩或已经有深厚积累的科研人才,对这种类型人才应该专项引进,并且在福利待遇、工作条件、岗位职务等方面给予足够的激励。第二种类型是在国外学习生活过一段时间,具有本科及以上学历,在管理经

验、理论技术、眼界视野等方面与国内同等学力人才相比具有比较优势的人才,这类人才在海外人才中占比很高,对这类人才,应当通过环境优化让他们可以人尽其才。

引才手段上应注重三个重点方向:一是优化现有政策,包括加大投入、完善评估机制、强化载体建设等。二是探索新的路径,包括强化平台建设,创新技术手段等。三是为海外人才创造良好的环境,包括科技创新环境和公共服务环境。

(二) 重点任务

强化平台建设。进一步发挥各类海归组织的枢纽作用,通过组织活动、举办论坛等方式,加强海外人才与国内的联系,增进海外人才的归属感,同时通过微信、微博、公众号等各类新媒体形式扩大各类政策信息覆盖范围。探索建立国际化、高水平的人才研究中心,对各类引才政策进行长期跟踪研究,为政策制定提供决策参考。推动建立高水平国际人才猎头机构,与各领域海外人才建立长期联系,为中国高校、科研院所、企业的国际化人才需求提供解决方案。

深化大数据应用。整合整个公安、出入境系统统计数据,全面统计海外及海归信息。全面整合侨联、科协、欧美同学会等机构数据,尽力实现数据共享,更全面地掌握加入以上组织的海外人才信息。运用云计算和大数据技术,通过采集、存储、分析和挖掘整合海外人才管理全生命周期中的大量人才数据,构建起国际人才引进、人才使用、人才流动的风险评估与预警机制,构建起人才个体与我国部门、企业之间的双向反馈系统。

优化资金投入。完善人才的奖励制度,增加对高端海归人才的奖励力度,同时优化资助流程与结构,增加归国后贡献奖励所占比例。设立针对海外科研人员与留学人员重点科技项目资助金,鼓励海外人才通过与国内合作的方式共同完成项目研究,加强海外人才与国内高校或研究部门的联系与合作。进一步推进留学人员产学研结合的科技创业园的建设,提高科技创业园的质量,在北京、上海、广州、深圳等特大城市打造1—2个与国际接轨、在世界上有一定影响力的科技园区。

完善引才机制。建立更高层次统筹协调机制,做好中央和地方各类引才政策之间的衔接工作。在人才引进过程中,降低对学历、职称等身份条件重视程度,聚焦人才潜在价值,不过多将历史荣誉作为引进门槛,评价标准更多考量人才可为国家提供何种技术支撑、创造何种经济价值。转变政府职能,在高层次人才评价中交由具备条件的行业组织进行认定,政府部门需广泛征求意见,与各类型行业、社会组织共同确定急需引进人才类型,制定详细引才方案。鼓励独立第三方定期评估引才成效,及时总结经验,优化引才过程。将引才政策的制定及实施过程及时向社会公布,鼓励全社会共同参与监督。

营造科技创新环境。落实知识产权保护相关法律,针对侵权行为探索实施惩罚性赔偿制度。健全知识产权侵权查处机制,强化功能衔接,加强综合执法,将侵权行为信息纳入社会信用记录。鼓励互联网及金融机构针对海归创业者推出专门的金融支持项目,强化对技术、专利的价值认同,建立并完善技术专利的抵押担保制度。健全监管机制,将科研诚信要求融入科技计划管理全过程。加大宣传力度,努力营造崇尚创新的社会氛围和舆论环境。

健全公共服务体系。尽快缓解外籍人员子女教育问题,利用"互联网+"等手段,促进国际学校教学内容与国内学校对接,鼓励引导优质中小学录制教学视频并与国际学校共享,同时对符合条件的海归人才给予一定教育补贴。在与日本、韩国、西班牙等国成功接续的基础之上,借助"一带一路"等国际战略契机,进一步推动我国社会保障与别国互认机制。在科技创新、城镇化、基本公共服务等政策体系设计中,把海归人才纳入政策考量范围。

(课题组成员:田帆　曾红颖　顾严)

科技领域财政资金
投向及结构研究

国家发展和改革委员会创新驱动发展中心

"十四五"时期,我国创新发展面临的内外部形势发生了显著变化,科技创新能力与战略领域科技安全面临严峻挑战,对我国科技领域财政资金管理、投入和使用效率提出更高要求。科技投入是科技创新的物质基础,财政科技资金投入是支撑科技进步最直接的切入点和最有效的着力点,在支持公共科技活动、引导社会科技投入、支持战略科技任务等方面发挥着重要作用。目前,我国财政科技资金在宏观管理、投入结构、对企业技术创新引导、资金使用效率方面仍存在不足和问题,需要持续深化财政科技资金管理改革,优化支持方式、提高使用效率与效益,更好保障国家科技安全,支撑社会主义现代化强国建设。

一、主要发达国家政府研发经费支出情况分析

世界主要发达国家或地区财政性科技经费的制度经验,对我国进一步优化财政科技资金投入结构与提升使用效率具有重要的参考意义。从管理特点上看,主要发达国家央地事权划分清晰,建立了顶层决策机制,采用绩效评价制度约束资金使用,编制了中长期财政科技支出规划;从支出特点上看,政府研发经费主要以各国

创新驱动

中央政府投入为主,且主要支持基础研究和应用研究,稳定性经费与竞争性经费大体处于平均分配的状态。

(一) 政府研发经费管理的特点

1. 划分央地科技事权,明确各级政府科技管理职能

主要发达国家通过法律明确规定中央政府和地方政府的科技事权,保证各级政府之间责任和权力的清晰划分,以及政策的有效落实。在明确划分央地事权的国家中,中央政府主要保障国家战略性科技需求以及外溢性较高的基础研究和应用基础研究。例如,美国相关法案中要求联邦政府负责识别科技方面的公共需求并为之提供资金保障,规定在总统行政办公室下成立科技政策办公室,提供联邦科技预算建议并协助预算管理办公室编制研发预算。德国《基本法》规定了联邦政府和州政府各自独立的管理权限,由联邦政府负责科技立法、科技政策制定、监督指导、资金协调等宏观工作,州政府根据资助协议分担科技支出责任,配合中央政府工作。以法律或法案的形式规定央地科技事权和支出责任,明确央地政府在科技工作中的职能定位,有助于推动中央政府更多的关注面向国家战略需求、宏观层面的科技战略规划,地方政府更多的关注如何发挥科技对地方经济社会发展的引领作用。

2. 形成顶层决策机制,强化中央政府宏观协调能力

主要发达国家设立顶层科技决策机制,保证国家最高领导可以直接参与国家科技事务。例如,美国总统办公室下设白宫科技政策办公室、科技顾问委员会、国家科技委员会和管理预算办公室,直接对总统负责。英国科学技术委员会作为独立咨询机构,就重大科技问题直接向首相提供咨询服务。日本综合科学技术会议由首相担任大臣,负责制定科技基本计划、审议政府科技预算等。科技事务的顶层决策机制可以使国家领导人直接参与重大科技决策的统筹协调,加强中央政府对科技重大决策、规划、任务和资源配置的宏观决策能力,形成高效的协调机制,避免跨部门协同造成的资源重复浪费、配置效率低下等问题。

3. 采用绩效评价制度,提升政府研发经费管理水平

发达国家高度重视政府研发经费的绩效评价,以提高政府研发预算支出效率,提升政府预算管理水平。例如,美国采用项目评估定级工具对政府项目进行绩效评分,并在白宫管理和预算办公室网站连续公开政府项目绩效报告,接受监督。德国联邦财政部采用专家论证、社会调查、听证会等多种方式评估项目是否达到绩效要求,并将绩效报告向全社会公布。英国政府基于科研质量评估结果进行量化拨款,通过大学科研质量评估确认高校的发展水平,根据发展水平高低确定拨款比例。这种严格透明的绩效评价机制,一方面对政府行为产生约束,促使政府研发预

算资金安排注重项目绩效,提高财政资源的配置效率和使用效益;另一方面可以激励经费执行机构加强绩效管理,保证项目实施效果。

4. 编制中长期财政规划,支撑科技创新战略有效实施

主要发达国家注重中长期财政科技规划,强调科技创新战略与年度预算紧密结合,形成了中央财政资金对科技创新战略可预见性、长期稳定性、系统性支持。例如,美国各部门的十年中长期财政规划中包含了预算展望、经济展望和收支展望等具体内容,三年收支预测对相关资金投入进行年度调整,以实现不同年度间的预算平衡。同时,美国注重将科技创新战略与三年收支预测及年度预算进行有效衔接,形成支持科技创新的联动机制。制定中长期财政规划,并与年度预算和科技发展战略相衔接,既保证了财政科技目标的稳定性,也保障了实施科技创新战略资金的充足性,可以有效支撑国家科技创新战略的实施。

(二) 政府研发经费支出的特点

1. 政府研发经费支出主要以中央政府为主

政府研发经费投入是政府按照国家目标对科技发展给予的直接资金支持。由于发达国家央地科技事权划分中明确规定了中央政府要对国家层面的科技需求提供资金保障,因此主要发达国家政府研发经费支出以中央政府为主。2006 年以来,美国、英国、德国、日本政府研发经费预算均呈现缓慢上升趋势,中央政府研发经费支出比例一直稳定在较高水平。

2. 中央财政主要资助基础研究和应用研究

主要发达国家中央政府强调支持基础研究、共性技术研究、公益研究及前沿技术研究,地方政府主要支持成果转移转化等对地方经济社会发展具有直接推动作用的项目。在这种科技事权分配下,中央政府的研发经费主要投向基础研究和应用研究。以美国为例,2006—2018 年美国联邦政府研发经费预算中,用于基础和应用研究的比例由 44% 提升至 59%。

3. 研发经费稳定性和竞争性支出相对平衡

主要发达国家政府研发经费的稳定性支出和竞争性支出相对平衡。美国对国家实验室及联邦政府所属研究机构采用稳定性支持方式,由研究机构提出预算方案,报国会批准后由联邦政府直接拨款。2006—2015 年,美国联邦政府逐渐提高稳定性经费比例,占比由 41% 逐步提高至 45%。英国采用“双重资助体系”兼顾稳定性和竞争性支持,2007—2016 年,英国稳定性经费规模基本没有波动,竞争性经费逐渐增长,导致稳定性经费占比由 45% 下降至 40%。日本政府研发经费中稳定性经费支出一直处于较高水平,保持在 75% 左右。

4. 政府对企业研发支持直接间接并重，但间接支持力度逐渐增加

主要发达国家政府对企业研发活动的支持采用直接与间接支持并重的方式，部分国家逐步加大了间接支持比例。根据 OECD 统计，目前美国对企业的直接资助额占 GDP 的比例超过对企业税收补贴所占比例，但企业税收补贴的比例在不断增高（见表 1）。德国对企业的支持以直接资助为主，2006 年来直接资助占 GDP 的比例一直维持在 0.06%—0.08% 之间。英国对企业直接支持和间接支持占 GDP 的比例均不断提高，2014 年英国政府对企业研发税收补贴占 GDP 的比例超过其直接经费资助比例。日本对企业研发活动的支持主要以税收补贴方式为主，2006—2016 年日本政府用于企业研发活动税收补贴额是直接资助额的 2—5 倍左右。

表 1　2006—2016 年主要国家对企业研发的直接资助和税收补贴占 GDP 比例（%）

年份	美国		德国		英国		日本	
	直接资助	税收补贴	直接资助	税收补贴	直接资助	税收补贴	直接资助	税收补贴
2006	0.1759	0.0529	0.0775	0	0.0738	0.0471	0.0256	0.1109
2007	0.1840	0.0572	0.0770	0	0.0690	0.0525	0.0281	0.1179
2008	0.2471	0.0564	0.0809	0	0.0662	0.0633	0.0241	0.0553
2009	0.2752	0.0538	0.0822	0	0.0802	0.0657	0.0287	0.0524
2010	0.2292	0.0568	0.0812	0	0.0878	0.0699	0.0280	0.0745
2011	0.2035	0.0595	0.0822	0	0.0981	0.0742	0.0262	0.0691
2012	0.1900	0.0669	0.0848	0	0.0796	0.0809	0.0269	0.0798
2013	0.1761	0.0673	0.0637	0	0.0936	0.0931	0.0267	0.1240
2014	0.1523	—	0.0652	0	0.1007	0.1304	0.0253	0.1313
2015	0.1488	—	0.0668	0	0.0959	0.1516	0.0269	0.1158
2016	0.1280	—	—	0	0.0881	—	0.0234	0.1101

二、我国财政科技支出的现状研究

我国的财政科技支出，是政府按照国家目标对科技发展给予的直接资金支持，其中既包括对基础研究、应用研究、技术研究与开发此类研发活动（R&D）的支持，也包括科学技术管理事务支出（机构运行、技术创新服务体系、科技条件专项、其他科技条件与服务支出）、科学技术普及支出、科技交流与合作支出、社会科学和其他科学技术支出。"十一五"以来，从支出规模看，全国财政科技支出额不断提

升,其中地方财政科技支出增速较快。从支出强度看,全国研发经费投入强度持续上升。从支出结构看,中央财政科技支出中研发经费主要投向基础研究与应用研究,地方财政科技支出中研发经费主要投向技术研究与开发。

(一) 全国财政科技支出现状研究

从规模看,全国财政科技支出总量不断扩大。2006—2018 年,全国财政科技支出额由 1260.38 亿元增加至 8326.65 亿元,年均增速 17.04%,高出全国财政支出额年均增速(15.2%)1.84 个百分点(见图 1)。

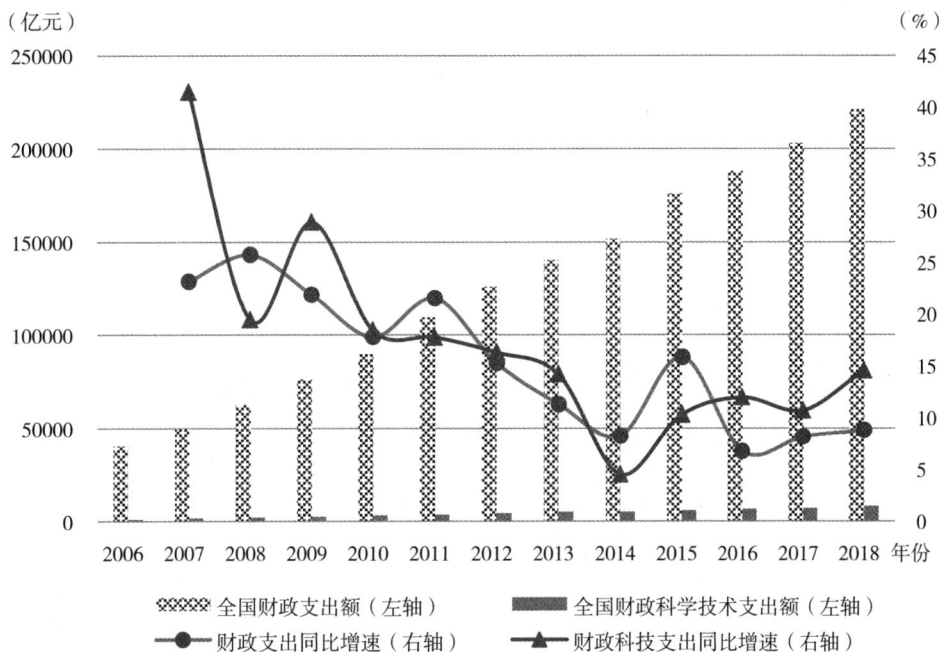

图 1   2006—2018 年全国财政支出与财政科学技术支出总额及增速

从强度看,全国财政科技支出占全国财政支出比例平稳提升。"十一五"以来,全国财政科技支出占全国财政支出的比例维持在 3.5% 上下,总体趋势与增长幅度与全国研发经费投入强度一致。2018 年,全国财政科技支出占全国财政支出比例达到了"十一五"以来的最高值。

从结构看,研发经费占比下降,其他科技支出占比上升。一是从全国财政科技支出结构看,2012—2018 年,全国财政科技支出中研发经费支出占比自61.6%下降至 52.45%,其中基础研究占比从 8.12%下降至 7.80%,应用研究占比从 29.09%下降至 21.11%,技术研究与开发占比从 24.47%下降至 23.54%,同期其他科学技术支出占比自 28.72%提升至 36.81%(见图 2)。二是从央地结构看,2012 年,地方财政科技支出首次超过中央财政科技支出。当前,中央与地方财政科技支出中,研发经费支出占比均呈下降趋势,且地方降幅高于中央（见图3）。三是从财政研发经费支出占全国研发经费支出比例看,2012—2018年,财政研发经费支出占全国研发经费支出的比重呈现下降趋势,由26.67%震荡下降至22.19%。

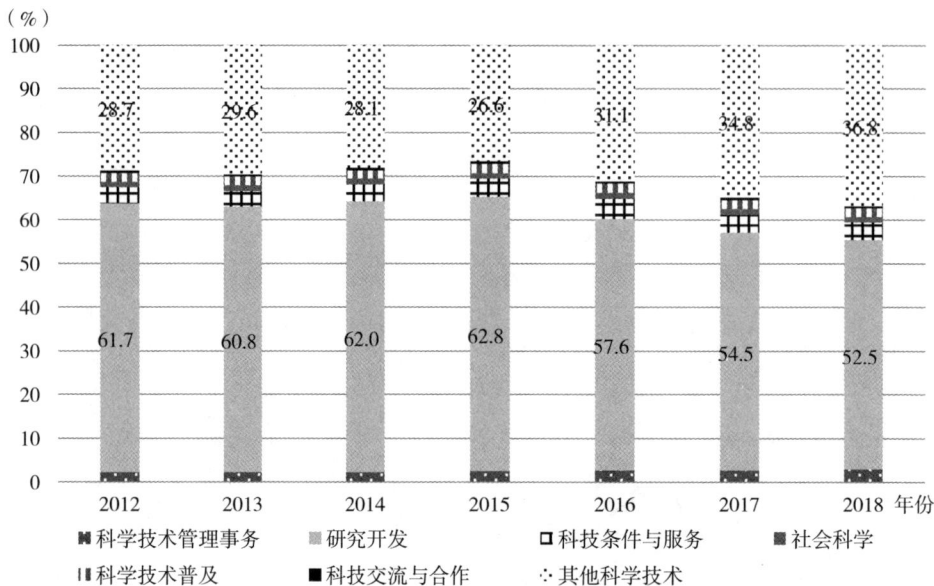

图 2 2012—2018 年全国财政科技支出结构

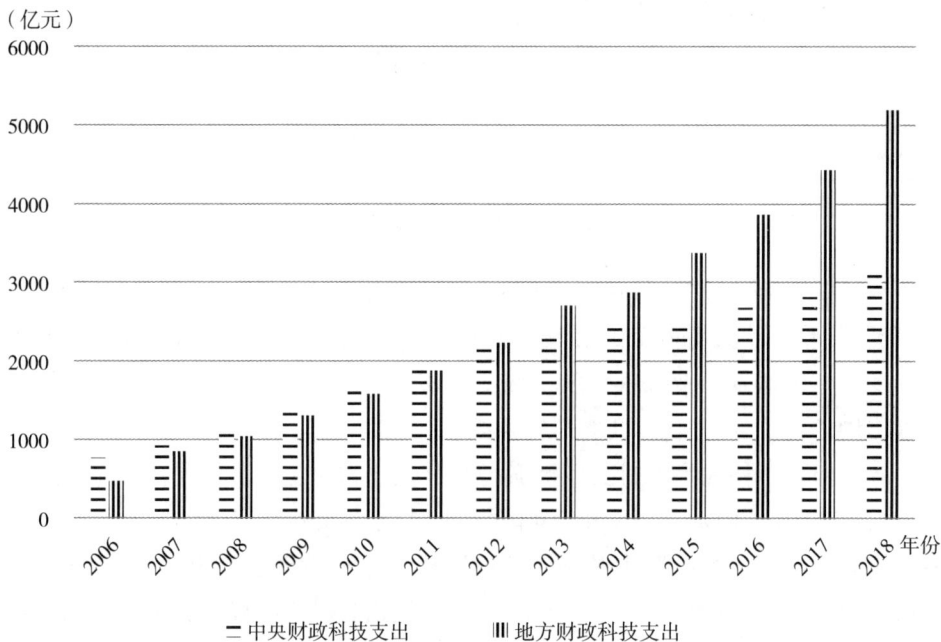

图 3 2006—2018 年中央财政科技支出与地方财政科技支出对比

从投入方式看,对企业的财政科技支出以间接支持为主。我国财政科技支出主要通过引导基金、税收优惠等间接方式支持企业,其中企业研发费用加计扣除的方式对企业支持力度最大。

对比西方发达国家,我国政府对企业支持力度仍远低于美国、英国、韩国、法国等发达国家。2016 年,中国政府用于支持企业研发活动的资金占 GDP 的比例为0.13%。同期,俄罗斯、法国、韩国、英国和美国该比例分别为 0.49%、0.47%、0.28%、0.25%和 0.25%。

(二) 中央本级财政科技支出现状研究

从规模看,中央本级财政科技支出总量不断扩大。2006—2018 年,中央财政科技支出额由 774.34 亿元增加至 3120.27 亿元,年均增速 12.32%,高于中央财政支出年均增速。

从强度看,中央财政科技支出占中央财政支出比例呈现先上升后下降趋势。总体来看,"十二五"时期这一比例最高,2012 年中央财政科技支出占中央财政支出的比例达到峰值 11.78%(见图 4)。

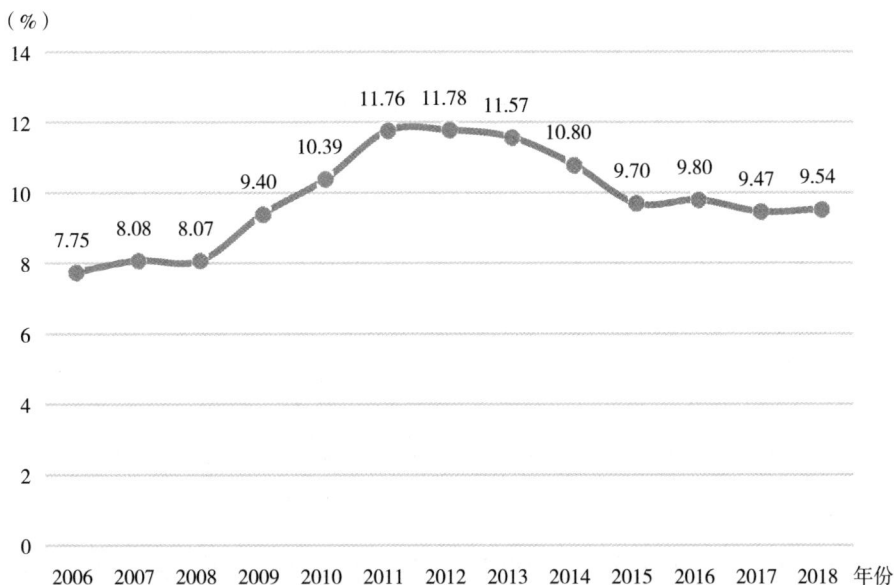

图 4　2006—2018 年中央本级财政科技支出占中央本级财政支出的比例

从结构看,中央本级财政科技支出中研发经费占比不断下降。基础研究占中央本级财政科技支出的比例有所上升,但是应用研究和技术研究与开发支出占比均呈下降趋势,导致研发经费占比不断下降,2012—2018 年,中央本级财政科技支出中研发经费占比从 72.37%下降至 66.76%。

从投入方式看,中央本级财政科技支出稳定性经费与竞争性经费基本平衡。2018年,中央财政科技支出中,稳定性经费支出与竞争性经费支出比为4.9∶5.1。[①] 但是,由于我国设立了大量科技计划并广泛推行课题制,科研机构研发经费主要来自各类科技计划项目,竞争性经费普遍占70%以上。

(三)地方财政科技支出现状研究

从规模看,地方财政科技支出总量不断扩大,且规模与增速均高于中央财政科技支出。2007—2018年,地方财政科技支出规模由858.44亿元增加至5206.38亿元,年均增速17.81%,高于地方财政支出的年均增速和中央本级财政科技支出增速。

从强度看,地方财政科技支出占地方财政支出比例不断提升。"十一五"以来,地方财政科技支出占地方财政支出总额的比例有所上升,由2%左右逐步上升到3%左右(见图5)。

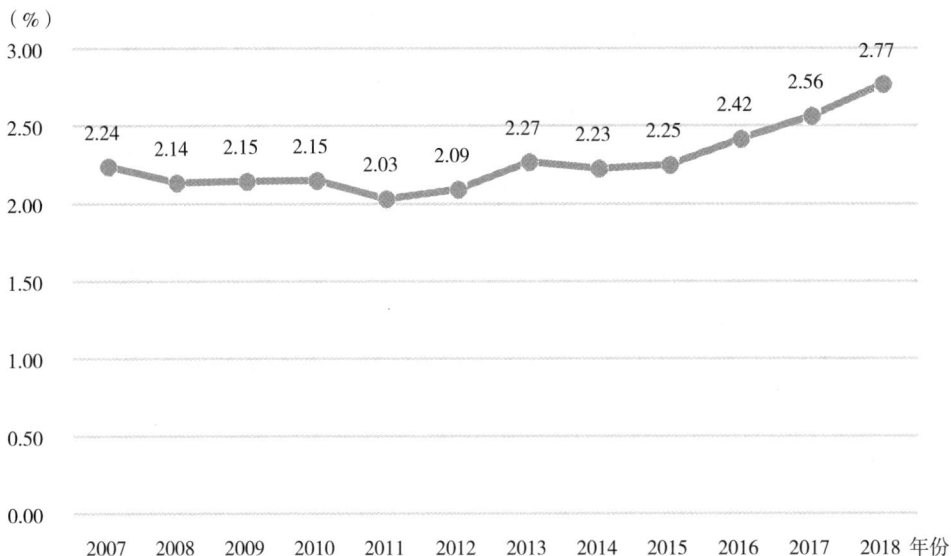

图5　2007—2018年地方财政科技支出占地方财政支出比例

从结构看,地方财政科技支出结构中研发经费占比不断下降。2012—2018年,地方政府研发经费占地方科技支出的比例从51.16%震荡下降至43.87%。从细分结构看,地方财政科技支出主要以技术研究与开发、其他科技支出为主。其

[①] 根据中国中央财政科技预算的分类情况,中国稳定性投入包括科研院所运行经费、创新工程、创新基地、社科、高端智库、科学技术普及等;竞争性投入包括自然科学基金、重大专项、重点研发计划、技术创新引导专项、基地和人才计划、国际合作等。财政部内部数据。

中,技术研究与开发支出占比不断下降,从 2012 年的 43.99% 下降至 2018 年的 37.12%;其他科学技术支出占比则有逐渐上升的趋势,2012 年该比例为 34.87%,2018 年上升至 42.03%;基础研究支出占比不断上升,从 1.50% 增长至 1.86%;科技条件与服务支出占比不断上升,从 5.18% 增长至 5.44%。

三、财政科技支出管理机制问题与深层次原因

(一) 央地科技事权与支出责任划分需进一步落地

为明确科技领域中央和地方的财政事权和支出责任,2019 年 5 月,国务院办公厅印发《科技领域中央与地方财政事权和支出责任划分改革方案》,但实际操作中存在一定程度的落地难。

与西方国家财政科技支出主要由中央政府承担不同,我国地方财政科技支出占全国财政科技支出的比例超过 60%,央地科技事权关系较为复杂。虽然我国就科技领域央地财政事权划分出台了改革方案,但方案的落实与执行缺乏相应实施细则与配套制度保障,同时缺乏相应约束性措施。

(二) 财政科技预算与科技规划需更紧密衔接

2015 年 1 月,国务院发布《关于实施中期财政规划管理的意见》,标志着中期财政规划从研究和准备阶段进入实施阶段。但是,目前我国并没有制定中期科技财政规划,财政科技预算与科技规划的衔接还不够紧密。

我国缺乏与科技规划周期相匹配的中期科技财政规划,现行年度科技预算制度不利于确定财政收支政策与重大科技项目之间的预算安排,无法实施跨年度平衡的预算收支框架,缺乏对重大科技项目、科技战略中长期投入的约束性。这不利于从中长期视角确定科技发展战略和重大科技政策优先序,筹划财政科技支出总量和结构。

(三) 财政科技预算绩效管理水平仍需提高

2018 年 9 月,中共中央、国务院发布《关于全面实施预算绩效管理的意见》。该意见发布以来,财政预算绩效管理取得一定成效,但仍面临一些挑战,主要表现在两个方面:一是预算绩效管理链条仍有待完善。预算绩效评估结果没有与预算编制和预算执行有效结合起来。事前绩效评估相对缺乏,对于重大政策和项目的事前评估机制尚未完全形成。二是预算评价指标体系的科学性有待进一步加强。

绩效评价指标体系存在与绩效目标相关性不够,指标可比性不强,指标分类不够科学等问题。此外,由于科技项目本身的复杂性和专业性,标准化的指标无法满足对多种类型且具有不同特点的单个科技项目的评估。

(四) 财政科技资金对企业的引导作用有待加强

财政资金对企业研发投入的引导作用仍需加强。一方面,在科技资金投入上,当前我国政府与市场的职责边界仍不清晰,在支持企业创新过程中,存在一定的"政府导向"替代"市场导向"问题。另一方面,国家财政科技资金支持的科技项目更多地反映学术界需求,对企业需求的关注不够,导致财政科技资金投入对企业资金投入引导力度不足。OECD 数据显示,2018 年,德国、美国、英国企业研发经费中,政府投资占比分别为 3.1%、5.68%、6.87%,而我国仅为 0.05%。

四、总体思路与政策建议

(一) 总体思路

"十四五"时期是我国建设社会主义现代化强国的第一个五年,面对外部形势的深刻变化与国内经济高质量发展要求,我国财政性科技资金应进一步优化投入方向、提高使用效率,集中资源尽快解决制约我国科技创新的瓶颈问题。"十四五"时期,财政科技支出应建立顶层统筹机制,聚焦国家战略需求,提高基础研究与应用研究投入,加强对市场创新主体的支持,丰富资金投入方式,充分发挥财政性科技投入作为国家支持科技创新最直接切入点和最有效着力点作用。

加强顶层设计。我国应加强对财政科技支出的顶层统筹,建立健全财政科技支出的宏观管理机制。打破部门条块分割,加强对预算投入、科技计划、科研项目、军民科研力量和创新资源等方面的宏观统筹,建立统一高效的财政科技支出体系。

加强应用牵引的基础研究投入。当前,我国产业发展面临科技瓶颈问题,根源是我国在基础性理论、方法、数据等方面积累不够、根基不牢。"十四五"时期财政科技支出进一步聚焦国家战略需求,重点加强应用牵引的基础研究投入。

加强对产业共性基础技术的投入。共性基础技术具有基础性、公共性、外溢性特征,财政科技资金支持共性基础技术,有利于提升本国产业的整体竞争力。"十四五"时期财政科技支出应加强对共性基础技术的支持力度,对标国际规则,明确支持重点,完善支持体系。

集中资源解决"卡脖子"问题。"十四五"时期财政科技支出要聚焦我国产业创新的底板漏洞与短板缺陷问题,集中资源,尽快攻克一批"卡脖子"问题,确保产业链供应链安全。

加强对企业的支持。企业是创新的主体,"十四五"时期加强财政科技资金对企业的支持力度,进一步完善直接与间接相协调的支持机制。支持有条件的企业牵头国家科技项目,充分发挥市场在重大创新方向遴选和技术路线选择中的重要作用,使财政科技成果更加面向实际需求。

(二) 政策建议

1. 加强财政科技资金的宏观管理

(1)进一步细化中央与地方财政科技事权划分。中央财政科技支出应聚焦战略性、全局性、基础性研究,聚焦事关国计民生和需要长期支持的重大公益性研究。地方财政科技支出应结合本地区经济社会发展实际,侧重支持技术开发和转化应用,支持基础研究与应用研究。(2)制定中期财政科技预算规划。结合国家科技中长期规划等国家科技前瞻布局与资金的总体需求,制定中期财政科技预算规划机制,建立中期财政预算与年度预算相衔接、以中期预算约束年度预算的制度安排。(3)在提高财政科技支出规模的基础上,进一步优化财政科技支出结构。加强预算安排,保证科技经费的增长幅度明显高于财政经常性收入的增长幅度。提升财政科技支出中用于研发活动经费的比重。

2. 用好新型举国体制,优化"十四五"时期财政科技资金投向

(1)支持关键核心技术攻关。在事关国家发展全局的战略领域,以中央财政为主,组织实施关键核心技术攻关行动,地方财政应结合本地发展需求自主设立技术攻关项目。(2)加强国家战略科技力量布局建设。中央与地方应设立专项资金支持国家实验室建设,加强对国家战略科技力量的创新能力建设和人才队伍建设等方面的资金支持,加大对国家科研机构、重点高校、科技领军企业等研发活动的长期稳定投入。(3)聚焦应用研究需求,建立多元化基础研究投入机制。建立目标导向的基础研究选题和支持方式。引导有条件的地方政府加大基础研究投入,探索中央和地方共同出资、共同组织重大基础研究任务的新方式。(4)加强新型基础设施建设。加强信息基础设施、融合基础设施和创新基础设施建设,加快完善重大科技基础设施建设布局,优先支持对攻克关键核心技术、支撑经济社会发展、保障国家安全有重大影响的设施建设。地方应结合自身产业发展需求加大对新型基础设施建设的投入力度,形成多元化投融资体系。(5)加强对新兴产业与传统产业升级的支持。发挥财政科技资金对支持新兴产业发展、推动传统产业转型升级的作用,加强财政科技资金对社会资源投入的引导。在中央财政科技计划中,提高对新兴产业核心技术研发的支持力度,强化对重要技术路线的长期稳定支持。

3. 提高财政科技资金对企业的支持力度

(1)通过税收优惠等间接方式加强对企业科技创新的支持力度。加强普惠性支持力度。合理利用政府引导基金,充分发挥市场机制,鼓励更多社会资本流向高科技企业及新兴产业。加大对种子期和创业期科技型企业的税收优惠力度,完善对创业投资和天使投资税收优惠制度,加大激励社会资本投资创新创业。(2)发挥政府示范应用作用。积极引导各类市场主体采购国产产品和服务,推动形成自主创新技术应用生态。在中试验证和应用开发类项目中,政府支持方式向事中事后补助、政府购买服务等模式转变。(3)加强企业在科技计划方向选题中的作用。提高财政科技支出对促进产业创新与推动经济社会发展的直接性与有效性,在国家科技项目选题、立项过程中积极吸纳产业界意见。鼓励有条件企业牵头承担国家科技计划有关项目。

4. 健全财政科技资金管理机制

(1)加强项目评审的制度化建设。进一步完善国家科技专家库建设,细化专家领域和研究方向,加强国家科技专家库入库标准和评审专家遴选规范。建立健全评审专家诚信记录,完善专家轮换制度,建立专家评审责任追究制度。(2)健全绩效管理制度。尽快建立财政性科技项目全流程绩效评价与管理制度,加强对国家财政科技资金投入的绩效评估。健全事前绩效评估机制,加强财政科技经费使用的事中监测与绩效评价结果应用。

(课题组成员：曲婉　吴博)

>>> 产业发展

国内外产业发展趋势研判及对策建议

国务院发展研究中心产业经济研究部

"十四五"时期是我国在全面建成小康社会基础上,向全面建设社会主义现代化国家迈进的起步期。"十四五"时期,在全球产业发展环境和格局将出现重大变化的背景下,我国产业发展要起好步、开好局、上台阶,关键还是在于做好自己的事,特别是在提升产业基础能力和产业链现代化水平上有根本性突破。

一、世界主要国家产业政策新动向

产业政策集中体现了一个国家或地区对重点领域、主体选择、推动方式等产业发展重大问题的认识和做法。近几年来,随着新一轮科技革命和产业变革蓬勃推进,以及全球产业分工格局的复杂变化,再加上新冠肺炎疫情等重大冲击的出现,世界主要国家对全球化推进的节奏、科技创新及产业化的全球竞争态势、产业安全与国家安全之间的关系等问题有了一些与以往不同甚至差异很大的认识,在产业政策选择上也表现出一些新的动向。

(一) 美国等发达国家产业政策新动向

近几年来,美国等发达国家普遍把发展制造业特别是高端制

产业发展

造业上升到重要战略位置,并提出一系列新的政策举措。近期,一些发达国家特别是大国比以往更为看重维护自身产业安全,疫情的全球蔓延让这个关切越发凸显。但需要注意的是,产业政策更多是国家意志及战略意图的体现,产业政策目标与产业发展实际之间有时是一致的,有时则是脱离的,有些产业政策目标如促进制造业回流就是发达国家一直希望但又没能完全实现的。

一是积极推动产业链和供应链的本地化布局。美国、欧盟等先后出台了重振制造业、确保先进制造业领导地位的战略主张,大力吸引制造业回流和促进产业链、供应链本地化。比如,美国2018年10月发布了《先进制造业领导战略》,旨在促进先进制造业的创新和竞争力提升,并实施开发和转化新的制造技术,教育、培训制造业的劳动力,扩大国内制造业供应链的能力等三项计划。再如,德国2019年2月发布了《工业战略2030》,强调通过保持一个闭环工业增值链以实现或扩大竞争优势。

在后疫情时期,发达国家出于重点产业安全的需要,预计还将积极推动产业链重构,打造本土制造业供应链。其中尤为值得注意的是,美国、日本等国提出要减少对中国的过度依赖,推动供应链"去中国化"。比如,日本经产省推出总额108万亿日元的抗疫经济救助计划,其中"改革供应链"项目专门提到支援产业链重构,大力支持将生产基地返回日本或实现多元化布局,将用2435亿日元补助日本企业将海外生产据点转回日本国内或东南亚国家。几乎同时,美国白宫经济顾问也表示,为摆脱对中国的依赖,美国应为从中国返美公司支付100%的搬迁费用。

二是加快推动新兴战略性领域的商业化应用。主要发达国家均高度重视5G、人工智能、大数据等技术对经济社会转型的引领和驱动作用,将其作为未来科技竞争的战略制高点,大幅增加研发投入以加强对产业创新的支持。比如,美国《先进制造业领导战略》明确提出要重点促进5G、人工智能、量子计算、网络安全四大高技术领域发展。《量子信息科学国家战略概述》(2018)、《国家人工智能研发战略规划》(2019)、《美国5G国家安全战略》(2020)等均体现出对高技术领域竞争主导权的争夺。根据2020年2月美国联邦政府预算申请,2021财年联邦研发投资预计为1422亿美元,其中非国防AI研发投入在2022年前要增加一倍,DARPA计划在国防AI方面投资4.95亿美元。美国国家科学基金会的AI研发和跨学科研究机构支出较2020年也将增加70%。再如,德国2018年发布了《人工智能德国制造》计划,提出到2025年在AI研究领域投入30亿欧元科研经费。此外,英国发布了《产业战略:人工智能领域行动》,日本出台了《人工智能战略》,韩国发布了《人工智能研发战略》,等等。

三是大力培育和发展数字经济。近年来,数字化浪潮对全球经济社会转型的影响逐步显现。主要发达国家顺势而为,推动数字化成为经济转型的核心驱动力。

一方面,发挥战略计划的引领和推动作用。美国2018年发布了《数据科学战略计划》《美国国家网络战略》。欧盟一直以来致力于推动数字单一市场的建设,加快工业互联网、AI在工业领域的应用。德国作为"工业4.0"的首倡者,更是持续支持其落地实施,德国联邦经济能源部发布的《2019进展报告:德国2030年工业4.0愿景》展现了截至目前的发展成效。英国提出了《工业2050计划》、瑞典提出了《新型工业化战略》,法国、西班牙、爱尔兰等也把"工业4.0"纳入国家战略。此外,日本提出《超智能社会5.0战略》,意图通过强化战略布局推动经济社会的数字化转型。

另一方面,加强数字领域的治理。美国针对数字化的信息共享、信息安全、数字政府、数字获取和开放等问题颁布了法律法规和行政命令,2019年发布的《联邦数据战略与2020年行动计划》核心目标是将数据作为战略资源进行开发。欧盟2018年5月通过了号称史上最严的《通用数据保护条例》,该条例与欧盟2016年《网络与信息系统安全指令》共同构成了欧盟数据经济网络法治的框架。

(二)越南等发展中国家产业政策新动向

自国际金融危机爆发以来,特别是2018年中美经贸摩擦以来,一直到近期疫情全球蔓延导致的所谓"去中国化",这些发展中国家把每一次冲击都看作是自身承接产业转移的机遇。越南等国通过提供各种优惠政策、改善营商环境等一系列措施来积极吸引外资、开展"三来一补"业务,希望加速工业化进程。总的看,以越南为代表的东南亚、南亚发展中国家希望借助于对其相对较好的外部环境,通过重复多数国家在经济起飞阶段采取的产业政策手段,把自身劳动力成本低等优势发挥出来,以中低端产品为切入点融入全球产业链,并在此基础上再谋进一步发展。

对外商投资企业给出大力度的税收优惠政策,是越南等国快速推进工业化的重要竞争砝码,也是近年来这些国家的普遍做法。越南对不同领域的项目实施不同的税率和减免期限。比如,针对特别鼓励投资项目的所得税率为10%,减免期限为4—15年;对于投资额达到3亿美元,或者年销售额达到5亿美元,或者提供3000个就业岗位的外商投资企业,给予所得税"四免九减半"的优惠政策。其他不少国家也是如此。老挝对不同区域采取不同的利润税,其中对投资没有经济基础设施的山区、高原和平原,可免征7年利润税,7年后按10%水平征收。马来西亚对外商投资企业给予免缴5—10年所得税的优惠政策。泰国针对不同行业采取不同税收优惠政策,对垃圾发电、基础设施以及高附加值行业等,免征8年所得税。印度尼西亚也有类似做法,对超过1万亿印度尼西亚盾的企业采取10—25年的减税或免税政策,对超过0.5万亿—1万亿盾的企业采取5—15年的减税或免税政策。

　　除此之外,这些国家在扩大外资准入、营造更好营商环境、签署自贸协定等方面也有一些积极的变化。比如,越南自 2017 年 1 月 1 日起正式取消 20 项业务的投资经营限制条件,目标就是进一步放开国内市场准入限制,改善营商环境。再如,《越南—欧盟自由贸易协定》《越南—欧盟投资保护协定》将于 2020 年 8 月 1 日起生效,越南与欧盟的双边货物贸易中约 99% 的关税将逐渐削减直至取消。

二、全球产业发展趋势研判

　　从一个较长时间段来看,新一轮科技革命和产业变革是决定全球产业发展基本方向和格局的决定性力量,再加上产业发展自身规律的作用,因此全球产业发展的基本趋势是相对明晰的。但在这个过程中,一些中短期扰动因素也不容忽视,包括疫情全球蔓延等小概率、大影响的事件。综合来看,"十四五"时期全球产业发展将表现出以下主要趋势。

(一) 产业数字化发展的广度和深度会持续拓展

　　数字化、智能化、网络化是新一轮科技革命和产业变革影响产业发展的主要方式,其中数字化是基本前提,也是"十四五"时期最能见到实际成效的领域。近年来,主要发达国家的不少产业在数字化转型方面已经取得了一些重要进展。比如,在智能制造方面,世界经济论坛对全球电子、电气设备、家电、钢铁、汽车、化工、生物制药多个行业的 1000 多家公司进行了评估,发现一批领先的"灯塔工厂",通过数字化转型,突破实体工厂的范畴,在敏捷度和产品上市速度、生产效率、定制化程度等方面有很大提升,已经取得丰厚回报。随着一个时期以来大力度研发投入的持续,很多产业领域的数字化发展已经有了比较好的基础,有望在"十四五"时期成为主流方式。比如,2019 年全球 3D 打印规模已达到 119.56 亿元,其中美、德、中、日、英占比分别为 40.4%、22.5%、18.6%、8.2%、6.3%[①],市场规模持续扩张的基础已经比较牢固,应用场景也逐步明晰。再如,碳基半导体材料、拓扑绝缘体、二维超导材料、新型磁性材料和新型阻变材料等有望持续推动半导体产业持续创新变革,而半导体的任何一次重大突破无疑都会推动数字化进一步深入。在此次疫情期间,产业数字化发展不仅能有效满足人们的日常生活,而且已经成为企业在特殊时期巩固和提高竞争力的关键来源。这样的发展节奏没有理由停滞,数字化覆

---

　　① 　赛迪顾问:《2019 年 3D 打印产业数据》。

盖的产业范围将进一步拓展,其影响产业发展的程度将进一步加深。

(二) 制造业服务化发展将取得明显进展

制造业服务化发展是产业融合发展的主要方式,将使得很多制造业的既有面貌出现重大变化,但同时能够更有效地回应市场需求变化,自然也成为很多企业转型发展的重点方向。制造业服务化发展并不是近期才出现的现象,事实上长期以来都是存在的,比如 IBM 延续了几十年的转型一直都体现了这一点,但是唯有建立在数字化发展的基础上才能取得突破性进展。近年来,很多制造业企业在这个方面都有实质性动作和进展,比如,一些全球领先的整车生产企业提出要向出行服务商全面转型,实际上是希望打通从生产到终端服务的全流程,以消费者需求为核心重塑企业形态和资产配置,不断拓展企业的利润和竞争力来源。当然,制造业服务化不单单是制造业企业的事情,事实上是各类企业共同参与的一个过程。制造业服务化未来还有很大的发展空间,这个过程也会对现有政府监管模式带来很大挑战。

(三) 绿色发展仍将是不可逆趋势

尽管应对气候变化国际合作不时遭遇个别国家甚至大国的不合作,但具体到国别领域特别是主要国家,绿色发展仍是一个不可逆的趋势,并且贯穿体现在产业发展的全过程全方位。在工业领域,随着新能源技术以及能源管理技术的发展应用、本地化生产方式的兴起带来的运距缩短以及产品全生命周期管理水平的提高等,最终产出与能源消耗之间将更大程度的"脱钩"。比如,德国"增长、结构转型与就业委员会"确定将于 2038 年全面停止使用煤电。在交通领域,电动汽车、氢燃料电池汽车的市场份额预计将持续增长,共享出行模式也将更大范围地铺开,再加上智慧城市建设中城市交通体系的优化重构,车用化石能源消耗有望实现较大幅度地下降。比如,丰田汽车公司就提出了"电氢共存"技术路线选择,并且提出到2050 年实现"二氧化碳零排放"目标。在建筑领域,随着绿色建筑的发展普及、更加智慧的用能管理设备的普及以及能源综合利用的发展,满足一定舒适条件下的生活用能也会出现明显下降。在能源生产和输配领域也是如此。总之,绿色发展既是不得不作出的现实选择,也具备了前所未有的基础和条件,未来的发展前景十分广阔。

(四) 部分制造业的全球分工格局有重大调整

由于疫情的冲击,全球供应链、产业链安全问题受到了主要发达国家的高度关注,并且提出了一些政策措施以吸引企业回流,但能否实现还是要打上很大问号的,毕竟在绝大多数情况下商业逻辑依然是产业发展的主流。与此同时,越南等发展中国家快速开启的工业化进程,无论如何都会对部分制造业的全球分工格局带来较大改变,这种趋势在"十四五"时期还将持续下去。比如,我国纺织服装产业链外迁已成规模,主要就是流向东南亚、南亚。其中,棉纺在越南最为集中,已超过200万锭;针织服装出口量大、产业链短、用工多,主要向越南、柬埔寨、缅甸等地集中,产品直接出口日本、欧盟和美国;织造、印染、梭织服装和化纤的境外投资也开始出现。手机产业是另外一个典型例子。截至2019年底,小米在印度的手机制造厂达到7家,印度销售的小米手机有99%是在印度制造,并已出口到孟加拉和尼泊尔。三星从我国迁出后扩大了在越南、印度的生产规模,其在印度建立的世界最大手机厂年产量1.2亿部,在越南的基地占其全球手机出口的一半左右,并且还在加速推动上下游供应商的集聚。

三、我国制造业竞争力的国际比较

制造业部门是国际分工和贸易的主体部分,制造业竞争力的国际比较更为重要,同时也具备更好的数据支撑。过去40多年来,我国制造业总规模呈迅速追赶趋势。1978年时,我国制造业增加值为600亿美元,仅为美国的12.2%;而2018年时,我国制造业增加值达到3.9万亿美元,是美国的1.67倍。在这个过程中,我国货物出口占全球的份额稳步提升,2012年时,我国出口占全球的比重为10.1%,2015年增长到14.9%,2016年有所降低,但2018年又回升到14%以上。

(一) 对我国制造业总体国际竞争力的评估

虽然我国制造业近年来面临着人工成本上升、环保要求提高、传统竞争优势不断下降的挑战,而且全球贸易也进入了低速增长甚至负增长时期,但我国的全球贸易份额总体上呈波动上升态势。在出口方面,2012年,我国出口占全球11.06%;2015年,我国出口总额达到2.28万亿美元,占全球13.73%;2017年有所降低,但2019年又回升到13%以上。在进口方面,2012年,我国占全球市场的份额为9.75%;2019年达到历史峰值10.80%。总体规模持续增长,特别是我国出口占全球总出口的份额保持上升态势,说明我国制造业近年来虽然面临着很大挑战,但仍保持了较强的国际竞争力。

表 1   2012—2019 年中国商品进出口总额及占全球的份额

	2012	**2015**	**2016**	**2017**	**2018**	**2019**
出口总额(亿美元)	20488	22819	20976	22632	24942	24986
占全球份额(%)	11.06	13.73	13.07	12.76	12.77	13.23
进口总额(亿美元)	18182	16796	15879	18438	21357	20771
占全球份额(%)	9.75	10.04	9.80	10.26	10.78	10.80

数据来源:Wind 资讯。

(二) 对各具体行业国际竞争力的评估

制造业出口显示性比较优势指数(Revealed Comparative Advantage Index,以下简称 RCA)[1]是衡量一国某个行业出口相对优势的惯用指标。基于国际标准产业分类(ISIC)[2],我们选取其中存在国际贸易并且 2018 年全球出口规模大于 200 亿美元的 93 个制造业行业进行分析。以下是对我国各具体行业国际竞争力的评估结果,共分为四大类。

第一,具有显著竞争优势的。共 13 个制造业行业,2018 年出口总规模为 7577 亿美元,占制造业总出口近 30%。主要包括以下几类:一是纺织、皮箱、鞋靴等劳动密集型行业。这类行业是我国传统优势产业,2018 年这类行业出口规模在 300 亿—1100 亿美元之间,占全球的市场份额在 35%以上。值得注意的是,近年来上述行业我国的市场占有率出现了明显下降,出口绝对规模也有所减少。二是体育用品、玩具和游艺用品,以及其他一般产品(如扫帚和刷子、钢笔和铅笔、婴儿车、雨伞等)。其中,玩具和游艺用品自 2008 年以来国际市场份额出现了明显下降。三是家电设备。包括电视机、电冰箱、洗衣机、微波炉、热水器,以及白炽灯、灯泡等照明设备。近年来,这类产品的国际市场份额持续提升。四是照相复印机、打印机等办公设备。其中,2015 年后我国办公设备的出口规模和市场份额均有所下降。

---

① 显示性比较优势指标可以用商品 a 在国家 i 出口中所占份额与世界贸易中该商品占总贸易额的份额之比来表示。一般认为,一国 RCA 指数大于 2.5,则表明该国该产业具有极强的国际竞争力;RCA 介于 2.5—1.25 之间,表明该国该产业具有很强的国际竞争力;RCA 介于 1.25—0.8 之间,则认为该国该产业具有较强的国际竞争力;RCA 小于 0.8,则表明该国该产业的国际竞争力较弱。

② ISIC 第三版将经济活动共分为 62 个类(ISIC2 位码)、161 个大组(ISIC3 位码)和 298 个组(ISIC4 位码)。

表 2　我国具有显著竞争优势的制造业行业

技术分类	行业	ISIC代码	RCA			中国出口	全球规模	市场份额
			2002	2012	2018	亿美元	亿美元	%
低	纺织纤维加工和织造	1711	3.3	2.9	2.78	469	1181	39.7
	纺织制成品的制造	1721	5.3	4.0	3.43	347	709	49.0
	针织及钩针编织物制造	1730	3.4	3.0	2.58	505	1369	36.9
	服装制造,但毛皮服装除外	1810	4.3	3.3	2.50	1173	3290	35.6
	皮箱、手提包、马具制造	1912	6.2	4.0	2.71	288	744	38.7
	体育用品的制造	3693	4.0	3.5	2.79	119	299	39.8
	游艺用品及玩具的制造	3694	6.3	3.8	3.55	388	765	50.7
	未另分类的其他制造	3699	4.2	3.6	3.31	346	732	47.2
中低	非耐火陶瓷制品的制造	2691	3.1	3.3	3.48	155	313	50.0
中高	未另分类的家用器具制造	2930	2.5	2.7	2.55	516	1418	36.0
	电灯和照明设备的制造	3150	3.8	3.8	3.82	351	643	55.0
高	办公室和计算机械的制造	3000	2.5	2.7	2.55	516	1418	36.0
	电视、有线电话和有线电报设备的制造	3220	1.4	3.7	3.11	2404	5412	44.0

注:上表略去了 1 个以资源为基础的制造业和 1 个全球市场规模小于 200 亿美元的行业。
数据来源:WITS。

第二,具有较强竞争优势的。共 24 个制造业行业,2018 年出口总规模为 6668 亿美元,占制造业总出口近 30%。主要包括以下几类:一是纺织服装和家具制造业。在不少纺织服装的细分领域,我国都占有全球市场 30%—40% 的份额,比较优势较为明显。但 2010—2018 年,部分细分行业,包括针织、钩针编织物和服装生产的市场份额分别下降了 8.2 个和 12.5 个百分点。二是玻璃塑料制造和部分金属制品的生产。近年来,我国这类行业的国际市场份额保持稳定或略有提升。三是人造纤维行业、电线电缆、电动机发电机和空调等其他通用机械行业。这些行业近年来在我国的国际市场份额也保持稳定。四是电视、录像机、数码摄像机等数码产品制造业,以及光学元器件生产。这三个高技术行业我国虽具有一定比较优势,但 2010 年以来国际份额分别下降了 3.3 个和 11 个百分点。

表3　我国具有较强竞争优势的制造业行业

技术分类	行业	ISIC代码	RCA			中国出口	全球规模	市场份额
			2002	2012	2018	亿美元	亿美元	%
低	地毯和小地毯的制造	1722	1.4	1.4	1.34	30	155	19.2
	未另分类的其他纺织品制造	1729	0.9	2.0	1.99	158	557	28.4
	鞋靴的制造	1920	4.9	3.4	2.36	471	1401	33.6
	家具的制造	3610	1.6	2.8	2.25	562	1745	32.2
中低	橡胶轮胎和内胎的制造	2511	0.9	1.5	1.35	157	816	19.0
	塑料制品的制造	2520	1.3	1.4	1.35	639	3313	19.0
	玻璃和玻璃制品的制造	2610	1.0	2.0	1.61	169	735	23.0
	非耐火黏土制品制造	2693	0.7	2.7	1.76	50	200	25.0
	结构性金属制品的制造	2811	1.0	1.8	1.61	168	729	23.0
	刀具、手工具和普通金属器具的制造	2893	1.9	1.7	1.79	202	793	26.0
	其他金属制品的制造	2899	1.6	1.6	1.55	549	2478	22.0
	船舶的建造和修理	3511	0.8	2.2	1.61	245	1069	23.0
中高	合成纤维的制造	2430	0.5	1.4	1.86	82	308	27.0
	纺织、服装机械制造	2926	0.9	1.4	1.52	71	328	22.0
	电动机发电机变压器制造	3110	2.0	1.9	1.75	474	1900	25.0
	绝缘电线和电缆的制造	3130	1.3	1.6	1.65	206	878	24.0
	蓄电池、原电池制造	3140	2.5	2.0	1.82	170	655	26.0
	其他电力设备的制造	3190	0.8	1.3	1.40	413	2058	20.0
	汽车车身的制造;挂车和半挂车的制造	3420	3.0	2.1	1.98	134	472	28.0
	摩托车的制造	3591	1.3	2.3	1.99	105	369	28.0
	自行车和残疾人座车制造	3592	5.7	2.4	2.21	69	218	32.0

续表

技术分类	行业	ISIC代码	RCA			中国出口	全球规模	市场份额
			2002	2012	2018	亿美元	亿美元	%
高	电子管、真空管及其他电子元件的制造	3210	0.8	1.3	1.40	413	2058	20.0
	电视和无线电接收机、录音录像或放音放像装置及有关消费品的制造	3230	3.0	2.6	2.30	745	2271	33.0
	光学仪器和摄影设备制造	3320	1.5	2.4	1.47	386	1846	21.0

注:上表略去了2个以资源为基础的制造业和15个全球市场规模小于200亿美元的行业。
数据来源:WITS。

第三,具有一般竞争优势的。共12个制造业行业,2018年出口总规模为3198亿美元,占制造业总出口近13%,主要以中高技术产品为主,例如蓄电池、机械设备、轴承、基本化学品等。

表4　我国具有一般竞争优势的制造业行业

技术分类	行业	ISIC代码	RCA			中国出口	全球规模	市场份额
			2002	2012	2018	亿美元	亿美元	%
中低	基本钢铁的制造	2710	0.4	0.9	0.97	627	4520	14
中高	基本化学品的制造,但化肥和氮化合物除外	2411	0.8	0.8	0.95	680	5025	14
	化肥及氮化合物的制造	2412	0.5	0.8	0.85	73	601	12
	农药及其他农用化工产品的制造	2421	1.0	0.8	1.02	52	360	15
	泵、压缩机、旋塞和阀门的制造	2912	0.6	1.0	1.10	368	2349	16
	轴承、齿轮、传动及驱动部件的制造	2913	0.8	1.0	1.02	143	977	15
	起重及装卸设备的制造	2915	0.6	1.1	1.19	163	959	17
	其他通用机械的制造	2919	0.6	1.2	1.17	406	2429	17
	机床的制造	2922	0.9	0.8	1.16	201	1216	17
	采矿、采石及建筑机械的制造	2924	0.3	0.9	1.00	162	1137	14
	配电和控制装置的制造	3120	0.6	1.0	0.96	295	2154	14
	铁道机车和轨道交通机车及其拖曳车辆的制造	3520	0.3	1.1	0.81	28	246	12

注:上表略去了4个以资源为基础的制造业和6个全球市场规模小于200亿美元的行业。
数据来源:WITS。

表 5　我国缺乏竞争优势的制造业行业

技术分类	行业	ISIC代码	RCA			中国出口	全球规模	市场份额
			2002	2012	2018	亿美元	亿美元	%
低	珠宝首饰及有关物品的制造	3691	0.8	2.0	0.66	161	1713	9.4
中低	精炼石油产品的制造	2320	0.3	0.2	0.33	383	8082	5
	其他橡胶制品的制造	2519	0.5	0.6	0.62	59	673	9
	未另分类的其他非金属矿物制品的制造	2699	0.5	0.7	0.79	35	311	11
	基本贵重有色金属的制造	2720	0.6	0.3	0.32	301	6557	5
中高	初级塑料及合成橡胶的制造	2413	0.2	0.3	0.40	190	3310	6
	颜料、清漆及类似涂料、印刷油墨及胶粘剂的制造	2422	0.3	0.2	0.26	18	484	4
	肥皂和洗涤剂、清洁剂和擦亮剂、香水及盥洗用品的制造	2424	0.2	0.3	0.34	77	1587	5
	未另分类的其他化学制品的制造	2429	0.4	0.6	0.53	211	2803	8
	发动机和涡轮机的制造,但飞机、汽车和摩托车发动机除外	2911	0.2	0.5	0.45	35	558	6
	农业和林业机械的制造	2921	0.2	0.4	0.53	47	623	8
	食品、饮料和烟草加工机械的制造	2925	0.2	0.4	0.49	18	265	7
	其他专用机械的制造	2929	0.2	0.8	0.78	284	2532	11
	汽车的制造	3410	0.0	0.1	0.13	189	10332	2
	汽车及其发动机零件和附件的制造	3430	0.2	0.5	0.60	408	4740	9
高	药品、医药化学剂及植物药材的制造	2423	0.3	0.2	0.26	18	484	4
	内科和外科医疗设备与矫形器械的制造	3311	0.3	0.4	0.46	142	2174	7
	测量、检查、检验、导航和其他用途的仪器和器械的制造	3312	0.4	0.6	0.56	171	2124	8
	工业工艺控制设备的制造	3313	0.3	0.6	0.79	43	379	11
	钟表的制造	3330	2.0	1.0	0.66	46	490	9
	飞机和航天器的制造	3530	0.1	0.1	0.18	77	3073	3

注:上表略去了 19 个资源性行业和 8 个全球市场规模小于 200 亿美元的行业。

数据来源:WITS。

第四,竞争力弱的。共 21 个制造业行业,2018 年出口总规模为 2914 亿美元,占制造业总出口约 11.7%。主要包括以下几类:一是珠宝首饰及有关物品。在珍珠、宝石、钻石贵金属首饰等行业,我国产品的国际竞争力不强,2018 年仅出口 161 亿美元,占全球的 9.4%。而且,自 2012 年以来全球市场份额累计下降了 3.7 个百分点。二是汽车和汽车零部件业。2018 年,我国汽车整车出口 189 亿美元,占全球的 1.8%;汽车零部件出口 408 亿美元,占全球的 8.6%。三是精细化工行业。我国在部分肥料、初级塑料、颜料、印刷油墨、香水等产品的生产上,缺乏国际竞争力。四是医疗器械和测量检验设备。我国医疗设备生产的国际份额仅为 10.0%,测量检验设备方面也只占 11.8%。自 2013 年以来这两个行业产品的出口规模增长缓慢,国际市场份额基本稳定。五是飞机和航天器的制造。在民用飞机领域我国差距显著,2018 年仅出口 77 亿美元,占全球份额的 2.5%,短板最为明显。

(三) 我国制造业劳均生产率的国际比较

制造业劳均生产率是反映各国制造业生产效率最直接、最重要的指标。比较各国制造业劳均生产率时,第一个需要考虑的问题是价格的可比性,一些研究采用购买力平价法进行折算,但由于制造业产品本身就是根据各国汇率使用现价美元在国际市场上进行交换,因此,采用基于汇率法计算的各国制造业价值量具有内在合理性。

我国与发达国家还存在很大差距,但与其他发展中国家相比具有优势。2018 年,主要制造业国家中劳均生产率最高的是新加坡,高达 23.3 万美元;其次是达到 21.4 万美元的瑞士。在主要制造业大国中,美国是 13.6 万美元,我国仅为 2.6 万美元。在新兴经济体中,越南只有 0.4 万美元,金砖国家的巴西和印度分别为 1.7 万美元和 0.7 万美元。

四、"十四五"时期提高产业竞争力的对策建议

"十四五"时期,决定全球产业发展趋势和格局的关键线索有两个:一个是新一轮科技革命和产业变革的发展演进;另一个是中美战略竞争及其引发的国际政治经济环境的深刻变化。对我国而言,核心问题是在这样的外部环境下尽快提高产业基础能力和产业链现代化水平。有鉴于此,我们提出以下对策建议。

(一) 持续推动传统产业改造提升

我国总体上已进入工业化后期,绝大多数传统工业和制造业部门的数量增长

将进入平台期甚至开始下降,但不能简单对比国际上已经完成工业化国家产业结构变动的一般规律,作为一个大国和发展不平衡、不充分的经济体,推动传统产业改造提升仍然是"十四五"甚至更长一个时期我国产业转型升级的主要任务,必须加快提升产品质量,满足更多中等收入群体不断改善的消费需求。要围绕增品种、提品质、树品牌等目标,加强企业技术改造,推广应用更先进的生产工艺,发展准时制、柔性、精益、大规模定制等生产方式,增强企业满足市场的能力。要强化标准引领,完善标准、计量、认证认可、检验检测、品牌塑造体系,形成以质量导向、精益求精的生产经营理念,健全企业质量管理体系,提高企业全面质量管理水平。要针对重点行业,组织攻克一批长期困扰产品与服务质量提升的关键共性质量技术,使重点产品与服务的性能稳定、质量可靠、环境适应性强。要加强市场监管体系,构建质量与价格水平的联动、反应机制,决不能出现"劣币驱逐良币"的现象,让高质量的产品、有信誉的企业能够持续获得"质量溢价""价格红利"。

(二)聚焦发展战略性新兴产业

战略性新兴产业是"十四五"时期我国抢占未来科技和产业制高点的基础。过去十多年来,战略性新兴产业的发展速度快、势头好,但质量不够高、竞争力不够强的问题一直没有很好解决,而且近两年还出现了"稳中趋缓"的情况。必须从战略高度紧紧把握住新一轮科技革命和产业变革的大势,主动应对高技术引领的国际产业竞争,加快培育发展战略性新兴产业,使其朝着满足未来市场需求、可持续发展要求和高技术化方向升级。要继续聚焦重点,发展下一代信息网络(如产业互联网、大数据、云计算、5G、AI、区块链等)、高端装备(如大飞机、新能源汽车、无人驾驶汽车、磁悬浮铁路等)、生物(如基因技术产业、生命科学、生物疫苗等)、新材料、新能源(如太阳能、风能、氢能等)、特高压、节能环保等战略性新兴产业。同时,超前部署未来产业。

(三)显著提升产业关键领域创新能力

关键领域核心技术缺乏是我国产业的"短板",这个问题解决不好,走得再快迟早都会遇到问题。要把产业链创新作为"十四五"时期的重要任务,"围绕产业链部署创新链""围绕创新链布局产业链",把问题导向与能力导向结合起来。充分发挥新型举国体制优势,实施龙头企业带动、产业链上中下游、大中小企业协同联动的创新战略,加快关键零部件、核心技术的国产化替代步伐,提升产业高端共性技术自主供给能力。要围绕有战略意义的关键产业、技术、工艺、材料等,加强基础研究、应用研究、创新设计,促进科技成果转化。加快形成以优势企业为主体的"政、产、学、研、用、金"相结合的具有中国特色的产业创新体系。在重大关键技术、战略性技术、前沿技术、下一代技术的原始创新和集成创新、产业共性高端技术供给等方面实现重大突破。要建立健全关键核心技术和企业的保护机制，一旦我国企业在特定产业技术领域取得突破，要帮助其加快商业化应用，尽早实现规模经济和降低成本，防止外国领先企业利用技术和成本优势打压，把"星星之火消灭在摇篮之中"。

（四）大力推进产业数字化进程

"十四五"时期，产业数字化与数字产业化同等重要，不可偏废。要全面推动各类产业与ICT技术的深度融合，不断提高行业数字化水平。根据行业发展实际，有针对性地分类分步骤推动ICT技术与产业链供应链各环节融合，推动数字化技术与研发、设计、生产、流通、消费、金融等深度融合。利用我国超大规模市场优势，加快推动智能制造、智能交通、智能物流、金融科技、线上消费、智能终端服务等发展。智能制造是"十四五"时期产业升级的主要方向之一，要引导利用好现有的各种工业互联网平台集聚发展，为更多制造业企业提供服务。

（五）快速推动制造业和服务业深度融合

制造业和服务业深度融合是制造业和服务业各自发展的客观需要，符合产业发展规律，也是发达国家的成功实践。要推动制造企业与服务企业打破自身业务边界，发展制造服务化与服务型制造。要支持制造企业基于核心技术优势拓展专业化社会化服务，以制造业流程外包促进制造和服务供应链一体化。促进基于产品全生命周期管理和系统解决方案服务的制造和服务全价值链的综合集成。促进智能化产品和装备的制造与服务功能一体化。依托产业互联网平台加强制造和服务资源整合。推动客户深度参与的产品个性化定制进一步实现发展。拓展基于研发、创意、设计、品牌等服务优势的生产制造网络。

（六）着重构建安全高效的产业链供应链体系

构建安全高效的产业链供应链体系，是当前国际环境下我国产业发展面临的重要任务。要把合理管控产业转移与促进产业升级相结合，重点是留住产业链核心环节和加快提升产业创新能力。要做好稳定产业链供应链体系的基础性工作，包括营造低成本、高水平的营商环境，促进国内区域联动、梯度、协调发展，加快全国统一大市场建设和区域一体化发展进程。要加强保持市场开放的国际政策协调。积极加强国际防疫合作，在合作中深化并推动相关国家以开放心态加强国际经贸合作，取消关税壁垒，共同应对疫情对全球供应链的冲击。要引导企业树立"需求导向、共赢共享、价值创造、联动发展"理念，构建上下游协同发展机制。

（七）积极推动产业绿色化发展

"十四五"时期，绿色发展和生态文明理念将更加深入人心。要大力推进绿色增长战略，加快构建采购、运输、存储、制造、包装、流通加工、配送、销售、废弃物回收利用全生命周期的产业循环体系。要利用好政策杠杆和监管手段，加强对钢铁、石油化工、冶金、有色、电力、煤炭、建材、轻工、纺织、医药等重点行业能源、原材料、水资源的管理，提高资源利用率。要强化污染物全过程控制，加强对各类废弃物的循环利用；加快再生水利用设施建设以及城市垃圾、污泥减量化和资源化利用，降低废物最终处置量。要大力回收和循环利用各种废旧资源，支持废旧机电产品再制造；建立垃圾分类收集和分选系统，不断完善可再生资源回收利用体系。

（八）培育提升产业国际资源整合能力

坚定不移地推进全球化仍然是"十四五"时期我国的既定战略。要继续引导优势企业提升全球资源配置能力，使其在更大范围、更广领域和更高层次上参与全球产业分工。要根据企业的战略目标和具体问题，分类分业制定有针对性的应对措施。对成本导向、寻求跨国"劳动空间套利"的行业企业，应引导其将低附加值环节转出去的同时，重点提升关键制造工艺水平，向研发、设计、品牌、渠道等高附加值环节升级。对受中美贸易摩擦影响较大的行业企业，应采取综合性的减税扶持、技术改造政策对冲关税上升的压力，同时引导其积极开拓非美市场。对主动拓展国外市场的行业企业，应引导优化海外布局，将产业链核心环节留在国内，同时提高从国内进口关键零部件的比例。对积极寻求战略型投资合作的企业，应鼓励其走出去，推动创新链与国内产业链的协同。总的看，"十四五"时期，必须充分利用国内外两种资源两个市场来加速产业升级。

（课题组成员：赵昌文　宋紫峰　许召元　李燕　魏际刚　周毅）

国内外产业发展趋势研判及对策建议

中国社会科学院工业经济研究所

当今世界正处于百年未有之大变局,新一轮科技革命和产业变革蓬勃兴起,战略性新兴产业领域的全球竞争日益激烈。国际金融危机之后,贸易保护主义抬头,世界各国普遍采取更加保守的贸易政策和更加激进的国内产业政策,新冠肺炎疫情的暴发和全球大流行进一步加剧各国对产业链供应链安全的担忧,全球价值链回缩预期增强。在这种情况下,我国"十四五"时期产业发展面临诸多不确定因素,产业政策的制定和实施必须考虑世界主要国家产业政策的调整动向,也必须考虑中国产业政策对其他国家产业发展的影响。正确研判国内外产业发展形势对我国产业在大变局中寻找新机、开创新局具有重要意义。

一、近期全球产业发展基本态势及影响因素

新冠肺炎疫情增强了全球产业发展的不确定性,其对全球产业格局变化的影响存在两种可能性:一是全球产业链向区域化方向发展,以主要国家间博弈为特征的世界多极化呈现出区域集团化态势;二是产业链"再全球化"进程得以启动。需要指出的是,尽管近年来发达国家致力于推动制造业回流,但由于工资不具优

势、技术工人短缺、本地供应体系薄弱,制造业回流的效果并不明显。

新一轮科技革命的影响日益深化。科技革命推动万物互联、产业融合,催生数据成新的生产要素,以劳动力成本为核心的传统比较优势在国际竞争中会有所弱化,同时也会改变以往由资本主导、成本驱动全球化的动力机制。数字技术的广泛应用与深度融合推动工业发展呈现绿色化、智能化、服务化和定制化,即所谓的工业"新四化"趋势。新工业革命条件下新的工业化与历史上的工业化在发展理念、能源基础、生产要素、生产方式等方面存在根本性的差异。

随着人工智能技术和远程智能(RI)技术的进一步创新和应用,以"虚拟移民(Telemigration)"为代表的提升服务业可贸易性的手段,将会推动全球化迈向全新阶段。服务业领域发达国家与新兴国家之间显著的劳动力成本差异,会促使发达国家的服务业通过采用新兴 ICT 技术来实现服务的提供与消费相分离,并以"虚拟移民"的方式使服务业逐渐全球化。考虑到发达国家服务业占比普遍高于制造业,服务业有可能成为推动全球化的主导产业。

"十四五"时期,中国产业发展面临三方面的重大挑战:一是外部竞争压力加剧。发达经济体越来越重视和支持制造业发展,这在一定程度上会对中国制造业向中高端转型升级形成较大压力。而美国挑起对中国的贸易摩擦,并试图管制高技术领域关键零部件的出口来遏制中国高技术产业的发展,还联合欧、日等发达国家推动国际贸易规则的改变,使中国制造业产品在国际市场上面临巨大的不确定性。此外,新兴经济体亦出台政策积极促进制造业向中高端的转型升级。越南等国则利用中美贸易摩擦带来的机会,全面加强跟美国、欧盟等发达经济体的贸易与经济联系,积极吸引跨国企业将中低端产品或中低端生产环节的转移,这对中国中低端制造业的发展带来较大压力。二是高新技术来源渠道受阻。近年来发达国家高度重视技术安全问题,对来自中国企业包括中资背景企业的并购加强了审查和限制。美国更是以维护国家安全为由,全方位限制中美科技领域的合作交流,这也为中国高技术产业发展带来了不利影响。此外,发达国家在人工智能、新一代通信技术、生命科学等关键高新技术领域纷纷加大支持,在这些领域,中国将面临激烈的竞争。三是产业政策调整的外部压力加大。中美贸易摩擦,以及美、欧、日等发达经济体联合推动国际贸易规则的调整与 WTO 改革,将使中国产业政策的可选工具显著减少。

二、主要发达国家和新兴国家产业发展态势及政策动向

发达国家在巩固传统优势产业竞争力的基础上,着力提升新一代汽车、人工智

能、生物科技、新材料等战略性领域的创新能力和产业化水平,以期在新一轮科技革命和产业变革中抢占先机。其最新政策动向,都注重产业技术的安全保障以及战略性产业供应链的可控性。而新兴国家主要是通过采取各种优惠政策吸引外资,并提高本地化生产能力,其政策动向更多聚焦于利用跨国公司因受新冠肺炎疫情冲击而分散其供应链布局的机会。

第一,美国政府持续推动制造业回归的成效并不显著,制造业对美国就业的拉动作用正在逐步降低,但美国在生命科学产业、半导体产业有明显的先发优势。预计疫情过后,美国政府将推动医药产业朝着生产分散化和供应链多元化的方向调整供应链。美国与产业发展有关的最新政策动向显示,产业链安全政策进入其产业政策的核心位置,并且正在加大力度,意欲通过国际合作在战略性领域推动有利于美国的产业标准。

第二,日本在巩固汽车、机器人和关键零部件及材料等传统优势产业竞争力的基础上,通过规划建设"下一代出行系统""超智慧社会""世界最先进的生物经济社会"着力提升其在新一代汽车、人工智能、生物科技、新材料等重点产业的国际竞争力。其产业政策最新动向主要有二:一是注重增强产业技术的安全保障,防止重要技术的流出;二是注重提升数据流通的安全性。

第三,德国在汽车、机械制造等传统优势产业中依然具有很强的竞争力,并且正在加快布局自动驾驶产业链、积极拓展新兴市场。在政策领域,要高度关注《国家工业战略2030》中的"保持闭环工业增值链"政策。该政策提出,要把从基本材料的生产、制造、加工,到配送、服务、研发都限制在同一地区。

第四,未来一段时期,预计韩国会继续保持在电子信息、汽车核心零部件,以及高端冶金、化工材料上的竞争优势,但在消费电子、汽车等终端产品上的国际竞争力会有所下降。而在新经济领域,韩国将主要在高端硬件产品上参与国际分工协作,在5G、人工智能、云计算、区块链等前沿领域的技术研发和产业化处于仅次于中美两国的第二梯队。韩国产业政策的动向,一是制定提升制造业国际排名的发展目标,力图实现韩国制造从"数量及追击型"产业模式向"创新先导型制造业强国"转型;二是对新兴产业和新经济领域战略决策进行修补,重点支持新一代信息技术、新能源汽车和无人驾驶汽车的发展;三是尽可能在发挥自身传统优势的同时,避免与美国、中国等大型经济体之间的正面竞争;四是强调私人部门投资的作用;五是积极应对国际贸易环境的变化,大力促进核心材料和零部件自主化。

第五,印度在纺织服装、化工、木制品等低技术制造业,以及医药、有机精细化学制品等高技术制造业有较强国际竞争力。特别是,印度已成为全球农药、医药中间体和农药原药、医药原料药的主要生产基地。印度新近的产业政策动向主要有:首先,出台"印度制造优先"政策,吸引外商投资设厂,以提高其国内增加值在出口中的份额,促进就业,但同时规定"任何来自与印度接壤的国家投资者都只能在政府准入路径下投资";其次,实施"百日行动方案",以降低企业生产成本,优化营商环境;再次,制定实施一系列针对电子电信、医疗设备、药品等高潜力行业的产业政策,以高新技术产业为龙头,牵引制造业整体向价值链高端跃升。

第六,越南总体上还是处在工业化早期的发展中国家,其在服装制造、电子信息产品组装等劳动密集型环节具有较强比较优势。其中,纺织服装业是越南最大的出口部门。2018 年,越南服装出口额跃升至世界第三位(仅次于中国和孟加拉国)。但在服装业上游的纺织业,越南的发展水平较低。这表明,越南即使在劳动密集型产业,产业配套基础仍然比较薄弱。越南政府重视和鼓励 ICT 产业发展,并给予 ICT 产业极大优惠政策。通过承接三星电子等跨国公司产业转移,办公和通信设备已成为越南出口产品占全球份额较大的产品(2018 年占比为 3.99%),其中通信设备出口额占全球的 8.4%。近年来,为积极承接劳动密集型产业国际转移、扩大劳动密集型产品出口,越南出台了土地和税收优惠、改善营商环境等多方面政策,同时积极加入自由贸易协定,并利用跨国公司因受新冠肺炎疫情冲击而分散其供应链布局的机会,吸引更多外资。

三、中国与有关国家的经贸关系及产业合作前景

"十四五"时期,中美在新兴技术产业发展领域的竞争关系将不可避免地增强,而中国与德、日、韩、印、越尽管在部分产业存在一定竞争,但整体上都具有广阔的合作空间。

第一,中美两国在供应链结构调整、新兴技术产业发展等方面竞争加剧。首先,中美贸易摩擦至今,中国虽仍然是美国主要进口贸易伙伴,但美国进口商和中国出口商均在寻找新的贸易替代伙伴。其次,短期内全球产业链重构将对中国制造业不同领域产生差异化影响,中低端制成品出口可能加速下降,中高端消费品以及中间品出口可能出现逆势上升。再次,中长期内的全球产业链调整将向着区域分工和多元化方向发展;在多中心的未来全球分工格局下,中国需要加强对外直接投资和区域贸易安排以应对美国在相关方面的部署和调整。

第二,日本与中国尽管在个别产业领域已经形成了一定的竞争关系,但中日在先进制造等领域的生产、研究、开发方面具有广阔的合作空间。首先,日本在利用生物技术进行环境治理、生物多样性保护等方面有自己独特的优势,并且在城市公

交、地铁运营市政管理方面也有成熟的经验,这为两国产业的合作与发展提供了新的空间。其次,日本在医疗保健、保险、养老等产业领域积累了成熟的经验,加强两国在服务领域的合作,有助于满足我国消费者对医疗保健、教育文化、休闲娱乐、旅游养老等行业日益增长的需求。再次,为推动社会数字化转型,解决劳动力短缺等社会难题,日本政府正大力推动"无现金社会"建设,中国的技术和经验有望在两国的合作中发挥作用。

第三,中德两国的经济发展水平和产业结构具有较强的互补性,未来产业合作前景可期。中国已连续四年成为德国在全球的最大贸易伙伴。德国从中国进口的产品相对技术水平较低,以基础零部件、日用品、家电设备等为主。而德国向中国的出口的产品则技术含量较高,以精密仪器、高端零部件、汽车、发动机等为主。

第四,由于中韩两国工业结构相似,贸易结构趋同,受中国工业结构转型升级步伐加快的影响,两国产业竞争格局发生了深刻变化,中低端环节的激烈竞争也有所缓解,两国重点产业和新经济领域在产业链上的合作趋势增强,但在对外投资和全球产能布局上的竞争将加剧。首先,中韩两国重点产业的产业内分工互补性不断增强。其次,在新兴产业和新经济领域,中韩两国优势互补,协作关系大于竞争关系。再次,在全球产能布局上的竞争将加剧。2018 年,为了加强与俄罗斯、东盟国家的战略关系,韩国启动"新北方政策"和"新南方政策",这两个战略表面上看是为了应对中国劳动力成本上升,承接劳动密集型产业转移能力减弱的影响,摆脱对中国产能的过度依赖,但实际上也是针对"一带一路"倡议,巩固在俄罗斯和东盟地区对外投资大国地位的战略调整。

第五,短期内,中印之间的部分产业竞争局限在部分领域,整体上印度还难以摆脱对中国制成品的进口依赖。印度无论是在基础消费品还是制造业中间投入品方面,对从中国进口都有较大的依赖。中印两国竞争程度较高的产业主要集中在化工产品、纺织原料及其制成品上。同时,中印两国在这些产业又存在较多产业内贸易。随着印度国内基础设施和制度环境的不断完善,印度生产成本优势逐渐显现,可能会对中国相关产业带来一定冲击。

第六,尽管在电子信息制造、纺织服装等少数产业领域,越南与中国存在一定竞争关系,但在要素结构、技术结构、经济用途结构等方面,中越双方都具有较强互补性,产业合作前景较大。要素结构方面,中国相对于越南在技术和资本密集型产品上具有优势,而越南相对于中国在资源密集型产品上具有优势;技术结构方面,中国出口越南的产品中,中高科技含量产品占比分别为 29% 和 21%,越南出口中国的产品中,以低科技含量产品(占比 61%)为主;经济用途结构方面,中越相互进口中间品,可见双方在供应链上紧密合作,分工明确。同时,中国出口越南的产品中,资本品的占比远大于越南对中国的出口。"十四五"时期,越南与中国关联度高的产业,应该是互补性更强的产业,主要以电子信息制造、机械设备、信息服务等产业为主。由于中国自身劳动力优势的削弱与产业升级,越南与中国之间将会形成更加紧密的价值链分工关系。

四、中国产业发展态势及国际竞争力

近年来,中国在巩固传统优势产业国际竞争力的同时,大力推动战略性新兴产业发展。整体看,中国战略性新兴产业发展态势良好、智能制造业规模持续扩大、绿色制造业快速增长、新型消费品产业发展迅速,但也存在盈利能力不强、品牌优势较弱、国际竞争力不足等突出问题。

第一,战略性新兴产业发展态势良好,为经济增长提供了新动能。中国主要通过"大进大出+技术获取"的贸易方式嵌入战略性新兴产业全球价值链,最终品生产制造能力强于发达国家,中间品生产制造能力优于印度、越南等发展中国家,目前处于战略性新兴产业全球创新链和产业链的"环流中枢",通过接受发达国家前沿技术和高端上游产品进行生产制造。受中美经贸摩擦和要素成本上升的叠加影响,部分中低端产业链环节转移至越南、马来西亚等新兴国家,中国战略性新兴产业发展面临着"高端回流和低端分流"的双重制约。

第二,智能制造产业总体规模增长很快,但盈利能力有待进一步提高。中国在机器人及其关键基础部件、智能传感技术产业中具有一定国际竞争力,在3D打印及关键材料产业的国际竞争力相对较弱。

第三,绿色制造产业中的新能源汽车、环保专用制造行业均呈快速发展态势。中国的绿色制造产业国际竞争力较弱,但是中国广阔的消费市场既可以吸引更多的外资投资绿色制造产业,又会倒逼中国绿色制造产业提高产品质量、品牌效应,实现绿色制造产业的高质量发展。

第四,劳动密集型制造业在带动就业方面发挥了重要的支撑作用。中国在纺织服装、玩具、箱包等领域形成了长期的竞争优势,具有一定的品牌和成本优势。随着中国劳动力成本显著上升和东盟国家贸易便利性提升,未来这类产业外迁的可能性相对较大。中国本土的劳动密集型产业的发展方向是"高端化、品牌化和时尚化",在研发设计、营销渠道和售后服务等高端环节获取国际竞争力。

第五,新型消费品产业发展迅速,但还未形成真正的品牌优势和竞争力。分领域看,中国在可穿戴设备产品上有较强国际竞争力,在智能服务机器人等领域则缺乏竞争力。

五、促进中国产业发展的政策建议

综合全球主要发达国家和新兴国家推动制造业发展的最新战略部署,充分考虑未来全球竞争环境的复杂性,加快产业安全管理体系建设、确立以竞争政策为基础的政策体系、加强产业创新体系建设等应成为"十四五"时期我国产业发展战略和产业政策调整的重要方向和重点领域。

(一) 强化"产业安全"导向

1. 加快构建产业链安全管理体系

面对美国不断升级的技术封锁,我国既有的产业管理和政策体系战略性、系统性和及时响应性不足的问题不断暴露。虽然当前产业管理和政策体系已经部分地包含了产业链安全管理的职能和内容,但由于负责各类产业链安全管理部门的行政级别较低且高度分散在不同的产业管理部门,因而产业链安全管理从完整体系的角度看是缺位的,目前我国实际上仍然主要基于传统的产业规划、政策或临时性政策部署来应对形势变化,但这种方式存在严重的缺陷:一是产业规划和政策缺乏灵活性,不能适应产业链安全管理快速反应和及时调整的要求;二是临时性的政策部署常常是事后的,不能战略性、前瞻性地应对美国系统性的、密集的打压行动。事实上,我国在应对美国技术封锁方面已经表现出由于产业链安全管理体系缺失而造成政策协调不足、策略反应滞后的问题。因此,加强我国产业链安全管理的战略性、系统性和有效性,靠完善产业规划体系、靠提高既有产业管理部门的产业链安全意识已经远远不够,必须建立全新的产业链安全管理体系和工作流程,从根本上保证未来我国产业发展能够有效应对复杂多变的竞争环境,以及应对竞争策略的战略性、连续性和有效性。

建议以产业链安全立法和产业链安全管理组织机构责权完善为突破口,全面启动我国产业链安全管理的政策体系和治理体系建设工作。要明确产业链安全管理作为我国产业政策、科技政策、竞争政策和贸易政策的前置性工作。要建立由多部门共同组成产业链安全委员会,定期召开会议,研判产业安全问题。

2. 加快企业全球布局步伐

随着中国经济总量的壮大和技术水平的提升,中国企业具备了通过直接投资方式进行深度国际化的能力,而国内要素成本的快速上涨和许多发展中国家投资环境改善、消费市场增长也为中国企业的国际产能布局提出新的要求,创造了新的条件。"十四五"时期,产业布局结构调整除了继续优化各个产业部门在国内不同发展水平区域间的布局,更要通过国际产能合作、绿地投资、跨国并购等模式加强和优化中国企业在全球的布局。依托"一带一路"建设,逐步构建由中国参与的、区别于发达国家过去仅仅利用当地廉价劳动资源的、最大程度实现双边或多边共赢的国际制造业分工新框架。充分利用中国在数字技术方面的优势,构建以数字技术为基础的全球制造网络,进而培育一批全球价值链的旗舰企业、"链主"企业,增强我国对全球产业价值链的影响力。

3. 积极应对全球供应链调整

国际金融危机爆发后,又受新冠肺炎疫情全球蔓延的影响,在安全性因素的驱动下,未来全球供应链调整的两个方向:一是推动多元化的全球采购,即通过增加中国大陆以外采购来源地或者通过多国投资,来提高其供应链的多元性,降低从中国集中采购的风险。二是加强本地化生产,促进制造业回流。虽然由于美欧国家的高制造成本,制造业特别是劳动密集型和资本密集型制造业向美欧大规模回流的可能性并不大,但分散化生产或供应链多元化将成为未来全球供应链调整的重要方向。特别是美国推动制造业向墨西哥、巴西等拉美国家转移,德法英等欧洲国家推动制造业向东欧和土耳其等国家转移的"周边化生产",很可能成为未来美欧推动全球供应链本地化和生产化的战略重点:一方面这些国家地理上毗邻,可以提高供应链的经济效率;另一方面,政治上美欧工业强国对这些国家具有很强的影响力,可以确保其供应链安全。

面对全球供应链分散化和多元化的挑战,短期内中国要加快供应链恢复的节奏和效率,长期看要加强中国外资和技术战略的统筹部署,从根本上提升中国适应全球供应链调整的能力。"十四五"时期,我国应以"融入本地化"为战略主线,加快我国制造业战略性的对外投资布局。面对全球供应链调整的巨大挑战,目前国内学术界主流的观点是通过构建更加开放、公平的竞争和投资环境来巩固中国作为全球制造业中心的区位吸引力。维护中国全球工厂地位、进一步提升中国投资吸引力的政策导向固然重要,但不可否认,随着新冠肺炎疫情过后美欧供应链安全意识的进一步强化、以智能化和自动化生产为核心特征的新一轮科技革命和产业变革的深入推进,以及中国要素成本呈上升态势,未来中国在全球进一步提升供应链参与度的空间已经十分狭窄,全球供应链本地化和分散化是不可逆转的趋势。基于此,未来中国全球供应链战略的核心和重点应当是加速中国制造业企业对外直接投资,以中国企业的主动走出去,顺应全球供应链本地化的诉求。

在对外投资目的地的选择方面,随着美欧企业在中国直接投资节奏放缓,中国企业在本土开展技术吸收和学习的难度不断加大,中国企业应以直接投资的方式进入发达国家市场,确保继续深度嵌入全球创新网络;另外,对于传统劳动密集型制造业和高技术行业中的低技能环节,应以直接投资的方式进入其他发展中国家市场。在鼓励中国制造业对外直接投资的同时,加强中国本土制造业"母工厂"建设,依托母工厂建设确保中国先进制造技术和工艺能力的持续创新和提升。

4. 增强产业经济韧性应对突发冲击挑战

针对中美贸易摩擦、新冠肺炎疫情对世界产业经济产生的深远影响,以及"十四五"时期可能出现的新的经济冲击和非经济冲击,要将增强产业经济韧性作为供给侧结构性改革、经济高质量发展、工业强国建设、创新驱动发展等重大发展战略的重要内容。通过构建产业应急政策体系和要素储备体系,依托"一带一路"建设构建国际物资调配和国际产能合作机制,利用信息技术和手段保持对主要冲击因素的大数据监控和预测等方式,不断增强我国产业经济韧性。一是增强产业经济的规模韧性,在特殊情况下能够迅速扩大产品和服务供给,并能以较低的成本恢复供应;二是增强产业经济的结构韧性,通过装备、组织的智能化和柔性化,能够在短时期内实现产品和服务结构的调整;三是增强产业供应链韧性,在不同区域间、不同产业间、不同企业间逐步构建互动化、网络化、多渠道化的供应体系,主要产业和重点企业不限于单一渠道或有限渠道获取关键生产要素;四是增强产业经济的市场韧性,通过国内外市场、国内区域市场间的调控,增强特殊时期市场的稳定性。

(二) 建立高标准市场经济体系

"十四五"时期,我国转变经济发展方式的任务更加艰巨,面临的国际竞争环境更加恶劣,只有更加坚定地、主动地、战略性地推进体制机制改革和政策创新调整,才能有效提升中国经济的韧性和活力,有效应对国内外各种风险和挑战。作为高标准市场体系建设的核心内容,在"十四五"时期我国改革攻坚克难关键时期,切实强化竞争政策在我国经济政策体系中的基础性地位,全力推进公平竞争市场环境建设。

1. 建设以竞争政策为基础的政策体系

中美贸易摩擦驱动全球贸易和投资秩序深度调整,中国要想在新的全球治理体系中寻求更加积极主动的位置,从而持续分享全球经济开放合作的红利,就必须在未来几年里主动建立起更加与国际规则接轨的开放、公平、透明的竞争政策体系和规则,否则可能错失参与和推动全球新一轮贸易和投资秩序调整的机会和主动权。

随着以数字化、智能化、网络化为核心的新一轮科技革命和产业变革由导入期进入加速拓展期,人工智能、大数据、云计算、无人驾驶、远程医疗、基因编辑等新技术、新产业、新业态必然成为未来中国经济增长的新动能。然而,与传统产业后发赶超具有明确的国外成熟技术和商业模式对标不同,新兴技术和产业没有现成的技术可以引进,没有成功的商业模式可以模仿,基于公平竞争的多样化的研发探索和产业化竞争是自主知识产权和原始创新能力形成的唯一路径。更适合传统产业后发赶超模式的结构性产业政策主导的政策范式，必须适时向更能有效支撑新兴技术和产业培育发展的竞争政策主导的政策范式转变。

2. 竞争政策体系的建设重点

作为一项系统性的改革工程，进一步强化竞争政策基础性地位，应当围绕"创造基础条件、健全组织治理、完善政策体系、提升执行能力"四个方面，有序推进各项改革的衔接和落地。

一是创造基础条件。竞争政策是形成公平竞争市场体制的主体内容，但竞争政策并不是影响公平竞争市场环境建设成效的全部因素。竞争政策主体作用的有效发挥，必须以消除制约竞争政策发挥基础性作用的体制机制障碍为前提，以配套的制度性改革到位为条件，包括（但不限于）：在国家层面，通过完善我国的立法、司法和执法体系，确保反垄断法、反不正当竞争法等法律法规有法可依、有法必依；在地方政府层面，通过完善地方政府政绩考核体系、深化财政税收体制改革，将区域间竞争的政策导向由提供补贴优惠政策向创造公平竞争环境转变；在企业层面，进一步优化国有经济布局、完善国有资本监督管理体制和管理人员考核评估机制。

二是健全组织治理。确立竞争政策在经济政策体系中的基础性地位，就是要用竞争政策来统领和协调其他各项经济政策，就是要实现所有的经济主体（包括各级政府、各类企业和消费者）及其经济活动，都受到竞争政策的约束。以竞争政策为基础协调相关政策，核心是在经济政策的制定和实施治理体系中，切实强化竞争政策制定主体和实施主体的权威性和独立性，从根本上保证竞争政策的权威性和稳定性，从而确保当结构性产业政策与竞争政策在制定和实施过程中发生矛盾时，以竞争政策的有效性作为优先原则和通常惯例。

三是完善政策体系。建立事前、事中、事后的"点、线、面"全覆盖竞争政策体系，提升竞争政策的科学化和精细度。针对滥用市场支配地位的认定、反垄断法对行政垄断的约束力等难点问题，开展重点集中研究，抓紧推进《反垄断法》修订，完善配套立法。组织国内外顶级经济学家、反垄断法律专家和产业专家，完善重点行业《反垄断法》和《反不正当竞争法》行为指南，进一步细化我国公平竞争审查的各项条款，提高竞争政策对政府政策制定和企业经营行为的指导性。畅通企业和消费者投诉、维权机制，完善执法程序，大幅提高《反垄断法》和《反不正当竞争法》的执法效率和效力。

四是提升执行能力。根据反垄断、不正当竞争、公平竞争审查等工具具有高度专业性和复杂性的特点，全面提升我国竞争政策制定和实施主体的专业素养和业务能力。建立与竞争政策基础性地位相匹配的竞争政策实施主体专业人员配置和财政资金投入机制，确保竞争政策基础性地位的实现能够得到有力的人员和资金保障。完善竞争政策实施主体引入，用人、培养人的激励机制和终身学习体系建设，不断提升各级执法人员的业务素质。着力促进我国反垄断和产业组织学科发展，鼓励专业的反垄断和竞争研究机构发展，为持续完善我国竞争政策的制定和实施提供学科和人才支持。

（三）建设高效的产业创新体系

面对美国不断升级的技术打压和未来新的多边规则的约束，"十四五"时期，我国的产业发展和技术创新环境将发生根本性的变化，必须加快完善自身制造业创新体系，提升我国制造业的原始创新能力和战略性技术突破能力。

1. 建设不同层次的创新和技术服务机构

在国家层面，组建由不同学科组成相对独立的国家实验室，重点解决制约我国产业国际竞争力和国防安全等重大科技基础性问题，加大国家实验室的投入，有重点、有针对性地加快提升自主创新能力。

在地方政府层面，建立创新服务体系和支持共性技术扩散的机构，技术创新和服务机构可采取"公私合作"的运营模式。机构治理由技术专家、政府官员、企业家代表和学者共同组成专业委员会作为最高决策机构，通过专业委员会和管理社会化提高服务的专业化水平和管理效率。国家和各地可以考虑设立配套的引导资金，引导和吸引更多的社会资金投入创新和技术扩散服务。

2. 进一步深化科研体制改革

加快扭转高校和科研院所重立项轻应用、重发表轻转化的激励导向，创新科研管理思路，转变对科研人员和创新项目的考核方式。建立涵盖基础研发、创新创业、成果转化的科技产业链，打造科技成果产业化的综合服务平台，精准识别商业价值，在科技机构与应用企业之间搭建高水平的服务桥梁。

（课题组成员：史丹　李晓华　贺俊　李鹏飞　江飞涛　邓洲

方晓霞　江鸿　许明　黄娅娜　孙天阳）

"十四五"时期全球产业链重构及提升我国产业链水平研究

国务院发展研究中心产业经济研究部

产业链是指产业内部及各个产业部门之间基于一定的技术经济逻辑,演化形成的纵向、横向链条式关联关系、时空布局和分工形态。产业链中存在大量上下游企业之间原材料、技术、中间产品和服务相互交换的供需关系,以及基于分工合作形成的价值创造,因此,供应链、价值链自然也构成了产业链的多维视角。其中,供应链连接是产业链生成的基础,产业链是多重供应链的综合体;价值链反映了产业链各环节的价值增值情况,产业链是价值实现和增值的载体;产业链本质上是竞争力问题;供应链本质上是效率与安全的平衡;价值链本质上是价值创造和利益分配。本报告以产业链为分析对象,并将供应链、价值链一并放到产业链的统一分析框架中。

在新一轮科技革命和产业变革、贸易保护主义和新冠肺炎疫情等多重因素影响下,"十四五"时期全球产业链将进入新一轮深度调整和重构期。针对我国产业链存在的"不稳""不强""不安全"等问题,如何提升产业链水平,重构我国产业竞争新优势,直接影响到我国经济的高质量发展和国际竞争力,必须积极应对、系统谋划。

产业发展

一、全球产业链正处于新一轮深刻调整和重构期

（一）新工业革命加速全球产业链分工调整，产业链竞争格局面临重构

新一代信息技术使得全球产业链分工进一步深化，传统的链式结构进一步演变为全球范围内多主体协同的开放式合作网络。数字化网络化智能化技术的应用提高了产业链相关主体的连接性，能够在更大的范围内整合资源，产业链各环节由传统的链式结构为主，演变为多主体协同的开放式分工合作网络。产业链前端的包容性进一步增强，以开放式网络平台为依托，以众包、众设为代表的多主体协同研发、协同设计更为普及。生产制造环节的外包与网络化协同制造更为普遍，众多中小企业将生产制造能力外包出去，并可以加入多个生产制造网络，灵活弹性地分享制造能力。消费环节与设计、生产环节的连接性更为紧密，依托工业互联网平台，用户可以参与设计制造，从而出现了新型产消者群体。

以 3D 打印为代表的数字化制造使得人人可以成为产消者，加速了生产制造本地化和工业民主化进程。3D 打印目前在医疗器官假体仿真再造、特种立体配件制造、以贵重金属为材料的私人定制等多个方面均有一定的应用。随着 3D 打印在材料领域取得更大的突破，预计未来 5—10 年，有望在装备、电子、航空航天、生物、文化创意等更多领域有更大的发展空间。应用范围的扩大也将带来成本的降低，并将进一步加速生产制造的本地化、分散化趋势。

数字化网络化智能化技术的应用重构了全球产业竞争格局，发达国家和平台型企业对产业链的掌控能力进一步增强。数字化技术的应用使得传统制造环节的劳动力成本优势降低，发达国家因拥有强大的研发设计能力和领先市场优势，可凭借智能制造弥补劳动力数量、成本的劣势和不足，因而对产业链价值链高端环节的掌控力进一步增强。新工业革命进程中涌现出的大量平台型企业，依托自身技术创新和商业模式创新广泛连接产、供、销资源，拥有产业链关键资源的配置能力，对很多传统行业带来颠覆和重构性影响，有望成为继 19 世纪、20 世纪跨国公司的垄断力量之后产业链价值链新的掌控者。

（二）信息化发展加深了产业链分工合作，价值链越来越倾向于知识密集型环节

全球价值链由产业内分工向产品内分工扩展。价值链最初由哈佛教授波特提出，指为完成一项产品或服务，从概念、设计、生产、营销、配送和售后服务等一系列

价值增值的过程。在这个过程中,各个环节的增值率并不相同。随着工业化进程不断发展和制造工艺不断完善,普遍规律是研发、设计和服务、品牌、营销各环节的价值增值量显著大于制造和组装环节,因此,形成了以"微笑曲线"为代表的价值链形式。

但是,随着以新一代信息技术为代表的新工业革命的到来,交易成本大大降低,一个产品的生产在全球范围内分工逐渐成为主流模式。相应地,价值链也有了新的形态:全球价值链,即在全球性跨企业网络组织范围内,通过高度的合作与分工,实现商品或服务的一系列价值增值过程。最常用的案例是 iPhone 手机的生产,iPhone7 有 1815 个零部件,共有 8 个国家或地区参与生产,许多零部件多次跨境交易,是全球价值链的典型代表。

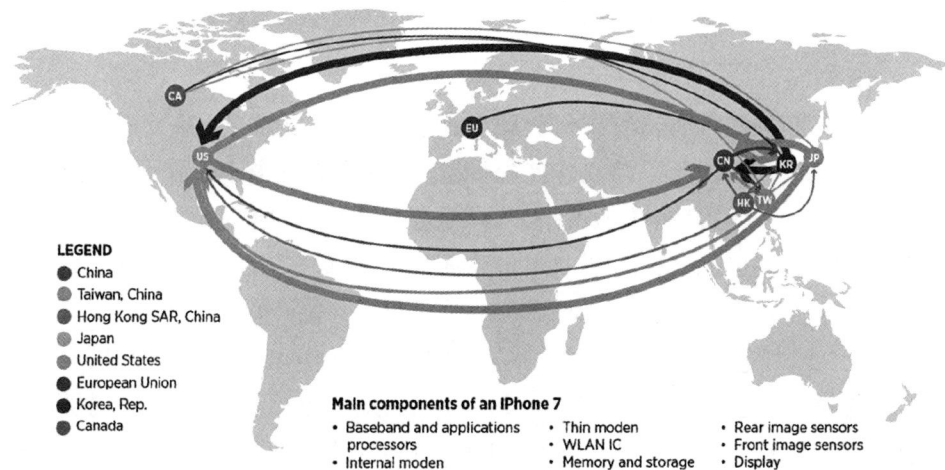

图 1　iPhone7 的全球价值链

全球价值链越来越倾向于知识密集型环节。近年来,随着制造环节不断完善和全球竞争加剧,各产业的价值增值环节越来越向上游环节如 R&D 和设计,以及下游环节如营销、售后服务发展,越来越多的投资也集中于 R&D 无形资产,而不是工厂。根据麦肯锡(2019)的研究,2000—2016 年,全球平均来看各产业均提高了投资于 R&D 和无形资产的比重,其中,药品制造业这一比重提高了 66.3 个百分点,机械设备制造业提高了 29.3 个百分点。

(三) 全球经贸摩擦和新冠肺炎疫情可能改变产业链分工规则,引发新一轮产业链布局调整

改变全球产业链分工逻辑:从成本至上转向成本为主、市场及技术可获得性并重。在"一超多强"且一超大幅领先多强的经济政治格局和全球化不断深化的背

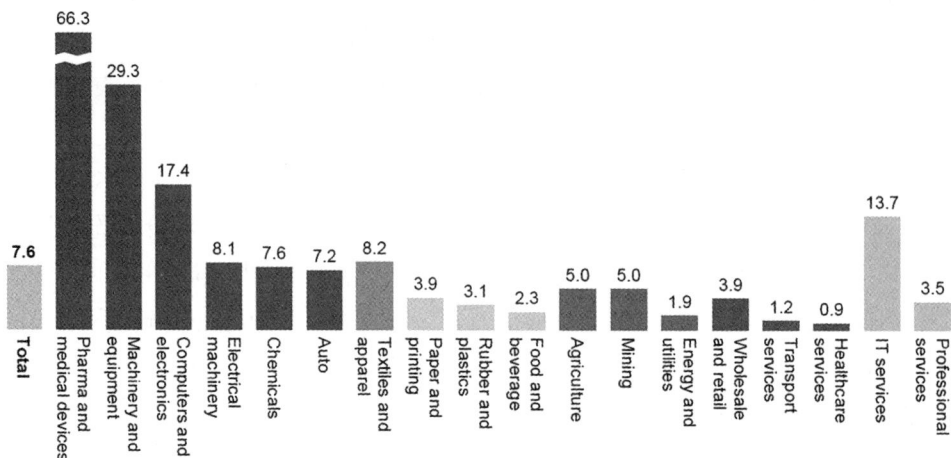

图 2　投资于 R&D 和无形资产比重的变化：2000—2016（投资/销售收入：全球平均）

资料来源：麦肯锡报告：Globalization in Transition：The Future of Trade and Value Chains。

景下，产业链布局的原则是成本导向，即产业链各个环节通常布局在要素成本和综合成本更低的国家或地区。在美国实施贸易保护主义引发全球特别是中美经贸摩擦的背景下，关税等贸易壁垒大幅增加，产业链布局开始注重市场可获得性，部分环节可能会转移到成本相对较低且又较少面临贸易壁垒的地区。进一步地，在技术封锁、关键零部件"断供"背景下，产业链布局甚至可能开始基于技术可获得性。

改变全球产业链形态：从全球化一体化转向国别化碎片化。一直以来，企业参与产业链分工或选择合作伙伴时，秉承的是效率原则，也就是说，谁能够提供最先进的产品或最廉价的可靠产品，企业只担心销路而不担心断供。其结果是，赢家通吃和先发优势，"造不如买"，产业链各环节主体呈现单极化、寡头化，整个产业链呈现出全球化、一体化态势。中美经贸摩擦以来，"中兴事件""华为事件"等暴露的断供风险，会对企业参与产业链分工和选择合作伙伴带来根本性影响，将从单一的效率原则转向"效率优先、兼顾安全"，不仅要考虑谁能提供最好的或成本最低的产品，还会考虑谁不容易"断供"，会考虑 B 计划（第二套计划）、备份和供给渠道多元化。由此造成的结果是，赢家不完全通吃，产业链各环节主体呈现多元化和并行化，总有至少一条次于最优产业链的备份产业链。新冠肺炎疫情将加剧全球产业链布局分散化、多中心化的趋势。疫情冲击下各国认识到经济一体化的潜在风险，在供应链安全与效率的选择上，更加倾向于安全优先。各国对关键医疗物资等战略性产业链的重视程度进一步提高，主要跨国公司也将从分散风险的角度，加强产业链的区域化、分散化布局。总体看，全球产业链从全球化一体化转向国别化碎片化，会增加产业链各环节成本，降低产业链整体效率。

改变全球产业链布局：从发达国家和发展中国家之间的垂直分工转向发达国

家和发展中国家产业链的加速重构及发展中国家之间的分化。经贸摩擦的背后，一定程度上是美国对产业链相对重要性认识的提高。40年来，包括中国在内的发展中经济体快速、广泛地融入全球产业分工，一个基本背景是发达国家在新自由主义思潮影响下更看重价值链，强调产业链的高端环节；发展中国家在比较优势理论影响下更看重产业链，认可产业链的中低端环节。在生产函数框架下，价值链和产业链的根本性差异在于，价值链是基于资本视角的，关注的是能赚多少钱，价值链分工决定的是资本利润的分配；产业链是基于劳动力视角的，关注的是能创造多少就业，产业链分工决定的是就业岗位的分配。中国的快速崛起特别是国际金融危机后，主要发达国家尤其是美国认识到产业链的重要性，即产业链是就业的载体，价值链要以产业链为基础，推行再工业化。可以说，全球特别是中美经贸摩擦都与美国再工业化密切相关。这样可能导致发达国家和发展中国家之间原有的垂直分工体系加速重构，也可能导致发展中国家之间的严重分化。

（四）全球化仍是供应链未来发展的主流方向，供应链安全性、稳定性和灵活性的重要程度日益提高

供应链早期主要涉及购买获取、制造和销售配送这三个方面。随着供应、生产和销售关系的复杂化，涉及不同地域的企业数量越来越多，并最终具有了全球性特征，成为全球供应链。一段时间以来，信息技术的发展应用等已经在很大程度上改变了企业通过供应链管理获得竞争优势的方式，包括建立新型顾客关系以更好地了解顾客和市场需求、进一步拓宽和开发高效率的营销渠道、改变供应链的构成以使得商流和物流实现统一、重新构筑企业或企业联盟之间的合作等。比如，目前很多产品如音乐、电影、软件等通过互联网直接销售给终端客户，而无须进行包装、运送等物流作业。总的看，以信息技术为支撑的供应链的构建，已经使得企业能够显著降低库存、提高客户服务水平，进而实现客户服务水平与低库存投资、低单位成本之间的有效平衡，提高了企业的竞争力。随着大数据、物联网等新技术的发展应用，这方面的潜力还会进一步得到释放，全球供应链也还将继续深化发展。

在全球化发展的大方向下，供应链的安全性、稳定性和灵活性将会得到越来越多的重视。一是安全性。供应链本来就与安全性休戚相关，供应链管理就起源于第二次世界大战期间的后勤管理，后来美国一些企业将该理论应用于工业生产领域。近年来，受"9·11"恐怖袭击、日本"3·11"大地震等重大事件对供应链冲击的影响，很多国家和企业开始把供应链的安全性放到更重要位置上，比如美国就发布了《全球供应链安全国家战略》等报告，并从国家战略高度提出了一系列举措。近期，随着国际政治经济环境不确定性的加大，以及受新冠肺炎疫情导致的局部供应链短期停摆影响，供应链安全问题进一步升温。二是稳定性。一个稳定的供应

链体系有利于整个链条上企业的发展。以波音飞机为例,相比 1965 年启动的 737 项目,2003 年启动的 787 项目在供应链上有了很大不同,其中一个重要的变化就是直接供应商数量从上千家减少到 50 家左右的一级供应商,这有利于双方建立长期的合作关系,也有利于供应商从长期合作的角度加大研发等方面的持续投入。三是灵活性。新工业革命会带来"本土化生产"比例的提高,还对消费者响应速度提出了更高的要求。企业要满足这些要求,在供应链管理上就必须做到更高的灵活性,以实现快速响应、按需生产。

总的看,"十四五"时期全球产业链调整与重构给我国同时带来有利条件和不利影响。有利条件是,我国可借助新工业革命背景下数字化网络化智能化发展的机遇,重塑传统比较优势,将基于成本的比较优势加快转换为基于高度分工协作、高效率和全产业链生态的新的竞争优势。不利影响是,全球产业链布局呈现区域化、分散化的趋势可能使得我国作为全球制造业基地的地位受到削弱,使我国产业链全球分工合作与供应链安全受到影响,必须加快提升产业链基础能力,促进产业链价值链升级,同时在产业链布局的开放性和安全性之间找到平衡。

二、我国产业链"不稳、不强、不安全"问题较为突出

(一) 我国在部分制造业领域已形成产业链的竞争优势

1. 多个制造业领域已形成完整的产业链,部分行业具有国际竞争优势

总体来看,我国在以纺织服装为代表的传统制造业,光伏和风电为代表的新能源装备产业,以及钢铁、稀土等为代表的原材料工业等领域具有全产业链优势。主要表现为产业链较为完整,关键环节技术能力强,产业配套齐全,涌现出一批具有国际领先优势的企业,无论从产业规模、技术工艺、研发设计、装备水平、质量品牌等均具有较强的国际竞争力。

其中,我国纺织服装产业具有全产业链优势。常规纤维世界领先(占全球70%);印染优势明显;纺织服装出口约占世界 1/3 以上,稳居第一位;国产纺织装备国内市场占有率超过 79%。以光伏和风电为代表的新能源装备在较短时间内快速达到世界领先地位。晶硅光伏产业链五大核心环节:硅料、晶硅片、晶硅电池、晶硅组件和晶硅光伏发电系统产量均居世界首位。风电产业链完整、具备全球竞争力,已具有兆瓦级风电整机自主研发能力;主要零部件及原材料国产化程度大幅提升。以稀土行业为代表的原材料工业具备国际竞争力,产业链整体优势突出。采掘和冶炼分离占据全球领先和主导地位;功能材料生产世界规模最大、在全球市

场占比最高,应用链条不断延长。

此外,在新一代信息技术领域,我国在通信设备等个别细分产业链或产业链部分环节有所突破;在高端装备领域,我国在部分整机或零部件制造环节具备了局部竞争优势,但从整体上看,这两大领域产业链关键环节的短板仍较为突出。

2. 中国制造在全球价值链中的位置正在不断提升

我国在全球价值链中的位置正在不断提升。后向垂直专业化指数(VS)和前向垂直专业化指数(VS1)可用于一国的垂直专业化分工类型及程度高低,VS 越高表示外国进口价值在一国出口总值中所占份额越大,即后向垂直专业化分工程度越高;VS1 越高表示一国的出口被下游国家用于再出口的比例越高,即前向垂直专业化分工程度越高。VS 与 VS1 的比值可用于反映一国全球价值链中的大致位置,比值大于 1 表示一国出口所用的进口中间品多于该国为其他国家出口提供的中间品,说明该国处于价值链的相对低端;比值小于 1 则表示该国处于相对高端。我国 VS 指数最高时接近 30%,但 2005 年来明显下降,目前已降至 17%,说明我国后向垂直专业化分工程度一度较高,但近年来明显下降。我国 VS1 指数较低,2004 年以来基本稳定在 20% 左右,说明前向垂直专业化分工程度较低。我国 VS对 VS1 的比值一度大于 1,但随着近年来 VS 的明显下降,2014 年 VS 对 VS1 的比值开始小于 1,说明我国曾长期处于全球价值链中下游位置,但正在转向中上游位置。

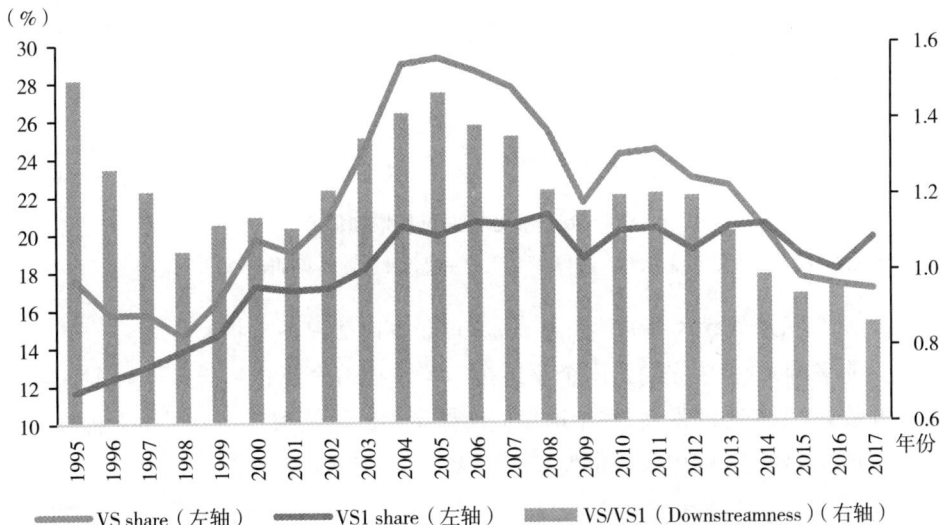

图 3　中国制造业垂直专业化率与 GVC 下游度

资料来源:国务院发展研究中心课题组:《提升我国工业主要行业产业链基础能力研究》,2019 年 7 月。

很多行业都出现了本地化程度不断提高的现象。从细分行业来看,我国纺织服装业、运输设备制造业、电子电气设备制造业、机械设备制造业均正在从全球价值链中下游转向中上游,其中前两个行业 VS 对 VS1 比值在 2017 年已经小于 1,后两个行业则正在接近 1;化学工业、金属加工与制造业则处于全球价值链中上游位置,VS 对 VS1 比值一直小于 1。从趋势看,主要行业 VS 对 VS1 比值在 2001 年以来均有一个先升后降的过程,反映了我国加入 WTO 之后先是大量使用进口零部件用于出口生产,而后再逐步提升零部件国产化率的过程。这与各行业贸易增加值率先降后升的趋势较为吻合。

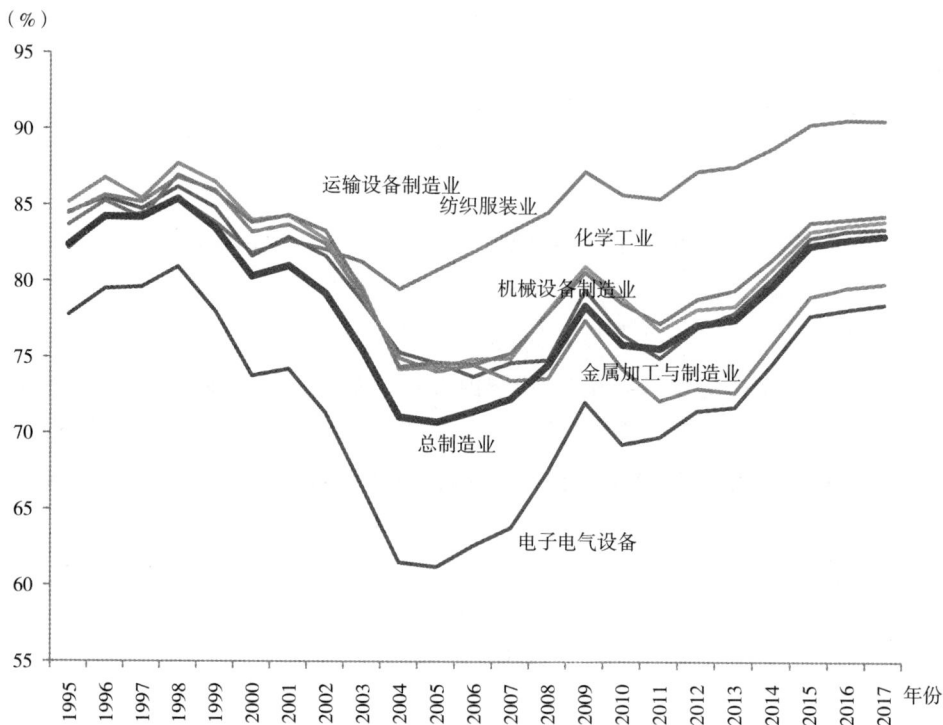

图 4　制造业各行业贸易增加值率

资料来源:国务院发展研究中心课题组:《提升我国工业主要行业产业链基础能力研究》,2019 年 7 月。

3. 现代供应链模式创新不断丰富、应用和协同范围不断扩大

目前来看,少数领先的跨国企业还是牢牢掌控着全球供应链体系。我国经过改革开放 40 多年来的发展,在全球供应链体系中的话语权已经有了很大提升。在新工业革命背景下,国内供应链发展已经表现出一些新的特点。一方面,随着企业信息化水平的提升,现代供应链模式创新不断丰富。比如,通过模块化方式进行供应链集成,将有能力的合作伙伴和有价值的资源进行深度整合,实现了供应链服务的快速定制;利用物联网技术实现供应链全程可视化;利用大数据分析优化资源配置,能够支撑响应农村地区等规模小、分布散的用户的供应链需求;等等。另一方面,现代供应链开始在各个行业加速应用渗透,协同的空间范围也日益扩大。比如,青岛红领集团通过在线定制供应链平台,实现了个性化定制和柔性化生产,实

现了很好的企业效益。还有很多企业通过现代供应链管理深化了大范围、跨区域的协同发展,实现资源整合、优势互补、协调共享,在电子信息产品制造、汽车制造等领域已经有了很多实例。

(二) 中美经贸摩擦、疫情冲击和科技领域的遏制凸显我国产业链安全、稳定和竞争力短板

1. 产业链不稳:中美经贸摩擦加速了我国产业链外移,疫情或将导致部分细分领域产能的分流

近年来,受劳动力成本等综合成本上升的影响,我国纺织服装等劳动密集型产业已经出现了向东南亚等成本更低国家和地区转移的情况。中美经贸摩擦进一步影响了我国产业链的稳定性。根据我们测算的中国对发达国家出口商品的替代弹性,我国出口商品中,低替代弹性商品、中替代弹性商品、高替代弹性商品数各占1/3 左右,价值量占比分别为 28∶51∶21,以中替代弹性商品为主体。替代弹性越低,产业链越容易外移。从 2019 年的数据看,受中美经贸摩擦影响,我国对美出口机电产品主要是被墨西哥、日本、德国、加拿大和韩国替代;家具、玩具、杂项制品主要是被越南、加拿大和中国台湾替代;纺织品主要是被越南、印度、孟加拉国和印度尼西亚替代。

新冠肺炎疫情后,主要国家和跨国公司出于关键供应链安全的考虑,正在推动供应链多元化、分散化布局。如日本经产省推出了总额 108 万亿日元的抗疫经济救助计划,其中"改革供应链"项目专门提到支援产业链重构,大力支持将生产基地返回日本或实现多元化布局,将用 2435 亿日元(约 156 亿元人民币)补助日本企业将海外生产据点转回日本国内或东南亚国家。美国白宫经济顾问也提出为摆脱对中国的依赖,应对从中国返美公司支付 100% 搬迁费用。此外,近期由日本提议,日印澳正在酝酿推动一项"三边"供应链弹性倡议(SCRI),并计划向 10 个东盟成员国开放。此举"主要是在新冠肺炎冲击全球经济背景下,摆脱对中国供应链的依赖"。这些做法有些是出于供应链安全的考虑,也有大国竞争博弈和地缘政治因素的推动,甚至有些明显违背经济规律,也未必达到预期的目标,但很可能会导致我国出口占比较高的部分细分领域产能出现分流,须持续关注。

2. 产业链不强:整体处于价值链中低端

虽然我国近年来产业升级和价值链提升较快,但以中低端为主的情况尚未得到根本性改变。

一是从定量指标看,我国电子电气设备制造业、机械设备制造业、运输设备制造业等重要的出口型产业,也是重要的支柱产业的 GVC 下游度指数大于 1,说明

这些行业仍然处于产业链的下游。例如,我国电子电气设备制造业在 2017 年前的 GVC 下游度指数一直大于 1,2017 年才刚刚达到 1 的水平,离产业链上游还有相当大的距离;我国机械设备制造业 GVC 下游度指数从 1995 年的 1.69 下降到 1998 年的 1.37,再上升到 2004 年的 2.66,到 2017 年则下降到 1.21,仍然处于价值链的下游。

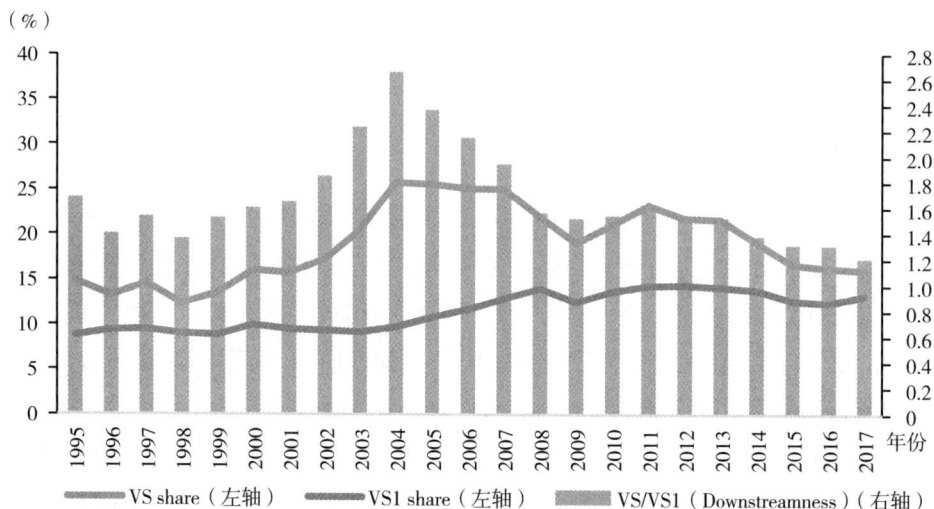

图 5　机械设备制造业垂直专业化率与 GVC 下游度

资料来源:国务院发展研究中心课题组:《提升我国工业主要行业产业链基础能力研究》,2019 年 7 月。

二是在不少重要的高附加值产品上,我国还没有系统性重大突破。2017 年我国出口总额占全球的 13.7%,但很多高附加值产品的全球份额远低于此。例如,2017 年我国汽车整车出口 97 亿美元,仅占全球的 1.6%;2017 年我国药品出口 174 亿美元,仅占全球的 5.5%;在民用飞机领域我国差距显著,2017 年仅出口 43 亿美元,仅占全球的 1.8%;在集成电路方面,2017 年我国出口集成电路 685 亿美元,占全球的 11.2%,但多为低端产品,2017 年我国进口集成电路 2617 亿美元,逆差近 2000 亿美元。

三是我国在反映价值链位置的品牌、隐形冠军数量等方面处于落后水平。2018 年,我国在世界 500 强企业中占据 120 家,已经非常接近美国的 126 家,但在全球品牌 500 强中,我国仅有 38 个入选,而且其中很多企业为非制造业企业。在隐形冠军数量方面,2014 年德国 1307 家,占全球总量 2734 家的近一半,美国有 366 家,日本也有 220 家,而我国仅有 69 家,甚至低于法国和意大利。

3. 产业链不安全:面临关键核心技术受制于人的"卡脖子"风险

科技日报整理出 35 项"卡脖子"技术,包括用于集成电路生产的光刻机、高端通用芯片,用于显示屏生产的真空蒸镀机和光刻胶,用于工业机器人的触觉传感器,用于大飞机生产的航空发动机、航空钢材、航空设计软件,用于新能源设备的燃料电池关键材料和锂电池隔膜,用于高精度机床的铣刀和高端轴承钢,用于高精度测量设备的扫描电镜、透射式电镜,以及操作系统、核心工业软件、医学影像设备等。从这些技术来看,我国产业链关键环节短板较多集中在新一代信息技术、高端装备制造等领域,以及涉及关键材料、核心技术、先进工艺、关键零部件(元器件)等工业基础能力方面。尤其是 2018 年以来我国一批科技企业、科研院所、高等院校等先后被美国列入受到出口管控的实体清单,说明关键技术受制于人给我国经济安全带来巨大风险隐患。

三、"十四五"时期须加快构建安全、稳定、具有竞争力的产业链

总体思路:以提升产业链水平为主线,统筹考虑产业链关键环节基础能力建设、价值链升级、供应链安全与合作,优化产业链布局和合理管控产业链外移风险,重构基础能力强、附加值高、安全高效、布局优化的产业链生态,为"十四五"时期建设现代化经济体系,构筑我国经济发展和国际竞争新优势奠定坚实的产业基础。

(一)集中力量提升产业链关键环节基础能力

一是发挥新型举国体制和强大市场优势加快产业链关键环节"补短板"。加快实施产业基础再造工程,特别是科学做好顶层设计和推动体制机制创新。对重点行业、关键产业链可能"卡脖子"的环节,筛选一批重点项目,以有意愿的企业和科研院所"揭榜挂帅"的方式组织实施。集中优势资源予以长期稳定支持,争取尽早取得突破。进一步完善首台(套)重大技术装备、首批(次)新材料、首版(次)软件等的保险机制,促进产业链上下游相协同,为自主创新产品打开市场应用空间。

二是完善基础科学研究和科技成果转化机制。研究制定特殊的财税政策,激励企业加大基础研究投入。对产业链关键环节、核心企业成倍提高研发费用加计扣除标准。支持有意愿、有条件的企业整合国内外创新资源,积极承担国家重大基础研究计划。完善科技成果转化机制,培育壮大专业化、社会化的技术转移转化机构。

三是在开放合作中提升产业基础能力。支持优势企业积极"引进来"和"走出去",加强国内外创新资源协同,促进高水平的开放式创新。鼓励外资企业或研发机构通过与国内企业、院所合作方式参与我国重点科技计划项目。深化重点产业、重点区域的开放合作,加大吸引高技术产业和研发、设计、关键零部件(元器件)制造等产业链高端环节向国内转移。支持发展基于互联网平台的开放式创新,促进

创新要素开放流动与创新合作。

（二）大力推动产业向价值链高端环节攀升

一是努力营造有利于提升原始创新能力和提高创新质量的良好环境。要进一步研究创新的规律，特别是针对从跟随和模仿式创新转到原发性创新所需要的体制机制环境进行研究，创造宽松的研究氛围，更加尊重、容纳和激发突破式创新，提高创新的质量。发挥好我国创新人才多、综合实力强，高技能劳动力数量多、敬业心强的"两多两强"人力资本优势。

二是严格执行知识产权保护政策。当前我国知识产权保护政策已较为完善，但不少企业仍然感觉保护不够，主要短板在执行上。要加大对知识产权侵犯的惩罚和执行力度，克服知识产权侵权案件中的地方保护倾向，改变一些企业"赢了官司，输了市场"的现象。

三是以科技、信息、数据等服务要素促进企业质效提升和价值链升级。通过优化创新的所得税政策和科技、设计服务费抵扣政策，支持专业化的科技服务、设计服务机构发展，支撑和服务于制造业品质和功能提升。加快推进5G、工业互联网和物联网等面向未来的产业链基础设施。完善中小企业促进政策体系，加大力度支持企业技术改造和推广应用智能制造、大数据，提升生产和经营管理效率。

（三）进一步提高供应链的开放性、安全性与可控性

一是加强战略规划。从国家战略全局角度出发，加强顶层设计，做好国家供应链战略规划，对极端情况下的供应链安全问题做好应对预案。

二是辩证看待供应链安全性与开放性之间的关系。大多数领域应该是越开放越安全，"你中有我、我中有你"是一种更普遍的供应链形态，也不会导致严重的安全问题。只是在个别领域，考虑到国际政治经济环境的变化，需要以强大国内市场为支撑、主要以自身努力来保障供应链安全。

三是加快推动向现代供应链转型。充分利用新技术、新模式带来的机遇，鼓励支持国内企业开展各类供应链模式创新，不断向现代供应链转型。

（四）合理管控产业链外移和推动产业布局优化

积极采取措施防范因经贸摩擦导致的产业链过快对外转移。采取针对性的措施。建议中央和有条件的地方设立产业链稳定专项基金，提高对涉美出口企业稳岗补贴的支持力度。同时，积极支持企业拓展非美市场。组织或支持企业参加出口博览会、交易会，扩大商品推介力度；积极支持企业利用外贸跨境电商平台新模式拓展市场；扩大出口企业信用保险的覆盖范围；进一步优化国内市场信用环境，

鼓励企业深耕国内市场。继续巩固清费降税成果,进一步通过深化改革降低企业综合成本,为企业营造低成本、开放透明的营商环境。

科学引导、稳妥调节产业转移和产业链布局的方向和节奏。将被动应对产业转移和主动推动产业升级、引导制造业企业优化全球化投资布局结合起来。鼓励龙头企业积极构建开放多元的供应链,同时积极培育国内核心供应链体系,增强产业链供应链的稳定性和竞争力。引导资源型行业和不具备成本优势的产业链低端环节有序转移,为产业升级腾挪出更多空间。引导企业在海外投资布局中,将产业链关键环节和价值链高端环节留在国内,将研发、设计、品牌、供应链管理留在总部,并与海外生产制造基地形成协同。

(课题组成员:赵昌文　李燕　许召元　宋紫峰)

促进产业链升级、保障产业链安全与空间资源配置协同发展问题研究

中国工程院

当前世界正处于百年未有之大变局,世界经济环境变化带来国际分工格局重塑与全球产业链重构。2018 年以来,全球经济增长放缓与贸易保护主义叠加使全球化进程出现了"开倒车"现象,"逆全球化"倾向凸显。中美贸易摩擦更加激烈,我国产业链安全问题凸显。2020 年暴发的新冠肺炎疫情在全球蔓延,各国产业链供应链经受严峻考验。党中央提出把科技自立自强作为国家发展的战略支撑,加快形成以国内大循环为主体、国内国际双循环相互促进的新发展格局。我国建设形成新发展格局、经济由高速发展向高质量发展转型的过程,就是产业体系重构、产业升级、产业链现代化和空间资源配置优化的过程。

一、世界经济环境变化将带来国际分工格局重塑与全球产业链重构

在新一轮科技革命和产业变革背景下,新一代信息技术、新能源技术、新材料技术、生物技术、智能制造技术等新技术交叉融合,形成群体性突破。新兴产业的爆发正在形成新的产业体系。当前各国都在谋求新兴产业的率先突破,争夺技术主导权,试图控制全

球产业链,重塑产业链格局。谁率先突破该领域新技术并实现产业化,谁就能抢占该领域产业链的高端环节,从而控制产业链在全球的分工格局。世界近代以来的前三次工业革命中,我国都处于接受技术扩散和辐射的"外围"地位,新一轮工业革命开辟的全新的科技创新和产业发展领域为我国"换道超车"嵌入产业链高端环节提供了历史性机遇。

发达国家的"再工业化"战略和发展中国家的"快工业化"变革,使我国面临两面夹击的局面。发达国家回归制造业,重构制造业竞争优势,通过突破和应用先进制造技术形成战略性新兴产业的垄断优势,继续控制全球产业链高端环节;同时,数字化与智能化带来了产业劳动生产率的提升,传统产业转型升级后被重新布局到发达国家的可能性增大。发展中国家加快工业化变革,积极承接发达国家传统产业与新兴产业的制造加工环节,分流一部分原本由中国来承接、参与的产业链环节。

美国力图把我国制造业摁在世界价值链的中低端。中美经贸摩擦持续两年多以来,美国通过一系列手段打压我国制造业,阻断我国高技术企业供应链,支解我国产业链,尤其是对高技术产品或技术实施"断供",使我国产业链安全风险加大。随着中美贸易摩擦不断升级,过去我国可以通过进口获得的中间产品、关键零部件和技术将面临随时可能出现的"断供"或"关税墙"。过去可以通过双向商业存在或直接投资获得的关键技术及产品将面临随时可能出现的撤资、全面禁令和隔离。美国已将多家中国企业和机构列入出口管制实体清单,我国高科技企业已经成为美国出口管制和知识产权执法的焦点。在当前发达国家对高技术及高技术产品加强管制,特别是美国对我国进行"围堵""断供"的形势下,我国高技术产业链经受着巨大考验。

新冠肺炎疫情引起各国高度重视供应链安全,全球产业链布局将面临重整。在全球性的新冠肺炎疫情冲击下,各国出于供应链的稳定性、安全性和自主性考虑,采取措施鼓励企业内向化发展,在纵向分工上供应链趋于缩短,在横向分工上供应链趋于区域化集聚。美国和日本等国家都在为产业链的重整进行谋划,其中一项就是撤出中国。疫情期间,我国产业链特点成为检验产业链安全、产业链韧性的试金石,引发深度思考。第一,关键产品和物资的供应链安全成为产业链安全的前提。第二,产业链的智能化水平越高,抵抗风险能力越强。第三,已形成的产业链集群疫情期间显示出强大的生命力。例如在苏州、重庆等地的电子信息制造产业已经形成了产业链集群,电子制造相关的配套零部件,超过80%是在本地或小范围区域生产,降低了从全球采购零部件所带来的风险。未来全球产业的竞争态势,将会从过去跨国公司总部面对无数分散供应商的格局,转化为产业链与产业链、集群对集群的竞争。

二、我国制造业产业链现状

我国工业体系完整,产业链配套能力强。作为世界第一制造业大国,中国拥有门类齐全、独立完整的工业体系,轻工、纺织、石油化工、煤炭、有色、汽车、船舶、交通运输等重点产业的产业链比较健全。

部分重点产业达到世界领先或先进,但整体仍处于全球价值链中低端。2019年,中国工程院对 26 类有代表性的制造业产业进行了国际比较分析。分析结果显示,我国通信设备、先进轨道交通装备、输变电装备、纺织、家电等产业世界领先;航天装备、新能源汽车、发电装备、钢铁、石化、建材等产业世界先进;飞机、航空机载设备与系统、高档数控机床与基础制造装备、机器人、高技术船舶与海洋工程装备、节能汽车、高性能医疗器械、新材料、生物医药、食品等产业与世界领先水平差距大;集成电路及专用设备、操作系统与工业软件、智能制造核心信息设备、航空发动机、农业装备等产业与世界领先水平差距巨大。从价值链角度来看,目前"中国制造"仍然处于全球产业链的中低端和低附加值环节。我国在承接发达国家产业转移的过程中,虽然获取了快速融入全球生产体系的机会,但是真正主导全球价值链的却是发达国家的跨国巨头,他们决定着全球生产和交换过程中的利益分配。

我国制造业产业链总体安全可控,但存在严重的"卡脖子"短板。我国先进轨道交通装备、新能源汽车、输变电装备、建材、纺织、家电等产业链自主可控;航天装备、生物医药、高档数控机床与基础制造装备、机器人、节能汽车、发电装备、农业装备、钢铁、石化、食品等产业安全可控;高性能医疗器械、高技术船舶与海洋工程装备等产业对外依赖度较高;集成电路及专用设备、通信设备、操作系统与工业软件、智能制造核心信息设备、飞机、航空发动机、航空机载设备与系统、新材料等产业对外依赖度高。总的来看,我国装备制造业和传统制造业的产业链总体安全可控,而高技术制造业产业链对外依赖度高。

我国制造业的某些环节存在较大的安全性风险,产业基础能力薄弱。核心基础零部件/元器件、关键基础材料、基础检测检验设备、先进基础制造工艺和装备、基础工业软件等是当前影响我国产业链安全的主要环节,值得我们高度关注,必须采取有力措施加以解决。

我国制造业空间分布总体呈现"大集中、小分散、成网络"格局。制造业的核心在长三角、珠三角、京津冀等少数几个基础好、配套完善、对外开放水平高、更接近国际市场的地区。在核心区以外各级大中小城市,出现了多点分散的制造业集聚特点。制造业"大集中"与"小分散"空间布局总体呈现出以都市圈、城市群和重要交通通道、产业园区为依托的"组团蔓延—带状扩散—网络联结"的趋势。尤其是随着现代交通体系和互联网技术的发展,我国制造业布局范围更大,伸缩性更强,原先不具备发展条件的地区也能够承接制造业转移。但总体来看,产业区域发展不平衡、不充分。目前,我国大多数产业集群区域的产业垂直分工和水平分工不明确,区域内多个城市(镇)拥有相同的支柱产业,产业互补性仅体现在功能和规模上的差异。而且由于全国各地互相竞争、各自为战,造成周期性产能过剩和低水平重复建设,土地、资本、人才等要素资源浪费。我国在钢铁、水泥、电解铝、平板玻璃、煤炭、基础化学品、造船、造纸、化学纤维、纺织等传统产业以及光伏、工业机器人等战略新兴产业都存在不同程度的过剩产能。尽管国内存在制造业梯度迁移,但产业向西部的转移并没有大规模出现,产业迁移效果并未达到预期目标。相较于形成了成熟城市群的东南沿海地区,大部分中西部城市群存在总体规模偏小、等级结构断层现象。

三、新时期对产业链发展的新要求

一是打好产业链现代化攻坚战必须以夯实产业基础能力为根本。产业基础和产业链相互关联、相互支撑。产业基础能力是产业发展的根本支撑条件和动力之源,是实现产业链现代化过程中最为基础性和更具决定性作用的因素。如果没有产业基础的高级化,产业链现代化就无从谈起。

二是在产业链安全和效率两个目标中,现阶段供应链稳定、安全比效率更重要。在市场竞争、全球化分工的背景下,产业链战略目标更多追求效率提升以及最大程度促进专业化分工;反之,在贸易战纷争、竞争大于合作,甚至一方不惜采取手段制裁别国时,确保供应链安全则上升为首要目标。当前,我国一定要提高产业链韧性和抗风险能力。

三是提升自主创新能力,加大核心技术攻关,围绕产业链部署创新链。产业链的提升,实现产业链安全可控,必须依靠提升自主创新能力来解决。我国必须建立制造业创新体系,在一些战略性产业发展中,要根据产业链各个环节的需要、产业链现代化水平提升的需求进行部署安排。要围绕产业基础高级化和产业链现代化来全面部署创新链。要全面梳理产业链上下游关键核心产品的对外依存度,加快部署创新链,开展关键核心技术集中攻关。

四是坚持以企业和企业家为主体,促进政府引导和市场机制相结合。在政府和市场关系上要明确坚持以企业和企业家为主体,让市场发挥决定性作用。但是在"市场失灵"和面临发达国家掣肘的"卡脖子"领域,必须发挥新形势下集中力量办大事的举国体制的制度优势,集中力量予以攻克。政府要聚焦有限领域、有限目标,防止把"卡脖子"领域任意扩大、泛化的倾向,在实现既定目标后,政府要适时退出,让市场机制充分发挥作用。

五是坚持独立自主和开放合作相促进,深度参与全球科技经济分工。一方面,努力实现关键核心技术自主可控;另一方面,当今世界科技创新强国仍然是我国学习和合作的对象,我国要以开放的胸襟、虚心包容的态度积极拓展深化国际合作。

六是牢牢把握中国超大规模市场优势,力争掌握在全球产业链竞争中的主动权。当前,"替代中国"的成本之高和放弃中国市场损失之大,让很多有远见的外资企业看好中国市场机遇,继续加大在华投资。未来,我国应继续发挥超大规模市场在拉动现代经济增长、促进专业化分工、虹吸生产要素和资源等方面的功能和作用,增强产业链的黏性和韧性。

四、产业链发展的一般规律和主要矛盾

产业链发展呈现出一般规律:一是提升自主创新能力是产业链提升、保障产业链安全的关键所在;二是领军企业和隐形冠军企业是迈向产业链升级、保障产业链安全的骨干力量;三是推动产业集聚与城市群协同发展、打造世界级产业集群,是提升产业链国际竞争力的必由之路;四是劳动密集型产业、资本密集型产业、技术密集型产业从发达国家/地区向发展中国家/欠发达地区梯度转移;同时,企业将自己的研发中心反向从欠发达地区向发达地区甚至是发达国家转移。

产业链发展的主要矛盾主要表现为:一是科技创新供给与需求之间的矛盾;二是产业基础能力薄弱与产业链现代化发展之间的矛盾;三是产业梯度转移与产业链安全之间的矛盾。

五、我国产业链发展的基本方略

发展依据:总体上以"以供给侧结构性改革为主线,推动经济发展质量变革、效率变革、动力变革,提高全要素生产率,着力加快建设实体经济、科技创新、现代金融、人力资源协同发展的现代产业体系"为依据,具体表现为:国家战略导向与产业发展需求、资源禀赋特点和产业发展环境、产业创新规律及基础能力水平、全球产业格局及产业转移趋势。

发展原则:坚持"集中(集中补齐产业链短板)、持续(持续增强产业链的优势

环节)、系统(系统性增强产业链基础环节)、融合(深度融入世界产业体系)"的原则,发挥国家级创新平台作用,与世界级产业集群、城市群建设相结合,利用全球资源,形成产业基础牢固、关键环节安全可控、占据价值链中高端、与全球产业链深度融合发展格局。

发展目标:到2025年,我国制造业产业链80%安全可控,其中对国家安全战略和国计民生有重大影响、对经济和社会发展有重大基础支撑作用的重点基础领域产业链基本实现自主可控,关键供应链基本实现多元化,具有国际竞争优势的支柱性产业链智能化发展达到国际先进水平,产业基础能力显著改善,产业集聚水平大幅提升,形成一批具有世界水平的产业集群和区域产业链集群。到2035年,我国制造业产业链整体基本实现安全可控,产业基础能力达到国际先进水平,重点领域产业链基本实现现代化,制造业整体水平基本实现向价值链中高端跃迁。

六、促进产业链升级、保障产业链安全的重点任务

(一)实施"补链工程"和"强链工程",推动产业链提升

围绕高技术船舶与海洋工程装备、高性能医疗器械、通信设备、集成电路、新材料、操作系统与工业软件等当前我国对外依赖度高、产业链风险大的重点领域,实施"补链工程",重点解决产业链安全性问题。围绕纺织、新能源汽车、输变电装备、生物医药、高档数控机床与基础制造装备、先进轨道交通装备、航天、机器人、农业装备、食品等当前产业链基本自主可控或安全可控,实施"强链工程",巩固优势,加快产业链升级。

针对少数主要依赖进口、严重影响经济安全和国防安全、单纯依靠市场无法解决、技术复杂、所需资金和风险大的"卡脖子"短板,由国家统一部署开展攻关,力争在3—5年内实现突破,解决最紧迫的产业链"卡脖子"问题。

对于短期内无法突破、当前供应渠道存在潜在风险的高技术产业链环节,一方面要分层次、分进度统筹安排攻关,按照重要性和紧迫性逐年布置;另一方面适度加大产业链的开放性,形成多元化供应渠道。

对于当前可以从国际市场上获得、短期内潜在风险不大的产业链短板环节,应充分发挥市场机制作用,以突破产业链上关键核心产品和技术瓶颈为核心,组织产业链上中下游企业开展协同创新,催生产业链升级的内生动力。

(二)实施产业基础再造工程,夯实产业链根基

国家应进行长期投入,统筹利用中央和地方资金,引导社会资本加大对基础领

域的投入力度。集中力量开展攻关,系统推进。开展"一揽子"重点突破,形成关键"点"的突围,以点带线,以线带面,争取用10—15年的时间集中力量解决。为基础材料、基础零部件、基础软件的成长提供应用机会,引导和支持大型下游企业,通过分散采购的方式为新产品提供一定的发展空间;面向党政和金融、能源、通信等重要领域,推动自主产品加速应用成熟。对于使用国产产品带来的装备技术指标降低、质量问题等建立容错机制。

在操作系统与工业软件领域,构建生态,多方协同,重视实验、机理研究,持续强化相关基础性研究。鼓励企业围绕操作系统与工业软件,建立我国自己的开源软件社区,构建产学研用的生态系统。

在新材料领域,尽快启动"重点新材料研发及应用重大项目",紧密围绕国家重大需求,以高性能纤维复合材料、高温合金、高端装备用特种合金、第三代半导体材料、新型显示材料、稀土新材料等为发展重点,借助举国体制的优势,着力体制机制创新,探索出破解受制于人难题、提升引领发展和可持续发展能力的路径,促进新材料研发及应用全流程协同创新体系的形成。

提升关键原辅料、国产先进基础制造工艺和装备、基础检测检验设备保障水平。针对当前我国紧缺的,不具备资源条件的关键原辅材料,一方面建议制定《关键原辅料需求清单》,会商商务部、海关等部门,解决进口渠道;另一方面,积极开发替代材料技术。制定优惠政策,提升国产工艺装备和分析检测仪器的设计、制造及应用水平。

(三) 完善产业技术创新体系,提升制造业创新能力

围绕产业技术需求布局国家重点实验室。重点解决与产业相关的基础研究及应用基础研究问题。整合传统领域的国家重点实验室,在我国的优势领域和一些"卡脖子"短板领域重组或新建国家重点实验室。

整合转制院所科研力量。在钢铁、有色、石油、石化、电力、纺织、航空航天、高铁等产业集中度较高、有大型企业、基础产业的领域,依托具有较强研发实力的转制院所,突破核心关键技术;将关键共性技术领域的国家重大科技计划向这些机构倾斜,给予持续稳定支持。

加快重点领域创新中心建设。在关键战略性领域,建立以国家制造业创新中心、国家技术创新中心、国家产业创新中心为代表的新型公共研发机构为主体、产学研相结合的创新技术供给模式,解决成果产业化和共性技术两大短板,加速成果转移扩散和技术的工程化商业化应用。加快建设研发设计平台、中试验证平台、公共测试平台、共性技术服务平台和成果转化基地等。

培育新型产业技术研发机构。为打通科研到产业的"最后一公里",解决基础

研究与产业界之间缺乏有效的协同衔接机制问题,促进科技成果转化和产业化,建议依托企业、地方政府、科研院所等主体,聚焦科技成果转化关键环节,培育一批新型产业技术研究院,打造体制机制创新和科技成果转化试验田,建立以市场化机制促进工程技术开发、技术商品化、科技成果转化和企业衍生孵化等创新模式。

（四）建设先进制造业产业集群和产业链集群,打造若干世界一流产业链

培育和建设世界级产业集群。针对各区域优势和市场环境,对我国产业集群进行摸底排查和分类。对于一批具有技术积累能力较强、在国际具有较大市场支配能力的产业集群,通过创造条件和改善创新环境,培育成为世界级产业集群。建设京津冀、长三角、粤港澳大湾区三大核心区产业集群,在京津冀地区,以北京中关村、天津滨海新区和河北雄安新区为依托,打造我国制造业原始创新的主要策源地,重点建设集成电路、人工智能、操作系统和工业软件产业集群。在长三角城市群,打造以上海为中心的高技术密集型产业集中地和核心技术策源地,重点建设集成电路、人工智能、电子信息、民用航空、智能网联汽车、量子通信、生物医药、新材料产业集群。在粤港澳大湾区,借助港澳地区的服务业优势和珠三角城市群的产业优势,重点建设5G、北斗卫星应用、人工智能、生物医药、智能网联汽车、机器人产业集群。

加快产业集群的水平分工和垂直整合过程,在产业集群基础上建设一批战略新兴产业链集群。重点在粤港澳大湾区、京津冀、长三角、成渝地区双城经济圈等地区重点打造一批空间上高度集聚、上下游紧密协同、供应链集约高效、超大规模战略新兴产业链集群,以产业链集群形式嵌入全球产业链。以营造专业服务环境、加大产业链招商等手段,营造优越的营商氛围,吸引外资、内资企业集聚,实现"引资紧链"。实施"技术补链"战略,在产业链集群中寻找本集群关键技术和环节的缺失和瓶颈,支持产业链集群内企业加强对产业链核心环节的研发突破,提升我国企业的技术水平和生产率。加大产业链集群区域的5G、物联网、工业互联网、卫星互联网等新型基础设施建设,布局以重大科技、科教、产业技术创新等为代表的创新基础设施。

（五）培育领军企业与隐形冠军企业,改善产业发展生态环境

培育领军企业,提升领军企业对产业链的控制力。推动企业在研发设计、技术创新、生产管理、品牌建设等方面取得突破,培育一批对产业链有重大影响力的领军企业。建立以我国企业为主导的国家价值链,促进优势企业利用创新、标准、专利等优势开展对外直接投资和海外并购,有效整合全球资源,加快向具有国际竞争

力的跨国公司转变。支持央企、国企和民企成立研究院,加大对基础理论技术、核心技术、前沿技术的研究和投入,加大对原始试验数据长期积累。鼓励领军企业充分利用大数据、人工智能等新一代信息技术手段,建立数字化研发平台、工业互联网平台,用信息技术手段提升创新效率。培育一批国际知名品牌,鼓励领军企业开展国际化经营。

聚焦产业链中上游领域,培育隐形冠军企业。建立隐形冠军企业培育计划,成立"隐形冠军"专项基金,给予长期的政策与资金扶持。鼓励科技型中小企业建设研发中心/研究所、中试基地,加大创新基础设施的投入,不断完善研发体系。支持科技型中小企业加强与大学、科研院所,以及国家重点实验室、制造业创新中心、新型产业技术研究院等外部创新载体通过联合研发项目等方式加强产学研合作。优先鼓励引导央企、国企、龙头企业开放供应链,与国内科技型材料、元器件、零部件供应商进行合作,加强协同创新,助力科技型企业成长为细分领域的隐形冠军。

营造利于企业成长的产业生态环境。加大政府引导和扶持,最大限度发挥企业家的创造性和积极性,弘扬工匠精神,使政府对企业的引导和扶持形成最佳效果。规范市场竞争和保护企业创新者收益,提高产品技术标准,进一步完善全社会的创新激励机制,培育全社会尊重企业家、创新者的良好氛围。发挥行业龙头企业与创新型企业在创新中的引领性作用。营造宽容失败的研发氛围,建立容错机制和激励机制,鼓励创新应用,不断激发企业创新活力。加大知识产权保护的执法力度,完善知识产权服务体系,大力推进知识产权创造、防御及获取的战略谋划布局。

(六) 发挥举国体制优势与超大规模市场的需求牵引作用

发挥举国体制优势。社会主义市场经济下的新型举国体制,应面向我国战略必争领域、关键技术"卡脖子"短板领域的重大工程、重大战略产品和核心技术体系能力发展需求,主要针对"市场失灵"的技术创新领域与关键环节,发挥国家战略科技力量和企业主体的作用。一是重塑高层直接统一领导决策的管理体制。强化高层领导决策,提高组织动员能力和决策效率。二是强化顶层设计与主体责任制,加强全过程的系统工程管理。建立强有力的实体化、专职化、扁平化的项目组织管理模式,加强总体指挥、减少层级,落实单位责任令以及技术权责,形成科学的系统布局与技术路线。三是明确目标,分类管理,建立与完善符合市场经济特点的运行机制。新型举国体制应针对有明确目标、特定条件的科技攻关任务加以实施,根据不同类型关键核心技术攻关特点,开展针对性的组织管理设计、主体选择、产学研及企业联盟的利益机制设计、知识产权和平台建设,政府投入主要支持竞争前关键共性技术的长期攻关。对于航天、飞机、航空发动机、航空机载设备与系统等已有国家重大专项及重大工程支持的产业链,应发挥我国新型举国体制优势进行持续性突破,保障产业链安全可控。

发挥超大规模市场的需求牵引作用。我国通信设备、集成电路、药品、医疗器械、数控机床、工业机器人、先进轨道交通装备、汽车、食品等产业国内市场规模位居全球第一。从细分产业看,中国是全球最庞大的 5G 设备市场;每年购买全球 2/3 的集成电路;2019 年我国新材料产业总产值为 4.5 万亿元。2018 年,我国药品市场规模 23986 亿元,位居全球第二,占全球药品市场 20%;医疗器械市场规模 700 亿美元,占全球市场 1/7;数控机床消费世界第一,消费总额约占全球 1/3;工业机器人消费量为 13.5 万台,市场规模超过全球市场的 1/3,居全球首位;先进轨道交通市场规模 330 亿欧元,占全球市场近 1/5,位居全球第一;汽车工业产值近 10 万亿元,全球占比近 30%,是全球最大的汽车市场;我国是世界肉、蛋生产和消费大国,连续 22 年位居全球第一。我国应发挥需求的牵引作用,以庞大的国内需求倒逼产业转型升级,加快形成超大规模市场与供给能力提升之间的良性循环,建立适应国内最终需求的供给体系。以稳定可靠的市场需求促进产业创新和产业链升级,提升产业链水平。

(七) 以智能制造为主攻方向,推动产业链现代化

我国应发挥后发优势,数字化、网络化、智能化"并行推进、融合发展",重塑产业链和价值链。一方面,直接利用互联网、大数据、人工智能等最先进的技术,推进先进信息技术和制造技术的深度融合;另一方面,扎扎实实地完成数字化"补课",因企制宜、循序渐进地推进企业的技术改造、智能升级。同时,向更高的智能制造水平迈进。

推进"制造业技术改造智能升级重大行动"。大力推动制造能力数字化网络化改造升级普及行动,使制造业广大企业整体上实现制造过程的数字化网络化,主要是推进生产过程的数字化网络化以全面提升生产和管理水平实现生产的高质、柔性、高效与低耗。大力推进"'数控一代'和'智能一代'机械产品创新工程",使制造业各行各业各种各类机械产品整体上升为"数控一代"和"智能一代",有效提高产品功能与性能。

开展智能制造试点示范并推广应用。选取航空、船舶、汽车、家电、石化、建材等基础较好的行业,培育一批标杆企业,推进智能制造的试点示范,形成具有典型代表性的"智能车间""智能工厂""新模式新业态"的试点示范。加快智能制造系统解决方案供应商培育,遴选一批技术能力强、服务水平高、具有行业特色的系统解决方案供应商,并选取具备行业推广应用价值的优秀智能制造系统方案进行试点示范,引导供应商增强专业化服务能力,全面提升智能制造集成项目质量。

（八）优化产业链布局，引导产业链转移

优化我国制造业的全球布局。坚持"引进来"和"走出去"并重，推进重点产业领域国际化布局。营造优越的营商氛围，吸引外资企业集聚国内，努力深化对发达国家的制造业投资布局，助力中国制造业企业有效嵌入工业强国的本地生产网络和创新网络。持续推进在"一带一路"沿线国家的制造业投资布局，大力推动新亚欧大陆桥、中蒙俄、中国—中亚—西亚、中国—中南半岛、中巴和孟中印缅等六大国际经济合作走廊建设。

引导产业链向中西部有序转移。加强产业链区域布局和转移的顶层设计和协调指导。政府应对涉及重大国计民生和具有战略意义的产业空间布局进行引导，联合当地政府与企业，对各区域的资源与市场环境等进行摸底排查和分类，通过进一步创造条件和改善创新环境，引导产业在中西部有序转移与集聚。

七、政策建议

（一）建立制造业产业链安全评估机制

每两年一次对制造业基础能力与产业链安全开展常态和动态评估，每四年做一次全国普查，梳理制造业产业链的现状，在一些关键节点上评估其替代的可能性，确保中国制造业的产业链有战略调整的弹性与韧性。同时根据评估结果，着重补齐产业链中的短板。

（二）加大国内企业参与产业链关键环节的力度

中美经贸摩擦让我国制造企业与用户企业、主机企业与配套企业认识到合作的重要性，更多企业表示愿意采用国产零部件（元器件）、关键基础材料、国产制造装备和检验检测装备及国产工业软件。我国制造业应抓住这一契机，采取相应支持政策，努力打造制造业尤其是重点产业和民生产品制造业安全可控的产业链。

（三）加强科技金融对制造业的支持

破解金融和产业链关键环节创新无法有效融合的现实困境。建议成立国家科技金融发展指导委员会，成员涵盖银行、保险、基金、证券、战略科学家、相关政府部门，下设科技金融研究中心及金融投资集团。科技金融研究中心重点研究产业发展规律以及创新规律，明确金融重点投资的产业领域、投资的模式以及投资基金运

行的机制。金融投资集团发起设立创新引导基金,引导社会资本、风险投资支持产业链关键环节大中小型企业的创新活动、智能化改造等,实现金融对产业链关键环节的精准支持。

(四) 实施新一代产业工人培育计划

适应新时期产业链现代化的要求,弘扬专注品质、追求卓越的工匠精神,培育知识型、现代化的高素质新一代产业工人。加强智能制造重点专业人才培养基地建设,实施智能制造人才培育计划。深化产教融合,结合制造强国重点行业、试点城市,打造形成一批区域特色鲜明的产教融合型行业,培育一批产教融合型企业,构建产教融合型企业制度和组合式激励政策体系,构建服务支撑产业链升级的技术人才培养体系,解决人才供需结构性矛盾。

(课题组成员:干勇　周志成　陈学东　谢曼

王海南　杨晓迎　廉海强　范志超)

"十四五"时期具备强大
成长潜力的产业分析研究

"十四五"时期是深化供给侧结构性改革、加快发展现代产业体系的关键时期。具备强大成长潜力的产业是现代产业体系的重要构成部分,将在国民经济和社会发展中起到重要支撑作用。但是,我国部分领域核心技术受制于人,有利于产业创新发展的体制机制改革仍需深化。本报告通过分析未来5—10年全球产业竞争格局,形成我国有望培育形成竞争优势、具备较强发展潜力的产业图谱,分析制约潜力产业发展壮大的瓶颈障碍,为"十四五"时期我国产业培育提出聚焦方向和发展着力点,为塑造更多优势产业、提升国际竞争力提供对策建议。

一、"十四五"时期我国产业环境分析

(一) 市场化进入攻坚阶段,进一步发挥市场在资源配置中的决定性作用,加快电力、石油、天然气等领域市场化改革

当前,我国正处于经济转型和经济增长的关键时期,我国在一般商品和服务领域的价格市场化程度已经显著提升,关系国计民生的能源、资源等产品和要素的市场化价格改革进入攻坚阶段。

从广度和深度上推进市场化改革,大幅度减少政府对资源的直接配置,推动资源配置依据市场规则、市场价格、市场竞争实现效益最大化和效率最优化。电力、石油、天然气等能源领域放开竞争性领域和环节价格管制,形成充分竞争的机制,使能源价格充分反映市场供求变化。人才、资本、土地等要素市场化改革加快,降低供给成本、提高供给效率,形成有利于企业降低成本和健康发展的制度环境。随着市场化改革的深化推进,我国金融以及石油、电力、天然气等能源领域市场化进程加快。

（二） 后工业化时代到来,六成产品产量比过去十年的峰值出现负增长,经济结构由工业主导逐步向服务业主导转变

改革开放以来,我国工业化的进程加快,2013 年我国服务业增加值比重首次超过第二产业,标志着我国已经开始进入后工业化阶段。在工业化向后工业化的过渡时期,生产性服务需求不断衍生,生活性服务需求急剧膨胀。我国综合经济实力较强,工业基础较为扎实,特别是随着互联网等新技术的普及,基于大数据、云计算、物联网的服务应用和创新日益活跃,为生产性服务业发展提供巨大空间。推动制造业与数字技术、智能技术的融合,向高端化、智能化、服务化方向转型发展。推动"机器换人",为工业互联网、机器人等领域带来发展机遇。

（三） 新型城镇化加快推进,处于城镇化率 30%—70% 的快速发展区间,将带动医疗服务、轨道交通等产业发展

2011 年,我国城镇常住人口首次超过农村常住人口,随着城镇化水平持续提高,城镇消费群体不断扩大、消费结构不断升级、消费潜力不断释放,带来城市水、电、路、气、信息网络等基础设施,教育、医疗、文化体育、社会保障等公共服务设施,以及住宅建设等巨大投资需求。城镇化将推进智慧城市建设,加速推进城市信息化建设,智能交通、电子商务、医疗信息化等都将快速发展。城镇化与服务业发展密切相关,人口集聚、生活方式变革、生活水平提高等会扩大生活性服务需求,生产要素的优化配置、三次产业联动、社会分工细化等会扩大生产性服务需求。

（四） 老龄化进入加速发展阶段,规模大、增速快且存在"未富先老"特征,推动养老服务业快速发展

发达国家一般在人均 GDP 为 5000—10000 美元时自然进入老龄化社会,而我国 1999 年进入老龄社会时人均 GDP 不到 4000 美元。2013 年,我国老年人口突破 2 亿,预计 2025 年将突破 3 亿,2050 年我国 60 岁及以上老年人口数量达到峰值,届时将占我国总人口的 34.1%、占全球老年人口的 1/4。人口老龄化对产业结构调整带来巨大变化,要大力发展养老服务业。老龄医疗保健用品市场需求迅速增

加,老龄文化休闲用品正成为新的热点,可穿戴设备等产品市场需求也在增加。养老服务领域成为老年人需求旺盛、市场发展空间较大的领域。精神文化服务需求快速增长,老年旅游等老年人文化娱乐消费市场空间巨大。

(五) 信息化进入数据深度挖掘和融合应用的阶段,信息技术驱动数字经济发展进入快车道

信息化在经历数据资源获取和积累、数据资源流通和汇聚两个阶段后,正在开启以数据的深度挖掘和融合应用为主要特征的智能化阶段。当前,随着消费互联网向产业互联网(含工业互联网)延伸而覆盖物理世界,数据资源不断丰富、计算能力快速提升,推动数据驱动的智能应用快速兴起。大量智能应用通过对数据的深度挖掘与融合,帮助人们采用新的视角和新的手段来掌握、归纳、预测和分析事物。信息技术正从助力经济发展的辅助工具向引领经济发展的核心引擎转变,为数字经济发展提供核心动力,驱动数字经济发展进入快车道。以大数据、云计算、人工智能、物联网等为代表的新一代信息技术加速与产业跨界融合,与各行各业的创新活动日益紧密,不断从网络空间向实体空间扩展,驱动新业态层出不穷、传统业态升级换代。

(六) 全球化和逆全球化趋势并行,全球经济格局进入重构期,"一带一路"正引领新的经济全球化

2008 年国际金融危机之后,经济全球化从高速推进期进入调整期。近年来,随着中美经贸摩擦持续升级,将重构全球价值链,使全球价值链的低端乃至中低端加速向越南、柬埔寨、孟加拉国等发展中国家转移。但经济全球化的形成和发展是社会生产力发展的客观要求,是不可逆转的历史大势。创新全球化并不会因为政治而失灵,创业、风投、人才等创新资源会继续在全球范围内进行配置。当前国际社会推动全球化的力量仍在汇聚壮大,"一带一路"倡议得到国际社会的积极响应,已成全球化的新动能。我国建材、工程机械、轨道交通、航空运输、能源勘探、通信设备等行业将会迎来新一波发展机遇。

二、具备强大成长潜力的产业生成机制

具备强大成长潜力的产业生成机制主要遵循社会需求升级、重大技术突破、产业跨界融合、规制变动四大规律。其中,社会需求升级是拉力,重大技术突破是推力,产业跨界融合、规制变动加速具备强大成长潜力的产业生成。

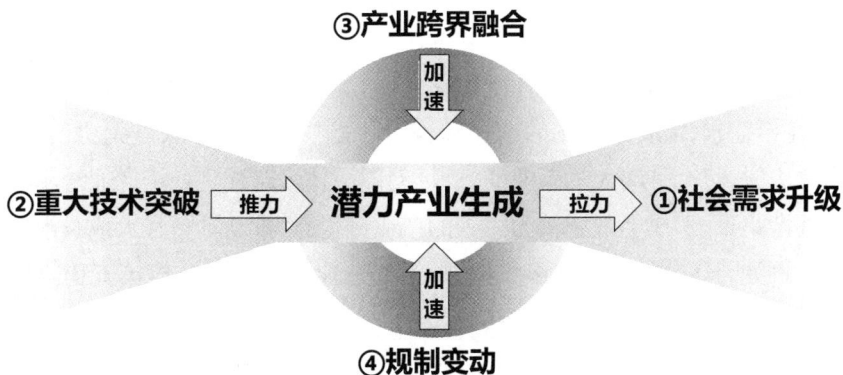

③产业跨界融合

加速

②重大技术突破   推力   潜力产业生成   拉力   ①社会需求升级

加速

④规制变动

图1   具备强大成长潜力的产业生成机制

（一）社会需求升级

基本消费需求得到满足，更精准、定制化的新业态涌现。新时期我国人均可支配收入不断提高、内需市场不断扩大，加快消费结构升级步伐，个性化、专业化消费兴起，更精准、更便利、定制化的产业业态涌现。对于生理需求、安全需求、社会需求等基本需求层次，在已有产业基础上将呈现更专业化、更个性化、更精细化的特点，新业态、新产业将出现在更高附加值的产品和服务领域。围绕生理需求，将催生智慧农业、围绕衣食住行购的个性化按需配置服务等。围绕安全需求，将涌现出智能家居、智能安防、服务机器人等新业态。围绕社会需求，将出现新社交、虚拟旅游、在线教育、精准医疗等新兴产业。

体验经济满足消费者精神需求，渗透到多个行业领域。随着消费方式的不断变化，居民生活水平提高、闲暇时间增多、新技术不断发展、先进企业对人们消费观念的引领和示范，体验经济已成为继农业经济、工业经济、服务经济后的一种新的经济形态。相对于服务经济，体验经济更强调消费者参与及亲身体验，通过体验获得深刻的印象并达到自我提升的高层境界。体验经济渗透到文化创意、旅游、娱乐、大健康、体育等多个领域，衍生通用航空、VR/AR、教育培训、体检服务、网络直播、农家体验、温泉养生、户外拓展等多种新业态。

（二）重大技术突破

原创技术实现突破，推动产业爆发式增长。原创技术突破是具备强大成长潜力的产业生成的推力，前沿引领技术、现代工程技术、颠覆性技术等技术突破能够助力"从100到10000"的具备强大成长潜力的产业创新升级，实现爆发式成长。例如，锂电池关键技术等实现突破，将推动新能源汽车行业持续爆发式增长。智能传感、安全通信、人机交互、数据挖掘等关键技术突破,将推动智能家居、机器人等产业快速发展。

已有技术应用突破,推动产业规模化发展。新产品、新技术是否最能满足人类的生产、生活需求,需要靠市场的选择和检验。当首批试错者取得成功、表现出强劲的生命力时,将会带动大量企业涌入,推动同一技术路线且处于产业链不同环节的企业逐渐集聚,形成上下游较为完善的产业链生态,推动具备强大成长潜力的产业涌现。例如,3D 打印技术已逐步成熟,当制造业、医疗器械、建筑工程等应用领域进一步打开,产业潜力有望快速释放。

(三)产业跨界融合

前沿技术向产业渗透,催生若干新产业新业态。新一轮技术革命的孕育兴起,针对新需求与全新的技术特点,产业在原有价值链基础上,与信息技术、生物技术等新技术的跨界融合运动更加频繁,推动着全新发展模式迸发出全新业态。"十四五"时期,以"信息技术+""生物技术+""材料技术+"为核心的产业跨界,未来会加速智能家居、智慧物流、精准医疗、新能源与智能网联汽车等具备强大成长潜力的产业发展。

不同产业间的横向跨界,带来产业发展新机遇。在产业价值链不断分解和边界模糊化的基础上,打破传统产业边界,不同产业或同一产业内的不同行业相互交叉、相互渗透、逐渐融为一体,不仅构成了产品的生产关系,而且还存在资本物质技术上的联系,形成新的产业属性或新型产业形态。例如,互联网产业凭借独特的信息平台、用户资源,通过创新服务模式,跨界传统产业,催生在线医疗、互联网金融等新业态。

(四)规制变动

共享经济、智能经济模式下的机器人等产业将迎来发展机遇,需要符合新产业新业态发展特点的新经济制度支撑。新一轮技术革命和产业变革给传统制度带来冲击,社交网络、自媒体等社交化经济对公民隐私保护提出更高要求,机器人/人工智能冲击对现有监管制度形成一定冲击。创业者、瞪羚企业、独角兽企业等处在创新前沿的主体自下而上推动经济制度变迁,当制度变迁到一定程度,需要政府自上而下制定法律制度以推动共享经济、数字经济等新经济模式的进一步发展。共享经济、智能经济、数字经济、体验经济模式下的机器人、"人工智能+"等产业将会迎来巨大的发展机遇,需要新经济制度的支撑。

产业管制放松,助力通用航空等产业进入快速发展阶段。我国通过改革创新、政策引导,加快开放部分受限领域,最大限度发挥市场配置创新资源的决定性作用,政府的主要角色由以管制为主向以引导和服务为主转变,为产业成长壮大提供空间。在放松产业管制导向下,《低空空域管理改革指导意见》等政策出台以及利率汇率市场化改革、"放管服"改革深入推进,助力通用航空、金融等产业发展。

跨越数字鸿沟缩小贫富差距,5G通信及应用等快速发展。数字鸿沟是信息时代的全球问题,涉及当今世界经济平等、对穷国扶贫和减免债务、打破垄断和无条件转让技术等诸多重大问题。数字鸿沟的差距体现在网络连接、宽带的可用性、信息技术设备在不同人群中的覆盖问题。为缩小数字鸿沟,加速全球数字化进程,现代通信和网络基础设施加速普及,国际政治经济信息新秩序逐渐建立,持续推动5G通信及应用、智能家居、智慧物流等强大成长潜力的产业快速发展。

环境规制约束下,绿色低碳相关潜力产业涌现。近年来,大气污染、全球变暖等环境问题受到社会各界的广泛关注,中央政府连续出台的环境规制政策为产业结构升级提供了一种驱动机制,通过约束企业生产性行为中的环境污染、高能耗等问题来倒逼企业转型升级,促进整体产业结构调整。绿色发展是解决污染问题的根本之策,助力新能源汽车、节能环保、清洁能源等产业发展壮大,催生出环境风险与损害评价、环境污染第三方治理、碳资产管理、碳咨询、碳排放权交易等新产业新业态。

三、十大具备强大成长潜力的产业综合竞争力分析

顺应我国市场化、后工业化、新型城镇化、老龄化、信息化、全球化等经济社会新变化、新走向,立足重大技术突破、产业跨界融合、社会需求升级、规制变动四大产业生成机制,采纳战略科学家、经济学家、产业专家学者等专业意见,聚焦当前在我国现代化经济体系构建中发挥关键作用、产业规模在千亿元以上的重点产业,筛选出5G通信及其应用、集成电路、新能源与智能网联汽车等十大潜力产业,从产业界定、产业现状、发展瓶颈、产业趋势、发展建议五个方面开展分析。

(一)5G通信及其应用

全球迎来关键转折点,我国5G产业发展进入快车道,未来要加快拓展更多5G应用场景。全球5G商用化普遍在2020年前后进入关键转折点,各国纷纷提速,意图抢占5G发展先机,我国首批5G试点在东南沿海以及华中地区开展。我国5G主设备提供商已形成一定技术领先优势,将加速传统产业转型升级与融合、催生新业态,智能手机和车联网将率先进入快速发展期。但5G通信目前在建设模式、应用落地等方面存在制约,未来应强化5G领域顶层设计,加强行业立法、监

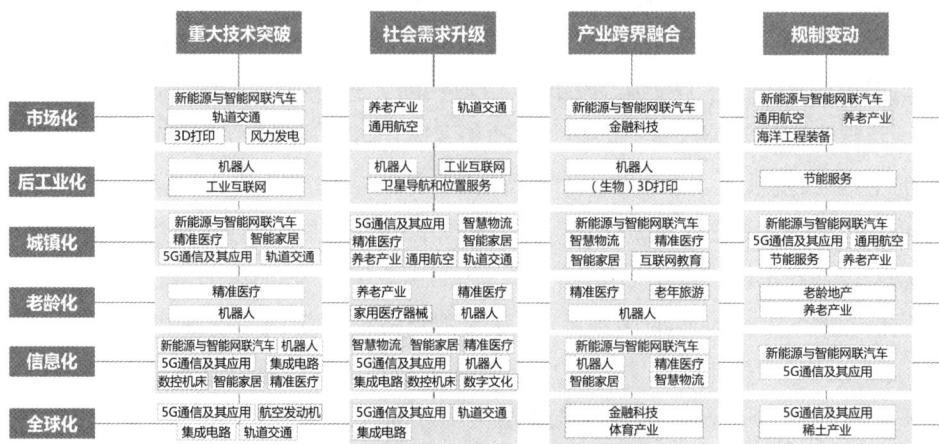

	重大技术突破	社会需求升级	产业跨界融合	规制变动
市场化	新能源与智能网联汽车 轨道交通 3D打印 风力发电	养老产业 轨道交通 通用航空	新能源与智能网联汽车 金融科技	新能源与智能网联汽车 通用航空 养老产业 海洋工程装备
后工业化	机器人 工业互联网	机器人 工业互联网 卫星导航和位置服务	机器人 (生物)3D打印	节能服务
城镇化	新能源与智能网联汽车 精准医疗 智能家居 5G通信及其应用 轨道交通	5G通信及其应用 智慧物流 精准医疗 智能家居 养老产业 通用航空 轨道交通	新能源与智能网联汽车 智慧物流 精准医疗 智能家居 互联网教育	新能源与智能网联汽车 5G通信及其应用 通用航空 节能服务 养老产业
老龄化	精准医疗 机器人	养老产业 精准医疗 家用医疗器械	精准医疗 老年旅游 机器人	老龄地产 养老产业
信息化	新能源与智能网联汽车 机器人 5G通信及其应用 集成电路 数控机床 智能家居 精准医疗	智慧物流 智能家居 精准医疗 5G通信及其应用 机器人 集成电路 数控机床 数字文化	新能源与智能网联汽车 机器人 精准医疗 智能家居 智慧物流	新能源与智能网联汽车 5G通信及其应用
全球化	5G通信及其应用 航空发动机 集成电路 轨道交通	5G通信及其应用 轨道交通 集成电路	金融科技 体育产业	5G通信及其应用 稀土产业

图 2 "六化—四机制"产业选择矩阵

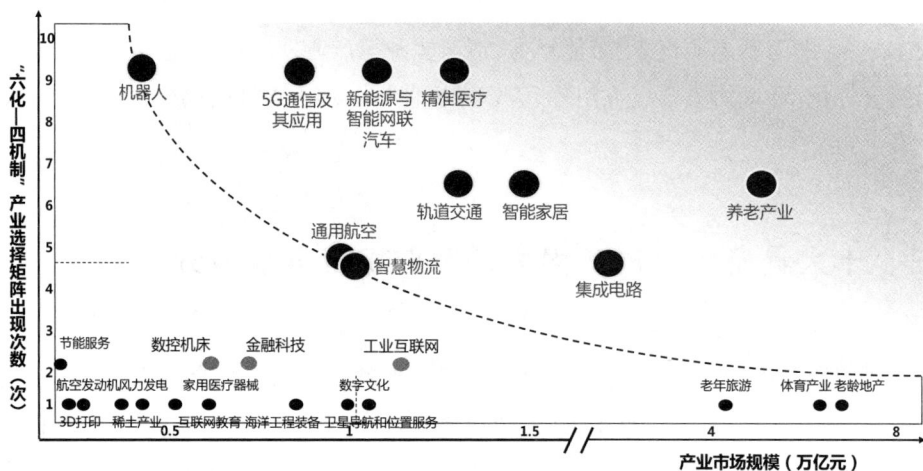

图 3 十大具备强大成长潜力的产业选择模型

管,引导和统筹产业发展。放宽民间机构准入限制,引导社会资本参与 5G 建设。加大政府财政支持,推动垂直行业率先和通信行业的合作,拓展 5G 应用场景。

(二)集成电路

我国集成电路产业步入高质量发展阶段,应进一步强化技术、资金、人才投入。美国在集成电路产业全球领先,2018 年美国半导体企业总产值占全球市场的 45%。近年来,在国家加快推动集成电路产业发展相关政策支持和技术突破双轮驱动下,我国集成电路领域无论是技术创新、专利储备,还是产业规模都呈逐年增长态势,产业应用领域不断拓宽,产品国产化成为趋势,但目前存在资本投入不足、人才缺口较大、核心技术缺失等问题。应拓宽资金投入方式,加大对集成电路产业发展的资金投入力度。结合产业发展需求,强化集成电路相关学科建设,加强集成电路产业高端人才的培养与引进。加强自主知识产权产品的开发和保护,提升自主创新水平,改变对外依存度高的局面。

(三)机器人

制造业升级为机器人产业带来巨大发展机遇,但我国核心部件对外依存度高,应鼓励兼并重组、针对性施策。欧洲、美国及日本集聚全球机器人龙头企业。我国控制器与国际差距缩小,有望成为核心零部件国产化突破口。在制造业转型升级以及老龄化等背景下,"机器人+制造""机器人+医疗养老"将迎来发展机遇。但目前我国相关技术成果转化率低,核心部件进口为主,产品以中低端工业机器人为主。应通过合作办学、共建机器人应用场景等方式,深化产学研合作。鼓励灵活运用特别折旧、规范标准体系等方式,加强面向中小型机器人企业的针对性扶持政策。以兼并重组等形式打破"小散弱"局面,实现资源整合、优势互补,提升产业整体发展水平。

(四)新能源与智能网联汽车

新能源与智能网联汽车是汽车未来发展方向,但充电基础设施等尚不完善,应推动跨界创新、扩大应用。北美、欧洲等地争先布局新能源与智能网联汽车产业生态。我国新能源与智能网联汽车产业处于政策利好期,随着新能源汽车朝智能化、网络化、自动化方向发展,已涌现14家独角兽企业。但目前缺少行业顶层设计,动力电池等核心技术水平较为落后,充电基础设施布局不够。应加快行业标准制定,引导和统筹产业发展。加强充电技术研究和充电设施产品开发,加快行业基础配套建设。推动跨领域协同创新,加快在关键零部件、核心系统、通信协议和系统应用等关键领域突破。依托我国现有测试示范区的能力建设,推动示范区的成果互认、数据库共享,加快推广应用。

(五)精准医疗

"循证医学"向"精准医学"演变,但相关数据整合面临多重挑战,应加快医疗数据库搭建和管理。各国启动大规模人群基因组计划,全球基因测序产业上游由欧美巨头垄断。我国位于全球基因测序产业链中下游,靶向药也以仿制为主,2018年我国精准医疗产业规模约为2442亿元。精准医疗将渗透至整个健康产业生态,引领带动健康产业整体发展。但目前我国基因测序技术受制于国外,数据整合面临多重挑战,相关法律和伦理道德体系待创建。应加快新一代测序等相关技术攻关,完善上游基因测序等环节的产业布局。依托国家临床医学研究中心和协同研究网络,加强临床和科研数据资源整合共享。建立完善数据管理相关法规制度,构建健康医疗数据安全体系。

（六）智能家居

在新一代信息技术带动下智能家居蓬勃兴起,但标准不一等因素制约产业发展,应加快标准制定、市场推广。全球智能家居处于萌芽阶段,美国普及率最高。随着新一代信息技术的深度融入以及企业间跨界合作加快,我国智能家居发展进入快车道,2017 年中国智能家居产值达 3254.7 亿元。以小米等为代表的互联网企业,打造了最具规模的物联网智能生活生态体系。但目前行业标准不统一,技术限制和高采购成本导致产业推广速度缓慢。应加快制定智能家居国家标准,组建产业协会联盟,引导行业规范化发展。加强核心关键技术创新,推动打造智能家居开放生态。促进智能家居与电子通信、人工智能等产业融合发展。

（七）养老产业

我国养老产业规模占 GDP 比重较低,老龄化及少子化将推动养老产业规模大增,应推动观念转变和制度保障。全球已经进入老龄化社会,欧美发达国家养老产业规模占总 GDP 比重 1/4。我国养老产业还处在初级阶段,2018 年市场规模达 5700 亿元,占 GDP 比重较低。未来老龄化及少子化将为养老产业带来刚需,养老产业市场规模增长空间巨大。但目前老龄经济资源市场化配置不足、观念和制度安排不足、养老机构资源不足,产业持续运行的内生性动力缺失。应把应对老龄社会上升为基本国策,加强顶层设计,为养老产业做好制度保障。强化老龄经济资源配置的市场化机制建设,挖掘未来养老产业各板块的市场化潜力。实施养老设施改造工程,加强全国养老机构规范化管理,优化养老基础配套设施建设。

（八）通用航空

我国低空空域管制制度逐步放松,新业态不断涌现,应做好规划布局、强化配套。美国、加拿大、澳大利亚、巴西四大通航强国全球占比超过 80%。我国通用航空器、通用航空作业总量仅为美国的 1%、3%,发展空间广阔。我国低空开放已提至 3000 米,"卡脖子"技术正在突破,航空体验、低空旅游、无人机物流等新业态将不断涌现。但目前政策执行"管"大于"放",基础设施建设薄弱,缺少统一规划、产业无序竞争。应总结试点经验,实现全国范围内军地联合推动低空空域管理改革。争取国家层面出台通用航空产业园发展的指导文件,引导和统筹各地有序发展通航产业。强化通用机场及航空保障服务等产业基础配套。

（九）轨道交通

我国成为全球轨道交通专利集中承载区,市场总体规模快速增长,未来应启动示范线培育工程。中国与法国、日本等占据主要铁路市场,韩国、西班牙等占据主要城市轨道市场。随着城市间及城市内部多层级网络化轨道交通系统建设、数字技术在轨道交通应用,我国轨道交通方面的投资额也将大幅提升。但目前关键系统和核心零部件研发基础薄弱,产品技术标准体系尚不完善,且投入和运营成本过高,政府补贴方式过于单一。应加大基础研究投入,做好关键共性技术攻关。加快新制式轨道交通示范线的规划,启动一批新制式示范线培育工程。引入竞争机制,利用社会资本,支持多元投融资方式。

（十）智慧物流

物流系统的智能化、自动化水平不断提高,但尚未形成相关标准化体系,应强化智慧物流信息标准化建设。欧美国家是智慧物流领域的主力军,拥有领先的物联网技术和规范的物流信息标准。我国电商物流、传统物流领军企业等争先布局智慧物流,届时通过整合应用大数据、智能分拣等技术,无人机、无人仓等技术将被广泛应用,全面改变传统物流的运作方式。但目前我国未形成智慧物流标准化体系,末端智能程度有待加强,智慧物流软硬件基础设施建设落后。应加快智慧物流信息标准化建设,加快推进物流末端的自动化,科学部署智能快递柜等智慧物流。强化智慧物流软硬件基础设施建设。

四、促进具备强大成长潜力的产业发展对策建议

（一）强化规划引导,建立产业策源地、产业集聚区、特色化产业基地的产业布局体系

加强事关具备强大成长潜力的产业长远发展的全局性、体制性、根本性问题的顶层设计,优化产业的行业管理和产业发展资源配置,出台统一的5G通信及其应用、通用航空等产业指导文件,引导和统筹产业发展布局。支持北京、上海等创新资源富集的中心城市形成以扩散知识技术为主要特征的产业策源地,推进信息、生命、医疗、能源等领域原创性、颠覆性、支撑性技术开发。依托京津冀、长三角等城市群建设,采用市场化方式促进产业集聚,打造一批具有全球影响力、引领我国具备强大成长潜力的产业发展的产业集聚区。充分发挥现有产业基础,通过体制机

制创新激发市场活力,加大扶持力度,培育百余个特色鲜明、大中小企业协同发展的特色化产业基地。

（二）建立激励相容的监管政策,构建符合新产业、新业态发展的新经济制度

完善具备强大成长潜力的产业发展评价考核体系,注重制度设计和政策安排的逻辑性和联系性,跟踪评估具备强大成长潜力的产业的发展绩效,适时进行政策调整,建立激励相容的监管政策。积极探索和创新适合新技术、新产品、新业态、新模式发展的监管方式,为新业态定制监管模式,鼓励包容发展。实施具备强大成长潜力的产业市场准入负面清单制度,加强针对违规行为和潜在问题的事中、事后监管,持续强化行政审批制度改革。构建新经济制度,支持数字经济、平台经济、共享经济、体验经济等新经济快速发展,重视瞪羚企业、独角兽企业等新经济主体的制度需求。打破"穿透式监管",放松市场进入和价格方面的规制程度,从主体规制转向行为规制,从繁苛规制转型为简约规制。

（三）部署若干推动产业跨界融合和示范应用的重大工程,为 5G、机器人等产业应用提供场景

实施重大创新产品示范应用工程,建设具有科技感的智能城市,在城市交通、医疗、教育、商业等重点领域拓展 5G 通信及其应用、新能源与智能网联汽车、机器人等产业的应用场景,打造场景落地应用的新载体。强化需求侧创新政策的引导作用,建立符合国际规则的政府采购制度,降低企业创新成本,扩大前沿领域创新产品和服务的率先示范应用。对于经过市场考验、发展前景好的应用,应通过政府采购、试点示范、相关牌照优先发放等多种形式,加强推广支持。围绕各行业产品、生产线、供应链及营销服务等环节,与新技术开展跨界融合创新,促进医疗、食品、文化、教育等领域新业态、新商业模式发展,开辟新的市场空间。

（四）强化专业服务能力,支持搭建一批创新创业平台、研发创新平台、公共服务平台

构建创新创业孵化生态系统,支持建立"创业苗圃+孵化器+加速器"的创业孵化服务链条,注重营造浓厚的创业创新氛围,为培育产业提供源头支撑。围绕重点领域创新发展需求,统筹部署国家重大科技基础设施等创新平台建设,加强设施和平台开放共享。建设一批国家技术创新中心、重点实验室、工程技术研究中心,提升对产业协同创新的支撑与服务能力。加快建设一批面向市场的新型研发机构,采取市场化运行机制探索新研发模式,推进技术创新引领产业发展。鼓励发展市

场化、专业化的研究开发、技术转移、检验检测认证、知识产权、科技咨询、科技金融、科学技术普及等专业科技服务和综合科技服务,加快发展技术交易、经纪、投融资服务、技术评估等一批专业化科技中介服务机构,搭建一批公共服务平台。

(五)探索在基础设施配套建设中推进政府和社会资本合作(PPP)模式,提高公共服务供给水平

在通用机场、5G 基站、新能源汽车充电站、轨道交通等基础配套设施和公共服务领域积极推进政府和社会资本合作(PPP),通过特许经营、政府购买服务等方式,提高公共产品和公共服务供给能力与效率。分批推出吸引社会资本合作项目清单,推行项目联审,规范操作流程。通过拓宽项目周边可经营产品范围、合理确定政府投入规模、合理分担风险等方式,稳定项目预期收益,增强社会资本投资积极性。根据项目实施周期、收费定价机制、投资收益水平、风险分配基本框架和所需要的政府投入等因素,合理选择建设—运营—移交(BOT)、建设—拥有—运营(BOO)等运作方式,进一步完善通用航空、5G 通信及其应用、智慧物流等产业的基础配套设施建设。

(六)以发达国家和"一带一路"沿线国家为重点,建设双边特色产业国际合作园区等

推动产业链全球布局,在 5G 通信及其应用、集成电路、轨道交通等重点领域,针对重点国家和地区确定不同推进方式和实施路径,推动产业链资源优化整合。推动共建联合实验室、国际技术转移中心、海上合作中心,促进科技人员交流,合作开展重大科技攻关,共同提升科技创新能力。积极引导外商投资方向,鼓励外商投资具有强大成长潜力的产业,推动跨国公司、国际知名研究机构在国内设立研发中心。加大海外高端人才引进力度,畅通吸纳海外高端人才的绿色通道,为海外人才来华工作和创业提供更多便利。以发达国家和"一带一路"沿线国家为重点,建设双边特色产业国际合作园区,引导龙头企业到海外建设境外合作园区。引导有实力的企业到拉美、北非、中东欧等地区开展投资合作,布局生产基地和贸易基地,争取合建保税区、保税仓库。

(课题组成员:武文生 郝坤 杨阳 袁清 余建芳 刘兵 何雪萍)

"十四五"时期培育新支柱产业的总体思路与战略举措研究

中国宏观经济研究院产业经济与技术经济研究所

当今世界正处于百年未有之大变局,世界经济版图深刻调整,全球经济治理体系面临变革。我国由中等收入迈向高收入国家过程中,迎来世界新一轮科技革命和产业变革与我国经济转向高质量发展阶段的历史性交汇,我国产业发展走到了新的战略转折点。经验表明,一个国家经济发展阶段的重大变化,往往伴随着产业结构的演变升级,与之相匹配的支柱或主导产业也会更新迭代。面对国际国内新形势新变化,"十四五"时期要抢抓机遇、谋高站远,加快培育与新阶段新要求相适应、面向未来参与全球竞争的新支柱产业体系,为推动经济高质量发展提供强有力的支撑。

一、"十四五"时期我国产业发展环境的若干重大变化

(一)产业链供应链价值链面临重构,跨国企业布局"中国+1"战略态势渐显

全球经济"东升西降"的格局持续演进,亚洲经济圈、北美经济圈、欧盟经济圈"三足鼎立"态势凸显,全球生产组织网络发生

重大变化,尽管产业链、供应链、价值链格局仍以全球开放合作为主,但向多元化区域化调整趋势逐步明显,为我国在优势产业领域构建以我为主的"三链"分工合作网络提供了重要机遇。国际经贸规则面临调整,中美竞争博弈常态化、持久化,跨国企业布局产业链从成本考量转向成本最低与风险分散并重,"中国+1"策略成为重要选项,导致我国制造业产业链外迁压力加大。

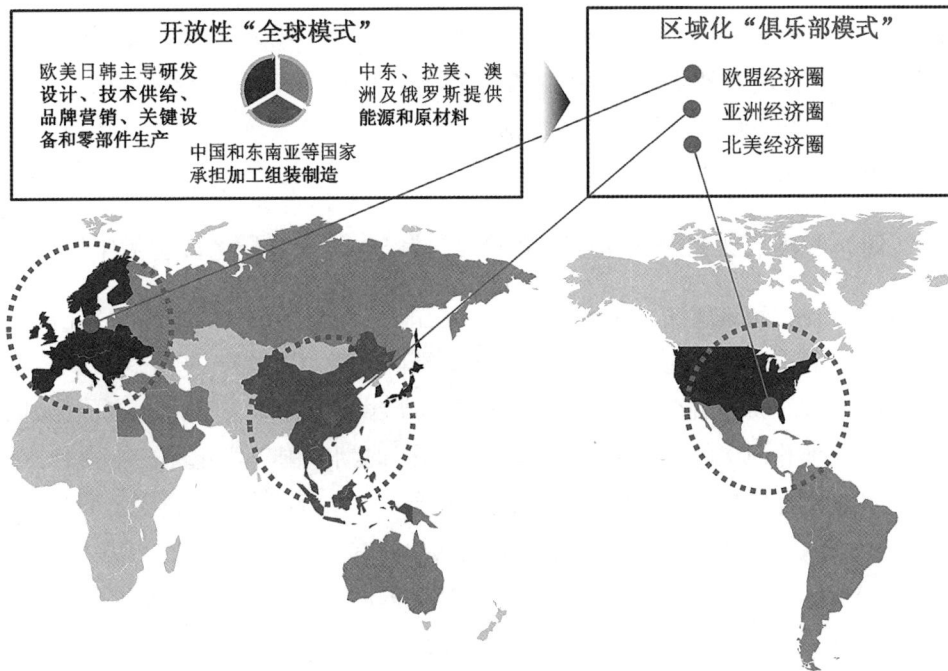

开放性"全球模式"

欧美日韩主导研发设计、技术供给、品牌营销、关键设备和零部件生产

中东、拉美、澳洲及俄罗斯提供能源和原材料

中国和东南亚等国家承担加工组装制造

区域化"俱乐部模式"

○ 欧盟经济圈
○ 亚洲经济圈
○ 北美经济圈

图1　全球"三链"格局演变

(二) 世界经济在弱增长中寻找新动能,科技、产业、场景三大变革交互迭代

过去200年来,科技革命变迁周期不断变化,新技术从发明到运用的时间大大缩短。当前,新一轮科技革命孕育爆发,人工智能、生物、新材料、新能源等具有广泛关联性和全局性的重大技术创新及其应用开始逼近"零界点",新兴技术正在群簇涌现、交叉融合、快速渗透、加速迭代,商业化应用场景集中迸发,新技术跨越"死亡之谷"的时间进一步大大缩短,科技、产业、场景三大变革基本同步。受新冠肺炎疫情影响,世界经济陷入衰退,各国都在积极寻找增长新动能,我国具有强大的国内市场、海量的数据资源、完整的产业体系,三大变革有望率先在我国同步发生,并带动经济进入高质量发展轨道。

（三）我国迈向高收入国家行列将是大概率事件，产业发展走出国际竞争"舒适区"

"十四五"时期，我国有望从中等收入国家进入高收入国家行列，承担的国际义务责任将发生变化，基于发展中国家地位享受的优惠和差别待遇可能减少甚至取消，以美国为首的发达国家对我国高技术产业的封锁和遏制加剧，全球高技术产业在工业 4.0 赛道上的竞逐更加激烈，我国产业发展将走出入世 20 年来国际竞争"舒适区"，面临发达国家高精尖产业和发展中国家中低端产业的双重挤压。发展阶段转换、经济增速下行、国际竞争加剧，需要我国发展模式、产业结构加快切换到高质量轨道。

（四）我国工业化进入深度提升阶段，城镇化进入高质量转型后半场

根据工业化经典理论，我国已经进入工业化后期，但结构性矛盾依然突出，工业化深度不够。突出表现为东中西工业化发展不平衡，中低端产能过剩和中高端供给不足并存，"两业融合""两化融合"水平不高，供给体系质量和效益有待提高。推动浅层工业化向深度工业化转型，是"十四五"时期我国工业化的核心内容，既可以为传统产业转型升级提供空间，也能为新兴产业培育壮大创造机遇。同时，我国城镇化进入下半场，城镇化滞后于工业化的局面有望改变，全球最大规模的中等收入群体崛起和数亿人口的城镇化，将释放巨大的内需潜力，为产业高质量发展提供强大市场需求。

（五）新一轮改革红利有望加快释放，更加成熟定型的制度环境将逐步确立

面对国际国内复杂多变的形势，过去多年来的"修补式"改革和调整，已经出现了边际效应递减，随着党的十八大以来改革向全方位、宽领域、深层次系统推进，改革"接棒"政策加快推动经济发展的效应在逐步显现。"十四五"时期，随着供给侧结构性改革"八字方针"进一步落实落地，要素市场化和产权制度改革取得更大突破，"放管服"改革力度加大，产业政策向普惠性、功能性转型，很多制度将更加完善、更加定型，我国产业发展面临的结构性矛盾、体制性障碍、政策性瓶颈有望破除。

二、新支柱产业的内涵特征、识别依据与产业图谱

"十四五"时期，对冲传统动能衰减对经济造成的下行压力，稳定经济增长，需

要加快产业新旧动能接续转换。推动经济高质量发展,需要通过培育新支柱产业,加快构建创新引领、要素协同、供需匹配的现代产业体系,提升全要素生产率。抢占全球经济竞争制高点,需要支撑有力的新支柱产业,塑造我国产业竞争新优势,培育新支柱产业势在必行。

(一)新支柱产业的内涵

新支柱产业是指具有重大技术突破、广阔市场容量、强大赋能或关联带动效应,对经济稳增长和高质量发展起到重要支撑作用的产业。新支柱产业内涵有狭义和广义之分,狭义概念是指新兴支柱产业;广义概念除新兴支柱产业外,还包括转型升级后的传统支柱产业。本报告采用广义新支柱产业概念。

新支柱产业具有如下特征。一是体量支撑性,具有较大的产值规模,对 GDP 增长贡献率较高。二是技术突破性,符合新一轮科技革命方向,技术创新的商业化应用进入爆发临界点。三是强大带动性,能够广泛影响产业链上下游相关产业,或对其他产业具有明显赋能作用。四是持续成长性,产品、技术和服务市场容量大、应用范围广,增长速度持续快于同期 GDP 增速。

(二)"十四五"时期新支柱产业识别

1. 新兴支柱产业

识别新兴支柱产业要综合考虑国家经济社会发展阶段要求、国家重大战略导向、具有高效供给能力和适应市场需求等因素。

——识别标准。结合已有研究成果和专家访谈,确定 9 个识别标准作为潜在选项。采用德尔菲法,按照得分高低,将经济增长贡献度高、产业关联度强、技术先进、成长性好、赋能效应大等指标确定为识别标准(见表1)。

表1　43位专家新支柱产业识别标准调查结果

识别指标	指标内涵	平均得分	排序
经济增长贡献度高	即"十四五"末期产业增加值增量与 GDP 增量之比超过3%	4.26	1
产业关联度强	即新支柱产业的影响力系数大于1	4.26	2
技术先进	即产业发展所依赖的技术符合新一轮技术革命方向,技术创新和产业化应用已有突破,并处于或即将达到世界先进水平	4.21	3
成长性好	即有持续广阔的市场需求支撑,当前及未来5—10年产业产值增速持续高于同期 GDP 增速	4.20	4

续表

识别指标	指标内涵	平均得分	排序
赋能效应大	即对其他产业发展具有生产率倍增、衍生新业态等增强放大作用	4.09	5
生产率上升快	即产业的全要素生产率提升速度位居所有产业前列	4.05	6
产值规模大	即"十四五"末期产业产值或总收入接近或达到十万亿元量级	3.67	7
人才储备和制度保障较好	即产业发展所需的人才已有一定积累,支持产业发展的政策和监管审批制度等外部生态较好或者持续向好	3.56	8
就业能力强	即一定量资本或投资所提供的就业机会多	3.21	9

注:分值越高代表该识别标准的重要性越高,最高为5分。

——识别结果。通过全面梳理近年来中央和发达地区政府部门相关产业规划、发达国家相关战略、国际咨询和投资机构关注热点,确定新一代人工智能、生命健康、文化创意、新能源、新材料、节能环保等6个新兴产业作为新兴支柱产业候选名单1(见图2)。

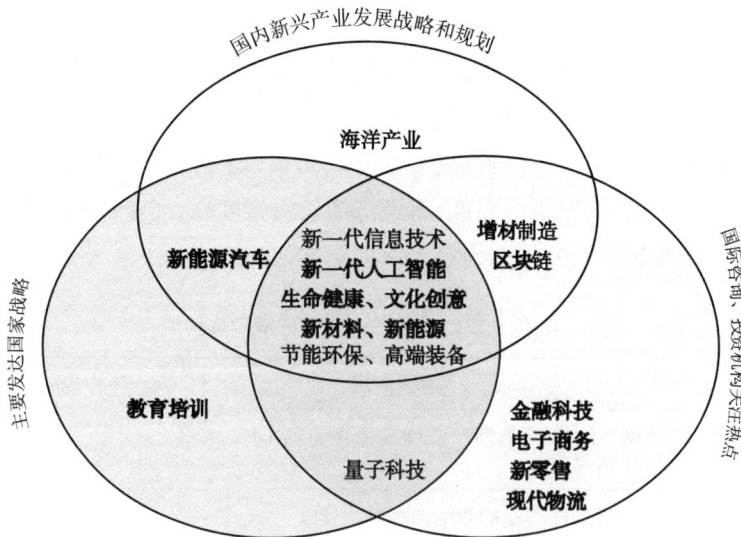

图2　候选新兴支柱产业

根据5个识别标准,邀请行业专家打分,画出产业雷达图。按照雷达图面积排名(见图3),结合产业影响力大小,最终确定新一代人工智能、生命健康、新材料、文化创意为四大新兴支柱产业。

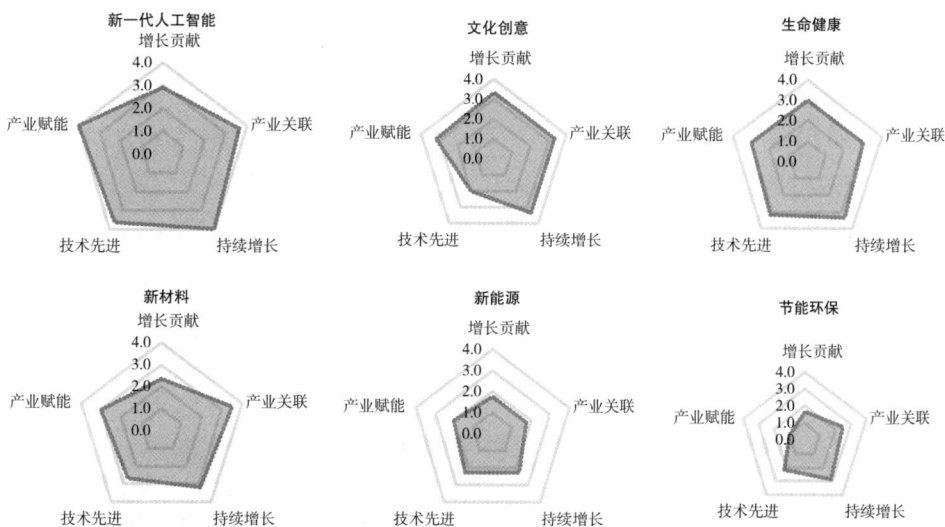

图3 候选新兴支柱产业雷达图

2. 转型升级的现有支柱产业

按照国家行业分类,以增加值占 GDP 比重超过 3%、产业影响力系数大于等于 1.1 为标准,对现有行业进行筛选,最终确定机械(不含汽车)、电子信息、汽车、化工、房地产、轻工纺织等六大产业为现有支柱产业(见图4)。尽管传统产业发展动能衰减,但通过新技术改造提升,以新形态、新面貌出现,实现"老树发新枝",仍然对经济增长具有举足轻重的作用。为此,我们把转型升级后的现有支柱产业也纳入新支柱产业体系。

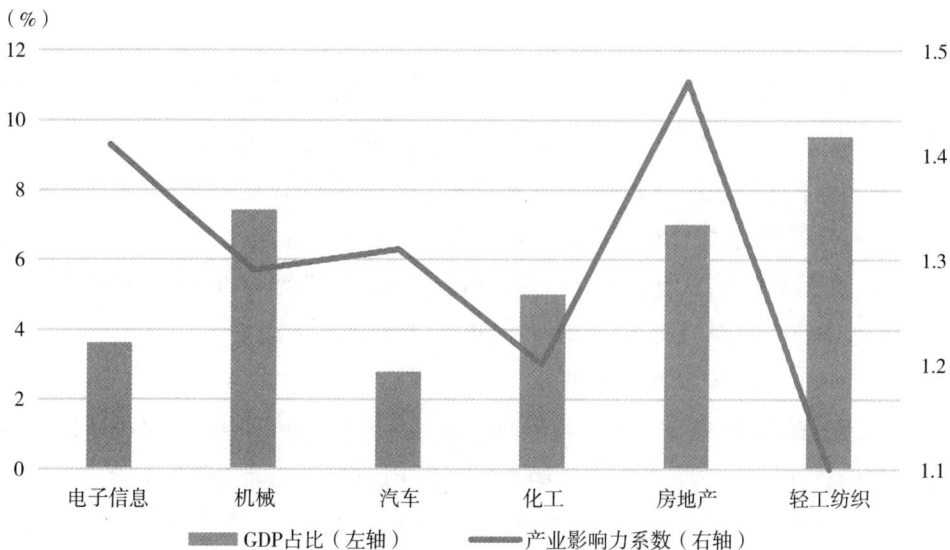

图4 现有支柱产业 GDP 占比和影响力系数

（三）新支柱产业"三大图谱"

1. 新支柱产业体系图谱

"十四五"时期,我国新支柱产业由两大板块构成:一是以新一代人工智能、生命健康、新材料、文化创意为代表的新兴支柱产业;二是以机械、电子信息、汽车、化工、房地产、轻工纺织等为代表、经过改造升级后仍然能够支持经济稳定增长的现有支柱产业。这两个板块犹如两个车轮,在技术、人才、资本、数据等要素的驱动下,通过5G、大数据、云计算、物联网、移动互联网等通用技术连接,形成双轮驱动发展格局(见图5)。

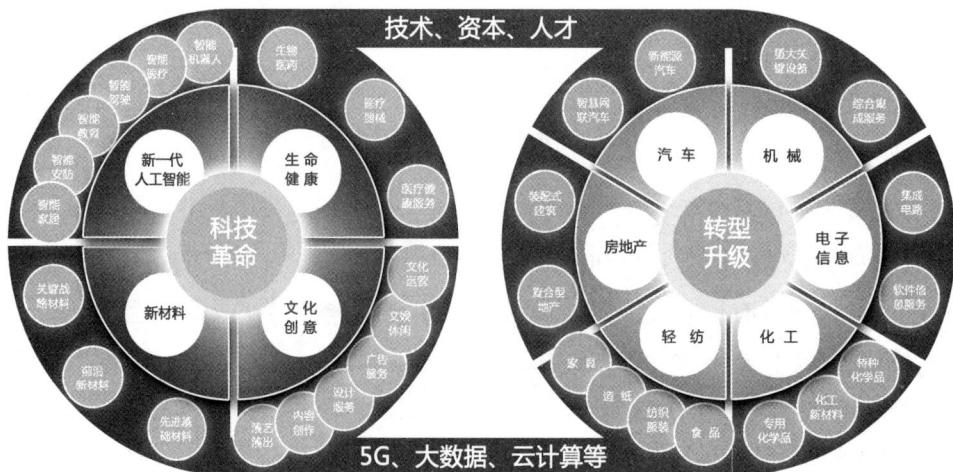

图5　新支柱产业体系图

2. 新支柱产业成长图谱

"十四五"时期,新支柱产业的成长阶段有所不同,其中,大部分新一代人工智能产业、生命健康产业仍将处于产业成长期,部分技术趋于成熟的人工智能产业、新材料产业将保持快速发展势头;智能网联汽车、智能机器人等新一代人工智能产业以及石墨烯材料、智能材料等新材料产业等仍处于产业萌芽期;新能源汽车、集成电路、重大关键设备、复合型地产等相当一部分转型升级后的现有支柱产业将进入产业成熟期,应用场景相对明确,技术更加成熟(见图6)。

3. 四大新兴支柱产业地理图谱

"十四五"时期,新一代人工智能产业将会形成以北京为中心的基础研发和技术创新中心,以长三角和珠三角为中心的产业化应用中心,并有可能形成沿长江人工智能产业带。生命健康产业将形成以北京、山东、长三角、珠三角为代表的四大产业集群,北京、上海、广东在技术创新和产业化应用方面仍将保持领先。文化创

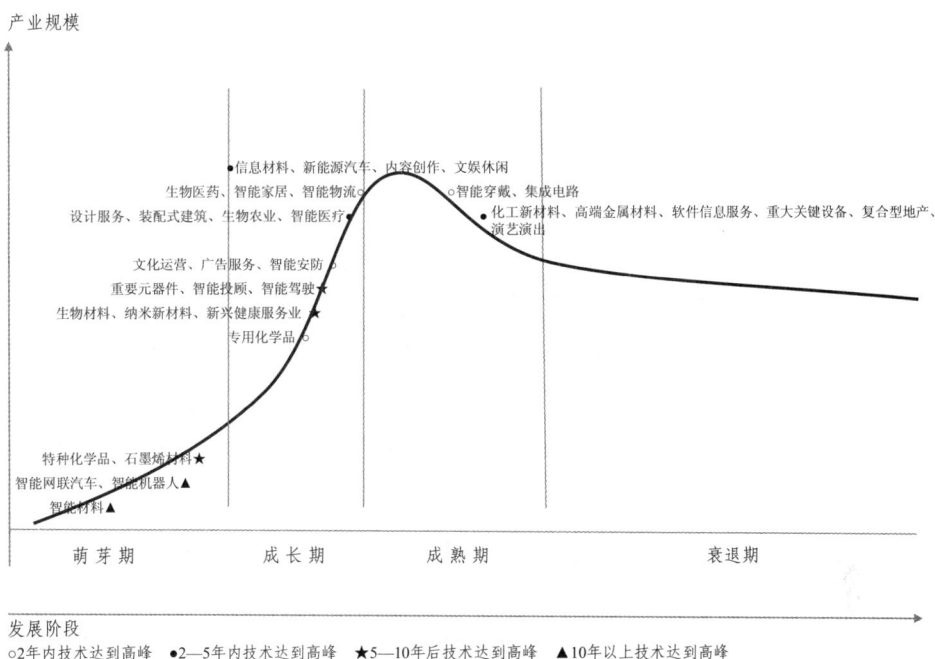

产业规模

●信息材料、新能源汽车、内容创作、文娱休闲
生物医药、智能家居、智能物流　　　　　　　○智能穿戴、集成电路
设计服务、装配式建筑、生物农业、智能医疗　　◆化工新材料、高端金属材料、软件信息服务、重大关键设备、复合型地产、
　　　　　　　　　　　　　　　　　　　　　　　演艺演出
文化运营、广告服务、智能安防
重要元器件、智能投顾、智能驾驶★
生物材料、纳米新材料、新兴健康服务业
专用化学品○

特种化学品、石墨烯材料★
智能网联汽车、智能机器人▲
智能材料▲

萌芽期　　　成长期　　　成熟期　　　衰退期

发展阶段
○2年内技术达到高峰　●2—5年内技术达到高峰　★5—10年后技术达到高峰　▲10年以上技术达到高峰

图6　新支柱产业成长图

意产业主要集中于北京、上海和广东三省(市),"十四五"时期,文化创意产业仍可能延续这一区域集聚态势。新材料产业主要分布在东部三大城市群,其中北京、广东、上海、江苏处于绝对领先地位。

三、四大新兴支柱产业的发展空间与支撑效应

(一)发展态势

新一代人工智能产业发展潜力和赋能效应正在加快释放。人类社会正站在智能时代的入口,人工智能具有颠覆旧传统、赋能新时代等特点,是赢得未来产业竞争优势的关键。当前,人工智能产业发展受到技术、平台、应用的多重驱动,进入接近大规模商业化的爆发期。我国具有海量数据来源和应用场景优势,人工智能语音识别、视觉识别等技术居于世界领先水平,自适应、自主学习、直觉感知、综合推理、混合智能和群体智能等初步具备跨越发展能力,商业化应用到达临界点。人工智能技术与实体经济融合步伐加快,渗透并赋能于农业、工业、交通运输、能源、金融、医疗、社会管理等领域,形成了农机智能作业、智能制造、智能家居等新产业新业态。

满足人民美好生活向往和支撑永续发展的生命健康产业进入"快车道"。生命健康产业正在成为大国科技经济战略的核心内容,世界主要国家竞相发布生物经济国家战略,不断突破的生物技术引领全球生命健康产业走向发展快车道,现代生物技术逐渐走进千家万户,有望推动生命健康进入蓬勃发展期。我国是全球生物资源最丰富的国家之一,在生物领域吸引了大批海外行业领军人才回国发展,涌现了一批创新型高成长企业,若干细分领域技术储备与主要发达国家处于同一起跑线,同时我国还拥有庞大的市场空间,具备发展生命健康产业的诸多有利条件。

符合产业转型和消费升级需要的文化创意产业迎来发展"黄金期"。从国际经验看,进入工业化后期,许多国家都把文化创意作为国家战略,将其培育成为国家的支柱产业。"十四五"时期,我国经济社会发展面临重大变化,中等收入群体不断扩大,居民消费加速向服务消费、精神消费升级,对文化创意产生巨大需求;5G、人工智能、视频互动等技术取得较大突破,对文化创意产业支撑渗透性增强,AR/VR、数字图像设计等技术快速发展,催生出数字图像、数字媒体、数字展示、虚拟与现实旅游、动漫等文化新业态。我国是文明古国、文化大国,丰富多样的文化资源使我国具备加快发展文化创意产业的基础条件。

提升产业基础能力和产业链水平的新材料产业需求加速增长。新材料被视为构成国民经济各领域的"积木块",是新兴行业赖以发展的基础产业,特别是新一轮科技革命与产业变革催生出来的人工智能、新能源等产业快速发展,对新材料需求快速扩大。未来一段时间,我国正逐步推动制造大国向制造强国转变,大力推动传统产业改造和新兴产业培育,以新能源、智能汽车、节能环保、生物产业等产业快速发展,新材料产业市场需求将加速增长,电子信息材料、能源材料、生物医用材料、纳米材料、超导材料等新型材料将迎来市场快速扩张期。

(二) 发展空间与支撑效应测算

"十四五"时期,新一代信息技术、大数据、云计算、人工智能等技术日益成熟,新兴支柱产业将保持快速增长态势,对国民经济的贡献将逐步提升。本报告采用自回归滑动平均模型(ARMA),分基准、乐观和悲观三个情景,对新兴支柱产业"十四五"时期发展空间与支撑效应进行测算,结果如下。

——基准情景:部分关键技术取得突破,市场应用稳步扩大。测算表明,"十四五"时期,四大新兴支柱产业增加值年均增长 10.96%,到 2025 年,增加值合计达到 14.5 万亿元。其中,新一代人工智能增加值年均增长 15.02%,2025 年达到 3万亿元;生命健康增加值年均增长 9.59%,2025 年达到 5.96 万亿元;文化创意增加值年均增长 11.4%,2025 年达到 2.90 万亿元;新材料增加值年均增长 9.55%,2025 年达到 2.64 万亿元(见表2)。

表 2　基准情景下新兴支柱产业发展空间与支撑效应

年份	预测指标	新一代人工智能	生命健康	文化创意	新材料	合计
2020	产值(万亿元)	4.15	10.77	4.22	4.78	23.92
	增加值(万亿元)	1.49	3.77	1.69	1.67	8.62
	增加值占 GDP 比重(%)	1.47	3.73	1.67	1.65	8.52
	GDP 增长贡献率(%)	3.81	5.11	2.80	3.66	15.38
2025	产值(万亿元)	8.28	15.63	7.23	7.54	38.68
	增加值(万亿元)	3.00	5.96	2.90	2.64	14.50
	增加值占 GDP 比重(%)	2.22	4.40	2.14	1.95	10.71
	GDP 增长贡献率(%)	4.29	6.07	3.35	2.13	15.84
"十四五"时期增加值年均增速(%)		15.02	9.59	11.40	9.55	10.96

注:2020—2025 年历年平均增长率为中国社会科学院宏观经济研究中心课题组预测的 5.5%。人工智能产业既包括人工智能核心产业,也包括其赋能带动的产业。下同。

——乐观情景:新兴技术大规模爆发,应用场景海量出现。测算表明,"十四五"时期,四大新兴支柱产业增加值年均增长 12.17%,到 2025 年,增加值合计达到 18.17 万亿元。其中,新一代人工智能增加值年均增长 15.1%,2025 年达到 4 万亿元;生命健康增加值年均增长 9.56%,2025 年达到 7.15 万亿元;文化创意增加值年均增长 11.43%,2025 年达到 3.47 万亿元;新材料增加值年均增长 15.96%,2025 年达到 3.55 万亿元(见表 3)。

表 3　乐观情景下新兴支柱产业发展空间与支撑效应

年份	预测指标	新一代人工智能	生命健康	文化创意	新材料	合计
2020	产值(万亿元)	5.54	12.92	5.06	4.84	28.36
	增加值(万亿元)	1.98	4.53	2.02	1.70	10.23
	增加值占 GDP 比重(%)	1.96	4.48	2.00	1.68	10.12
	GDP 增长贡献率(%)	8.27	11.92	5.80	3.92	29.91
2025	产值(万亿元)	11.05	18.76	8.68	10.15	48.64
	增加值(万亿元)	4.00	7.15	3.47	3.55	18.17
	增加值占 GDP 比重(%)	2.96	5.28	2.56	2.62	13.42
	GDP 增长贡献率(%)	6.50	8.70	4.61	4.10	23.91
"十四五"时期增加值年均增速(%)		15.10	9.56	11.43	15.96	12.17

注:乐观情景下生命健康年均增速小于基准情景是因为本报告是以 2018 年为基数的预测,乐观情景将 2020 年生命健康增加值乐观估计,导致 2020—2025 年期间增长率相对减少。

——悲观情景:关键技术突破不及预期,场景应用滞后。测算表明,"十四五"时期,四大新兴支柱产业增加值年均增长7.23%,到2025年,增加值合计达11.13万亿元。其中,新一代人工智能增加值年均增长6.21%,2025年达到2万亿元;生命健康增加值年均增长7.07%,2025年达到4.77万亿元;文化创意增加值年均增长8.73%,2025年达到2.31万亿元;新材料增加值年均增长6.96%,2025年达到2.05万亿元(见表4)。

表4　悲观情景下新兴支柱产业发展空间与支撑效应

年份	预测指标	新一代人工智能	生命健康	文化创意	新材料	合计
2020	产值(万亿元)	3.74	9.69	3.80	4.18	21.41
	增加值(万亿元)	1.48	3.39	1.52	1.46	7.85
	增加值占GDP比重(%)	1.46	3.35	1.50	1.45	7.76
	GDP增长贡献率(%)	3.56	1.33	1.12	2.15	8.16
2025	产值(万亿元)	5.52	12.5	5.79	5.85	29.66
	增加值(万亿元)	2.00	4.77	2.31	2.05	11.13
	增加值占GDP比重(%)	1.48	3.52	1.71	1.51	8.22
	GDP增长贡献率(%)	2.08	3.44	2.07	1.29	8.88
"十四五"时期增加值年均增速(%)		6.21	7.07	8.73	6.96	7.23

结合国内外最新形势和专家判断,"十四五"时期,新一代人工智能产业发展大概率契合悲观情形,而生命健康、文化创意和新材料的发展契合基准情形。到2025年,四大新兴支柱产业增加值达到13.5万亿元,占GDP比重从2020年的8.5%上升到10.19%,其中生命健康增加值占GDP比重提升0.78个百分点,文化创意提升0.52个百分点,新材料提升0.35个百分点,新一代人工智能提升0.05个百分点。

四、六大现有支柱产业的发展空间与支撑效应

(一)发展态势

近年来,随着我国发展走过重化工业阶段,国内国际市场需求放缓,现有支柱产业发展已经或即将进入生命周期成熟期,产能过剩矛盾突出,行业增速普遍下

行。2003—2017 年,六大现有支柱产业平均增速从 23.9% 降至 9.4%,与 GDP 增速之间的缺口越来越小,由 2003 年的 13.8 个百分点降至 2017 年的 2.6 个百分点,对经济增长贡献逐步弱化。但是,"十四五"时期,我国现有支柱产业仍有进一步释放潜能的空间。从需求侧看,城镇化潜力释放,关键核心技术装备补短板将不断创造投资需求,居民消费升级将激发内需潜力,为现有支柱产业转型升级提供市场空间。从供给侧看,新技术广泛应用和交叉渗透,供给侧结构性改革红利释放,现有支柱产业向数字化、网络化、智能化、绿色化方向延伸拓展还有很大空间。

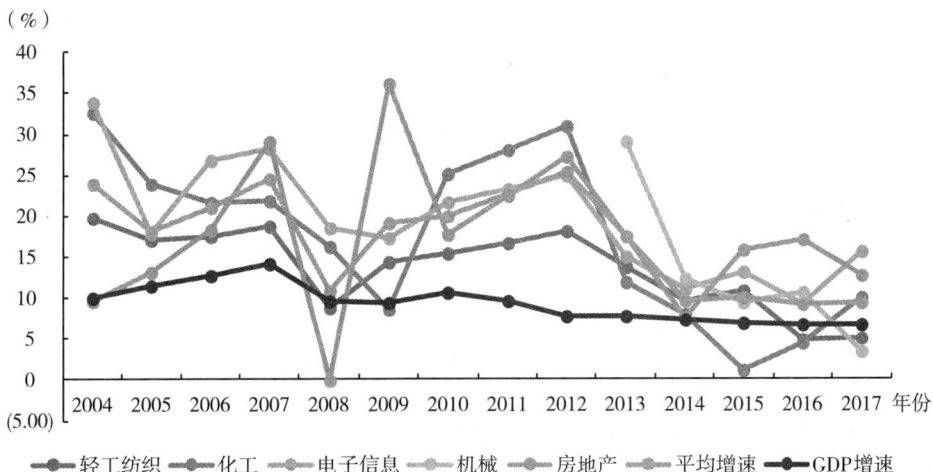

图7　2004—2017 年现有支柱产业增速

注:为了保持数据连续性,机械产业包含汽车。

(二) 发展空间与支撑效应测算

基于动态可计算一般均衡模型(MCHUGE),我们分基准、乐观和悲观三个情景,对现有支柱产业"十四五"时期发展空间与支撑效应进行测算,结果如下。

——基准情景:世界经济延续现有增长态势,中国经济保持平稳增长。经测算,"十四五"时期,轻工纺织、化工、电子信息、机械、汽车、房地产六大现有支柱产业增加值年均增长 3.84%,到 2025 年,增加值规模总量达到 37.58 万亿元(见表5),占到 GDP 的 28.37%。

表5　基准情景下现有支柱产业增长模拟

增加值规模 (亿元)	轻工纺织	化工	电子信息	机械	汽车	房地产	合计
2019	85933.2	46259.5	32868.1	68810.0	25436.1	65731.9	299602.8
2020	87823.8	48480.0	34051.3	71287.2	26682.5	69610.1	311252.4

增加值规模（亿元）	轻工纺织	化工	电子信息	机械	汽车	房地产	合计
2021	89580.2	50758.5	35311.2	73924.8	27963.2	73647.5	323222.3
2022	90744.8	53144.2	36653.1	76660.0	29333.4	77771.8	334973.8
2023	91924.5	55960.8	38082.5	79419.8	30829.4	82127.0	347514.6
2024	93487.2	58870.8	39529.7	82437.7	32370.9	86890.3	361215.7
2025	95356.9	61873.2	41031.8	85652.8	33957.1	91843.1	375757.8
"十四五"时期增加值年均增速(%)	1.66	5.00	3.80	3.74	4.94	5.70	3.84

——乐观情景:世界经济企稳回升,中国经济转型升级取得积极成效。经测算,"十四五"时期,轻工纺织、化工、电子信息、机械、汽车、房地产六大现有支柱产业增加值年均增长4.79%,到2025年,增加值规模总量达到40.71万亿元(见表6),占到GDP的30.73%。

表6　乐观情景下现有支柱产业增长模拟

增加值规模（亿元）	轻工纺织	化工	电子信息	机械	汽车	房地产	合计
2019	91613.5	46743.8	34848.7	68810.0	25723.9	65768.9	307784.9
2020	94911.6	49179.2	37030.2	71899.6	27010.1	69175.7	322196.3
2021	98423.3	51795.5	39359.4	75012.8	28376.8	72793.6	337384.7
2022	102065.0	54494.0	41831.2	78343.4	29818.3	76862.8	353596.4
2023	105841.4	57398.6	44462.4	81806.2	31309.3	81174.8	370683.3
2024	109757.5	60526.8	47263.5	85552.9	32890.4	85606.9	388707.6
2025	113818.5	63698.4	50198.6	89479.8	34534.9	89895.8	407091.1
"十四五"时期增加值年均增速(%)	3.70	5.31	6.27	4.47	5.04	5.38	4.79

——悲观情景:世界经济出现新一轮危机,中国经济转型不及预期。经测算,"十四五"时期,轻工纺织、化工、电子信息、机械、汽车、房地产六大现有支柱产业增加值年均增长2.65%,到2025年,增加值规模总量为34.02万亿元(见表7),占到GDP的25.68%。

表 7　悲观情景下现有支柱产业增长模拟

增加值规模（亿元）	轻工纺织	化工	电子信息	机械	汽车	房地产	合计
2019	82001.5	46333.6	31792.3	67372.0	24544.7	63476.4	290975.8
2020	82772.3	48200.8	32650.7	70053.4	25634.5	64860.2	298537.4
2021	83674.5	50162.6	33519.2	72729.4	26667.6	66293.6	306379.4
2022	84486.2	52199.2	34373.9	75551.3	27646.3	67685.8	314296.4
2023	85508.5	54323.7	35247.0	78550.7	28757.6	69229.0	322859.0
2024	86372.1	56518.4	36195.2	81614.2	29838.9	70731.3	331431.2
2025	87149.4	58824.4	37103.7	84854.3	31083.2	72237.8	340169.6
"十四五"时期增加值年均增速（%）	1.04	4.06	2.59	3.91	3.93	2.18	2.65

综上所述,现有支柱产业在"十四五"时期仍有一定的发展空间,即使在悲观情景下,也将保持 2.65%的年均增速,而在基准情景和乐观情景下,将分别保持 3.84%、4.79%的年均增速,仍是经济平稳增长的重要支撑。

五、培育壮大新支柱产业面临的主要障碍

（一）产业创新发展生态不完善

一是公共创新资源配置不合理。主要表现为创新资源配置透明度和合理性有待提升,部门间政策衔接性不强。如,国家大量科研经费配置到高校和科研院所而非企业,企业在重大应用技术攻关中仍处于从属地位,而不是主体地位。二是关键核心技术研发和创新平台不足。大量产业核心技术和关键零部件高度依赖国外,一些领域或重要方向的科技重大设施布局仍为空白。三是产业链链式创新协同不够。我国产业创新多为应用端的模式创新,链条前端相关技术创新较少,特别是基础研究、配套技术研究严重不足。如,我国人工智能基础层企业和技术层企业分别仅为美国的 42%、46%。

（二）要素市场化配置机制不健全

一是传统要素市场化配置效率不高。要素市场特别是土地、资金、人才、技术市场还不健全,价格市场化形成机制尚未健全,要素自由流动存在体制性障碍。例

如,人力资源在体制间、区域间、城乡间流动障碍较多;资本进出仍然缺乏公平统一、开放透明的市场准入机制和灵活有效的退出机制。二是数据、信息等新要素治理水平和治理能力有限。数据资源确权、开放、流通、交易的相关制度尚未形成,协同治理的法律依据尚不完善,开放、共享、安全的数据生态尚未建立。三是高端要素积累和整合能力不强。研发人才、创意人才的培育和国际化高端人才吸引不足;各类资金关注短期效益,投机心态浓厚,研发投入大、周期长、风险高的创新创业项目领域缺乏"耐心资本"眷顾。

(三) 行业治理能力与创新迭代加速不匹配

一是相关法律法规存在"真空地带"。如,数据主权和资产、个人隐私保护等法律法规缺乏,影响人工智能健康发展。二是现有产业政策不适应。如,2019 年我国医保目录正式开启动态调整,更新时间缩短至两年一次,与距美国的一个季度调整一次的做法仍有较大差距。三是政府监管能力跟不上。市场化、法制化手段尚未得到充分应用,"一管就死、一放就乱"的现象仍时有发生。四是标准体系建设滞后。技术和产品更新迭代较快,但相应标准不健全,导致优质不优价、劣币驱逐良币。

(四) 产业发展路径转换成本高

一是技术路径转换困难多。存在转型储备不足、技术选择迷茫、改造成本过高等问题。据国研中心调查,向数字化转型时,33%的企业认为缺乏预算与资源、31%的企业认为缺乏专业技能。二是国际分工路径转换门槛高。我国企业在产品研发、关键技术部件、品牌营销、售后服务等高附加值环节对跨国公司有着强烈依赖,相关积累不足,导致分工路径转换难度大、风险高,甚至面临跨国公司技术和市场打压,价值链"低端锁定"问题突出。三是组织管理路径转换挑战大。在扁平化、平台化、网络化的新组织管理模式构建过程中,企业进行差异化创新的成本很高,甚至可能因新旧管理模式转换不畅、运行低效而面临反复和波折。

(五) 新技术风险防范机制不健全

一是数据治理法规不健全影响行业有序发展。人工智能、生命健康等产业发展的时代是"数据驱动"的时代,但新技术、新需求和多样化的应用场景又给数据安全防护带来全新挑战,数据应用可能会带来各类社会问题,导致行业无序发展,影响行业进一步健康成长。二是就业应对机制不完善制约人工智能等产业发展。人工智能对人类劳动能够更深层次的替代,可能会带来巨大的失业风险,在就业转换困难的条件下,政府可能会为减少就业风险而选择性抑制部分人工智能技术的应用。三是平衡新技术伦理道德风险和新兴产业发展挑战加大。例如,生命科学技术应用的伦理边界复杂,过度的管控会阻碍生命健康产业创新发展,而管理缺位又会带来经济社会风险。

六、以新理念、新战略、新举措培育新支柱产业

(一) 培育新支柱产业的总体思路

"十四五"时期,培育新支柱产业要坚持"稳增长、高质量和防风险"三维平衡,将制造强国建设作为一项长期国策,以高质量发展为主题,以供给侧结构性改革为主线,实施"深度工业化"战略和"供应链国家安全"战略,围绕"三链"提升"三性"(产业链韧性、供应链弹性和价值链增值性),打造要素体系、制度环境、产业组织、市场需求相互协同的产业发展生态,积极培育以新一代人工智能、生命健康、新材料、文化创意等为引领的新兴支柱产业集群,挖掘轻工纺织、电子信息、汽车、机械、化工、房地产等现有支柱产业新潜能,构建创新引领、新旧并举、支撑有力、供需匹配的"4+1"新支柱产业体系,塑造我国产业竞争新优势,维护国家产业安全。

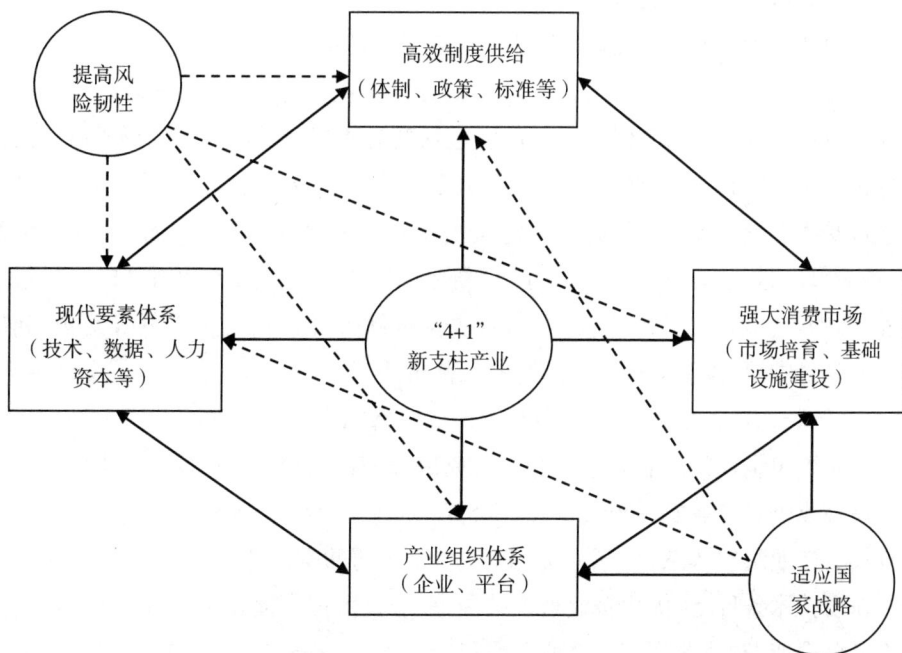

图8 新支柱产业发展生态

——围绕"三链"提升"三性",推动新支柱产业高质量发展。一是提升产业链韧性。加强产业全生命周期服务和配套体系建设,提高对外部技术封锁和产业转移压力的应对能力,避免"非死即转"或高端产业低端化"卡脖子"问题。二是提升供应链弹性。积极融入全球供应链网络,加快智慧供应链建设,畅通国内生产到消费的循环。三是提升价值链增值性。避免简单"去工业化",突破价值分离格局,促进制造与产品设计、软件开发和集成系统以及为向市场提供有价值的产品或服务的生命周期服务业活动的融合。

——构建要素、制度、组织、市场一体化的新支柱产业创新发展生态。新支柱产业具有的独特技术经济特征,决定其竞争力的形成不仅取决于核心技术,更为关键的是产业生态系统质量,包括要素体系、制度环境、企业组织、需求条件等。四者之间相互作用、相互补充,共同构成完整的产业生态系统。

1. 要素供给效率:强化产业高质量发展基础性支撑

要素体系是现代产业体系的基本单元,现代要素以及组合方式决定着支柱产业发展的质量和效益。培育新支柱产业,需要推动要素结构升级,加快现代人力资本积累,增强技术主导能力,提升资本形成效率以及数据治理能力,来一场深刻的要素效率革命。其中,将数据这种关键新要素低成本、广泛地引入生产过程十分重要。同时,要尽快打破阻碍要素流动的壁垒和障碍,促进新的生产要素向生产效率较高的领域和环节流动,提高要素配置效率。

2. 制度供给效能:打造高效的产业发展制度环境

制度是经济增长的关键变量。培育新支柱产业,不能单纯依靠某项政策调整或体制创新,更依赖于整体性制度变迁,包括新的体制、政策、标准的形成以及彼此之间的协同。体制方面,侧重"还权于市场",强化市场化、法治化手段运用,降低企业制度性交易成本,推动资源向优质企业和产品集中;政策方面,重点是弥补"市场失灵",推动政策转型,解决好"以新鼎旧"政策混乱、部门政策"打架"、行业政策"划圈"等问题。标准方面,着力解决标准缺失、滞后、交叉重复等问题,利用标准来改善供给、淘汰落后、引导消费、规范市场。

3. 产业组织结构:激活产业高质量发展的微观基础

产业组织是现代产业体系的重要组成部分,其变化所产生的资源使用效率与创新效率改进对产业发展至关重要。培育新支柱产业,需要构建适应新的技术经济范式的产业组织体系,包括企业组织、产业活动的空间组织和行业体系三个维度。在新技术条件下,优化企业组织结构,重点要培育一批具有全球竞争力的大型网络平台企业、制造业领军型企业和隐形冠军企业,创新产业集群建设模式,尤其需要关注基于网络的虚拟产业集群建设和培育,通过产业链、价值链和供应链的互联互接激发关联企业的创新行为。

4. 强大消费市场:推动新技术应用场景革命

需求是技术创新的重要动力,是激发产业变革的重要变量。应充分利用强大的国内市场,推动应用场景革命,提升传统消费,培育新兴消费,激发潜在消费,促进国内市场与壮大市场主体、提升供给质量的有效协同。一方面,加快市场培育,创建应用示范推广机制,创造新的市场需求和应用场景,打通新技术和产业发展之间的通道;另一方面,补齐消费领域基础设施短板,推进中西部地区、农村地区现代流通、信息网络、服务消费等基础设施建设,提升消费者消费体验。

(二) 培育新支柱产业的十大举措

一是构建以我为主的产业链供应链网络,有效应对产业链外迁。围绕解决产业链、供应链"脆弱性"问题,充分利用世界经济区域化的机遇,在多边贸易体制中坚定守住发展中国家地位,加快新支柱产业供应链国际化布局,主动构建更加安全稳固的供应链网络,保障新支柱产业技术产品和服务供应链安全。统筹处理好产业对外转移和对内转移的关系,支持部分行业加工制造环节通过外迁重构竞争新优势,通过优化营商环境、建设总部基地等举措留住供应链的研发和营销等高端环节。高度重视我国制造业产业链外迁加快的现象,千方百计留住供应链头部企业,鼓励企业深化对外投资合作,设立海外研发中心、生产基地和境外分销服务网络,积极参与全球供应链分工体系,增强对全球资源的整合能力。

二是积极参与 WTO 改革和国际经贸规则重构,为新支柱产业发展争取有利的国际环境。"十四五"时期,我国大概率会进入高收入国家行列,能否守住发展中国家的地位,关系到基于发展中国家身份获得的特殊与差别待遇能否继续享有,对新支柱产业发展至关重要。应坚持非歧视和开放的核心价值,积极参与 WTO 改革和相关国际规则的形成或重构,妥善选择立场,提出更多有利于新支柱产业发展的方案,稳步推动"三降"(降关税、降壁垒、降补贴)。全面梳理国内各类产业政策,系统评估实施效果,提高相关规则制定和实施的法制化水平。

三是发挥新型举国体制优势,突破技术、设备和人才多重封锁。创新重大科技项目遴选方式和形成机制,聚焦高端芯片、关键元器件、先进制造工艺、基础软件、高端工业软件等,联合攻克关系国家安全的"卡脖子"技术,强化"杀手锏"技术研究,做好反制预案。加强技术创新普惠性政策支持,扩大研究开发费用税前加计扣除范围,优化费用归集和操作规程。用好各级财政技术改造专项资金和引导基金,支持制造业技术改造、共性技术研发、核心零部件生产和节能设备更新。加强科技管理部门、行业主管部门、科技类社会组织等之间的协调,完善科技金融服务体系,构建"基础研究+技术攻关+成果产业化+科技金融"的全过程科技创新生态链。完善科技人才培育机制,解决"重知识、轻能力,重应试、轻创新,重论文、轻贡献，重应用、轻基础"等问题，全面提升创新人才培养质量，加强创新人才的培养和储备。

四是破除制造企业转型高成本和高风险困局，推动制造业高质量发展。推进工业化与信息化深度融合，加强工业互联网平台、公共技术服务平台等建设，积极开展企业业务系统云端迁移示范，鼓励重点行业对关键核心装备和技术工艺进行升级换代，提升复杂产品、尖端产品制造能力。加快制造企业主辅分离，推广服务流程外包，引导大型制造企业通过技术创新、模式创新和业务创新，逐步由单一生产制造企业向研发设计、市场营销、品牌运作、数据管理等产业链上下游拓展，扩大对高端服务的市场需求，使研发设计、检验检测、人工智能、品牌管理等高技术含量、高附加值服务业成为制造业高质量发展的关键支撑。引入保险、基金运营方式，建立企业转型风险疏解机制。

五是加大新型基础设施建设，强化发展"硬支撑"。创新新型基础设施投融资模式，构建多元化投融资体系，有序推进5G、人工智能、工业互联网、物联网等新型基础设施建设，但要避免盲目建设、重复建设。坚持"补短板"与提升水平并举，加大传统基础设施领域"补短板"力度，补齐农村基础设施和公共服务设施建设短板，加大城际交通、物流、市政基础设施等投资力度。推进传统基础设施智能化改造，形成动态感知、全面覆盖、泛在互联、精准决策的智能化运维系统。

六是加强产权、标准、征信等建设，打造发展"软环境"。加大财产权和知识产权保护力度，健全知识产权的权利归属制度和利益分享机制，完善知识产权维权机制和预警防范机制，加大侵权惩罚力度，加大侵权者违规成本，给企业家和创新者吃下定心丸，促进创新成果知识产权化。围绕新支柱产业发展需求，全面开展基础共性标准、关键技术标准、行业应用标准研究，特别是产业融合领域的标准制（修）订，建立高水平的产品和服务标准体系，建立标准动态调整机制，以高标准引领新支柱产业高质量发展。加强企业征信体系建设，培育精益求精的工匠精神，大力营造诚信经营、追求卓越的制造文化。

七是提升数据治理能力，掌握产业数字化转型主动权。数据是重要的战略性基础资源。围绕新支柱产业，提升数据标准化水平和治理能力。推进数据要素改革，推进数据标准化建设，研究制定数据分析、数据安全、数据质量管理等技术标准，以及数据处理平台、开放数据集、数据服务平台类新型产品和服务形态方面的标准等。加强与我国国情相适应的数据治理顶层设计，强化数据确权、数据流动交易和数据隐私保护，建立数据采集、确权和流动机制。建设全国一体化大数据中心，建设数字经济试验区。支持建设跨行业、跨领域的工业互联网平台，加强大型平台企业数据使用的规制。强化国家数据主权保护，倡导建立数字经济国际规则。

八是加快产业政策转型,构建产业政策和竞争政策协调机制。顺应国际经贸规则变化趋势,适应产业高质量发展要求,推动产业政策由差异化、选择性向普惠化、功能性转变,建立与国际经贸规则接轨的政策体系,创造公平竞争的市场环境和市场秩序。全面清理和废止不利于全国统一市场建设的政策措施,促进产业政策的区域协调性;制定行业管理"政策清单",促进产业政策的行业规范性;推进"竞争中性"或"所有制中性"原则,防止产业政策在国有企业与民营企业间的不公平对待,全面改善产业政策与竞争政策的协同性。加快产业政策的立法工作,设立专门的产业政策监督部门,限定产业政策的规模和层次,监管产业政策的执行与调整,并强化事前事后的评估指导,形成全国统一化的产业政策管理体系,有效改变和避免产业政策的令出多门和混乱无章的局面,不断提升产业政策的法治化水平。

九是以要素市场化改革为重点降低制度成本,进一步优化营商环境。培育新支柱产业,不能再走挑选"优胜者"、政府"拔苗助长"的传统路子,应加强国家层面的统一协调,以降低制度成本为重点进一步优化营商环境。围绕提升竞争公平性、投资安全性、信贷可及性,推动已有政策落地生根,完善保护民间投资者合法权益的政策,放开市场准入,让投资者充分体会到权利平等、机会平等、规则平等;完善保护民间投资者合法权益的政策,减少承诺不兑现、新官不理旧账等问题,给民间投资吃上"定心丸"。坚持推动制度交易成本和市场交易成本"双降",深挖简政放权空间,在结构性减税方面推出更多实质性举措。着眼建设统一市场、破除平等竞争的障碍,深化垄断行业和要素市场改革,理顺资源和要素价格机制,引入公平竞争性审查机制,推动资源要素自由流动和优化配置。打破行政主导技术创新资源配置模式,健全协同创新、转移转化的创新收益分配制度。加快探索负面清单或产业准入的审管分离制度,强化事中事后监管,对新业态新模式实施包容审慎监管。

十是构建新兴技术风险防范机制,引导和规范新技术应用。建立重大科技安全事件应急处理机制,通过制度化建设前瞻性做好风险防控。加强人工智能、生物技术等潜在风险研判和防范,建立安全标准制度、安全评价制度、安全等级和标志制度等,探索建立触发式监管机制。建立健全法律法规,出台数据安全法,尽快研究和制定人工智能、生命科技等新兴科技领域的专项法规,明确科学研究和技术开发、应用中应遵循的基本伦理准则。建立健全有关个人隐私保护、数据资产评估、数据流通规则等法律法规。加强科技伦理制度化建设,加快制定人工智能、新生物技术等新兴技术伦理准则,引导和规范新技术应用。健全人工智能应用的伦理框架,研究身份认同、算法偏见、个体能动性、平等性等伦理问题,提高算法决策的公平性和透明度。健全基因编辑等生物技术伦理准则,明确其伦理界限、目标以及伦理审查等。引入刑罚机制,加大对违规践踏科技伦理底线行为的惩处力度。建立完善的科技伦理教育机制。

（课题组成员：黄汉权　涂圣伟　张义博　张于喆
洪群联　刘振中　任继球）

农业现代化推进路径研究

中国农业科学院农业经济与发展研究所

党的十九大提出实施乡村振兴战略,明确了"产业兴旺、生态宜居、乡风文明、治理有效、生活富裕"的总要求,并提出了加快推进农业农村现代化的发展目标。产业振兴是乡村振兴的核心,农业现代化是重点、短板和弱项,是中国未来农业发展的方向。因此,分析我国农业现代化发展现状,明确未来发展的远景目标和实现路径,将对于我国乡村振兴战略发展目标的实现具有重要的理论与现实意义。

一、新中国成立以来我国农业现代化建设实践

农业要为发展中国家的经济起飞提供重要的原始积累,就必须把传统农业改造为现代农业,即实现农业现代化。现代农业是相对于传统农业而言的,人们对现代农业特征的认识会因时而变,是一个动态变化的过程。

(一) 改革开放前后,从片面到全面的农业现代化发展阶段

1978 年之前,农业现代化的基本内涵是指农业机械化、水利化、

产业发展

化肥化、电气化。

1978—1983 年,改革开放推动农业现代化全面发展,农业现代化的基本内涵延伸到经营管理现代化。该时期农业生产快速发展,实现了粮食基本自给。

1984—1991 年,家庭联产承包责任制推动农业现代化稳步发展,该时期农业现代化的内涵在农业科学化基础上向农业信息化、农业产业化延伸。该时期农村城镇化水平不断提高,畜禽等副产品供应不断增长。

1992—1999 年,市场经济体制下,农业现代化的进程逐步纳入市场化、产业化、国际化和开放化的轨道上来。该时期农业生产的物质技术条件较大改善,土地生产率的大幅提高,农产品供求由长期短缺转变为"总量基本平衡、丰年有余"的基本格局,农业劳动力出现向城市流动的趋势,农业科技促进生产的作用日益突出。

(二) 21 世纪以来,统筹城乡发展下加速发展的农业现代化阶段

21 世纪以来,统筹城乡发展下农业现代化进入加速发展阶段。农业现代化内涵演变为用现代物质条件装备农业,用现代科学技术改造农业,用现代产业体系提升农业,用现代经营形式推进农业,用现代发展理念引领农业,用培养新型农民发展农业。这一阶段农业综合生产力的不断提高,农业支持力度不断加大,农业产业结构进一步优化,农村水电路等基础设施不断完善。

(三) 党的十八大以来,以习近平总书记关于"三农"工作的重要论述为指导,全面深化农村改革下的农业现代化

党的十八大以来农业现代化更加强调绿色发展和农业、农村的协调发展。党的十九大明确提出坚持农业农村优先发展,按照产业兴旺、生态宜居、乡风文明、治理有效、生活富裕的总要求,实现城乡融合的发展。

该时期农业农村工作取得突出成就。具体表现为农村土地改革进一步深化,土地流转进程加快,适度规模经营已成趋势。农业综合生产能力实现新跨越,农产品质量及安全水平不断提升。农业初加工、精加工农产品所占农产品市场比重增大。农村电商、旅游等新业态不断壮大,有效带动了农民就业和增收。农民收入来源结构日趋多元化。

二、国际农业现代化路径的经验借鉴

(一) 根据资源禀赋选择农业现代化实现路径

任何国家农业现代化路径选择必须结合耕地、水资源、从业人员的技能等农业

禀赋和农业现代化发展阶段选择农业现代化发展路径。美国模式代表了地广人稀的农业现代化路径,日本模式代表了人多地少的农业现代化路径,而西欧模式在资源均衡下将机械化与生物化并重,实现土地利用效率和劳动生产率二者兼顾。因此,结合资源禀赋条件适当选择符合国情的农业现代化路径对一国的农业发展具有重大意义。

(二) 政府强力推进农业现代化进程

纵观国外农业现代化发展成功经验,政府一直扮演着重要角色和发挥着重要作用。第一,政府结合资源特征进行农业区划,形成专业化农业生产格局。第二,各国都建立了有效的农业经营合作组织,避免农业的蛛网波动。第三,政府从立法、政策、科技等各方面切实加大对农业支持。第四,重视农业科研的公共投入。

(三) 高度重视对农业从业人员的技能培训

现代化农业要求农业从业人员必须具备专业的劳动技能和较高的智力水平,因此,农业发达国家都对农业从业人员提出基本的技能要求,并重视各种农业技能培训。此外,农业发达国家都建立有完善的产学研体系,为农业发展提供智力支持。

(四) 调整农业经济结构并适时扩大经营规模

日本经验表明调整农业经济内部结构,实现农业产出多元化,转移农业剩余劳动力,实现适度规模经营,有利于满足日益增长的城市消费需求,实现农户收入的增长。

(五) 建立和推广农业生产标准化体系

现代市场经济和农业产业化发展要求相应的农业标准化。发达国家凭借先进的科技与严格的法制管理,其农业标准体系的建立和推广实施已相对完备。目前,在美国、欧盟、日本等国都对农产品制定严格标准,以规范生产、加工和流通各环节,保障食品安全和质量。

三、我国农业现代化面临的突出问题

(一) 社会保障制度不健全,适度规模经营难度大

家庭联产承包责任制解放了农业生产力,激发了农民的生产积极性,小农生产

方式已经无法适应国民经济发展的需要,农业现代化迫切要求适度规模经营。但目前,我国农村的社会保障制度仍很不健全,农民基本生活保障的功能实际上是由承包土地来承担的,土地社会保障功能逐渐显化并扩大,限制了土地规模经营。

(二) 农业资金流通不顺畅,农业补贴作用发挥难

农业补贴政策体系问题在于,一是农业补贴面广、补贴分散,各环节、各类别上补贴水平低,导致补贴难以集中发挥效能。二是在农业财政资金管理方面涉及部门众多,不利于资金的统筹安排和使用,补贴效率难以提升。三是农业补贴资金跨政府层次过多,资金在层层下拨中由于监督机制不健全容易被占用,导致补贴资金流失。

(三) 农产品贸易体制机制不健全,出口商品结构不合理

农产品的进出口贸易是我国国际贸易的重要组成部分。目前,农业进出口方面还存在以下问题:第一,中国还没有与世界各国形成规范化的沟通交流机制,对世界农产品贸易信息、政策等缺乏深入了解和分析。第二,农产品外贸体制不完善,存在出口基地备案、检测体系建设严重滞后,生产和贸易相互脱节等问题。第三,出口商品结构不合理。农产品出口贸易结构中,原料和初级产品所占比重过高,而高档次、高技术含量、高附加值的加工品出口增长较慢,所占比重较小。

(四) 我国自然灾害频发,国内外市场风险加剧

我国农业面临的风险问题主要来自以下三个方面:第一,自然风险。近年来,各种自然灾害发生的频率和造成的损失呈不断上升趋势,严重影响了中国农民的增收。第二,市场风险。我国的市场机制尚不完善,农业生产经营者对市场信息掌握并不全面,无法适应不断变化的市场需求。第三,国际风险。中国经济已成为世界经济的一部分,国际上的经济环境必然冲击中国经济,农业会受到较大影响。

(五) 人多地少矛盾突出,耕地资源不断减少

我国农业自然资源仍然短缺,其中人多地少的资源矛盾最为突出。随着我国城镇化、工业化对用地刚性需求的增加,因灾损毁土地和退耕还林占用土地等原因的影响,农业发展所需的耕地资源会不断减少,在农产品供给方面也将面临更大的压力。在这样的耕地资源情况约束下,我国农业现代化道路的推进将面临严峻挑战。

四、我国农业现代化建设的基本思路和发展方向

（一）我国农业现代化建设的指导思想和基本原则

1. 指导思想

深入贯彻习近平新时代中国特色社会主义思想，围绕统筹推进"五位一体"总体布局和协调推进"四个全面"战略布局，牢固树立创新、协调、绿色、开放、共享的发展理念，以乡村振兴战略为统领，以提高质量效益和竞争力为中心，以深化农业供给侧结构性改革、推进农业农村体制机制创新为动力，构建现代农业产业体系、生产体系、经营体系，加快推进农业农村现代化，让农业成为有奔头的产业，让农民成为有吸引力的职业，让农村成为安居乐业的美丽家园。

2. 基本原则

——坚持党管农村工作；

——坚持农民主体地位；

——坚持改革创新；

——坚持绿色发展；

——坚持对外开放；

——坚持城乡融合发展。

（二）我国农业现代化建设的基本思路

以乡村振兴战略为统领，以提高质量效益和竞争力为中心，加快农业供给侧结构性改革与农业农村体制机制创新。农业供给侧结构性改革方面，按照"稳粮优经扩饲"的总体思路，保障国家粮食安全，优化产品结构；加快农村土地流转、入股等多种形式的适度规模经营，优化经营结构；立足资源禀赋和区位优势，明确区域定位和主攻方向，优化区域结构；推进农村一二三产业融合发展，优化产业结构；加快农业科技创新与应用，优化技术结构。农业农村体制机制创新方面，推进粮食等主要农产品价格形成和收储制度改革；深化农村产权制度改革，盘活资源要素活力；改革财政支农投入机制，增强指向性、精准性和实效性；加快农村金融创新，把更多的金融资源引向农业农村；鼓励产业创新，活跃农村经济，推进城乡融合发展。

（三）我国农业现代化建设的战略目标

到 2025 年，全国农业农村现代化取得全面进展。国家粮食安全得到高水平保

障,农产品供给体系结构、质量和效率显著提高,农业绿色发展全面推进;现代农业生产体系、产业体系、经营体系进一步发展,乡村产业加快发展,农民收入水平进一步提高;农村基础设施条件持续改善,农村人居环境显著改善,生态宜居的美丽乡村建设迈上新台阶;城乡融合发展体制机制初步建立,农村基本公共服务水平进一步提升。东部沿海发达地区、大城市郊区、国有垦区、粮食主产区和国家现代农业示范区基本实现农业现代化。

　　到2035年,全国农业农村现代化基本实现。国家粮食安全战略全面落实,农产品供给体系结构、质量和效率得到根本性改善,农业绿色发展基本实现;现代农业生产体系、产业体系、经营体系基本完善,农民收入水平显著提高,共同富裕达到新高度;农村生态环境根本好转,乡风文明迈上高水平,生态宜居的美丽乡村基本实现;城乡融合发展体制机制更加完善,城乡基本公共服务均等化基本实现。

表1　我国农业现代化建设指标测算

一级指标	测算指标				
	指标名称	单位	基本实现现代化目标值	全面实现现代化目标值	现状值（2017年）
1.产业体系建设水平	（1）粮食单位面积产量	公斤/亩	400	500	367
	（2）劳均畜产品产量	吨	0.7	1.1	0.41
	（3）劳均农业增加值	元	40000	60000	31258
	（4）养殖业产值占农业总产值比重	%	45	60	—
	（5）农产品加工业与农业总产值之比		3.5	4.5	—
	（6）农林牧渔服务业增加值占农林牧渔业增加值的比重	%	4.8	8	4
2.生产体系建设水平	（7）农作物耕种收综合机械化率	%	75	90	66
	（8）农业科技进步贡献率	%	65	75	57.5
	（9）有效灌溉率	%	60	70	—
	（10）每百人农户计算机拥有率	%	50	80	18
3.经营体系建设水平	（11）土地适度规模化经营比重	%	45	55	—
	（12）畜牧规模化养殖比重	%	70	80	—
	（13）水产健康养殖示范面积比重	%	70	75	—
	（14）初中及以上农业劳动力比重	%	80	95	—

续表

一级指标	测算指标				
	指标名称	单位	基本实现现代化目标值	全面实现现代化目标值	现状值(2017年)
4.质量效益水平	(15)农业劳动生产率	元	50000	65000	32472
	(16)城镇化率	%	65	80	—
	(17)每万人拥有医护人员数	人	50	80	—
	(18)每万人拥有文化站数	个	1	2	0.7
	(19)农村恩格尔系数	%	35	20	—
	(20)农民人均纯收入	元	22000	40000	
5.绿色发展	(21)水土流失面积比例	%	25	20	
	(22)单位能耗创造的农林牧渔业增加值	元/吨标准煤	22000	30000	—
	(23)农药减量化	%	−1	−2	
	(24)化肥减量化	%	−0.5	−1	−2.08
	(25)秸秆综合利用率	%	85	90	82
6.支持水平	(26)农林水事务支出占农林牧渔业增加值的比重	%	30	40	28.93
	(27)单位农林牧渔业增加值的农业贷款投入	元	0.6	1	—
	(28)农业保险深度	%	0.8	1.2	—

五、我国农业现代化的实现途径

(一) 政府支持与引导机制

政府作为农业现代化建设过程中最有力的支持者和主导者,其支持与引导机制主要从四个方面建立:第一,加强农业基础设施建设,改善农业生产条件和生态环境。第二,建立政策性农业保护体系,以适应社会主义市场经济发展的需要。建立以最低价格、缓冲储备、风险基金和补贴等价格保护政策和农业结构政策、农业立法、保护基本农田、增加农业科研投入等非价格保护政策相互补充的农业保护体系。第三,加强对农业的宏观调控,并给农业以适当的保护。第四,建立农产品收购的风险基金制度和专项储备制度,以便达到农产品供需平衡,有效防范市场风险。

(二)深化土地制度改革

我国现有的农村土地产权制度缺陷明显,严重阻碍了农业现代化推进,深化土地制度改革势在必行。一是在农村地区探索建立"注册农业经营者"制度,鼓励符合条件的专业农户成为耕地流转交易主体。二是简化土地功能区设置,划出农业保护区、城市拓展区、生态建设功能区和生态保护功能区等土地功能区,由不同层级政府分别管理。农业保护区由中央政府管理,城市拓展区由地方政府管理。通过这个办法,稳定农业经营者和农村居民对土地用途的预期,降低地租率,更快扩大我国农业经营的规模化水平。

(三)调整优化农业生产布局

各地农业要因地制宜,突出特色,根据社会经济条件和农业资源禀赋调整农业区域结构,充分利用和发挥资源优势,重点发展本地优势农产品,构建专业化、规模化优势农业产业集聚区。

1. 东北地区稳定粮食生产,大力发展畜牧业

一是提升国家粮食生产核心区生产能力,巩固"东北大粮仓"优势地位。二是利用环境承载潜力较大、玉米饲料资源丰富的优势,大力发展畜牧业。三是在东北北部建设全国绿色食品生产样板区,在东北南部推进设施农业发展。

2. 华北地区稳定提高粮食生产和畜牧业水平

一是粮食主产区以高标准粮田建设为抓手,以推广节水品种为关键,稳定粮食生产能力;稳定发展畜牧业,推动家庭分散饲养向园区规模养殖转变。二是抓住京津冀协同发展战略机遇,拓展农业生态生活功能,建设京津都市农业圈。三是燕山、太行山脉地区大力发展小杂粮产业,壮大速冻食品、方便食品、休闲食品加工产业。四是开展国家草畜一体化模式试点,建设规模化草食畜牧业基地。

3. 西北地区节水保生态

一是推进国家级旱作农业示范区建设,重点发展地膜玉米和马铃薯生产,实施马铃薯主粮化战略。稳定发展小麦生产。二是加快推进新疆棉花生产全程机械化,降低棉花种植成本。三是加快特色果品产业提质增效,建设苹果、核桃、花椒、葡萄、枸杞等特色产业带。四是大力发展草产业,以草畜平衡为基础发展草食畜牧业。五是抓住"一带一路"建设,推进西北地区与中亚地区开展农业国际合作,在边境口岸地区建设一批农产品出口加工园区,努力开拓农产品国际贸易。

4. 长江经济带提高农业效益

一是在长江上游地区,加强四川盆地千斤粮万元钱粮经复合基地和云贵高原粮仓建设。大力发展高原特色农牧业,加快水果、茶叶、橡胶、咖啡、中药材等特色产业发展。二是在长江中游地区,在稳定粮油生产的同时,丰富作物品种。巩固生猪、家禽、禽蛋、淡水渔业生产优势地位。三是在长江下游地区,加快粮食生产功能区和现代农业综合区建设,稳定粮食生产,增加农业效益。

5. 华南地区"挖潜增效"

一是划定基本农田,加快建设高标准基本农田,创建"亩产吨粮县"。二是建设广西高产糖料产业带,提高糖料生产效益。三是大力发展热带水果、天然橡胶等热带作物。四是大力发展冬季农业,做大做强冬季瓜菜、南繁制种等特色产业,提高对全国的供应能力。五是调减畜禽养殖总量,实现种养平衡。六是依托海洋资源,大力发展海洋渔业,打造"蓝色食品基地"。

(四) 完善农业科技创新和推广机制

通过农业科技创新来推动农业现代化建设就是促进科学技术与农业经济相互结合,把农业发展真正转移到依靠科技进步上来。具体而言,可以从以下三个方面入手:第一,强化终端综合管理,弱化交易环节的财政补贴,为市场主体自主采用先进农业技术留下充分空间。第二,强化对农业科研机构的支持管理。对于优秀技术,上溯其技术类型以及技术研究和服务机构,对技术推广效果好的研究机构给予鼓励。第三,创新对小农户的管理支持方法。在小农户为主的农业区域建立"先进技术创新和推广区",政府只根据合作区采用和创新先进技术的情况确定对合作区的奖励,以此来获取新技术推广的规模效应,加快新技术的创新和推广。

(五) 建立新型职业农民培育机制

充分利用农村中等职业学校等来培养新型职业农民,不断创新其办学模式、培养模式和教学模式。在办学模式上,加强与政府、新型农业经营主体的协作,建立产业带动、政府主导、部门指导、生产经营主体参与、学校实施的协作培养体制机制。在培养模式上,在加强专业技能培养的同时,要充分利用新型农业经营主体的生产经营场所,加强实践教学,实现农科教结合。在教学模式上,鼓励农民通过"半农半读"等方式就地就近接受职业教育。同时改变培养培训形式,采取"培训+培育、课堂+课外、线下+线上、专家+学员"的教育方式,让农民能够"听得懂、学得会、带得走、用得上、致得富",多层次培养大批新型职业农民。

(六) 发展农业产业组织与组织体系

为了推进中国的农业现代化建设,需要进一步发展农业产业组织与组织体系。

第一,既要支持农业产业组织的创新发展,又要防止因政府干预过多而导致产业组织的不断异化。科学辨析某种产业组织是异化还是创新,关键是要把握不同产业组织的本质内涵。第二,鼓励小规模合作社的联合发展。合作社的联合发展则可以克服小规模合作社在这些方面的局限,并且能有效融入合作组织的其他功能,拓展合作组织的发展空间。第三,推进集生产合作、信用合作、供销合作"三位一体"的区域性农合联组织发展。在"三位一体"农合联组织的发展中,选择适合于当地实际的路径,加快政府职能转换,赋权农合联组织以及推进供销社的改革与转型发展,是"三位一体"农合联组织健康发展的关键。

(七) 推动城市涉农的人才、科技、资金等要素下乡

在乡村振兴的大背景下,推进农业农村现代化建设,关键在于促进城乡之间信息、技术、人才、资金等要素的双向自由流动,特别是注重把城市的信息、技术、人才、金融等先进要素注入到农村的发展之中。

第一,多策并举,吸引各路人才。从政策扶持、资源配置、服务供给、环境配套等方面综合发力,加速"农民进城"和"市民下乡";建立柔性引才机制,采取人才租赁、技术合作、项目开发等办法从高等院校、科研院所引进专家学者,对农业现代化建设进行指导。

第二,分类引导,注入工商资本。出台政策措施,创新财政撬动机制,吸引更多社会资本进入"三农"发展领域;结合绿色金融发展,鼓励商业银行加大对"三农"开发项目信贷投放力度,支持收益较好、能够市场化运作的项目开展股权和债券融资。

第三,活态传承,复活乡愁文化。依托各类高校和科研机构,对非物质文化遗产、民间历史故事、传统手工业和地方特色产业文化等资源进行挖掘与开发。

六、 政策建议

实施乡村振兴战略与推进农业农村现代化是新时代解决"三农"问题的基本方针政策。党的十九大报告提出,要坚持农业农村优先发展,按照产业兴旺、生态宜居、乡风文明、治理有效、生活富裕的总要求,建立健全城乡融合发展体制机制和政策体系,加快推进农业农村现代化。根据我国农业农村现代化发展面临的新形势、新问题,加快推进农业农村现代化的重点和任务主要体现在以下八个方面。

(一) 创新发展适度规模经营,健全现代农业经营体系

积极适应现代农业发展环境的重大变化,发展多种形式适度规模经营,构建以

农户为基础、新型经营主体为骨干、其他组织形式为补充的立体式复合型现代农业经营体系。培育新型农业经营主体,分类扶持专业大户、家庭农场、农民合作社、龙头企业等新型农业经营主体及社会化服务组织,培养生产经营型、专业技能型、社会服务型的高素质职业农民。壮大农村集体经济,拓宽农村集体经济发展渠道,创新经营理念,提升农村集体经济发展水平。

(二) 加快调整农业产业结构,建设现代农业产业体系

建设现代农业产业体系,要在稳定粮食生产能力、确保国家粮食安全特别是口粮绝对安全基础上,积极调整农业生产结构,大力发展现代畜牧业、园艺业、水产业、林业,大力发展高附加值、高品质的农产品生产。不断优化农业区域布局,根据各地的资源比较优势发展农业生产,形成区域专业化的生产布局,逐步改变农业生产布局"小而全""大而全"状况;积极延伸农业产业链条,大力发展农产品加工和流通业,发展农业社会化服务业,发展围绕农业活动的第三产业,推动粮经饲统筹、农牧渔结合、种养加一体、一二三产业融合发展。

(三) 强化设施装备科技支撑,完善现代农业生产体系

加快破解农业生产物质基础条件仍较差,抗灾能力薄弱,生产效率低下难题,夯实农业生产能力基础。一是持续推进农业基础设施建设。加强重大水利工程建设,提升防洪抗旱能力。严守耕地红线,扎实开展耕地质量保护与提升行动,统筹各类农田建设资金,分区域推进高标准农田建设。二是强化农业装备支撑,推动设施装备升级,建设一批跨区域、大规模、高标准、现代化的设施农业示范区,提高设施农业发展水平。三是推动农业科技创新。深化农业科技体制改革,继续加大农业科研投入,支持农业基础性、前沿性、公益性科技研究,实施智慧农业工程和"互联网+"现代农业行动,加快农业科技成果转化。

(四) 提升粮食生产能力,完善粮食安全保障体系

第一,保障有效的粮食生产。在保证市场需求的条件下,注重提高粮食生产质量,保障粮食的无害性,增加"无公害、绿色、有机"的中高档粮食产量供给。

第二,保障有效的粮食进口。立足"国外粮食市场是补充"的原则,根据国内粮食生产情况,合理调控各种粮食的进口量。

第三,保障有效的粮食储备。优化国家粮食储备布局,在粮食主产区继续执行粮食"去库存"政策,从产加销各环节出发,坚决解决好粮食"超高库存"问题。

(五) 全方位增加农民收入,构建多元化农民就业保障体系

第一,增加农民经营种养业收入,重视发展粮食和特色农产品生产,优化品种

结构,提高单产水平,发展生态循环农业,保障农民种粮收益,在此基础上延长产业链、完善利益链,促进农民从新产业新业态发展中受益。

第二,增加农民工资性收入,鼓励支持农村富余劳动力外出打工,发展具有特色的农村经济,引导农民工就业创业,拓宽农民增收渠道。

第三,增加政府对农民的转移性收入,全面落实粮食综合直补、耕地保护资金、农业机具购置补贴等强农惠农富农政策,增加农民转移性收入。

(六) 深化农村金融服务综合改革,完善农村金融组织体系

一是创新财政支农机制,放大财政支农政策效应。发挥好财政支农资金对乡村振兴的引导与支持作用,提高财政支农资金和农业补贴的使用效益。二是鼓励保险机构针对区域特色优势农产品开发保险产品,发展互助合作保险,健全农业保险大灾风险分散机制。三是健全农村诚信体系和完善农业信贷担保的法律法规为农村金融的发展营造良好的环境,培育新型农村合作金融组织和农村资金互助组织,探索和丰富农村金融机构类型,创新适合农业生产经营者的金融产品。

(七) 转变农业发展方式,发展农村新业态

面对我国农业领域出现的新变化、新挑战,加快转变农业发展方式,实现农业生产由增产导向向提质导向转变,走出一条一二三产业深度融合发展的农业农村现代化发展道路。优化农业生产结构和布局体系,协同推进农产品生产和加工业、服务业协同发展。以建设现代农业产业园、现代农业示范区、农业科技园区为载体,挖掘农业生态价值、休闲价值、文化价值,因地制宜推进农业与文化、信息、教育、旅游、康养等产业深度融合,培育壮大乡土经济、乡村产业,达到一产优、二产强、三产旺,形成相互紧密关联、高度依存带动的完整产业链。

(八) 推进农业信息化,促进现代农业转型升级

完善农村信息服务体系,积极引导电信运营商、电商、金融机构等共同推进信息进村入户。开展面向基层农民的科技和文化知识远程教育服务。在实施乡村振兴战略的时代背景下,加快农业转型升级,大力发展智慧农业和数字农业,加强物联网、智慧装备的推广应用,推进信息进村入户,提升农民手机应用能力,建设全球农业数据调查分析系统,基本建成集数据监测、分析、发布和服务于一体的国家数据平台,实施智慧农业遥感应用工程,加快现代农业发展。

(课题组成员:胡志全　辛岭　杨敬华　李超

王一杰　关昕　何蕾　于琳　刘衡)

"十四五"时期增强我国制造业竞争新优势研究

中国社会科学院工业经济研究所

近年来,全球制造业发展与国际分工格局正在出现一些新的变化,将对未来我国制造业的发展产生重要影响。经过改革开放40多年的发展,我国一些制造业发展水平有较大幅度的提高,具有较强的国际竞争力,但仍有许多产业的技术水平距世界一流存在较大差距。同时,随着中国产业结构与要素结构的不断升级,中国制造业的比较优势也在不断发生变化。"十四五"时期,应基于我国制造业面临的新形势与新问题,采取有效措施,不断增强制造业竞争力新优势。

一、全球竞争形势和国际分工格局变化

(一)发达国家提出重振制造业战略、促进制造业回流

国际金融危机后,以美国为代表的发达国家重新认识到离岸外包造成的产业空心化的危害和制造业对支持创新、促进就业的重要作用,纷纷提出重振制造业的一系列法律、战略和政策。由于长期的离岸外包损害了美国制造业特别是劳动密集型产业赖以存在的"产业公地"(Industrial Commons),美国既缺少劳动密集型制

造业的人力资源供给,又缺少相关配套产业和国内产业链支持,还不具有工资水平优势,因此美国所谓的振兴制造业,重点是推进美国具有比较优势的先进制造业发展,劳动密集型产业回流的难度很大。从图 1 可以看到,2013—2018 年间美国制造业、耐用商品制造业、纺织和纺织品产业、服装皮革和相关产品制造业的增速相对于国际金融危机之前有所回升,但非耐用商品制造业的增速甚至有明显下降。从图 2 可以看到,2013 年以来美国制造业、耐用商品制造业、非耐用商品制造业占GDP 的比重都有明显下降。据此可以判断,美国重振制造业政策的效果并不明显。当然,如果新一代信息技术特别是机器人、3D 打印、智能制造等技术的成本能够显著下降,劳动密集型产业生产线的柔性化程度更高,从而在不大幅度提高制造成本的情况下实现按需定制,将会使一些满足个性化需求的高端劳动密集型产品向发达国家回流。

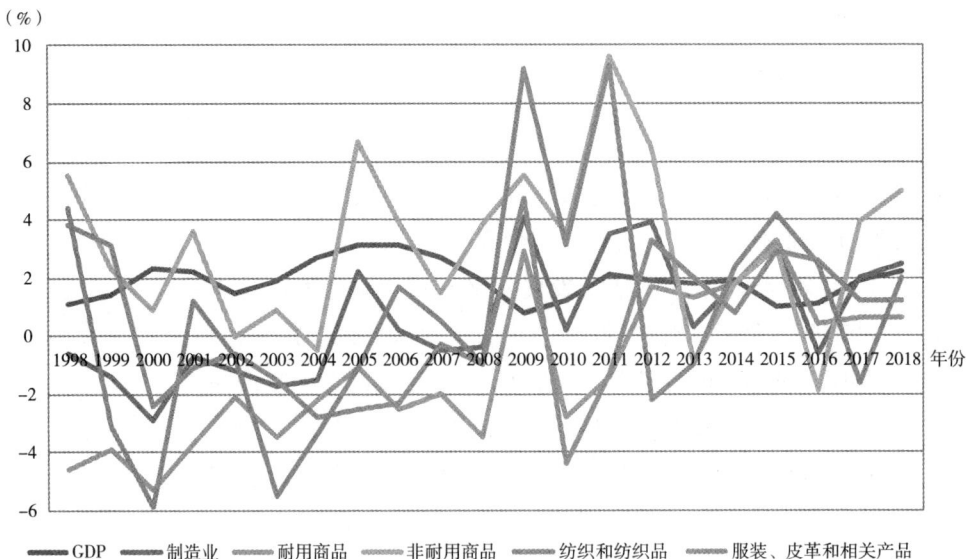

图 1　1998—2018 年美国制造业增速变化

（二）世界制造业重心向发展中国家特别是亚太地区转移

随着以中国为代表的发展中国家的经济快速增长,发展中国家和亚太地区在制造业产出和贸易中的比重不断提高,而西方发达国家的影响力此消彼长的下降。其中,东亚和太平洋地区制造业增加值占全球的比重已从 2004 年的 31.57%逐步提高至 2016 年的 44.27%,并且自 2008 年超越欧洲和中亚地区成为全球制造业增加值占比最高的地区之后,其领先优势逐年扩大;欧洲和中亚地区制造业增加值占全球的比重从 2004 年的 33.37%逐渐降低至 2016 年的 23.52%,从领先东亚和太平洋地区变为仅有后者的一半多一点;而北美地区制造业增加值占全球比重的位

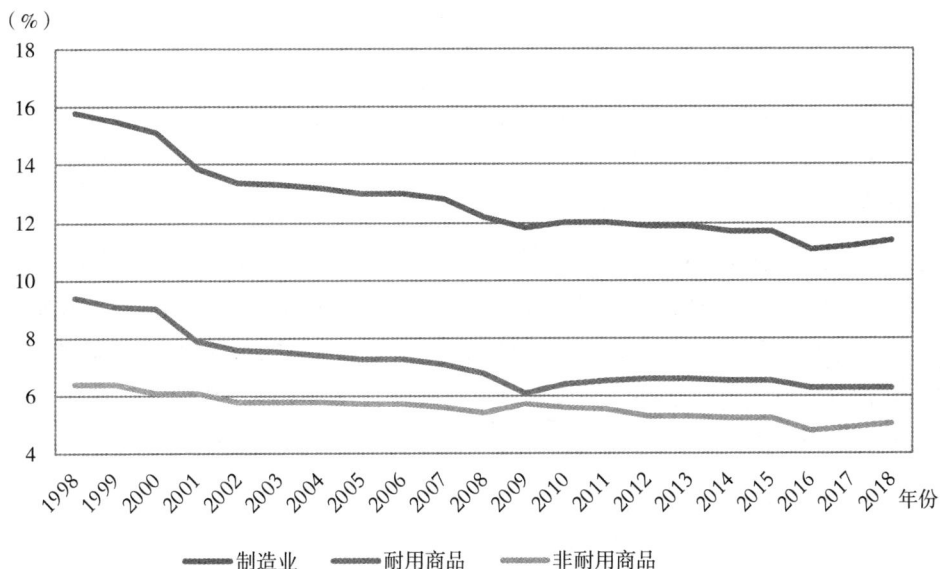

图2 1998—2018年美国制造业结构变化

次尽管一直保持在全球第三位,但其绝对值却从2004年的24.57%降低为2016年的19.04%。整体而言,驱动全球制造业增长的重点动力区域,已从东亚和太平洋地区、欧洲和中亚地区、北美地区"三足鼎立"演变为"一核两翼"。这一区域格局演变的背后,是中国制造业的快速崛起。如果不计入中国大陆制造业增加值占全球的比重,那么东亚和太平洋地区制造业增加值占全球的比重在2004—2016年间基本呈逐步下降态势(见图3)。

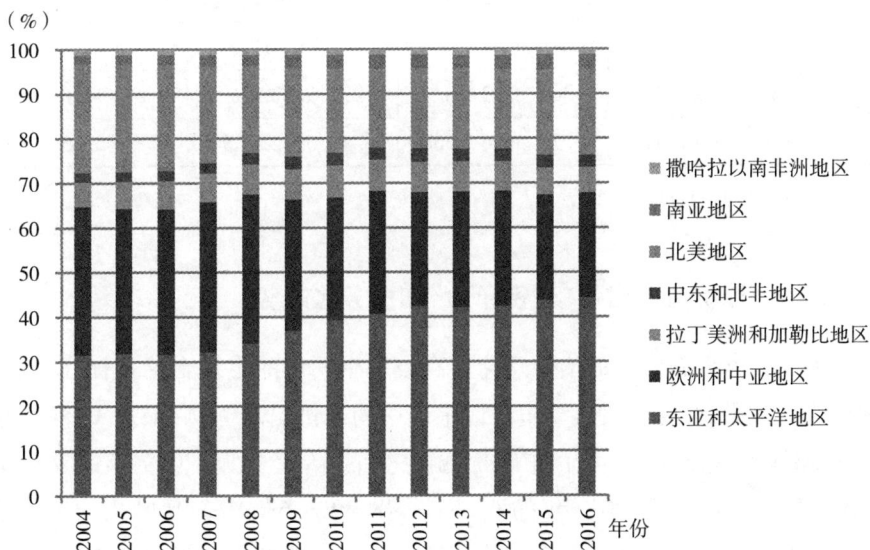

图3 2004—2016年全球制造业增加值在七大区域的分布情况

资料来源:世界银行(World Bank)。

（三）发展中国家大力招商引资，劳动密集型产业发展加快

近年来，一些经济发展水平较低的发展中国家加强基础设施建设、加大招商引资力度，推动劳动密集型产业发展。中国因素在其中起到非常重要的作用：一方面，由于人工红利消退、工资水平上涨，中国正在失去在劳动密集型产业的成本优势，使其他一些低成本发展中国家的成本优势凸显；另一方面，中国倡导的"一带一路"致力于与广大发展中国家政策沟通、设施联通、贸易畅通、资金融通、民心相通，加强国际产能合作，推动"一带一路"沿线发展中国家基础设施和产业配套的完善，使其在劳动密集型产业的成本优势得以更充分的发挥。从结果来看，中国的一些劳动密集型产业开始向东南亚、南亚等国家转移，一批经济发展水平较低的发展中国家劳动密集型产业增速加快，经济开始起飞，埃塞俄比亚、加纳、几内亚、科特迪瓦、尼泊尔、土耳其、孟加拉、坦桑尼亚、罗马尼亚等国家的经济增速超过中国。从商品出口数据看，这些发展中国家劳动密集型产品的出口额不断增长，占国际市场的份额不断提高（见表1）。

表1　中国和东盟劳动密集型产品出口占世界比重的变化（2007—2017 年）

	地区	2007	2008	2009	2010	2011	2012	2013	2014	2015	2016	2017
电子数据处理和办公设备	东盟	16.36	16.43	15.87	15.82	13.75	13.28	13.12	13.45	14.61	14.32	13.70
	中国	30.42	32.25	33.97	37.66	39.28	40.55	40.69	37.12	35.82	34.13	33.86
纺织	东盟	4.61	4.45	4.96	5.38	5.30	5.23	5.34	5.41	5.60	5.77	6.01
	中国	23.35	26.01	28.20	30.40	31.99	33.77	35.26	35.83	37.29	36.63	36.60
服装	东盟	8.12	8.31	8.36	8.92	8.96	9.27	9.32	9.58	10.51	11.0	12.17
	中国	33.1	33.0	33.7	36.6	36.7	38.4	39.2	38.7	38.3	35.5	33.6

资料来源：https://data.wto.org/。

（四）全球价值链出现"短链革命"和服务化趋势

发展中国家创新能力的增强意味着高技术中间产品本地自给率提高，从发达国家的进口减少，全球价值链缩短。以中国中间品进出口为例，最近10年间中国从美国、德国、日本的中间品进口份额显著下降，分别从2008年的70.39%、53.65%、70.92%下降为2017年的63.68%、48.39%、63.91%，反映出中国在中高技术中间品技术水平的上升。全球价值链变短对全球贸易的发展具有抑制作用。从1995—2007年，几乎所有全球价值链中的贸易迅速增长，而2007—2017年间，

几乎所有商品生产价值链中的贸易强度(即总出口与总产出的比率)都有所下降。在全球创新型产品中,计算机和电子产品的贸易强度下降了12.4%,机械设备下降了8.9%,电气设备下降了8.3%,汽车下降了7.9%,运输设备下降了6.2%,化学品下降了5.5%,劳动密集型产品中的纺织和服装的贸易强度下降了10.3%。世界经济结构总体上呈现服务业比重提高的趋势,同时服务的可贸易性增强,全球价值链中的服务活动增加。

(五) 以数字技术为代表的新工业革命正在改变全球产业格局

近年来,以云计算、大数据、物联网、移动互联网、人工智能、区块链、增强现实为代表的新一代信息技术加快成熟和产业转化,正在对世界各国经济和全球价值链布局产生深刻的影响。第一,形成新的全球价值链。新科技的成熟不断催生新产品、新模式和新业态,规模足够大之后就会成为新的产业。由于发展中国家与发达国家的起跑线基本相同,因此成为发展中国家实现换道超车的历史机遇。中国已经在数字经济领域显示出蓬勃发展的势头。第二,新兴数字产业发展具有路径依赖的特征。数字经济从针对终端用户的消费互联网起步,主要业务集中于门户网站、搜索引擎、电子商务等领域。第三,数字技术具有强大的赋能力,会使全球价值链各环节所需投入要素禀赋发生改变。智能机器人、3D打印、人工智能等新科技不但能够替代体力劳动,还能替代脑力劳动,智能制造、无人工厂等新型生产模式已经出现,传统的劳动密集型制造业与加工制造环节变得更加资本密集化,劳动力成本的重要性下降。

(六) 逆全球化回潮,但基于比较优势的全球价值链分工不会改变

一方面,特朗普当选美国总统后,高擎"美国优先"的大旗重新对双边和多边贸易规则进行谈判,如退出跨太平洋伙伴关系协定(TPP),与墨西哥重新谈判达成贸易协定,与日本就美日货物贸易协定(TAG)展开谈判,2018年3月发布《对华301调查报告》并据此向中国对美出口商品加征关税。另一方面,对全球化的支持无论是在美国国内还是在世界范围都是主流,许多国家正在为推动经济全球化的进一步深入发展而努力,一些双边贸易协定正在谈判或已经签署。2018年7月,欧盟和日本签署《欧日经济伙伴关系协定》,双方商定在未来15年大幅度降低关税,欧盟和日本自由化程度分别达到99%和96%。其中,欧盟的零关税产品覆盖99%的从日本进口货物,其余1%则通过配额以及关税递减等逐步实现;日本将覆盖97%的从欧盟进口货物,剩余空间主要是保护日本的农业。特朗普也一方面对世界许多国家提出加征关税的威胁或实施制裁,另一方面又在2018年七国峰会上提出"三零"(零关税、零壁垒、零补贴)原则。可以说,"全球化是历史大势","当

前世界上出现的一些逆全球化动向只不过是全球化潮流中激起的几朵浪花,阻挡不住全球化大潮"。虽然全球化与反全球化的博弈将长期存在,但面对全球化在发挥比较优势、优化全球资源配置、增进国民财富等方面的作用不可替代,以比较优势为基础的全球价值链分工格局不会改变。

二、中国制造业的优劣势分析

(一) 中国制造业的优势产业与特征

当前中国已在一些产业方面具备较强国际竞争力,主要包括纺织、服装、冶金、家电、建筑机械、高铁、发电机组、光伏和人工智能等。这些产业具有以下一个或多个方面的特点。

1. 劳动密集型产业或产业链环节

由于发达国家不具有劳动力和工资成本优势,所以劳动密集型产业大部分已经转移到成本更低的发展中国家。中国在改革开放之初农村剩余劳动力丰富且工资水平低,通过改革开放、参与国际分工,逐渐形成了在纺织、服装等劳动密集型产业的优势。虽然近年来工资水平上涨较快,但良好的基础设施、完善的产业配套条件、素质较高的劳动力在一定程度上弥补了工资水平的上涨。代表性产业有纺织、服装等。

2. 技术成熟且规模化生产的产业

许多传统产业的技术成熟度高,缺少重大技术创新;一些新兴产业领域在实现商业化后,技术的进步也开始放缓,产品的生产工艺和技术性能指标相对比较稳定。通过发挥较低的生产成本、巨大的生产规模优势和高效的工程化、产业化能力,中国在许多具有这类特点的产业快速实现了从无到有、从大到强的升级,成为世界市场的主要供应者。代表性产业有冶金、建材、家电等。

3. 与基础设施建设相关的产业

基础设施建设与经济发展水平密切相关。随着我国经济的快速发展,全球与基础设施建设相关的大部分新增市场需求都来自中国,发达国家本身的市场需求很小。在这种情况下,发达国家的跨国公司为了进入中国市场不得不向中国进行技术转移,中国企业依靠持续不断的市场需求增强自己的能力和技术水平。代表性产业有水力发电机组、火力发电机组、高铁,这类行业也是"以市场换技术"比较成功的少数几个产业;建筑机械特别是桥梁、隧道工程机械及其建材产业,依托中国巨大的市场需求、复杂的应用场景,不仅实现了对发达国家先进水平的追赶,而且形成了中国自己的优势。

4. 由市场规模优势决定的产业

ICT 和数字经济产业具有典型的规模效应和网络效应特征,即用户从产品或服务获得的价值取决于使用该产品的用户总规模,因此人口规模大、潜在用户多的国家就容易建立起用户基础,发挥网络外部性,培育出全球领先的企业。基于巨大人口规模形成的巨型网络化市场,是中国在以数据资源和泛在连接为特征的新兴制造领域快速崛起的重要原因。

5. 颠覆性创新的少数新兴产业

在具有颠覆性创新特征的新兴产业中,世界各国基本处于相同的起跑线上,哪个国家起步早、投入大、配套环境完善就有可能抢占产业发展的先机,这也是后发国家实现"换道超车"的契机。代表性产业是人工智能产业、新能源产业等。人工智能技术在其发展的第三次热潮中找到"大数据+深度学习"的技术路线,最终实现了产业化。我国人口多、互联网产业发达,应用场景丰富,在数据方面具有明显优势,成为人工智能产业发展的有力支撑条件。新能源产业主要是以光伏、风电为代表的行业,我国光伏和风电产业的市场规模约占全球 1/2。

(二) 中国制造业的劣势与表现

中国虽然是世界第一制造大国,但有许多产业的技术水平距世界一流存在较大差距,即使在具有优势的产业中,一些产品虽然解决了有无的问题,但是在原材料、零部件、生产设备、试验和检测仪器、试剂、软件等方面"缺芯少魂",在质量、可靠性、使用寿命等方面仍有较大的差距。中国制造业的劣势目前主要集中在生产中间产品的产业和高端技术装备产业。如先进装备、先进原材料、精密仪器、核心零部件、创新药品等。这些产业具有以下一个或多个方面的特点。

1. 需要长期技术积淀的基础性产业

发达国家在关键基础材料、核心基础零部件(元器件)、先进基础工艺和产业技术基础等"四基"产业的优势是经过反复的试验、试错和长期积累形成的,一大批"隐形冠军"企业构成其全球竞争力的基础,许多核心技术都属于商业秘密和隐性知识,难以扩散。这些企业与整机企业建立了长期稳定的合作关系,整机企业一般不会轻易更换供应商,造成新企业难以进入。同时,"四基"产品的巨大研发投入已经通过长期累积的巨大产量摊薄,新进入企业投巨资虽然也可能实现技术突破,但是产品很难具有价格竞争力,也阻碍了新企业的进入。代表性产业有特种金属材料、特种有机材料、精密电子零部件等。

2. 需要巨额研发投入的高科技产业

这类产业一方面具有技术先进、前沿的特征,需要大量的创新型人才、先进的科研仪器与生产设备;另一方面产品的开发和商业化又耗资巨大,发展中国家的企业无论在人才还是资金方面都不具备优势。典型产业是制药行业,欧美制药公司的每种新的化学药物上市需要花费十亿美元的巨资、耗费数年时间,这是发展中国家的企业很难承受的。

3. 产品设计与制造工艺高度复杂的产业

复杂产品通常由上万甚至上百万零部件构成,涉及许多行业及行业之间的技术和知识。整机企业通常需要具备产品整体架构的设计能力,特别是新一代产品架构创新能力,在汽车等产业还需要在具备核心部件(如发动机、变速箱)等方面具有优势。代表性的产业有燃气发动机、集成电路、大飞机等产业。

4. 依托产业生态发展的高科技产业

这类产业的成功不仅取决于核心产品或服务的技术水平,而且受到生态系统其他配套产品或服务的影响。发达国家由于进入早,在这类产业已经形成市场领先地位,围绕核心产品形成了为数众多的配套产品和服务,后发国家虽然可能开发出性能更优的核心产品,但是很难获得足够的配套厂商的支持、建立可以与已有系统竞争的完善生态,因此对用户缺乏吸引力。代表性的产业有操作系统。

5. 对制造质量高度依赖的产业

与发达国家制造业相比,我国在一些基本元器件、原材料的差距远远大于产业大类和产品种类上的差距。这些产业的差距主要体现在产品性能与质量的稳定性上,例如,高端医疗器械和介入人体的医用材料,大型水电设备、化工装备中需要用到的阀门等。我国的成本优势无法弥补这些产业市场信誉和品质的差距。在某种程度上,这些产业的差距也是由我国制造管理和操作工人水平低导致的。

三、中国制造业传统优势的变化趋势

(一) 劳动力成本优势弱化,劳动密集型产业逐步向外转移

产业的比较优势主要体现在国际贸易中,改革开放 40 多年来,中国的主要贸易对象是美国等发达国家,中国劳动力成本的比较优势突出。尽管从整体上看,与发达国家相比,我国制造业就业人员平均工资仍然较低,还存在一定的相对劳动生产率优势。但与发展中国家相比,我国制造业从业人员工资连年增长,特别是 2010 年以来制造业就业人员平均工资每年都在以超过 10% 的速度增长。课题组在泰国、缅甸、老挝投资的中资企业调研时了解到,生产线上从事常规操作的普通工人,中国用工成本是泰国的 2—3 倍,是缅甸和老挝的 7—8 倍。这一方面造成发达国家制造业投资转向其他发展中国家;另一方面,我国劳动密集型产业也有向成

本更低的国家转移的趋势。

（二）制造业增速由领先全球转向落后于亚洲部分地区和国内服务业，但高端制造业保持较快增长

中国制造业规模跃升全球第一之后，增长速度逐步回落。2010 年之前，中国制造业增速几乎是其他国家和地区的 2—3 倍，2010 年之后，这种增长势头开始下降，东南亚大部分国家制造业增速已超我国。"十三五"期间，我国制造业对 GDP 的拉动作用已低于服务业，在 GDP 中的占比逐年下降，"服务经济"正在逐步取代"工业经济"。制造业增速虽然呈下降趋势，但高端制造业仍保持较快增长，结构性优化趋势显著。2019 年 1—5 月，高技术制造业投资增长 10.2%，增速高于全部制造业投资 7.5 个百分点；其中，电子及通信设备制造业投资增长 14.2%，医疗仪器设备及仪器仪表制造业投资增长 9.8%，医药制造业投资增长 8.1%。

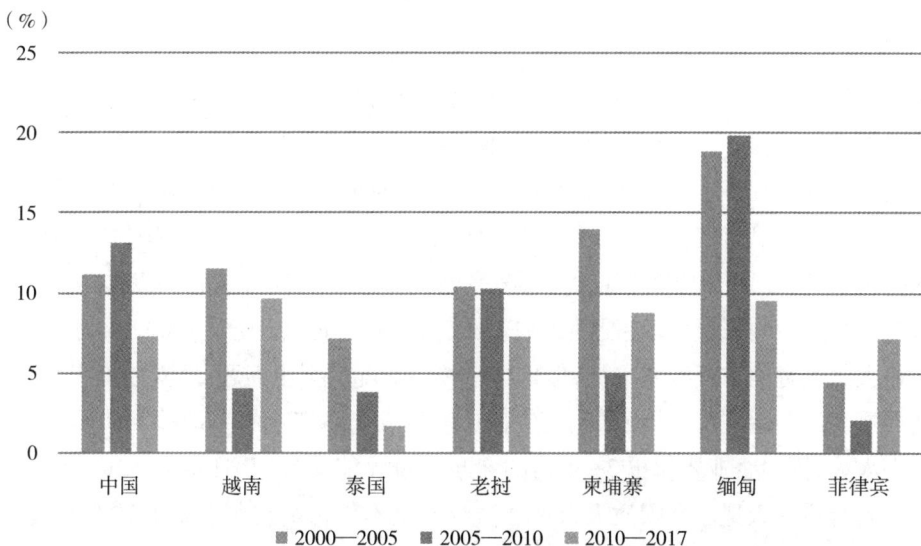

图 4　中国与 6 个经济区域的制造业增长速度比较

资料来源：UNIDO，International Yearbook of Industrial Statistics，2019。

（三）"工程师红利"将取代普通劳动成本优势，但高端人才仍然短缺

新世纪以来，我国高等教育特别是理工科高等教育的发展，培养了规模庞大的有一定专业知识储备的工程技术人员。根据美国国家科学基金会发布的《2018 科学与工程指标报告》，2000—2014 年科学与工程学专业大学毕业生总人数，中国为 1478.7 万人，位居世界第一，比美国多 65%。相对于先进制造业发展水平更高的发达经济体的工程技术人员，我国工程技术人员的工资较低，并且在劳动力市场竞

（％）

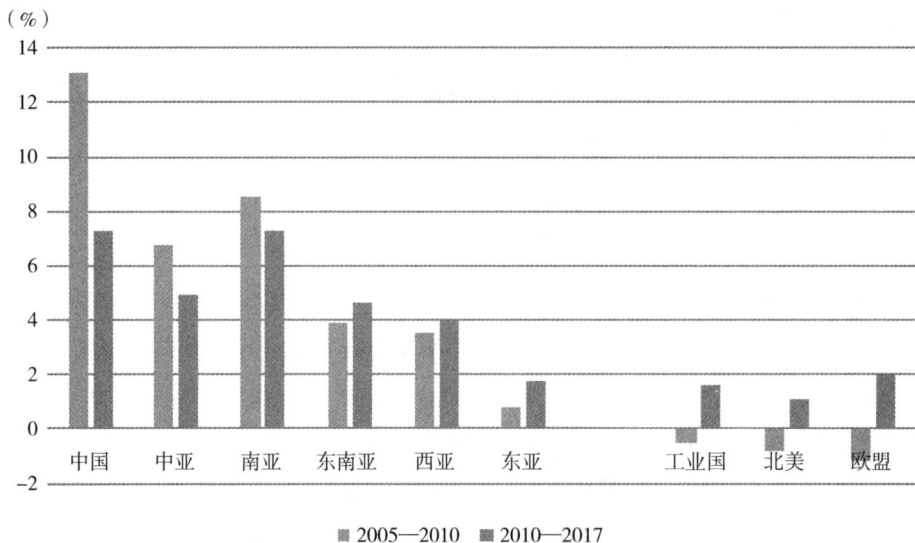

■ 2005—2010   ■ 2010—2017

图 5　中国与各地区制造业增长速度比较

资料来源：UNIDO，International Yearbook of Industrial Statistics，2019。

争压力的推动下，我国工程技术人员能够承受更长的工作时间、对不同工作环境的适应能力也更强。正在形成的"工程师红利"为我国发展先进制造业提供了良好的人力资源基础。不过，随着制造业自动化、智能化的发展，制造业的人力资源需求结构会发生显著变化，对能够从事计算机和精密仪器操作的工程师和技术员需求持续上升，如果不能继续加大高等教育特别是理工科高等教育的发展力度，"工程师红利"的可持续性就会受到影响。此外，尽管目前我国已有 1000 多万受过理工科大学教育的工程技术人员，但也存在技能错配的突出问题，高素质工程技术人才严重短缺。课题组在调研中了解到，对于集成电路产业的高端技术研发人才和管理人才，国内企业要付出 3～5 倍的薪酬溢价才能从韩国、日本或我国台湾地区招聘到合适的人选。高素质人力资源供给不足不仅影响我国制造业转型升级，而且也会形成短缺溢价，增加产业的成本负担。

（四）庞大的国内市场是制造业转型升级的潜在优势，但转化为竞争优势需要多种政策协同

从历史上看，日美两国的贸易战曾导致日本生产制造成本上升，促使日本产业向他国转移。当前的中美贸易摩擦同样对中国产业发展产生了一定影响，但是中国与日本有所不同的是，中国国土空间大，东中西和南北地区经济发展水平和劳动力成本存在一定梯度，中国市场的规模优势和产业的空间转移仍可释放出劳动力成本的比较优势。"雁阵模式"等区域产业分工理论认为，产业会随着地区要素禀赋的变化而进行跨区域再配置，形成有梯度次序的"雁阵"空间发展

（万人）

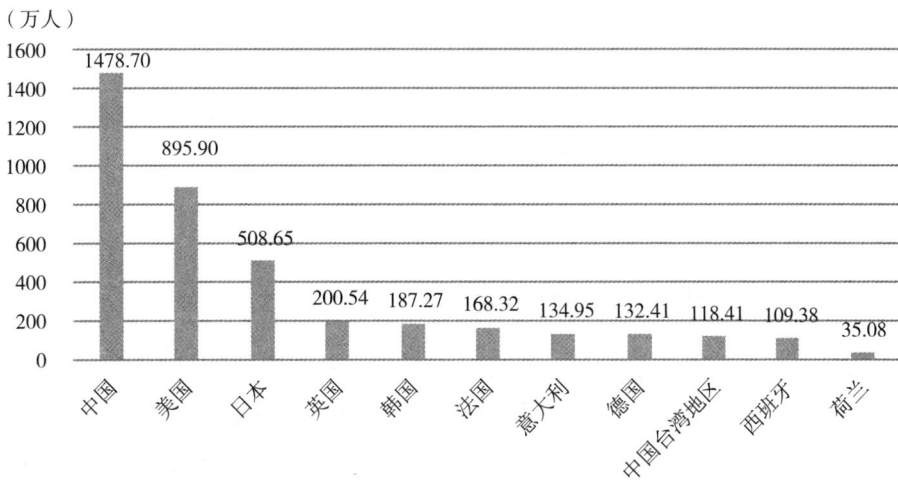

图6　2000—2014年全球主要制造业经济体科学与工程学专业大学毕业生累计人数

注：具体学科领域包括物理和生物科学、数学与统计学、计算机科学、农业科学、社会/行为科学、工程学。
资料来源：美国国家科学基金会（NSF），Science and Engineering Indicators，2018。

模式。具体到我国，东部地区的劳动密集型产业在当地已不具备优势的情形下向中西部地区转移，在生产流程改进升级的基础上可以维持甚至强化原有的比较优势。中西部地区的发展，在提高当地居民收入水平后，会形成新的制成品市场需求特别是劳动密集型消费品需求。因此，在外需增长速度放缓的背景下，面对中西部地区的潜在需求，中国需要协同产业布局政策、内需政策和环境政策等，引导劳动密集型产业向中西部转移。以产业转移替代劳动力流动，不仅降低用工的成本，而且也不会增加物流成本，这有利于进一步挖掘我国劳动力成本的比较优势。

（五）智能制造正在抢跑，但基础能力欠缺拖发展后腿

数字经济时代，宽带网络、电子支付等数字基础设施的重要性持续提高。但从一些传统的衡量方法来看，目前中国的数字技术发展水平和普及率在全球仅仅居于中游，在2016年世界银行"数字技术普及应用指数"中位列第50（共131个国家），"网络就绪指数"位列第59（共139个国家）。这是以全国平均发展水平作为衡量依据的。我国数字基础设施还存在不平衡的问题，发达地区和欠发达地区之间、城乡之间差距很大。应加快推动云、网、端等数字基础设施建设，提高普及水平。提升工业"四基"能力，是破解制约我国制造业创新发展和质量提升的关键途径。工业"四基"能力的提升，只能通过建立健全可持续的创新生态系统来实现。在构成可持续的创新生态系统的三个关键要素（充满活力创新的主体、企业研发和政府监管与国际标准接轨的创新资源配置机制、以多样化为导向的开放和竞争

的创新氛围）上，目前我国都存在较大差距，这在工业"四基"领域表现得尤为突出。

四、我国制造业竞争力新优势的形成基础与源泉

（一）基于产业体系完备性的分工效率在持续提升

我国已形成门类齐全的制造业体系，既能够为社会提供各种必需的生活用品，满足居民和政府部门的物质消费需求，又能为国民经济各部门的简单再生产活动和扩大再生产活动提供技术装备。完善的产业配套具有专业化分工的效率优势，这一优势不会因为产品的贸易流向而发生改变。中国完整的生产制造体系对于克服成本上升具有重要作用。完备的产业体系和完备的产业链配套，可灵活地根据市场需要调整产品结构，缩短了制造业创新的产业化周期，这是我国制造业开发国内外市场的有利条件和资本，这一优势对企业在"走出去"和"一带一路"建设中也具有帮助。尽管美国等发达国家近些年大力推行制造业复兴，但整体看，除了少数先进制造业的装备、零部件和材料有优势，它们的基础配套能力相对较弱，随着产业的发展，缺乏配套的劣势会进一步显现，而我国完整的制造业体系优势会随着经济发展而日益明显。

（二）产业集群集聚的技术外溢效益逐步显现

在知识溢出、伙伴网络、资助网络等因素影响下，产业集群集聚现象会促进制造业企业知识生产能力和知识转移能力的提高，从而为制造业发展提供良好知识交流和技术创新环境。近些年来，尽管随着产业转移进程加快，我国制造业行业集聚趋势有所逆转，并且部分技术水平相对较低的行业呈现出比较明显的扩散布局的趋势。虽然与发达国家相比，我国对全球产业发展产生重要影响的世界级产业集群还比较少，但我国电子信息、生物医药等技术水平较高的行业的集聚程度在逐步提高。数量众多的同类企业聚集在临近的地理区域，相互间的知识交流、资源共享开始逐渐增加，因此，随着产业集聚区内的知识交流强度的提升，基于产业集群集聚的外部规模经济优势会越来越大。

（三）基础设施对制造业发展的支撑能力不断增强

目前，我国产业基础设施水平处在发展中国家前列，在部分领域甚至已超过一些发达国家，这为我国制造业发展提供了极大便利。一般而言，与制造业生产经营

有关的基础设施,既包括电力等能源基础设施,又包括道路等物流基础设施。就能源基础设施而言,在与制造业关联最紧密的电力基础设施领域,我国在发展中国家处于领先地位;而在电网发展最前沿的智能电网建设中,我国处在与发达国家并肩前行的位置。在风力发电、太阳能发电等可再生能源利用规模大幅扩张的背景下,全球能源开发利用正在向多元化、清洁化的方向发展,智能电网已成为支撑第三次工业革命的重要能源基础设施。在这方面,我国与美国、德国、日本等发达国家处在第一阵营。此外,我国物流方面的硬件基础设施质量在发展中国家和新兴经济体国家中居于首位,包括海关通关等物流服务在内的物流综合绩效领先所有发展中国家。

(四) 中国制造业搭上新技术革命的快车

新科技革命中,我国利用在技术研发、生产制造和消费市场形成的综合优势,不断出现新的增长点。例如,在新一代信息技术领域,我国和美国成为全球人工智能技术研发和应用开发的领军者,芯片设计和制造取得显著突破,在人工智能芯片设计上不输给发达国家,无人驾驶汽车的进展在全球处于领先地位,物联网、车联网发展稳步推进。在大分子药物领域,中国制药企业也迎来赶超的机遇。此外,中国还是全球光电、风电装机增长最快的国家,已经是全球最大的新能源汽车生产和销售国。

(五) 制造业与服务业融合发展形成发展新动力

在借鉴发达国家历史经验的基础上,满足新工业革命和信息社会发展新要求,针对当前国内制造业、服务业转型和升级面临的实际问题,国内企业探索多条最适合中国国情的制造业与服务业融合发展路径。在生产要素层面,制造业与服务业要素实现深度融合,例如,中车株洲电力机车研究所长期坚持在轨道交通领域的技术创新高投入,以轨道交通产品为基础向新能源、新能源汽车、船舶、工程机械、家用电器等电力电子行业扩展,实现了研发设计引领的制造升级和制造产品市场拓展。在用户层面,制造业与服务业融合有效提升用户价值,例如,我国工程机械行业近年来实现高速发展,普遍都升级产品服务为全生命周期管理,不仅为工程机械业主方提供实时查询、工况监管、供需发布等增值服务,还构建了工程机械大数据库,为行业管理、统计分析、企业经营决策提供数据参考。

(六) 国内消费升级和"一带一路"国际市场拉动

消费升级带动我国市场对原创、智能、绿色、高质、个性化的制造产品市场的需求增长,蕴含着万亿级规模的商机,已经带动了汽车、轻工、医药、食品饮料、纺织服装、家电等制造业的转型升级。在"一带一路"倡议的带动下,我国制造业出口和对外合作进入新的阶段。例如,到 2018 年末,中欧班列已开通 1.2 万列,从国内 52 个城市出发抵达欧洲 15 个国家的 49 个城市,运输货物品类已从最初的轻工用品、日用百货等逐步扩大到汽车汽配、粮食食品、木材、家具、化工品、机械设备等多种类商品,笔记本电脑等科技含量高、附加值高的商品逐渐增多。中国是全球第二大对外投资国,已经成为越南、泰国、马来西亚等东南亚增长较快国家最大的对外投资来源国。我国制造业对外经济关系已经由传统的简单进出口阶段进入全球布局要素和产能阶段。

五、"十四五"时期制造业发展总体思路与政策着力点建议

(一)"十四五"时期我国制造业发展的总体思路

"十四五"时期,制造业的发展要按照高端化、智能化、绿色化、服务化的方向,促进工业化深度发展,实现中国制造向中国创造、中国速度向中国质量、中国产品向中国品牌的转变。具体来说,"十四五"时期制造业发展应遵循以下思路:

由一般制造业向先进制造业迈进,保持制造业比重基本稳定。必须保持制造业在国民经济中的比例结构,避免"脱实向虚"和制造业空心化。到 2030 年,中国制造业占 GDP 的比重应保持在大约 30% 的水平为宜,至少应保持在 25% 以上。

由数量增长转向高质量发展,强化创新驱动,保障产业安全。需要进一步深入推进供给侧结构性改革,提高供给质量,使制造业更安全、绿色,不仅满足国内消费升级和产业升级的需要,而且要实现关键技术、关键环节的突破,化解高科技"卡脖子"困局。

由严重依赖美国等发达国家的外需转向更多依靠国内和"一带一路"沿线国家市场,实现更深入、更全面的对外开放。"十四五"时期制造业发展要抓住随着消费升级、产业升级带来的国内市场扩大和需求升级的机遇,针对模仿型排浪式消费向个性化、多样化消费转型形成的点,有针对性地开发设计产品并加强市场开拓,更加重视国内市场的开发开拓,将制造业增长的拉动力更多转到内需上来。

由跟随型、平推式工业化转向跨越型、立体式工业化。"十四五"时期制造业的发展要从跟随型转向跨越型,从追求产业规模的平铺式扩大转向在保持传统产业优势的同时,实现在高技术产业、战略性新兴产业和前沿技术产业的突破,占领未来产业竞争的制高点。

由制造业单兵突进转向"两个 IT"深度融合、"制造+服务"两业并举。未来制

造业发展要抓住先进制造业与现代服务业深度融合、工业技术与信息技术深度融合的机遇,加快推进数字化、网络化、智能化、服务化转型,既要重视数字经济的模式、业态创新,又要重视数字经济为实体经济赋能,利用信息技术提高传统产业的创新能力以及效率和效益,通过服务化开拓新的增长点、提高市场竞争力。

由以贸易为主参与全球价值链分工转向以贸易—投资相结合深度参与全球价值链分工。一方面,通过国内腾笼换鸟和产业升级与劳动密集型产业向低成本发展中国家转移,形成以我为主的劳动密集型产业的全球制造网络;另一方面,加快推动中国制造业的数字化转型,打造工业互联网平台,构建以数字技术为核心的全球制造网络,进而培育一批全球价值链的旗舰企业、链主企业。

(二)"十四五"时期增强我国制造业竞争优势的政策建议

优化制造业发展环境。产业发展所需要的宏观政策环境应是微观监管与宏观调控协调有序、政府与市场各司其职,不同经济主体公平竞争的生态环境。建立统一开放、竞争有序的现代市场体系,政府的主要职责定位于市场管不了和管不好的领域,为企业发展提供公平竞争的营商环境,消除制约市场配置资源的障碍。坚定推行反垄断和竞争政策,从国际市场和国际竞争的战略视角认识和对待反垄断问题。以公平竞争制度建设为主线,将竞争政策着力点从市场准入和市场结构监管转变到进入后企业的行为及其对市场绩效的影响,使竞争政策在培育世界一流企业和促进新兴产业成长中发挥作用。

全方位推进实施"智能+制造",培育制造业的数字化比较优势。要利用我国5G与数字经济优势,鼓励支持产业基础领域和产业链补短板领域企业深度利用互联网、云计算、大数据、人工智能等现代信息技术,推动研发、生产、运营向数字化、网络化、智能化转型,大幅提升企业创新能力和集约化发展水平。支持面向行业应用构建专业大数据服务平台,建设工业互联网功能平台,提供基于行业的工业云服务,强化数据信息集成应用,为产业基础领域和产业链补短板领域企业提供更加先进的信息技术服务,最大限度释放信息生产力。提升针对企业的网络服务质量,降低企业尤其是小微企业获取信息服务的成本,切实使产业基础领域和产业链补短板领域企业享受到网络提速降费带来的益处。

推动国内外制造业协作,开辟制造业对外开放新格局。坚持"引进来"和"走出去"并重,推进重点产业领域国际化布局。健全产业安全审查机制和政策法规体系,营造稳定公平透明可预期的营商环境。积极引导外资投向高端制造领域,鼓励在我国设立全球研发机构。深化技术和产能国际合作,建设一批境外合作园区。以数字经济发展与"智能+制造"为契机,以工业生产贸易推动与周边国家合作,带动制造业网络形成,产业链的对接,重点形成与南亚、东南亚的信息网络和制造业供应链体系。

促进制造业产业转移,实现东中西高水平对接。以深化"放管服"改革、创新园区管理模式和运行机制、健全完善绩效激励机制为重点,通过赋予中西部地区各级经济开发区更大改革自主权,持续改善中西部地区承接产业转移环境,增强中西部地区的内生产业发展动力,以优良的产业发展环境和强大的产业配套能力,吸引聚集各类生产要素,促进东中西部地区良性互动,逐步形成基于互补性区域优势的产业布局体系。依托西部地区沿边重点口岸城镇区位和资源优势,以试点建设自贸区、综合保税区为抓手,更大力度推进西部地区对外开放,改善西部地区的加工贸易配套条件,促进加工贸易在从东部地区向西部地区转移过程中实现转型升级。

建立健全人才培养、引进政策。大力促进人才链与产业链、教育链"三链融合"的协同发展,建立健全更加多元、开放、有效的人才政策体系,多措并举柔性引进和集聚国际高端人才为我所用,最大限度释放人才在引领产业升级和驱动科技创新方面的巨大潜能。聚焦产业发展需求制定精准引才方案,推动产教深度融合实现定制育才模式。瞄准产业发展短板和人才严重短缺领域,靶向引进与主导产业、新兴产业关联度高的紧缺型产业人才,补齐制约产业发展的人才缺口,逐步构建与产业发展相匹配的人才结构。加快转变政府人才管理职能,推动人才管理部门简政放权,保障和落实用人主体自主权,充分发挥用人主体在人才培养、吸引和使用中的主导作用。

(课题组成员:史丹　李晓华　李鹏飞　邓洲)

"十四五"时期增强我国制造业竞争新优势研究

中国工程院

"十四五"时期是我国经济发展的重要时期。这五年,将是国际经济环境复杂多变的五年,也是中国制造业从要素驱动转向创新驱动的关键五年。"推动制造业高质量发展,坚定不移建设制造强国"是"十四五"时期中国经济工作的核心任务。

一、中国制造业的竞争优势及变化情况

(一) 产业规模优势增强,要素成本优势减弱

作为世界第一制造大国,产业规模是中国的最大优势。中国拥有门类齐全、独立完整的工业体系,是联合国分类的制造业 39 个大类、191 个中类和 525 个小类里唯一各类产品都生产的国家,而且有 220 种以上产品的产量是世界第一。近年来,在制造强国战略推动下,中国制造业的规模不断壮大。2017 年,中国占全球制造业的比重高达 28.57%;相应地,美国占 17.89%,日本占 8.16%,德国占 6.05%。由于成品组装大多在中国,因此中国制造业还具备供应链优势,掌握市场的组织权。

我国制造业人力资源的规模也很大,拥有大量受过中等或职

产业发展

业教育的高素质工人。高等教育每年为制造业源源不断地输送工程技术人才；2017年全国本科和硕士毕业生近800万人和60万人，10年间共培养了7000万本科生和500万研究生，其中有一半是理工科，形成了"工程师红利"。

然而，作为我国制造业多年来高速发展的主要因素——要素成本优势，近年来却在逐渐减弱。根据第一财经研究院2018年所做的分析，国际金融危机后的十年间，中国的单位劳动力成本年均增速从危机前的1.5%上升到了1.7%。此外，土地价格过去十几年已经翻了一番，能源、物流成本也在不断上涨。

（二）体制优势巩固提升，市场优势有待发掘

中国特色社会主义市场经济在经济发展的实践中不断实现自身完善，巩固了中国的体制优势。在这一体制下，市场发挥决定性作用，同时政策推动力大，便于集中力量办大事。"市场主导、政府引导"的发展模式有力促进了经济发展和人民生活水平的提高。改革开放四十多年的伟大成就为此提供了充分的佐证。从1978年到2018年，中国的人均GDP从184美元增加到9780美元，城镇居民人均可支配收入从332元增加到39251元。

在中国特色社会主义市场经济中，民营经济发挥了重要作用，贡献了50%的税收、60%的GDP、70%的技术创新和90%的新增就业。民营企业家勇于创新，创造了"苏南模式""温州模式""珠三角模式"等各具特色的发展方式，有力推动了经济发展。

全国各地区政府加强区域制造业发展的规划引导，支持企业推进智能制造、绿色制造和服务型制造，完善基础设施、产业园区和公共服务平台建设，优化营商环境，吸引企业聚集，为企业提供优质服务，对区域经济发展起到了重要作用。

专栏1　案例：武汉光谷在政府助推下快速发展

在国家有关部委、省市政府推动下，武汉从2001年开始建设国家光电子产业基地，到目前已经聚集了800多家外资及港澳台资企业，其中世界500强企业93家。2017年，光谷已有市场主体8万家，其中科技型企业5.6万家。如今，武汉光谷已成为中国最大的光纤光缆生产基地、IC卡网络产品生产基地、激光设备生产基地。2016年，武汉光谷形成了光电子信息、生物医药、高端装备制造、新能源与节能环保、现代服务业五大千亿级产业板块，其中光电子产业跨上5000亿元台阶，实现总收入5002亿元。未来，武汉光谷将继续主打五大支柱产业，打造万亿级光电子产业集群，从"中国光谷"向"世界光谷"迈进。

另外，我们看到，中国14亿人的统一大市场是世界上独一无二的，但仍有很大潜力有待进一步发掘。根据国家统计局数据，2018年全国人均可支配收入实际增长6.5%，快于人均GDP 6.1%的增速；消费对中国经济增长的贡献率高达76.2%。目前，我国中等收入群体人口已经超过4亿人，2000—2016年我国城镇人口年均

增长 2100 万人,消费能力不断提高。中国如今占到了全球汽车、家电、手机、奢侈品市场的 30%以上。在大数据和移动互联网等新技术以及日臻完善的物流配送系统支撑下,中国成为世界上最大的网络零售市场,2018 年网上销售额高达 9000亿欧元。如何以高质量、多样化的产品满足如此庞大的消费群体日益增长的需求,是中国制造业面临的新课题。

在生产资料市场方面,我国制造业转型升级对数控机床、工业机器人等高端制造装备有巨大需求;中国是世界最大的机床和工业机器人消费市场,约占全球市场份额的 1/3。但目前我国 80%的高档数控机床仍然依赖进口,而我国的高端工业机器人的市场则主要被号称"四大家族"的国外企业所垄断。中国的巨大市场仍有待我国企业进一步发掘。

(三) 创新优势逐渐形成,创新体系亟待加强

创新是中国经济发展的原动力。虽然目前中国的原始创新还比较少,但由于国内市场规模庞大,应用场景丰富,为制造业提供了巨大的应用创新条件。国家加强科技创新体系建设,加大研发投入,推动了新技术、新产品的研发应用。根据中商产业研究院数据,2018 年中国研发经费占 GDP 比重为 2.18%(美国为 2.8%),研发经费总支出以 1.96 万亿元人民币排名世界第二。2018 年前 11 个月,中国的PCT 专利申请量为 4.62 万件(美国为 5.12 万件),也排名世界第二。中国涌现了一大批创新型企业。企业家们积极挖掘市场机会,开展"用产学研"协同创新,将最新科技应用到新产品研发中,逐步形成了中国制造业的应用创新优势。

专栏 2   中国高端装备创新和创新型企业案例

高端装备创新案例:C919 大型客机已进入密集试飞期;拥有自主知识产权的高速动车机组成为中国的名片,"复兴号"高速列车实现时速 350 公里商业运营,"一日三城"已不再是梦。5G 通信、"神威·太湖之光"超级计算机、"长征"系列火箭和"神舟"系列卫星、"北斗"导航等一系列新科技、新产品为全世界瞩目。世界首台百万千瓦超超临界二次再热燃煤发电机组成功投产。世界上电压等级最高、输送容量最大、输送距离最远的特高压输电工程正在建设中。多轴精密重型机床、400 马力无级变速拖拉机等产品跻身世界先进行列。
创新型企业案例:华为公司 17 万员工中 45%的人从事技术研发,每年营业收入的 15%作为研发投入。近十年华为累计获得专利授权 74307 件,其中 90%以上为发明专利。2018年华为推出的麒麟 980 芯片使用了全球最先进的七纳米集成电路制程工艺,大幅提升了智能手机的功能。大疆无人机以用户为中心,定位于发展高端产品,目前占据了全球民用无人机市场的 70%。特变电工长期坚持协同创新,从一个街道小厂成长为全球最大的变压器生产厂商,在东南亚、中东、欧洲占有巨大市场,拥有国内外专利、技术秘密千余项,参与制(修)订国际、国家、行业标准近 200 项。

近年来,我国正在建设 13 家国家制造业创新中心,创新能力有了一定提高。但必须看到,我国制造业创新能力不足、创新体系不健全、核心关键技术缺乏、"卡

脖子"问题突出、产业共性技术研发薄弱、产业链"链式创新"缺失、创新成果转让路径不畅、企业创新动力不足等问题仍很严重,创新体系建设亟待加强。

二、发展新阶段要求中国制造业必须培育新优势

(一) 高质量发展对夯实工业化基础提出新要求

改革开放四十多年来,我国制造业走的是一条逆向发展路径:从主机和成套设备入手,先解决整机有无的问题,依靠规模、市场和投资优势发展壮大,而基础产品则多年无暇顾及,长期以来形成了基础产品的进口依赖性。如今,我国经济发展进入新阶段,面临着又一次重大的路径选择:为实现制造业高质量发展,我们必须按照经济规律,从源头开始,实施工业化基础再造。这一次路径选择将使我国工业化的内涵发生根本改变:发展不再主要是体现在数量和规模上,而主要是体现在技术创新和价值提升上。

近年来,一些国家打压我国高科技企业事件的发生,向我们警示了我国工业化基础方面存在的严重问题:一是我国制造业存在一些"致命"短板技术和产品;二是我国工业化基础领域普遍存在产品质量稳定性和可靠性差、试验验证环境缺失、国产化应用困难、研发生产脱节等薄弱环节,无法适应高质量发展的需求;三是当前我国基础领域的企业实力普遍不强,出现"拖后腿"现象。

实施工业化基础再造,解决工业化基础薄弱问题,是"十四五"时期培育制造业竞争新优势的首要任务。

(二) 复杂多变的国内外形势使产业链安全问题凸显

随着中国经济的崛起,延续了几百年的由欧美国家主导世界的格局正在发生改变。百年来积贫积弱的中国经过四十多年改革开放,一跃成为世界第二大经济体,在全球经济中起着举足轻重的作用。与此同时,在经济萎缩和民粹主义思潮影响下,单边主义和保护主义抬头,反对经济全球化的势力逐渐增长。最突出的事件就是美国政府一手挑起中美经贸摩擦,并将我国一些高科技企业列入实体控制名单。这给中国敲响了警钟:在日趋复杂的国际经济环境下,是否具备安全可控的产业链,不但对于打造中国制造业的核心竞争优势,而且对于维护国家经济安全和国防安全都至关重要。

另外,产能过剩是我国制造业发展的一个严重问题,而且一些新兴产业也出现了地区产业趋同化现象,如在机器人、新能源汽车、光伏等领域,出现了低端产能过

剩、低价竞争,而高端依然被外商所把控的局面。解决这一问题的出路,在于优化产业布局,各地区根据区域特点差异化发展,打造各具特色的产业集群,构建我国制造业的现代产业体系。

(三) 新一轮科技革命给制造业升级带来新机遇

当前,以新一代信息技术、人工智能、新材料、新能源、生物技术为代表的新一轮科技革命正在席卷全球,它比历史上任何一次科技革命都影响更大、范围更广、颠覆性更强,制造业的供应链、产业链、价值链、生态链都将发生巨大变革。而且,新一轮科技革命和产业变革正与我国加快转变经济发展方式形成历史性交汇,中国科技与世界最先进水平之间的差距已经大大缩小。这正是中国制造业抓住机遇、打造竞争新优势的大好时机。

制造强国战略实施四年多来,我国制造业企业,特别是传统产业的企业对智能制造需求强烈,传统产业成为数字化、网络化、智能化改造的集中应用领域。企业通过技术改造,大大提高了生产效率,降低了人工成本,竞争力有了很大增强。传统产业从所谓"夕阳产业"转变为充满活力的"朝阳产业"。

专栏 3　案例:泉州传统产业转型升级带动区域经济发展

> 泉州市是以传统民生产业为主的制造业城市,已形成了纺织服装、鞋业、石油化工、机械装备、建材家居、食品饮料、工艺制品七个千亿级产业集群,拥有企业 11 万多家。2018 年泉州工业总产值 1.77 万亿元,工业增加值 4346 亿元,同比增长 8.9%,远高于全国平均水平。全市地区生产总值多年位居福建省首位。
>
> 泉州持续推动制造业强市,积极在传统民生产业中推进智能制造和以用户为中心的规模化定制新模式,使生产效率、产品质量和品牌知名度大幅提高。近三年技术改造投资 2500 亿元,同比增长 16.9%。全市 2000 多家企业开展"机器换工",减少用工 20%,效率提高 50%。通过生产线改造,2018 年泉州规模以上企业数字化制造推广应用率达到 50%,重点规模以上离散制造业每万名工人拥有机器人数量达到 80 台,关键装备数控化率达到 50%,均高于全国平均水平。泉州市目前拥有中国驰名商标 159 件,居全国地级市前列;一些知名品牌企业如安踏、361 度、七匹狼、劲霸、恒安、九牧、达利、盼盼等快速成长,竞争力显著增强。

应该看到,在当今的全球制造业分工格局中,传统产业是发达国家不做、发展中国家短期内做不好、而中国却具有独特优势的产业。因此,中国绝不能放弃传统产业。提高传统产业的竞争力是中国制造业培育新优势的一个重要方向。

三、"十四五"时期培育中国制造业竞争新优势的建议

我国经济进入高质量发展新阶段。面对新一轮科技革命的巨大机遇和国内外复杂形势的严峻挑战,建议"十四五"时期主要围绕以下三方面培育中国制造业的

竞争新优势。

（一） 实施工业化基础再造，强化基础支撑

我国虽然已经是世界第一制造大国，但工业化基础薄弱问题仍远远没有得到解决，存在关键技术和产品依赖进口、国产产品质量稳定性和可靠性差、试验验证环境缺失、研发生产脱节、实际应用困难等薄弱环节，无法与高质量发展的需求相匹配。"十四五"时期，从供给侧入手，再造工业化基础，对于我国建设制造强国、摆脱其他国家的制约和封锁具有决定性意义。

聚焦"五基"开展布局。"十四五"时期，强化工业化基础再造应聚焦于基础产品类，主要围绕"五基"开展布局，即：基础零部件/元器件（包括高端芯片和传感器）、基础材料、检测检验设备和平台、特种制造工艺和装备、工业软件。

建议按照三个层次，分类施策，实施工业化基础再造：

（1）发挥我国体制优势，实施"突破工程"，解决"卡脖子"短板。遴选出极少数主要依赖进口、严重影响经济安全和国防安全的"卡脖子"短板开展攻关。中央地方联动，国企民企协同，力争在 3—5 年内实现突破，解决最紧迫的工业化基础问题。

（2）强化政府和市场相结合的优势，继续推进工业强基工程。一是开展"一揽子"重点突破，形成关键"点"的突围；按照重要性和紧迫性逐年布置，攻克更多的基础短板。二是组织开展"一条龙"链式创新，形成多条"线"的拉动。以重点产品为龙头开展全产业链持续创新能力建设，组织产品上中下游关联企业开展协同创新，解决"下游不信任上游，上游找不到应用"的难题。三是强化基础产业聚集，形成若干"面"上的展开。按照专业化、特色化、集群化的思路，建设一批专业特色明显、品牌形象突出、服务体系完善、技术水平先进的工业基础领域的产业聚集区。

（3）发挥市场化机制的优势，实施"专精特新"企业培育工程。立足长远，在我国培育一大批在市场经济中奋进成长的"专精特小巨人"和冠军企业。这些企业高度专注于某一细分市场，专注于高质量的产品和服务，在产品和服务质量、技术创新、材料等方面拥有独特的核心竞争力，在某一细分市场中占据全球领先的市场地位和技术水平。依靠"专精特小巨人"和冠军企业，从根本上解决绝大多数我国工业基础的薄弱问题。

（二） 构建现代化产业链，打造体系优势

现代化产业链，主要是指在国家经济安全和国防安全的重点领域，产业链相对完整，产品门类相对齐全，具备相对稳定可靠的供应体系和销售网络，基本掌握产业发展的主导权和价值链话语权，产业布局合理，制造业与服务业融合发展水平

高。安全可控产业链最重要的标志,是产业链关键环节的产品研制和创新掌握在本国企业手中,产业发展不受制于他国,具备有效安全应对国际竞争和处置各种突发事件的能力。

产业链是否安全可控,是在复杂多变的国际环境中保持我国经济稳定发展、保障就业和民生、防范重大风险的关键环节。然而,目前我国制造业的总体水平仍然处在产业链的中低端,主要领域的关键核心技术仍然严重受制于人。中国工程院近期对我国制造业 26 个重点行业进行梳理分析后发现,各行业都或多或少存在短板技术和产品,而"卡脖子"问题在一些高技术产业表现得非常严重。打造安全可控的产业链是"十四五"时期我国经济工作的一项重要任务。

抢占战略必争产业制高点。对直接关系到我国经济安全和国防安全的战略必争产业,发挥我国体制优势,集中力量攻关。实行特殊的创新政策和产业政策,力争在尽可能短的时间内实现突破,抢占战略制高点。

专栏 4　打造战略必争产业的核心技术策源地

打造京津冀、长三角、粤港澳大湾区三大核心技术策源地。在京津冀地区,以北京中关村、天津滨海新区和河北雄安新区为依托,打造我国制造业原始创新的主要策源地,重点发展集成电路、人工智能、操作系统和工业软件。在长三角城市群,打造以上海为中心的高技术密集型产业集中地和核心技术策源地,重点发展集成电路、人工智能、电子信息、民用航空、智能网联汽车、量子通信、生物医药、新材料产业。在粤港澳大湾区,借助港澳地区的服务业优势和珠三角城市群的产业优势,重点发展 5G、北斗卫星应用、人工智能、生物医药、智能网联汽车、机器人的核心技术和产品。

组织短板技术和产品攻关。由国家和地方政府部署,聚焦我国重点产业领域的核心技术、装备、基础零部件(元器件)、基础材料、工业软件等,梳理出短板技术(产品)清单,并采取招投标方式分批次组织攻关。以需求为牵引,组织开展"链式创新",引导国内企业实际应用攻关研发成果,通过应用和纠错,提高产品性能和质量,解决稳定性、可靠性、一致性的问题。对于暂时无法获得应用的关键产品,则重点解决"从无到有"问题。

推动更多高端装备制造业走到世界前列。坚持创新驱动,加强基础技术和共性技术研发创新,进一步巩固提升通信设备、轨道交通装备、电力装备三大产业的世界领先水平,努力使航天装备、海洋工程装备及高技术船舶、新能源汽车三大产业赶超世界最先进水平。对于集成电路及专用设备、操作系统与工业软件、飞机和航空发动机、高性能医疗器械四大产业,则集中力量攻克短板,力争在部分领域实现突破,缩小与制造强国的差距。

专栏5　我国三大装备制造业达到世界领先水平

　　目前,我国通信设备、轨道交通装备、电力装备三大产业处于世界领先水平。我国通信设备产业经过多年发展,已经形成了较为完整的产业链,产业规模达到世界第一,重点核心技术取得突破,涌现出了华为、中兴等知名企业,在5G设备等方面世界领先。轨道交通装备是我国高端装备"走出去"的重要代表,产业的整体研发能力和产品水平大幅提升;目前已基本掌握了高速动车组、大功率交流传动机车、列车运行控制等产品的制造技术。电力装备产业拥有世界一流的试验设备和加工能力,已能提供国际先进的发电成套设备;输变电产业形成了以我国为主导的国际特高压交直流输电成套装备标准体系,装备关键部件自主化率达到90%以上,产品可靠性及技术指标达到国际领先水平。

　　培育先进制造业产业集群,打造世界一流产业链。在我国沿海地区、中部地区和东北、西北、西南地区,按照产业链规律,培育创新动力强劲、特色优势突出、具有核心技术和持续创新能力的世界级先进制造业产业集群。以产业集群为基础,打造上中下游协同创新发展的世界一流产业链,要特别注重培育规模和影响力大、掌握核心技术的世界一流领军企业,并建立起专业化分工合理的产业配套系统和完善的服务支撑体系。

表1　我国部分地区最具潜力的先进制造业产业集群

地区	产业集群	地区	产业集群
珠三角城市群	电子信息、汽车、家电、机器人	长三角城市群	新一代信息技术、高端装备、汽车、新材料、绿色石化、生物医药
成渝城市群	汽车、电子信息、装备制造	长株潭衡城市群	轨道交通装备、工程机械、核电装备
沈阳	机器人、数控机床	长春	汽车、轨道交通装备
武汉	光电子、智能网联汽车	厦门	计算机与通信设备
郑州	电子信息、装备制造	西安	航空装备、输变电设备

　　推动制造业与服务业融合发展。一是推动制造企业经营活动与服务业融合发展,向价值链"微笑曲线"两端延伸,促进企业从以生产制造为中心向以服务为中心转变。二是推动产业链与服务业融合发展。除生产制造外,更加注重提高研发、采购、物流、运营、销售、售后服务等生产性服务业的效率,以提高整个产业链的运转效率。三是推动产业集群与服务业融合发展。建立公共服务平台,将金融、保险、研发设计、检验检测、物流、培训等生产性服务业与制造业紧密结合,构成产业集群的服务支撑体系。

　　实行更高水平的对外开放。维护全球化经济发展体系,更好运用国内国际两个市场和两种资源。一是扩大进出口贸易,提升我国优势传统产业和装备制造业的出口竞争力和市场份额,提高世界对中国经济的依存度,使我国在国际经贸争端中掌握更多主动权。二是建立多元化的进出口货源地和目的地,特别是核心关键产品的多渠道供应,为产业链的安全可控提供保障。三是加强与世界各国的科技和产业合作,既要打造安全可控的产业链,也要形成世界各国互利互惠、融合发展的格局,保证我国经济可持续发展。

(三) 以智能制造为主攻方向,改造提升传统产业

传统产业历来是中国制造业的优势。但是,随着我国要素成本上升和中美经贸摩擦加剧,我国传统产业正在加速向东南亚等地区转移。例如,2019 年一季度,越南就吸引外资 108 亿美元,同比增长 86.2%,其中一半资金来自中国;投资方很多属于传统产业。在柬埔寨的西哈努克经济特区,有 1/3 的企业来自中国。如何通过改造提升,使传统产业走向价值链高端,更充分地发挥出口创汇、改善民生、吸纳就业的重要作用,留在中国发展壮大,是"十四五"时期增强中国制造业竞争新优势的重要任务。

增强六大传统产业的优势地位。近期,中国工程院组织行业院士、专家对我国钢铁、石化、建材、家电、纺织、食品六大传统产业进行分析后得出:目前我国纺织、家电两大产业处于世界领先水平,钢铁、建材、石化三大产业处于世界先进水平,食品产业有较大差距。建议"十四五"时期加大力度,巩固提升这六大传统产业的优势,加速由传统制造业向先进制造业的转变、由"夕阳产业"向"朝阳产业"的转变,使之成为中国制造中最亮眼、最具竞争力的一个板块。

专栏 6　中国纺织产业综合水平位居世界领先

纺织产业在我国国民经济和国际贸易方面发挥重要作用。2018 年,我国规模以上纺织企业完成主营业务收入 53703.5 亿元,占制造业的比重为 5.9%。纺织服装出口额 2767.3 亿美元,占全国商品出口额的比重为 11.1%;实现净创汇 2501.9 亿美元,占全国净创汇额的 71.1%。纺织行业规模以上企业的就业人数占制造业的比重为 10.4%,全行业就业 2000 万人,每年为农村进城务工人员提供 1000 多万个就业岗位和数千亿元的收入。
纺织产业具有明显的国际竞争优势。我国拥有全球最完备的纺织制造体系,纤维加工总量占全球的比重超过 50%,纺织服装出口额占全球的比重超过 1/3,整体技术装备水平与制造能力居世界前列。2018 年,在美国、欧盟和日本进口纺织服装总额中,来自我国纺织品服装的比重分别为 36.5%、33.1% 和 57.8%。

以智能制造为主攻方向,推动传统产业转型升级。通过发展数字化、网络化、智能化制造,重塑传统产业的技术体系、生产模式和价值链。将智能制造作为推进传统产业转型升级的主要技术路线和创新的主要落脚点。将工业互联网、大数据、人工智能等技术深度融入,为之赋能,提供基础性支撑。建议在全国大规模推进传统产业的新一轮技术改造,带动工业投资增长。制定和完善推进技术改造相关政策,如将企业技术改造中的制造和检测装备购置费用视同研发费用加计扣除等。

研制高附加值产品,推动产业迈向中高端。支持企业增强对新产品的研发投入,摸准市场行情,掌握产品增值规律,研制科技含量高、凝聚数字技术、人工智能等高新技术的产品、满足市场消费升级所需的高档产品,以及新兴产业所需的跨领域产品。逐渐将我国传统产业的规模优势从量的优势转变为价值优势。

发展制造业新模式、新业态。支持传统产业企业在制造业与服务业深度融合方面积极开拓新领域,从以产品为中心向以用户为中心转变,发展规模化定制生产、云平台、共享制造、远程运维、电子商务等新模式新业态。通过大数据开发利用、建设柔性化生产线,以及系统和管理组织创新,将企业间的成本竞争转向满足用户个性化需求的服务竞争。

加强质量品牌建设。以事关国计民生的重大装备和热门消费品为重点,集中解决影响产品质量可靠性、稳定性、安全性、适用性等共性技术问题,以及标准、计量、检验检测和认证认可等产业基础问题,打造若干在全球价值链具有核心竞争力的拳头技术和产品。将品牌战略作为供给侧结构性改革的重要抓手,大力提升我国工业品牌的国际影响力与竞争力。

巩固提升东北老工业基地优势传统产业的发展。引导沿海地区有产业转移需求的传统产业向中西部地区有序转移。进行全国统筹规划、合理布局,在东北、中西部地区加强产业园区、物流、信息网络等基础设施建设,积极开展区域合作,把优势传统产业的产业链留在中国。

(课题组成员: 钟志华　陈警　杨晓迎　薛塬
朱明皓　屈贤明　古依莎娜　臧冀原)

"十四五"时期交通基础设施优化创新发展思路和重点任务研究

中国宏观经济研究院综合运输研究所

交通基础设施是国民经济发展的基础命脉和先行领域,是现代化经济体系不可或缺的重要组成部分。新时期推动经济高质量发展,迫切需要交通基础设施领域顺势而为、主动作为,围绕现代化经济体系和交通强国建设,以优化创新为主题,加快构建高质量现代化的交通基础设施网络。本报告在系统总结"十三五"时期我国交通基础设施发展成就和存在问题的基础上,综合研判未来我国交通基础设施发展面临的形势环境、时代要求和亟待统筹协调的若干重大问题,研究提出了"十四五"时期我国交通基础设施优化创新发展的总体思路、重点任务和政策举措。

一、准确把握交通基础设施发展的阶段性和时代要求

(一) 当前我国交通基础设施发展在规模上已取得巨大成就

改革开放以来,我国交通基础设施发展成绩斐然。全国交通线路总里程、高速铁路和高速公路里程、沿海港口总吞吐能力等位

产业发展

居世界第一,高速铁路、重载货运铁路、高速公路等现代化交通高科技从无到有,特别是高速铁路里程占世界高速铁路总规模的 60% 以上,上海、深圳、宁波—舟山等港口集装箱吞吐量连续多年位列全球港口前十;内河航道能力不断提升,民航机场和航线里程快速发展,管道运输里程高速增长,城市公交和轨道交通、农村公路进入全面协调发展阶段。截至 2018 年底,全国铁路营业里程 13.1 万公里,电气化率达 70.3%,其中高铁营业里程 2.9 万公里以上;公路里程 484.65 万公里,其中高速公路里程 14.26 万公里,普通国道二级及以上公路比重达 73.7%;颁证民用航空机场 235 个。高速铁路、高速公路和民航机场分别覆盖了 75.2% 的百万以上人口城市、97% 的 20 万以上人口城市和 88.5% 的地级市。

(二) 新时代我国交通基础设施发展面临的新形势和新要求

1. 新型工业化、城镇化和全球化重塑交通网络格局

"十四五"时期,伴随我国现代化经济体系建设深入推进,产业结构不断优化升级,城镇化水平不断提升,全球化新特征凸显,我国交通基础设施网络格局将面临重大调整。一是产业结构升级和高质量发展要求转变交通运输资源配置方式,着力提升交通基础设施质量和效率水平,加快推进绿色低碳、经济智能的交通运输体系建设;二是城镇化地区释放出巨大发展空间,城市群、都市圈将成为交通基础设施建设重点;三是"一带一路"建设和"人类命运共同体"构建要求强化互联互通,有序推进国际通道建设;四是全球交通基础设施建设进入全面升级换代的关键时期,我国面向全球的物流网链亟待重构。

2. 新一轮科技革命和产业变革推动交通基础设施深刻变革

未来以新一代信息技术、智能技术、物联网技术应用和能源生产消费革命、新材料技术突破等为标志的新一轮科技革命和产业变革,在交通运输领域的普及应用和自我创新,将会对交通设施建设、运输工具革新、运输组织优化以及交通运输产业跨界融合等产生重大影响。"十四五"时期,以大数据、云计算、物联网、人工智能等新一代信息技术应用为核心的新型交通基础设施将成为创新发展的突破方向,传统交通基础设施数字化改造是新型交通基础设施建设的重点,基于人工智能、物联网等技术的智能交通基础设施正蓄势待发。

3. 资源生态环境约束倒逼交通基础设施高质量发展

新时期资源环境约束和污染问题日趋严峻,迫切需要转变交通运输发展方式,探索低碳可持续的发展新模式。"十四五"时期,我国交通基础设施建设与资源环境刚性约束的矛盾将进一步凸显,特别是在国土空间规划体系新要求下,交通基础设施规划建设要以资源生态环境为本底,严格执行"三区三线"政策,与国土空间开发保护叠加"一张图"。土地等资源制约和生态环境容量限制将对交通基础设

施建设规模、空间布局、技术标准等提出越来越严格的要求,客观上要求交通基础设施向资源集约节约利用、环境绿色友好方向发展。

(三)"十四五"时期交通基础设施发展进入现代化建设新阶段

改革开放以来,我国交通运输发展先后经历了瓶颈制约、初步缓解、基本适应、总体适应等发展阶段,交通基础设施建设和发展一直遵循"规模扩张"的基本思路。"十三五"时期,交通运输的主要矛盾逐渐从长期运量与运能之间"规模的不适应"转化为供需之间"结构的不匹配",交通基础设施发展思路逐步从过去单纯的"规模扩张"开始向"提质增效"转变,交通基础设施发展阶段总体上处于"优化网络布局的关键期"和"提质增效的转型期"。"十四五"时期,交通运输供需结构性矛盾进一步凸显,交通基础设施供给能力水平难以精准有效满足仍然快速增长的多样化运输需求。区域间、城乡间、不同运输方式间、不同消费群体间、新旧业态间发展不平衡问题仍然突出,绿色交通、安全交通等领域发展相对不充分现象依然存在。总体上看,"十四五"时期交通基础设施发展将处于"优化网络布局的攻坚期""全方位提质增效的关键期",全面进入交通强国和现代化建设新阶段。

二、深刻认识交通基础设施发展存在的若干重大问题

(一) 把握交通基础设施投资建设规模和发展节奏

随着我国经济由高速度转向高质量发展,将会引起运输需求总量和结构的重大变化。从国家既有的铁路、公路和机场中长期规划以及港口航道规划实施和发展现状来看,各类基础设施网络总体规模目标基本可行。未来,综合考虑现实需求、长远及战略需求、经济社会效益、技术可行性和资源环境承载力等因素,应把握各类基础设施建设的发展节奏。对中长期布局规划中的重大项目,应科学选择标准,高水平地超前谋划、提前实施。对暂不具备条件的,也应加强科学论证,做好方案比选,做好工程和技术等方面的充分预留。特别是,"十四五"时期要重视投资质量效益和可能出现的风险,防范交通投资出现"灰犀牛"和"黑天鹅"事件。

(二) 处理好存量优化盘活与增量创新发展的关系

经历数十年的快速建设,我国综合交通网络规模、结构等级大幅提升,已形成

较大规模的资产存量。但还需要认识到,交通基础设施服务品质有待提升、结构性
矛盾问题还比较突出、供给与需求缺乏精准对接等,需要进行优化调整,以期更好
盘活存量,提升综合效能。同时,交通基础设施仍然需要继续坚持适度超前谋划,
保持一定投资规模,推动建设增量。坚持交通基础设施代际更替发展方向,以优化
升级为导向推进交通基础设施高质量发展,优化网络布局和功能结构,加快补齐交
通短板,预留新型交通发展空间。存量和增量配合,建设适应国土空间格局和国家
战略实施的交通基础设施网络体系。

(三)有效匹配交通供给与产业、城镇布局的关系

我国交通基础设施供给与需求尚缺乏精准对接,需要顺应产业结构升级和产
业转移趋势,以及城镇布局发展变化方向。目前,内需扩张、消费结构升级和出口
转进口的贸易结构演变,将深刻改变交通基础设施网络布局和综合交通枢纽功能
地位,一批内陆型国际性综合交通枢纽建设加快,部分区域专业化货运设施网建设
需求越来越高。城镇布局方面,城市、都市圈、城市群将进行存量调整和增量优化。
城市交通未来发展的重点是优先发展绿色交通,优化出行结构,特大以上城市加强
轨道建设。部分都市圈已经开始建设轨道交通,或将城市轨道简单外延,或市域
(郊)铁路城际化,未来更要通过 TOD 的理念加以引导,形成合理的都市圈用地功
能布局。城市群总体尚处于发展初期,城际铁路要有序推进建设,引导形成合理出
行结构和城市群空间产业布局。

(四)重视不同地理空间交通基础设施配置差异性

我国交通基础设施发展需求在地理空间上具有较为明显的差异性,需要相应
的供给策略加以满足,各有侧重点,不搞"一刀切"。一是东中西、南北区域间的差
异。目前支撑国土空间开发和区域发展的跨区域交通基础设施的主骨架基本成
型,东中部地区交通网络相对完善,但西部地区特别是西北地区网络覆盖不足,交
通基础设施仍存显著短板。二是城市群、都市圈间的差异。目前,长三角、粤港澳
大湾区等城市群发展相对成熟,北京、上海、广州、深圳、成都等都市圈正在形成,交
通基础设施网络相对完善,但绝大部分城市群、都市圈发展仍处于初级阶段,交通
基础设施建设任重道远。三是不同城市的差异。综合考虑城市规模、形态、自然环
境等多种因素合理选择交通发展规模和模式。四是城乡间发展差异。城市交通基
础设施更加注重优化人居环境、服务功能齐备和更高质量发展,农村交通基础设施
发展亟待加速补齐短板。

三、科学确立"十四五"时期交通基础设施发展总体思路

（一）"十四五"时期交通基础设施发展的主题是优化创新

改革开放以来，我国经济领域确定了"以发展为中心"的大主题，以改革开放促发展。具体到交通基础设施领域，"六五"至"九五"期间各种交通运输方式"独立加快发展"；"十五"时期贯彻落实西部大开发战略要求"扩大网络、开放西部"；"十一五"时期适应经济发展要求"全面提高运输供给能力和服务水平"。概括而言，"十一五"时期以前我国交通基础设施发展的主题就是"消除瓶颈"。自"十二五"时期开始，交通运输发展更加注重各种运输方式一体化发展，要求"转变交通发展方式"，"十三五"进一步强调要"以提高发展质量和效益为中心"。概括而言，这十年交通基础设施发展的主题是"提质增效"。"十四五"时期，我国将按照高质量发展的目标要求，围绕现代化经济体系和交通强国建设，以优化创新为主题，推动交通基础设施高质量发展。

（二）优化创新是推动交通基础设施高质量发展的有效路径

推动交通基础设施高质量发展，关键在系统优化和创新发展。在发展路径上，人们已习惯于交通基础设施"做加法"、做增量，不适应"做减法"、优存量，更不善于"加减乘除并举"。交通基础设施优化创新发展，其核心要义就是要摒弃过去单纯强调"规模扩张"的粗放式发展路径，转向通过减量发展、集约发展、协同发展的系统优化方式和理念创新、技术创新、制度创新的推进手段来最终实现交通基础设施高质量发展。

（三）优化创新的主攻方向是交通基础设施整体性提质增效

"十四五"时期交通基础设施优化创新发展，将延续"十三五"时期"提高交通运输发展质量和效益"的要求，以全面提升交通基础设施网络整体效率和质量水平为主攻方向，其重点在于对交通基础设施网络结构的优化调整和发展方式、运行模式、制度安排、关联技术等方面的变革创新，旨在减少无效供给、扩大有效供给，着力提高交通基础设施供给结构的适应性和灵活性，提升交通基础设施系统效率、总体效益和供给质量水平。

四、深入实施交通基础设施优化创新发展的重点任务

（一）提升交通基础设施系统效率和网络效益

1. 优化综合运输大通道网络布局

按照国土空间总体规划要求,综合考虑人口布局、经济布局、国土利用、生态环境保护等因素,以国土空间基础信息平台为底板,以国家重大区域战略为引领,以城市群、大都市圈为主体形态的国土开发集聚区为重点,着力完善综合运输大通道布局,优化交通网络功能层级,更好支撑国土空间开发和新一轮高水平对外开放。在既有"十纵十横"综合运输大通道的基础上,强化国土空间开发保护,统筹生产生活生态空间,着力提升通道系统效率和网络效益,形成"纵横交织、多极辐射"综合运输大通道新格局,推动实现综合运输大通道向综合交通经济廊道重大转变。具体来讲,一是加强东西、南北方向通道联系,加快推动沿江、沿海和西部陆海新通道建设;二是加强城市群、都市圈等主要城镇化地区对外多向联通能力,强化城市群、都市圈等新增长极的辐射能力;三是加强国际通道与国内通道有机衔接,以六大经济走廊为重点方向,结合境外战略支点布局,陆海空"三位一体"统筹谋划,有

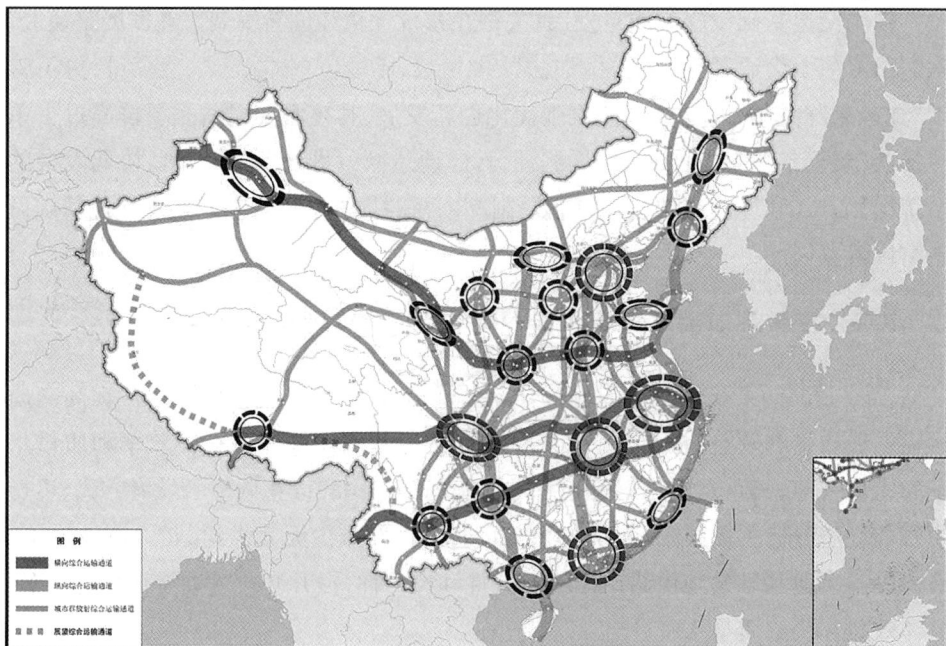

图1 "三纵三横"综合交通经济走廊

序推进交通基础设施国际互联互通;四是强化通道经济要素集聚辐射功能,推动通道、产业和城镇融合发展。

2. 强化综合交通枢纽一体化衔接

以国际性和全国性综合交通枢纽城市为重点,统筹规划综合交通枢纽体系,加强与运输通道的衔接。强化城市群内客运枢纽的协调发展,推动国家物流枢纽之间以及国家物流枢纽与其他物流枢纽、节点设施之间的业务联动。鼓励国家物流枢纽间协同开展规模化物流业务,建设高质量的干线物流通道网络。重点加快发展枢纽间的铁路干线建设,构建便捷高效的铁路货运网络。优化综合交通枢纽城市内交通网络布局,强化综合客运枢纽与城际交通、城市交通系统的衔接,打造一体化的综合交通枢纽系统。加强新一代信息技术在枢纽场站中的应用,提升枢纽场站智慧化、精细化服务水平。

3. 补足交通基础设施发展"短板"

聚焦交通基础设施薄弱环节和瓶颈制约,补齐交通基础设施短板。一是加快推进贫困地区、革命老区、少数民族地区、边疆地区等欠发达后发展地区交通基础设施建设,提升老少边穷地区以及进出疆、出入藏对外通道能力。二是加密国家战略地带交通基础设施布局,重点加强长江经济带、粤港澳大湾区、京津冀地区快速交通网络建设。三是畅通骨干通道连接,推进既有通道缺失路段、延伸路段建设,全面梳理改造干线铁路能力紧张的"卡脖子"路段,打通省际公路"断头路"。四是强化交通基础设施网末端服务能力,解决旅客出行和物流服务"最后一公里"。完善城市物流配送设施网络,优化港口后方集疏运体系,加快实施铁路进港工程,推动铁路进园区、进工厂,增强铁路集疏运能力。五是强化交通基础设施的社会属性,"以人的发展为中心",加强安全配套设施建设,满足人性化和均等化的运输需求。

(二)提高交通基础设施全生命周期质量水平

1. 实施交通基础设施全寿命过程管理

从全生命周期视角统筹考虑交通基础设施规划、勘探、设计、建设、运营和维护等各环节,推动交通基础设施项目管理从分阶段管理向全寿命(过程)管理转变。加强大数据、物联网等先进技术在交通基础设施全寿命过程管理中的应用。彻底摒除"重建轻养"思想,坚持"建管养运并举"、加大交通基础设施管护力度,全面提升交通基础设施安全与管理养护水平、抗灾能力。

2. 推动交通基础设施绿色工业化发展

以低碳绿色发展为导向,以工业化生产方式为手段,加快推动交通基础设施绿色建造工业化进程。强化顶层设计,积极推动设计施工一体化。倡导交通基础设施工厂化生产模式,大力推广构件预制和现场拼装技术,积极推行应用 BIM 技术,加快推动实现交通基础设施"生产工厂化""装配自动化""管理信息化"。积极推动绿色铁路、绿色公路、绿色港口、绿色航道、绿色机场等建设,全面提升交通基础设施绿色发展水平。

3. 提高交通基础设施产品质量和耐久性

始终坚持质量为本、安全第一,全面提升交通基础设施产品质量和耐久性,努力打造"百年品质工程"。加强基础研究与技术攻关,充分发挥交通基础设施领域"微创新"作用。加强新技术、新材料、新设备、新工艺研发和在交通基础设施领域广泛应用。全面落实工程参建各方主体质量责任,强化建设单位首要责任和勘察、设计、施工单位主体责任。健全工程质量责任体系,建立质量行为可追溯、质量终身制。强化工程耐久性的保障措施。

(三) 激发传统交通基础设施创新发展活力

1. 大力发展通道经济和枢纽经济

强化通道带状支撑和枢纽圈层辐射作用,推进人流、物流、信息、资金、技术等经济要素沿轴线流动和围绕枢纽辐射,培育发展通道经济和枢纽经济。依托综合运输大通道,培育壮大沿线新极点和经济合作走廊,形成区域经济带状联动。依托"八纵八横"高铁通道,培育壮大高铁与经济深度融合发展的高铁经济新业态,打造一批高铁经济带。加快"一带一路"国际经济合作走廊建设,畅通 21 世纪海上丝绸之路海运贸易通道。

引导地方统筹城市空间布局和产业发展,充分发挥国家物流枢纽辐射广、成本低、效率高的优势,带动区域农业、制造、商贸等产业集聚发展,打造形成各种要素大聚集、大流通、大交易的枢纽经济。依托重要港口,打造一批港产城深度联动融合的临港经济区。围绕高铁车站、铁路货场、物流园区、沿边陆路口岸等交通枢纽,打造集交通、商业、经贸等为一体的现代城市综合体和产业聚集区。围绕大型枢纽机场和专业货运机场,高水准打造一批具有资源要素集聚配置和国际国内辐射功能的现代航空经济区。探索发展集产业、城市功能为一体的特色航空小镇。

2. 创新"交通基础设施+产业"模式

打破既有产业边界,依托前沿科技与现代技术手段,促进交通基础设施与关联产业融合发展,推动传统产业转型升级,加速新兴产业发展壮大。一是加快传统基础设施升级改造,引导交通服务与装备制造协同联动,助推新兴制造业崛起。二是围绕特色经济、林下经济以及特色农牧区经济发展,加强交通设施、流通设施和运输服务体系建设,优化农产品冷链物流设施网络,发展农产品从产地到销地的直销和配送。三是盘活既有商贸流通资源,加快城市流通基础设施升级改造,加强社区物流配送等基础设施建设,优化社区商业网点、公共服务设施的规划布局和业态配置。四是统一规划、设计、建设交通与旅游基础设施,打造景观铁路、绿色步道、美丽公路等交通风景带、风景点,规范完善公路沿线和枢纽站场内的旅游标识。畅通景区和乡村旅游区与交通干线的连接,围绕全域旅游,在机场、车站、客运码头等交通枢纽配建游客集散中心等设施,构建覆盖景区的交通网络。

3. 促进交通基础设施跨界融合发展

着眼新旧动能接续转换的发展要求,创新要素投入方式,推进交通基础设施与其他基础设施、民生、国防融合发展。一是推进交通、能源、信息三网融合发展,统筹交通与能源、通信基础设施布局,建设交通信息枢纽,提高国土空间综合利用效率。二是加强公益性基础性交通设施建设,提高交通基础设施对民生的服务保障水平。推进资源开发性铁路建设,建设资源路、产业园区路,积极推进农村公路向资源产地、产业基地延伸,强化产业集聚区的对外交通联系。三是加强国防交通基础设施建设,促进交通运输军民融合发展。加强铁路场站、高速公路、飞机跑道、战备码头、机场等重点设施国防交通建设。

(四) 统筹谋划新一代交通基础设施发展

1. 推进既有交通设施数字化和网联化改造升级

把握数字化、网络化、智能化发展机遇,广泛应用大数据、云计算、人工智能、物联网、5G 等先进信息技术,加快推动既有交通基础设施数字化改造和网联化发展。进一步加强交通基础设施网络基本状态、交通工具运行、运输组织调度的信息采集和大数据应用,形成动态感知、全面覆盖、泛在互联的交通运输运行监控体系。加快推进高速公路、内河高等级航道数字化建设,积极推动 BIM 技术在交通基础设施全生命周期过程中的应用。依托移动通信网络站址设施,构建新一代车用无线通信网络(V2X)等设施。在桥梁、隧道等道路关键节点部署窄带物联网(NB-IoT)等网络。建立综合信息数据库和多维监控设施系统。基于北斗地基增强网,建设覆盖全国的高精度时空服务系统。

2. 提前谋划智慧交通和新型交通基础设施网络

规划建设智慧公路及新一代国家交通控制网。推动车路协同发展,分阶段、分区域推进道路基础设施的智能化建设,规划建设限速大于 120km/h 的超级高速公路。在北京、深圳、杭州、雄安新区等地,选择城市开放区域和特定高速公路路段,结合新一代国家交通控制网和智慧公路试点、2022 年北京冬奥会和杭州亚运会等重大国际活动契机,开展"智能+网联"的自动驾驶汽车道路技术应用示范。加强汽车充电加氢设施在高速公路和普通国省干线沿线布局,全面提升城市汽车充电设施的部署密度和使用经济性,有序推动电动出租汽车和公交汽车使用换电设施。

加快新型轨道交通基础设施布局应用。推进新一代高速磁浮交通系统试验线建设和试点布局,根据技术试验情况适宜推进超高速铁路示范线路建设。有序推进跨座式单轨、中低速磁悬浮、悬挂式轨道交通、有轨电车和无轨电车等新型轨道交通在大中型城市主干线、大型城市地铁主干线延伸补充线路、县市特色小镇的规划及布局。全面应用全自动运行城市轨道交通系统。积极推进旅客自动输送系统(APM)等无人驾驶线路的示范工程的建设,研究布局旅游观光专用轨道交通系统。

加强港航和民航交通新型基础设施布局应用。鼓励大中型港口根据实际需要部署不同等级的自动化码头系统,提升港口装卸、转场、调度等作业效率。全面推动智能港口建设,实现港口港区泊位联动运营。推动新一代空管系统部署,布局数字化放行和自动航站情报服务系统,实现飞行任务四维航迹管理,促进民航飞机起降效率和安全性达到世界先进水平。研究部署面向区域物流的大型无人机起降点。

3. 完善交通运输网络信息平台等软性基础设施

加快完善国家综合交通运输信息平台、国家物流公共信息平台、国家交通地理空间信息平台、国家交通基础设施大数据平台等一系列国家级信息平台。面向未来智能汽车发展,统一部署、协同共建智能汽车大数据云控基础平台,逐步实现车辆、基础设施、交通环境等领域的基础数据融合应用。推动交通定位导航、出行服务、物流电商、交易结算等交通运输平台融合发展。鼓励集约布局交通运输和物流行业大数据中心,建立国家交通运输战略数据安全灾备基地。

五、完善落实交通基础设施优化创新发展的政策举措

(一) 构建强有力的政府规划调控体系

按照构建国家规划体系要求,创新交通规划制度,充分发挥规划在政府宏观调控和行业治理中的战略导向作用。充分对接国家战略部署安排,强化交通基础设施规划与国民经济社会发展规划、国土空间总体规划和土地、生态、环保、文物等专项规划,以及地方城市总体规划等各层级相关规划的有机衔接。统筹协调交通、能源、水利、农业、信息、市政等基础设施建设,研究编制综合性基础设施体系规划。加强规划监督实施,强化规划的权威性、科学性、延续性和有效性。主动研究谋划一批对国家战略安全和经济社会发展具有重大影响的交通基础设施重点工程。

（二）深化交通基础设施体制机制改革

围绕"大部制"改革和新一轮部门职能调整,完善大交通行政管理体制,明晰国家有关部委交通基础设施发展、建设和管理职能。加快交通基础设施重点领域市场化改革步伐。探索铁路"网运分离",研究设立铁路资产管理公司,盘活既有大量铁路固定资产。有序推进公路养护市场化进程,全面推进空域管理体制改革。加快推进油气管网建设运营体制改革。进一步厘清交通基础设施领域中央与地方、省与省以下政府财政事权与支出责任划分。

（三）重塑投资融资联动的资金运转体系

从投资体制和投资制度源头上重塑交通基础设施发展的资金运转体系,从传统的"重建设、轻运营"转向规划、设计、建设、运营、开发等全周期统筹,着力提升资金使用效率,有效防范各级政府潜在的债务风险。以土地作为载体,实施差异化的土地综合开发政策,探索建立交通用地溢价税费回收机制和联动开发盈利反哺机制。推进部分交通融资平台在政府支持下向项目运营和商业开发延伸。创新投融资模式,探索社会资本参与交通基础设施建设新机制,灵活采用特许经营、使用者付费、政府付费等形式由市场主体按照政府规划要求实施统一建设运营。探索以社会资本为主发起成立交通基础设施发展基金,尽快形成在政府规制基础上的公益性运输财政补贴制度安排。

（四）完善交通基础设施领域法规标准体系

加快出台基于产业定位、供需关系、外部性、跨运输方式等的综合交通运输基本法律,在基本法顶层框架下,按照包容审慎原则构建覆盖交通运输全领域的法律体系,完善适应新技术新业态和融合发展趋势的《铁路法》《公路法》《港口法》《民用航空法》《收费公路管理条例》等法律法规。完善枢纽换乘、轨道交通、低空空域、交通信息化智能化等领域相关技术标准,在高速公路等领域项目试点弹性车道数建设标准,强化各类标准衔接。积极推动交通基础设施领域标准国际化。

（五）加强交通基础设施领域保障能力建设

强化交通科技创新,发挥重点科研平台、产学研联合创新平台作用,加大基础性、战略性、前沿性技术攻关力度,加大新材料、新技术、新工艺研发和应用。加强重点领域科技领军人才培养,锻造一批高素质的交通基础设施产业工人和"大国工匠",加快交通基础设施人才队伍建设。提高交通基础设施数据采集能力,健全新业态新领域交通统计指标体系。建立健全涵盖交通运输工程建设、运输服务等领域的行业信用体系,加快构建科学有效的交通基础设施发展评估机制。

（课题组成员：吴文化　向爱兵　程世东　陈晓博

丁金学　刘昭然　李名良）

加快交通强国建设研究

北京中交协物流研究院

党的十九大作出了中国特色社会主义进入新时代、开辟建设社会主义现代化国家新征程等重大政治判断,明确提出交通强国的宏伟目标,这为我国未来交通运输发展奠定了总基调。课题组系统梳理我国交通运输发展取得的成绩、分析存在的主要问题,在研判国内外环境变化、总结分析国外主要工业发达国家交通运输发展的经验的基础上,阐述交通强国的内涵和指标体系,提出"十四五"时期交通强国建设的目标及重点任务。课题研究旨在对促进交通运输高质量发展,加快推进交通运输现代化建设、满足人民对美好生活向往,实现中华民族伟大复兴中国梦具有重要现实和深远历史意义。

一、我国交通运输发展取得的成绩和存在的问题

经过改革开放 40 多年的发展,我国交通运输业谱写了举世瞩目的辉煌篇章,作为经济社会发展的基础性、先导性、战略性产业,对支撑和引领经济社会发展发挥着重大作用。特别是进入 21 世纪以来,我国交通基础设施、运输保障能力、运输服务水平、技术装

产业发展

备水平显著提升,实现了跨越发展,在很多领域位居世界前位。总体上,交通运输基本适应了国民经济和社会发展的需求。目前,交通运输无论是基础设施规模,还是客货运输保障能力,均已位居世界前列,成为名副其实的交通大国,并具备了迈向交通强国的良好基础。

(一) 取得的成绩

一是基础设施网络不断完善。网络规模稳步扩大,已基本形成以"十纵十横"综合运输大通道为主骨架的综合交通网,运营总里程从 2000 年的 186.8 万公里增加到 2017 年的 502.8 万公里,增长了 1.7 倍,网络密度和能级水平已位居世界前列。截至 2017 年底,高速铁路营业里程达到 2.5 万公里,高速公路通车里程达到 13.6 万公里,内地 34 个城市的轨道交通运营里程达到 5033 公里,沿海港口万吨级及以上泊位数量达到 2366 个,均位居世界第一。民航服务覆盖了全国 88.5% 的地级市和 76.5% 的县。油气骨干管网基本构成"西油东送、北油南运、西气东输、北气南下、缅气北上、海气登陆"的格局。

二是基础设施服务品质大幅提升。运输能力和规模大幅提高,2017 年,全社会客运总量 185 亿人次,客运周转量 32812 亿人公里,均居世界第一;货运周转量 19.7 万亿吨公里,居世界第二。运输服务效率大幅上升,2017 年全社会物流总费用占 GDP 比率已由 2005 年的 18.6% 下降至 14.6% 左右,下降 4.0 个百分点。运输安全水平大幅改善,铁路安全水平远高于英国、德国、日本等发达国家,民航运输航空百万小时重大事故率远低于世界平均水平。

三是技术装备水平明显提高。运输工具技术水平不断提高,截至 2017 年底,国家铁路全部实现内燃、电力机车牵引,民用汽车数量达到 20907 万辆,城市轨道交通设备国产化率总体接近 80%。装备制造技术快速进步,高速铁路、重载铁路、深水筑港、大型飞机、北斗卫星导航、海工设备等重大技术装备取得重大突破。大型专业化码头装卸设备制造、海工机械特种船舶、集装箱成套设备制造技术领先世界,300 米饱和潜水取得创新性突破。

四是基础设施工程建设成果累累。青藏铁路、大秦铁路、京沪高铁等高铁相继建成。世界上里程最长、海底沉管隧道最长的跨海大桥顺利建成通车。全球最大单体自动化智能码头和全球综合自动化程度最高的码头——上海洋山港四期码头正式开港。京津冀世界级机场群基本搭建形成,北京新机场正在抓紧建设。

五是新领域新业态加快涌现。线上线下结合的交通新模式蓬勃发展,共享单车覆盖 200 多个城市,以菜鸟网络、顺丰集团、京东物流等为代表的企业实现了电商物流、快递信息的跟踪与查询。交通基础设施信息化智能化水平全面提升,铁路互联网售票和网上货运业务办理比例达到 70%,高速公路电子不停车收费系统

（ETC）基本实现了全国联网。交通与经济社会融合发展不断涌现亮点，汽车营地、通用航空等发展提速。

（二）存在的主要问题

尽管我国交通事业取得长足发展，然而，对比世界领先的交通强国，我国交通运输在质量、效率、技术、服务和国际竞争力方面还存在较大差距，不能很好满足建设社会主义现代化强国的需要，发展中存在不平衡、不充分、不协调等问题，"大而不强"的问题较为明显，主要表现在：

一是基础设施网络有待完善。交通基础设施网络仍然处于完善期，在人均基础设施网络规模上，与发达国家相比，仍存在差距，每万人拥有的线路里程约占美国的15%左右。国际运输网络互联互通相对不足，我国与周边国家运输通道标准较低，除了中、东、西国际通道外，亟须开发新线路。

二是运输结构和空间发展不平衡。运输结构不够合理，公路运输承担了大量本应由铁路承担的干线运输，铁路货运在大宗物资中长途运输、集装箱运输、多式联运中的骨干优势尚未得到充分发挥。东、中、西部不同区域间交通网络规模和运输服务水平差异较大，城市快速交通网络尚未建立，城际铁路、市郊铁路发展滞后，集中连片贫困地区基础设施供给严重不足、城市停车设施供给不足问题日益凸显。

三是运输质量整体水平有待提升。交通运输高质量服务体系尚未建立，规划建设不统筹不衔接问题较为突出，综合运输服务缺乏统筹衔接，区域间、干支间、城乡间运输网络衔接不畅，多式联运发展不够完善。服务产品同质化竞争严重，统一开放、竞争有序的综合运输服务市场格局尚未形成。绿色安全发展水平有待提升。

四是交通运输供给效率有待提升。供给不足与供给过剩情况同时存在，满足群众个性化高端产品供给短缺，部分地区港口码头能力出现过剩，道路客运利用率不足。基础设施整体运行效率不高，软性设施发展滞后，设施标准不衔接、规则不统一、信息不共享、制度缺乏弹性。集约高效运输组织方式分担不足，一体化运输、全出行链服务等方面明显落后于发达国家，城市共同配送几乎空白。

五是综合运输管理体制有待完善。在不同运输方式之间和同一运输方式的不同层面上仍然存在着政企不分、审批流程过长等体制性障碍，制约了综合交通运输的发展。交通运输发展规划对科学确定规模、优化结构布局等方面的约束力不够。交通债务风险存在隐患，社会资本进入交通领域制约较多，投融资改革仍需加快推进。

六是新动能新模式培育融合不足。关键技术创新驱动力不足，新动能培育不足，综合交通运输大数据中心和国家物流公共信息服务平台仍未实现信息开放、共享式服务。通用航空产业发展严重滞后，"交通+"经济社会发展融合不足，共享交通发展模式仍受制约。

二、我国交通运输发展面临的国内外环境

（一）面临的国际环境

经济全球化进程加快，要求交通运输格局满足新的需求；"再工业化"战略，对交通的互联互通提出了更高的要求；全球新科技革命的孕育突破，催生了交通运输革命；全球气候和资源环境等问题，对交通运输的发展方式提出新的要求。

（二）面临的国内环境

我国经济高质量发展，交通运输需求仍将不断扩大；我国经济结构战略性调整，对运输服务提出新的要求；区域协调发展持续推进，区际运输需求将不断增长；人民对美好生活的向往，对交通运输提出新的需求；我国新型城镇化进程加快，城市群运需求将不断增长；经济社会可持续发展对交通运输提出新的要求；人口总量分布变化和老龄化社会的到来，对交通运输提出新要求。

（三）交通强国建设阶段性判断

我国交通运输从发展方位来看，由"交通大国"迈向"交通强国"；从发展阶段来看，由"适应发展"迈向"引领发展"；从发展方式来看，由"高速度增长"转向"高质量发展"；从运输形态来看，由"分散经营"转向"协同发展"；从运输技术来看，由"传统技术"转向"技术进步"；从发展空间来看，由"国内发展"转向"全球拓展"。

三、工业发达国家交通发展可借鉴的经验

（一）重视综合交通运输发展

从发达国家交通运输的发展历程来看，当经济社会发展水平提高到一定阶段时，各种运输方式相对成熟，会逐步实现对综合交通运输的统筹发展、综合管理，以更加有利于优化资源配置。在具体做法上，美英等多数国家普遍采取了统筹管理铁路、公路、水运、航空等各种运输方式的综合交通运输管理体制。

（二）注重战略规划法律法规

发达国家注重将交通运输纳入国家发展战略统一考量，建立健全交通运输法律法规和规划政策体系，有效引导交通运输体系优化配置资源、贯彻国家战略意图。

（三）交通规划建设适度超前

伴随交通技术的变革，英国、德国、日本等国家也大体经历了铁路超前发展阶段以及随后的铁路衰退而公路超前发展的情形，但"交通发展适度超前"始终是发达国家坚持的经济社会中长期发展原则。

（四）重视交通运输结构优化

如美国旅客运输结构"汽车+航空"的模式是其国情的体现，即中短途仍以汽车特别是小汽车为主，中长途运输则利用飞机；尽管如此，资源占用少、污染低的铁路、水运仍在美国货物运输中占有重要的市场。

（五）突出政府公共服务职能

从发达国家政府交通运输部门行政职能演变轨迹来看，其逐步向决策、执行、监督三者相互独立、相互协调、相互制约的方向转变，突出公共服务职能，更加关注交通运输体系建设和自然环境和谐共存的外部性目标。

（六）实施可持续发展战略

2008 年美国出台的《2030 年的交通运输愿景》明确提出了能源自主性、环境可持续性等目标。2011 年欧盟出台《一个单一欧洲运输区路线图：迈向竞争和资源高效的交通运输体系》，提出到 2050 年运输领域的碳排放减少 60%（与1990 年比）。

四、交通强国的内涵及指标体系

（一）交通强国的基本内涵和特征

交通强国是社会主义现代化强国建设的重要内容之一，也与社会主义现代化强国基本同步。基本内涵包括：一是交通自身强，即综合交通体系完善优化，交通基础设施规模、质量位居世界前列,交通科技创新能力和运输装备水平国际领先,可持续发展能力强;二是强国家,即强国家支撑和引领经济社会发展,服务国家重大战略实施;三是人民满意,即提供高品质的交通服务,满足社会生产生活的交通需求,人民体验感好、获得感强。

交通强国主要特征包括八个方面。第一,基础设施完善优化。构建规模适宜、结构合理的一体化综合交通网络和无缝衔接的综合交通枢纽体系。第二,服务水平一流。客运服务"一站式""门到门",满足多元化、个性化需求;货运服务高效、经济"一单式";基本公共服务均等化,共享交通新业态发达。第三,技术装备水平先进。交通运输装备精良实用,科技创新能力强,关键技术自主领先、普用技术经济适用。第四,绿色交通主导。在资源能源、基础设施、交通装备、交通结构、组织管理等方面实现全环节全寿命绿色化。第五,智能交通驱动。智能网联交通系统发达,车路协同应用广泛,交通管理与服务智能化水平领先。第六,治理能力现代化。具有完善的综合交通管理体制和交通法律法规体系、健全的交通运输市场以及一流的人才队伍和国民素质,交通运输系统的可持续发展能力强。第七,系统安全可靠。运输事故伤亡率低,实现交通本质安全,应急救援能力强,军民深度融合,支撑国家安全。第八,全球话语权强。建立具有畅行世界、深度开放共享的运输服务体系,具有较强的交通国际影响力和话语权,交通企业国际竞争力强;交通与经济实现深度融合。

（二）交通强国的指标体系

根据系统性、实用性、可比性、独立性、动态性、通用性指标选择的原则,交通强国指标体系包括网络通达通畅可靠度、运输服务水平、技术装备水平、可持续发展程度、技术创新进步状况、治理体系现代化程度、国防经济安全保护状况及国际话语权等八个方面,如表1所示。

表1　交通强国的指标体系

一级指标 （准则层）	序号	二级指标（指标层）
网络通达 通畅可靠度	1	国际运输网络通达度
	2	国内运输网络通达率(地区间,城市间、城乡间)
	3	枢纽(换装、换乘保障状况,多式联运状况)
	4	公交站点覆盖率(城市交通)

续表

一级指标 （准则层）	序号	二级指标（指标层）
运输服务 水平	5	单位周转量、事故率
	6	正点率、公交分担率
	7	出行效率（出行时间/出行长度）、运输效率
	8	单位成本，物流费用占 GDP 比例
	9	出行舒适度（换乘方便度，乘车环境、拥挤度）
	10	全球交通服务连接度
	11	应急出警率
技术装备 水平	12	固定设施装备水平
	13	移动设施装备水平
	14	关键技术自主水平
	15	普用技术经济适用度
可持续发展 程度	16	绿色交通分担率
	17	降低单位运输周转量的能耗和碳排放
	18	新能源汽车比重、航空运输低碳燃料
技术创新 进步	19	交通科技投入占交通总投资比重、贡献率
	20	智能化率、信息化覆盖率
	21	科技人员占从业人员比例
治理体系 现代化程度	22	法律法规完备性
	23	治理效能
国防经济 安全保护 状况	24	促进经济发展
	25	降低交通能源依赖度
	26	军民融合情况
国际话语权	27	交通企业国际竞争力
	28	国际标准、技术等参与程度

五、交通强国建设的目标和实施路径

（一）指导思想和基本原则

指导思想：全面贯彻党的十九大和十九届二中、三中、四中全会精神，以习近平新时代中国特色社会主义思想为指导，按照"五位一体"总体布局和"四个全面"战略布局，牢固树立和贯彻落实创新、协调、绿色、开放、共享的新发展理念，紧密结合"一带一路"建设、京津冀协同发展、长江经济带发展、粤港澳大湾区建设等国家战略，以人民满意为宗旨，以提高交通运输质量和效益为核心，以交通与经济融合发展为主线，完善优化网络，加强衔接互联，提升服务水平，构建绿色智能安全一体化交通，推进开放合作，构建现代综合交通运输体系，建成世界领先、人民满意的交通强国，为建成社会主义现代化强国、实现"两个一百年"奋斗目标提供有力支撑。

基本原则：坚持以人民为中心，惠及民生；坚持突出重点，支撑现代化强国；坚持市场导向，全面深化改革；坚持科技创新，提高效率效益；坚持优化结构，协调发展；坚持低碳发展，绿色交通；坚持安全第一，提升服务水平；坚持维护国防安全，提升应急能力；坚持全面开放，增强国际竞争力及话语权。

（二）发展目标

总体目标：到2035年，我国将基本实现社会主义现代化，基本实现"安全可靠、便捷高效、绿色智能、开放共享"的交通运输现代化，使我国交通基础设施、运输服务、技术装备、行业治理、国际影响力达到世界一流水平，实现"人民满意、保障有力、世界领先"，基本建成交通强国，进入世界交通强国行列，有效支撑我国基本实现社会主义现代化。

具体目标：设施完善优化、服务质量一流、技术装备先进、绿色交通主导、智能交通驱动、治理体系现代化、行业话语权强。

（三）实施路径

到2025年，我国交通运输初步实现现代化。制定我国交通运输现代化发展战略，以强化管理、资金、技术、人才等方面为保障条件，空间上以空间规划为基础，继续加强交通运输基础设施网络化、建设一体化的国家综合交通枢纽，构建城市群、城乡、城市交通网络；技术上提升运输技术装备水平，推进核心技术研发；服务上以提升运营养护管理、提高交通运输普遍服务水平、增强交通运输国际竞争力为实施路径,尽快提高我国交通运输的安全、便捷、舒适、绿色、高效、智能等为目标要求。

到 2035 年,我国交通运输基本实现现代化,基本建成交通强国。在我国交通运输实现初步现代化的基础上,继续以强化管理、资金、技术、人才等方面为保障条件,空间上完善多层级网络布局,交通基础设施建运养管并重,以基础设施建设为辅,以运营养护管理为主;技术上发展高效、安全、智能、绿色的新型交通装备,提升运输装备技术现代化水平;服务上以充分发挥交通基础设施、技术装备的运行能力,提升交通运输现代化服务水平等为实施路径,在已经实现我国交通运输安全、便捷、舒适、绿色、高效、智能等目标的基础上,全面提升我国交通运输的"硬实力"和"软实力",增强国际话语权,从根本上提升交通运输生产力、生产关系的先进性,建成交通强国,迈入世界交通强国行列。

六、"十四五"时期交通强国建设重大任务和重大项目

为了实现我国交通强国的战略目标,根据问题导向、需求导向和目标导向,"十四五"时期交通强国建设任务主要从完善现代化交通基础设施网络、提升交通运输服务质量、驱动交通技术装备创新、发展绿色安全交通主导、增强交通运输企业竞争力、深化交通与经济融合发展、推进行业治理体系现代化等方面,提出"十四五"时期交通强国的重大任务和重大项目。

(一)重大任务

一是完善现代化交通基础设施网络。完善现代化交通运输基础设施网络,有效满足运输需求,在运输线网密度和技术等级上有一个明显提升。在网络布局上,既要建设国际运输网络,又要完善国内运输网络。到 2025 年,我国将以交通基础设施建运养管并重,提升交通运输网络服务功能和服务水平,为交通强国提供支撑。

二是推进综合交通枢纽一体化建设。推进国际性、全国性、区域性、地区性交通枢纽一体化建设,建成立体化、便捷化、现代化的综合交通枢纽。综合交通网上的枢纽布局应综合考虑各条交通线路的顺畅连通,遵循客运"零距离换乘"和货物换装"无缝化衔接"的原则,加快枢纽一体化建设,体现客货流汇集、换乘/换装和疏散的承载性、便利性和兼容性。到 2025 年,建成一大批全国性综合交通枢纽和物流枢纽,重点建设区域性综合交通枢纽和地区性综合交通枢纽,提高枢纽服务功能和服务水平。

三是驱动交通技术装备创新。加快交通运输装备建设,提高我国交通运输装

备安全性、经济性、便捷性、绿色低碳、智能化服务水平。提升载运技术和装备水平，提升交通运输载运能力。实现交通施工维养装备技术领先，提升交通工程施工及维养装备的国产化水平。加强交通信息采集和应急设备研发和应用。

四是发展绿色安全交通主导。建设"资源节约型、环境友好型"交通运输系统。到 2025 年，通过优化运输结构、倡导绿色工具和出行、强化全寿命周期节能减排监管等加快推进交通运输业节能减排。

五是加快智能交通发展引领。加快实施"互联网+"交通战略，加快大数据的共享平台建设，推进车路协同技术研发与应用，实现综合交通智能关键技术突破，积极开展相关示范工程建设，提高新技术在交通管理和服务智能化领域应用，提升交通运输智能化服务和安全管理水平。

六是增强交通运输企业竞争力。深化交通运输企业体制改革，增强企业国际竞争力。依靠创新驱动，构建现代运输市场体系，增强运输企业可持续发展能力，加快推进交通运输企业"走出去"步伐，不断满足"走出去"的生产制造企业服务需求，培育具有国际综合竞争力的运输与物流企业。

七是深化交通与经济融合发展。着力推进交通与经济融合发展，实现"跨业、跨域、跨界"的深度融合，实现交通与制造业、物流、农业、旅游消费融合发展。培育交通运输新动能。发展高铁经济、航运中心、临空经济区、通用航空、邮轮码头、自驾车、房车营地以及企业新兴服务等新业态新消费。推进交通空间综合开发利用。

八是推进行业治理体系现代化。立足行业特征全面深化改革，从整体上把握各个治理领域的制度安排，以完善政府治理、市场治理和社会治理为核心，建立相互协调的整体性治理架构，形成政府、市场、社会"三位一体"协同共治的格局。

（二）重大项目

一是综合通道方面。推进中俄通道滨海 1 号、滨海 2 号建设，孟中印缅经济走廊、中巴经济走廊建设等，加强出疆入藏、中西部地区、沿江沿海沿边战略骨干通道，城市群、都市圈通道，以及三峡水运新通道、渤海通道、粤港湾大湾区通道等建设。

二是综合交通枢纽方面。加强建设世界级港口群和机场群。推进既有客运枢纽一体化智能化升级改造和站城融合模式创新。重点布局建设 120 个左右国家物流枢纽。加快邮政国际寄递中心建设。推进中欧班列集结中心建设。

三是交通"三张网"方面。继续完善高速铁路网、高速公路网以及民用运输机场建设；补齐普速铁路、普通国道、沿海港口以及内河高等级航道建设，推进农村公路、港口集疏运体系等建设。加快建成成都重庆至上海沿江高铁等，推进川藏铁路等其他项目建设;积极推进京津冀、长三角、粤港澳大湾区、成渝世界级机场群建设,实施广州、深圳、昆明、西安、重庆、乌鲁木齐、哈尔滨等国际枢纽机场和加快杭州、合肥、济南等区域性机场改扩建,建设厦门、大连、三亚等新机场。建成鄂州货运机场。

四是运输服务方面。推进国际运输服务,加快中欧班列"一单制"建设;实施公铁联程售票、"空巴通"特色联程运输等服务,推进多式联运示范试点项目;加快车辆标准化、公交都市等建设。

五是智慧交通方面。推进国家物流公共信息服务平台建设,开展自动驾驶、无人船舶、太阳能路面等技术应用以及京张、京雄智能铁路系统工程示范试点,开发时速300—350公里高铁自动驾驶技术应用。推进基础设施数字化、路运一体化车路协同、北斗高精度定位综合应用、基于大数据的路网综合管理、"互联网+"路网综合服务。

六是绿色交通方面。推进绿色智能交通示范区建设,加快加气站、船舶岸电、油气回收工程项目建设,推进全国新能源公交车、出租汽车、城市物流配送车辆发展,开展绿色智能货运专用通道、绿色示范公路、示范城市公交、示范绿色港口、绿道样板工程等项目建设;推进船舶污染物回收处理工程等。

七是安全交通方面。完善深海远海监管搜救系统和船舶自动识别系统,加强铁路安全、普通公路、航空安全工程建设,开发交通气象预报预警系统、道路巡航系统等。

八是交通运输新领域方面。推进通用航空机场、邮轮码头、汽车营地、共享交通等项目建设。

七、加快交通强国建设的政策措施与建议

(一) 深化供给侧结构性改革,提升质量效率

习近平总书记指出,"推进供给侧结构性改革,交通运输大有可为"。在这方面,要深化综合运输管理体制改革,加快铁路、民航等重点领域市场化改革,优化运输结构。

(二) 服务国家重大战略,促进区域协调发展

交通运输应积极服务"一带一路"倡议、京津冀协同发展、长江经济带、粤港澳大湾区等国家战略,推进交通运输互联互通,统筹协调"四大板块"与"三大战略",

做好交通支撑扶贫和乡村振兴。

（三）全面提升服务水平，推动交通质量变革

面向未来发展新趋势、面向全球战略新格局，全面提升交通服务水平，优化交通供给市场环境，鼓励与规范交通服务新模式发展，增强国际交通服务能力，完善绿色低碳交通体系，发展智能安全交通。

（四）积极推进科技创新，提升技术装备水平

加快推广应用互联网、自动驾驶以及新能源等新技术，推动交通运输与互联网、大数据、人工智能深度融合。聚焦关键领域和核心技术，加快交通科技研发创新。完善交通运输科技服务体系，不断优化交通科技创新环境。

（五）完善法律法规建设，健全现代市场体系

编制《综合交通运输法》《绿色交通法》等，完善交通法律法规体系架构。建立严格的运输市场准入标准及运输市场信用机制。制定综合交通运输产业政策时，要充分考虑产业的全链条。完善综合交通运输技术标准体系。

（六）实施人才优先战略，提供智力决策保障

造就一批数量足、素质高、结构合理的交通强国现代人才队伍。加强优秀人才培养，实现高学历型人才向能力型、创新型人才的突破。加快人才国际化以及工匠人才培养。

（七）加强组织协调机制，促进高质量发展

加强组织领导，建立国家层面和地方层面的交通强国建设实施工作机制，强化交通运输部门在宏观管理、市场监管、行业治理、公共服务、环境保护等方面的职责落实。统筹考虑综合交通运输体系发展与人口布局、土地利用、产业发展、生态保护等融合发展；健全交通运输高质量发展的目标体系，促进高质量发展。

（课题组成员：王德荣　高月娥　孙综国　程亮　孙彦明　马艳丽）

"十四五"时期能源发展
思路及战略重点研究

中国宏观经济研究院能源研究所

能源是人类社会发展的重要物质基础,对国家繁荣发展、人民生活改善、社会长治久安至关重要。能源安全是关系国家经济社会发展的全局性、战略性问题。"十四五"时期,世界正经历百年未有之大变局,在能源发展上,机遇更多,挑战更大。亟须以新发展理念为指导,统筹发展和安全,深入研究我国能源绿色低碳转型和高质量发展的思路和目标,明晰"十四五"时期能源发展的战略重点和关键举措,为保障"十四五"时期经济社会发展以及实现2035年、2050年建设社会主义现代化国家长远目标提供保障并打下坚实基础。

一、"十四五"时期我国能源发展的几个重要判断

第一,"十四五"时期,如果能源结构不能持续快速优化,将严重制约经济高质量发展。这是由未来经济社会发展的三大特征所决定的:终端电气化、行业智能(数字)化、电力绿色化。如果高碳能源结构不能得到优化,一是产业发展受阻,绿色能源增长缓慢,将使以电动汽车为代表的新型制造业和以大数据云计算为代表的

产业发展

新型信息产业发展因使用更多的高碳电力受到更多质疑,失去正当性和合理性;二是能源供给经济性下降,在新发展理念发展框架下,能源结构越不优化,能源系统供给成本就越高,且具有中长期不可逆转的趋势。

第二,东、中、西能源供需一体化难度加大,风险加大,呈分化趋势,亟须从集中式一体化发展转到集中式一体化和分布式、本地化发展并重。"十四五"时期,东部能源消费,特别是电力消费增长仍将保持较强态势,但中、西部通过西电东送、西气东输、北煤南运向东部输送更多能源,将越来越受到经济性不高、生态环境风险加大以及电力体制改革和电力市场建立滞后的制约。因此,满足东部能源消费增长不能全部依靠中西部,东部、中西部都要因地制宜加快发展分布式、本地化的能源供应。

第三,"十四五"时期,坚持绿色低碳化发展,标本兼治,正确应对,可确保我国能源供给更加安全。一是我国能源消费总体自给率大于80%,能源供应安全风险总体可控,加上持续高比例开发利用可再生能源,将进一步降低经济社会发展对传统能源资源的依赖。二是虽然我国油气进口对外依存度高,增大了能源安全风险,但也要看到,主要油气出口大国,如沙特、俄罗斯、卡塔尔等,其经济发展、民生改善和社会稳定严重依赖油气出口收入,对我国超大的进口市场有不可替代的依赖,只要大国间不发生大规模军事冲突,以我国目前的综合国力和保障能力,完全可保障我国的油气供应安全。三是中美关系是影响我国能源安全的重要因素,但不是决定性因素。由于国际油气供应总体过剩,美国在2022年和2023年期间,也将面临油气出口压力。同时,我国具有独特的地缘优势,与俄罗斯、中亚油气资源富裕国家陆路相连,加上国内产量,具有保供"压舱石"。

二、"十四五"时期我国能源发展面临的三大风险

"绿色"风险。煤炭生产集中度持续提高,加大了主要产煤省区治理和修复生态环境的难度和风险。同时,部分省区"一煤独大"的局面难有实质性改变甚至还有加剧的风险。燃煤电厂规模和发电量反弹,挤占"绿电"发展空间,给绿色发展前景蒙上阴影,可能还会面临未来的碳税等贸易壁垒风险。

"安全"风险。"十四五"时期,我国油气对外依存度将继续升高,将分别达到75%和50%左右。尽管能源地缘政治突发事件带来的油气安全风险很难使国际能源市场出现实质性的"断供"现象,但极端气候、网络攻击等非安全因素造成的电力供应和油气安全风险,可能有增无减,需要高度重视,妥善应对。同时,还要看到,我国过高的高碳能源结构,导致以末端治理为主要手段的环境治理成本越来

高,带来的"生态安全"风险也在持续升高。

"经济"风险。在经济转型压力加大的背景下,现有的能源消费总量控制方式,制约了一些经济发展潜力大、创新能力强的地区获得更快、更好的发展,同时又给一些地区低碳能源发展套上了"紧箍咒"。同时,煤炭、煤电等传统高碳能源,一边产能过剩或产能利用率很低,一边还要继续扩展产能,挤占绿色低碳能源的发展空间,存在着整个能源系统供给成本持续上升的风险。

绿色发展是解决我国能源问题的治本之策,高碳能源本质是非绿色。如果不能从"十四五"时期开始加快转型,化石能源的基础设施一旦投入就将再继续使用20—30年,这意味着2050年建成美丽中国目标将很难实现。

三、"十四五"时期能源发展目标和定位

(一)规划思路上从"以总量保供为主线"转向"以结构优化为主线"

"十四五"乃至今后更长时期,我国能源发展规划的指导思想必须要从过去以"总量—结构—布局"为顺序、以"保障供应"为主要目标,切换到以"结构—布局—总量"为新顺序、以"结构优化"为主要目标的新思路上来,把结构优化挺在能源发展的最前面。

过去,我国制定规划基本都是首先考虑确保能源供应安全,尤其是煤油气电等主要能源品种充足、安全、稳定供应。为实现能源保供,制定规划采用的总是"总量—结构—布局"的思路,即先考虑满足总量需求,再分析结构,最后安排布局。这一思路往往把能源总量的供需平衡放在最突出的地位,规划的目的和目标实际上都是为了满足能源总量及各主要品种的需求;"布局"是为了保障总量,是实现总量平衡的抓手和落地之处;"结构"经常是作为总量平衡和布局实现后的一种顺带产生的"结果"。

党的十九大以来,能源领域工作的重点已经从主要解决"有没有",转变为既要解决"有没有",更重要的是要解决"好不好"。我国能源发展的主要矛盾已由过去数十年能源需求总量快速增长和供应能力不足的矛盾,转变为发展不绿色、人民美好生活需要不能充分满足的矛盾。近年来我国能源保障供应总体上压力不大,能源短缺主要表现在个别地区、个别时段、个别品种上。中西部地区经济和能源发展的定位和需求已发生新的变化,其承担的供应东部能源需求的任务在本地区经济工作中的重要性逐渐下降,全面发展、绿色发展、可持续发展的需求不断上升。如果继续把总量放在规划首要位置,可能会引致新的产能过剩、主要能源产地生态

环境难以改善、能源资源难以更加有效地市场化配置等负面效果。

制定新时代能源发展规划,需要切换到"结构—布局—总量"的新思路上,需要从集中式发展格局转到集中式与分布式并重发展的格局。对东南沿海地区和主要能源输入省份,突出能源结构优化,主要是推动能源消费结构清洁化和低碳化、能源供应结构本地化和外来能源多元化,通过发展出更多的本地化能源供应,既能满足未来新增能源需求,也能为西部地区推动绿色低碳发展"解套"。而且,突出能源结构优化,可使能源消费总量不断攀升的压力大大降低,也有利于能源布局实现更加合理的调整。

(二)以"绿色、安全、经济"作为新目标和新定位

"十四五"时期,要把"绿色、安全、经济"作为能源转型的目标和定位。要把"绿色"摆在统领地位,同时三个目标要统筹兼顾、协调发展,不能顾此失彼。"能源安全"和"能源绿色发展"并不矛盾。以拼命获取化石能源提高"能源安全"是饮鸩止渴,以加速推进"绿色发展"保障"能源安全"才是无悔抉择。要强调节能是第一能源,主动实施技术创新,坚持大力发展可再生能源和其他清洁能源。

四、"十四五"时期制定并实施"生态能源行动"

(一)"生态能源行动"的目标

——能源消费总量。2025 年,化石能源消费总量控制在 44 亿吨标准煤以内,煤炭消费总量控制在 40 亿吨以内。如果化石能源不严格控制,中长期二氧化碳排放就难以控制在较低水平。考虑到 2025 年全社会用电量将达到 9.5 万亿千瓦时左右,则届时一次能源消费总量预计将为 55 亿—56 亿吨标准煤。[①]

——能源消费结构。2025 年只有把煤炭消费比重降低到 48% 以下,能源结构才能够出现较大力度的优化。预计 2025 年天然气消费比重将达到 11% 左右,非化石能源消费比重可以提高到 20%—23%。在终端能源消费结构优化方面,经过努力,电力消费占终端能源消费的比重可以从 2018 年的 26% 提高到 2025 年的 34% 左右。

——能源供给结构。"十四五"时期,能源供给侧结构性改革取得重大进展,2025 年可再生能源发电量比重可达到 38%。为了给可再生能源加快发展提供充

---

① 一次电力按发电煤耗法折算一次能源。

足的灵活性调峰服务,煤电机组的灵活性改造完成率需要达到 40% 以上。

——能源安全保障。"十四五"时期石油进口依存度预计不会超过 75%,天然气进口依存度不超过 50%。为了进一步补足保供短板,石油储备能力需要提高到 90 天进口量(约 1 亿—1.2 亿吨),天然气应急储备占全年消费量的比重需提高到 15%。

——能源系统效率。各类能源技术效率应持续提升,能源系统效率明显改善,2025 年单位国内生产总值能耗比 2020 年下降 14% 左右。

——能源成本可控。能源市场化改革不断深化,2025 年新能源全面摆脱补贴依赖,化石能源成本可控并力争下降。

(二)"十四五"时期"生态能源行动"的关键举措

为确保"十四五"时期能源发展目标实现,建议着力推动五大关键措施在短期内落地见效:

1. 真正从严控制化石能源消费

"十四五"时期,要以控制化石能源消费总量制度替代原有的一次能源消费总量控制制度。第一,化石能源消费总量控制制度,要有利于本地的清洁能源加快发展,特别是本地生产本地消费的可再生能源。要将一次能源消费总量控制,改为化石能源消费总量控制,使能源消费总量控制的目标更加精准。第二,化石能源消费总量控制制度,必须有利于遏制化石能源的跨区调度和远距离输送。北煤南运和从煤电基地调配出来的煤电必须要计入最终能源消费地区。水电风电和太阳能发电调配出来的电力,则不计算在最终能源消费地区,以推动可再生能源的消纳。第三,建议不再使用自上而下层层分解的办法对化石能源消费进行控制和考核,改为建立地区化石能源消费量预算制度和化石能源消费量第三方专家评估队伍,对化石能源消费进行监控。第四,作为化石能源消费量的延伸,有必要对燃煤发电装机总量进行控制。

"十四五"末,把化石能源(煤炭、石油、天然气)消费控制在 44 亿吨标准煤以内。控制化石能源消费,是从把结构优化挺在最前面的新思路、从推动绿色发展和结构优化考虑的结果,也与中央推进"供给侧结构性改革为主线"的战略举措保持一致。在这一点上,与以往单纯强调"控制一次能源消费总量"有本质上的不同。

2. 以优化结构为核心进一步深化能源供给侧结构性改革

将煤炭占一次能源消费比重下降纳入"十四五"时期能源发展预期性目标,推动生态损失大、环境污染重、煤炭品质低的煤炭产能逐步退出市场。将可再生能源占一次能源消费占比作为"十四五"时期能源发展约束性目标,并将可再生能源占一次能源消费增长目标分解到各省。在"十四五"时期能源规划中将清洁能源产业产值占 GDP 比重、清洁能源产业投资占能源投资比重、清洁能源产业就业占能源行业就业比重、可再生能源研发投入占能源研发投入比重等指标纳入评价指标体系中,推动供给侧结构性向着绿色低碳的方向加快调整。"十四五"末期,煤炭占一次能源消费的比重要降到 48% 以内,非化石能源占一次能源消费比重达到 20%—23%。

3. 实施集中式与分布式并重发展

推动能源体系从集中式向集中式与分布式融合转变。长期以来我国采用的是以大容量、高参数、远距离为主要特征的集中式能源系统。在这个思路下,我国西电东送、北煤南运的能源量越来越大。事实表明,西电东送、北煤南运实施的消极作用,不仅阻碍了东部地区的能源绿色低碳转型,使东部地区难以更多地依靠自身力量和区位优势充分利用国际上经济性更好的清洁能源,而且进一步加大了西部富煤地区的煤炭资源产业的集中度,加剧了西部生态环境改善的难度。已经投运的几条特高压输电线路,也难以按计划满负荷输送电力。如果过去能够适时实施西电东送、北煤南运政策调整,也可能东南沿海省份的能源供应已经变得比现在更加依赖本地清洁能源资源的开发和利用,其不仅发展起了更多的本地新能源产业和更加灵活的开发利用模式,而且环境污染问题也可能解决得更加顺畅。大的发展思路不转变,也不利于东南沿海地区的能源结构调整。

"十四五"时期,应大力推进能源体系从集中式向集中式与分布式融合转变,加大东南沿海和中部地区发展分布(散)式风电和光伏发电力度。在西、北部地区继续发展集中式大规模风电和光伏发电,提升西电东送绿电输送比例。"十四五"末,全国分布式光伏发电占总光伏发电装机容量,要力争超过 60%;东、中部地区非水可再生能源就地就近开发消纳的装机规模,要力争达到 2 亿千瓦以上。

4. 大幅降低能源领域非技术性成本

"十四五"时期要坚持深化改革,大幅度降低非技术性因素导致的能源高成本。加快电力、天然气等行业的体制机制改革,加强电力、油气管网输送成本监管和信息公开,降低市场垄断导致的高成本。针对我国化石能源补贴全球排名第二的现实状况,进一步减少对化石能源的补贴,推动消费者重新认识化石能源的市场价格,推动新能源和可再生能源加快发展。要深入实施能源价格形成机制改革,推动能源价格市场化。能源价格要反映不同时间段、不同地域的供求关系动态变化,反映能源资源稀缺程度,反映资源环境外部性特征。

5. 建立健全国家能源安全预警系统

高度重视,加大政府资金投入力度,加快建立健全国家能源安全预警系统。全面整合能源信息渠道,建立与国际组织的数据交换机制,提升国际能源信息来源多元性和及时性,健全国内能源统计体系,建设覆盖面更宽更全的全球能源数据库。

充分利用大数据技术和现代信息统计分析手段,建立健全科学有效的预测预警分析方法,增强数据和信息分析及预测能力。建立能源安全预警工作和报送制度,建立分层级安全预警机制,甄别不同级别的分析和政策建议报告,报送至不同层级的决策部门参考。

"十四五"时期能源发展主要目标、关键举措和重点任务之间有着紧密的联系。其中,关键举措是"十四五"时期能源发展的关键点和"牛鼻子",扮演着"牵一发而动全身"的作用;重点任务是"十四五"时期在工作层面的全面部署和转型环境营造。关键举措与重点任务之间,既有联系,又有区别(见图1)。

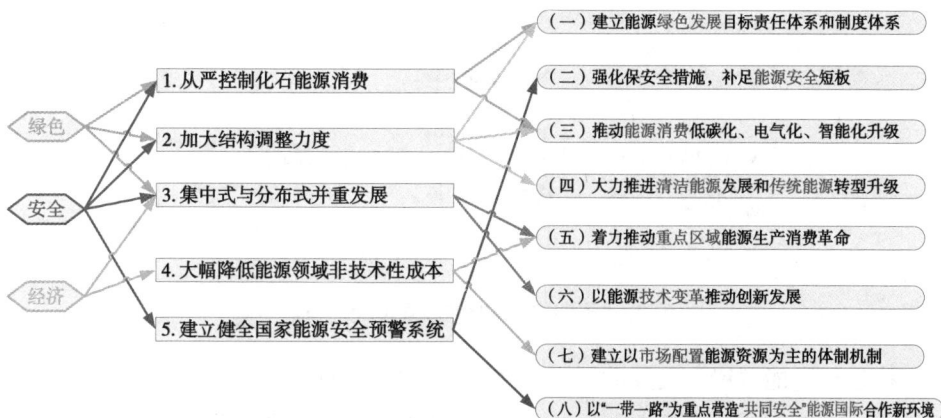

图1 "十四五"时期能源发展主要目标、关键举措和战略重点的关系

五、战略重点

"十四五"时期能源发展的战略重点,主要从明确责任、推动工作、营造环境三个层面出发,确定了八项战略重点(见图2)。这些战略重点不仅可以为"十四五"时期实现"绿色、安全、经济"的发展目标,而且可以为更长期的绿色低碳目标实现提供战略支撑。

(一)建立能源绿色发展目标责任体系和制度体系

建立促进能源绿色发展的目标责任体系。要设立化石能源消费总量、单位GDP能源消耗指标、非化石能源比重指标、终端用能电气化比重、绿色能源建筑比重及农村城镇居民生活用电量等指标,建立反映能源转型支撑绿色发展的评价指标体系。建立全面的目标责任考核体系,以目标自上而下倒逼绿色发展统领能源发展。

明确责任

（一）建立能源绿色发展目标责任体系和制度体系

推动工作

（二）强化保安全措施，补足能源安全短板	（三）推动能源消费低碳化、电气化、智能化升级	（四）大力推进清洁能源发展和传统能源转型升级	（五）着力推动重点区域能源生产消费革命

营造环境

（六）以能源技术变革推动创新发展	（七）建立以市场配置能源资源为主的体制机制	（八）以"一带一路"为重点营造"共同安全"能源国际作新环境

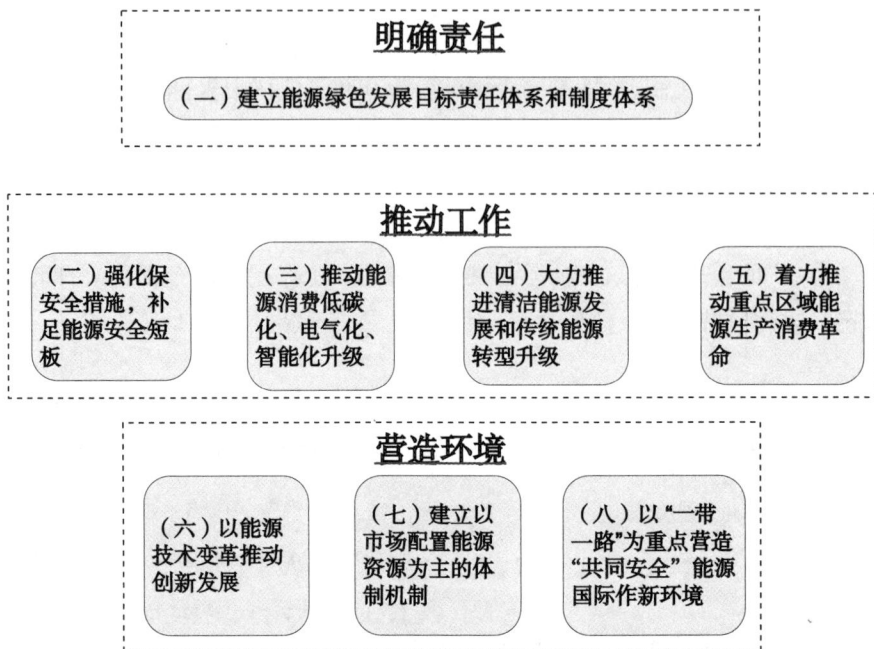

图2　"十四五"时期能源发展战略重点

构建促进能源绿色发展的制度体系。建立绿色财税、绿色金融制度，综合运用减免税、出口退税、加速折旧等手段，完善绿色能源金融标准体系，引导资金、技术、人才等要素逐步向绿色能源方向流动。实施碳税、绿色能源证书等市场化方式，对化石能源的资源稀缺性、环境外部性合理量化，为非化石能源建立合理公平的市场竞争环境。通过建立促进绿色发展的市场化措施，引导市场主体主动加强绿色能源开发利用。

（二）强化保安全措施，补足能源安全短板

建立分层级安全应对机制。做好不同情景下的预测、规划，建立国家能源安全分层级预警应对机制。针对"十四五"时期能源安全面临复杂多变的国际形势，密切跟踪热点地区能源地缘政治变化，综合研判事态演进，分层级进行应对。建立完善涵盖国家、部门、地方以及重点供能用能企业的分层级分领域能源安全预案体系，制定分层级应急预案，明确不同级别启动条件和应急调节次序。

提升和保持油气自我供应能力。深化改革，进一步放宽准入，更多引入社会资本和技术，稳妥吸引外资进入上游勘探开发领域，促进国内油气增储上产，力争到"十四五"末期实现天然气产量达到 2000 亿立方米以上，石油产量稳定在 1.9 亿—2.0 亿吨水平。

增强油气战略及应急储备能力。完善油气储备法律体系，将油气安全全面纳

入法制化轨道。创新石油储备管理体制和管理方式,提升国家战略储备和商业储备整体水平,在国际油价适宜的情况下,多补短板,力争"十四五"末期形成1亿吨以上的全社会石油储备能力。进一步明确地方政府、上游供气企业、城燃企业和大工业用户的储气设施建设主体责任,加快建立与国内天然气市场需求相适应的多层次天然气应急储气体系,天然气应急储备调峰能力提高到全年消费量的15%以上。推动区域油气储备设施共建共享,协同保障区域能源安全。

提高应对非传统能源安全风险的能力。构建电网安全综合防御体系,强化电力系统信息安全防控,提高"网络攻击"防范能力。增强油气管网安全运行能力,完善油气管网联防长效机制及应急处置预案。提升对各类来源不明攻击的防范能力,保障国际国内能源供应链安全。

(三) 推动能源消费低碳化、电气化、智能化升级

推动工业能源电气化和工业余能回收利用。提升电力系统供应能力和质量,支持工业电力消费加速增长。推进工业余热、余压、余能应用,力争发挥3亿—5亿吨标准煤潜能。用能系统优化,通过跨企业、跨行业、跨地区余能资源整合,建立工业用能高效智能、经济便捷、利益共享、多能互补的能源利用新模式。

全面推广高质量清洁取暖和散煤替代。把建筑保温节能改造作为高质量清洁取暖的第一步。制定相对统一的北方地区清洁取暖方案,因地制宜推广太阳能、生物质能、地热能等可再生能源替代传统能源,实现散煤燃烧取暖的长效、经济替代。东北地区重点推广生物质固体燃料,西北地区重点推广太阳能热利用取暖和可再生电力取暖,华北地区和两淮地区重点推广水源热泵、地源热泵、空气源热泵取暖。

在衣食住行领域全面推广节能低碳新技术、新模式、新业态。推广高效用电和可再生能源就地利用新技术、新产品和共享经济新模式。鼓励购买绿色建筑、采购高效节能家用电器。倡导开窗通风、晾晒衣物等绿色生活行为。倡导公交出行、地铁出行,鼓励消费者利用共享汽车、共享单车等新模式、新业态。推动以纯电动汽车、插电式混合动力汽车、氢燃料电池汽车为代表的新能源汽车替代传统燃油车。

(四) 大力推进清洁能源发展和传统能源转型升级

促进清洁能源高质量发展。建立促进清洁能源消纳的市场化机制,发电侧通过制定辅助服务、两部制等价格机制,让火电企业获得合理收益,愿意提供系统安全平衡必要的技术支撑;用户侧通过用户侧分时、峰谷、可中断等价格手段,鼓励引导用户通过需求侧管理、分布式发电、储能等多种技术途径,分担系统压力;调度侧提高跨省跨区清洁能源电力外送电量比例,多用市场手段引导区域电力互济流动。建立可再生能源配额指标体系,加强对地方政府清洁能源电力消纳指标的考核。

推动煤炭绿色开发和智能化生产。严格以绿色化无害生产和煤矿区生态修复治理为标准,大力推进煤炭行业的绿色化生产水平,建设绿色矿山。建立煤矿清洁生产评价体系,因地制宜推广充填开采、保水开采、煤与瓦斯共采等绿色开采技术。加强煤矿生产的智能化改造,建设智能矿山体系。做好传统煤炭产业与新产业的转换衔接,推进采煤沉陷区治理利用,利用采煤沉陷区、关闭退出煤矿工业场地发展风电、光伏、现代农业等产业。

严格控制煤电发展规模。考虑到电力需求及煤电利用小时变化,"十四五"时期,煤电规模控制在 11 亿千瓦比较合适,为此需加强规划指导约束作用,严控各地新增煤电产能。研究清洁能源发展与煤电协调健康发展机制,进一步推进煤电灵活性改造,增强煤电调峰能力,适当延长部分煤电机组的服务期限。

(五) 着力推动重点区域能源生产消费革命

加快能源资源富集地区能源消费革命。在山西、内蒙古等能源资源大省,要推进能源消费革命,通过强化能源总量、结构及环境质量约束,推进能源科技创新,深化能源体制改革,不断构建清洁低碳用能模式,实现本地能源的绿色化利用;同时逐步降低煤炭开发利用强度,弱化对煤炭资源型发展模式依赖,实现区域经济发展的包容性、平衡性和持续性。

推动能源消费区加大能源生产革命力度。推动分布式清洁能源优先发展,逐步摆脱敞口式能源调入模式。持续提高能源效率,尽可能减少煤炭利用、扩大清洁能源消费,大幅提高终端电气化水平。着力构建分布式能源、清洁能源和智慧能源为主的区域能源发展新模式。

推动城市群地区能源基础设施互联互通、共建共享。在京津冀、长三角和粤港澳等地区,推动域内电网、油气管网、热力管网互联互通,统筹安排 LNG 接收站、储气库、电力调峰资源建设和布局,最大程度减少重复投资、提高资源利用效率。

(六) 以能源技术变革推动创新发展

以技术创新推动能源成本下降。健全"领跑者"制度,全面推动风电、光伏发电新项目平价上网。推广应用煤炭绿色无人开采技术,引进和消化吸收深海深层和非常规油气勘探开发技术,着力降低传统能源开发成本。加强大数据、云计算、互联网、人工智能、3D 打印等先进科技在能源领域应用推广力度,推进"互联网+"智慧能源发展,构建能源生产、输送、使用和储能系统集成、经济高效的能源互联网。

推动能源新模式和新业态应用。积极推进多能互补能源服务模式发展,供给侧推进风光水火储多能互补发展,需求侧加强热、电、冷、气等能源生产耦合集成和互补利用。开展储电、储热(冷)等多类型、大容量、高效率储能系统示范工程建设。推动能效电厂、需求响应电厂等新模式发展,推广智能化分布式光伏及微电网应用。

鼓励引导能源技术突破和示范应用。重点支持新型建筑保温材料、高效燃气轮机、新一代储能设备、氢燃料电池、钙钛矿电池、石墨烯等领域基础创新、技术突破及产业化应用。加大全产业链氢能技术研发力度,推动氢能利用场景示范。

(七) 建立以市场配置能源资源为主的体制机制

以建立统一开放的电力市场为核心深化电力体制改革。推进配电网放开,深化售电侧改革,不断完善电力市场交易机制,逐步形成实时价格机制。努力打破省际壁垒,推动区域和全国电力市场建设。建立以"准许成本+合理收益"为核心的电网输电定价制度,健全电网有效投资认定和审查办法。

以扩大各环节竞争程度为目标加快油气体制改革。资源勘探开发环节,逐步向社会资本放开,盘活探矿权存量。管网输送环节,完善管网公平接入机制和投融资机制。油气加工环节,加强税收、质量、安全和环保监管,通过市场竞争实现优胜劣汰。销售环节,允许各类型企业参与批发和零售环节业务。进出口环节,赋予外资企业油气进口资质,允许符合资质的各类原油加工企业使用进口原油,支持各类企业积极开拓国际天然气市场,鼓励各类企业参与 LNG 接收站建设。

构建有效引导市场预期的能源信息发布机制。依托现有统计力量,构建全社会能源信息大数据平台,及时公开发布各类权威能源市场信息。鼓励各类行业协会、社会组织等数据信息接入,建立信息分享、甄别机制,提高能源信息传播效率和质量。基于各能源期货、现货交易中心数据,构建全面的能源市场指数,向全社会及时发布,引导市场预期。

(八) 以"一带一路"为重点营造"共同安全"能源国际合作新环境

加强与"一带一路"国家能源务实合作,寻求与发达国家能源合作新领域,维护全球能源市场稳定。巩固与"一带一路"沿线国家在油气勘探开发、油气管网互联互通、非化石能源开发利用、能效提升等领域合作。强化"一带一路"重点国家地区的绿色能源开发、能源可及性等领域合作;密切与欧洲国家在能源技术研发、能源转型及应对气候变化等领域合作,并参与到发展中国家的能源合作。

坚定携手维护多边秩序,持续提升我国在全球能源治理中的话语权和影响力,营造安全有利的全球能源发展环境。扩展和深化与 OPEC、IEA、"能源宪章"等现有全球能源治理机构的合作,积极推动和参与多边能源法律规则的改革进程,共同维护全球能源市场稳定。增强 G20、APEC、上合组织、中非论坛、中欧领导人峰会、中国—拉共体论坛等对促进多边能源合作的引领作用,促进市场深度融合。利用"一带一路"能源资源伙伴关系平台,建立供应国与消费国之间信息沟通机制、金融支持和监管机制、合作纠纷协调和解决机制等,形成适合发展中国家和新兴经济体的能源治理机制。

（课题组成员：王仲颖　白泉　苏铭　赵勇强
　　郑雅楠　朱跃中　高虎　肖新建）

"十四五"时期推进数字经济、数字社会、数字政府建设的主要思路和重点任务研究

赛迪顾问股份有限公司

"十四五"时期是我国由全面建成小康社会向基本实现社会主义现代化迈进的关键阶段,是"两个一百年"奋斗目标的历史交汇期,也是全面开启社会主义现代化强国建设新征程的重要转折点。"十四五"时期是我国数字经济在全球从跟跑、并跑到领跑的关键突破期与发力期,是数字福利普惠共享,提升人民获得感,构建数字社会的机遇期,是依托数字技术提升治理能力现代化、打造数字政府的关键期。发展数字经济、构建数字社会、打造数字政府,是我国"十四五"时期践行新发展理念、破解发展难题、增强发展动力、厚植发展优势的战略举措和必然选择。

一、概念特征

(一) 数字经济

数字经济是以数据资源为重要生产要素,以现代信息网络为主要载体,以信息通信技术融合应用、全要素数字化转型为重要推动力,促进公平与效率更加统一的新经济形态。对数字经济的内涵,可以从要素、载体、技术、系统四个维度进行认识和理解:从要

素维度看,数字化的数据资源成为驱动数字经济发展的关键要素;从载体维度看,现代信息网络、数字化基础设施和数字平台成为数字经济发展载体;从技术维度看,数字技术的创新与融合为数字经济提供重要推动力;从系统维度看,数字经济为整个经济环境和经济活动带来系统性变化。

(二) 数字社会

数字社会是数字化转型背景下的社会运行新状态。其依托贯通的互联网络,从最具有基础性意义的技术保障和运作机制层面,建构起活动平台、社会场域和通行路径,解决一系列社会生活问题,实现社会服务的智慧化和社会治理的数字化。数字社会的运行状态具有以下特征:人、物跨越地域空间限制有效连接,真正实现全球网络一体化互联互通,虚拟形态的网络空间演变为行为空间,人们随时随地介入网络生活,实现全时共在;信息数据在网络空间不断生成、存储、流转和分享,各类资源要素都整合在特定的平台和场域里,最大限度提升资源整合的有效性和时效性;利用移动智能终端和大数据、人工智能等技术实现社会建设、治理和民生服务,社会服务和治理的数字化、智能化极大凸显。

(三) 数字政府

数字政府是一种全新的政府运行模式,旨在实现公共服务便民化、社会治理精准化、经济决策科学化。数字政府以"以人为本"为指导,以通信网络、数据中心等数字设施为基础,以5G、大数据、人工智能、区块链等数字技术为支撑,以政务数据的治理、共享为驱动,以政务应用服务为表现,以信息安全为保障,以提升政府公共服务、社会治理、经济调节等履职能力为目标。结合我国当前的建设实践,数字政府的内涵呈现以下特征:数字政府是整体协同的政府,强调的是政府机构内部职能转变,打破地域、职能、业务阻隔以及数据壁垒,加强协作配合和工作联动,改造优化业务流程,形成业务协同、整体联动、资源共享的工作机制;数字政府是平台支撑的政府,注重数据治理、精准治理、智能治理,在技术层面需要集约化的基础设施体系、互联互通的数据资源体系、高效协同的业务应用体系支撑;数字政府是数据驱动的政府,数据是推动政府数字化转型的核心驱动,打破数据壁垒,消除信息孤岛,实现政务数据无障碍的有序共享,形成以数据驱动业务整合、以数据创新场景应用的电子政务建设新模式,是当前数字政府建设的关键环节。

二、发展现状与形势

（一）发展现状

党的十九大以来,随着数字中国等战略的提出与推进,我国数字化建设全面提速,成为促进国家经济高质量发展、社会实现全面小康的重要抓手。各地区、各部门勇于实践、敢为人先,我国数字化建设进步显著,成果丰硕。

其一,基础设施全面优化,建设领域不断拓展。截至 2020 年 3 月,我国网民数量为 9.04 亿,其中手机网民 8.97 亿,占比 99.3%。电信运营商大力推进通信基建建设,第四代移动通信网络(4G)人口覆盖率超 98%,第五代移动通信网络(5G)建设已在全国数十个城市铺开,基站建设超 13 万个,通信基础设施水平得到全面优化。与此同时,数字基础设施建设领域也在不断拓展。卫星定位、云计算、超级计算等"新基建"领域已形成国际竞争力。北斗全球卫星定位系统全面组网成功,卫星导航达到国际先进水平。互联网及通信技术龙头企业纷纷推进云计算中心建设,成功巩固国内市场。全球超级计算机 500 强我国占据 225 席,E 级超算研究即将完成。政府、国有企业、民营企业全面参与、分工协同,共同推进我国数字基础设施建设。

其二,数字经济规模不断壮大,多领域实现重大技术突破,引领企业参与国际标准制定。截至 2019 年底,我国数字经济增加值已达 35.8 万亿元,占 GDP 的比重为 36.2%。规模扩张的同时,数字技术也在不断进步,在多领域实现了重大技术突破。集成电路 14nm 已实现量产,部分芯片设计水平已达技术前沿。云计算服务在应对峰值流量领域发挥巨大作用,保障了网络平台的稳定性。区块链存证应用已有国内试点。人工智能技术在自动驾驶、人脸识别、辅助医疗、语音识别等领域已实现广泛应用。液晶面板、智能终端、通信设备、民用无人机等多个数字经济领域产品产量高居全球榜首。培育出了一大批世界知名的数字企业,在物联网、5G 无线通信等领域参与国际标准制定。同时,以这些企业为龙头,数字经济要素开始集聚,规模效应初显。

其三,消费互联网极大繁荣,场景应用渗透日常生活,产业互联网建设全面提速。2019 年,全国电子商务交易额 34.81 万亿元,其中网上零售总额 10.63 万亿元,均居世界首位。电商购物节成交规模不断扩大,2019 年"双十一购物节"当天全网成交额 4101 亿元,2020 年"618 购物季"受时间延长、国家补贴等因素影响,全网累计下单金额突破 1 万亿元。满足消费需求的同时,互联网应用也在向其他日常生活场景拓展。截至2019年12月,本土第三方应用商店APP数量为217万款,苹果商店(中国区)APP数量超过150万款,应用涉及日常生活的方方面面。与此同时,产业互联网建设也全面提速。企业数字化采购市场规模为5900亿元,同比增速64%;工业互联网领域出现积极进展,涌现出一批各具特色的工业互联网平台。

其四,智慧城市应用体系逐步完善,数字乡村建设弥合城乡差异,深化数字惠民水平。随着技术进步,智慧城市概念不断清晰、外沿不断拓展,涵盖智慧交通、智慧医疗、智慧环保、智慧社区、智慧生活、安全应急等诸多领域。智慧城市应用体系日趋完善,智慧城市整合已全面提速。截至2019年,我国已有超700个城市(镇、区)正在规划和建设智慧城市,范围覆盖全国31个省级行政单位。为缩小城乡"数字鸿沟",数字乡村建设亦全面展开,并已取得初步成果。截至2020年3月,全国行政村基本实现4G和光纤联通(>98%),农村网民达2.55亿,互联网普及率为46.2%。农村日益成为短视频平台的重要作品来源。数字教育、网上销售等手段在脱贫攻坚中发挥重要作用,促进数字惠民水平不断提升。

其五,全国政务服务集约化平台基本建成,数据整合支撑政务服务能力提升。2019年11月,国家政务服务平台整体上线试运行,联通32个省(区、市)和46个国务院部门,对外提供1142项国务院部门在线服务和358万项地方政府在线服务。国内新冠肺炎疫情期间,平台大力推行无接触式办理,用户规模迅速扩大,截至2020年3月,平台服务用户规模已达6.94亿,占网民数量的76.8%,疫情防控期共收办378万件,其中网上办理133万件。复工复产期,平台通过"健康码"等载体协助全国疫情信息互认,对实现精准筛查起到重要作用。此外,政务服务平台着力加强数据共享、明确审批权责、提高数据应用水平,推动政务服务全面覆盖与品质提升。截至2019年12月,全国31个省(区、市)皆实现一体化平台省、市、县三级覆盖,其中21个地区实现了省、市、县、乡、村五级覆盖,29个地区针对重点领域的高频服务进行了专区优化集成。

其六,网络安全受到全社会重视,网络公共安全保障体系基本形成。当前,网络空间内涵和外延不断扩展,数据价值日益提高,网络安全的威胁随之持续上升。为应对当前形势,由工信部、网信办、公安体系中相关部门、互联网安全企业组成的网络公共安全保障体系已基本实现协同。一方面,通过大力普及网络安全知识,加强网络安全教育,打击并曝光网络安全犯罪等方式,人民群众已树立网络安全防护的基本意识。截至2020年3月,国内56.4%的网民表示过去半年未遭受网络安全问题,同比提高7.2个百分点。另一方面,重点单位在合理应对网络攻击、及时修复安全漏洞等领域能力显著提升。网络监查体系在数据风险预警、恶意程序检测、互联网环境净化、互联网应急处置等方面的能力全面增强,进一步强化了我国网络公共安全保障体系。

（二）新的形势

经过"十三五"时期的创新发展,我国数字化建设取得巨大成就,规模不断扩大,结构不断调整,融合不断深化,为"十四五"时期数字化建设高质量发展奠定了坚实的基础。然而,"十三五"时期国际国内政治经济环境、技术环境、产业环境皆发生了深刻变革,2020 年更是"黑天鹅""灰犀牛"事件频出,不确定性风险凸显。我国"十四五"时期的数字化建设面临着严峻复杂的新形势。

其一,国际形势出现重大变化,深刻影响数字产业发展路径。国际金融危机以来,国际环境的不确定性因素持续累积,国际形势呈现百年未有之大变局。在本轮逆全球化浪潮中,信息通信等数字产业成为各国争抢的战略高地,也成为国际摩擦与贸易战的"重灾区",政治因素的干扰已构成产业链的重大系统性风险。此外,由于新冠肺炎疫情的全球暴发具有时间上的连续性与空间上的继起性,导致产业链国际分工体系受到持续冲击,其稳定性与可靠性受到威胁。为保证战略安全,主要发达国家都积极引导关键产业回流,国内数字产业的自主发展愈加重要,数字产业的发展路径面临重构。

其二,国内疫情打击传统生产方式,数字经济成为支撑经济稳定乃至复苏的新亮点。我国新冠肺炎疫情始于春节前夕,随后是武汉封城与全国"居家令",工业企业停工停产时间延长,餐饮等服务业几近中止,传统生产方式受到较大冲击。2020 年 1—2 月,全国工业增加值同比萎缩 13.5%,餐饮收入同比下降 43.1%,显示了传统生产方式在疫情类非传统安全环境威胁下的脆弱性。作为对照,同期实物商品网上零售额同比增长 3.0%,在线办公、在线教育、在线娱乐平台形成对线下业务的替代,逆势强劲增长。复工复产过程中,得益于工人密度相对较低、数字防控技术相对普及等原因,自动化、数字化程度较高的工业企业掌握着绝对的优势。后疫情时期,经济活动与疫情防控并重,数字产业在保障信息服务的同时,本身也成为支撑经济稳定和复苏的新亮点。

其三,技术迭代速度更快,领域更广,产业发展进入技术攻关阶段。数字技术模糊了虚拟与现实的边界,使得"技术—新产业应用—新技术"的迭代周期大幅缩短,突破性创新不断涌现,数字技术的覆盖范围愈加广泛。但这种迭代加速效应在产业中的分布并不均衡。一方面,数字服务业具有"软件创新"特性,轻资产而重商业模式,试错成本低,迭代加速效果更明显。另一方面,工业融合项目重资产轻商业模式,需要"软硬件结合",试错成本高昂,迭代主要集中于技术较为成熟的边缘领域,以试点为主,对产业的整体加速效果尚不明显。此外,集成电路、通信设备制造等数字硬件行业属于典型的重资产重技术行业,并受物理极限制约,长期发展前景不明朗。随着互联网普及红利消退,"软件创新"等领域"低垂的果实"逐渐被采摘殆尽,数字产业将重归资金与技术导向,其产业高质量发展将进入技术攻关阶段。

其四,缩小"数字鸿沟"已有广泛社会共识,通过数字政府建设提升政府管理与服务能力需求迫切。我国的智慧城市建设具有良好的基础,整体建设水平处于前沿领域。在智慧城市的四层结构建设方面(感知层、传输层、逻辑层、服务层),城市视频监控系统、5G 及光纤部署、云计算中心与城市大脑系统、城市应用已基本实现对应。另外,城乡数字化水平差异却愈发明显,"数字鸿沟"可能引发的城乡经济进一步失衡受到重视。作为精准扶贫、全面小康建设与数字社会建设的重要组成部分,数字乡村工程提速已是广泛的社会共识。此外,随着数字化进程的深化,公众与企业对政府的数字化水平与数字治理能力提出了更高的要求。数字政府建设水平不但将直接影响政府提供公共服务的能力与质量,也会间接影响企业的创新意愿与价值预期,进一步推进数字政府建设已迫在眉睫。

(三) 新的要求

总体而言,我国数字经济发展水平已处于世界前沿。当前国际环境日趋复杂,数字经济发展的外部环境存在较大不确定性,产业转型升级对数字经济期望与依赖程度较重,数字经济发展需自力更生,奋力推进。另外,我国数字社会、数字政府建设略显滞后,与数字经济的协同加速潜力尚未得到充分挖掘。面对新的形势,数字经济、数字社会与数字政府的协同协调发展需要有更高的标准和新的要求。

其一,深挖本土投资价值、促进新基建投资的匹配场景应用落地刻不容缓。2020 年 1—3 月,全国固定资产投资(不含农户)从 2019 年 1—3 月的同比增长6.3%骤变为同比下降16.1%。后疫情时期的宏观政策虽然起到了一定的纾困作用,但中长期投资的恢复仍需信心与资金面的重建。以此为背景,国家力推数字经济"新基建"与"两新一重"投资更显弥足珍贵。然而,现有应用尚不足以充分发挥"新基建"的商业潜能。以 5G 基站为例,2020 年 5G 基站建设累计规划投资超1800 亿元。但在商业应用领域,能够发挥 5G 优势的车联网、高清电影电视等领域的应用技术尚不成熟,"新基建"相对传统基建的高乘数效应难以体现。故此,促进"新基建"投资的匹配场景应用落地刻不容缓。

其二,提升数字技术自主程度需强化重点攻关,突破关键技术。2019 年,我国芯片进口额约 3000 亿美元,主流平台(PC,智能手机)操作系统无一国产,数字产业"缺芯少魂"现象突出。随着国际环境恶化,国际交流愈加困难,通过引资设厂与教育交流等方式进行技术转移的可能性大大降低,数字技术自主研发成为唯一可靠的技术进步途径。目前,硬件方面的关键技术差距已成为行业国产化的天堑,严重阻碍了我国数字产业的整体进步。芯片制造工艺、EUV 光刻技术、高端传感器技术等领域虽已投入大量资金进行重点攻关,但成果转化尚需时日。此外,对于数学、物理、化学(材料)等基础学科的投入也略显不足,难以在中长期为数字经济的发展提供坚实的理论基础。

其三,为保障国内数字产业供应链的竞争力,应推进供应链国际备用方案建设与本土自主进程。我国数字产业已深度融入全球供应链。疫情及地缘政治考量加剧了国际社会对我国产业链稳定性的怀疑,战略安全产业的流失难以避免。为巩固我国"世界工厂"地位,重塑稳定性信心,现有的短期供应链备用方案与中长期本土自主能力都有待改进。另外,我国供应链除在关键技术与关键领域短板明显外,也存在技术难度相对不高但却被长期忽视以致缺乏迭代与积累的领域。如工业软件领域,在 2020 年 5 月,33 家中国企业被禁用 Matlab 等数据分析软件,CAD 软件等核心软件断供风险也引人担忧,应该未雨绸缪。

其四,全面小康建设要求强化数字惠民力度,推进智慧城市建设,推进城市公共资源通过数字化平台向乡村扩散。在全面小康建设中,通过数字化服务提升民众获得感与满足感一直是工作的重要要求之一。智慧城市是我国数字社会建设的前沿,其建设已度过概念探索期,产业与技术基础也基本齐备,但对既有数据、应用进行整合的能力尚存在一定不足,无法真正成为具备智慧功能的城市一体化公共服务平台。"全面小康"与"数字惠民"的另一重要要求在于数字公平。然而,现有数字化平台对数字资源向乡村低成本转移的支持能力相对有限,乡村低下的人力资源水平对公共服务、医疗、教育等城市聚集型数字资源转移的限制性制约十分明显。提升数字乡村建设水平,缩小"数字鸿沟"仍尚需努力。

其五,网络强国战略要求政府提升自身数字化水平与数字化治理能力,亟须强化数据治理能力,提升决策效率与跨领域、跨区域协同能力。政府是公共服务的重要提供者,也是数字经济、数字社会的重要监督者。目前,集约化政府公共服务平台已基本建成,但数据治理能力亟须进一步提升。集约化所导致的服务可得性、可靠性、易用性问题仍十分突出,政府网站的规范性与版块排列的逻辑性仍存不足。政府各部门间的"数字孤岛"现象依然大面积存在,跨部门、跨层级的联合信息检索功能并不完备。此外,各地政府平台建设水平差异较大,设计风格、服务理念等方面差距明显,提供多平台统一的数字政府服务对部分地方政府而言仍存在人力与技术困难。上述问题对于政府数字化治理能力与治理水平影响较大,使得政府的跨领域、跨区域协同困难重重。

其六,数字化进程的深化意味着数字资源价值增加,需切实提升安全保障水平,降低数字资产面临的风险。随着数字化进程深化,网络数据量增大,数据的价值密度有所降低,但由于政府与数字经济龙头企业成为数字资源的集中地,加之网络的无国界特征,针对政府与企业的网络攻击日渐猖獗。受困于防护意识淡薄、数据防护专业性过高、底层系统非国产化等主客观原因,信息系统高危零日漏洞与事件型漏洞仍危害明显,电商、银行、教育、求职等网络平台数据泄露事件频发。敏感数据的非法收集与非法交易因价值巨大、使用隐蔽、取证困难而屡禁不止。随着工业互联网的引入,网络安全的影响将从虚拟空间拓展至现实空间,安防压力进一步加大。在国际环境乱局中,坚持底线思维,切实提升全网安全保障水平的要求已十分紧迫。

三、发展目标

到 2025 年,"数字中国"建设成效全面显现,经济社会各领域实现物理世界与数字世界协同互动,社会治理和公共服务高度智能化,数字经济成为经济增长核心驱动力。构建形成数字基础设施支撑有力、数字技术研发突破、数字经济产业实力领先、数字化治理和政务模式创新的发展体系。

——数字新型基础设施全面部署。新一代信息网络实现城乡全面覆盖,数据基础设施有力支撑社会治理、公共服务和生产生活应用,传统基础设施数字化、智能化改造提升基本完成。

——数字技术创新实力显著增强。加快构建关键核心技术攻关新型举国体制,补短板、强弱项、堵漏洞,提升国家竞争力;建立激发创新要素活力的制度机制,提升科技创新体系化能力,塑造依靠创新驱动的引领型发展。

——数字经济核心产业持续发展。新一代信息技术产业规模进一步扩大、衍生价值全面释放;制造业实现生产场景智能化、生产方式数字化转型升级,智能制造新模式、新业态得到发展;数字技术与生产性服务业、生活性服务业加速融合渗透,组织形式、商业模式、管理方式加速革新,数字化现代服务业发展潜能充分挖掘;聚集资源要素,加快发展智慧农业,培育农村经济新动能。

——数字政府建设水平大幅提升。政务云平台建设进一步集约,区域绿色政务数据中心实现良好运营,电子政务外网承载能力得到充分提升;政务数据实现跨层级、跨地域、跨系统、跨部门、跨业务共享,政务数据价值得到深度挖掘与释放,政务数据安全实现标准化、规范化、实效化管理;政府数字化公共服务能力、治理能力显著提高,政府数字化转型成效充分显现。

——数字社会治理体系稳步建立。基层建设现代化全面完善,实现基层治理普惠化、精细化、智能化;社会服务数字供给能力大幅提高,医疗、养老、交通、体育、文化、安防等领域智慧化建设取得明显成效;整体社会治理水平稳步提升,营造绿色低碳的生态环境、安全可信和人文关怀的社会氛围、清朗和谐的网络空间,人民群众获得感、幸福感、安全感显著增强。

四、数字经济发展重点

(一) 部署新型数字基础设施

提升新型网络基础设施。加快5G商用步伐,扩大基站建站规模,支持"5G+"产业创新平台建设。推进千兆固网建设,打造双千兆城市,实现用户体验过百兆、家庭接入超千兆、产业应用达万兆。发展工业互联网,加强工业互联网基础设施建设,加快企业内网升级、推动工业设备联网,加快国家工业大数据平台、工业互联网标识解析节点建设。加快物联网终端部署,积极部署低功耗、高精度、高可靠的智能化传感器;建立统一的感知设施标识和编码标准规范,推广数字标识应用;建设物联网公共服务平台,推动感知设备统一接入、集中管理和感知数据共享利用。

建设智能数据基础设施。统筹建设全国一体化大数据中心体系,构建基础算力服务环境与数据资源开放利用环境;围绕"一带一路"建设、京津冀协同发展、粤港澳大湾区等发展战略,建设区域级先进数据中心;统筹布局绿色数据中心,推进数据中心从存储型到计算型的供给侧结构性改革。超前布局人工智能超算中心,打造智慧城市数据底座;打造规模化柔性数据生产服务平台,推动建设重点行业人工智能数据集,形成智能高效的数据生产与资源服务中心。

赋能传统基础设施。加快交通、航空、电网等传统基建数字化改造和智慧化升级;率先推动移动互联网、物联网、人工智能等新兴技术与传统基建运营实景的跨界融合,形成全智慧型的基建应用生态链;着力打造传统基建数字化的智慧平台,充分发挥数据支撑和能力扩展作用,实现传统基建业务供需精准对接、要素高质量重组和多元主体融通创新。

(二) 构建数字技术创新体系

重视基础研究和关键技术创新。集中攻克共性关键技术难关,推动软件工程方法、底层算法等基础理论创新,强化宇宙演化、物质结构、生命起源、脑与认知等基础前沿科学研究。

构筑数字经济科研创新体系。以国家实验室、重大项目、政府基金等为抓手,打造国家主导与市场竞争相结合、适应数字时代需求的协同创新体系;完善以科技成果转化为纽带的产学研深度融合机制,吸引成果转化基金、金融和社会资本向科技成果转化集聚,促进成果的应用、扩散、共享、转化和产业化。

(三) 打造深度融合的数字经济产业体系

聚焦关键基础、核心引领、前沿新兴三大领域,壮大新一代信息技术产业。巩固集成电路关键基础领域。发展集成电路设计行业,丰富 IP 和设计工具,提升国产芯片的设计水平和应用适配能力,突破关系国家信息与网络安全及电子整机产业发展的核心通用芯片;布局新兴芯片制造业务、增强模拟芯片制造能力;掌握高密度封装及三维(3D)微组装技术,提升封装产业和测试的自主发展能力;突破集成电路关键装备和材料,实现集成电路要害设备和关键材料的国产化。着力做强大数据、云计算、物联网等核心引领产业。着力突破核心引领产业关键技术,强化应用牵引,以典型场景应用为抓手培育一批产品及解决方案。积极培育人工智能、虚拟现实、区块链等前沿新兴产业。着力加强关键技术及前瞻性理论研究,加快创新成果转化与商业落地,丰富产品供给、建立产业生态。

着眼生产方式的数字化转型和生产场景的智能化改造,培育发展新模式新业态,推进智能制造加快升级。加快生产方式数字化转型。促进大数据、云计算等技术在企业全流程、产品全生命周期管理中的应用,实现数字化管控;重点实施工业云及工业大数据创新应用试点。强化生产场景智能化改造。加快智能制造装备、智能核心装置、智能生产线集成方面的研发和应用;在重点领域试点建设智能工厂、数字化车间。推广智造新模式新业态。发展大规模个性化定制、网络协同制造、远程运维服务、众创众包等制造新模式。

生产性服务业、生活性服务业两手抓,激发服务业数字化活力。壮大数字生产性服务业。以产业升级需求为导向,加快发展互联网金融、智慧物流、数字化设计等生产性服务业,促进生产服务体系专业化、高端化发展。发展数字生活性服务业。加速数字商贸、数字学习、数字出行、数字文旅、数字健康等方面数字化转型,提升生活智慧化服务水平;通过网购商品消费、在线内容消费、在场服务消费和机器人服务消费等渠道,满足个性化消费需求。培育服务业新模式新业态。加快新零售、跨境电商、共享经济、平台经济等新业态新模式发展,以跨界融合提升发展潜能。

打造农业农村基础数据资源体系,以发展智慧农业及农村电商为抓手,提升农业农村数字化水平。构建农业农村基础数据资源体系,搭建主题数据库,为农业农村精准管理和服务提供支撑;建设天空地一体化的农业农村观测网络基础设施和应用体系,实现对农业生产和农村环境等全领域、全过程、全覆盖的实时动态观测。发展智慧农业,加速农业装备数字化改造,鼓励成套数字技术解决方案规模部署,建设一批智慧农业园区和示范基地。培育农村电商,加强农村电商末端网点建设,实施"互联网+"农产品出村进城工程,加快发展农产品冷链物流,培育农村电子商务人才队伍。

(四) 提升网络安全保障水平

提升网络安全技术创新能力。建设国家网络安全人才与创新基地及国家网络安全产业园,培育技术支撑平台及应用试点示范,促进先进技术创新和产品服务应用推广;提高关键信息基础设施、重要信息系统和涉密信息系统安全保障能力及产业化支撑水平。

强化网络数据安全保护力度。加快建立数据分类分级保护、风险评估、全生命周期安全管理制度,加快制定行业网络数据安全标准规范;建立跨境数据流动安全监管制度和体系,加强对国家基础数据和敏感信息的安全保护。

构建基础设施安全保障体系。与数字基础设施同步部署安全保障系统,开展主动防御试点;建立数字基础设施资源调配机制,提升重大突发事件应急处置能力。

(五) 建立开放共赢的发展格局

全面布局国家数字贸易战略。强化国家统筹谋划和整体应对,建立专题工作组,平衡好网络安全、数据保护、贸易发展等目标次序,强化我国攻防策略;制定数据跨境流动规则,引领国际经贸规则变革;加快建设国家数字服务出口基地,将其打造成我国数字贸易的重要载体和数字服务出口集聚区。

深入推进数字丝绸之路建设。鼓励企业参与沿线国家的数字基础设施建设,加强与"一带一路"国家信息基础设施的互联互通;建立"一带一路"服务贸易大数据平台,加大在新型服务贸易领域的合作模式创新;鼓励企业与沿线国家共建仓储配送中心,提升跨境电商物流服务能力;完善自贸试验区建设,与沿线国家共建信息化、智能化通关、检验、许可体系,简化贸易和服务过关流程。

五、数字社会发展重点

(一) 基层建设现代化

推进城乡基层网络普惠性建设。协调推进城市社区光纤到楼入户改造,深入实施"宽带乡村"工程,构建普惠、融合、高效的基层网络环境。深化网格化管理和服务。加强统一的城乡网格化建设工作,建立网格化综合服务管理平台,构建辖区内智能管理机制。

创新社会基层治理体系。全面构建政治、自治、法治、德治、智治"五治"融合的基层治理体系,重点发挥"智治"的引领带动作用,推进基层智慧党建、智能纠纷调解等工作开展,探索人工智能社会治理实验。

(二) 社会服务智慧化

智慧医养。重点发展远程医疗等"互联网+医疗健康"服务,推动医疗资源下沉;加强生物医疗科技创新,建立药物研发公共技术服务平台,强化人工智能、生物3D 打印等技术在研发中的应用;加快建立传染病和突发公共卫生事件智能预警和处理机制,健全监测预警渠道。广泛普及智慧养老,推动智能终端、医疗电子等产品及 O2O 城市服务的适老化设计;建设智慧养老服务中心、智慧养老社区,构建区域性智慧养老服务平台。

智慧交通。推进交通新型基础设施建设,促进 5G 网络、窄带物联网等技术与交通基础设施融合,建设"数字公路""数字航道"试点示范。推动城市交通智慧化管理,构建城市交通综合管理平台,推广城市智能交通设施。支持智慧交通新业态发展,创新共享出行应用,发展出行即服务(MaaS)模式。

智慧教育。深化校园网络基础设施建设,完善中小学智能教务终端配置。推进教育资源供给优化工作,完善国家数字教育资源公共服务体系,协调优质平台教育资源向偏远地区延伸,加快推进网络扶智工程;丰富完善互联网教育资源体系,加强编程、文化教育等资源供给。探索利用区块链等技术发展教育终身认证制度,建立教育电子档案与国家学分银行。

智慧文体。完善文化基础设施智能化水平,持续推进图书馆、博物馆等数字文化空间建设;完善新型媒体传播体系,深化区(县)级融媒体中心建设;加强智慧文化平台建设,持续完善各级公共文化数字支撑平台。推动智慧体育发展,建设智慧体育场馆、智慧社区健身中心,打造"15 分钟健身圈",鼓励发展手机 APP、小程序等体育服务消费平台。

智慧安防。提升城市安全感知能力,深入推进"雪亮工程",协调推进已有视频监控设备提挡升级。完善创新综合安防体系,健全完善社会治安综合治理信息平台,集合城市感知数据构建联防联控的治安防控网;加强针对社会治安防控等风险分级管控和隐患排查,强化数字技术在风险识别及处理方面的应用。

(三) 社会治理数字化

创新生态治理模式,强化生态环境感知能力,构建"空天地"一体化生态环境立体感知体系;加强京津冀、长江经济带等重点区域的生态环境联防联控能力。推进生态环境主题数据库建设,建成全国统一的数字生态环境监测网络。提升生态数字治理水平,建设生态环境大数据平台,加强数字技术在环境数据分析中的应用,实现全景式生态环境形势研判模式。

提升精准救助水平。建立数字社会救助体系,强化民生数据的汇聚与利用,加强对社会救助目标群体的精准认定;提升动态跟踪管理水平,加强综合数据实时更新能力,扩大救助数据核查、基础信息公开、公众网上监督举报等业务的应用。

完善应急防控体系。建立数字应急管理体系,打造空中、地面和地下的立体感知网络,全面采集自然灾害、生产安全等类别数据。提升应急指挥智能水平,强化应急通信网络建设,利用数字技术实现现场环境三维重建、模拟仿真、区域范围测算,助力精准指挥和决策;持续深化灾害信息员队伍建设,形成快速响应的"预警信息+灾害信息员"机制。

加强社会信用建设。完善信用监管信息化建设,深入推进全国公共信用信息平台与国家"互联网+监管"系统建设,按需推进信用信息共享及公开公示。提升社会信用监管力度,依法依规利用第三方平台开展企业征信工作,利用数字技术提升信用数据核验、追溯、分析水平,合理开展数据开发与利用。

强化网络空间治理。营造清朗网络空间,加强互联网平台监管力度,对突出问题进行专项整治,提升网络违法行为打击力度;增强互联网平台责任意识,推动行业自律发展。繁荣网络文化生态,加强网络信息内容生态治理,强化正能量内容引导,推进网络文明建设,引导网民依法上网、文明上网。

六、数字政府发展重点

（一）夯实基础设施建设基石

建立集约化的政务云平台。推动区域统一的政务云平台建设,建立跨地区共识的政务云平台节点;建立政务云平台运行监管机制;完善政务云灾备服务体系,建设共用共享的绿色政务数据中心;完善移动政务技术,加快移动政务普及。

搭建统一的政务网络架构。建立纵向国家、省、市、县四级互联,横向各机关部门互通的"一纵四横"电子政务外网架构;提升电子政务外网城域网的网络健壮性,突破带宽瓶颈,提高网络服务质量;积极部署软件定义网络（SDN）、网络功能虚拟化（NFV）等技术,构建新型电子政务外网广域网。

（二）完善政务数据资源体系

统筹政务数据共享流通。持续梳理政务信息可共享资源目录,推进政务数据标准化,建立有效的数据质量评估体系;完善政务数据共享管理办法,建立政务数据流通机制;利用区块链等技术,有效解决政务数据共享流通中的关键问题。

释放政务数据价值。引导社会组织和机构对政务数据开展深度挖掘和增值利用,建立统一规范的政务数据价值评估标准及交易规范;建设政务数据交易载体,完善政务数据交易体系、交易模式和交易机制。

加强政务数据安全管理。制定政务数据安全管理办法,建立健全政务数据安全协同管理体系,明确政务数据安全责任主体和监管主体,建立政务数据安全审查制度和监测预警机制。

（三） 加速政府职能数字转型

加快公共服务数字化转型。推进大数据等数字技术与公共服务深度融合,加快数字证书、电子签章、活体认证等技术在公共服务中的普及应用;持续巩固和深化"一网、一门、一次"改革成果,建立完备的"互联网+政务服务"体系。

推动政府治理数字化转型。提升政府工作人员数字技能和数字素养;推进治理体系数字化升级;编制监管事项清单,构建统一的数字化监管体系。

探索经济决策数字化转型。加快统计监测数字化,发展集成"政府综合统计+部门统计+社会大数据"的政府统计综合大数据;推动经济调节数字化,构建统一的区域数字化经济分析系统,为各部门提供决策支持和风险预警;探索辅助决策数据化,建立健全大数据辅助决策长效机制。

（四） 构建数字政府保障体系

强化政务安全支撑。完善安全管理机制,建立权责清晰的安全管理体系,加强政务领域关键信息基础设施安全保护,定期开展政务安全风险评估、安全测评、应急培训、应急演练;夯实安全技术保障,健全集智能监测、威胁预测和态势感知于一体的安全态势分析机制,推动自主可靠的技术和产品在政务领域应用,规范和深化密码在政务领域应用。

建立标准规范体系。推动政务服务标准化,持续优化政务服务流程,进一步加强权责清单规范化建设;推进数字转型标准化,构建具有中国特色的政府数字化转型标准体系,定期开展标准实施情况及效果评估。

（课题组成员：吕萍　刘旭　刘浩然　徐泽轩）

"十四五"时期数字经济核心产业内涵和发展趋势研究

中国电子信息产业发展研究院

　　"十三五"时期,全球数字经济发展取得进一步共识,中国紧抓信息技术发展机遇,跃升成为全球数字经济崛起版图中的重要赶超力量和局部引领势力。全球层面,经合组织(OECD)、欧盟及美国、英国、澳大利亚、加拿大等国家间组织和主要国家长期跟踪数字经济(也曾称"信息经济""互联网经济")发展并制定战略,联合国、世界银行、国际货币基金组织(IMF)等重量级国际机构近年来纷纷关注和引导数字经济发展,俄罗斯、印度、巴西等金砖国家也将数字经济战略作为赶超发展的重要阵地。国内层面,中国信息化百人会、中国社科院、中国电子信息产业发展研究院(赛迪研究院)、中国信息通信研究院、中国宏观经济研究院、阿里研究院、腾讯研究院、清华大学、北京大学、国务院发展研究中心等研究机构和团队数字经济研究高度活跃。

一、数字经济核心产业的概念:内涵和业态

　　对数字经济概念的共识是全球研究者对话的基础和关键。从概念内涵看,当前主流机构认识趋同,认为数字经济为一种新型经济形态或经济活动,即为宏观经济层面概念,与国内生产总值

产业发展

（GDP）或国民生产总值（GNP）等概念同层级。但理解角度有所差异。

（一） 根据 G20 杭州峰会《G20 数字经济发展与合作倡议》《国家数字经济发展战略纲要》，中国电子信息产业发展研究院（赛迪研究院）将数字经济解构为"信息基础设施（数据要素）—数字技术—数字化产业—产业数字化—数字经济"五层级"金字塔"框架

《G20 数字经济发展与合作倡议》认为，数字经济是指以使用数字化的知识和信息作为关键生产要素、以现代信息网络作为重要载体、以信息通信技术的有效使用作为效率提升和经济结构优化的重要推动力的一系列经济活动。此概念由 G20 国家共同商讨推出，具有较为权威的全球影响力。2018 年国家级数字经济发展战略《数字经济发展战略纲要》正式发布，明确了数字经济是继农业经济、工业经济之后的新经济形态，它是以数据资源为重要生产要素，以现代信息网络为主要载体，以信息通信技术融合应用、全要素数字化转型为重要推动力，促进公平与效率趋于统一的新经济形态。

（二） 以埃森哲咨询公司、中国信通院为代表，从"投入—产出"框架入手着重考虑使用数字技术的要素投入

埃森哲指出，数字经济是指各类数字化投入带来的全部经济产出，即涉及数字技能和数字化资本的经济活动。中国信通院提出数字产业化和产业数字化，数字产业化即信息通信产业，为数字经济发展提供技术、产品、服务和解决方案等；产业数字化是指传统产业应用数字技术所带来的生产数量和效率提升，这两部分已成为十九届五中全会《决定》明确提法，后续信通院进一步提出数字产业化、产业数字化、数字化治理、数据价值化"四化"概念框架。

（三） 以麦肯锡全球研究院、中国社科院蔡跃洲团队为代表，从发展路径或成效分解了数字经济多重效应

蔡跃洲将数字经济分解为替代效应、渗透效应和协同效应，其中替代效应是信息与通信技术（ICT）产品价格下降对传统产品的替代，渗透效应指渗透在国民经济各个行业的数字技术应用，协同效应是 ICT 资本让传统行业的生产要素协同作用带来的生产率提升。麦肯锡全球研究院指出，去中介化（Disintermediation）、分散化（Disaggregation）和非物质化（Dematerialization）是数字化的三股推动力。

从业态外延看，由于对如何界定数字产品或服务，特别是对于部分数字化产品的处理口径差异，出现了较为明确的狭义和广义业态范畴之分，狭义以美国 BEA 的数字化基础设施、电子商务、数字媒体三大类业态分类为代表，广义以 OECD 和

联合国概念为参考。因此,从行业分类角度解构数字经济宏观概念,课题组界定"数字经济核心产业"如下:

概念内涵:数字经济核心产业是从产业层面划分的数字经济活动,指以数据资源为重要生产要素、以现代信息网络为主要载体、以数字技术(信息通信技术)融合应用带来效率提升和经济结构优化的产业门类。

业态范畴:数字经济核心产业应包含数字设备制造、信息传输服务、数字技术服务、电子商务、数字内容与媒体的全部内容和农业、工业、服务业数字化的部分内容,未来还可能包含新模式(如共享经济)、新要素(如数据资产)等带来的新业态。

二、数字经济核心产业测算:差异分析与趋势预测

数字经济业态范畴差异和测算方法不同造成测算结果不可比。据联合国报告数据显示,全球数字经济规模占 GDP 比重范围自 4.5% 至 15.5%,美国数字经济规模占比自 6.9% 至 21.6%,中国数字经济规模占比更是从 6% 至 30% 不等。测算结果的巨大差异需诉诸测算方法。

数字经济测算方法主要分为产出法增加值核算、全要素生产率增加值核算、指数等三大类方法。首先,产出法是一种比较审慎的核算方法,主要由各国统计部门开展。由于产出法基于产品分类,需要首先界定数字(经济)产品的范围,因而只有较为成熟的数字经济产品和服务被纳入,部分数字化的产品没有纳入,因此该方法口径较小。产出法核算的业态范围集中于发展较为成熟、边界较为清晰的数字经济产品和服务,目前主要限定为电子商务和数字媒体。其次,全要素生产率法主要由中国团队使用,可以解决我国缺乏供给使用表的问题,可以基于较少的数据根据经济学模型测算数字经济规模。相对于产出法,这种测算方法更全面,能纳入产出法不容易测算的部分,但该方法步骤相对复杂,当前结果差异也最大。最后,指数方法技术门槛低、测算速度快,因此进行测算的机构和团队最多。通过对 25 个主流机构数字经济指数梳理可见,一二级指标分类均有巨大差异,同时由于原始数据和方法往往不公开,难以进行对比分析,很难确定严谨性和科学性。同时,指数方法只具有趋势性、对比性功能,不具备规模测算能力,因此在对数字经济及其核心产业的测算中建议配合使用,不适宜作为主要方法。

不同团队数字经济测算结果出现较大差异。通过方法间和方法内不同团队测算过程的对比研究,本报告认为产出法测算结果整体在 10% 以下,差异集中于对于数字产品的业态分类范围大小,并发现了美国 BEA(先后两版)、澳大利亚、加拿大、英国四国行业分类中二级指标的较大差异;全要素生产率法主要由我国研究使

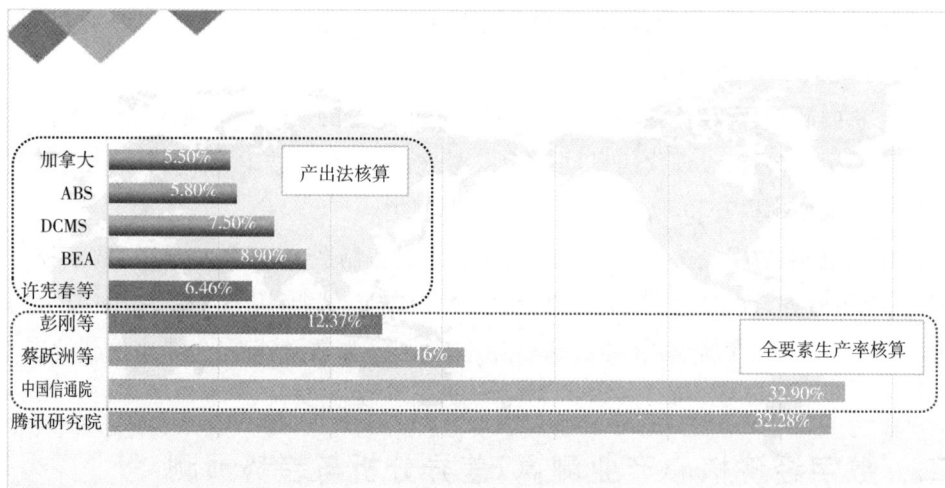

图1　按核算方法划分的数字经济占比结果（2017年）

用,主要用于测算中国数字经济规模及占 GDP 比例,结果差异最大,出现 5%、10%、15%、20%四个结果范围。

2017年信通院测量结果各项占比　　　　2017年蔡跃洲测量结果各项占比

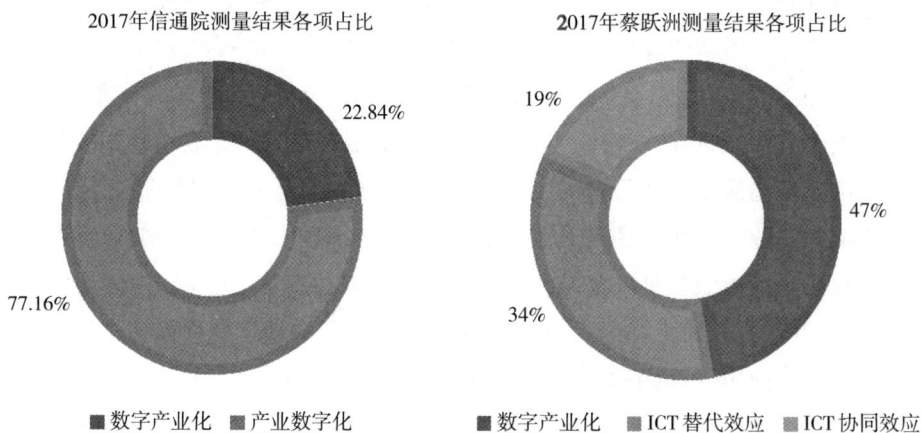

■数字产业化　■产业数字化　　　　■数字产业化　■ICT替代效应　■ICT协同效应

图2　按全要素生产率法核算的数字经济结构对比

通过详细比对蔡跃洲团队和信通院团队测算步骤和方法,发现产业数字化部分比例出现较大分歧,信通院团队约为4∶1,蔡跃洲团队为1∶1,可见,信通院测算结果达到蔡跃洲团队结果的2倍以上的核心原因,在于产业数字化测算。针对同一投资序列进行永续盘存法模拟,模拟结果显示,信通院对 ICT 资本存量的估计值远远高于蔡跃洲团队。在同一期,信通院团队的 ICT 行业资本的退役模式约是蔡跃洲团队的4倍左右,最终测算的资本存量约为蔡跃洲的2倍。这源于二者对产业数字化的理解不同,所以对永续盘存法的参数设置不同。这二者的最终测算结果差异基本一致,基本可以理解为导致结果差异的最主要来源。

借鉴美国 BEA 和国内社科院蔡跃洲团队方法,本报告提出数字经济核心产业测算框架:

在业态范围层面,反映当前国际社会和国内各界对数字经济的最大共识,求同存异,尽快形成数字经济核心产业分类统计目录;

在测算方法层面,采用综合方法,以基于产出法的增加值为基石,以全要素生产率法拓展数字产业化规模,以指数方法增强对数字经济新业态、新模式的模拟和反映,博采众家之长,形成更为立体的数字经济测算体系;

在未来演进层面,还应适时考虑数据要素流动、数据资产定价、数据治理能效等更广泛数字经济层面的统计测算问题。

在此基础上,提出了小口径和大口径两个版本的数字经济核心产业分类,并模拟全要素生产法进行测算表明,"十四五"时期数字经济占 GDP 比重有望达到 20%左右,年均增速约 11.2%。

首先,应制定数字经济核心产业分类目录奠定测算基石。当前,国家统计部门正在开展相关研究,尚在过程中。总体来看,有两种产业分类目录形式,主要以口径大小区分。小口径的数字经济核心产业仅包括生产数字产品、完全应用数字技术进行生产经营及服务活动或依托数字技术而存在的行业类别。在统计指标设计上,包括数字设备制造、信息传输服务、数字技术服务、数字内容与媒体、电子商务、互联网金融等 6 个大类,共有 32 个二级中类、95 个三级小类指标。而大口径的数字经济核心产业不仅包括上述范畴,还包括未完全应用但主要应用数字技术的生产经营、服务、管理,数字人才培养活动及相关支持活动的行业类别。在统计指标设计上,包括数字设备制造、信息传输服务、数字技术服务、数字内容与媒体、数字应用、数字人才教育与培训、数字管理等 7 个大类,共有 33 个二级中类、123 个三级小类指标。

具体分类目录设计如下:

表1 中国数字经济核心产业分类目录设计

业态范围	小口径核心产业目录	大口径核心产业目录	参照系:美国 BEA
一级指标	数字设备制造	数字设备制造	数字基础设施
	信息传输服务	信息传输服务	
	数字技术服务	数字技术服务	
	数字内容与媒体	数字内容与媒体	数字媒体
	电子商务	数字应用	电子商务
	互联网金融	数字人才教育与培训	
		数字管理	

业态范围	小口径核心产业目录	大口径核心产业目录	参照系：美国 BEA
二级指标	计算机制造	计算机制造	硬件
	通信及雷达设备制造	通信及雷达设备制造	软件
	数字媒体设备制造	数字媒体设备制造	结构类
	电子器件、元件及专用材料制造	电子器件、元件及专用材料制造	B2B
	数字化仪器仪表制造	数字化仪器仪表制造	B2C
	智能设备制造	智能设备制造	云服务
	数字化交通专用设备制造	数字化交通专用设备制造	其他付费的数字服务
	其他相关数字设备制造	其他相关数字设备制造	付费的数字中介
	电信服务	电信服务	
	广播电视传输服务	广播电视传输服务	
	卫星传输服务	卫星传输服务	
	信息传输辅助活动	信息传输辅助活动	
	软件开发	软件开发	
	信息技术服务	信息技术服务	
	网络基础资源和安全服务	网络基础资源和安全服务	
	数字技术研究和推广	数字技术研究和推广	
	数字赋能设备维修	数字赋能设备维修	
	互联网信息服务	互联网信息服务	
	广播、电视、电影和录音制作及内容服务	广播、电视、电影和录音制作及内容服务	
	其他数字内容服务	其他数字内容服务	
	互联网批发和零售业	互联网批发和零售业	
	互联网平台	互联网生产生活服务平台	
	互联网支付	互联网金融	
	网络借贷服务	互联网商务服务业	
	互联网商务服务业	数字农业	
	互联网基金服务	网络教育服务	
	互联网证券经纪交易服务和期货市场服务	互联网医疗服务	
	互联网保险	互联网交通运输邮政业	
	互联网信托和互联网消费金融	学校数字人才教育	

续表

业态范围	小口径核心产业目录	大口径核心产业目录	参照系：美国 BEA
二级指标	互联网金融信息服务	数字技能培训	
	其他互联网金融业	城市智能管理服务	
	互联网银行理财服务	电子政务	
		数字经济事务管理服务	

其次，采用全要素生产率增加值核算拓展数字经济测算范畴。对 2020 年及 "十四五"时期历年数字经济增长趋势进行外推。可见，数字经济占比将持续并加速提升，2025 年有望达到 GDP 的 20%左右，年均增速 11.2%。

表 2 "十四五"时期历年数字经济增加值及占比预测

年份	数字经济增加值（万亿元）	其中：产业数字化增加值（万亿元）	数字经济占 GDP 比重（%）
2020	18.61	9.58	10.3
2021	20.95	10.73	11.2
2022	23.63	12.03	12.2
2023	26.60	13.42	14.2
2024	29.84	14.97	14.5
2025	31.61	16.76	14.7

三、"十四五"时期及未来一段时期全球和中国数字经济发展趋势分析

数字技术（信息技术）已经成为新一轮科技革命和产业革命的引领力量，推动着数字产业化加速迭代和演进，当前体现出多领域技术跃升节点，成为中国数字技术赶超发展的机遇。数字化成为构建现代产业体系和推进经济体系优化升级的重要方向，产业数字化加速高频迭代，在疫情下迎来在线经济新一轮暴发，共享经济、移动支付、新零售等数字经济新产业、新业态、新商业模式不断迸发。"十四五"时期，我国应继续顺应和引领全球数字经济加速发展趋势，直面当前数字技术底座不牢、供应链"断链"危机等新问题、新挑战，维持全球数字经济发展领先局面，积极引导和推动全球数字合作，将数字经济发展成果更多惠及全国民众和世界人民。

本部分参考德勤会计师事务所(Deloitte)、高德纳研究与咨询公司(Gartner)、互联网据中心(IDC)、国际消费类电子品展览会(CES)等科技或数字技术趋势分析报告,同时参考联合国、世界银行、麦肯锡及相关机构数字经济报告趋势分析成果,形成"十四五"时期全球数字经济发展趋势论断。

(一) 各国抢占数字经济发展高地,具体战略需求呈现差异

世界各国普遍重视数字经济发展和数字化战略。世界主要国家和地区都认识到数据对于提升经济社会发展和国家实力的重要意义,通过出台国家数字战略、完善国内有关立法、加强国际合作等多种方式,促进本国数字经济的发展。1998 年,美国发布《浮现中的数字经济》报告,正式揭开数字经济大幕。2015 年 11 月,美国商务部发布《数字经济议程》,将发展数字经济作为实现繁荣和保持竞争力的关键。2018 年,欧盟在数字经济领域发布了《欧盟人工智能战略》《地平线欧洲》等文件,列举了推动数字经济发展的举措。2020 年 9 月,英国发布《国家数据战略》,提出释放数据的价值是推动数字部门和国家经济增长的关键,增速较快,规模较大。日本 2013 年发布《创建最尖端 IT 国家宣言》,提出要把日本建设成为一个具有"世界最高水准的广泛运用信息产业技术的社会"。德国 2014 年发布《数字议程(2014—2017)》,倡导数字化创新驱动经济社会发展。

国际组织领导推动全球数字经济发展。世界银行发布的《2016 年世界发展报告》指出,全球近 60%的人口还不能上网,不能充分参与数字经济。各国国内由于性别、地理区域、年龄和收入水平的差异,数字鸿沟长期存在。2019 年,联合国成立数字合作高级别小组,并发布《相互依存的数字时代》作为小组成立首份纲领性宣言报告,提出尽快完善全球数字合作框架,2020 年通过《全球数字合作承诺》等重要框架协议,体现了在数字经济领域进一步推动全球合作的理念和设想。国际货币基金组织(IMF)也高度关注数字经济发展,表示各国需要在多个领域开展合作,以提振经济增长,促进共同繁荣。

各国数字经济战略需求存在差异。欧盟、美国、澳大利亚等组织及国家长期关注数字化发展战略,不断提升对数字经济的认识,将数字经济作为新的经济形态理解。2019 年 12 月,美国发布《联邦数据战略与 2020 年行动计划》,"数据作为战略资源开发"成为美国新的数据战略的核心目标。自 2014 年以来,DESI 指数一直是欧盟的主要分析工具,用于衡量欧盟国家在数字经济和社会方面的进展。德国、英国分别出台"工业 4.0"、数字文化政策,鼓励数字经济与本国行业融合发展。韩国、日本基于 ICT 技术的优势拓展应用,加速数字经济发展。俄罗斯、印度等国在数字经济方面正处于赶超型发展阶段:普京在 2016 年的国情咨文中宣布,有必要构建通过信息技术来提高全行业效率的数字经济,2018 年起,《俄联邦数字经济规

划》进入实施阶段;印度于 2015 年 7 月提出了"数字印度"倡议,聚焦于发展电子政务,发展远程医疗和移动医疗服务,加强网络基础设施建设,让印度广大的农村人口也能接入互联网等广泛内容。

中国则持续关注、重视数字经济的发展。党的十九大报告明确提出,要建设网络强国、数字中国、智慧社会,推动互联网、大数据、人工智能和实体经济深度融合,发展数字经济、共享经济,培育新增长点、形成新动能。2018 年 4 月,在全国网络安全和信息化工作会议上指出,要发展数字经济,加快推动数字产业化和产业数字化,释放数字对经济发展的放大、叠加、倍增作用。

(二) 数字技术进入超摩尔定律时代,技术创新再现节点跃升机遇

近年来,数字技术一直是全球科技革命的引领力量,最典型的特征就是芯片等核心产品性能按照指数速度演进,即摩尔定律,推动了数字技术代际变革。当前,数字技术正处于传统架构变革和颠覆式技术爆发的关键时期。国际咨询公司德勤在 2020 年技术趋势报告中指出了数字孪生、架构觉醒等短期内可能引发颠覆性变革的关键新兴趋势,以及环境体验、指数智能和量子技术等三大颠覆性技术。国际咨询公司 Gartner 在《2020 年数据与分析领域技术趋势》中分析认为,未来将实现更智能、更高速、更负责的人工智能(AI),预计到 2024 年底,将有 75% 的企业机构将从 AI 试点转为 AI 运营,基于流数据的分析基础架构的数量将因此增加 5 倍。以集成电路制程工艺为例,中国科学院院长白春礼指出,7 纳米芯片已开始应用,5 纳米芯片已开始试产,3 纳米芯片也正在研发中,但硅基芯片的制程工艺已经逼近物理极限,摩尔定律面临失效风险。

数字技术的创新将带来全方位的信息技术和应用,加速了数字技术与经济各领域的深度融合。量子科技、5G/6G、人工智能等领域正在出现新的技术节点,技术路径的变化可能带来更快的创新。一方面,在单一技术方向上可能出现更高端的技术形式,如人工智能低阶感知智能将向高阶决策智能跃迁;另一方面,数字技术的创新不是单一维度的,而是集成的,通过对多种成熟技术进行突破常理的大胆排列组合,将推进数字技术集成创新。数字技术革命不仅将带来新一代信息技术的演进革命,更将从广度和深度上加速融入各行各业,形成智能制造、智慧交通、智慧能源等新兴业态,令数字技术创新在全社会各领域发挥作用。因此,对于数字经济的测算应做到与时俱进,及时跟进数字技术的更新迭代,不断完善对数字经济的核心产业范畴界定。

(三) 通用型数字设备逼近全覆盖,行业专用型数字设备需求不断细分

通用型数字设备需求已出现下降。经历过多年的快速增长,全球计算机、智能

手机等通用型数字设备市场逐渐饱和,开始出现增长放缓甚至下滑的趋势。除去2020年疫情期间出现的短暂正增长,个人电脑、智能手机、平板电脑等主要数字设备在过去五至十年都出现了不同程度的下跌,全球个人电脑出货量自2011年起出现从个位数到两位数的年度增速下滑,平板电脑自2011—2013年的爆发后迅速进入衰退周期,智能手机也自2017年开始连续出现出货量下滑。可见,随着数字设备的渗透率提升,通用型数字产品的市场逐渐趋于成熟,数字设备更新换代的速度正在降低。

但与此同时,行业专用型数字设备的需求正在不断增加。如在工厂车间中,工业机器人和机械臂已经成为重要的专用设备,通过实现全流程自动化制造,为企业带来更高的生产效率和生产质量。据《全球机器人报告2019》市场统计数据显示,2018年全球工业机器人年销售额达到165亿美元,创下新纪录,安装量首次超过40万台,比上年增长6%。数字医疗领域的可穿戴设备、数字交通领域的智能输送分拣和装卸设备等专用型数字设备的需求也在不断增加。"5G+云+AI"正深入到各个行业的生产全流程,帮助企业实现规划、研发、生产、制造、销售以及对客户服务的全面智能化升级。由于数字经济应用场景的丰富,专用型数字设备的需求不断增加,种类不断细分,门类逐渐丰富和健全。

(四) 互联网巨头垄断再惹众议,全球关注数字经济生态良性发展

近些年,数字经济的蓬勃发展,带来了一批互联网巨头企业的崛起。如脸书(Facebook)、谷歌、阿里巴巴、腾讯等,都在特定领域占据了垄断地位,并不断将这种垄断地位向金融、本地生活等领域延伸,也对新进入的企业形成准入门槛,造成一定程度的不正当竞争。2020年10月,谷歌公司被美国司法部指控利用其市场支配地位来清除竞争对手。同年12月,美国联邦贸易委员会(FTC)和美国几乎所有州的总检察官分别对Facebook发起诉讼称,认为该公司收购WhatsApp和Instagram的交易是不公平的,并最终导致消费者受到了损害。

各国都提高了对数字平台反垄断监管的力度,美国的监管也由宽松转向审慎,欧盟正积极提供一系列应对数字平台垄断的监管规则和实践方法,可见全球对互联网经济反垄断潮都十分关注。2020年以来,我国市场监管总局加大对平台的反垄断审查,阿里巴巴、美团等企业因实施"二选一"等涉嫌垄断行为被立案调查并先后遭到处罚。2020年12月中央政治局会议首次明确提出"强化反垄断和防止资本无序扩张",中央经济工作会也专门提到了平台反垄断问题,对于平台经济、互联网的反垄断将成为未来一段时期我国市场经济有序发展的重要议题。

(五) 新冠肺炎疫情防控常态化、全球化，倒逼政府和社会加速数字化转型

当今世界正经历百年未有之大变局，新冠肺炎疫情进一步验证了这个判断的前瞻性和正确性，同时也让我们更加深刻地感受到数字技术所带来的强大应对能力和无限想象力。随着疫情常态化的趋势，政府应全方位发力加速数字化，调节数字经济发展，用数据驱动提升发展决策实效。政府数字化主要体现在现代化治理对传统治理加速替代，城市治理和资源调度数字化水平显著提升，在线审批、政府服务能力以及视频会议的广泛应用成为政府数字治理的新趋势。

常态化疫情防控将诞生新的数字消费。国际 IT 咨询机构 Gartner 在《2020 年数据与分析领域技术趋势》中提到在新冠肺炎疫情期间，AI 发挥了关键作用，机器学习（ML）、自然语言处理（NLP）等 AI 技术正就病毒传播、应对效果及影响提供重要洞察和预测。在新兴信息技术支撑下，数字消费将出现多个百亿级、千亿级的新突破，网络办公、网络会展、数字学习、数字医疗、数字文化、数字传媒以及智能家庭居住、智能个人穿戴、智能交通出行等都将较快发展。这些迅速催生且发展猛烈的行业为后疫情时期数字经济的发展奠定了良好的基础。

(六) 各国数据流通的松紧度差异较大，缺乏统一的全球数据管理规范

在数据流通方面，数字经济发展带来数据应用性与隐私保护规范性、平衡性的挑战。随着数据量急剧增加、跨境数据加速、数据平台型企业跨国跨界经营等，需要各国在数据流通方面的共识，才能进一步推进数字经济的发展。当前，各主要国家和地区在数据流通的规则制定、调查执法等方面存在较大差异。欧盟实施较为严格的数据流通管理，依据《通用数据保护条例》（GDPR）进行多起处罚，侧重于对个人数据的隐私保护。美国推动《消费者隐私权法案》和《澄清境外数据的合法使用法案（CLOUD）》，一方面采用分行业式的分散立法模式，在若干领域建立起美国公民个人隐私保护立法框架；另一方面允许调用公民和商业境外数据，与其他国家和地区法律之间形成一定冲突。中国已确立《网络安全法》《电子商务法》等相关法律，明确了我国境内数据流通管理规则。

在数据交易方面，对数据所有权界定不明导致各国没有形成统一的关于数据交易的规范性文件。从某个角度而言，数据主权在一定程度上与各国的实际技术水平有紧密的逻辑联系：越是处于信息技术相对劣势的国家，对于数据控制权的诉求越是相对强烈，更倾向于建立一种立场协调、法律标准严格而清晰的管制秩序，以最大限度防止特定国家在本国范围内技术主导性的确立，避免威胁到国家的系统性安全。数据主权问题已是当下信息化、国际化新时期的重大现实命题，需要全面梳理数据治理的全球态势，实时把握数据主权问题的最新国际动向，系统研究、

挖掘数据主权的内涵外延及其核心逻辑。

（七）数字经济的跨界性和渗透性，对传统政府数字治理体系提出挑战

数字经济的发展对政府治理能力提出诸多挑战，要求政府能够更好、更快、更全面地运用数字技术，提升数字治理水平，构建现代化政府治理体系。

1. 数字经济下的税基侵蚀与利润转移问题

该问题已引起各国高度关注，加剧了现有国际税收规则的理解、应用难度。数字经济的发展对原有税收体系形成了一定冲击，包括税收实体在税收主权国家被不断弱化甚至消失、数据等无形资产价值难以确认、国际税收管理不协调等。数字税也随着数字经济的发展应运而生，挑战了各国原有的企业税收体系。2017 年 9 月，欧盟《建设欧盟单一数字市场公平高效的税收体制》指出，当前各国数字经济的有效税率只有 8.5%，远远低于传统企业税率。法国作为欧盟的重要支柱国家，率先独自推出数字服务税以制裁美国大型数字企业，2019 年 7 月，法国参议院通过数字税法案，规定全球数字业务年营业收入超过 7.5 亿欧元和在法国境内年营业收入超过 2500 万欧元的相关企业将被征收 3%的数字税。同时，面对美国联邦税改的冲击，欧盟准备开始运行欧洲单一数字市场，并拟定在 2022 年推出欧洲统一税制。

2. 数字经济给传统统计工作带来挑战

数字经济的发展除了产生税收难题，海量数据也给各国统计工作带来了一定挑战。传统的信息数据采集方法和单一政府部门提供统计数据的思维方式已无法满足统计分析工作的数据需要。另外，数据信息在部门间容易形成信息孤岛，影响数据使用和调用。

（八）人才就业需求结构转型，公民数字素养提升成为关键

1. 数字经济快速发展推动的人才需求结构转型

集中表现在，数字经济人才需求量上升，以及造成的阶段性人才缺口。据美国商务部 BEA 数据显示，2016 年，美国数字经济发展创造了 590 万个就业岗位，占美国总就业人数(1.503 亿)的 3.9%，在数字领域中工作的员工年收入为 11.4 万美元，远高于美国员工平均年薪(6.65 万美元)。据研究，近年来，在中国总就业人数出现微量下降的同时，数字经济领域就业岗位却实现了两位数的高速增长。《全球数字人才发展年度报告(2020)》显示，由于数字化转型已深入各行业，数字人才在非 ICT 行业比例更高，并呈继续增加的趋势，这也体现了数字经济渗透的广度和深度。

2. 数字素养成为全球可持续发展的重要议题

随着数字教育的加强及互联网教育的发展，越来越多的人有机会拥有数字专长。国际 IT 咨询机构 Gartner 预计，至 2023 年平民化趋势将向着数据分析平民

化、开发平民化、设计平民化和知识平民化等四个主要方向发展。全球公民数字素养将在各国政府的重视下不断提升，以适应数字经济和数字社会发展的需要。

四、促进中国数字经济加快发展的政策建议

在我国稳居全球第二大经济体和全球互联网大国的情形下，总体来看，数字经济仍然是我国发展的重要机遇。十九届五中全会《决定》将"加快数字化发展"作为"推动经济体系优化升级"的重要方向，明确提出"发展数字经济，推进数字产业化和产业数字化，推动数字经济和实体经济深度融合"。"十四五"时期，在数字经济核心产业概念框架下，要加速实现全国统一的数字经济测算方法体系，尽快出台测算标准和数据，形成"全国一盘棋"的数字经济发展格局。面向未来，还要充分考虑数据要素流通、数据资产定价、数据治理等新兴数字经济发展方向和问题，不断对数字经济核心产业业态范围进行动态更新和拓展。

要通过统一概念加强意识、占领前瞻研究的主流话语权、建立科学测量统计体系、率先建立跨界管理机制、培育新组织形态等措施，建立面对数字经济的有效应对方式和路径。适逢世界百年未有之大变局，面对"十四五"时期全球和我国数字经济发展的不确定性，在未知中把握已知，在赶超中实现引领，通过系统和制度环境建设，真正扎实锐意创新的根基。

（一）加强概念宣贯：统一对数字经济核心产业的认识

宣贯数字经济及数字经济核心产业概念。为提升政策执行一致性和效率，可参考本报告的概念内涵和业态范畴，制定明确的数字经济核心产业的内涵和外延，加强全系统、全社会宣贯，明确概念代表的不同阶段、适用的不同场合，避免不同层面政策执行机构、非权威机构、公众的误解和曲解。

加强政府机构、研究机构持续跟踪研究。由于数字经济的概念内涵一直在变化，应突出数字经济核心产业在技术进步、业态衍生、产业革新、经济动能等层面的不同含义，突出融合创新、持续演变、包容开放的本质特性，形成科学的、客观的、可延展的、面向未来的多维度立体概念。

（二）量化测算方法：研究制定数字经济核心产业测算方法体系

确定科学的数字经济核心产业统计口径与量化方法。由于交叉融合的特性，数字经济并不能根据现有的统计数据加总，而 OECD 和各研究机构的测算口径出现了较大差异，导致无法精准测量数字经济发展水平。因此，建议参考已有做法，

例如,美国经济运行局(BEA)和东亚银行的合作关系,考虑推动国家统计局与智库合作,科学制定我国数字经济核心产业的统计口径和量化方法,尽快推出国家层面的数字经济核心产业分类目录和统计方案。

革新统计指标体系,推动发展速度与发展质量协同。一是建立数字经济核心产业统计调查制度,强化统计、监测、分析和预警工作。在现有的国家和地方统计调查制度基础上,调整反映经济发展质量的价格体系,鼓励技术创新、模式创新引领的劳动生产率提升。在统计局对全国宏观经济发展情况进行综合评价的基础上,建立与大型数据企业、第三方机构资源的对接和合作,建立全面反映数字经济发展现状的数字经济指标体系。二是在现有国民经济核算体系上创新指标,突出信息资源、数字化技术和产业、数字经济相关经济活动的价值,科学全面测算数字经济规模。三是建立更加全面的全社会经济效应反馈指标体系,纳入数字经济的协同共享效应具有的正外部性。

(三) 应对跨界管理:构建产业数字化时代的政府管理能力

受限于专业能力,目前实体经济难以借力互联网优势,而管理体制分割阻碍制造业与互联网跨界融合。因此,应厘清政府与市场界限,加快行业管理部门之间的协同合作,通过构建跨部门协调小组机制、政产学研用协同研发机制、行业资源整合共享平台等产业生态,培育精准化、个性化、实时性的行业公共服务能力和反馈能力,形成数字经济发展的有效管理和服务。一是以推动技术创新和模式创新融合为目标,发挥企业等创新主体在基础研究、核心技术开发、专利布局、开放性平台建设等方面的作用,与合作伙伴一齐构建包含研发能力、工艺水平、营销渠道、客户需求管理、标准体系建设等在内的全向度创新系统。二是引导鼓励产业界建立跨越现有产业边界的产业创新组织,统合学界、产业界和中介组织优势,建立跨学科、跨产业、跨资源的创新平台。三是政府应进一步推进科技支撑体系的分类改革,鼓励具备条件的企业和创客主导应用类研发与创新,推动模式创新纳入技术创新评价体系。

(四) 推进数字治理:构建数据要素集聚和畅通的环境

(1)按照国家对政府数据资源开放的总体要求,给市场主体创造开放空间,打造自由竞争的环境,加强跨部门间的协同合作,促进公共数据的对外共享。

(2)着力推进国家人口基础信息库、法人单位信息资源库、自然资源和空间地理基础信息库等国家基础数据资源,以及金税、金关等信息系统跨部门、跨区域共享和脱敏后公开,力争使得公共数据的互联互通走在社会前列。

(3)整合数字资源、市场、技术、人才等各种要素整合。充分发挥骨干企业、高校、科研院所的创新能力,鼓励和支持企业在云计算、大数据、物联网、人工智能、3D打印等重点和新兴产业领域开展技术、产品、服务等创新型研究,持续探索新的商业模式。重点支持在数字经济领域推进新产品开发、新服务体系构建、新技术架构升级、新商业模式培育和新开放平台建设。

(五)紧抓应用优势:充分发挥我国独特的应用创新与用户市场规模优势

中国在成为世界互联网强国的过程中积累了独特的优势,其中最为突出的就是全球首屈一指的用户市场规模和强大的应用创新能力。作为天生具有"用户缘"的数字经济,由于近乎零边际成本和长尾效应的特点,规模越大就越受益,因此,与全球主要国家和地区相比,我国应充分发挥10.8亿户移动互联网用户的绝佳优势,以互联网和各领域的龙头企业为依托,加强面向市场的应用创新,将消费互联网时代的优势继续延伸至产业互联网时代。

在国内大循环为主体的市场环境下,以提升我国政务效能、促进经济转型发展、改善社会民生为应用主线,以市场应用需求为导向,以产学研结合为手段,整合政府和社会资源,积极发挥数字技术、数字资源在产业发展、经济增长、社会进步中的重要作用,由点及面推进我国数字经济持续快速发展。

(1)充分发挥政府及公共服务部门的引领和表率作用,加强对云计算、大数据等数字技术以及大型数据库、案例库等数字资源的分析和应用,提升政府决策管理水平和公共服务能力。

(2)选择关系国计民生的重点行业和领域,以应用模式创新和商业模式创新为重点,开展试点示范,重点在金融、财税、统计等经济管理领域,医疗、教育、城市交通等民生服务领域,以及信息安全、自然灾害、各类突发事件的预警处置及环境监测保护等社会管理领域开展数字技术和数字资源相关的应用和发展,重点完善数据采集和监测体系,加强大数据分析和应用。

(3)支持和鼓励企业在市场需求明确、商业模式清晰,具备一定基础的领域如电子商务、电信、金融、能源等开展云计算、大数据以及移动互联网等方面的应用和普及。

(六)面向未来布局:紧抓核心突破点、基础关键技术、高端人才,描绘全球数字经济新蓝图

数字经济的发展既取决于数字化技术创新能力,又取决于实体经济发展水平。在技术层面,我国依然存在基础关键技术薄弱的问题,产业整体发展呈现出应用强、基础弱的"倒三角"形态,亟待着力核心突破点实现由大变强的历史使命;在实

体经济层面,较之全球平均水平,我国企业信息化程度较低,这也阻碍了经济社会各领域的数字化。因此,正如习近平总书记在网络安全和信息化工作座谈会上指出的,要尽快在核心技术上取得突破,"聚天下英才而用之",才能紧抓"十四五"时期发展机遇,推动我国数字经济优势扩大。

　　具体而言,一是要持续聚力突破关键数字技术自主创新成果,在中美竞争角逐的半导体、人工智能、5G、量子计算等数字技术领域,必须坚持十年磨一剑,形成具有自主知识产权的核心产品。二是在美国对我进行出口管制的形势下,加强供应链"短板"梳理,不断增强供应链稳定性和韧性,在信息产业全球分工格局调整中起到引导和主导作用。三是面对人工智能等领域全球人才缺口,以及数字经济对人才数字素养的新要求,需增强全球优秀人才招引力度和本土人才培养水平,全面提升全民数字素养,抢占未来数字经济国家之制高点。

　　　　　　（课题组成员：李艺铭　　乔标　　温晓君　　王忠　　刘梦醒　　李冕敬

　　　　赵君怡　　高艺　　伍万达　　赵惠　　田天　　安琳　　熊鸿儒　　陈臣

　　　　刘媛　　丁宁　　高宏　　谢丹夏）

"十四五"时期加快发展数字经济的切入点和政策建议

清华大学国家治理与全球治理研究院

一、国外数字经济发展状况

（一）国外数字经济总体发展状况

1. 数字经济内涵

数字经济是继农业经济、工业经济和服务经济之后产生的新经济形态。不同于农业经济、工业经济时代,数字经济是以数据为核心生产要素。（表1中列举了不同组织对数字经济的理解）

目前,全球重要国家和国际组织都积极探索数字经济规模的测算方法。美国与中国对数字经济的认识和统计最大的区别是在数字经济的统计范畴的界定上,更具体地说就是在如何处理基础数字经济部分和融合数字经济部分的关系问题上。美国主张的是基础数字经济作为数字经济的直接和核心部分进行统计,而融合数字经济则作为产业溢出效应,应该归入其他各自行业统计。中国主张基础数字经济和融合数字经济两部分一起统计。

2. 代表性国家数字经济体量

目前全球数字经济体量呈现如下特点:各国数字经济排名与GDP 排名基本相当;各国数字经济成为国民经济重要组成部分;

产业发展

从数字经济内部结构看,数字产业平稳推进,是数字经济的先导产业;产业数字化蓬勃发展、差距较大,是数字经济发展的主引擎;全球数字经济三二一产逆向渗透发展特征明显。

表 1　数字经济内涵

机构名称	定义	数字经济关键特征或要素
G20	数字经济是指以使用数字化的知识和信息作为关键生产要素、以现代信息网络作为重要载体、以信息通信技术的有效使用作为效率提升和经济结构优化的重要推动力的一系列经济活动	使用数字化的知识和信息作为关键生产要素
		以现代信息网络作为重要载体
		以信息通信技术的有效使用作为效率提升和经济结构优化的重要推动力
美国商务部经济分析局（BEA）	数字经济主要指向互联网以及相关的信息通信技术（ICT）	数字基础设施
		电子商务
		数字媒体
国际货币基金组织（IMF）	将数字经济划分为狭义和广义,狭义上仅指在线平台以及依存于平台的活动,广义上是指使用了数字化数据的活动	数字经济。通常用于表示数字化已经扩散到从农业到仓储业的经济的各个部门
		数字部门。覆盖三大类数字化活动:在线平台、平台化服务、ICT 商品与服务,其中平台化服务涵盖了共享经济、协同金融、众包经济等新型业态
联合国贸发会议	将数字经济细分为三类:核心的数字部门,即传统信息技术产业;狭义的数字经济,即包含数字平台、共享经济、协议经济等新经济;广义的数字化经济,即包含电子商务、"工业 4.0"、算法经济等	
中国信息通信研究院	数字经济是以数字化的知识和信息为关键生产要素,以数字技术创新为核心驱动力,以现代信息网络为重要载体,通过数字技术与实体经济深度融合,不断提高传统产业数字化、智能化水平,加速重构经济发展与政府治理模式的新型经济形态	
中国信息化百人会	数字经济是全社会基于数据资源开发利用形成的经济总和	
阿里巴巴	数字经济两阶段说,即 1.0 和 2.0	数字经济 1.0 的核心是 IT 化,信息技术在传统的行业和领域得到推广应用,属于 IT 技术的安装期
		数字经济 2.0 的核心是 DT 化,以互联网平台为载体、以数据驱动为主

资料来源:根据相关资料整理而成。

3. 代表性国家数字经济未来发展

美国聚焦前沿技术的创新和突破,持续推动先进技术的产业化应用;德国以"工业 4.0"、"数字战略 2025"等推动数字经济发展,将传统产业数字化转型为重点,加强基础设施建设,全面推动中小企业数字化转型;日本以科技创新解决产业发展问题为重点,推动数字化转型、数字技术革新、数字人才培养,加速实体经济尤其是制造业的数字化转型;英国以数字战略和数字经济战略为指导,致力于产业结构调整、支持技术创新和智能化发展,数字经济发展重心偏向产业互联网。

(二) 代表性国家数据要素的市场化配置状况

世界各国都非常重视数据要素的市场化配置,具体情况如表 2 所示。

表 2 国外数据要素市场化配置状况经验

细分领域	经验及典型做法
数据开放	完善组织架构,设立相关政府机构,明确权责,保障数据开放的有效推进
	各个数据部门跨部门协调,建立明确的分工与跨部门协作机制
数据交易	基于标准化构建安全可靠的数据共享虚拟结构,将分散的数据转化为可信的数据交换网络
	交易监管。GDPR(欧盟《通用数据保护条例》)提出全面监管原则,涵盖数据的归集、交易、使用等多个环节
数据保护	对跨国的数据提出了更高的监管要求,避免因其他国家法律保障不足而导致数据被滥用的风险
	推动个人信息保护制度的完善
数据监管	数据监管立法
	数据流动监管的原则:自由流动、规则透明、公共安全保留

(三) 国外代表性国家产业互联网发展状况

从整体上看,大多数国家工业数字经济发展还是较为缓慢。产业互联网主要提供企业服务,每个企业所处的行业、规模和发展阶段不同,面临的痛点和需求也就不一样,这导致企业服务的多样性和复杂性。大体来说,产业互联网主要有三类,如表 3 所示。

表 3 产业互联网提供服务及具体类别

类别	具体类别
云基础设施服务	IaaS、PaaS 和托管私有云服务
企业级 SaaS	主要有 CRM、HR、ERP、财务、IM 等
B2B 交易服务	主要围绕电商和支付环节展开,以提升企业的交易效率

（四）代表性国家数字经济基础设施

1. 数字经济硬件实力——5G，新基建等

美国积累大量 5G 核心技术，迅速推进 5G 研发建设，在研发、商用和国家安全方面处于领先地位；德国启动"德国 5G 战略"，注重 5G 在工业，国家安全等领域应用研究；日本最早启动 5G 实验，掌握多项上游 5G 技术，但应用缓慢；英国积极推动部署 5G 技术研发、测试，但进度较中美落后。

2. 数字经济软件实力——数字货币

美国目前数字货币市场发展较为完善，已建立了数字货币交易市场、期货市场、BTC、ETH 指数等，且在利用数字货币开展跨境支付方面的研究和运用也取得了很多成果；德国率先承认比特币合法地位，允许比特币等数字货币作为购买商品和服务的工具，并制定相关规定规范数字货币的交易；日本是全球首个将数字货币纳入法律体系的国家，并出台多个政策为数字货币交易的安全提供保障；英国 2020 年提出加快推进 CBDC（央行数字货币）的建设，发布《加密货币资产指引》等来引导保障数字货币市场健康发展。

小结：从全球数字经济发展历程可以看到，数字经济呈现三大特征：平台支撑、数据驱动、普惠共享。全球数字经济发展呈现如下趋势：（1）数字经济通过平台化、共享化、智能化的商业模式创造价值；（2）开放协同创新是全球数字经济创新体系的发展方向；（3）基础设施数字化、传统产业数字化转型成为趋势。

从目前发达国家情况来看，数字经济发展遇到了瓶颈。从数字经济基础设施和创新模式来看，发达国家具有发达的工业化体系，这一本来的优势却导致发达国家没有办法打破原有工业化思维模式。

二、国内数字经济发展状况

（一）国内数字经济总体发展状况

1. 数字经济概念

中国学术界对于数字经济的研究探讨还很不够，目前中国官方采用的数字经济定义和测算方法与国际社会有一定差别，特别是与美国在数字经济的统计口径上相去甚远。

中国目前最主流的数字经济 GDP 测算方式，是中国信通院和信息化百人会所倡导和采用的方法。这种方法将数字经济分为数字产业化和产业数字化两大

部分。

2. 现有数字经济体量

据中国信通院测算,2019 年我国数字经济总量预计为 35.9 万亿元,名义增长 14.7%,显著高于当年 GDP 增速,占 GDP 比重达 36.2%。数字经济已成为带动经济增长的核心动力,产业数字化成为数字经济增长的主引擎。

3. 数字经济未来发展估计

总体来看,中国不论在国家层面还是地方层面,都在不断完善数字经济发展规划,整体发展环境良好。中国数字经济有如下四个趋势:(1)中国社会正进入全面重塑数字化生产关系的关键阶段。(2)数据成为了生产要素,通过市场化配置数据要素,为数字经济创造新价值。(3)传统产业正在通过数字化转型改变其价值创造方式,并以此建立产业新生态。(4)面向行业应用的创新产业生态正在逐渐形成。

(二) 数据要素市场化配置状况

我国数据要素市场尚处于发展的初步阶段,数据确权、开放、流通、交易等环节相关制度尚不完善。具体情况如表 4 所示。

表 4   中国数据要素配置状况

类别	状况
数据开放	数据开放程度有限,缺乏数据的安全可信流通平台
数据产权制度	有大量数据不在产权制度保护范围之内
	数据资产化方式空白,数据资产的确权、评估、定价、质押等有待明确
数据保护	法规欠缺,监管不足
数据流动	数据产权规则不清晰,数据要素流转机制不健全

资料来源:根据相关资料整理而成。

(三) 产业互联网发展状况

与消费互联网发展相比,我国产业互联网发展相对滞后。由于发展产业互联网不只是信息技术来推动,而是涉及产业生态价值链的重塑、大量的组织变革,很难如消费互联网那样实现单点突破。

我国工业互联网平台的发展已经具备一定基础,一批领先企业率先推出相关产品及解决方案。然而国内的工业互联网平台产品在性能和适用性上仍存在一定的问题。国内数据平台多为专用系统和单项应用,缺乏基于平台二次开发的支撑能力。此外,产业数字化转型三二一产逆向融合路径逐渐明朗,但工业、农业数字化转型仍面临较高壁垒。平台经济、分享经济等新兴产业发展快但是体量尚小,对经济增长支撑作用有限。

小结:中国正在加速构建全民信用体系,由以流量为核心的消费互联网向以信用为核心的产业互联网提挡升级,发展产业互联网正成为中国数字经济的关键抓手。

与消费互联网相比,产业互联网是产业链集群中多方协作共赢,产业互联网的价值链更复杂、链条更长。产业互联网的盈利模式是为产业创造价值、提高效率、节省开支等等。在发展产业互联网的过程中,传统产业要进行大胆地变革,敢于抛弃落后的商业模式,对组织架构、组织能力进行升级迭代,提高组织内部协同效率,更好更快地为数字化转型服务。

(四) 数字经济基础设施

1. 硬件实力

2020 年是我国规模建设 5G 的关键时间节点,从 5G 网络的规模以及应用的深度和广度来看,我国的 5G 发展进程非常之快。另外,人工智能、区块链、云计算、大数据、物联网等信息基础设施的逐步完备,有效带动了中国数字经济的发展。

2. 软件实力

数字货币作为数字经济基础设施的意义已经越来越被社会所认知。我国央行数字货币(DC/EP)目前已经基本完成顶层设计、标准制定、功能研发、联调测试等工作。DC/EP 是人民币发展到数字经济时代的新形态,有助于推动建设基于 DC/EP 的国内国际结算体系,对金融创新、数字治理等多方面带来巨大影响。

三、中国发展数字经济的优劣势分析

(一) 优势

中国数字经济的优势集中体现在:第一,政治优势。我国坚持党的领导、人民当家作主、全面依法治国、实行民主集中制。数字经济需要对社会经济系统做全方位的变革,有了党的领导,才有可能完成这一使命。人民当家作主、民主集中制与发展数字经济的理念具有高度的一致性,有利于数字经济的发展。第二,政策优势。我国政府把发展数字经济上升为国家战略。我国数字经济的相关政策经历数年的发展,战略目标和实施步骤已经越来越清晰。第三,基础设施优势。5G 的提前布局、新基建政策助力我国的数字经济基础设施建设。第四,消费互联网方面优势。我国消费互联网市场体量庞大,拥有世界各国中最大的网民群体、多元化的消费互联网商业模式。

(二) 劣势

我国数字经济的劣势主要有以下几个方面:第一,数字营商环境有待优化,中国各地域的数字营商环境优劣参差不齐。第二,数字信用体系建设存在不足。第三,数字经济治理体系缺失。我国在数据治理、算法治理、数字市场竞争治理、网络生态治理体系上存在一定的不足,另外,由算法带来的社会伦理和法律问题也日益突出,产业互联网在建设发展过程中,伴随数字科技与传统产业的融合加深,各种新问题也不断涌现。第四,数字化转型人才不足。主要表现在:重大原创性成果缺乏、掌握数字技术和产业技能的符合型人才的缺乏、数字工人的不足。

(三) 挑战

我国发展数字经济是对世界经济格局的重塑,因而不可避免要受到大量威胁和挑战。主要表现为:发达国家对数字核心技术的垄断、数字鸿沟造成了发达国家对数字市场的垄断、全球治理模式改变带来的挑战。

(四) 机遇

数字经济时代为中国发展数字经济提供了广阔的空间。主要表现在:第一,世界经济秩序的数字化重构。我国发展数字经济最大的机遇就是世界经济秩序的数字化重构,这种重构就是习近平总书记所讲的"百年未有之大变局"的重要体现。在全球经济秩序重构的过程中,我们有机会成为行业领头者。第二,数据要素的全球市场化配置。数据作为发展数字经济的生产要素,正面临着全球市场化配置的机遇。我国在全球率先提出了数据要素的市场化配置,激活数据要素市场,这将有利于我国吸引全球数据资产尤其是与产业集群相关的数据资产到中国来,从而形成中国数字经济发展的新优势。第三,数字化生产关系的重塑机遇。数字生产力需要数字化生产关系来匹配,当今世界的生产关系还主要是适应工业经济的需要而建立起来的。数字生产力在这些年得到了快速发展,现有的生产关系与数字生产力的矛盾越来越突出,急需变革。在这一变革过程中,我国具有一定的领先性,因此也具有发展数字经济的新机遇。第四,产业互联网的新机遇。我国在构建产业互联网上已经开始了大量尝试,并有望通过产业互联网加入到全球产业链重塑的过程中,占据全球产业链的主导地位。

综上所述,与发达国家相比,在发展数字经济上中国具有多方面的优势。中国已经进入数字经济时代,基于数据生产要素、创造数字化生产关系,是中国发展数字经济的理论方向;大力开展新基建,做好信息基础设施、融合基础设施、创新基础设施,一方面可以为数字经济发展建立应用环境基础,另一方面也可以迅速弥补中国数字技术上的短板,是中国发展数字经济的必由之路;以信用为基础的产业互联网,是中国发展数字经济的主战场,也是中国整合全球产业链的重要机会;完善数字经济相关法律法规、打造更加开放的数字营商环境,是中国发展数字经济的有力保障。

四、"十四五"时期我国数字经济的发展方向

"十四五"时期,我国在发展数字经济方面,需要努力探寻数字生产力与数字化生产关系和谐发展的数字文明之路。在这一进程中,数字经济的发展核心是利用新技术充分释放数据生产要素的价值,并基于此建立人类社会各行业的全新数字化产业生态,为社会持续创造财富。

(一)数据要素市场的培育发展

2020年我国提出了以数据为生产要素的重要论断,数据要素一定会成为人类未来财富创造的重要源泉。数据要素市场的培育是中国发展数字经济的基础,也是占据全球数字产业生态引领地位的重要措施。

1. 数据成为发展数字经济的生产要素

2020年4月9日,中共中央、国务院发布《关于构建更加完善的要素市场化配置体制机制的意见》,将数据纳入了生产要素的范围,更全面具体地明确了要用市场化配置来激活数据这一生产要素,5月18日发布的《中共中央、国务院关于新时代加快完善社会主义市场经济体制的意见》中,提出要加快培育发展数据要素市场,建立数据资源清单管理机制,完善数据权属界定、开放共享、交易流通等标准和措施,发挥社会数据资源价值。

两份文件都集中凸显了数据作为新生产要素的重要地位。数据能够成为生产要素,必须具备下面三个特性:一是可得性。数据作为生产要素要让劳动者、企事业单位都能够方便地获取数据资源,然后对数据生产资料的进行再加工和创造,进而创造出新的价值。二是可达性。数据的交易需要一个高带宽、低时延的网络环境来方便实现大量数据的传输。5G等网络工程为数据要素的可达性奠定了基础,保证数据要素顺利流通。三是可信性。数据要素要成为有价值的商品,必须是可信的。

2. 数据要素市场的必要基础

数据成为生产要素,必须在政府、行业、企业三个层面都要建立数据产生、传输、存储、使用、交易等保障机制,才能形成完整的数据要素市场。建立数据要素市场的必要基础包括:

(1)硬件基础:数据成为要素必须要有方便、可靠的存储和传输系统,这套硬件基础设施要根据不同产业生态建设的需要,采用多方可信计算方式重新优化部署。

(2)软件基础:数据成为要素必须要保障数据自身的可信性,要构建完善的数字信用体系,并基于此建立可靠的数据交易软件环境。要有便捷可靠的支付工具,比如央行数字货币(DC/EP)。

(3)数据交易市场:有了硬软件环境,要根据不同的应用场景建立数据交易市场。数据交易市场目的是促进产业生态内数据要素的有序流通、公平交易、价值再造。

(4)交易工具:在数据交易市场上,要有数据的确权工具、定价工具,以便于透明、安全、公平地进行交易。同时在不同的产业生态内,要根据实体经济的数字化转型需要,创新基于可信数据的产业数字金融模型,让数据要素真正为实体经济的发展赋能。

(5)政策法规:针对数据要素的特点,以及数据安全、隐私保护等的需要,根据各行业的不同场景,建立数据要素流通的各层次法律、法规,确保数据要素市场化后的公平和安全。

(二) 发展产业互联网、促进传统产业的数字化转型

"十四五"时期,中国的数字经济将进入产业互联网大发展的时期,并通过产业互联网为社会创造巨大的数字财富。传统产业通过数字化转型,形成产业互联网生态,推动产业发展,创造数字化价值。

要素市场的增值是必须要基于要素的流通才能实现的,数据要素要实现流通,就必须要确保数据要素的可得、可达、可信。在泛化的消费互联网上实现这一点很难,于是各个传统产业生态就开始考虑如何构建一个产业生态内的安全、可信的数据流通机制,并不断创新产业自身的数据获取、传输、使用模式,进而改变产业生态的基本商业规则,于是,产业互联网应运而生。

产业互联网的核心是信用,是用技术手段保证产业互联网生态内的可信性,并依托这种可信性建立产业的全新价值体系。产业互联网借助区块链技术构建一个公平、可信的软硬件环境。产业互联网是企业进军数字空间的新路径,通过给企业的产品和服务注入文化、数字的内涵,创新了企业产品和服务的新消费方式,并进

而带来新的价值创造方式。产业互联网时代的企业,所经营的将是商品网络和客户网络。产业互联网生态必须要构建数据交易机制,这往往要由政府协调或者龙头企业带头才更容易实现,这也是建立产业互联网生态的难点所在。

在未来一段时间内,产业互联网会成为中国数据要素增值的重要工具。无论是政府数据,还是企业数据,都会通过创新各个产业互联网新生态来不断构建数字化生产关系、释放数字消费、创造数字价值。

(三) 培育基于数据生产要素的新产业、新业态、新模式

数据要素市场化配置必须要有一个链接产生主体和使用主体的数据交易平台。数据交易平台的职责是完成数据的整合、确权、安全、交易等功能,并面向社会提供数据资源,鼓励更多企业利用该交易平台上的数字资产进行创新,通过社会各界的广泛参与才能产生大量的新产业、新业态、新模式。

政府拥有大量的数据资源,是数据交易平台的重要内容供应方,也是保证数字交易平台安全、可信的参与方。通过交易平台,政府所掌握的数据资源就可以被大量的创新公司开发,变成社会财富。各产业生态的数据交易平台采用市场化运营机制,也将会是“十四五”时期中国具有巨大市场潜力的新兴行业,需要政府重点关注。该平台同时也会建立完善的数据确权、交易机制,从而保障创新企业利用该平台的安全性和公平性。

(四) 发展完善我国的数字经济治理能力

数字经济治理是推进国家治理体系和治理能力现代化的重要手段。“十四五”时期是我国构建数字经济治理体系的关键时期。

数字经济治理是现代先进的信息技术与经济治理理论融合发展的结果,通过引入多种信息技术手段,提升政府在数字领域的治理能力,改善政府在公共管理和公共服务上的效能,推动国家治理能力的现代化。“十四五”时期,随着我国数字经济的不断发展和对数据要素的重视,数字经济治理将主要围绕数据要素的市场化配置、数字化生产关系的建立等方面展开,并呈现出四个特点。一是体系化。数字经济治理体系,将作为我国国家治理体系重要组成部分,补足数字经济领域相关的治理缺口,形成完整成熟的治理体系。二是多元协同。数字经济的治理需要政府主导、多方协作共治,并最终过渡到每个个体都是一个重要的治理单元。三是智能化。随着新的数字技术的普及应用,在制定了必要的规则后,治理过程将大部分走向智能化。

五、发展数字经济的重点任务

（一）制定数据要素市场化配置方案

数据要素市场化配置方案将会为我国在"十四五"时期利用数据要素价值、推进数字经济发展提供强有力的保障。数据要素市场化配置方案，至少包括以下三方面内容。

1. 政府数据的开放共享理念

要推动政府数据的开放共享，制定政府数据开放共享工作方案，在保障数据安全、隐私等前提下，加快各地区各部门间的数据共享交换，发展数据交易平台产业。还需要做好政府数据与社会数据的共享与融合。推动政府数据与社会行业、企业数据价值的融合开发，需要由政府牵头成立统一数据共享平台，形成相应数据共享机制，带动数据要素流动。

2. 发展数据交易平台产业

数据交易平台产业是政府数据资源的转化平台，也是社会数据资源的整合平台，同时也是数据资产的安全交易平台。

一个区域（行业）的数据交易平台是政府数据要素市场化配置政策的落地单位，也是数据要素市场化开发的执行单位。数据交易平台首先帮助政府向社会按照一定规则提供大量的数据资源，制定并执行数据交易的基本原则，保证社会数据资源得到有序的开发利用。

3. 建立完善的数据安全体系

数据要素的市场化配置，必须要保障数据作为资产的安全性，这是数据资产交易的基本前提。同时也要充分考虑到数据应用的隐私保护、公平易得等问题。在构建数据交易平台的同时，必须要完善保护数据资产安全的立法，充分利用区块链等可信计算技术，确保数据交易平台的安全性。

（二）通过产业互联网促进典型传统产业的数字化转型

产业互联网是数字经济的重要组成部分，也是传统产业数字化转型的方向。在一个产业生态中，数据可以内部进行安全、可信的流通，进而改变产业生态的基本商业规则，最终形成产业互联网。

产业互联网是企业进军数字空间的新路径，通过给企业的产品和服务注入文化、数字的内涵，可以创新企业产品和服务的消费方式，并进而带来新的价值创造方式。传统产业数字化转型关键是在数字要素的应用方式上,应用的关键在于商业模式创新、在于数字化产业生态的重构。"十四五"时期,我国要完成一二三产业数字化转型的基础工作,建立相关产业的数字化产业新生态。

1. 农业产业的数字化转型

从农业产业的需求侧看,消费者越来越愿意为吃到放心的食物买单,这也反映出农产品的数字化内涵具有广阔的市场前景。农业可以充分利用无币区块链、人工智能等新兴技术,建立农业领域的数字产品体系、创新基于数字技术的农村金融体系,为农业生产注入数据要素,让农村、农业、农民也能成为现代数字经济循环的一个重要组成部分。

2. 制造业的数字化转型

对单一制造企业来说,随着数字化转型的深入,企业原来所采用的经营方式以及商业模式可能在数字转型时期成为产业发展的瓶颈,这时通过改变产品设计理念,利用工业传感器等数字化手段,增加工业品的数字属性,进而创造工业品的彼此联结所带来的新商业模式。通过建立工业互联网时代工业企业的数字化产业新生态,传统制造业也将走向产品生产与数字运营并重的新模式。

对于制造业产业链来说,数字化转型意味着建设一个产业链上下游协同转型的产业链集群生态。当前世界经济正进入到一个全新的产业链重构阶段,对中国而言,需要建立的是企业和企业之间的新型伙伴关系,尤其是国企和民企之间的新型伙伴关系。当一个制造业的产业链集群形成后,会逐步使得整个产业链、价值链上的每个成员都更容易接受数字化转型,共同为整个产业创造新的价值空间。

3. 服务产业的数字化转型

传统服务业借助数字工具能够不断创新服务内容、拓展服务范围。比如文化产业与大数据、人工智能的融合,可以把文化产品变成数字资产,建立全新的文化产业新生态。再比如健康服务产业的数字化转型,可以通过数字化手段优化医疗资源的配置、提升医疗服务的效率,也能够释放健康领域的数字消费,创造健康服务新模式。

对金融服务业,产业金融也必须要做数字化转型,走向产业数字金融模式。产业数字金融是以服务实体经济数字化转型升级为目的,基于数字技术和产业场景创新出来的金融服务模式。产业数字金融要实现产业链上下游信息全透明、全上链。数字化技术在产业链上的大规模应用,显著降低了金融服务的风险成本,未来有望帮助众多中小微企业获得普惠金融服务,从而破解中小微企业融资难、融资贵难题。数字技术与金融服务在产业上的紧密结合,是金融科技的下一片蓝海,是金融服务实体经济的重要创新应用。

（三）培育基于数据要素的新产业、新业态、新模式

随着数字技术的不断发展，伴随着数据要素的确立，新产业、新业态和新模式不断涌现。以"区物大智云"等数字技术为核心，诞生了大量新产业和新模式，培育壮大核心技术引领产业、超前布局前沿技术产业、加快发展关键基础产业、积极培育应用服务产业，不断释放数字产业的新动能。2020年因新冠肺炎疫情影响，以大数据、人工智能、云计算等数字技术为支撑的新产业、新业态迅速崛起，在线办公、云端互动、直播带货、在线教育、在线医疗等多个新业态蓬勃发展，并带动了其他信息产业和制造业的新业态发展。

（四）建立数字经济治理体系，完善数字化营商环境

成熟的数字经济治理体系将有助于打造完善的数字化营商环境。

1. 加快构建数字经济治理体系

数字经济治理体系，将从以下四个方面入手。

（1）数据治理。欧盟于2018年5月实施的《通用数据保护条例》，被认为是数据治理的一个典范。数据治理需要建立数据保护制度，推动个人数据保护的立法，启动数据安全保护系列行动，打击数据黑产，加强对数据行业的监管。

（2）算法治理。学习欧美先进治理规则，出台政策加强对算法领域的监管活动，推动消除算法偏见、促进算法公开透明，引导算法科技向正确方向发展，强调用户对算法推荐结果的知情和自主选择权。

（3）数字市场竞争治理。聚焦数据交易平台的反垄断监管、安全性监管、公平性监管，消除数据封锁、不正当竞争等现象。

（4）数字空间生态治理。继续开展针对数字空间，例如网络论坛、微博等出现的不良信息内容监管，及虚假、极端、暴恐等不良信息予以及时处理。

2. 完善数字化营商环境

要吸引和搭建高质量、符合未来技术发展方向的产业链集群，就必须要主动创新数字化生产关系，建设好数字化营商环境。

（1）创新数字化生产关系。数字时代的生产力需要数字化的生产关系与之匹配才能释放其价值创造能力，现阶段的数字经济生产力是以"大智移云区"为代表的先进生产力，与工业化的大规模协同生产相适应的生产关系之间存在矛盾。这种矛盾落实在企业实践上就体现在管理模式、商业模式与先进生产力的不匹配性。构建数字化生产关系，需要遵循三个特征。一是数据透明。发展数字经济，需要打通各个数据孤岛，实现数据透明。二是全员可信。建立全员可信的信用体系是构建数字中国和数字化生产关系的基础工程。目前来看，基于区块链技术来构建全

员可信的信用体系逐渐在技术上具备可行性。三是身份对等。抛弃原有的层级化、职能化组织模式,用更加对等的生产关系来释放每一个个体的创造力。

(2)建设数字化营商环境。数字化营商环境需要适应的政策引导和数字经济治理体系的整合。当前,我国正在进一步扩大改革开放,创造适合产业链集群发展的营商环境。营商环境的打造,从硬环境到软环境,从基础设施到人才队伍,是对整体治理现代化要求的体现。政府需要为营商环境的形成、为吸引产业链集群的落地做好配套服务。为了更好形成产业链集群的营商环境竞争力,就需要政府进一步地扩大开放、改善各级政府服务能力,打造国际化、法制化、市场化的营商环境。

(五) 完善数字经济基础设施

数字经济基础设施是数字经济发展的坚实基础。率先建设数字经济基础设施,将为后续数字经济的发展带来巨大优势。数字经济基础设施可以分为硬件设施与软件设施。

1. 数字经济的硬件基础设施

国家提出的"新基建"是数字经济重要的硬件基础设施,"新基建"的逐步开展将大大提升数字经济硬件设施水平。新型基础设施基本包含了数字经济基础设施建设的多个方面,新型基础设施是数字化、网络化、智能化的基石。

信息基础设施是数字技术发展的基石,融合基础设施是传统产业向数字化转型的重要推动力,创新基础设施则是数字经济持续发力的重要基础。

2. 数字经济软件环境方面的基础设施

除了硬件上的基础设施建设,软环境方面的基础设施建设也非常重要。"软环境"是数字经济的"软件"基础,包括与数字经济发展相关的政策、法规、市场、人文等环境,例如在"十四五"时期积极推动建设基于 DC/EP(央行数字货币)的国内国际结算体系、建立健全全国征信体系、建立城市数据交易平台、推行包容审慎的监管模式等等。"软环境"是数字经济发展的重要保障,需要与"新基建"等硬环境建设相辅相成、共同发展。

六、"十四五"时期加快发展数字经济的切入点和政策建议

(一) 发展数字经济的切入点

1. 在消费端,通过政策引导释放各类市场中的数字消费

数字消费是指消费市场针对商品的数字内涵而发生的消费。数字消费是中国

发展数字经济的巨大推动力所在,政府部门应通过政策扶持、产业引导、宣传教育等方式,逐步释放市场中蕴含的巨大数字消费潜力,培育一批用于支持数字消费的新产业,形成一批引领数字消费的领军企业。

数字消费的特点是网络化,具有一定的自发性和民主性,这要求相关部门采用不同的政策体系来监管和释放数字消费。一方面要激发产品社群的活力、鼓励在各种社群中的自治行为,把社群变成为社会治理的重要工具;另一方面也要加强对社群的监控,避免违法犯罪行为的发生。

2. 在供给端,努力培育分领域的数据交易平台产业

数据交易平台是促进数据要素市场化配置的重要组成部分,是数据生产要素实现市场价值的重要途径。

第一,数据要素要成为支撑数字经济发展的基础生产要素,也必须有一个类似的市场化配置平台,并形成一个数据交易平台产业。

第二,数据要素要市场化,就必须要建立数据产生主体与数据使用主体之间的交易关系,数据交易平台的诞生成为必然,一方面面向社会提供数据资源,鼓励更多企业利用该交易平台上的数据资产进行创新;另一方面,它也接受来自各方的数据资源,并利用一定的技术手段完成对数据资产的确权、定价和交易。

政府可以根据不同领域数据要素的特点,主动引导设立多种形式的数据交易平台,比如金融数据交易平台、健康数据交易平台、文化数据交易平台等。数据交易平台产业将会在数字经济中成为城市发展的新动力,为城市带来新的经济增长点。

(二)发展数字经济的政策建议

1. 明确数据资产在产业转型中的作用,积极推动以信用为核心的产业互联网的快速发展

建议明确数据资产作为资产的客观性,从政策层面建立数据资产确权、定价、交易模式,从而为企业进军数字空间提供资产认可上的保障。在此基础上,国家政策需引导企业在数字空间中做生产、流通、消费方式的大胆创新,释放数字空间的潜在价值红利。

大力发展产业互联网是实现传统产业进军数字经济的重要途径。政府应通过政策引导,建立基于区块链的产业信用体系,布局具有地方特色、产业特色的产业互联网,推动相应产业生态的全面数字化转型和增量发展。

2. 用区块链等技术推动建立社会经济系统中信息透明的体制与机制,加快建设分行业的多样化信用体系

建议政府尽快引导不同地域、不同行业建立基于区块链等可信计算技术的信

息透明体制与机制,尤其是在疫情管理、医疗健康等领域,利用信息分布存储、不可篡改等特性,通过设计相应的奖惩机制,保障信息的公开透明,从而促进社会的公平性,提高社会治理能力。

针对产业转型升级的需要,建立政府或行业协会、龙头国有企业等主导的基于区块链的产业生态。总体而言,通过产业联盟链的构建,形成产业内信息透明和可靠的交易信用体系,解决国企与民企之间交易的灰色问题,形成良性的国企、民企融合发展模式。

同时,政府要提早布局,除了在税收、贷款等方面对优质的数字经济企业给予直接的支持以外,更应该用数字技术等先进技术手段加快构建"国企民企融合发展"的产业生态,避免出现优质民营企业的突发倒闭,用市场直接支持民企发展,从而带动中国数字经济体系的健康发展。

3. 重视疫情引发的全球产业链重构,借助数字经济加速布局中国各地面向全球的产业链集群

产业链集群是数字时代的垂直整合型生产关系,是在一定地域内的全球化水平分工,是提高全球产业链抗风险能力的产物。中国要抓住这次难得的产业链重构机遇,尽快出台政策鼓励在粤港澳大湾区、长三角、京津冀、成渝地区双城经济圈等地域,围绕国家的战略新兴产业大力布局相关产业链集群。对其他地区,也要努力打造良好的营商环境,根据本地域产业和市场的特点,面向全球形成不同规模的产业链集群。

4. 重视产业数字金融的创新应用,对从事产业数字金融的科技企业给予政策支持

产业数字金融就是为了服务产业互联网的发展,在传统产业金融领域的数字化转型实践。目前国内已经开始出现从事产业数字金融的科技企业,但是规模都还比较小,对产业生态的影响力也还不够大。为了在"十四五"时期更好地发展数字经济,国家应该出台监管、扶持等方面的政策,在保证金融安全的前提下,鼓励更多科技公司围绕传统产业开展产业数字金融业务,以系统性降低传统产业的融资成本,并为传统产业的数字化转型提供金融保障。

5. 鼓励数字生产力与数字化生产关系的理论与实践研究,努力创新中国特色数字经济理论

数字经济在全球的发展一直是实践领先于理论。在中国经济走向市场化道路的最初,我们还可以借鉴西方市场经济的基本理论。但是当改革到了无人区,什么样的生产关系才能与当今的数字生产力相匹配?到目前为止还没有明确的答案。因此我们已经不能寄希望于西方国家,而是要鼓励中国大胆进行数字经济理论创新,引导高校科研机构全面开展数字生产力与数字化生产关系的理论与实践研究。

相关学者要深入中国数字经济实践,总结规律、提炼理论,从社会经济系统运行的基本要素入手,建立中国特色数字经济理论。

6. 探索建立国家数字经济的统计方法制度和统计指标体系

当前我国尚未建立官方数字经济统计方法制度和统计指标体系,这为数字经济的相关研究带来诸多困难。建议明确数字经济内涵和统计范围,在"十四五"时期率先就数字经济的内涵、范围、分类标准、统计与测算方法等理论开展研究。探索构建数字经济统计制度,建立数字经济统计监测评价指标体系,支持国家相关部委联合科研院所、重点企业共同参与构建我国数字经济统计监测指标评价体系,全面反映我国数字经济发展状况。

(课题组成员:白重恩　朱岩　刘运辉　温建功　靳晓菲)

"十四五"时期新型基础设施建设方向和重点研究

国家信息中心

党中央多次提出要加快新型基础设施建设。习近平总书记在 2018 年 12 月的中央经济工作会议上指出,"我国发展现阶段投资需求潜力仍然巨大,要发挥投资关键作用,加大制造业技术改造和设备更新,加快 5G 商用步伐,加强人工智能、工业互联网、物联网等新型基础设施建设"。加快推进信息网络等新型基础设施建设,对于塑造我国在数字时代的竞争优势具有至关重要作用。在当前经济下行压力加大情况下,超前布局一批新型基础设施,有利于扩大我国有效需求,加速自主可控技术创新。为深入分析新型基础设施相关领域发展方向和存在困难问题,课题组赴珠三角、长三角、京津冀地区进行调研,实地考察企业近五十家,开展研讨会二十余场,与上百名行业专家、政府部门负责人进行深入座谈,对今后一个时期新型基础设施建设发展方向和重点进行研究。

一、新型基础设施的内涵特征

以网络化、智能化、数字化为核心的新一轮工业革命,是未来全球经济增长的重要动能,是影响国家间产业竞争格局的主要因

素。从某种意义上讲,当今的工业化社会和以城市化为核心的人类现代生活,都是历次工业革命的成果。当前正在兴起的新一轮工业革命,以人、机器和资源间实现智能互联为特征,正在日益模糊物理世界和数字世界、制造和服务之间的边界,为利用现代科技实现更加高效和环境友好的经济增长提供了广阔空间,并为人类经济社会面临的困境和问题提供新的解决方案,将有力推动经济社会的跨越式发展。

网络化、智能化、数字化技术的加速突破和应用是当前蓬勃发展的新一轮工业革命的核心动力。之所以称这一场技术和产业变革是一轮革命,是因为智能技术和数字技术的连锁突破和大规模应用,不仅正在或将要催生一批新的先导产业,而且将与传统技术和产品融合,从根本上改变传统产业的技术基础、要素投入结构、组织模式和商业形态,从而最终促进经济结构和发展方式的深刻变革以及经济增长潜力的充分释放。更重要的,由于新一代网络型基础设施使得数据生成、存储和传输的成本显著下降,数据开始成为经济系统中的新关键要素。数据资源将逐步成为国家和企业核心的竞争资源,基于数据的技术开发和应用模式将成为我国新型基础设施建设的重要内容,数据甚至可能逐步取代传统的投入要素而成为经济系统中新的最重要的经济资源。

历史地看,每一轮工业革命催生的增长部门都基本上由动力产业、先导产业、新型基础设施产业和引致产业四类部门构成。正加快突破和大规模商业应用的人工智能、大数据、云计算等信息技术和产品,构成新一轮工业革命的动力产业。工业互联网、区块链、物联网、车联网等智能化、数字化、网络化技术密集应用和深度交叉融合的新兴领域,将成为新一轮工业革命的先导产业。更加高效、安全、可靠、稳定的5G信息网络,是新一轮工业革命的关键基础设施。与此同时,新兴技术和商业模式也不断向传统的能源行业、消费品行业和装备行业渗透,逐步打开这些行业新的增长空间,使这些产业成为新工业革命中的引致产业,并与动力产业、先导产业和新型基础设施产业一起,共同构成新经济完整的产业体系。

(一) 新型基础设施的内涵

数据是要素,连接是基础,算力是核心,融合是关键。新型基础设施是以适应新一轮科技革命与产业变革需要为导向,将数据作为主要要素,在连接的基础上,以算力为核心,连接网络、平台,支撑数据的感知、连接、汇聚、融合、分析、决策、执行、安全等各环节运行,面向现代化建设和数字经济发展,并提供智能化产品和服务的新一代网络型基础设施体系。新型基础设施是数字时代的新结构性力量和信息高速公路(见图1)。

(二) 新型基础设施的特征

新型基础设施伴随着生产制造的底层技术不断迭代,不仅具有传统基础设施

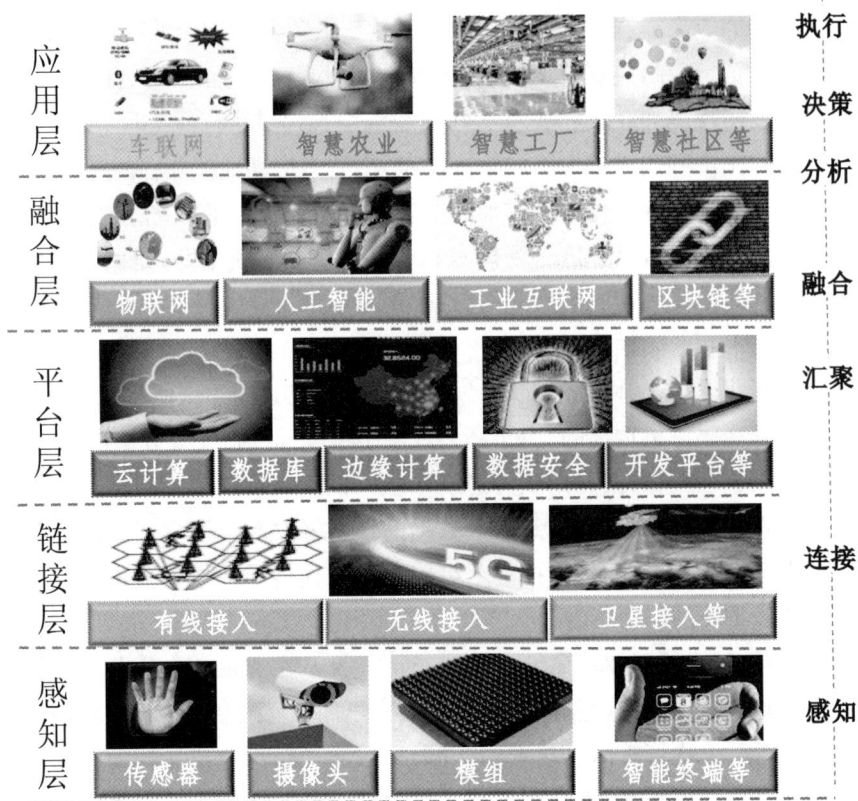

图1　新型基础设施框架体系

的公共性、基础性等特征,而且具有快速迭代、泛在连接、融合创新、智能引领、价值赋能、投资多元、安全至上等内在特点,是促生经济新动能和传统实体经济数字化转型的关键条件。

"快速迭代"。新型基础设施在推动人、机、物的数字化、网络化、智能化过程中,伴随着技术的持续快速迭代。大数据、云计算、互联网、物联网、人工智能、区块链、5G为代表的数字技术正在融合发展、广泛渗透,数字资源已经成为重要生产要素,以及继农业经济、工业经济之后的主要经济形态。在数字技术对生产生活方式改变、产业转型升级的强大推动下,技术不断创新,标准不断提升,衍生出新的内容和形式,呈现出持续快速迭代升级的趋势。

"泛在连接"。新型基础设施连接范围大幅扩展,推动数字化、网络化、智能化广度、深度和速度大幅跃升。随着超速率、广连接、大容量、低时延、高可靠性的5G技术商用,互联网向物联网延伸。物联网基于物的连接,有着比互联网更巨大的空间。在现代信息网络平台,海量的数据、海量的资源集聚在一起,无数的智能机器和智慧大脑在网络平台上持续互动,相互交流,彼此作用,拓宽了发展的空间,创造了无限的商机,极大地提升了资源配置效率,可以说发展路径正在从"先修路后致富"向着"先上网再图强"转变。

"融合创新"。新基建与传统基础设施根本区别在于,新基建既有基础硬件,如集成电路,又有基础软件,如操作系统,新基建可以通过物理世界与数字空间的融合集成、相互映射、全面创新,对工业、农业、交通、能源、医疗等垂直行业赋予更多、更大的发展动能、势能,提供全局性的价值赋能,实现全局资源优化配置,最终产生明显的催化、倍增和叠加效应,实现广而深的渗透作用。与此同时,在新技术推动下,现代通信网络集感知、传输、存储、计算、处理于一体,更加具有协同性、融合性,进一步体现了新型基础设施的创新能力和发展水平。

"智能引领"。人工智能具有溢出带动性强的"头雁"效应,具有深度学习、跨界融合、人机协同、群智开放、自主操控等特点,对新型基础设施建设乃至数字经济发展全局起到引领作用。

"价值赋能"。新基建与传统基础设施根本区别在于,新基建可以对工业、农业、交通、能源、医疗等垂直行业赋予更多、更大的发展动能、势能,产生明显的催化、倍增和叠加效应,其渗透范围更广、程度更深。

"投资多元"。传统基础设施投资基本上是政府主导的,而新基建与新产业、新业态、新商业模式,以及新产品紧密联系,直接作用于、服务于制造业等垂直行业,市场化运作程度高,投资主体、投资模式是多元的,是以市场、企业为主体。

"安全至上"。围绕"自主可控、安全可信",新型基础设施建设和应用对网络安全提出了更高的要求,相关新技术、新产品、新模式、新业态的安全模式、标准和规则有待建立完善。核心电子元器件、高端芯片、基础软件,还有半导体材料和设备、新型显示器件、数据库管理系统等"核高基"要素将成为攻关重点。

(三) 新型基础设施建设的意义

人工智能、工业互联网、云计算、物联网、区块链等领域发展迅猛,为新技术新模式深度融合与系统创新创造了条件,带动社会经济的效率提高、成本降低和能力提升。

带动有效投资的"关键投入"。新型基础设施建设需求大、投资多、周期长,在我国促投资稳增长中发挥重要作用,同时带动传统基础设施智能改造和传统产业数字化升级,进一步发挥投资乘数效应。

释放经济活力的"强劲引擎"。人工智能、物联网与实体经济正在加速走向深度融合,随着新型基础设施建设和应用,必将释放更多经济动力和消费需求,对实体经济产生全方位带动作用。

实现创新驱动的"有效路径"。以新型基础设施建设为抓手,集中优势力量,加强科技创新提升关键核心技术和产品的自研能力,实现关键技术自主可控,对于我国抢抓新一轮科技革命和产业变革机遇,实现创新驱动发展具有关键意义。

推动高质量发展的"重要支撑"。新型基础设施建设发挥前沿布局牵引作用,为有效提升各领域建设质量、运行效率、服务水平和管理水平提供强有力支撑。

新型基础设施建设以5G、云数据中心、人工智能、工业互联网、物联网和关键核心硬件、基础应用软件、开源开放平台重大科研设施等为重点内容,并运用数字化、智能化技术改造交通、能源、水利、市政等传统基础设施。未来,新型基础设施建设将为我国发展注入强大动能,谱写数字经济的新篇章,创造数字时代的新辉煌。

二、新型基础设施建设的国际国内现状

(一) 国内现状

我国目前处于5G网络大规模商用准备阶段,5G网络设备制造水平全球领先,各省市纷纷围绕智慧城市、智慧生活、智慧工厂、智慧医疗、智慧交通等领域,大力培育5G应用生态,未来"5G+"模式有潜力伴随各行业互联互通和数字化转型推进,形成在全球具有先进意义的各类应用场景,并进一步催生面向新一轮科技革命和产业变革的动力产业、先导产业和引致产业,构成现代化经济体系和高质量发展的重要基础。

(二) 国际现状

1. 美国:发挥先发优势布局工业互联网等新型基础设施

美国通过积极实施"国家信息基础设施行动动议""国家宽带计划""联邦政府云计算"等一系列战略,掌握了全世界数量最多最先进的"互联网+"关键技术,拥有发达的互联网基础设施,关键性云计算市场份额占有率超过六成,全球排名前20的芯片公司大多集中在美国,此外还拥有完善的Wi-Fi标准、芯片、感知、云计算、人工智能、物联网等产业生态,均处于国际领先水平,并从政府、法律、技术及投资层面形成了全方位的组织推进模式。美国尤其大力推行工业互联网,促进制造业与互联网深度融合,集中了全球近半数工业互联网平台,建设全领域、全产业链和全价值链的创新技术集成应用体系。

2. 日本:推进基础设施革命打造超智能社会

日本以谨慎、务实为原则,在5G时代到来之际,推进包含基础设施革命在内

的五大革命。日本在芯片和传感器领域处于国际领先地位,围绕工业互联网已形成较为完善的产业供应链,"机器+IoT"制造已形成常态化,创新技术应用范围不断扩大,垂直行业数字化转型不断加快,新型基础设施与各行业业务创新的融合度不断提高。同时,日本高度重视人工智能发展,积极推进超智能社会基础设施建设,加快人工智能在金融、医疗、交通等领域的应用。

3. 韩国:聚焦十大新型基础设施关键产业

韩国政府迫切希望通过新一代信息技术应用打造其竞争优势,分别于 2016 年和 2018 年宣布新型基础设施相关九大领域国家战略项目与《人工智能发展战略》,从人才、技术、设施三个层面详细规划了未来发展方向、投入水平与建设标准。目前,韩国智能信息技术(移动通信、AI、IOT、大数据、云计算等)产业聚焦 10 大产业 5 大业务,跨领域跨行业融合已初见成效,在高端芯片、半导体制造、5G 通信等方面具有世界领先水平;未来,围绕"5G+""AI+"等模式,韩国将结合场景应用和垂直行业应用,探索新型基础设施融合应用,以进一步巩固制造业高精尖产品优势。

三、关键领域和应用场景

(一) 十大关键领域

面向新一轮科技革命和产业变革,按照国家战略要求,围绕感知、连接、汇聚、融合、分析、决策、执行、安全等八个方面,推进新型基础设施建设,需要在关键核心领域尽快取得突破。

1. 传感器与物联网

围绕航天、医疗、稀有气体感知等领域的特定用途高精尖传感设备与物联网设备;近距离机器通信等物联网核心技术等关键技术。

2. 5G 技术

基于 5G 技术应用愿景,包括光传输器件、基站等依赖进口比例较大的设备;超 100G 相干 DSP、FPGA、高端千兆以上以太网芯片、光收发模块和高端滤波器等5G 核心技术。

3. 云计算

云计算的全新技术体系及完整的技术生态;云计算体系结构的创新及持续迭代。

4. 高端芯片

高端通用芯片、先进工艺、关键材料和关键设备；通用芯片 CPU、GPU、AI 芯片等基础芯片；高端光电子芯片、硅光集成芯片、高速光器件测试封装等产品工艺平台，400G 硅光器件等关键技术；光刻胶、超净高纯试剂、电子特种气体、硅晶圆材料等关键材料技术；光刻设备、刻蚀设备、薄膜沉积设备、离子注入设备、湿法设备等核心设备。

5. 开源性平台建设

围绕开源性平台的大数据处理软件、开源云计算平台等新型平台基础设施；端边云网协同的分布式数字基础设施；连接、计算、存储、AI 算法等一体化的数字基础设施平台。

6. 人工智能关键算法

人工智能算法创新，针对现有框架的差异化发展路径；自主实用新型算法及算法训练场景；行业算法开放平台。

7. 操作系统

自主研发的云、端操作系统；基于自研操作系统的软、硬件，及智能应用开发平台；围绕城市、制造、医疗、交通等各个领域，涵盖行业资源的行业操作系统平台。

8. 软件

芯片设计软件、CAD/CAE 设计软件、虚拟仿真软件等核心工业软件；国产电子设计自动化（EDA）等芯片工具软件国产化；基础软件的云化、平台化和服务化；关键环节行业知识结晶的软件化构建升级。

9. 混合现实技术

研制 AR/VR 技术，搭建虚拟现实开放平台，构筑对于各行业基础软件和数字孪生构建的核心引擎；行业操作系统和行业基础软件领域在重构周期中的优势技术获取。

10. 区块链

区块链点对点技术、非对称加密技术与分布式技术等核心技术跨行业跨类别使用；区块链+各类场景及有关安全保障技术。

（二）十大应用场景

5G 商用时代已经到来，5G 通过与大数据、物联网、人工智能、区块链等新一代前沿技术深入融合，逐渐衍生出众多服务于生产生活和城市管理的应用场景。传统行业与 5G 技术的深度融合，提高了产业生产效率，提升了生活的舒适度与便利度，拓展了各行业各领域的应用圈，催生了智能生产与智慧生活的落地。在工业、农业、金融、交通、教育、电力、医疗、城市管理、公共安全、媒体等领域，逐步涌现出有望率先实现技术突破并形成商业闭环的应用场景(见图2)。随着5G技术的商用、新基建的加速推进,网络应用的热潮将从2C转向2B,从消费互联转向工业互联网,垂直行业的应用场景会越来越多,应用价值会越来越高。

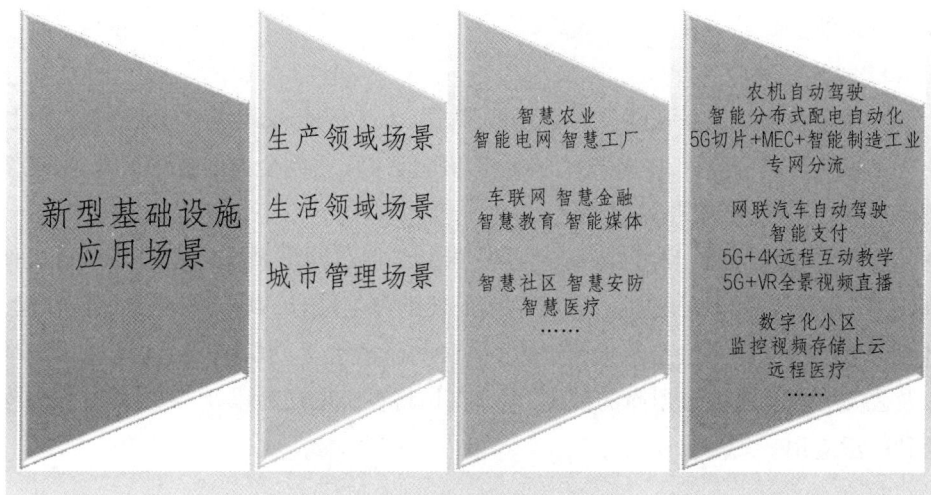

图2 新型基础设施应用全景

根据不同的应用领域及其重要性,选取的十个应用场景覆盖了生产、生活和城市管理领域,从无人工厂到车联网、自动驾驶,从金融科技、智能支付到远程诊断,应用场景遍布各个领域,未来将吸引更多的有效投资,激发更多的经济活力,释放更多的消费需求。

1. 智慧工厂

智慧工厂通过各种形式采集生产环节中的数据,传输至工业互联网平台,用于分析、控制、预测各类生产参数。5G技术高速率低时延的特性有效地为工业数据的传输提供了保障。

以智慧工厂工业专网分流应用场景为例,其基础设施主要包括5G终端、5G基站、MEC、5G核心网,通过切片商城、无线切片感知、端到端切片安全隔离、切片动态迁移、切片的UPF下沉和UPF分流等关键技术,实现机器视觉切片的快速部署和视频流的快速回传。

2. 车联网

车联网的服务分为车载娱乐业务、交通安全与辅助驾驶业务、自动驾驶业务。随着C-V2X(4G/5G)技术的应用,车联网实现了汽车与道路基础设施(V2I)、车与车(V2V)、车与人(V2P)的点到点通信,提高了交通安全和通勤效率;而辅助驾驶业务的升级版则是自动驾驶,目前自动驾驶在矿山、港口等封闭道路已基本实现。

以车路协同自动驾驶为例,其基础设施主要包括:路侧基础设施的建设(通信基站、差分基站、路侧感知设备建设、智能网联红绿灯改造等）、通信管道建设、车路协同平台搭建、数据中心建设等。通过路侧部署的智能感知设备对道路情况、车辆情况等进行获取，利用 5G 网络、边缘计算能力将路侧和车端实时感知信息在边缘侧进行融合解算，形成决策信息下发到车端，融合车路协同，为自动驾驶提供驾驶决策辅助。

3. 智慧金融

智慧金融依托于互联网技术，运用大数据、人工智能、云计算等金融科技手段，使金融行业在业务流程、业务开拓和客户服务等方面得到全面的智慧提升，实现金融产品、风控、获客、服务的智慧化。

以生物支付为例，其基础设施主要包括 5G 稳定网络系统以及红外双目摄像头或者 3D 结构光/TOF 相机。随着 5G 和 AI 的深度结合，以指纹、声纹、静脉、脸、虹膜等生物特性作为主要依据，依赖云平台的承载能力，4G/5G 的优良通讯环境以及公安二代身份证数据库的搭建，生物支付将在金融交易以及 ERP 商业交易中得到广泛应用。

4. 智慧社区

数字化小区是基于国家新型城镇化提出的"以人为本"目标，采用信息化、智能化社会管理与服务构建的五大功能体系，包括"平安社区""绿色社区""人文社区""宜居社区""创客社区"等"5G+"社区模式。

以数字化小区服务平台为例，其基础设施主要包括智能物联设备和通信网络设备，以 4G/5G 无线网和物联网建设为通信手段，以搭建智慧灯杆管理平台、智慧社区服务平台、智能小区服务平台为依托，按照万物互联、和谐、统一、美观的目标，构建"智慧社区+智能小区"的整体生态。

5. 智慧农业

智慧农业是指利用 5G 技术、物联网技术、云计算技术和大数据等信息技术实现"三农"产业的数字化、智能化、低碳化、生态化、集约化，从空间、组织、管理整合现有农业基础建设、通信设备和信息化设施，使农业和谐发展，实现"高效、聪明、智慧、精细"和可持续生态发展，是将科学技术融合在农业发展领域中的具体实践和应用。

以农业自动驾驶为例，其基础设施主要包括农机自动驾驶系统、农机车辆导航系和车联网，利用角度传感器获取农机偏移数据、利用摄像头获取周围作物生长数据、利用导航卫星实时定位跟踪车辆信息数据，将三者获取的数据经过无线网络传输到控制端，对数据进行分析，实现农机的作业监测、路径规划和决策控制。

6. 智慧安防

伴随物联网、5G 网络图像传输和处理技术、终端接收技术的迅速发展，网络视频监控系统将传统的视频、音频及控制信号数字化,能够及时准确地为公安人员提供视频、图像和精准的海量视频监控数据,帮助公安人员更加快速地找到目标人物,为安全防范提供更加有力的支撑和支持作用。

以江苏省监控视频应用为例,其基础设施主要包括 PE 设备、融合 PE 设备、P 设备和控制器,以 IP 包的形式在网络上传输,并提供跨地域访问,实现视频/音频的数字化、系统的网络化、应用的多媒体化以及管理的智能化。

7. 智能电网

当前,基于 5G 的大带宽、低时延、广连接特性以及独特的"网络切片"技术,围绕电力系统发电、输电、变电、配电、用电全流程,电力行业公司、运营商和设备商加速推进"5G+智能电网"应用落地。

以 5G 智能分布式配电为例,其基础平台是电力通信网络,通过多种能源、信息的互连,以通信网络为网络信息总线,承担了智能电网源、网、荷、储各个环节的信息采集、网络控制的功能。每台终端都可以起到中心逻辑单元作用,就地跳闸,快速隔离配网线路故障区段,快速实现故障判断和定位故障隔离以及非故障区域供电恢复等操作,从而实现故障处理过程的全自动化。

8. 智慧医疗

采用 5G 技术,通过数据采集系统实现手术室内多路高清、超高清影像及医疗数据的同步集中回传,利用医疗云平台,可对院内医生办公室、专科医联体医院等进行双向会诊、直播,可实现面向公网的大会现场和移动端的直播/转播。

以远程医疗为例,其基础设施首先包括智能化医疗器械及终端设备,涵盖机器人、智能手机、医疗器械、工业硬件等设备;其次,5G 网络作为信息的传输媒介,是实现远程医疗实时、可靠、安全信息传输的必要条件;最后,以 MEC、人工智能、云存储等新技术,将散乱无序的信息进行分析处理,为前端的应用输出有价值的信息。通过云计算、MEC、大数据、人工智能、区块链等技术推动医疗信息化及远程医疗平台改造升级。

9. 智慧教育

借助 5G 网络超宽带、超低时延、海量连接、超高可靠性的特性,受益于 4K/8K 高清、VR 虚拟与增强现实技术、人工智能等新技术的引入,智慧教育将在教学效果、教学智能、教学创新和教学网络覆盖等方面得到极大的提升,打造智能化、感知化、泛在化的教育新模式,通过个性化、精细化、沉浸式学习教学,提高课堂教学效果,增强学生学习兴趣,提升学习效率。

以 5G+4K 远程互动教学为例,其基础设施主要包括中心平台、边缘计算服务节点及终端,中心平台部署于云端,边缘计算服务节点包括调度服务器和渲染服务器,终端层面包括各种移动终端和虚拟现实终端,包括虚拟现实头显、ARTable、

HoloBook 和 MR 眼镜等,融合 5G 网络、4K 技术、云化 MCU 技术、增强 SVC 编解码技术等优势,实现 1∶M∶N(1 个主讲教室、M 个互动教室、N 个听课教室)的大并发量在线互动学习。

10. 智能媒体

智能媒体利用 5G 网络高速率、低时延的特性,通过专业 VR 直播摄像机实时采集到的现场 VR 视频,对 VR 视频进行拼接、编码,通过推流服务器进行推流,然后通过 VR 云服务器将 VR 视频分发至用户终端观看,让用户体验到不一样的视听感受。

以全景视频直播为例,摄像机、编码器、5G 手机、5G 宏站等为一体的核心组网是实现该场景的必备设施,5G 网络的全场地化覆盖是其实现的关键,从摄像机输出的 SDI 信号进入集成了视频编码器的 5G 传输背包后回传到 5G 基站,进入 5G 核心网,然后通过 5G 网络进行分发,有效减少视频数据端到端经过网元的数量,进一步减少了视频数据数据丢包的可能性。

四、展望与建议

未来 5—10 年,5G、云计算、人工智能、物联网、工业互联网等领域新产品新技术新模式将实现与传统领域深度融合,形成具备数据感知、连接、汇聚、融合、分析、决策能力的新型基础设施,迎来真正万物互联的时代,全面赋能生产生活,有力推动经济社会发展质量变革、效率变革、动力变革。为此建议:

(一) 加强顶层规划

出台相关指导文件、规划,前瞻布局,统一认识,明确新型基础设施建设的范畴、思路、任务和要求,完善配套措施。

新型基础设施具有不同于传统基础设施的经济特征,传统基础设施技术相对成熟,以信息技术为核心的新型基础设施则具有技术高度不稳定、商业模式不清晰、投资回报不确定等特征。因此,在新型基础设施建设领域,要出台相应指导文件,做好预研预判,强化投资方向引导,制定出台投资建设指导性文件,消除新型基础设施建设领域的体制性障碍,协调新型基础设施和新产业的互动发展,充分激发市场和民间的投资活力。

(二) 完善标准体系

在数字经济时代,信息通信与各领域加快融合。为更好地发挥信息通信对各领域的支撑作用,应建立信息通信、交通运输、电力能源等基础设施主管部门共同参与的协作机制,研究解决融合发展所面临的合作机制、协作流程、标准规范等问题。

融合发展需要标准融合先行。应推动建立跨行业、跨领域、跨部门数字基础设施标准协同发展机制,加快完善面向数字化应用的基础设施工程建设标准,在公路、铁路、水利等建设标准规范中,充分考虑信息通信设施建设预留,为公用和自用信息通信基础设施部署提供便利条件。推进跨领域基础设施共享,同步推进偏远地区行政村、自然村电力和通信线路建设,合理规范高速公路通信管道和管孔等共享资源收费标准等。

(三) 创新政策支持

加大对"5G+应用"的政策支持;加快融合应用领域法规制度建设,着力消除行业政策壁垒,进一步强化科技、金融、财政、税收、人才、知识产权等政策支持。

与4G基站相比,5G基站的密度更大、投资更多、成本更高,现阶段应加强财政政策、金融政策、产业政策、科技政策的支持。研究发行针对新型基础设施建设的财政专项债,地方政府债券;国家开发银行发放中长期贷款,加大对新基建的支撑力度;对新基建提供用地、用电及税收优惠;加大新基建关键核心技术基础研究投入,突破技术制约,补齐新基建短板。

(四) 加强技术攻关

发挥企业创新主体作用,瞄准世界科技前沿和国家战略需求,重点围绕新型基础设施核心产业,加强技术研发支持力度,推进关键领域核心技术攻关。推进产学研合作,加强对新型基础设施及应用项目的支持,推进科技成果转化体制改革。

积极推进未来光通信领域超大容量、灵活组网和智能管控、5G及更高速率无源光接入网络等关键技术的研发和商用试验。加强5G技术研究,启动6G需求愿景及关键技术研究,开展6G频谱研究,有序推进6G需求、技术、标准产业及应用发展。加强工业互联网领域的时间敏感网络(TSN)、边缘计算新型技术研发突破。加速区块链核心关键技术研发,加大区块链与云计算、大数据、物联网技术的融合发展。

针对射频器件、高端传感器、特殊器件、物联网芯片等薄弱技术领域,整合产学研资源及优势,加强协同研发布局,攻克技术难点。发展人工智能通用技术体系,建设人工智能计算架构及芯片基准,推动人工智能开源生态建设,建设人工智能评估认证体系。

（五）加强人才培养

帮助企业加大人才培养力度,鼓励高校开展重点领域的学科建设,汇聚科学家和高端领军人才的研发团队,建成世界一流新型基础设施领域研究中心,营造鼓励创新的人文生态环境。

充分发挥重点领域研发计划、重大创新平台和行业龙头企业的影响力,以及人才计划带动作用,聚焦产业重大需求,在5G芯片、关键设备等领域靶向引进一批领军型人才和创新创业团队。鼓励高水平大学对标国际一流学科,着力推动5G科学发展,创新人才培养模式,培育一批满足产业急需的技术型、复合型人才。

（六）推广应用示范

加强新型基础设施建设试点部署,探索新应用、新模式、新生态,形成可复制、可推广的经验和做法。

重点围绕车联网、无人驾驶、智能制造、AR/VR、教育、医疗等方面开展5G场景应用试点。在新能源汽车基地等区域着重围绕无人驾驶、AR/VR业务场景进行试点应用。围绕高新区、工业园区等区域着重对工业互联网、智能制造、教育、医疗等领域开展应用探索,打造新基建应用示范基地。

（七）探索模式创新

新型基础设施建设前期投资大,但经济价值和社会效应更大。在保证最基本的服务和安全前提下,应允许多元化投资、多元化建设、多元化运营以探索更多创新模式,如企业投资建设运营维护、政府购买服务,国有公司投资建设、第三方公司租用经营等。允许企业在符合法律法规条件下,探索除基本服务以外的增值服务,寻找新的商业模式,形成投资闭环。

研究制定促进跨界融合的引导政策,鼓励工业企业、运营商以及互联网公司结成融合型产业联盟、开放创新平台等。积极推动制造企业与ICT企业凝聚共识、互通有无。集中突破物联网、工业控制、大数据、人工智能、关键软硬件等核心技术,加快数据接口、网络互联、数据平台、安全防护等重点领域的标准化。推动解决方案提供商、服务商与需求企业供需对接渠道,带动更多企业开展数字化、网络化、智能化改造,探索工业互联网应用新模式。

（八）培育应用场景

发挥政府引导、市场主导和企业主体作用,促进创新资源集聚,完善各类要素支撑,建立健全相关协调机制,推进5G网络和应用场景协同发展,降低建设和运维成本,培育优化产业生态,培育产业链。

统筹规划物联网设施部署,重点推进基于 5G 的物联网接入技术成熟和网络建设,加快感知设施在城市管理、生产制造、环境保护等领域应用部署,大力发展基于 NB-IoT 的物联网应用场景。加强量子计算、类脑计算等先进计算技术研发;结合工业互联网、车联网等应用,统筹部署云计算、边缘计算等计算设施;加快推进标识解析体系不断建设完善,推动基础电信企业、工业企业利用 5G、时间敏感网络等新型技术打造各类工业互联应用场景。

(九) 推进国家重大科技基础设施建设

加快国家实验室、未来网络试验设施等国家重大科技基础设施建设,加大政府资金投入力度,鼓励企业投入;健全重大科技基础设施开放共享制度,最大限度发挥公共平台作用。

围绕"政产学研金用"、全面打造集创新孵化、公共服务、交流合作等于一体的应用和产业发展资源聚合平台。组织行业重点企业合作建设技术验证、产品研发、应用测试等实验室,打造面向新一代信息技术和产业应用的融合应用创新和试验环境。组织实施 5G、工业互联网、物联网、人工智能产业核心技术攻关工程;引导科技型企业、重点高校和科研院所,重点围绕高端芯片、无线接入、毫米波传输、基础算法网络安全等领域加强关键核心技术联合攻关。

(十) 推动传统基础设施改造升级

加快传统基础设施数字化、网络化、智能化改造升级,推动各方深度融合,构建新业态、新模式、新平台,打造新旧结合、软硬兼施的新型基础设施。

利用 5G、物联网、人工智能、软件定义网络、网络功能虚拟化等新一代信息技术,加快对传统基础设施进行改造升级。一是加强市政基础设施网络化和智慧化升级改造,提高城市基础设施智能化水平。加大物联网技术在城市基础设施领域的应用力度,加强信息基础设施与市政、公路、铁路、机场等规划建设的衔接。二是统筹推动城市规划建设与城市各类基础设施、信电资源的整合共享和信息空间化改造,推进时空信息数据库建设,打造多维度、可视化的地理空间框架。协同应用时空信息云平台,面向社会提供专业化、高效能的空间资源信息云服务。三是对水利、能源、环保等各领域基础设施进行升级改造,促进重点领域关键基础设施数字化、网络化、智能化发展。

(课题组成员:张学颖　肖秀莉　盛磊　顾伟忠　许淦
杨白冰　阎豫桂　王庆华　刘幼迟　何雪萍)